理學叢書

陽明先生集要

上

〔明〕王守仁　原著
〔明〕施邦曜　輯評
王曉昕
趙平略　點校

中華書局

圖書在版編目(CIP)數據

陽明先生集要/(明)王守仁原著;(明)施邦曜輯評;王曉昕,趙平略點校.—北京:中華書局,2008.10(2022.3重印)
(理學叢書)
ISBN 978-7-101-06047-8

Ⅰ.陽… Ⅱ.①王…②施…③王…④趙… Ⅲ.①王守仁(1472~1529)-文集②理學-中國-明代 Ⅳ.B248.25-53

中國版本圖書館CIP數據核字(2008)第018606號

責任編輯:張繼海

理學叢書
陽明先生集要
(全二册)
〔明〕王守仁 原著
〔明〕施邦曜 輯評
王曉昕 趙平略 點校
*
中華書局出版發行
(北京市豐臺區太平橋西里38號 100073)
http://www.zhbc.com.cn
E-mail:zhbc@zhbc.com.cn
北京瑞古冠中印刷廠印刷
*
850×1168毫米 1/32 · 33⅞印張 · 4插頁 · 700千字
2008年10月第1版 2022年3月北京第10次印刷
印數:17101-18600册 定價:98.00元

ISBN 978-7-101-06047-8

理學叢書出版緣起

理學也稱道學、性理之學或義理之學，興起於北宋。主要代表人物有程顥、程頤，相與論學的有張載、邵雍，後人又溯及二程的本師周敦頤，合稱「北宋五子」。南宋朱熹繼承和發展了二程學說，並汲取周、張、邵學說的部分内容，加以綜合，熔鑄成龐大的體系，建立了理學中居主流地位的學派；與此同時，也有以陸九淵爲代表的理學别派與之對峙。南宋末，朱學確立了主導地位。元代理學北傳，流播地區更廣。明代，程朱理學仍是正統官學，但陳獻章由宗朱轉而宗陸，王陽明繼之鼓吹心學，形成了理學中另一占主流地位的學派。清初理學盛極而衰，雖仍有勢力，但頹勢已難挽回，一世學風逐漸轉變爲以乾嘉樸學爲主流。理學從産生到式微，經歷約七個世紀。而它在思想界影響的廣泛深入，超過兩漢經學、魏晉玄學、南北朝隋唐的佛學。

理學繼承古代儒學，融會佛老，探討了宇宙本原、認識真理的方法途徑、世界的規律性和人類本性等哲學問題，提出了比較完整的哲學體系，並涉及道德、教育、宗教、政治等諸多領域，繼承改造了許多舊有的哲學範疇和命題，也提出了不少新的範疇和命題，進行了細緻的推究。「牛毛繭絲，無不辨晰」（黄宗羲明儒學案凡例）、雖有煩瑣的一面，也有精密的一面。就理論思維的精密程度而論，確有度越前代之處。在我國哲學思想發展史上起過重大的作用，在國際上也有影響。作爲民族哲學遺産的一部分，我們沒有理由無視它的歷史存在。

建國以來，學術界對理學的研究取得了很大成績。但在一段時間内，由於「左」的思想影響，妨礙了對理學進行實事求是、全面系統的研究，有關古籍、資料的整理也未能很好地開展。近幾年情況有了很大變化，有關的論文、專著多起來了，有關的學術討論會也不斷召開。爲配合研究需要，國務院古籍整理出版規劃小組制訂的一九八二至一九九〇年的古籍整理出版規劃中列入了理學叢書，並開列了選目。這套叢書將由中華書局陸續出版。

理學著作極爲繁富，有大量經注、語録、講義和文集。私人撰述之外，又有官修的讀物如性理大全、性理精義。也有較通俗的以至訓蒙的作品，使理學得以向下層傳播。本叢書只收其中較有代表性的著作。凡收入的書，一般只做點校，個別重要而難懂的可加注釋，或選擇較有參考價值的舊注本進行點校。

熱切期望學術界關心和大力支持這項工作。

中華書局編輯部　一九八三年五月

陽明先生集要目録

㈠「壬申」，正文作「壬午」。

㊀「甲戌」，正文作「甲申」。
㊁本篇正文作「與黃宗賢癸酉」。
㊂「書」字據正文補。

㊀「其二」二字據正文補。 ㊁正文無「書」字。 ㊂本篇正文作「寄鄒謙之其三」。 ㊃「其二」二字據正文補。
㊄「門」原作「聞」，據正文改。 ㊅「弟」上原有「諸」字，據正文刪。

[一]「勦」字據正文補。

㈠ 本篇正文作「與王晉溪司馬書其三」。
㈡ 本篇正文作「與王晉溪司馬書其五」。
㈢ 「副」字據正文補。

經濟編卷三……四七九

㈠「桶」原作「橫」，據正文改。　㈡本篇正文作「與王晉溪司馬書其四」。　㈢本篇正文作「與王晉溪司馬書其二」。
㈣本篇正文作「上晉溪司馬書戊寅」。

㈠「二十二日」，全書作「二十一日」。　㈡「牌」字正文無。　㈢上五字據正文補。又，「平濠」正文作「征宸濠」。　㈣「疏」字據正文補。

㊀「移文」，正文作「文移」。　㊁「行」，正文作「仰」。　㊂「藩」原作「蕃」，「贓」原作「賊」，據正文改。

㊀ 正文無「申明」二字。 ㊁「申明」，正文作「申諭」。 ㊂本篇正文作「曉諭安仁餘干頑民牌」。又，正文於本篇後原有重出之「告諭軍民」一篇，而原目無。因該篇已見於本卷起首處，故今於正文中刪去。 ㊃「章」，正文作「彰」。下篇同。

經濟編卷七……七一五

平諸猺賊

㊀「縣」字據正文補。㊁「寨」字據正文補。㊂「猺賊」，正文作「諸猺」，全書作「諸猺牌」。

附

㊀ 本篇正文作「行參將沈希儀計勦八寨牌 五月初九日」。 ㊁「進」、「巢」二字據正文補。又,「韋召鑾等賊巢」,全書作「事宜牌」。 ㊂「賊」,正文作「巢」。 ㊃「事宜疏」,正文作「峽以圖永安疏」。 ㊄「議立」原作「立議」,據正文乙。 ㊅ 本篇正文作「乞恩暫容回籍就醫養病疏」。 ㊆「平」字正文無。

㊀㊁「書」字據正文補。　㊂「書」字據正文補。

文章編卷二 …… 八五一

記

說

文章編卷三

書卷

㊀「大」，正文作「太」。 ㊁「誌銘」，正文作「碑誌」。

㈠㈡㈢本條原目無，據正文補。

㈣「其三其五」，正文作「五首錄二首」。

㊀「其一」，正文作「四首録一首」。 ㊁「其三」，正文作「三首録一首」。 ㊂本條原目無，據正文補。 ㊃「録一首」三字據正文補。 ㊄本條原目無，據正文補。

㊀㊁本條原目無，據正文補。 ㊂「其二」，正文作「三首録一首」。 ㊃「其一其二其八」，正文作「録三首」。 ㊄「也」字下原有「其三」二字。按正文實録詩三首，且標題無「其三」二字，據删。 ㊅「其一其三」，正文作「三首録二首」。 ㊆「泊」，正文作「宿」。

㊀「宿」原作「夜」，據正文改。 ㊁「録一首」三字據正文補。 ㊂本條原目無，據正文補。 ㊃「其二」，正文作「二首録一首」。
㊄「其四」，正文作「五首録一首」。 ㊅「正德……以後作」十七字據正文補。 ㊆「録一首」三字據正文補。

㊀「其一其三」，正文作「三首録二首」。　㊁「軍回」，正文作「回軍」。下一篇同。　㊂上五字據正文補。　㊃本條原目無，據正文補。　㊄「其二其四」，正文作「四首録二首」。　㊅「其一其四」，正文作「四首録二首」。　㊆「其一」，正文作「三首録一首」。

㊇「其二」，正文作「二首録一首」。下一篇同。　㊈「其一……其五」，正文作「五首録四首」。

㊀「其一其二」，正文作「三首録二首」。 ㊁「其四其五」，正文作「四首録二首」，疑有一誤。 ㊂「其三其四」，正文作「四首録二首」。 ㊃「講」原作「請」，據正文改。 ㊄「其二」，正文作「二首録一首」。 ㊅「雨」字下原有「三首」二字，按正文實録詩一首，且標題無「三首」二字，據刪。 ㊆「羅」，正文作「蘿」。 ㊇本篇原作「詠良知示諸生其三其四」，據正文改。 ㊈「其二其三」，正文作「三首録二首」。

先生之詩，俱直抒性靈，不事藻繢，超然晉、魏之風。然先生德業之所重，不在此也，敢刪之以有其槩。

附録

前言

王曉昕

王陽明(公元一四七二——一五二九年),名守仁,字伯安,餘姚人。曾築室故鄉陽明洞中,世稱陽明先生。自南宋理宗欽定程朱理學爲官方指導思想以後,經元至明,朱熹的地位被愈加抬高,其説成爲神聖之教條,「此亦一述朱耳,彼亦一述朱耳」(黄宗羲語),成爲學術界普遍之現象。直到明中葉,王陽明以反傳統姿態出現,提出「致良知」説,使理學中的心學一派取得完成的形態,盛行一時,才打破了程朱理學的獨尊局面。一五〇八年,王陽明因獲罪權閹被貶貴州,艱難困苦之中,反鑄成其思想之大悟,史稱「龍場悟道」。「龍場悟道」開創了王陽明批判哲學的起點,也使得幾千年中國思想史的發展在這裏出現了一個新的進境。

一

王陽明一生的學術經歷,有「爲學之變」與「爲教之變」的説法,其中又以「龍場悟道」爲兩者之分界。而龍場之前的求索,又素有「爲學三變」之論,爲學界所普遍認同。其中最具權威性的是黄宗羲明儒學案的「三變」之論，而反映在王陽明全集中年譜的記録，似乎又有「五變」之事實尚可確認；另外「五溺」的説法也並非空穴來風，而有見於湛甘泉爲陽明所刻之墓銘。於是，陽明的爲學歷程到底是「三變」、「五變」還是「五溺」，成爲如今大可一論的話題。

（一）回顧「三變」説

黄宗羲於明儒學案之卷十姚江學案中關於陽明爲學「三變」的一段話，最爲引人注目：

先生之説，始泛濫於詞章，繼而遍讀考亭之書，循序格物，顧物理吾心終判爲二，無所得入。於是出入於佛老者久之。及至居夷處困，動心忍性，因念聖人處此更有何道？忽悟格物致知之旨，聖人之道，吾性自足，不假外求。其學凡三變而始得其門〔一〕。

梨洲的「三變」之説描述了青年陽明爲學的四個時段，即：一泛濫於詞章、二遍讀考亭之書，循序格物、三出入於佛老、四乃居夷處困，即在龍場。四個時段構成了三次變化。第三次變化即「龍場悟道」，才使其學問「始得其門」。除了黄梨洲的上述説法，還可從陽明的兩位弟子錢德洪和王畿那裏分別找到措辭稍似但看法迴異的表述。先看錢德洪刻文録敍説中所言：

先生之學凡三變，其爲教也亦三變：少之時，馳騁於詞章；已而出入二氏；繼乃居夷處困，豁然有得于聖賢之旨。是三變而至道也〔二〕。

錢的這一説法與黄梨洲的相比，其同在於：都以「龍場悟道」爲其界限，不同則在於，前者顯然少了一個「讀考亭之書，循序格物」的階段。既然只有三個時段，德洪所言豈不成了「二變」之論？再看王畿在滁陽會語中的説法：

先師之學，凡三變而始入於悟，再變，而所得始化而純。其少稟英毅淩邁，超俠不羈。嘗氾濫于詞章，馳騁于孫、吴，其志在經世，亦才有所縱也。及爲晦翁格物窮理之學，幾至於殞。時苦其煩且難，自歎以爲若於聖學無緣，乃始究心於老佛之學……及至居夷處困，動忍之餘，恍然神悟〔三〕。

顯然，王畿的這一説法是真正的「三變説」：一變由氾濫於詞章而爲晦翁格物窮理之學；二變爲晦翁格物窮理之學而乃始究心於佛老之學；三變則由究心於佛老而至居夷處困後之恍然神悟。此「三變説」與黄梨洲同，可見梨洲之説蓋有鑒於此。至此可以認爲，錢德洪所論，不如王畿與黄梨洲的看法準確。而今人凡舉「三變」之説，通列梨洲、德洪、龍溪而不加區别，更有以德洪爲引徵者，殊不知龍溪之説才是原創。不管怎樣，「三變論」還是流傳開來了。

（二）龍場以前已有「四變」

除了「三變」，還有没有另外的提法呢？王陽明全集中年譜的記述爲我們提供了一個別樣的視角。下面一段是年譜中關於陽明十八歲時的記述：

二年己酉（孝宗弘治，一四八九年。括弧内爲引者所加。下同），先生十八歲，寓江西。是年先生始慕聖學。先生以諸夫人歸，舟至廣信，謁婁一齋諒，語宋儒格物之學，謂「聖人必可學而至」，遂深契之〔四〕。

這一年陽明由「詞章之習」進於「始慕聖學」，應視爲其爲學歷程的第一變。明初，幾位稍有名氣的儒學家，根據黄宗羲的看法，「認爲這個時期的主要思想家是吴與弼、薛瑄及陳白沙。不過，這些人對當時哲學思想並無新的貢獻。除白沙以外，其他都是朱熹思想的解釋者」。〔五〕包括陽明在廣信拜見的老師婁諒。婁諒是吴與弼的學生，從王陽明思想發展行程看，與婁諒的會面顯然是一個重要的事件。年譜以「是年先生始慕聖學」爲條頭，顯然具有某種象徵和標誌的意義。作爲少年學生的王陽明在學業上的選擇並無更大餘地，雖然少時已氾濫於詞章，但並非不知作聖之事，故能於孩提之時就發出「讀書乃作聖賢」的豪言。在陽明的少年時段，「作聖賢」之理想和「契於聖學」之用功是不同時期的事情。先有「作聖賢」之理想，後有「契於聖學」之用功。在用功方面，陽明首選的途徑是詞章之學，但後來他知道，朱熹是把自己的儒學與所謂「記誦」、「辭章」相區別的。「在朱熹看來，以往儒學的發展，講禮、講孝，等等，但什麽是禮、什麽是孝，却並沒有弄得清楚明白。在治國問題上『禮意』和『禮儀』之爭，在盡孝問題上名教與自然之爭，都是沒弄明白的反映。」〔六〕「漢代的儒學，在他們看來，只是記誦之學或者章句之學。這樣的學問，就是沒有弄清什麽是禮、什麽是孝。在認識上偏離了孔子的方向，在行動上就不可能是真正的儒者之道〔七〕。」婁諒向陽明介紹朱熹的格物之學，並告之以「聖人必可學而至」的道理，鑄成了陽明由「氾濫於詞章」向「始慕聖學」的最初一變。之後我們看到，陽明年紀很輕的時候，就開始追求儒家之道，並想找出宋儒思想中非常重要的「格物」一詞的意義。年譜記述了陽明刻苦用功於聖學以求「格物」之深蘊的感人事例。這一年他十九歲：

（一四九〇年）龍山公以外艱歸姚，命從弟冕、階、宮及妹婿牧，相與先生講習經義。先生日則隨衆課業，夜則搜取諸經子史讀之，多至夜分。四子見其文字日進，嘗愧不及，後知之，曰：「彼已遊心舉業外矣，吾何及也！」先生接人故和易善謔，一日悔之，遂端坐省言。四子未信，先生正色曰：「吾惜放逸，今知過矣。」自後四子亦漸斂容〔八〕。

但僅僅兩年之後，一樁「格竹求理」的荒唐之舉，使陽明的爲學之途又發生了變化。年譜載：

五年壬子（一四九二年），先生二十一歲，在越。

是年爲宋儒格物之學。先生始侍龍山公于京師，遍求考亭遺書讀之。一日思先儒謂「衆物必有表裏精粗，一草一木，皆涵至理」，官署中多竹，即取竹格之；沉思其理不得，遂遇疾。先生自委聖賢有分，乃隨世就辭章之學[九]。

陽明在父親花園中對着竹子凝神靜思，希望發現竹子中所涵本性。因爲這是朱熹所講的方法，朱熹認爲天地萬物皆涵至理，通過對一事一物的「格」，便可發見。可是陽明連「格」七天，却一無所獲，反而病倒了。由此生出對格物之學的懷疑。如果説有什麽收穫，那就是所謂「自委聖賢有分，乃隨世就辭章之學」。於是構成陽明爲學歷程上的第二變。這一次的變化並没有像王畿和梨洲所説那樣，立馬開始「出入於佛老」，而是又回到了詞章之習的老路上。這一回頭就是六年時間，不可謂短。

從二十一歲到二十七歲這個期間，根據年譜記載，陽明回到了以學習辭章藝能爲主的舊途，這一點表明了一個青年學子通常的徘徊不定。他也曾希望從學子之業而一伸經國濟民之志。他赴鄉試落第，尚能以「世以不得第爲恥，吾以不得第動心爲恥」以自安。不過終於進士及第，並授命工部主事，也曾對邊事饒有興趣，以至於幾番上書朝廷加以討論。

到二十七歲這一年，情況又發生了變化。年譜記載：

十一年戊午（一四九八年），先生二十七歲，寓京師。

是年先生談養生。先生自念辭章藝能不足以通至道，求師友于天下又不數遇，心持惶惑。一日讀晦翁上宋光宗疏，有曰：「居靜持志，爲讀書之本，循序致精，爲讀書之法。」乃悔前日探討雖博，而未嘗循序以致精，宜無所得；又循其序，思得漸漬洽浹，然物理吾心終若判而爲二也。沉鬱既久，舊疾復作，益委聖賢有分。偶聞道士談養生，遂有遺世入山之意。

兩次對朱子學説的懷疑，導致了陽明兩次變化。一次是二十一歲時「格竹之舉」的失敗，一次是二十七歲時讀朱子上宋光宗疏導致的迷茫。不知是不是巧合，陽明的這兩次懷疑，恰好印證了對朱熹關於「格物致知」的二重解讀的反思，這爲以後新思想的誕生埋下了伏筆。朱熹對「格物致知」有一套專門的解讀，後爲世儒所宗，其中關於「格物」的途徑朱熹主要講了兩條：一是通過讀書以明義理；二是灑掃應對之接人待物。陽明正是老老實實照着這兩條去做而產生迷惑的。照着「接物」一條而去格竹，照着「讀書」一條而去「居敬」、「循序」，其結果均產生出「物理吾心終判而爲二」的感受，更是「益委聖賢有分」，又恰逢有道士談養生，便產生了「遺世入山」的想法。陽明二十七歲的這次變化，構成其爲學歷程上的第三次變化。

從二十七到三十一歲這個期間，陽明的主要興趣大概在佛教和道教。陽明一生與道釋二家的聯繫及影響，截止龍場之前，年譜的記録至少有如下幾個要點：

其一，成化十二年，陽明五歲，還不會開口說話，「一日與羣兒嬉，有神僧過之曰：好個孩兒，可惜道破。竹軒公悟，更今名，即能言。」

其二，弘治元年，陽明十七歲，七月在洪都娶諸氏爲妻，「合巹之日，偶閑行入鐵柱宮，遇道士趺坐一榻，即而叩之，因聞養生之說，遂相與對坐忘歸」。

其三，弘治十一年，陽明二十七歲，「偶聞道士談養生，遂有遺世入山之意」。

其四，弘治十四年，陽明三十歲。遊九華山，「是時道者蔡蓬頭善談仙」，「聞地藏洞有異人，坐臥松毛，不火食，歷岩險訪之。正熟睡，先生坐旁撫其足。有頃醒，驚曰：『路險何得至此？』因論最上乘曰：『周濂溪、程明道是儒家兩個好秀才。』後再至，其人已他移，故後有會心人遠之歎」。

其五，弘治十五年，陽明三十一歲。「是年先生漸悟仙、釋二氏之非。」第二年，陽明因養病來到杭州西湖，來往於南屏、虎跑等寺廟，有禪僧坐關三年，不語不視，先生喝之曰：「這和尚終日口巴巴說什麼！終日眼睜睜看什麼！」僧驚起，即開視對語。先生問其家。對曰：「有母在。」曰：「起念否？」對曰：「不能不起。」先生即指愛親本性喻之，僧涕泣謝。明日問之，僧已去矣。

佛家特別是禪宗，對宋明儒家的影響是不言而喻的。雖然程朱學派非常反對禪宗，但宋以後的學者很少不與禪者與佛書接觸。王陽明自不例外，而更有甚者，陽明之後的空談心性之風，無不與此相關。

陽明三十一歲之後，開始了他爲學歷程上的又一次徘徊，這次徘徊是從對佛、道二家的懷疑開始的：

十有五年壬戌（一五〇二年），先生三十一歲，在京師。

是年先生漸悟仙、釋二氏之非。先是五月復命，京中舊遊俱以才名相馳騁，學古詩文。先生歎曰：「吾焉能以有限精神爲無用之虛文也！」遂告病歸越，築室陽明洞中，行導引術。

直到弘治十八年，經過了長達三、四年的懷疑和探索，也可以説是陽明思想經歷了由氾濫各家到歸本聖學的轉化期，因結識湛甘泉而導致了其爲學歷程上截止龍場之前的第四變：

十有八年乙丑（一五〇五年），先生三十四歲，在京師。

是年先生門人始進。學者溺于詞章記誦，不復知有身心之學。先生首倡言之，使人先立必爲聖人之志。聞者漸覺興起，有願執贄及門者。至是專志授徒講學。然師友之道久廢，咸目以爲立異好名，惟甘泉湛先生若水時爲翰林庶吉士，一見定交，共以倡明聖學爲事〔一〇〕。

說到這裏，我們就不得不談談湛甘泉，以及湛甘泉與王陽明之間的一些聯繫。

（三）析甘泉「五溺」說

「五溺」之說見於湛甘泉爲陽明所作墓銘：

初溺于任俠之習，再溺於騎射之習，三溺于辭章之習，四溺于神仙之習，五溺於佛氏之習，正德丙寅始歸於聖賢之學，會甘泉子于京師，語人曰，守仁從宦二十年未見此人，甘泉子語人亦曰，若水泛觀于四方，未見此人，遂相與定交，講學一宗程氏仁者渾然與物同體之指〔二〕。

湛若水之前的明儒，無論是程朱理學的信從者還是陸九淵心學的追隨者，没有人想太平盛世不去入仕而甘居隱修以作聖人的。若水的老師陳獻章反其道而行之，是一個爲世人所贊許的「真儒」。他執意遠離官場，獨創了一套做聖人的靜坐修身方法。陳獻章的言行還影響了一大批學人，這些人不再從事治國平天下之類的聖賢之學，而把隱居靜修、成聖成賢作爲自己努力的目標。湛若水甘泉就是其中最傑出的一位。湛若水提出的宗旨乃是「隨處體認天理」。他發展並突破了他老師那套靜坐的方法，要求隨處尤其在自己心中體認天理，這就離王陽明致良知的學説僅有一步之遥了。

從年譜多處記述可以看出陳獻章與湛甘泉對陽明産生影響。黄梨洲云：「有明儒者，不失其矩矱者亦有之。而作聖之功，至先生（白沙）而始明，至文成（陽明）而始大。」（明儒学案卷五）再説甘泉的「五溺之説」，有兩點是應特別指出的：其一，任俠之習和騎射之習，説來均不能列入學術範疇，神仙之習與佛氏之習也只是上述多家所稱之「出入於佛老」一事。無論從年譜還是其他種種材料來看，陽明所涉佛、道二家均或同時或交叉，其中並無幡改。這樣一來，所謂「五溺」所涉爲學，就只有了兩變可立。其二，甘泉把時間提前了兩年，自然就沒有把「龍場悟道」包涵進來，其凸現「丙寅定交」之目的則是顯而易見的。如此説來，從「詞章之習」到「出入於佛老」爲第一變，再到「丙寅定交」爲第二變，再加上「龍場悟道」，甘泉的論説仍爲「三變之論」。

還可以看看陽明本人是如何説的。朱子晚年定論序云：

> 守仁早歲業舉，溺于詞章之習。既乃稍知從事正學，而苦於衆説之紛撓疲趀，茫無可入。因求諸老釋，欣然有會於心，以爲聖人之學在此矣。然於孔子之教間相出入；而措之日用，往往缺漏無歸。依違往返，且信且疑。其後謫官龍場，居夷處困。動心忍性之餘，恍若有悟。體验探求，再更寒暑。證諸五經四子，沛然若決江河而放諸海也。

此陽明自述其爲學所經之階段。從「溺于詞章之習」到「稍知從事正學」，是爲第一變也。其中「稍知」二字甚爲精當，刻劃出陽明於聖學認識的初級程度。無疑，這是符合一個十八歲青年的認識水準的。陽明選擇朱子學，按當時的學術氣氛，理所必然，而格竹受挫的原因則在於年輕的陽明不知感性認識不足以達到事物之本質這個道理。

既是「稍知」，則往往面對各不同學派顯得手足無措而「茫無可入」，於是轉而「隨世就辭章之學」，是爲第二變；這個階段，也可按陽明的說法是「苦於衆說之紛撓疲苶，茫無可入」。

年輕的陽明計劃從佛道二家那裏打通走向孔子之道路，於是就有「偶聞道士談養生，遂有遺世入山之意」，「因求諸老釋，欣然有會於心，以爲聖人之學在此矣」，構成其爲學歷程之第三變。

以後的幾年裏，陽明的思想始終是徘徊不定的，「依違往返，且信且疑」，這當中自然包涵了與甘泉「丙寅定交」一段，第四變也就在其中了。

於是可以說，在龍場之前，陽明的爲學歷程就已經有了四次變化。以「謫官龍場，居夷處困。動心忍性之餘，恍然有悟」的「龍場悟道」爲最後一變，幾乎是所有人的共識。不過，陽明在這段自述中始終沒有提及「宋儒格物之學」，其後却有「獨于朱子之說，有相抵牾，恒疚於心」一語，這是耐人尋味的。

陽明的爲學歷程（含龍場悟道一段）應劃分爲六個階段即五次變化更爲合乎實際，即在「既而從事宋儒循序格物之學，顧物理吾心終判爲二，若無所入」與「因求之老釋，出入久之，恍若有會於心」這兩個階段之間，實際存在着一個所謂「自委聖賢有分，乃隨世就辭章之學」的階段。陽明二十一歲到二十七歲，長達六年，成爲其爲學歷程中必不可少的重要階段。這個階段的兩端連結着兩個不同的變化，這兩個變化是不能混同的。這個階段從整個儒學發展的歷史來看，它是除身心之學外，儒學自身發展相對獨立的一條向路，因此從陽明爲學的實際經歷來看，這一時段不能繞過。

二

自古以來，儒家以「立德、立功、立言」爲其畢生追求的最高境界，孔子、孟子，至聖亞聖，雖立德甚高至於萬世師表，立言甚精至於千古流傳，但於建立事功方面，亦皆不能成其所志。丘遊列國，無功而返；軻說列侯，被指「迂闊」。唯王陽明，文治而後武功，内聖而後外王，「立德、立功、立言」堪稱三不朽，成爲數千年儒者之粲然典範。

（一）「立言」於修德講學

說到立言，陽明生前並未像康德那樣，把體現其形上思維的立言過程局限於書屋之中，而是在把「立德」作爲首要任務的同時，又將修德與講學並論，把立言附著於講學過程，講學就成了立言。陽明說：「夫德之不修，學之不講，孔子以爲憂。」修德講學，就是立，「立者，創立之立」，其言也就隨之而立了。通過講學，以修其德，使德與言之同立成爲可能。陽明生前曾講學於浙江、貴州、江西、南京等地，弟子良多，影響甚大。陽明講學，以「致良知」爲要，講究「發明本心」，認爲「世之學者，稍能傳習訓詁，即皆自以爲知學，不復有所謂講學之求，可悲矣」。[二三]講學不得僅限於字面意思，而須深入於人的内心：

> 然世之講學者有二，有講之以身心者，有講之以口耳者。講之以口耳，揣摸測度，求之影響者也。講之以身心，行著習察，實有諸己者也。知此，則知孔門之學矣。〔一三〕

陽明生前，一邊講學的同時，其著述已開始由其門人整理編輯。這一整理工作，有以下幾個特點：

其一，整理者皆爲陽明的學生，如門人徐愛、錢德洪、薛侃、南大吉等。

其二，整理彙編均根據陽明的講學記録。據陽明年譜〔一四〕記載，正德七年十二月，陽明陞南京太僕少卿，時門人徐愛也陞南京工部員外郎，與陽明同舟歸省。途中陽明給徐愛講授大學宗旨，愛將所聞輯爲傳習録一卷。正德十三年八月，薛侃得徐愛傳習録一卷（存十四條）及序兩篇（今存一篇），與陸澄各録一卷（其中薛録三十八條，陸録八十條），刻於江西贛州（簡稱薛本），並以徐愛所用傳習録命名。徐愛所録，當然不止十四條，與先生同舟歸省講授大學宗旨，也只是諸多講學活動之一例。徐愛、薛侃、南大吉、陸澄等人所録之傳習録，以及陽明生前由錢德洪、鄒守益匯刊的陽明文稿等，均據課堂講學筆記整理而成。

其三，陽明生前已發表的著作都是選編、節録，而非全書。它們先後刊行於正德、嘉靖。但在嘉靖年間，王陽明的學説曾遭致打擊，有人説他「事不師古，言不稱師」，主張「宜禁邪説以正人心」，幾乎要把王陽明的著作一把火燒了，最後嘉靖雖然没有這樣做，但還是將王學定爲僞學。隆慶以後，王學才得以平反昭雪，重新得到上層的肯定。明萬曆十二年（一五八四）由大學士申時行提議，萬曆皇帝欽准，王陽明從祀於「文廟」，和朱熹等一起在孔廟中受讀書人的供奉，獲得極爲崇高的地位。

（二）隆慶本王文成公全書

隆慶六年（一五七二年），即陽明歿後四十三年，御史謝廷傑巡按浙江，乃彙集錢德洪所編傳習録、文録、筆録、外集、續編、年譜、世德集以及陽明門人、友人、朝廷官員撰寫的論年譜書、奏摺、祭文、行狀、墓誌銘等，整合而成王文成公全書三十八卷，稱隆慶謝氏刻本。隆慶謝氏刻本的問世，無疑是陽明學發展史上具有重要意義的事件。

隆慶謝氏刻本問世以後，幾百年來，據此本刻印的全書多達二十幾種版本，其中四庫全書、四部叢刊、四部備要分别都予收入。

在衆多陽明著作之版本中，惟明隆慶刻本王文成公全書被收入王重民先生所編中國善本書提要。提要云：「王文成公全書三十八卷三十六册（四庫總目卷一百七十一）（國會）明隆慶間刻本九行十九字（18.3X13.4）明王守仁撰。姓氏頁題：『提督學校巡按直隸監察御史豫章謝廷傑彙集，應天府推官太平周恪、上元縣知縣莆田林大黼、江寧縣知縣長陽李爵督刻。』」這些尚屬輯録，以下方見重民先生心得。提要又云：「四庫全書即據此本（指隆慶本）著録，四部叢刊先印崇禎本陽明集要十五卷，後獲此本，又影印以更換之。此本間有補版，當是後印。」於此可見三點：一是除了隆慶本，尚有崇禎本後出；二是四庫全書只著録了前者，四部叢刊則前後本皆具；三是四部叢刊兩本較之隆慶原刻雖爲後出，但較之重民所檢之國會所藏善本，實爲較早，國會所藏善本亦非隆慶原刻。

緣何尚有補版的後印本且可稱善，而其餘數本不能稱善？此處不能不説是留下了一點小小的疑問。還有就是，重民先生談道：此本「蓋始讀於戊寅，再讀於己丑；癸丑、甲寅之間，復重讀一過，朱筆蓋即是時所批者。又後二十六年爲己卯，猶有墨筆批校。……所批何止數百十條，誠爲善讀陽明書者。……批者以陽明詆朱子爲非，頗致惜於其經世之才，而多此講學一節，致與昔賢相枘鑿。故於傳習録一編，攻擊不遺餘力，甚且至於謾駡。於晚年定論，一一證實其所摘引各書多非作於晚年，以明陽明之誣。非深於紫陽之學而熟讀姚江之書者，不能作此等批語」。所有這些，當然不能視爲此一隆慶本入善的緣由，但崇禎原刻本未能入善，在當時却是事實。〔一五〕

（三）崇禎本陽明先生集要

隆慶六年（一五七二年）刻本王文成公全書行世後，「題名王文成公全書或陽明全書、王陽明全集的三十八卷木刻本、鉛印本約計二十餘種，各種選本、節要本、單行本則有數十種之多」。〔一六〕由於全書多達三十八卷，篇幅浩大，攜帶閲讀極不方便，因此到了崇禎八年（一六三五年），閩彰後學施邦曜

（字四明，謚忠愍）將全書分門別類，條分縷析，輯要而編成陽明先生集要三編。他在序言中寫到：「余以蚵蛂之質，仰羡蟾蜍之宫。每讀先生（指陽明）之書，不啻饑以當食，渴以當飲，出王於俱。然行役不常，苦其帙之繁而難攜也，因纂其切要者，分爲三帙，首理學，次經濟，又次文章。便儲之行岌，時佩服不離，亦以見先生不朽之業有所獨重云。」於是産生了崇禎八年施氏刻本，分爲理學、經濟、文章三編共十五卷。在各種不同選本中，施氏刻本有着十分獨特的意義。中國古代社會幾千年，哲學包羅萬象，各學科渾沌不分，幾乎没有不同學科的自覺分類。施氏刻本把王陽明的著述自覺地分爲理學、經濟、文學三大類，因此，崇禎施氏刻本的問世，不僅是陽明學研究史上一份重要文獻，同時也是編者在學科分類上的一個重要嘗試〔一七〕。

值得一提的是，如果説「國會善本」批者之立場爲是朱非王，崇禎施氏刻本的批者，則以王門後學身份，竭力維繫師道並多加闡明，其大量眉批與尾批，成爲後來研究陽明及其後學的第一手資料。從中也可看到，歷來對朱對王褒貶不一，競相挞伐而各有所宗之情形，鮮活躍然紙上。

據載，崇禎施氏刻本「初刊於閩」，但後來「國變版毁」。明亡，代之以清，刻版早已不復存在。不過，刻版没有了，還有書在，便可據以重刻，刷印新書。於是就有了乾隆五十二年（一七八七）浙江濟春堂朱培行刻版的問世。朱培行在乾隆五十二年刻版序中講述了重刻過程，他説：「緣是編（指崇禎八年施氏刻本）初刻於閩中，蓋忠愍官漳海時所授梓于平和縣令王立準者也。版久缺佚，無從諮求，同邑徐複齋師黄華陔、張羅山二丈出善本相示，慫恿授梓，爰開雕于丁未三月八。」這裏説明了重刻乾隆五十二年本之底本的出處。張羅山即張廷枚，他在丁未八月爲刻書所作後序中寫道：「陽明王先生集要三編，施四明先生手輯評點，鋟版閩中，旋即散佚，流傳絶少。」又説：「廷枚家素有不足本，購之良久，始得三缺本，合成全璧。甲辰，于蠡城書賈擔頭復得善本，較前所得者刷印尤勝，爲之狂喜。」經歷一番頗有戲劇性的周折，於是有了重刻的可能。而乾隆五十二年刻本由於只是崇禎施氏刻本的翻版，自然不如後者那樣具有在陽明學研究中的重要位置。不過，由於有了翻版，書就較多地保存下來，並得到了廣泛流傳。

崇禎本後來也成爲多家翻刻的底本，甚至後來翻印全書，都曾從崇禎本有所借助。崇禎施氏刻本與隆慶謝氏刻本，爲陽明著作的兩個極爲重要的版本，研究陽明學術的人，不可不知，不可不查。由隆慶謝氏刻本，又有崇禎施氏刻本，清代以來多家翻刻，陽明的著述在更廣的範圍内流傳開來。

陽明先生集要凡十五卷十三册，首册爲序、目録及年譜，餘十二册正文分理學、經濟、文章三編，其中理學編四卷四册、經濟編七卷六册、文章編四卷三册。全書計約六十餘萬字。

（四）全書與集要的比較

我們在整理過程中已發現多處全書與集要的不同之處，這顯示出兩書存在局部的但也是實質性的差異，僅從兩書的年譜中就可拈出如下幾處：比如年譜第一條，全書爲「徙居山陰」，集要則爲「世居山陰」。「徙居」與「世居」，其間差異不可謂不大。更有甚者，關於陽明年輕時那件最爲可笑的「格竹之舉」的記載，全書年譜載爲弘治五年，集要年譜則記在弘治二年。較大的不同和疑問之處還在於所謂「始致良知」一條的時間上的差異。全書以爲在正德十六年辛巳，「先生五十歲，在江西……是年始揭致良知之教」。而集要則記在「九年甲戌，先生四十三歲，在滁」一條，標明「是年，始專以致良知訓學者」。集要與全書的這些差異，正反映其具有不可忽視的史料價值。

若果把崇禎施氏刻本（集要）與隆慶謝氏刻本（全書）作一宏觀的對照，則可顯見其兩個重要區別：

第一，全書述其全，集要輯其要。隆慶謝氏刻本爲全書，全是它的優點，但閱讀和攜帶均有其不方便之處。集要的優點則是除了易於閱讀攜帶外，理學、經濟、文章三編之分，具有給研讀者以方向性提示的重要價值。

第二，集要有大量眉批，均爲明崇禎施邦曜所批，反映了施氏對王學的品評，特別是對於王門後學的研究，於今日具有重要的參考價值。

基於這些考慮，我們特將陽明先生集要整理出來，以方便學界同仁及廣大讀者參考。

注釋

〔一〕黄宗羲：姚江學案，見明儒學案卷十，中華書局，一九八五年，一八一頁。

〔二〕錢德洪：刻文録敍説，見王陽明全集卷四十一，上海古籍出版社，一九九二年，一五七四頁。

〔三〕王畿：滁陽會語，王龍溪全集卷二，影印道光二年刻本，臺北：華文書局股份有限公司，一九七〇年。

〔四〕年譜一，王陽明全集卷三十三，一二二二頁。

〔五〕張君勱：新儒家思想史，中國人民大學出版社，二〇〇六年，二四一頁。

〔六〕〔七〕李申：簡明儒學史，中國人民大學出版社，二〇〇六年，二三九頁。

〔八〕年譜一，王陽明全集卷三十三，一二二三頁。

〔九〕同上。關於格竹一事發生的時間，不同年譜有不同記載。明崇禎施四明輯陽明集要三編年譜中關於格竹一事載於「弘治二年己酉，先生十八歲」條。陳來於有無之境一書中對王陽明全集年譜載格竹之事於「弘治五年」條也提出了疑問。

〔一〇〕以上皆見年譜。

〔一一〕湛若水：陽明先生墓誌銘，王陽明全集卷三十八，一四〇一頁。

〔一二〕以上見陽明先生集要答羅整庵少宰書。

〔一三〕陽明先生集要答顧東橋書。

〔一四〕錢德洪輯陽明年譜，陽明先生集要將年譜編入第一册，並有所删節。

〔一五〕近日於國家圖書館查校崇禎本，知是本已由普通古籍室脱穎而出，將欲移入善本室。

〔一六〕上海古籍出版社王陽明全集編校説明。

〔一七〕王曉昕：陽明集要三編黔南重刊述略，貴陽師專學報一九九五年第一期。

凡例

一、底本　四部叢刊集部之陽明先生集要，上海涵芬樓借印無錫孫氏小緑天藏明崇禎間施忠愍刊本，原書版高營造尺六寸八分，寬四寸七分。校勘記中簡稱「原本」。

二、對校本　王文成公全書，新建謝氏原刻本，國家圖書館藏。校勘記中簡稱「全書」。陽明先生集要三編，光緒己卯四月黔南重刊本。簡稱「黔南本」。

三、參校本　王陽明先生文鈔，忠信堂藏版，康熙二十八年江都張問達編輯，校勘記中簡稱「張本」。上海古籍出版社王陽明全集，一九九二年版，吴光等編校。簡稱全集。

四、序跋　底本卷首原有林釬、王志道、黄道周、顔繼祖、施邦曜五篇序，今仍予保留。乾隆重刊本另有徐坤、黄璋、張廷枚三序，光緒黔南重刊本又有曹惟才、王命璿、林肇元三序（其中曹、王二序爲崇禎本原序），今將此六序一併置於書末。底本及黔南重刊本原各有王立準跋一篇，内容不同，今收録於全書最後。

五、目録　底本每卷前皆有目録，今以之爲基礎編成全書之目録。除增補部分外，將原目與正文一一作了覆核，凡改動與調整之處皆出校予以説明。正文標題下有寫作時間而原目没有的，則據正文補足，不另出校。

序一

性命者，務華之所逃，膽壯於摽玄，而氣怯于擔荷，將但使勞士鼓行，僨轅敗轍，則又數數也。正心誠意之談，未即便興宋祚，然濂、洛、關、閩，後世宗之勿替，豈非根本之地不宜少主人翁哉！夫孟子所謂盡心，知性，知天，立命，實與中庸之「至誠盡人物性」，「參贊化育」之語互相發明，則又何疑？

王文成先生之直指良知，不可以印合聖真，開引來學乎？是鏡是燈，即光即照，拭之燃之，完其固有，得一萬畢，信非虛也。而先生以是出之經濟，其所條畫區處，種種合宜，節節奏效，人視以爲震世奇勳。若以靈光一點，澹然周應，左右逢源，則固尋常穿衣喫飯事耳。更何需播弄其精魂，雕琢其章句，以吾心之日星江河，役之於涓流爝焰也者！

余幸得先生全編，焚香山寺中，敬閱返照，恍見先生之所以示人，即人人所自有而知，何以非良，良知何以不致？孟子不言失其本心耶？中庸不言不誠無物耶？誠之至，心之盡，人世應爲難爲之事業，不可從穿衣喫飯做耶？因書數言，以質之四明施公祖。蓋四明公莅閩漳八年，其冰心石畫，福庇於兹土者，意學問淵源有所從出宛肖，而是編即四明公轉別時取以示余者，乃今知之矣。性無歧分，身有前後，且得不重美姚江哉！

閩九皋居士後學林釬盥書於退思精舍。

序二

陽明先生之文大行於世百年矣。四明施公臨漳海而嘆曰：文成之功起於汀、贛，自平漳寇始，今圖潢池，何多日也！於是悉取先生集手評之。其奏議、公移，自立朝而虔州，訖思、田，彙爲一編。既而曰：先生雖在兵間，無刻不論學，復取傳習録爲一編，置於前。其餘詩文尚多，别爲一編。

儒者多不習兵，家守師説者，不能自遣一詞，往往爲詞章家所笑。先生即與顓門較，猶足與何、李並時壇坫，與青田並代稱兩。文成也，斯兼之矣。然而以兼歸先生，先生不受也。先生之言曰：止此良知，更無餘事。未發之中，以位以育，立天下之大本而已，何三之與有？

曰：良知即未發之中乎？

曰：良知知善知惡，易知耳，良知前無未發，後無已發，此處未易信，及疑良知有所不知，必待多學多識，疑良知尚落知識，别求無聲無臭。理學也，經濟也，文章也，其弊皆求之良知之外，至於的然則已矣。的然者，迹也，迹豈能兼哉！責絳、灌文，責隨、陸武，其品固也。謂功業如諸葛武侯，忠誠如司馬温國，猶爲不著不察，是經濟盡無與乎理學。謂濂、洛、關、閩軼唐絶漢，而不能遏胡馬之南也，理學復無與於經濟歟？

學者方幸文成生乎開天靖難之後，以文臣擒叛王，功在社稷，有體有用，可無疑於天下後世。然而持兩之疑，無將之疑，僞學之禁，亦同考亭異端之目，推及子静，其故何歟？信心者不問迹，狥迹者難語心，疑其功並疑其學，疑其學則一切立功立言，吾將誰使正之？故論學於有宋諸儒之後，不得不揭「良知」兩字，爲千古聖賢滴骨血。而今日又欲以無已發未發處，爲良知滴骨血。知此者，不言而信，不易乎世，不成乎名，兼濟萬世之功無加損焉。其不知者，豈惟宋之理學無與經濟，雖攝相三卿，亦成何事？設使伊、萊不生乎三代，吕、散不遇於今時，天地間豈復有完人哉？

爾來漳海多故，亦向者虔州一時，四明公每過余，焦然談海上，輒及桶岡、浰頭時事，因舉文成在三浰，有「平山中賊易，平心中賊難」之語，遂相與劇論文成之學，其論文成學，未嘗不及宋諸儒。先而尤反覆於紫陽，幾同幾異，幾疑幾信，蓋數十往復，然後相與釋然。今評是編，亦其反求諸躬，參諸行事，論其世，然後詳説之。非高談影悟，鼓吹先正，苟讓當仁者比。昔文成反覆紫陽定論，必求針芥於良知而後已。今四明公反覆陽明定論，究其指歸，亦必求針芥於紫陽而後已。

兩先生者，皆過化吾漳，其定論皆孔氏堂室必繇之徑，其趨則一。今之宗姚江者，必詘考亭，宗考亭，則疑姚江，疑其學且甚於疑其功。是編也，可謂忠於文成，且使吾漳再見紫陽矣。百年以來，推明文成之學者，多出文成之鄉。同時有龍溪王子，龍溪之後，有海門周子，有石簣陶子，今又有四明施公，姚江之澤，亦既長哉！

崇禎乙亥七月乙卯，閩漳後學王志道序。

序　三

有聖人之才者，未必當聖人之任；當聖人之任者，未必成聖人之功。伊尹殁而知覺之任衰；逃清者入和，逃和者入願，至於願而荒矣！周公救之以才，仲尼救之以學。其時猶未有佛老禪悟之事，辭章訓詁之習，推源致瀾，實易爲功。而二聖人者竭力爲之，或與鳥獸爭勝於一時，或與亂賊明辟於百世，其爲之若是其難也！

明興，而有王文成者出，文成出而明絕學，排俗説，平亂賊，驅鳥獸，大者歲月，小者頃刻，筆到手脱，天地廓然，若仁者之無敵。自伊尹以來，乘昌運，奏顯績，未有盛於文成者也。

孟軻崎嶇戰國之間，祖述周、孔，旁及夷、惠，至於伊尹。祇誦其言曰：「天之生斯民也，使先知覺後知，使先覺覺後覺也。予，天民之先覺者也，予將以斯道覺斯民也。」變「學」爲「覺」，實從此始，而元聖之稱，亦當世爛焉。仲尼獨且退然，讓不敢居。一則曰：「先覺者，其賢乎？」再則曰：「我非生而知之也。」夫使仲尼以覺知自任，轍弊途窮，亦不能輟絃歌，躡赤舄，以成納溝之務。必不得已，自附於斯文，仰託於後死，曰：「吾之志事，在斯而已。」今其文章俱在，性道已著，删定大業，無所復施，雖以孟軻之才，不過推明其說，稍爲宣暢，無復發揮，裨益其下，則天下古今著述之故，概可知也。

孟軻而後可二千年，有陸文安。文安原本孟子，别白義利，震悚一時。其立教以易簡覺悟爲主，亦有耕莘遺意。然當其時，南宗盛行，單傳直授，遍於巖谷，當世所籍，意非爲此也。

善哉，施四明先生之言曰：「天下病虚，救之以實；天下病實，救之以虚。」晦庵當五季之後，禪喜繁興，豪傑皆溺於異説，故宗程氏之學，窮理居敬，以使人知所持循。文成當晦庵之後，辭章訓詁，汩没人心，雖賢者猶安於帖括。故明陸氏之學，易簡覺悟，以使人知所反本。雖然，朱氏學孔，才不及孔，以止於程，故其文章、經濟，亦不能逾程以至於孔。文成學孟，才與孟等，而進於伊，故其德業事功，皆近於伊，而進於孟。夫自孔、顔授受，至宋明道之間，主臣明聖，人才輩生，蓋二千年矣。又五百年而文成始出，陸文安不值其時，雖修伊尹之志，負孟氏之學，而樹建邈然，無復足稱。今讀四明先生所爲集要三編，反覆於理學、經濟、文章之際，喟然興嘆於伊、孟、朱、陸相距之遠也。子曰才難，不其然乎？不其然乎？

崇禎乙亥歲秋七月，漳海治民黄道周書。

序四

王文成先生起東南倡學，繼往開來，得未曾有。而以其學見之匡朝定國，靖大難，建大功，亦得未曾有。蓋明興二百年來一人也。然先生之學，如暗室一燈，而同事者疑其學；先生之功，如擎天一柱，而當事者忌其功。乃先生不以此介介也。越數年，而妒口稍息，始論次先生功，錫康侯印如故事。又數十年，始表章先生學，大者雍容樽俎稱素臣，次亦不失庚桑之社，於是先生學術始大被於天下矣。

今海内學士大夫，得先生片楮隻字，不啻彝鼎，欽而著蔡肅之。吾漳僻在海隅，罕覩全書，間拾殘篇，僅啜一臠，殊爲恨事。四明施公敏而好學，公餘取先生全集而詮次焉，分理學、經濟、文章，凡十五卷，付諸殺青，與世共寶，可謂姚江之功臣，閩南之教主矣。昔人稱德功言三不朽。我朝名碩蔚起，淵嶽其心，麟鳳其采者，背頂相望，要以梟短鶴長，遂成鼎足。若夫函三爲一，則先生一人而已。

夫以先生之忠肝義膽，偉略殊勳，雖善妒者不能掩其蛾眉。獨學問未易窺測，猶有堅白同異之疑，甚有詆先生爲僞學者。嗟乎，使先生之學爲僞，則荀卿升堂，楊雄入室矣。今諸編具在，試取一再讀之，皆實理實事，根命根性，真足津梁來彥，冶鑄稗官。至陰符之謀，出天入地，社稷之功，震主驚人，直先生之塵垢粃糠耳，豈關先生至極哉！

孔夫子之讚黃帝曰：生而民得其利百年，死而民畏其神百年，亡而民用其教百年，故稱三百年。先生去今未百載，而嚮利有德，尊嚴若神者，已遍於窮谷遐陬，過此以往，教化翔洽，百世以俟聖人而不惑可也。施公與先生同里，聞知有自，而先後莅漳，鐵面冰心，十年如一日。每見其訓士諭民，及與縉紳大夫相切劘者，皆原本道德之意。而遭水旱之厄，撫字有方，值夷寇之訌，方圓並畫，實與先生之安民和衆，扶危定傾，同一靈變。詩云：「唯其有之，是以似之。」公之於先生也，蓋其似哉！人但知公之飲冰茹蘗，一塵不染，而不知其自治郡以及分守潢池，無日不弄兵。其間經緯武文，翕張操縱，安反側之心，而紗折衝於談笑者，皆在不見不聞之地。公不以告，人未之或知也。雖然，有文成之人，縱無康侯之錫，而文成自重。公固學文成之學者也，爲召、杜而有餘，爲韓、范而無不足，天下爲己任之人，即志不在温飽之人，公不負所學，必不負天子。余以其生平所討論，合之服官所展布，竊謂他日姚江當有兩文成，毋云退然不勝衣，軍旅未之學也。

賜進士文林郎侍㊀經筵吏科都給事中前奉勑巡視城河工程持節册封周府後學顔繼祖撰。

㊀ 自「俟之錫」至「文林郎侍」凡一〇一字原本缺，據黔南本補。

序五

自古稱不朽之業有三，曰：立德、立功、立言。然果如是之畫爲三等，如玄黄黑白之殊類乎？非也。蓋人未嘗生而有功，生而有言，惟此德命於天，率於性，明此者謂之精，誠此者謂之一。惟明故誠，惟精故一，是謂聖賢之學。學至於誠，則有以立天下之本；一，則有以盡天下之變。德也者，功從此托根，言從此受響者也。惟學之入德未至，即身奏一匡之績，祇成雜霸之勳名；即文起八代之衰，終屬詞章之小乘。故上下古今，伊、周之後無功，六經之外無言。非無功與言也，德之未至，即功與言不足稱也。

先生從學絶道喪之日，獨悟良知之妙藴，上接「精一」之心傳，就不睹不聞之中，裕經綸參贊之用，舉世所謂殊猷偉烈，微言奥論，不必分役其心而已。實有其理，將見富有日新，自然應時而發。戡亂定變，人所視爲非常之原者，先生唾手立辦，使世食其功，而絶不見搶攘之跡，斯名世之大業也。創義竪詞，人所稱獨擅製作之林者，先生未嘗過而問焉，不外日用之雅言，而備悉夫繼往開來之緒，斯羽翼之真傳也。德立而功與言一以貫之，此先生之獨成其不朽哉！

世於先生之學，未能窺其蘊奥，故慕先生之功，若赫然可喜，誦先生之言，若澹然無奇。譬適滄茫者，不望斗杓爲準，與波上下，東西南北，揣摩向往，無一或是，而先生之爲先生自若。人惟學先生之學，試升其堂焉，入其室焉，而後知先生之不可及也。後知不可及者，之其則不遠也。性命之中，人人具有一先生焉。人人具有一先生，而竟無一人能爲先生，先生於是乎獨成其不朽矣！

余以蚵蛂之質，仰羨蟾蜍之宮，每讀先生之書，不啻饑以當食，渴以當飲，出王與俱。然行役不常，苦其帙之繁而難攜也，因纂其切要者，分爲三帙。首理學，次經濟，又次文章。便儲之行笈，時佩服不離，亦以見先生不朽之業有所獨重云。

同邑後學施邦曜頓首撰。

年譜

王先生守仁，字伯安，其先晉右軍將軍羲之之後，世居山陰。至二十三世，迪功郎壽徙餘姚。國初有綱者，官廣東參議，死苗難，其子彥達以羊革裹屍歸，御史郭純上其事，廟祀綱於增城，綱蓋先生之六世祖也。高祖與準，永樂間舉遺逸不起，號遯石翁。曾祖世傑，以明經貢入太學，號槐里子。祖天叙，號竹軒，封翰林院修撰。自槐里子以下，兩世皆贈嘉議大夫、禮部右侍郎，加贈新建伯。父華，號龍山，辤進士及第第一人，仕至南京吏部尚書，封新建伯。龍山念山陰佳山水，又爲先世故居，復自餘姚徙越城之光相坊。先生因築室陽明洞，距越城東南二十里，故學者稱爲陽明先生。

成化㈠八年壬辰九月三十日丁亥，先生生。先生在娠十四月，生之夕，祖

㈠「成化」，全書作「憲宗成化」。

母岑夢神人衣緋玉，自雲中鼓吹送兒來，驚寤，已聞啼聲。竹軒翁因名先生雲，而鄉人遂指所生樓曰瑞雲樓。

十二年丙申，先生五歲，猶不言。有神僧過而目之曰：「好個孩兒，可惜名字道破。」竹軒翁更以今名，曰守仁，即能言。嘗暗誦翁所讀書，翁訝問之，曰：「向聞祖讀時，已默記矣。」

十七年辛丑，先生十歲，龍山公舉進士。

十八年壬寅，先生十一歲，竹軒翁因龍山公迎養，攜先生如京師，過登金山，與客賦詩，未就，先生從傍占一絶。客大驚，復命賦蔽月山。先生又隨口占一絶，詩在集中。明年，就塾師於邸中。一日，與同學生走長安街，遇相者，曰：「吾爲爾相，爾鬚拂領，入聖境，鬚至上丹臺，結聖胎，鬚至下丹田，聖果圓。」先生感其言，歸問師曰：「何爲第一等事？」師曰：「讀書登第。」先生曰：「恐未是，當讀書作聖人耳。」

可愧殺一世讀書人。

二十年甲辰，先生十三歲。太夫人鄭氏卒。

二十二年丙午，先生十五歲。時石英、王勇亂畿内，石和尚、劉千金亂秦中。先生間行出居庸關，逐胡兒騎射，遍詢夷落所以備禦之策，經月始返。夜夢謁漢馬將軍援廟，賦詩一律，詩在集中。先生感慨時事，屢欲上書於朝，龍山公格而止之。

弘治㊀元年戊申，先生十七歲。七月，自京師親迎夫人諸氏於洪都。時諸公養和爲江西參議，先生就委禽焉。合巹日，偶行入鐵柱宮，見道士跏趺，即而叩之，相與對坐忘歸，諸公遣人遍索不得。明日，先生始還。署中有紙數篋，先生日學書皆盡，書法大進。先生嘗曰：「吾始模古帖，止得字形。後凝思靜慮，擬形於心，久之，始通其法。及讀明道書曰：『吾作字甚敬，非要字好，只此是學。』既非要字好，又何學也？乃知古人隨時隨事只在心上學，此

灑掃應對，可悟精義入神，正是如此。

㊀「弘治」，全書作「孝宗弘治」。

心精明，字好亦在其中矣。」後與學者論格物，多舉此爲證。

二年己酉，先生十八歲。十二月，以夫人諸氏歸餘姚，舟過廣信，謁婁一齋諒，語格物之學，先生甚喜，以謂聖人必可學而至也。後遍讀考亭遺書，思諸儒謂衆物有表裏精粗，一草一木皆具至理，因見竹，取而格之，沈思不得，遂被疾。

五年壬子，先生廿一歲。秋，舉於鄉。時闈中夜半見有二巨人者衣緋緑，東西立，大言曰：「三人好作事。」已而，先生與孫中丞燧、胡尚書世寧同舉。及宸濠之變，胡發其奸，孫死其難，先生平之。

六年癸丑，先生二十二歲，春試南宫落第。宰相李西涯素器先生，戲曰：「待汝作來科狀元，試爲來科狀元賦。」先生拈筆而就。有忌者曰：「此子取上第，目中無我輩矣。」及丙辰春試，竟爲忌者所抑。同舍有以不第爲耻者，先生笑曰：「汝以不得第爲恥，吾以不得第動心爲恥。」

便見大學問。

十年丁巳，先生二十六歲。寓京師，時邊烽甚急，詔舉將才，無以應。先生因精究兵法，每遇賓飲，聚果核，列陣勢爲戲。

先生所往，無不成功，其平日究心軍旅如此，可見天下事無有不學而能者。

十一年戊午，先生二十七歲。讀考亭上光宗疏，有曰：「居敬持志爲讀書之本，循序致精爲讀書之法。」乃悔前日用力雖勤而無所得者，欲速故也。因循序以求之。然物理吾心，終判爲二，沈鬱既久，舊疾復作。聞道士談養生之説而悦焉。

十二年己未，先生二十八歲。春，舉南宫第二人，賜二甲進士第七人，觀政工部。先生爲諸生時，嘗夢威寧伯王越遺以弓劍。是秋，奉命督造威寧墳，馭役夫以什伍法，休食以時，暇則驅演「八陣圖」。事竣，威寧家謝以金帛，不受。出威寧夙所佩劍以贈，受之，夢故也。時星變，下詔求言，又達虜猖獗，先生疏論邊務八事。

十三年庚申，先生二十九歲。授刑部雲南司主事。

十四年辛酉，先生三十歲。奉命讞獄江北，暇日遊九華山，見道者蔡蓬頭，問以仙術。蔡曰：「尚未。」有頃，先生迸左右，再拜請問。蔡曰：「尚未。」問至三，蔡曰：「汝禮雖隆，終不忘官相。」大笑而別。地藏洞有異人，坐卧松毛，不火食，先生歷巖險訪之。值其睡，先生默坐，良久方醒。問以第一義諦，不答。徐曰：「周濂溪、程明道，你儒家兩個好秀才也。」語畢復睡。先生歸。明日再往，不復見矣。

道者真是異人。

十五年壬戌，先生三十一歲。八月，予告歸越，築室陽明洞，行道引術。友人王思興等來訪，先生命僕迎之，且歷語其來蹟，似先知者。衆驚異，以爲得道。久之，先生悟曰：「此簸弄精魄，非道也。」遂屏去其術。欲離家遠遯，念祖母岑與龍山公在。一日，悟曰：「此念生於孩提，此念亡，是斷滅種性矣。」乃移居西湖，往來南屏、虎跑間。有僧禪坐三年，不語不視，先生喝曰：「這和尚，終日口巴巴説甚麼？終日眼睜睜看甚麼？」僧驚起。先生問其家，對曰：「有母在。」曰：「起念否？」對曰：「不能不起念。」先生即指愛親本性諭之，僧涕泣拜謝，挈鉢而歸。

能不爲異道所惑，非大智不能。

真正法眼。

十七年甲子，先生三十三歲。秋，主考山東鄉試，試録皆先生筆也。九月，改兵部武選司主事。

十八年乙丑，先生三十四歲。是年識湛甘泉若水，與盟，講明聖學，門人始進。

正德㊀元年丙寅，先生三十五歲。時奄瑾擅政，南京科道戴銑、薄彦徽等皆下獄。二月，先生抗疏救之。觸瑾，矯旨廷杖四十，謫貴州龍場驛驛丞。

二年丁卯，先生三十六歲。夏，赴謫至錢塘，瑾遣人陰跡先生。先生懼，佯爲自沉於江，密附商船往舟山，颶風一夕，飄墮閩界。比登岸，山行數十里，夜扣野寺，不納。又趨野廟，倚香案卧，蓋虎穴也。夜半，虎但遶廊吼，不敢入。黎明，寺僧來廟所，意先生必啖於虎，將收其橐。此寺僧蓋素借虎以

㊀「正德」，全書作「武宗正德」。

禦客者，見先生方睡醒，驚曰：「非常人也。」邀至其寺，則向與先生趺坐於鐵柱宮之道士在焉。道士笑出袖中詩相示，有「二十年前曾見君，今來消息我先聞」之句。因問先生曰：「爾欲安往？萬一瑾怒，逮爾父，誣爾北走胡，南走粵，奈何？」先生愕然，卦之，得明夷，乃決策返。別道士，留詩壁間，詩在集中。遂取間道，繇武夷歸，涉鄱陽，往省龍山公於建業。以十二月赴龍場驛。時先生妹婿徐愛因先生將赴龍場，納贄北面，奮然有志於學。

先生隨所至，多遇異人，如長安相者、鐵柱宮道士、九華山蔡蓬頭，俱得其指點之力。豈先生爲一代大儒，故隨在有神人爲之呵護耶？非尋常之士得冀幸一遇者。

三年戊申，先生三十七歲。春三月，至龍場驛。龍場在貴州萬山中，蛇虺蠱蟲畢聚，夷人鴃舌，不通語言，可與通語言者，僅中土亡命耳。時瑾憾未釋，先生自計得失榮辱俱忘，惟生死一念尚在，乃鑿石槨以俟命焉。會從者皆病，先生親析薪取水，作糜飼之。又爲歌詩，調越曲，雜詼笑，以相解慰。因沉思聖人處此，更有何道，忽中夜大悟格物致知之旨，不覺呼躍而起，從者皆驚。始知聖人之道，吾性自足，向之求理於事物者誤也。默記五經之言證之，莫不脗合，著五經臆説。夷人亦日來親，見先生所棲卑濕，爲搆龍岡書院、寅賓堂、何陋軒、君子亭、玩易窩，以居先生。思州守遣人侮先生，諸夷不

此所謂動心忍性，增益其所不能。

平，毆之。守怒，白於當道。當道令先生詣謝，先生不可，致書復之，守聞自失。水西安宣慰饋粱肉，給使令，重以金幣鞍馬，先生俱不受。始朝廷議設軍衛於水西，兼築城廓，既而止，然驛傳尚存。安惡據其腹心，欲去之，以問先生。先生遺書，申朝廷令甲威信，安心乃折。有宋氏酋長曰阿賈、阿札者叛，宋氏作亂，先生復遺書諷諭安，安悚然，率所部平其難。

四年己巳，先生三十八歲。貴州提學副使席書聘先生主貴陽書院，身督諸生師先生。是年，先生始論知行合一，其説具語録中。

五年庚午，先生三十九歲。繇龍場驛丞陞廬陵縣知縣。爲政七月，不事威刑，選三老里正，諭㊀民爲善，多感化者。冬十一月入覲，館於興隆寺。時黄宗賢綰始見先生論學，先生喜，令與湛甘泉俱。十二月，陞南京刑部四川司主事。

㊀「諭」原本作「論」，據全書、黔南本改。

六年辛未，先生四十歲。正月，調吏部驗封司主事。始論晦庵、象山之學，有答徐成之書。時方獻夫爲郎，位在先生上，敬執贄先生。二月，爲會試同考試官。十月，陞文選司員外郎。

七年壬申，先生四十一歲。三月，陞考功司郎中。十二月，陞南京太僕寺少卿，便道歸省。是年，徐愛以祁州守遷南工部郎，與先生同舟歸越，論大學宗旨，詳語録。

八年癸酉，先生四十二歲。冬十月，至滁州，日與門人遨遊琅琊、瀼泉間。月夕，環龍潭而坐者數百人，歌聲振山谷，舊學之士日益至。

九年甲戌，先生四十三歲。四月，陞南京鴻臚寺卿。是年，始專以「致良知」訓學者。

十年乙亥，先生四十四歲。立從弟守信子正憲爲後。時先生與諸弟守儉、守文、守章，皆未舉子故也。八月，擬諫迎佛疏。近侍言西域有僧，能知三生事，胡人謂之活佛。遣宦者劉允乘傳往迎，以珠琲爲幡幢，黄金爲供賜，賚巨萬，勑允往反以十年期，得便宜行事。請鹽七萬引，爲行李費。輔臣楊廷和執奏，不聽。先生擬疏欲上，後止。

十一年丙子，先生四十五歲。九月，陞都察院左僉都御史，巡撫南、贛、汀、漳等處，以兵部尚書王瓊舉也。王思輿語季本曰：「陽明此行，必立事功，吾觸之不動矣。」

十二年丁丑，先生四十六歲。正月，至贛州。先經萬安，有賊數百，沿途劫掠，商舟不敢進。先生令聯商艦結爲陣勢，揚旗鳴鼓，若趨戰者。賊懼，羅拜呼曰：「饑荒流民，乞求賑濟。」先生令人諭之曰：「至贛後，即差官撫插，各安生理，毋作非爲，自取戮滅。」賊皆散歸。先生入贛日，即選募民兵，行十家牌法。先是，贛人之在官府者，皆洞賊耳目，官府舉動，賊必先聞。軍門一老隸，作奸尤甚。先生知之，呼入密室，使自擇生死。隸吐實，先生許以不死，

今隨在皆如此，惟明不足以燭奸，多爲左右所賣。

試其言悉驗。先生以是盡得賊情矣。二月，平漳寇。四月，班師。五月，立兵符，奏設平和縣治於河頭，移小溪巡簡司於枋頭。六月，請疏通鹽法。九月，改提督南、贛、汀、漳等處軍務，欽給旗牌，得便宜行事。先是，先生申明賞罰疏，以旗牌便宜爲請。有笑其迂者。獨王公瓊曰：「朝廷此等權柄，不與此等人，又將誰與？」覆疏，得旨，悉從之。江西鎮守太監畢真謀於近倖，請監其軍。瓊奏以爲兵法最忌遥制，若使南、贛用兵必待謀於省城，鎮守敗矣。惟省城有警，則聽南、贛策應可也。真謀乃寢。以平漳寇功，陞俸一級，賞銀二十兩，文綺四端。十月，平横水、桶岡諸寇，賊首謝志珊就擒。先生問之曰：「汝何得黨類之衆若此？」志珊曰：「亦不容易。平生見世上好漢，斷不放過，必多方鈎致之，或赴其難，或周其急，或逞其酒色嗜好，待其懷德，與之謀，無不應矣。」先生顧謂門人曰：「吾儕求友之切，亦當如是。」十二月，班師。奏設崇義縣治於横水，增茶寮隘，上堡、鉛廠、長龍三巡簡司。

王晉溪立朝，他無表見，只此一節，便堪不朽。

賊之用心如此，畢竟爲先生所擒，益見先生方略之妙。

十三年戊寅，先生四十七歲。三月，平大帽、浰頭諸寇。四月班師，舉酒以酬諸門人曰：「感諸君助我，以此相報。」門人各瞿然問故。先生曰：「始吾登堂，賞罰軍事，嘗恐誤，有愧諸君，不敢不慎。及退對諸君，尚覺前之賞罰有未慊也。直至登堂行事，與諸君相對時，此心恰恰如一始安。此固諸君之所以助我矣。」五月，奏設和平縣治於和平峒，改和平巡簡司於浰頭。六月，以平橫水、桶岡功，陞右副都御史，廕一子錦衣衛世襲百户。七月，刻古本大學，刻朱子晚年定論。十一月，再請疏通鹽法。

取朋友之益者當如此用心。

十四年己卯，先生四十八歲。正月，以平三浰功，廕一子錦衣衛世襲副千户。六月，奉敕勘處福建叛軍。初九日，發贛州。十五日，至豐城，聞寧王宸濠反，趨還吉安，起義師。濠遣兵追先生，先生以計得脱。十九，至吉安，上疏告變。慮賊黨順流窺建業，犯京師，兩都倉卒無備，思以計詒濠，使遲留旬月不出，乃萬全。於是僞爲兩廣軍門機密火牌，僞爲迎接京邊官軍公文，僞爲李士實、劉養正内應書，僞爲閔念四、淩十一投降狀，令雷濟、龍光先後設法，故聞於濠，濠乃疑懼猶豫，其詳具反間遺事中。二十一日，再上疏告變，以叛黨方熾，恐前疏不得達也。同日，又疏乞省葬。七月初五日，疏上宸濠謗訕檄榜。十三日，率伍文定等義師發吉安。十五日，大會於樟樹，遣奉新縣知縣劉守緒，襲破濠伏兵於新舊墳廠。十九日，發市汊。二十日，拔南昌。二十四日，與賊戰於鄱陽湖之黄家渡。二十五日，戰於八字腦。二十六日，獲濠於樵舍，江西平，而朝廷不知也。

當是時，始以南京都御史李克嗣飛章告急，集廷臣會議，廷臣猶觀望，不敢斥言濠反。獨兵部尚書王瓊曰：「豎子素行不義，今倉卒舉亂，不足慮，王守仁據上游躡之，成擒必矣。」但故事不得不命將，乃疏請下詔，削濠屬籍，正賊名，請命將出師，趨南都，命南和伯方壽祥防江，都御史俞諫率淮兵翊南都，王守仁率南、贛兵繇臨、吉，都御史秦金率湖兵繇荆、瑞會南昌，李克嗣鎮鎮江，許廷光鎮浙江，叢蘭鎮儀真，遏賊衝。傳檄江西諸路，但能倡義旅，擒反者封侯。時羣小導上親征，有旨：不必命將，朕當親率六師，奉天征討，假威武大將軍、鎮國公行事。令太監張永、張忠，安邊伯許泰，都督劉暉率京邊官軍萬餘以從。給事中祝續、御史張綸隨軍紀功。

晉溪真不可及。

如此布置亦好。

八月十六日上疏，諫止親征，是日再乞省葬。九月十一日，發南昌，獻俘如京師。時忠、泰等訹上使人以威武大將軍牌，取逆濠放還湖中，俟上親與之戰，而後獲之以爲功。及先生行至廣信，忠、泰又使人邀還江西。先生不聽，乘夜過玉山草萍驛。適張永候於杭，先生見永，謂曰：「江西之民，久遭濠毒，既經大亂，繼以旱災，又加以京邊官軍供應，困苦不支，必逃聚山谷爲亂。昔助濠，尚脇從耳。今爲窮迫所激，奸黨羣起，天下將成土崩之勢。公素委心朝廷，得無念耶？」永曰：「然，吾之此出，爲羣小在側，欲調護左右，以默輔聖躬，非爲掩功來也。但皇上天性，順其意猶可挽回萬一，若逆之，徒激羣小之怒，無救於天下之大計矣。」先生信其無他，以濠付之，而稱病居西湖淨慈寺。

張永真内侍之傑然者，然亦先生之至誠有以感之。

十一月返南昌，以奉勑巡撫江西也。時忠、泰等在江西百計搜羅，續、綸又望風附會，肆爲飛語。先生既還，北軍肆坐慢駡，或故衝導起釁。先生一不爲動，愈待以禮，密令居人移家於鄉，而以老羸應門。將犒賞北軍，忠、泰預禁其人，令勿受。先生傳示内外，諭北軍離家苦楚，居民當敦主客之禮。每出，遇北軍喪，必停車唁慰，厚與之櫬㊀，嗟嘆乃去。久之，北軍咸感，會冬至節，先生令城市設酒脯以奠死於亂者，哭聲晝夜不絶。北軍聞之，無不思家泣

此正所謂知柔知剛，非有大學問者不能。

㊀「櫬」原作「襯」，據全書改。

下。忠、泰欲與先生較射，意先生不能，有以屈之。先生勉應，三發三中，北軍在傍哄然，舉手嘖嘖。忠、泰大懼，曰：「我軍皆附王都耶。」乃班師，還南都。是年十二月二十六日，上至南都。

十五年庚辰，先生四十九歲。上在南都。忠、泰既憾先生，每矯旨召先生，而先生不赴。乃密譖於上云：「王守仁必反。」上問以何爲驗。對曰：「試召之，必不來。」正月，有詔召先生，張永使幕士錢秉忠密以報。先生聞命趨至，忠、泰復拒之於蕪湖。先生入九華山，宴坐草庵中。上陰遣人覘之，曰：「王守仁學道人也，安得反？」命還江西。過開先寺，刻石於讀書臺曰：「正德己卯六月十四乙亥，寧藩濠以南昌叛，稱兵向闕，破南康、九江，攻安慶，遠近震動。七月十三辛亥，臣守仁以別郡之兵復南昌，宸濠擒，餘黨悉定。當此時，天子聞變赫怒，親統六師臨討，遂俘宸濠以歸。於赫皇威，神武不殺。如霆之震，靡擊而折。神器有歸，孰敢窺竊？天鑒於宸濠，式昭皇靈，嘉靖我邦國。」蓋世宗龍飛之兆徵於此矣，豈先生能前知乎？

歸功於朝，極得大體。

二月，觀兵如九江。三月，又疏乞省葬。五月，江西大水，疏自劾。

六月，如贛，大閲士卒，教戰法。江彬遣人來覘，人皆爲先生懼。先生作啾啾吟解之曰：「東家老翁防虎患，虎夜入室銜其頭。西家小兒不識虎，持竿驅虎如驅牛。」門人陳九川等復以爲憂。先生曰：「吾昔在省城，處權豎槍鋒劍芒間，吾心帖然。今公等何多慮也？」有言萬安多武士，命參隨往録之。諭曰：「但多膂力，不問武藝。」得三百人。龍光問：「宸濠既平，録此何爲？」先生笑曰：「交趾有内難，出其不意搗之，亦一機會也。」蓋是時上在南都，宸濠尚未伏法，而彬謀叵測，故有牛首夜驚之事，只畏先生，不敢動耳。先生之所以觀兵九江，校士贛州，録萬安武力者，其意皆以此，固難爲衆人道矣。

堪爲募兵者法。

思慮之深遠若此，真是出於忠君愛國之心。

七月，重上江西捷音疏。時羣黨欲自獻俘襲功。張永曰：「不可，昔我等未出京時，宸濠已擒，王都堂獻俘北上，過玉山，渡錢塘，經人耳目，不可假也。」於是以大將軍鈞帖，令先生重上捷音。先生乃節略前奏，入諸人名於疏内，再上之。八月，咨部院雪理冀元亨冤狀。閏八月初八日，上在南京受俘。十二日，上自南京旋蹕。霍韜曰：「是役也，罪人已執，猶動衆出師。地方已寧，乃殺民奏捷，誤先朝於過舉，摇國是於將危。蓋忠、泰之攘功賊義，厥罪滔天，而續、綸之詭隨敗類，其黨惡不才，亦甚矣。」

九月，自贛州還南昌。時泰州王銀服古冠服，執木簡，以二詩來見先生。先生異其人，降階，延之上坐。問：「何冠？」曰：「有虞氏冠。」問：「何服？」曰：「老萊子服。」問：「學老萊子乎？」曰：「然。」曰：「將止學服其服，抑學其上堂詐跌也？」銀心動，坐漸側，及論格物致知之旨，言下豁然。明日，易服執弟子禮。十二月初三日，上在通州賜宸濠死。初八日，上還京。

十六年辛巳，先生五十歲。三月十四日，上崩於豹房。四月，世宗登極。八月，召先生馳驛來京。二十日，發南昌，輔臣沮之，陞南京兵部尚書，參贊機務。先生行至錢塘，上疏，仍乞便道省葬歸越。

十二月，制封新建伯，詔至日，適龍山公誕辰，先生捧觴爲壽。公蹙然曰：「向寧濠之變，皆以汝爲死矣，而不死。皆以事難平矣，而卒平。讒構朋興，禍機四發，前後二年，岌乎幾不免矣。天開日月，顯忠遂良，父子濫冒封賞，穹官高爵，復相見於一堂，豈非幸歟？然盛者衰之始，福者禍之基，雖可幸，亦可懼也。」先生洗爵而跪曰：「大人之教，兒所日夜切心者也。」

如此宰相真可恨。

嘉靖元年壬午，先生五十一歲。正月初十日，疏辭封爵，不允。二月，龍山公卒，先生哭踊幾絶，戒家人齋食百日。未幾，又令弟侄輩稍進乾肉，曰：「諸子豢養習久，强其不能，是恣其作僞也。不如稍寬之，使各求自盡可矣。」先生久哭暫輟，有弔客至，侍者云宜哭。先生曰：「哭發於心，若以客至而始哭，則以客退而不哭矣。世人飾情行詐已久，故於父母亦然。」七月，再疏辭封爵，不報。時御史程啟充、給事中毛玉承宰相意，倡爲異説劾先生，門人刑部主事陸澄上疏，爲六辯以折之，先生聞而止之。九月，葬龍山公於石泉山。

真摯之語，動人肺腑。

二年癸未，先生五十二歲。二月，南宮策士以心學爲問，陰闢先生。門人徐珊不答而出。門人錢德洪下第歸，見先生，先生喜而接之，曰：「聖學從兹大明矣。」德洪曰：「時事如此，此學何繇得明？」先生曰：「吾學惡得遍語天下，今會試録出，雖窮鄉深谷，無不見矣。吾學既非，天下必有起而求真是者。」九月，改葬龍山公於天柱峰，鄭太夫人於徐山。因石泉有水患也。十一月，與張元沖論二氏之學，元沖曰：「二氏作用，亦有功於吾儒者，不知亦當兼

先生不與世争是非，亦只是實見得是耳。

取否？」先生曰：「説兼取便不是了，聖人盡性至命，何物不具，何待兼取？二氏之學皆我之學，即吾盡性至命中，完養此身謂之仙，不染世累謂之佛。後世儒者不見聖學之全，故與二氏成二見耳。辟之廳堂三間，共爲一室，儒者見佛氏則割左邊一間與之，見老氏則割右邊一間與之，而己則自處於中間，皆舉一而廢百也。」

三年甲申，先生五十三歲。正月，越郡守南大吉見先生，自陳其臨政多過，問先生：「何無一言教我？」先生曰：「吾已言之久矣。」大吉未解。先生問曰：「吾不言，汝何以知？」對曰：「此某之良知也。」先生曰：「良知非我常言而何？」大吉笑謝而去。越數日，再來，請曰：「某過後甚悔，雖亟思改圖，然不若得人預言，不犯爲佳。」先生曰：「人言不如自悔真切。」越數日，又來請：「身過可勉，心過奈何？」先生曰：「昔鏡未開明，可以藏垢。今鏡明矣，一塵之落，亦難住脚，此入聖之機也，勉之。」

今日居官者只少「自悔」二字，先生此言，堪爲炯鑒。

八月十五日，宴門人於天泉橋。是夜，月白如晝，門人百餘人，酒酣，各歌詩、投壺、擊鼓、盪舟爲樂。先生見諸生興劇，退而作詩云：「鏗然舍瑟春風裡，點也雖狂得我情。」明日，諸生入謝。先生曰：「昔孔子在陳，思魯之狂士，以學者没溺富貴，如拘如囚而莫之省，有高明脱落者，知一切俗緣皆非性體，然不加實踐，以入於精微，則漸有輕滅世故，濶略倫物之病，雖比世之庸瑣者不同，其爲未得於道，一也。故孔子思歸以裁之。今諸君已見此意，正好精詣力造，以求至於道，無以一見自足，而終止於狂也。」

錢德洪、德周、魏良政、良器，讀書城南，遊禹穴諸勝，忘返。錢父問二魏曰：「得無妨課業乎？」二魏答曰：「觸處皆舉子業也。」曰：「朱説亦須理會否？」二魏曰：「以吾良知求晦翁之説，譬之打蛇得七寸，又何憂不得耶？」錢父疑未釋，進問先生。先生曰：「譬之治家，學聖賢者，其産業、第宅、服食、器物，皆所自置。欲請客，出所有以享之。客去，其物具在，還以自享，終身用之無窮也。學舉業者，專以假貸爲功。欲請客，自廳事以至供具百物，莫不遍借。客來，雖一時豐裕可觀，客去，則盡以還人，一物非所有也。若請客不至，則時過氣衰，借貸亦不備，終身奔勞，作一窶人而已。是求無益於得，求在外也。」明年乙酉，魏良政發解。錢父聞之，笑曰：「打蛇得七寸矣。」時大禮議起，霍兀厓、席元山、黄宗賢、宗明問先生，先生皆不答。

四年乙酉，先生五十四歲。正月，夫人諸氏卒。四月，祔葬於徐山。六月，先生服闋，禮部尚書席書特疏薦曰：「生在臣前者見一人，曰楊一清；生在臣後者見一人，曰王守仁。」

五年丙戌，先生五十五歲。聶豹以御史巡按福建，渡錢塘，來見先生，喜謂思、孟、周、程，無意相遭於千載之下。然豹是時尚以賓客禮見也。後六年，豹出守蘇州，先生以下世四年矣。語錢德洪、王畿曰：「吾學誠得先生開發，冀再見執贄，不及矣。兹以二君爲證。」具香案，拜先生，稱門人。十二月庚申，正億生。

聶公亦一有志之士。

六年丁亥，先生五十六歲。五月，起總督兩廣、江西、湖廣軍務，征思、田。九月，發越。五月，過南昌。先是，先生舟次廣信。門人徐樾方自白鹿洞學趺坐而來，有禪定意，登舟，先生目而得之，令舉似，曰：「不是。」已而，稍變前語，曰：「不是此體，豈有方所？譬之此燭，光無不在，不可以燭上爲光。」因指舟中曰：「此亦是光，此亦是光。」指舟外水面曰：「此亦是光。」樾唯唯。明日，至南浦，百姓迎者歡呼塞途，至不能行。父老爭頂輿，遞入都司。

讀此可知道無内外動靜之别。

先生命就謁者東入西出，有不舍者，出且復入，自辰至未始散，始舉有司常儀。有諸生唐堯臣者，素不信先生講學，至是驚曰：「三代以下，安得有此氣象耶？」明日，謁文廟，講大學於明倫堂，諸生屏擁，多不得聞。堯臣詐爲獻茶者，得上堂傍聽，大喜自慶。十一月至梧州，上謝恩遂陳膚見疏。

唐公亦一大聰慧人。

七年戊子，先生五十七歲。二月，平思、田。七月，平八寨、斷藤峽。上經略思田及八寨斷藤峽事宜。九月，以平思、田功，賞銀五十兩，紵絲四襲。十月，以疾，疏請告，不報。謁漢馬伏波將軍廟於烏蠻灘，宛然少時夢中所見也，識二詩於其壁。謁增城先廟，先生之六世祖綱，以參議死苗難者是也。十一月班師，至大庾嶺，先生疾已劇，謂布政使王大用曰：「爾知孔明之所以托姜維乎？」大用遂擁兵護衛，且爲敦匠事。二十五日，至南安，門人推官周積來見。二十八日，泊青龍鋪。明日，召積入，開目視曰：「吾去矣。」積泣下，問何遺言。先生微哂曰：「此心光光㊀地，更有何言？」有頃，瞑目而逝。門人贛州

見得此心如此，可以死矣，終不死矣。

㊀「光光」，全書作「明明」。

兵備張思聰迎入南野驛，沐浴襚斂如禮。十二月初三日，思聰與官屬師生設祭入棺。明日，輿櫬登舟，士民遠近遮道，哭聲震地。至贛，士民沿途擁哭。如南安，至南昌，門人巡按御史儲良材、提學副使趙淵請改歲行，士民昕夕哭奠。

八年己丑正月，喪發南昌。時連日逆風，舟不能行。趙淵祝於柩曰：「公豈爲南昌士民留耶？越中子弟門人來候久矣。」忽變西風。六日直至弋陽。二月庚午，喪至越。時朝中有異議，爵廕贈諡諸典皆不行。方下詔禁僞學。

詹事黄綰上疏曰：「忠臣事君，義不苟同。君子立身，道無阿比。臣昔爲都事，今少保桂萼時爲舉人，臣取其大節，與之交友。及臣爲南京都察院經歷，見大禮不明，相與論列。從此與萼二十餘年，始終無間。昨臣薦新建伯王守仁，堪以輔導聖德，萼與守仁不合，因不謂然。小人乘間搆隙，然臣終不以此廢萼平生也。但臣於事君之義，師友之道，則有不得不明者。夫臣之所以深知守仁，以其功與學耳。然功高而人忌，學古而人不識，此守仁之所以不容於世也。蓋守仁之大功有四：其一，宸濠不軌，謀非一日。內臣如魏彬等，嬖幸如錢寧、江彬等，文臣如陸完等爲之內應，鎮守如畢真、劉朗等爲之

桂萼無良心，一至於此。亦只是起於一念之忌，爲相臣者一有忌心，便妨賢病國，無所不至。

外應。故當時中外之臣，多懷觀望。若非守仁忠義自許，不顧赤族之禍，身任討賊之事，則天下安危，未可知矣。今乃皆以爲伍文定之功，是輕發縱而重走狗也。其二，大帽、茶寮、浰頭、桶岡諸賊寨，勢連四省，兵積累歲，守仁臨鎮，次第底定。其三，田州、思恩，構釁有年，事不得息，民不得安，故起守仁以往，使盧、王之徒，崩角來降，感泣受杖，遂平一方之難。其四，自來八寨爲兩廣腹心之疾，其間守戍官軍與賊爲黨，莫可奈何，守仁假永順回兵，盧、王降卒，襲而殲之，易若拉朽。凡此守仁之功，皆除大患，卒又以死勤事，而寧可泯滅之乎？其學之大有三：一曰致良知，致知出於孔子，而良知出於孟子，何可異也？一曰親民，即百姓不親之親，而凡親賢樂利，與民同其好惡，而爲絜矩之道者是也，亦非創爲之説也。一曰知行合一，蓋亦大易所謂『知至至之，知終終之』。只一事也。守仁發此，欲人言行相顧，勿事空言。是守仁之學，正接孔孟之學，而庸可非訾之乎？今蕚以此詆守仁，遂致陛下失此良弼，使守仁不獲致君堯舜，誰之過與？故臣不敢以此爲蕚是也。夫以守仁之學之正如此，其功之高又如此，乃賞典不及，削罰有加，廢褒忠之舊恩，倡僞學之新禁，蕚之所以輔明主者爲何如哉？今守仁客死，妻子孱弱，家童載骨，藁埋空山，鬼神有知，當爲惻然。況於人乎，況於聖人乎？假使守仁生於異世，陛下猶當追崇之，何至親見其人而失之也？臣昔與守仁友二十年，一日憤寡過之不能，守仁從而覺之，忽有深省，遂師事之。是臣於守仁，實非苟然相信，如世俗師友者也。臣於君父之前，處師友之間，既有所懷，不敢不盡。昔萼爲小人所譏，臣爲之憤，既而得白，臣爲之喜，固非臣之私也。守仁今日之抱冤，亦猶萼嚮日之負屈，伏願擴一視之仁，特勑所司，優以卹典贈謚，仍與世襲，並開學禁，以昭聖德。若此事不明，則萼與臣終不能忘。故臣敢直言如此，所以盡事陛下之忠，且以補萼之過也。」疏入，不報。

十一月，葬先生於洪溪。洪溪去越城三十里，入蘭亭五里，先生所親擇也。先是，後溪入懷，與左溪會，衝齧右麓，術者心嫌之。夜有夢神人緋袍玉帶立於溪上者曰：「吾欲還溪故道。」明日，雷雨大作，溪泛，忽從南岸明堂，周濶數百尺，遂定穴。時門人會哭者千餘人，四方來觀者，皆涕泣歎息。

隆慶元年丁卯五月，詔贈先生爲新建侯，謚文成。

二年戊辰六月，先生嗣子正億襲封新建伯。

陽明先生集要理學編卷一

傳習録一

先生於大學「格物」諸說，悉以舊本爲正，蓋先儒所謂誤本者也。愛始聞而駭，既而疑，已而殫精竭思，參互錯綜，以質於先生，然後知先生之說若水之寒，若火之熱，斷斷乎百世以俟聖人而不惑者也。先生明睿天授，然和樂坦易，不事邊幅。人見其少時豪邁不羈，又嘗泛濫於詞章，出入二氏之學，驟聞是說，皆目以爲立異好奇，漫不省究。不知先生居夷三載，處困養静，精一之功固已超入聖域，粹然大中至正之歸矣。愛朝夕炙門下，但見先生之道，即之若易，而仰之愈高；見之若粗，而探之愈精；就之若近，而造之愈益無窮。十餘年來竟未能窺其藩籬。世之君子，或與先生僅交一面，或猶未聞其謦欬，或先懷忽易憤激之心，而遽欲於立談之間、傳聞之說，臆斷懸度，如之何其可得也？從遊之士，聞先

動心忍性以入道，千古聖賢皆然。

生之教，往往得一而遺二，見其牝牡驪黄而棄其所謂千里者。故愛備録平日所聞㊀，私示同志㊁，相與考而正之，庶無負先生之教云。門人徐愛書。

愛問：「『在親民』，朱子謂當作『新民』，後章『作新民』之文，似亦有據；先生以爲宜從舊本作『親民』。亦有所據否？」

先生曰：「『作新民』之『新』，是自新之民，與『在新民』之『新』不同，此豈足爲據？『作』字却與『親』字相對，然非『新』字義，下面『治國平天下』處，皆於『新』字無發明，如云『君子賢其賢而親其親，小人樂其樂而利其利』、『如保赤子』、『民之所好好之，民之所惡惡之，此之謂民之父母』之類，皆是『親』字意，『親民』猶孟子『親親仁民』之謂。親之即仁之也，百姓不親，舜使契爲司徒，敬敷五教，所以親之也。堯典『克明峻德』，便是『明明德』，『以親九族』至『平章』『協和』，便是『親民』，便是『明明德於天下』。又如孔子言『修己以安

自知講解，即服膺朱子「新民」之訓爲再無二義，今領先生之説，覺萬物一體之意，更脈然有動。

明倫之教，不能行於平成播種之先，養民正是聖人裁成輔相

㊀「所聞」，全書作「之所聞」。

㊁「示同志」，全書作「以示夫同志」。

百姓』，『修己』便是『明明德』，『安百姓』便是『親民』，說『親民』便㊀兼教養意，說『新民』便覺偏了。」

愛問：「『知止而後有定』，朱子以爲『事事物物皆有定理』，似與先生之說相戾。」

先生曰：「於事事物物上求至善，却是義外也。至善是心之本體，只是『明明德』到『至精至一』處便是。然亦未嘗離却事物，本註所謂『盡夫天理之極，而無一毫人欲之私』者得之。」

愛問：「至善只求諸心，恐於天下事理有不能盡。」

先生曰：「心即理也。天下又有心外之事，心外之理乎？」

愛曰：「如事父之孝，事君之忠，交友之信，治民之仁，其間有許多理在，恐亦不可不察。」

之道，當先下手處，莫看得粗淺了。

堯舜以精一相授受，若無光格誕敷之化，堯舜只成得一個佛祖道師，何以能開千聖道統之傳。蓋人心止此一個善，原是合天地鬼神，先聖後聖以爲體的，稍有間雜，本體便虧，故學問到精而一，萬事畢矣。夫子之所謂「一貫」即此。

㊀「便」，全書作「便是」。

先生歎曰：「此説之蔽久矣，豈一語所能悟！今姑就所問者言之：且如事父，不成去父上求個孝的理？事君，不成去君上求個忠的理？交友治民，不成去友上、民上求個信與仁的理？都只在此心，心即理也。此心無私欲之蔽，即是天理，不須外面添一分。以此純乎天理之心，發之事父，便是孝，發之事君，便是忠，發之交友治民便是信與仁。只在此心去人欲、存天理上用功便是。」

愛曰：「聞先生如此説，愛已覺有省悟處。但舊説纏於胸中，尚有未脱然者。如事父一事，其間温清定省之類，有許多節目，不知亦須講求否？」

先生曰：「如何不講求？只是有個頭腦，只是就此心去人欲、存天理上講求。就如講求冬温，也只是要盡此心之孝，恐怕有一毫人欲間雜；講求夏清，也只是要盡此心之孝，恐怕有一毫人欲間雜。只是講求得此心。此心若無人欲，純是天理，是個誠於孝親的心，冬時自然思量父母的寒，便自要去求個温的道理；夏時自然思量父母的熱，便自要去求個清的道理。這都是那誠孝的心發出來的條件。却是須有這誠孝的心，然後有這條件發出來。譬之樹木，這誠孝的心便是根，許多條件便是枝葉，須先有根，然後有枝葉；不是

人苟無真實孝親、忠君、信友、愛民之心，終日講求，亦是虚話。必實實有此心後講求，俱是天理發見流行處。只是説講求者不可不知頭腦，非謂盡孝忠信愛者不必講求也。

先尋了枝葉，然後去種根。禮記言：『孝子之有深愛者，必有和氣；有和氣者，必有愉色；有愉色者，必有婉容。』須是有個深愛做根，便自然如此。」

鄭朝朔問：「至善亦須有從事物上求者？」先生曰：「至善只是此心純乎天理之極便是，更於事物上怎生求？且試說幾件看。」

朝朔曰：「且如事親，如何而爲温凊之節，如何而爲奉養之宜，須求個是當，方是至善，所以有學問思辨之功。」

先生曰：「若只是温凊之節、奉養之宜，可一日二日講之而盡，用得甚學問思辨？惟於温凊時，也只要此心純乎天理之極；奉養時，也只要此心純乎天理之極。此則非有學問思辨之功，將不免於毫釐千里之謬，所以雖在聖人，猶加『精一』之訓。若只是那些儀節求得是當，便謂至善，即如今扮戲子，扮得許多温凊奉養的儀節是當，亦可謂之至善矣？」㈠

㈠ 黔南本此段上有眉批：「此聖人於庸德庸言兢兢存一不敢之心，正是此意。」

愛於是日又有省。

愛因未會先生「知行合一」之訓，與宗賢、惟賢往復辨論，未能決，以問於先生。

先生曰：「試舉看。」愛曰：「如今人儘有知得父當孝、兄當弟者，却不能孝、不能弟，便是知與行分明是兩件。」

先生曰：「此已被私欲隔斷，不是知行的本體了。未有知而不行者。知而不行，只是未知。聖賢教人知行，正是要復那本體，不是着你只恁的便罷。故大學指個真知行與人看，説『如好好色，如惡惡臭』。見好色屬知，好好色屬行。只見那好色時已自好了，不是見了後又立個心去好。聞惡臭屬知，惡惡臭屬行。只聞那惡臭時已自惡了，不是聞了後別立個心去惡。如鼻塞人，雖見惡臭在前，鼻中不曾聞得，便亦不甚惡，亦只是不曾知臭。就如稱某人知孝、某人知弟，必是其人已曾行孝行弟，方可稱他知孝知弟，不成只是曉得

讀此，可見意之動處即關着天下國家，所謂誠意者，不動而敬，不言而信，就裕篤恭而天下平之，實際如一毫走作，所關於天下國家不小，故君子必慎之於此㊀，所以誠意爲大學大關鍵也。

識先生好色惡臭之解，於誠意之旨深矣。

㊀「此」，黔南本作「獨」。

說得痛快，「知行合一」之旨了然。

說些孝弟的話，便可稱爲知孝弟。又如知痛，必已自痛了，方知痛；知寒，必已自寒了；知飢，必已自飢了：知行如何分得開？此便是知行的本體，不曾有私意隔斷的。聖人教人，必要是如此，方可謂之知。不然，只是不曾知。此却是何等緊切着實的工夫！如今苦苦定要說知行做兩個，是甚麽意？其要說做一個，是甚麽意？若不知立言宗旨，只管說一個兩個，亦是甚用？」

愛曰：「古人說知行做兩個，亦是要人見個分曉，一行做知的工夫，一行做行的工夫，即工夫始有下落。」先生曰：「此却失了古人宗旨也。某嘗說知是行的主意，行是知的工夫；知是行之始，行是知之成。若會得時，只說一個知，已自有行在；只說一個行，已自有知在。古人所以既說一個知，又說一個行者，只爲世間有一種人，懵懵懂懂的，任意去做，全不解思惟省察，也只是個冥行妄作，所以必說個知，方才行得是；又有一種人，茫茫蕩蕩懸空去思索，全不肯着實躬行，也只是個揣摸影響，所以必說一個行，方才知得真。此是古人不得已補偏救弊的說話，若見得這個意時，即一言而足。今人却就將知行分作兩件去做，以爲必先知了，然後能行。我如今且去講習討論，做知的工夫，待知得真了，方去做行的工夫，故遂終身不行，亦遂終身不知㊀。此不是小病痛，其來已非一日矣。某今説個知行合一，正是對病的藥。又不是某鑿空杜撰，知行本體，原是如此。今若知得宗旨時，即説兩個亦不妨，亦只是一個；若不會宗旨，便説一個，亦濟得甚事？只是閒説話。」

必理會得兩個分明，方纔會得只是一個。若只囫圇説一個，終是閒話。

愛問：「昨聞先生『止至善』之教，已覺工夫有用力處。但與朱子『格物』之訓，思之終不能合。」

先生曰：「格物是止至善之功，既知至善，即知格物矣。」

愛曰：「昨以先生之教推之格物之説，似亦見得大略。但朱子之訓，其於書之『精一』，論語之『博約』，孟子之『盡心』、『知性』，皆有所證據，以是未能釋然。」

先生曰：「子夏篤信聖人，曾子反求諸己。篤信固亦是，然不如反求之切。今既不得於心，安可狃於舊聞，不求是當？就如朱子，亦尊信程子，至

㊀ 黔南本此句旁有夾批：「説得痛快。」

其不得於心處，亦何嘗苟從？『精一』、『博約』、『盡心』本自與吾説脗合，但未之思耳。朱子格物之訓，未免牽合附會，非其本旨。精是一之功，博是約之功。曰仁既明知行合一之説，此可一言而喻。盡心、知性、知天，是生知安行事；存心、養性、事天，是學知利行事；殀壽不貳，修身以俟，是困知勉行事。朱子錯訓『格物』，只爲倒看了此意，以『盡心知性』爲『物格知至』，要初學便去做生知安行事，如何做得？」

愛問：「『盡心知性』，何以爲『生知安行』？」

先生曰：「性是心之體，天是性之源，盡心即是盡性。『惟天下至誠爲能盡其性，知天地之化育。』存心者，心有未盡也。知天，如知州、知縣之知，是自己分上事，已與天爲一；事天，如子之事父，臣之事君，須是恭敬奉承，然後能無失，尚與天爲二，此便是聖賢之別。至於『殀壽不貳其心』，乃是教學者一心爲善，不可以窮通殀壽之故，便把爲善的心變動了，只去修身以俟命；見得窮通壽殀有個命在，我亦不必以此動心。事天雖與天爲二，已自見得個天在面前；俟命便是未曾見面，在此等候相似：此便是初學立心之始，有個困勉的意在。今却倒做了，所以使學者無下手處。」

「博是約之功」一句，格物致知之解更無疑義，自兒童之灑掃應對，以至大聖之精義入神，總不離此博之工夫，第知識有淺深，工夫有難易耳。論到至一之處，其實初學所格之物，即生知安行所格之物，非生安方能格物，初學舍去格物別有一種工夫也。然得先生之説，可爲學者躐等之戒。要知博學不僅是多見多聞之謂，蓋道無往不

愛曰：「昨聞先生之教，亦影影見得工夫須是如此。今聞此說，益無可疑。愛昨晚㊀思格物的『物』字，即是『事』字，皆從心上說。」

先生曰：「然。身之主宰便是心，心之所發便是意，意之本體便是知，意之所在便是物。如意在於事親，即事親便是一物；意在於事君，即事君便是一物；意在於仁民愛物，即仁民愛物便是一物；意在於視聽言動，即視聽言動便是一物。所以某說無心外之理，無心外之物。中庸言『不誠無物』，大學『明明德』之功，只是個誠意。誠意之功，只是個格物。」

先生又曰：「格物，如孟子『大人格君心』之『格』，是去其心之不正，以全其本體之正。但意念所在，即要去其不正以全其正，即無時無處不是存天理，即是窮理。天理即是『明德』，窮理㊁即是『明明德』」。

又曰：「知是心之本體，心自然會知：見父自然知孝，見兄自然知弟，見孺

在，聖賢無往非學，即冥目靜坐，與視聽言動，皆博學也。慎思、明辨、篤行，總成就得一個博學。

人看得「物」字是死的，先生看得「物」字是活的。

㊀「晚」，全書作「曉」。　㊁「窮理」二字據全書補。

子入井自然知惻隱，此便是良知，不假外求。若良知之發，更無私意障礙，即所謂『充其惻隱之心，而仁不可勝用矣』。然在常人，不能無私意障礙，所以須用致知格物之功，勝私復理。即心之良知更無障礙，得以充塞流行，便是致其知。知致則意誠。」

愛問：「先生以博文爲約禮工夫，深思之未能得，略請開示。」

先生曰：「『禮』字即是『理』字。理之發見，可見者謂之文；文之隱微，不可見者謂之理：只是一物。約禮只是要此心純是一個天理。要此心純是天理，須就理之發見處用功。如發見於事親時，就在事親上學存此天理；發見於事君時，就在事君上學存此天理；發見於處富貴貧賤時，就在處富貴貧賤上學存此天理；發見於處患難夷狄時，就在處患難夷狄上學存此天理；至於作止語默，無處不然，隨他發見處，即就在那上面學個存天理。這便是博學之於文，便是約禮的工夫。『博文』即是『惟精』，『約禮』即是『惟一』。」

此即子輿氏博學而詳說，將以反說約之旨，識得此機括，上天下地，無往非文，無往非學，眼前俱是活潑潑地，時行物生，不假言說，道自燦然矣。顏子曰博我以文，其解是哉。

愛問：「『道心常爲一身之主，而人心每聽命。』以先生『精一』之訓推之，此語似有弊。」

先生曰：「然。心，一也，未雜於人謂之道心，雜以人爲㊀謂之人心：人心之得其正者即道心，道心之失其正者即人心，初非有二心也。程子謂人心即人欲，道心即天理，語若分析而意實得之。今曰道心爲主，而人心聽命，是二心也。天理人欲不並立，安有天理爲主，人欲又從而聽命者？」

此即孔子道二仁與不仁之說，出此入彼，只有一個，更無兩個，可不慎哉！

愛問文中子、韓退之。

先生曰：「退之文人之雄耳。文中子賢儒也。後人徒以文詞之故推尊退之，其實退之去文中子遠甚。」

愛問：「何以有擬經之失？」

先生曰：「擬經恐未可盡非。且說後世儒者著述之意，與擬經如何？」

愛曰：「世儒著述，近名之意不無，然期以明道，擬經純若爲名。」

先生曰：「著述以明道，亦何所效法？」

聖人雅欲無言，删述六經，誠非聖人得已，爲多言亂道者立防耳。學者不得其意，惟存見少，煩稱之而愈迷，得其意轉存見多，反求之而即是。先生此論，使聖人删述之旨曉然見於天下，大有羽翼聖真之功。

㊀「爲」，全書作「僞」。

曰：「孔子删述六經，以明道也。」

先生曰：「然則擬經獨非效法孔子乎？」

愛曰：「著述即於道有所發明，擬經似徒擬其迹，恐於道無補。」

先生曰：「子以明道者，使其反朴還淳，而見諸行事之實乎？抑將美其言詞而徒以譊譊於世也？天下之大亂，由虚文勝而實行衰也。使道明於天下，則六經不必述。删述六經，孔子不得已也。自伏羲畫卦，至於文王、周公，其間言易如連山、歸藏之屬，紛紛籍籍，不知其幾，易道大亂。孔子以天下好文之風日盛，知其説之將無紀極，於是取文王、周公之説而贊之，以爲惟此爲得其宗。於是紛紛之説盡廢，而天下之言易者始一。書、詩、禮、樂、春秋皆然。書自典、謨以後，詩自二南以降，如九丘、八索，一切淫哇逸蕩之詞，蓋不知其幾千百篇；禮、樂之名物度數，至是亦不可勝窮。孔子蓋㊀删削而述正之，然後其説始廢。如書、詩、禮、樂中，孔子何嘗加一語？今之禮記諸

大哉，六經之道，經緯天地，綱紀人物，無微不徹，無顯不貫，終日言之不能盡者也。然究之不外一心，易只是一個易簡，書只是一個精一，詩只是一個思無邪，禮只是一個無不敬，春秋只是一個明大義。故能見經於心，即千百言，渾無一字。否則，言仁言義，適爲盜資。人苟執經求解，即日奉删述之訓，猶未免對塔説輪相耳。

㊀「蓋」，全書作「皆」。

說，皆後儒附會而成，已非孔子之舊。至於春秋，雖稱孔子作之，其實皆魯史舊文。所謂『筆』者，筆其舊；所謂『削』者，削其繁：是有減無增。孔子述六經，懼繁文之亂天下，惟簡之而不得，使天下務去其文以求其實，非以文教之也。春秋以後，繁文益盛，天下益亂。始皇焚書得罪，是出於私意，又不合焚六經。若當時志在明道，其諸反經叛理之說，悉取而焚之，亦正暗合刪述之意。自秦、漢以降，文又日盛，若欲盡去之，斷不能去，只宜取法孔子，録其近是者而表章之，則其諸怪悖之說，亦宜漸漸自廢。不知文中子當時擬經之意如何？某切深有取於其事，以爲聖人復起，不能易也。天下所以不治，只因文盛實衰，人出己見，新奇相高，以眩俗取譽。徒以亂天下之聰明，塗天下之耳目，使天下靡然爭務修飾文詞，以求知於世，而不復知有敦本尚實、反朴還淳之行：是皆著述者有以啓之。」

愛曰：「著述亦有不可缺者，如春秋一經，若無左傳，恐亦難曉。」

先生曰：「春秋必待傳而後明，是歇後謎語矣，聖人何苦爲此艱深隱晦之詞？左傳多是魯史舊文，若春秋須此而後明，孔子何必削之？」

愛曰：「伊川亦云：『傳是案，經是斷』；如書弒某君，伐某國，若不明其

始皇暴虐，至於焚書坑儒，其罪真萬劫莫贖。然亦繇章句腐儒，致君無術，一惟引經泥古，觸其暴虐之性，以至於此。諸儒亦當分任其咎。

問得好。

事，恐亦難斷。」

先生曰：「伊川此言，恐亦是相沿世儒之說，未得聖人作經之意。如書『弒君』，即弒君便是罪。何必更問其弒君之詳？征伐當自天子出，書『伐國』，即伐國便是罪，何必更問其伐國之詳？聖人述六經，只是要正人心，只是要存天理、去人欲。於存天理、去人欲之事，則嘗言之；或因人請問，各隨分量而說，亦不肯多道，恐人專求之言語，故曰『予欲無言』。若是一切縱人欲、滅天理的事，又安肯詳以示人？是長亂導姦也。故孟子云：『仲尼之門，無道桓、文之事者，是以後世無傳焉。』此便是孔門家法。世儒只講得一個霸者的學問，所以要知得許多陰謀詭計，純是一片功利的心，與聖人作經的意思正相反，如何思量得通？」因歎曰：「此非達天德者，未易與言此也。」

此是先生感慨文勝之意，學者不得因是便謂讀書不必究其詳。

得是旨而存之，即六經亦糟粕矣。

又曰：「孔子云：『吾猶及史之闕文也。』孟子云：『盡信書，不如無書，吾於武城取二三策而已。』孔子刪書，於唐、虞、夏四五百年間，不過數篇，豈更無一事？而所述止此，聖人之意可知矣。聖人只是要刪去繁文，後儒卻只要添上。」

刪去者是刪去其天理之所無，添上者亦是添上其天理之所無，不爭在言之多寡。

愛曰：「聖人作經，只是要去人欲、存天理。如五霸以下事，聖人不欲詳以示人，則誠然矣。至如堯、舜以前事，如何略不少見？」

先生曰：「羲、黄之世，其事疏闊，傳之者鮮矣。此亦可以想見其時，全是淳龐朴素，略無文彩的氣象。此便是太古之治，非後世可及。」

愛曰：「如三墳之類，亦有傳者，孔子何以删之？」

先生曰：「縱有傳者，亦於世變漸非所宜。風氣益開，文彩日勝，至於周末，雖欲變以夏、商之俗，已不可挽，況唐、虞乎！又況羲、黄之世乎！然其治不同，其道則一。孔子於堯、舜則祖述之，於文、武則憲章之。文、武之法，即是堯、舜之道。但因時致治，其設施政令已自不同。即夏、商事業，施之於周，已有不合，故周公思兼三王，其有不合，仰而思之，夜以繼日。況太古之治，豈復能行？斯固聖人之所可略也。」

又曰：「專事無爲，不能如三王之因時致治，而必欲行以太古之俗，即是佛、老的學術。因時致治，不能如三王之一本於道，而以功利之心行之，即是霸者以下事業。後世儒者許多講來講去，只是講得個霸行。」

又曰：「唐、虞以上之治，後世不可復也，略之可也；三代以下之治，後世

聖人見道，常人見事，道則不言躬行而理自該，事則必多言煩稱而求其備，説愈備而叛道彌甚矣。

信然。

先生此論甚快，然二十一史記事與春秋無異，何以不並稱經？蓋春秋之稱經者，非因記事也，因經聖人之筆削也。否則，仍與諸史無異。孔子曰：其義則丘竊取之。大義明而道存乎其間，如止以事言，則五經皆史矣。

不可法也，削之可也；惟三代之治可行。然而世之論三代者，不明其本，而徒事其末，則亦不可復矣！」

愛曰：「先儒論六經，以春秋爲史。史專記事，恐與五經事體終或稍異。」

先生曰：「以事言謂之史，以道言謂之經。事即道，道即事。春秋亦經，五經亦史。易是庖羲氏之史，書是堯、舜以下史，詩㊀、禮、樂是三代史，其事其道同，安有所謂異？」

又曰：「五經亦只是史，史以明善惡、示訓戒。善可爲訓者，時存其迹以示法；惡可爲戒者，存其戒而削其事以杜姦。」

愛曰：「存其迹以示法，亦是存天理之本然，削其事以杜姦，亦是遏人欲於將萌否？」

先生曰：「聖人作經，固無非是此意，然又不必泥着文句。」

㊀「詩」字全書無。

愛又問：「惡可爲戒者，存其戒而削其事以杜姦，何獨於詩而不刪鄭、衛？ 先儒謂『惡者可以懲創人之逸志』，然否？」

問得好。

先生曰：「詩非孔門之舊本矣。孔子云：『放鄭聲，鄭聲淫。』又曰：『惡鄭聲之亂雅樂也，鄭、衛之音，亡國之音也。』此是孔門家法。孔子所定三百篇，皆所謂雅樂，皆可奏之郊廟，奏之鄉黨，皆所以宣暢和平，涵泳德性，移風易俗，安得有此？ 是長淫導姦矣。 此必秦火之後，世儒附會，以足三百篇之數。 蓋淫佚之詞，世俗多所喜傳，如今閭巷皆然。『惡者可以懲創人之逸志』，是求其説而不得，從而爲之辭。」

此説雖無考據，以理揆之應如是。愚以心存天理，即淫佚之詞足爲炯戒，以私欲之心讀之，適爲長淫導姦之籍。懲創之説，與先生之旨並存可也。

愛因舊説汩没，始聞先生之教，實是駭愕不定，無入頭處。 其後聞之既久，漸知反身實踐，然後始信先生之學爲孔門嫡傳，舍是皆傍蹊小徑，斷港絶河矣！ 如説格物是誠意的工夫，明善是誠身的工夫，窮理是盡性的工夫，道問學是尊德性的工夫，博文是約禮的工夫，惟精是惟一的工夫，諸如此類，始皆落落難合，其後思之既久，不覺手舞足蹈。

右門人徐愛曰仁録。

傳習録二

先生曰：「持志如心痛，一心在痛上，豈有工夫説閒話，管閒事。」

澄問：「主一之功，如讀書則一心在讀書上，接客則一心在接客上，可以爲主一乎？」

先生曰：「好色則一心在好色上，好貨則一心在好貨上，可以爲主一乎？是所謂逐物，非主一也。主一是專主一個天理。」

> 君子之戒慎恐懼，只是一心在天理上。凡逐物爲主者，見在外也。物來簡點，物往則弛。主一之學，動如是，静亦如是也。

問立志。

先生曰：「只念念要存天理，即是立志。能不忘乎此，久則自然心中凝聚，猶道家所謂結聖胎也。此天理之念常存，馴至於美大聖神，亦只從此一念存養擴充去耳。」

> 念念要存天理，是立志如此。然尚有許多工夫，舍不得學問、思辯、篤行，否則，天理何能存？

「日間工夫，覺紛擾則静坐，覺懶看書則且看書，是亦因病而藥。」

「處朋友務相下，則得益，相上則損。」

問：「後世著述之多，恐亦有亂正學？」

先生曰：「人心天理渾然，聖賢筆之書，如寫真傳神，不過示人以形狀大略，使之因此而討求其真耳；其精神意氣、言笑動止，固有所不能傳也。後世著述，是又將聖人所畫，摹倣謄寫，而妄自分析加增，以逞其技，其失真愈遠矣。」

後世著述之謬，俱繇逞自己意見，發自己才情，故失聖人傳神之旨，甚至題盜蹠以曾、史，豈不有亂正學？如孟子云：誦詩讀書，必要論世知人。此方是著述大手。

問：「聖人應變不窮，莫亦是預先講求否？」

先生曰：「如何講求得許多？聖人之心如明鏡，只是一個明，則隨感而應，無物不照；未有已往之形尚在，未照之形先具者。若後世所講，却是如此，是以與聖人之學大背。周公制禮作樂以文天下，皆聖人所能爲，堯、舜何不盡爲之，而待於周公？孔子删述六經以詔萬世，亦聖人所能爲，周公何不先爲之，而有待於孔子？是知聖人遇此時，方有此事。只怕鏡不明，不怕物來不能照。講求事變，亦是照時事。然學者却須先有個明的工夫。學者惟

聖人只是一點靈明，上下高深，往來今古，森然畢具，凡一切制作，無其事而已有其理，此

患此心之未能明，不患事變之不能盡。」

曰：「然則所謂『沖漠無朕，而萬象森然已具』者，其言何如？」

曰：「是説本自好，只不善看，亦便有病痛。」

「義理無定在，無窮盡。吾與子言，不可以少有所得，而遂謂止此也；再言之十年、二十年、五十年，未有止也。」

> 聖人所謂退藏於密也。如就事變上討求，必把宇宙事業一手做完，方成個聖人，堯舜將以此貶聖矣，豈有是理！

他日，又曰：「聖如堯、舜，然堯、舜之上，善無盡；惡如桀、紂，然桀、紂之下，惡無盡。使桀、紂未死，惡寧止此乎？使善有盡時，文王何以『望道而未之見』？」

> 聖人不自以爲聖，是實實見得道無窮盡如此，非謙辭也。

問：「静時亦覺意思好，才遇事便不同，如何？」

先生曰：「是徒知養静，而不用克己工夫也。如此，臨事便要傾倒。人須在事上磨，方立得住，方能静亦定、動亦定。」

問上達工夫。

> 人多疑先生致知之説墜於空虛，讀到此處，却要人於實地上用功，特不得其解者自失之耳。

即此可識格物之旨，天地間舍卻可見、可聞、可言、可思之理，安得復有不可見聞、不可言思之理，惟格者得之耳。蓋人見物自物，聖人見此物即是吾心活活潑潑之理，絕無精麤內外之隔。

人性止此一善，原無有二，惟人欲雜之，而一者始二。惟還其無雜者，自全體渾然至善。故曰惟精是惟一之功。一者，即

先生曰：「後儒教人，纔涉精微，便謂上達未當學，且說下學，是分下學、上達爲二也。夫目可得見，耳可得聞，口可得言，心可得思者，皆下學也；目不可得見，耳不可得聞，口不可得言，心不可得思者，上達也。如木之栽培灌溉，是下學也；至於日夜之所息，條達暢茂，乃是上達，人安能預其力哉？故凡可用功可告語者，皆下學，上達只在下學裡。凡聖人所說，雖極精微，俱是下學。學者只從下學裡用功，自然上達去，不必別尋㊀上達的工夫。」

「千古聖人，只有這些子。」

又曰：「人生一世，惟有這件事。」

問：「『惟精惟一』是如何用功？」

先生曰：「惟一是惟精主意，惟精是惟一功夫，非惟精之外復有惟一也。『精』字從米，姑以米譬之：要得此米純然潔白，便是惟一意；然非加舂簸篩揀惟精之功，則不能純然潔白也。舂簸篩揀，是惟精之功，然亦不過要此米到

㊀「尋」，全書作「尋個」。

純然潔白而已。博學、審問、慎思、明辨、篤行者，皆所以爲惟精而求惟一也。他如博文者，即約禮之功；格物致知者，即誠意之功；道問學即尊德性之功；明善即誠身之功：無二説也。」

先生專主一個天理之謂，已發未發，俱只是一個天理，更無兩個也。

「漆雕開曰：『吾斯之未能信。』夫子説之。子路使子羔爲費宰，子曰：『賊夫人之子。』曾點言志，夫子許之，聖人之意可見矣。」

問：「寧静存心時，可爲未發之中否？」先生曰：「今人存心，只定得氣。當其寧静時，亦只是氣寧静，不可以爲未發之中。」

識得寧静真僞之辨，方可與存天理。

曰：「未便是中，莫亦是求中工夫？」

曰：「只要去人欲、存天理，方是工夫。静時念念去人欲、存天理，動時念念去人欲、存天理，不管寧静不寧静。若靠那寧静，不惟漸有喜静厭動之弊，中間許多病痛只是潛伏在，終不能絶去，遇事依舊滋長。以循理爲主，何嘗不寧静，以寧静爲主，未必能循理。」

以寧静爲主，便是靠着寧静一邊，心已弛於寧静矣，安得謂中？

要識養此未發之中，既不可從講求得，如閉目冥心以爲養，又墮寧靜爲主之病，究竟從何處下手？蓋人自墮胎後，無息不與物接，此物物之則在吾心，即此是未發之中，乃所謂天理也。君子只是戒慎恐懼，一心在天理上，任他耳聽目視，手持足行，定盤星一毫不走，方是有本原之學。

問：「孔門言志：由、求任政事，公西赤任禮樂，多少實用。及曾晳説來，却是耍的事，聖人却許他，是意何如？」

曰：「三子是有意必，有意必便偏着一邊，能此未必能彼；曾點這意思，却無意必，便是『素其位而行，不願乎其外』、『素夷狄行乎夷狄，素患難行乎患難，無入而不自得』矣。三子所謂『汝器也』，曾點便有不器意。然三子之才，各卓然成章，非若世之空言無實者，故夫子亦皆許之。」

問：「知識不長進如何？」

先生曰：「爲學須有本原，須從本原上用力，漸漸盈科而進。僊家説嬰兒亦善，譬嬰兒在母腹時，只是純氣，有何知識？出胎後方始能啼，既而後能笑，又既而後能認識其父母兄弟，又既而後能立能行、能持能負，卒乃天下之事無不可能：皆是精氣日足，則筋力日强，聰明日開，不是出胎日便講求推尋得來。故須有個本原。聖人到位天地、育萬物，也只從喜怒哀樂未發之中上養來。後儒不明格物之説，見聖人無不知，無不能，便欲於初下手時講求得盡，豈有此理？」

又曰：「立志用功，如種樹然。方其根芽，猶未有幹；及其有幹，尚未有枝；枝而後葉，葉而後花實。初種根時，只管栽培灌溉，勿作枝想，勿作葉想，勿作花想，勿作實想。懸想何益！但不忘栽培之功，怕没有枝葉花實？」

人若不於身心上實體，即讀盡天下書，終是空花。

問：「看書不能明如何？」

先生曰：「此只是在文義上穿求，故不明。如此，又不如爲舊時學問，他倒看得多，解得去。只是他爲學雖極解得明曉，亦終身無得。須於心體上用功，凡明不得，行不去，便㊀須反在自心上體當㊁，即可通。蓋四書、五經不過說這心體，這心體即所謂道。心體明即是道明，更無二：此是爲學頭腦處。」

或問：「晦庵先生曰：『人之所以爲學者，心與理而已。』此語如何？」

曰：「心即性，性即理，下一『與』字，恐未免爲二。此在學者善觀之。」

㊀「便」字全書無。 ㊁「心上體當」，原本作「心體上當」，據全書改。

或曰：「人皆有是心，心即理，何以有爲善，有爲不善？」

先生曰：「惡人之心，失其本體。」

問：「『析之有以極其精而不亂，然後合之有以盡其大而無餘』，此言如何？」

先生曰：「恐亦未盡，此理豈容分析，又何須湊合得？聖人説精一，自是盡。」

「省察是有事時存養，存養是無事時省察。」

澄嘗問象山在人情事變上做工夫之説。

先生曰：「除了人情事變，則無事矣。喜怒哀樂非人情乎？自視聽言動，以至富貴貧賤、患難死生，皆事變也。事變亦只在人情裏。其要只在致中和，致中和只在謹獨。」

君子非除了人情事變，又有謹獨工夫也。沉沉默默之中所戒慎恐懼者，惟此人情事變之理，即紛應雜投之時，而沉默之地主張自在，此動静合一之學。

澄問：「仁、義、禮、智之名，因已發而有？」

曰：「然。」

他日，澄曰：「惻隱、羞惡、辭讓、是非，是性之表德邪？」

曰：「仁、義、禮、智，也是表德。性一而已：自其形體也謂之天，主宰也謂之帝，流行也謂之命，賦於人也謂之性，主於身也謂之心，心之發也，遇父便謂之孝，遇君便謂之忠，自此以往，名至於無窮，只一性而已。猶人一而已：對父謂之子，對子謂之父，自此以往，至於無窮，只一人而已。人只要在性上用功，看得一『性』字分明，即萬理燦然。」

聖人只是一盡性，此外更無能事。然與初學言，渾淪説一個「性」字，又無從下手處，先生説要看得一「性」字分明，此語可思。

一日，論爲學工夫。先生曰：「教人爲學，不可執一偏：初學時心猿意馬，拴縛不定，其所思慮，多是人欲一邊，故且教之靜坐息思慮。久之，俟其心意稍定，只懸空靜守，如槁木死灰，亦無用，須教他省察克治。省察克治之功，則無時而可間，如去盜賊，須有個掃除廓清之意。無事時，將好色、好貨、好名等私，逐一追究，搜尋出來，定要拔去病根，永不復起，方始爲快。常如猫之捕鼠，一眼看着，一耳聽着，纔有一念萌動，即與克去，斬釘截鐵，不可姑

必實實身體力行，方能識得此光景。

容，與他方便，不可窩藏，不可放他出路，方是真實用功，方能掃除廓清。到得無私可克，自有端拱時在。雖曰何思何慮非初學時事。初學必須思，省察克治，即是思誠，只思一個天理。到得天理純全，便是何思何慮。」

孔子告顏子，一日克己復禮，正是此工夫，非有大勇者不能。

澄問：「有人夜怕鬼者，奈何？」

先生曰：「只是平日不能集義，而心有所歉，故怕。若素行合於神明，何怕之有？」

子莘曰：「正直之鬼不須怕；恐邪鬼不管人善惡，故未免怕。」

先生曰：「豈有邪鬼能迷正人乎？只此一怕，即是心邪，故有迷之者，非鬼迷也，心自迷耳。如人好色，即是色鬼迷；好貨，即是貨鬼迷；怒所不當怒，是怒鬼迷；懼所不當懼，是懼鬼迷也。」

怕鬼者只是心怯，故夫子說敬鬼神而遠之。敬者，惟恐一事有乖天理，即是集義。若近而媚之，即是怕矣。

「定者心之本體，天理也，動靜，所遇之時也。」

澄問學、庸同異。

先生曰：「子思括大學一書之義，爲中庸首章。」

問：「孔子正名，先儒説『上告天子，下告方伯，廢輒立郢』。此意如何？」

先生曰：「恐難如此。豈有一人致敬盡禮，待我而爲政，我就先去廢他？豈人情天理？孔子既肯與輒爲政，必已是他能傾心委國而聽。聖人盛德至誠，必已感化衛輒，使知無父之不可以爲人，必將痛哭奔走，往迎其父。父子之愛，本於天性，輒能悔痛真切如此，蒯聵豈不感動底豫。蒯聵既還，輒乃致國請戮。聵已見化於子，又有夫子至誠調和其間，當亦決不肯受，仍以命輒。羣臣百姓又必欲得輒爲君，輒乃自暴其罪惡，請於天子，告於方伯諸侯，而必欲致國於父。聵與羣臣百姓，亦皆表輒悔悟仁孝之美，請於天子，告於方伯諸侯，必欲得輒而爲之君。於是集命於輒，使之復君衛國。輒不得已，乃如後世上皇故事，率羣臣百姓尊聵爲太公，備物致養，而始退復其位焉。則君君、臣臣、父父、子子，名正言順，一舉而可爲政於天下矣！孔子正名，或是如此。」

必盛德感化，衛輒方能如是處置，然難處正在此。否則，以仲由之賢，於父子大義豈不曉得，竟以身爲殉。信惟聖人能處人倫之變。

此是天理人情之極則，舍此別無處法。如廢輒立郢之説，便是腐儒之所爲。

澄在鴻臚寺倉居，忽家信至，言兒病危。澄心甚憂悶不能堪。先生曰：「此時正宜用功。若此時放過，閒時講學何用？人正要在此等時磨鍊。父之愛子，自是至情。然天理亦自有個中和處，過即是私意。人於此處多認做天理當憂㈠，則一向憂苦，不知已是有所憂患，不得其正。大抵七情所感，多只是過，少不及者。才過便非心之本體，必須調停適中始得。就如父母之喪，人子豈不欲一哭便死，方快於心。然却曰『毁不滅性』，非聖人强制之也，天理本體自有分限，不可過也。人但要識得心體，自然增減分毫不得。」

「不可謂未發之中，常人俱有。蓋體用一源，有是體即有是用，有未發之中，即有發而皆中節之和。今人未能有發而皆中節之和，須知是他未發之中，亦未能全得。」

此是就後來養成工夫論，若論天命賦予，常人都是有的。

「夜氣是就常人説。學者能用功，則日間有事無事，皆是此氣翕聚發生

㈠「憂」原本作「愛」，據全書改。

處。聖人則不消説夜氣。」

澄問「操存舍亡」章。曰：「『出入無時，莫知其鄉。』此雖就常人心説，學者亦須是知得心之本體亦元是如此，則操存工夫，始没病痛。不可便謂出爲亡，入爲存。若論本體，元是無出無入的。若論出入，則其思慮運用是出。然主宰常昭昭在此，何出之有？既無所出，何入之有？程子所謂腔子，亦只是天理而已。雖終日應酬而不出天理，即是在腔子裡。若出天理，斯謂之放，斯謂之亡。」又曰：「出入亦只是動静，動静無端，豈有鄉邪？」

即此便可識養之工夫不專在守着一腔子。

王嘉秀問：「佛以出離生死誘人入道，僊以長生久視誘人入道，其心亦不是要人做不好，究其極至，亦是見得聖人上一截，然非入道正路。如今仕者有繇科，有繇貢，有繇傳奉，一般做到大官，畢竟非入仕正路，君子不繇也。僊、佛到極處，與儒者略同，但有了上一截，遺了下一截，終不似聖人之全。然其上一截同者不可誣也。後世儒者又只得聖人下一截，分裂失真，流而爲記誦、詞章、功利、訓詁，視彼僊佛之徒清心寡欲，超然世累之外者，反若有所不及。今學者

儒與佛俱向心上問消息，但佛只説個明心，不知窮理，便歸空寂。儒者只是能窮理，不越一

心，而萬物皆備，參贊事業，俱本於一心，大易云：窮理盡性，以至於命。學者舍窮理亦何事哉！

不必先排僊佛，且當篤志聖人之學，聖人之學明，則僊佛自泯。何如？」

先生曰：「所論大略亦是。但謂上一截，下一截，亦是人見偏如此。若論聖人大中至正之道，徹上徹下，只是一貫，更有甚上一截，下一截？一陰一陽之謂道，仁者見之謂之仁，智者見之謂之智，百姓日用而不知，故君子之道鮮矣。仁智豈可不謂之道，但見得偏，便有弊病㊀。但只知主一，不知一即是理。有事時便是逐物，無事時便是着空，惟其有事無事，一心皆在天理上用功。所以居敬亦即是窮理，就窮理專一處説便謂之居敬；就居敬精密處説，便謂之窮理。却不是居敬了，別有個心窮理，窮理時別有個心居敬。名雖不同，工夫只是一事，就如易言『敬以直內，義以方外』，敬即是無事時義，義即是有事時敬，兩句合説一件。如孔子言『修己以敬』，即不須言『義』。孟子言『集義』，即不須言『敬』。會得時，橫説竪説，工夫總是一般。若泥文逐句，不識本領，即支離決裂，工夫都無下落。」

㊀ 從「但有了上一截」至此，原本無，據全書、張本補。

人生只此虛靈之體謂之心，然却有因物付物之根底，停停當當，在中故曰理，從生而即有，故曰性。非更有一個理在心中，有一個性在心中也，所謂窮理者，要就心中窮究此根底。

問：「『窮理』何以即是『盡性』？」

曰：「心之體，性也，性即理也，窮仁之理，直要仁極仁。窮義之理，直要義極義。仁義只是吾性，故窮理即是盡性。如孟子說『充其惻隱之心，至仁不可勝用』，這便是窮理工夫。」

日孚曰：「先儒謂一草一木，亦皆有理，不可不察，如何？」

先生曰：「夫我則不暇，公且先去理會自己性情，須能盡人之性，然後能盡物之性。」日孚悚然有悟。

惟乾問孟子言「執中無權，猶執一」。

先生曰：「中只是天理，只是易，隨時變易，如何執得？須是因時制宜，難預先定一個規矩在。如後世儒者要將道理一一說得無罅漏，立定個格式，此正是執一。」

人心原只有一個善，惟天君無主，惡斯乘之。

唐詡問：「立志是常存個善念，要爲善去惡否？」

曰：「善念存時，即是天理，此念即善，更思何善？此念非惡，更去何惡？此念如樹之根芽，立志者長立此善念而已。『從心所欲不逾矩』，只是志到熟處。」

善念常惺，安得有惡？故曰：苟志於仁矣，無惡也。

「精神道德言動，大率收斂爲主，發散是不得已。天地人物皆然。」

要曉得誠自形外，只是不着意表暴，聖人雖道德功業滿天壤，精神仍是翕如。

問：「文中子是如何人？」先生曰：「文中子庶幾具體而微，惜其早死！」問：「如何却有續經之非？」曰：「續經亦未可盡非。」請問。良久，曰：「更覺良工心獨苦。」

「喜怒哀樂，本體自是中和的。纔自家着些意思，便過不及，便是私。」

着毫意思，便不是率性。

「克己須要掃除廓清，一毫不存方是。有一毫在，則衆惡相引而來。」

須要時時存此念，即此念盡净，若一念放下，則私欲便萌。

問律呂新書。

先生曰：「學者當務爲急。算得此數熟，亦恐未有用，必須心中先具禮樂之本方可。且如其書説冬用管以候氣，然至冬至那一刻時，管灰之飛，或有先後，須臾之間，焉知那管正值冬至之刻？須自心中先曉得冬至之刻始得。此便有不通處。學者須先從禮樂本原上用功。」

曰仁云：「心猶鏡也。聖人心如明鏡，常人心如昏鏡。近世格物之説，如以鏡照物，照上用功，不知鏡尚昏在，何能照？先生之格物，如磨鏡而使之明，磨上用功，明了後，亦未嘗廢照。」

磨上亦要許多工夫，廢不得學問、思辯、篤行，然只向裡面用。

問道之精麤。

先生曰：「道無精麤，人之所見有精麤。如這一間房，人初進來，只見一個大規模如此，處久便柱壁之類，一一看得明白；再久，如柱上有些文藻，細細都看出來，然只是一間房。」

無精無粗，方是能格物。

學所以要時習。

先生曰：「諸公近見時少疑問，何也？人不用功，莫不自以爲已知爲學，只循而行之是矣。殊不知私欲日生，如地上塵，一日不掃，便又有一層。着實用功，便見道無終窮，愈探愈深，必使精白無一毫不徹方可。」

不實用功，只愁不知者，總是無實爲聖賢之志，如仲由未之能行，惟恐有聞，庶幾近之。

近日連知也不去求，如以患得患失爲明白正大之事，有講究及此者，反指之爲迂闊怪誕，不亦可哀哉！

問：「知至然後可以言誠意。今天理人欲，知之未盡，如何用得克己工夫？」

先生曰：「人若真實切己用功不已，則於此心天理之精微，日見一日，私欲之細微，亦日見一日。若不用克己工夫，終日只是說話而已，天理終不自見，私欲亦終不自見。如人走路一般，走得一段，方認得一段，走到歧路處，有疑便問，問了又走，方漸能到得欲到之處。今人於已知之天理不肯存，已知之人欲不肯去，且只管愁不能盡知。只管閒講，何益之有？且待克得自己無私可克，方愁不能盡知，亦未遲耳。」

問：「道一而已，古人論道，往往不同，求之亦有要乎？」

先生曰：「道無方體，不可執着。却拘滯於文義上求道，遠矣。如今人只說天，其實何嘗見天？謂日月風雷即天，不可；謂人物草木不是天，亦不可。道即是天，若識得時，何莫而非道？人但各以其一隅之見，認定以爲道止如此，所以不同。若解向裡尋求，見得自己心體，即無時無處不是此道。亘古亘今，無終無始，更有甚同異？心即道，道即天，知心則知道、知天。」

數言可悟一貫之旨，然非實實體驗，不能見得。孟子曰：道一而已矣。究而言之，曰有爲者亦若是。

又曰：「諸君要實見此道，須從自己心上體認，不假外求始得。」

問：「名物度數，亦須先講求否？」

先生曰：「人只要成就自家心體，則用在其中。如養得心體，果有未發之中，自然有發而中節之和，自然無施不可。苟無是心，雖預先講得世上許多名物度數，與己原不相干，只是裝綴，臨時自行不去。亦不是將名物度數全然不理，只要知所先後，則近道。」

只是向裡邊理會，日講求名物象數，皆是至誠。

又曰：「人要隨才成就。才是其所能爲，如夔之樂，稷之種，是他資性合下便如此，成就之者，亦只是要他心體純乎天理。其運用處，皆從天理上發來，然後謂之才。到得純乎天理處，亦能不器，使夔、稷易藝而爲，當亦能之。」

此只就才之所能論，若君子之入道，無有單習一事，以爲指歸者，如此便是業擅專門而已，安得語道？所以爲學工夫，止有安利困勉不同，其歸則一也。

又曰：「如『素富貴行乎富貴，素患難行乎患難』，皆是不器，此惟養得心體正者能之。」

「與其爲數頃無源之塘水，不若爲數尺有源之井水，生意不窮。」時先生在塘邊坐，傍有井，故以之喻學云。

學問要在得大頭腦，視聽言動，自然各得其職，知顏子四勿之功，不專在外面簡點。

問：「心要逐物，如何則可？」

先生曰：「人君端拱清穆，六卿分職，天下乃治。心統五官，亦要如此。今眼要視時，心便逐在色上。耳要聽時，心便逐在聲上。如人君要選官時，便自去坐在吏部；要調軍時，便自去坐在兵部。如此，豈惟失却君體，六卿亦皆不得其職。」

澄曰：「好色、好利、好名等心，固是私欲，如閒思雜慮，如何亦謂之私欲？」

先生曰：「畢竟從好色、好利、好名等根上起，自尋其根便見。如汝心中，決知是無有做劫盜的思慮，何也？以汝元無是心也。汝若於好㊀色名利等心，一切皆如不做劫盜之心一般，都消滅了，光光只是心之本體，看有甚閒思慮？此便是寂然不動，便是未發之中，便是廓然大公！自然感而遂通，自然發而中節，自然物來順應。」

問志至氣次。

先生曰：「『志之所至，氣亦至焉』之謂，非極至次貳之謂。持其志，則養氣在其中，無暴其氣，則亦持其志矣。孟子救告子之偏，故如此夾持說。」

問：「先儒曰：『聖人之道，必降而自卑；賢人之言，則引而自高。』如何？」

先生曰：「不然，如此却是僞也。聖人如天，無往而非天，三光之上，天也，九地之下，亦天也，天何嘗有降而自卑？此所謂大而化之也。賢人如山

聖賢分量之別，自是如此。然聖賢之心，實未嘗見得有此，只是日進無疆而已。故曰：賢希聖，聖希天。

㊀「好」，全書作「貨」。

嶽，守其高而已。然百仞者不能引而爲千仞，千仞者不能引而爲萬仞，是賢人未嘗引而自高也，引而自高則僞也。」

問：「伊川謂不當於喜怒哀樂未發之前求中，延平却教學者看未發之前氣象。何如？」

先生曰：「皆是也。伊川恐人於未發前討個中，把中做一物看，如吾向所謂認氣定時做中，故令只於涵養省察上用功。延平恐人未便有下手處，故令人時時刻刻求未發前氣象，使之正目而視惟此，傾耳而聽惟此，即是戒愼不睹、恐懼不聞的工夫。皆古人不得已誘人之言也。」

舍戒愼恐懼，實無涵養省察工夫。

澄問：「喜怒哀樂之中和，其全體常人固不能有。如一件小事當喜怒者，平時無有喜怒之心，至其臨時，亦能中節，亦可謂之中和乎？」

先生曰：「在一時一事，固亦可謂之中和，然未可謂之大本達道。人性皆善，中和是人人原有的，豈可謂無？但常人之心既有所昏蔽，則其本體雖亦時時發見，終是暫明暫滅，非其全體大用矣。無所不中，然後謂之大本；無所

一時一事之中和，亦是全體之發見，若能因此而充之，便是大

不和，然後謂之達道；惟天下之至誠，然後能立天下之大本。」

曰：「澄於『中』字之義尚未明。」

曰：「此須向㊀心體認出來，非言語所能喻。中只是天理。」

曰：「何者爲天理？」

曰：「去得人欲，便識天理。」

曰：「天理何以謂之中？」

曰：「無所偏倚。」

曰：「無所偏倚是何等氣象？」

曰：「如明鏡然，全體瑩徹，略無纖塵染着。」

曰：「偏倚是有所染着。如着在好色、好利、好名等項上，方見得偏倚；若未發時，美色名利皆未嘗著，何以便知其有所偏倚？」

曰：「雖未嘗著，然平日好色、好利、好名之心，原未嘗無，既未嘗無，即謂之有，既謂之有，則亦不可謂無偏倚。譬之病瘧之人，雖有時不發，而病根原

本達道。子輿氏云：「苟能充之，足以保四海。」常人之與至誠，只爭能充與不能充耳。掃除蕩滌，當於何處下手，只是常存一戒慎恐懼之心，念念歸到天理上，寂然不動如是也，感而應物亦如是也。如只向静中存想，不從事境上磨練得過，終是虛想。如未見色而言不好色，那見得不好。必如操萬斛之舟，於狂風

㊀「向」，全書作「自」。

不曾除，則亦不得謂之無病之人矣。須是平日好色、好利、好名等項，一應私心，掃除蕩滌，無復纖毫留滯，而此心全體廓然，純是天理，方可謂之喜怒哀樂未發之中，方是天下之大本。」

巨浪之中，指南一針不走，方見得是中。

問：「『顏子没而聖學亡』，此語不能無疑。」

得道者文禮亦是筌蹄。

先生曰：「見聖道之全者惟顏子，觀喟然一歎可見，其謂『夫子循循然善誘人，博我以文，約我以禮』，是見破後如此說。博文約禮，如何是善誘人？學者須思之。道之全體，聖人亦難以語人，須是學者自修自悟。顏子雖欲從之，末由也已，即文王望道未見意。望道未見，乃是真見。顏子殁，而聖學之正脈遂不盡傳矣。」

問：「身之主爲心，心之靈明是知，知之發動是意，意之所著爲物，是如此否？」

先生曰：「亦是。」

一息放下，學問、思辨、篤行，心便不存。

「只存得此心常見在，便是學。過去未來事，思之何益？徒放心耳！」

集義如云事合於義，便是義外，不可不辨。

尚謙問孟子之「不動心」與告子異。先生曰：「告子是硬把捉着此心，要他不動；孟子却是集義到自然不動。」又曰：「心之本體原自不動。心之本體即是性，性即是理，性元不動，理元不動。集義是復其心之本體。」

「萬象森然時，亦沖漠無朕；沖漠無朕，即萬象森然。沖漠無朕者，一之父；萬象森然者，精之母。一中有精，精中有一。」

數語俗學病根盡數拈出。

先生曰：「今爲吾所謂格物之學者，尚多流於口耳。況爲口耳之學者，能反於此乎？天理人欲，其精微必時時用力省察克治，方日漸有見。如今一說話之間，雖只講天理，不知心中倏忽之間，已有多少私欲，蓋有竊發而不知者，雖用力察之，尚不易見，況徒口講而可得盡知乎？今只管講天理來頓放着不循，講人欲來頓放着不去，豈格物致知之學？後世之學，其極至，只做得個義襲而取的工夫。」

問：「格物於動處用功否？」

先生曰：「格物無間動静，静亦物也。孟子謂『必有事焉』，是動静皆有事。」

如分動爲格物，則是君子於静時便是禪寂。

「工夫難處，全在格物致知上。此即誠意之事。意既誠，大段心亦自正，身亦自修。但正心、修身工夫，亦各有用力處，修身是已發邊，正心是未發邊。心正則中，身修則和。」

以誠意爲主去格物，格物即是擇善。

「自『格物致知』至『平天下』，只是一個『明明德』。雖親民，亦明德事也。明德是此心之德，即是仁。仁者以天地萬物爲一體，使有一物失所，便是吾仁有未盡處。」「只説『明明德』而不説『親民』，便似老、佛。」㊀

此明德察蒼天，入重淵，天地民物，那一件不是明德中事？聖人舍却明明德，更有何工夫！

㊀ 上十四字全書另作一條。

「至善者性也，性元無一毫之惡，故曰至善。止之，是復其本然而已。」

問：「知至善即吾性，吾性具吾心，吾心乃至善所止之地，則不爲向時之紛然外求，而志定矣。定則不擾擾而靜，靜而不妄動則安，安則一心一意只在此處，千思萬想，務求必得此至善，是能慮而得矣。如此説是否？」

先生曰：「大略亦是。」

問：「程子云『仁者以天地萬物爲一體』，何墨氏『兼愛』反不得謂之仁？」

先生曰：「此亦甚難言，須是諸君自體認出來始得。仁是造化生生不息之理，雖瀰漫周遍，無處不是，然其流行發生，亦只有個漸，所以生生不息。如冬至一陽生，必自一陽生，而後漸至於六陽，若無一陽之生，豈有六陽？陰亦然。惟其漸，所以便有個發端處；惟其有個發端處，所以生；惟其生，所以不息。譬之木，其始抽芽，便是木之生意發端處；抽芽然後發幹，發幹然後生枝、生葉，然後是生生不息。若無芽，何以有幹，有枝葉？能抽芽，必是下面有個根在。有根方生，無根便死。無根何從抽芽？父子兄弟之愛，便是人心

要識墨氏亦是毅然以仁爲己任者，但是他只看得仁之大規模，不曾曉得仁之真本體，據其萬物一體之念看途人，當無異於父子兄弟。全不顧父子兄弟不可並途人，

生意發端處，如木之抽芽。自此而仁民，而愛物，便是發幹，生枝，生葉。墨氏兼愛無差等，將自家父子兄弟與途人一般看，便自沒了發端處。不抽芽便知得他無根，便不是生生不息，安得謂之仁？孝弟爲仁之本，却是仁理從裡面發㊀出來。」

> 總是不能學問、思辯、篤行，晰理未精故也。如有子云孝弟爲仁之本，是爲得之。

問：「延平云『當理而無私心』。『當理』與『無私心』如何分別？」

先生曰：「心即理也，無私心即是當理，未當理便是私心。若析心與理言之，恐亦未善。」

又問：「釋氏於世間一切情欲之私都不染着，似無私心。但外棄人倫，却似未當理。」

曰：「亦只是一統事，都只是成就他一個私己的心。」

> 看來還只是無私心爲主，心無私自然當理，釋氏之未當於理，亦是他在出入生死上起見，所以究竟成得一個私己，不能成位育事業。

右門人陸澄録。

㊀「發」，全書作「發生」。

傳習録三

侃問：「專涵養而不務講求，將認欲作理，則如之何？」

先生曰：「人須是知學，講求亦只是涵養。不講求只是涵養之志不切。」

曰：「何謂知學？」

曰：「且道爲何而學？學個甚？」

曰：「嘗聞先生教，學是學存天理。心之本體即是天理，體認天理，只要自心地無私意。」

曰：「如此則只須克去私意便是，又愁甚理欲不明？」

曰：「正恐這些私意認不真。」

曰：「總是志未切。志切，目視耳聽皆在此，安有認不真的道理？是非之心，人皆有之，不假外求。講求亦只是體當自心所見，不成去心外別有個見？」

先生問在坐之友：「比來工夫何似？」一友舉虛明意思。先生曰：「此是說光景。」

學問只要心地無私，如籠統說個大概，是直頭直腦工夫，細尋其發端，究竟是間不容髮。今試舉「仁義」兩字言仁義，曷嘗有私？然墨氏認那兼愛是仁，究其害，直到無父田地。楊氏認那爲我是義，究其害，直到無君田地。二氏發念未嘗有私，只是察識不精，流害遂至於此。講求之功，是必不可已。第不容徒役役於聞見外用其精神耳。

一友敘今昔異同。先生曰：「此是說效驗。」

二友惘然，請問。

先生曰：「吾輩今日用功，只是要爲善之心真切。這個㊀心真切，見善即遷，有過即改，方是真切工夫。如此，則人欲日消，天理日明。若只管求光景，說效驗，却是助長外馳病痛，不是工夫。」

只就改過遷善上用功，此心惟日見不足，自無光景效驗之可言。

朋友觀書，多有摘議晦庵者。

先生曰：「是有心求異即不是。吾說與晦庵時有不同者，爲入門下手處有毫釐千里之分，不得不辯。然吾之心與晦庵之心未嘗異也。若其餘文義解得明當處，如何動得一字。」

即此可見先生之心獨善。

希淵問：「聖人可學而至，然伯夷、伊尹於孔子，才力終不同，其同謂之聖者安在？」

㊀「這個」，全書作「此」。

先生曰：「聖人之所以爲聖，只是其心純乎天理，而無人欲之雜。猶精金之所以爲精，但以其成色足而無銅鉛之雜也。人到純乎天理方是聖，金到足色方是精。然聖人之才力，亦有大小不同，猶金之分兩有輕重。堯、舜猶萬鎰，文王、孔子猶九千鎰，禹、湯、武王猶七八千鎰，伯夷、伊尹猶四五千鎰。才力不同，而純乎天理則同，皆可謂之聖人；猶分兩雖不同，而足色則同，皆可謂之精金。以五千鎰者而入於萬鎰之中，其足色同也；以夷、尹而厠之堯、孔之間，其純乎天理同也。蓋所以爲精金者，在足色而不在分兩；所以爲聖者，在純乎天理而不在才力也。故雖凡人而肯爲學，使此心純乎天理，則亦可爲聖人；猶一兩之金比之萬鎰，分兩雖懸絶，而其到足色處可以無愧。故曰『人皆可以爲堯、舜』者以此。學者學聖人，不過是去人欲而存天理耳，猶鍊金而求其足色。金之成色所爭不多，則煅煉之工省而功易成，成色愈下，則煅煉愈難；人之氣質清濁粹駁，有中人以上，中人以下，其於道有生知安行，學知利行，其下者必須人一己百，人十己千，及其成功則一。後世不知作聖之本是純乎天理，却㊀專去

才力限於稟，必求才力之同，便見聖人非人所能爲，只求純乎天理而不論才力，所以人皆可以爲堯舜。

㊀張本「却」前有「不務在自心天理上用功」一句。

知識才能上求聖人。以爲聖人無所不知，無所不能，我須是將聖人許多知識才能，逐一理會始得。故不務去天理上着工夫，徒弊精竭力，從册子上鑽研，名物上考索，形跡上比擬，知識愈廣而人欲愈滋，才力愈多而天理愈蔽。正如見人有萬鎰精金，不務煅煉成色，求無愧於彼之精純，而乃妄希分兩，務同彼之萬鎰，錫鉛銅鐵，雜然而投，分兩愈增，而成色愈下，既其稍末，無復有金矣。」

舍內務外，俗學之病，信然。總只是無真爲聖人之心。

時曰仁在傍，曰：「先生此喻足以破世儒支離之惑，大有功於後學。」

先生又曰：「吾輩用功，只求日減，不求日增。減得一分人欲，便是復得一分天理，何等輕快脱灑！何等簡易！」

士德問曰：「格物之説，如先生所教，明白簡易，人人見得。文公聰明絶世，於此反有未審，何也？」

先生曰：「文公精神氣魄大，是他早年合下便要繼往開來，故一向只就考索著述上用功。若先切己自修，自然不暇及此。到得德盛後，果憂道之不明。如孔子退修六籍，删繁就簡，開示來學，亦大段不費甚考索。文公早歲便著許多書，晚年方悔是倒做了。」

愚謂朱晦翁晚年之悔，正是恍然有悟處，所謂得魚忘筌者，此也。

士德曰：「晚年之悔，如謂『向來定本之誤』，又謂『雖讀得書，何益於吾事』，又謂『此與守書籍，泥言語，全無交涉』，是他到此方悔從前用功之錯，方去切己自修矣。」

曰：「然此是文公不可及處。他力量大，一悔便轉，可惜不久即去世。平日許多錯處皆不及改正。」

侃去花間草，因曰：「天地間何善難培，惡難去？」先生曰：「未培未去耳。」少間，曰：「此等看善惡，皆從軀殼起念，便會錯。」侃未達。曰：「天地生意，花草一般，何曾有善惡之分？子欲觀花，則以花爲善，以草爲惡；如欲用草時，復以草爲善矣。此等善惡，皆繇汝心好惡所生，故知是錯。」

天地間物之善惡，原有恰當宜好宜惡處，容不得一毫私意。聖人只是因物付物，胸中不曾偏執，有可好可

曰：「然則無善無惡乎？」

曰：「無善無惡者，理之静，有善有惡者，氣之動。不動於氣，即無善無惡，是謂至善。」

惡之物，便是萬物咸若氣象。若常人，於己之所欲者而好之，己之不欲者而惡之，眼前便多不恰意之物，即此可識公私之辨。

好惡一動於氣，便是惡，真發先儒所未發。

曰：「佛氏亦無善無惡，何以異？」

曰：「佛氏着在無善無惡上，便一切都不管，不可以治天下。聖人無善無惡，只是無有作好，無有作惡，不動於氣。然遵王之道，會其有極，便自一循天理，便有個裁成輔相。」

曰：「草既非惡，即草不宜去矣。」

曰：「如此却是佛、老意見。草若有礙，何妨汝去？」

曰：「如此又是作好作惡？」

曰：「不作好惡，非是全無好惡，却是無知覺的人。謂之不作者，只是好惡一循於理，不去又着一分意思。如此，即是不曾好惡一般。」

曰：「去草如何是一循於理，不着意思？」

曰：「草有妨礙，理亦宜去，去之而已。偶未即去，亦不累心。若着了一分意思，即心體便有貽累，便有許多動氣處。」

曰：「然則善惡全不在物？」

曰：「只在汝心。循理便是善，動氣便是惡。」

曰：「畢竟物無善惡。」

可思。

曰：「在心如此，在物亦然。世儒惟不知此，舍心逐物，將格物之學錯看了，終日馳求於外，只做得個義襲而取，終身行不著，習不察。」

曰：「『如好好色，如惡惡臭』，則如何？」

曰：「此正是一循於理；是天理合如此，本無私意作好作惡。」

曰：「『如好好色，如惡惡臭』，安得非意？」

曰：「却是誠意，不是私意。誠意只是循天理。雖是循天理，亦着不得一分意，故有所忿懥好樂，則不得其正，須是廓然大公，方是心之本體。知此即知未發之中。」

伯生曰：「先生云『草有妨礙，理亦宜去』，緣何又是軀殼起念？」

曰：「此須汝心自體當。汝要去草，是甚麼心？周茂叔窗前草不除，是甚麼心？」

先生謂學者曰：「爲學須得個頭腦工夫，方有着落。縱未能無間，如舟之有舵，一提便醒。不然，雖從事於學，只做個義襲而取，只是行不著，習不察，非大本達道也。」

又曰：「見得時，横説竪説皆是。若於此處通，彼處不通，只是未見得。」

或問爲學以親故，不免舉業之累。先生曰：「以親之故，而舉業㊀爲累於學，則治田以養其親者，亦有累於學乎？先正云惟患奪志，但恐爲學之志不真切耳。」

崇一問：「尋常意思多忙，有事固忙，無事亦忙，何也？」先生曰：「天地氣機，元無一息之停；然有個主宰，故不先不後，不急不緩，雖千變萬化，而主宰常定，人得此而生。若主宰定時，與天運一般不息，雖酬酢萬變，常是從容自在，所謂『天君泰然，百體從令』。若無主宰，便只是這氣奔放，如何不忙？」

君子富貴貧賤、夷狄患難，無不涉歷，卒無入不自得，何等自在，亦只是其主宰常定，故曰自得。彼多忙者，只是無得故耳。

先生曰：「爲學大病在好名。」

㊀「舉業」，全書作「業舉」。

今人並名亦不好，是又好名者之罪人矣。因思「三代以下，惟恐不好名」此語，有無限感慨。

果然，果然。

解「聞」字妙。

人終日說悔悟，俱是藉以文過之詞。

侃曰：「從前歲自謂此病已輕，比來精察，乃知全未，豈必務外爲人，只聞譽而喜，聞毁而悶，即是此病發來？」

曰：「最是。名與實對，務實之心重一分，則務名之心輕一分，全是務實之心，即全無務名之心；若務實之心若饑之求食，渴之求飲，安得更有工夫好名？『君子㊀疾没世而名不稱』，『稱』字去聲讀，亦『聲聞過情，君子恥之』之意。實不稱名，生猶可補，没則無及矣。四十、五十而無聞，是不聞道，非無聲聞也。孔子云『是聞也，非達也』，安肯以此望人？」

侃多悔。先生曰：「悔悟是去病之藥，然以改之爲貴。若留滯於中，則又因藥發病。」

德章曰：「聞先生以精金喻聖，以分兩喻聖人之分量，以煅煉喻學者之工夫，最爲深切。惟謂堯舜爲萬鎰，孔子爲九千鎰，疑未安。」

㊀「君子」，全書作「又曰」。

先生曰：「此又是軀殼上起念，故替聖人争分兩。若不從軀殼上起念，即堯舜萬鎰不爲多，孔子九千鎰不爲少。堯舜萬鎰只是孔子的，孔子九千鎰只是堯舜的，原無彼我。所以謂之聖，只論精一，不論多寡。只要此心純乎天理處同，便同謂之聖。若是力量氣魄，如何盡同得！後儒只在分兩上較量，所以流入功利。若除去了比較分兩的心，各人儘着自己力量精神，只在此心純天理上用功，即人人自有，個個圓成，便能大以成大，小以成小，不假外慕，無不具足。此便是實實落落明善誠身的事。後儒不明聖學，不知就自己心地良知良能上體認擴充，却去求知其所不知，求能其所不能，一味只是希高慕大，不知自己是桀、紂心地，動輒要做堯舜事業，如何做得！終年碌碌，至於老死，竟不知成就了個甚麽，可哀也已！」

佛氏認着體，墨氏認着用，均失之。如中庸所云合内外之道始得。

侃問：「先儒以心之静爲體，心之動爲用，如何？」

先生曰：「心不可以動静爲體用。動静時也，即體而言用在體，即用而言體在用，是謂體用一源。若説静可以見其體，動可以見其用，却不妨。」

問：「上智下愚，如何不可移？」

先生曰：「不是不可移，只是不肯移。」

二字大有警省人處。

問「子夏門人問交」章。

先生曰：「子夏是言小子之交，子張是言成人之交。若善用之，亦俱是。」

子仁問：「『學而時習之，不亦説乎』，先儒以學爲效先覺之所爲，如何？」

先生曰：「學是學去人欲，存天理。從事於去人欲，存天理，則自正諸先覺，考諸古訓，自下許多問辯思索，存省克治工夫，然不過欲去此心之人欲，存吾心之天理耳。若曰效先覺之所爲，則只説得學中一件事，亦似專求諸外了。『時習』者，坐如尸，非專習坐也，坐時習此心也；立如齋，非專習立也，立時習此心也。『説』是『義理之説我心』之『説』，人心本自説理義，如目本説色，耳本説聲，惟爲人欲所蔽所累，始有不説。今人欲日去，則理義日洽浹，安得不説？」

本注云：明善而復其初。原解得極精。善即先生所謂天理也。凡物俱有去來，有晦明，獨此善存於心，日用飲食，晝夜衾影，無時或離。君子之學，所以明善。

國英問：「曾子三省雖切，恐是未聞一貫時工夫。」

先生曰：「一貫是夫子見曾子未得用功之要，故告之。學者果能忠恕上用功，豈不是一貫？一如樹之根本，貫如樹之枝葉，未種根，何枝葉之可得？體用一源，體未立，用安從生？謂曾子於其用處，蓋已隨事精察而力行之，但未知其體之一，此恐未盡。」

黃誠甫問「女㊀與回也孰愈」章。

先生曰：「子貢多學而識，在聞見上用功，顏子在心地上用功，故聖人問以啟之。而子貢所對又只在知見上，故聖人歎惜之，非許之㊁。」

「顏子不遷怒，不貳過，亦是有未發之中始能。」

「種樹者必培其根，種德者必養其心。欲樹之長，必於始生時刪其繁枝；

求一可容不善之時不可得，講求誦讀，止是習中之一端，不可以竟習之事。時習者，動靜語默，無往非習，即嚮晦入晏息，求不愧衾，亦無非習。只是常提此善，不令之昏昧放逸，此自有欲一息丢下不可得者，便是說。即如點之童冠咏歸，看來不過是閑要，然胸中自有見得處，亦是習，是悦。即此，可曉然于「時習」之解矣。

㊀「女」，全書作「汝」。　㊁「之」，全書作「之也」。

欲德之盛，必於始學時去夫外好。如外好詩文，則精神日漸漏泄在詩文上去，凡百外好皆然。」

外好不獨功名富貴詩文之類，即稍存一見小欲速之心，皆外好也，故必勿助勿忘，專一不二，方謂真正立志。立志者辨之。

又曰：「我此論學，是無中生有的工夫，諸公須要信得，乃㊀只是立志。學者一念爲善之志，如樹之種，但勿助勿忘，只管培植將去，自然日夜滋長，生氣日完，枝葉日茂。樹初生時，便抽繁枝，亦須刊落，然後根幹能大。初學時亦然，故立志貴專一。」

因論先生之門，某人在涵養上用功，某人在識見上用功，先生曰：「專涵養者，日見其不足，專識見者，日見其有餘。日不足者日有餘矣，日有餘者日不足矣。」

梁日孚問：「居敬窮理是兩事，先生以爲一事，何如？」

先生曰：「天地間只有此一事，安有兩事？若論萬殊，禮儀三百，威儀三

㊀「乃」，全書作「及」，則當屬上句，亦通。

千，又何止兩？公且道居敬是如何？窮理是如何？」

曰：「居敬是存養工夫，窮理是窮事物之理。」

曰：「存養個甚？」

曰：「是存養此心之天理。」

曰：「如此，亦只是窮理矣。」

曰：「且道如何窮事物之理？」

曰：「如事親便要窮孝之理，事君便要窮忠之理。」

曰：「忠與孝之理，在君親身上，在自己心上？若在自己心上，亦只是窮此心之理矣。且道如何是敬？」

曰：「只是主一。」

「如何是主一？」

曰：「如讀書便一心在讀書上，接事便一心在接事上。」

曰：「如此，則飲酒便一心在飲酒上，好色便一心在好色上，却是逐物，成甚居敬工夫？」日孚請問。

曰：「一者天理，主一是一心在天理上。若不知一即是理，有事時便是逐

其實，事物之理即此心之理，人見爲事物，自見道者識之，活活潑潑，何莫非性命之理。故夫子曰：「天何言哉，四時行焉，百物生焉。」時物皆外也，悟則即外皆內也。不得道者，一膜之外盡成睽隔。得道者，天地萬物皆一體。窮理者，須放此大眼孔，事物紛拏而理惟一，皆以事一於事爲敬，便是逐境而留，怠荒甚矣，安云

居敬哉！惟憑一理爲主，即千變萬化，無弗專一，方是主敬之學。

物，無事時便是着空，惟其有事無事，一心皆在天理上用功，所以居敬亦即是窮理。就窮理專一處説，便謂之居敬，就居敬精密處説，便謂之窮理。却不是居敬了，别有個心窮理，窮理時别有個心居敬，名雖不同，工夫只是一事。就如易言『敬以直内，義以方外』。敬即是無事時義，義即是有事時敬，兩句合説一件。如孔子言『修己以敬』，即不須言義。孟子言『集義』，即不須言敬。會得時横説竪説，功夫總是一般。若泥文逐句，不識本領，即支離決裂，工夫都無下落。」

問：「窮理何以即是盡性？」

曰：「心之體，性也，性即理也，窮仁之理，真要仁極仁。窮義之理，真要義極義。仁義只是吾性，故窮理即是盡性。如孟子説充其惻隱之心，至仁不可勝用。這便是窮理工夫。」

日孚曰：「先儒謂一草一木亦皆有理，不可不察，如何？」

先生曰：「夫我則不暇，公且先去理會自己性情，須能盡人之性，然後能盡物之性。」日孚悚然有悟。

惟乾問:「知如何是心之本體?」先生曰:「知是理之靈處,就其主宰處説,便謂之心,就其稟賦處説,便謂之性。孩提之童無不知愛其親,無不知敬其兄,只是㊀這個靈能不爲私欲遮隔,充拓得盡,便完完是他本體,便與天地合德。自聖人以下,不能無蔽,故須格物以致其知。」

守衡問:「大學工夫只是誠意,誠意工夫只是格物。修齊治平,只誠意盡矣。又有『正心之功,有所忿懥好樂,則不得其正』,何也?」先生曰:「此要自思得之,知此,則知未發之中矣。」守衡再三請。曰:「爲學工夫有淺深。初時若不着實用意去好善惡惡,如何能爲善去惡? 這着實用意便是誠意。然不知心之本體原無一物,一向着意去好善惡惡,便又多了這分意思,便不是廓然大公。書所謂無有作好作惡,方是本體。所以説『有所忿懥好樂,則不得其正』。正心只是誠意工夫裡面體當自家心

㊀ 從「不知一即是理」至「只是」,原本無,據全書補。

體，常要鑑空衡平，這便是未發之中。」

正之問：「戒懼是己所不知時工夫，慎獨是己所獨知時工夫，此説如何？」

先生曰：「只是一個工夫，無事時固是獨知，有事時亦是獨知。人若不知於此獨知之地用力，只在人所共知處用功，便是作僞，便是見君子而後厭然。此獨知處，便是誠的萌芽，此處不論善念惡念，更無虛假，一是百是，一錯百錯，正是王霸義利、誠僞善惡界頭。於此一立立定，便是端本澄源，便是立誠。古人許多誠身的工夫，精神命脈，全體只在此處。真是莫見莫顯，無時無處，無終無始，只是此個工夫。今若又分戒懼爲己所不知，即工夫便支離，便㊀有間斷。既戒懼即是知，己若不知，是誰戒懼？如此見解，便要流入斷滅禪定。」

曰：「不論善念惡念，更無虛假，則獨知之地更無無念時邪？」

曰：「戒懼亦是念。戒懼之念無時可息。若戒懼之心稍有不存，不是昏

獨知本是合動靜而爲言，如人日用云爲，衆所共見。就中一念隱微，惟己獨知，即昏夜熟睡，魂交成夢，亦是知之不滅處。是即先生良知之説，故欲慊此獨知，不是冥心静坐，便盡獨知工夫，必静時體認天理一念不走錯，亦必日用所行事盡合天理，方能不愧此獨知。故

㊀「便」，全書作「亦」。

孟子曰：「行有不慊於心則餒矣。」君子之學，所以動靜皆有事，究之只成個內省不疚。

形色天性也，惟聖人然後可以踐形。形色豈輕視得，使一身之耳目視聽，件件合於天理，方是踐形。且聖

瞶，便已流入惡念。自朝至暮，自少至老，若要無念，即是己不知，此除是昏睡，除是槁木死灰。」

志道問：「荀子云：『養心莫善於誠』，先儒非之，何也？」

先生曰：「此亦未可便以爲非。誠字有以工夫説者：誠是心之本體，求復其本體，便是思誠的工夫。明道説『以誠敬存之』亦是此意。大學『欲正其心，先誠其意』。荀子之言固多病，然不可一例吹毛求疵。大凡看人言語，若先有個意見，便有過當處。『爲富不仁』之言，孟子有取於陽虎，此便見聖賢大公之心。」

蕭惠問：「己私難克，奈何？」

先生曰：「將汝己私來，替汝克。」

先生曰：「人須有爲己之心，方能克己；能克己，方能成己。」

蕭惠曰：「惠亦頗有爲己之心，不知緣何不能克己？」

人合天下以爲身，即盡人盡物，參贊天地，總不過完得聰明睿知，踐此耳目視聽之己。舍軀殼而另求克己，便入空幻一路，總是見道未明。

快讀一過，如憒而醒，如喑而鳴，今後方知有身。

先生曰：「且說汝有爲己之心是如何？」

惠良久曰：「惠亦一心要做好人，便自謂頗有爲己之心。今思之，看來亦只是爲得個軀殼的己，不曾爲個真己。」

先生曰：「真己何曾離着軀殼，恐汝連那軀殼的己也不曾爲。且道汝所謂軀殼的己，豈不是耳目口鼻四肢？」

惠曰：「正是。爲此，目便要色，耳便要聲，口便要味，四肢便要逸樂，所以不能克。」

先生曰：「『美色令人目盲，美聲令人耳聾，美味令人口爽，馳騁田獵令人發狂』，這都是害汝耳目口鼻四肢的，豈得是爲汝耳目口鼻四肢？若爲着耳目口鼻四肢時，便須思量耳如何聽，目如何視，口如何言，四肢如何動；必須非禮勿視聽言動，方才成得個耳目口鼻四肢，這個才是爲着耳目口鼻四肢。汝今終日向外馳求，爲名爲利，這都是爲着軀殼外面的物事。汝若爲着耳目口鼻四肢，要非禮勿視聽言動時，豈是汝㊀耳目口鼻四肢自能勿視聽言動，須

㊀「汝」，全書作「汝之」。

緐汝心。這視聽言動皆是汝心，汝心之視，發竅於目；汝心之聽，發竅於耳；汝心之言，發竅於口；汝心之動，發竅於四肢。若無汝心，便無耳目口鼻。所謂汝心，亦不專是那一團血肉。若是那一團血肉，如今已死的人，那一團血肉還在，緣何不能視聽言動？所謂汝心，却是那能視聽言動的，這個便是性，便是天理。有這個性才能生，這性之生理便謂之仁。這性之生理，發在目便會視，發在耳便會聽，發在口便會言，發在四肢便會動，都只是那天理發生，以其主宰一身，故謂之心。這心之本體，原只是個天理，原無非禮，這個便是汝之真己。這個真己是軀殼的主宰。若無真己，便無軀殼，真是有之即生，無之即死。汝若真爲那個軀殼的己，必須用着這個真己，便須常常保守着這個真己的本體，戒慎不覩，恐懼不聞，惟恐虧損了他一些；才有一毫非禮萌動，便如刀割，如針刺，忍耐不過，必須去了刀，拔了針，這才是有爲己之心，方能克己。汝今正是認賊作子，緣何却説有爲己之心，不能克己？」

子興氏云：「所以考其善不善者，豈有他哉，於己取之而已。」便是此意。

有一學者病目，戚戚甚憂。先生曰：「爾乃貴目賤心。」

蕭惠好僊釋，先生警之曰：「吾亦自幼篤志二氏，自謂既有所得，謂儒者爲不足學。其後居夷三載，見得聖人之學若是其簡易廣大，始自歎悔錯用了三十年氣力。大抵二氏之學，其妙與聖人只有毫釐之間。汝今所學，乃其土苴，輒自信自好若此，真鴟鴞竊腐鼠耳！」

惠請問二氏之妙。先生曰：「向汝説聖人之學，簡易廣大，汝却不問我悟的，只問我悔的！」

惠慚謝，請問聖人之學。先生曰：「汝今只是了人事問，待汝辦個真要求爲聖人的心來與汝説。」

如冷水澆背，令人猛然一驚。

惠再三請。先生曰：「已與汝一句道盡，汝尚自不會。」

劉觀時問：「未發之中是如何？」

先生曰：「汝但戒慎不覩，恐懼不聞，養得此心純是天理，便自然見。」

觀時請略示氣象。先生曰：「啞子喫苦瓜，與爾説不得。爾要知此苦，還須爾自喫。」㊀

凡到真處，俱是無容言説，可以言解者，即落第二義。

㊀ 此句中三「爾」字，全書均作「你」。

時曰仁在傍，曰：「如此才是真知，即是行矣。」一時在座諸友皆有省。

蕭惠問死生之道。

先生曰：「知晝夜即知死生。」

問晝夜之道。曰：「知晝則知夜。」

曰：「晝亦有所不知乎？」

先生曰：「汝能知晝！懵懵而興，蠢蠢而食，行不著，習不察，終日昏昏，只是夢晝。惟息有養，瞬有存，此心惺惺明明，天理無一息間斷，才是能知晝。這便是天德，便是通乎晝夜之道而知，更有甚麽死生？」

識得此道，真是萬古不夜，萬古不死矣。

馬子莘問：「修道之教，舊説謂聖人品節，吾性之固有，以爲法於天下，若禮樂刑政之屬。此意如何？」

先生曰：「道即性即命，本是完完全全，增減不得，不假修飾的，何須要聖人品節？却是不完全的物件。禮樂刑政，是治天下之法，固亦可謂之教，但不是子思本旨。若如先儒之説，下面繇教入道的，緣何舍了聖人禮樂刑政之教，别説出一段戒慎恐懼工夫，却是聖人之教爲虛設矣。」

子莘請問。

先生曰：「子思性、道、教，皆從本原上説，天命於人，則命便謂之性；率性而行，則性便謂之道；修道而學，則道便謂之教。率性是誠者事，所謂自誠明謂之性也；修道是誠之者事，所謂自明誠謂之教也。聖人率性而行，即是道。聖人以下，未能率性，於道未免有過不及，故須修道。修道則賢知者不得而過，愚不肖者不得而不及，都要循着這個道，則道便是個教。此『教』字與『天道至教』、『風雨霜露無非教也』之『教』同。『修道』字與『修道以仁』同。人能修道，然後能不違於道，以復其性之本體，則是亦㊀聖人率性之道矣。下面『戒慎恐懼』便是修道的工夫，『中和』便是復其性之本體，如易所謂窮理盡性以至於命，中和位育便是盡性至命。」

黄誠甫問：「先儒以孔子告顏子㊁爲邦之問，是立萬世常行之道，如何？」

先生曰：「顏子具體聖人，其於爲邦的大本大原都已完備。夫子平日知

得了本原，禮樂刑政亦自在其中，所謂横説竪説皆是也，如後章文之無憂，武之達孝，語哀之九經，何嘗不在制作上説，只要得其本原耳。

如此説來，真是了徹。

生今反古，聖人所戒，爲邦而用夏、殷之制，寧有此理！此不過是參酌二代

㊀「是亦」，全書作「亦是」。

㊁「顏子」，全書作「顏淵」。

之已深，到此都不必言，只就制度文爲上説。此等處亦不可忽略，須要是如此方盡善。又不可因自己本領是當了，便於防範上踈濶，須是要放鄭聲，遠佞人。蓋顔子是個克己向裡、德上用心的人，孔子恐其外面末節或有疏略，故就他不足處幫補説。若在他人，須告以爲政在人，取人以身，修身以道，修道以仁，達道九經及誠身許多工夫，方始做得，這個方是萬世常行之道。不然，只去行了夏時，乘了殷輅，服了周冕，作了韶舞，天下便治得。後人但見顔子是孔門第一人，又問個『爲邦』，便把做天大事看了。」

之政而師其意。云行夏時，見爲邦當重民事也。云乘殷輅，見爲邦當存朴質也。此便是聖人考諸三王而不謬，素王固已備帝王之經制。

蔡希淵問：「文公大學新本，先格致而後誠意工夫，似與首章次第相合。若如先生從舊本之説，即誠意反在格致之前，於此尚未釋然。」

先生曰：「大學工夫即是明明德，明明德只是個誠意，誠意的工夫只是格物致知。若以誠意爲主，去用格物致知的工夫，即工夫始有下落，即爲善去惡無非是誠意的事。如新本先去窮格事物之理，即茫茫蕩蕩，都無着落處；須用添個敬字，方才牽扯得向身心上來。然終是没根源。若須用添個敬字，緣何孔門倒將一個最緊要的字落了，直待千餘年後要人來補出？正謂以誠

性即心所具之理，是豈有舍事物之理，杳杳冥冥，而獨存之理，原不消牽扯，本是一家骨肉。

箴得妙。

意爲主，即不須添敬字，所以提出個誠意來説，正是學問的大頭腦處。於此不察，真所謂毫釐之差，千里之謬。大抵中庸工夫，只是誠身，誠身之極，便是至誠。大學工夫只是誠意，誠意之極，便是至善：工夫總是一般。今説這裡補個『敬』字，那裡補個『誠』字，未免畫蛇添足。」

孟源有自是好名之病，先生屢責之，一日，警責方已，一友自陳日來工夫請正。源從傍曰：「此方是尋着源舊時家當。」

先生曰：「爾病又發。」源色變，議擬欲有所辨。先生曰：「爾病又發。」因喻之曰：「此是汝一生大病根。譬如方丈地内，種此一大樹，雨露之滋，土脈之力，只滋養得這個大根，四傍縱要種些嘉穀，上面被此樹葉遮覆，下面被此樹根盤結，如何生長得成？須用伐去此樹，纖根勿留，方可種植嘉種。不然，任汝耕耘培壅，只是滋養得此根。」

右門人薛侃録。

陽明先生集要理學編卷二

語録

正德乙亥，九川初見先生於龍江，先生與甘泉先生論格物之説，甘泉持舊説。先生曰：「是求之於外了。」甘泉曰：「若以格物理爲外，是自小其心也。」九川甚喜舊説之是。先生又論盡心一章，九川一聞，却遂無疑。

只此一語，便見人心萬物皆備，可了格物致知之義，此甘泉學見其大處。

後家居，復以格物遺質。先生答云：「但能實地用功，久當自釋。」山間乃自録大學舊本讀之，覺朱子格物之説非是；然亦疑先生以意之所在爲物，「物」字未明。

己卯，歸自京師，再見先生於洪都。先生兵務倥偬，乘隙講授，首問：「近年用功何如？」九川曰：「近年體驗得『明明德』功夫，只是『誠意』。自『明明德於天下』，步步推入根源，到『誠意』上，再去不得，如何以前又有格致工夫？後又體驗，覺得意之誠僞，必先知覺乃可，以顔子有『不善未嘗不知之，知之未嘗復行』爲證，豁然若無疑；却又多了格物工夫。又思來吾心之靈，何有不知意之善惡，只是物欲蔽了，須格去物欲，始能如顔子未嘗不知耳。又自疑工夫顛倒，與誠意不成片段。後問希顔，希顔曰：『先生謂格物致知是誠意工夫，極好。』九川曰：『如何是誠意工夫？』希顔令再思體看，九川終不悟，請問。」

先生曰：「惜哉！此可一言而悟，惟濬所舉顔子事便是了，只要知身、心、意、知、物是一件。」

九川疑曰：「物在外，如何與身、心、意、知是一件？」

先生曰：「耳目口鼻四肢，身也，非心安能視聽言動？心欲視聽言動，無耳目口鼻四肢，亦不能，故無心則無身，無身則無心。但指其充塞處言之謂之身，指其主宰處言之謂之心，指心之發動處謂之意，指意之靈明處謂之知，指意之涉着處謂之物：只是一件。意未有懸空的，必着事物，故欲誠意，則隨意所在某事而格之，去其人欲而歸於天理，則良知之在此事者，無蔽而得致矣。此便是誠意的工夫。」

九川乃釋然，破數年之疑。又問：「甘泉近亦信用大學古本，謂格物猶言

甘泉格物之解，已可掃時説之蒙蔽，顧舍物言理，猶似見理精而物粗，理與物殊分爲兩。惟還之以物，則形色即是天性，始無内外之殊，任他是一片光明境界，知致而大學之道一以貫之矣。

造道。又謂窮理如窮其巢穴之『窮』，以身至之也。故格物亦只是隨處體認天理，似與先生之説漸同。」

先生曰：「甘泉用功，所以轉得來。當時與説『親民』字不須改，他亦不信，今論格物亦近，但不須換『物』字作『理』字，只還他一「物」字便是。」

後有人問九川曰：「今何不疑『物』字？」

曰：「中庸曰：『不誠無物。』程子曰：『物來順應。』又如『物各付物』，『胸中無物』之類，皆古人常用字也。」他日，先生亦云然。

九川問：「近年因厭泛濫之學，每要静坐，求屏息念慮。非惟不能，愈覺擾擾，如何？」

先生曰：「念如何可息？只是要正。」

曰：「當自有無念時否？」

先生曰：「實無無念時。」

曰：「如此，却如何言静？」

曰：「静未嘗不動，動未嘗不静。戒謹恐懼即是念，何分動静？」

識得此不息之理，即魂遊魄降，還是活的。不識此不息之理，即目視耳聽，亦是死的。

曰：「周子何以言定之以中正仁義而主静？」

曰：「無欲故静，是『静亦定，動亦定』的『定』字，主其本體也。戒懼之念，是活潑地。此是天機不息處，所謂『維天之命，於穆不已』，一息便是死。非本體之念，即是私念。」

又問：「用功收心時，有聲色在前，如常聞見，恐不是專一。」

曰：「如何欲不聞見？除是槁木死灰，耳聾目盲則可。只是雖聞見而不流去，便是。」

以不見聞爲收心，見聞，心即弛矣，寧有如是之學問？故知君子戒慎恐懼時，天地萬物俱昭然森列。

曰：「昔有人静坐，其子隔壁讀書，不知其勤惰，程子稱其甚敬。何如？」

曰：「伊川恐亦是譏他。」

又問：「静坐用功，頗覺此心收斂，遇事又斷了。旋起個念頭，去事上省察。事過又尋舊功，還覺有内外，打不作一片。」

先生曰：「此格物之説未透。心何嘗有内外？即如惟濬，今在此講論，又豈有一心在内照管？這聽講説時專敬，即是那静坐時心，功夫一貫，何須

此是聖賢實體實驗工夫，方知先生格致之說，非是抛却事物，只是要把人弛逐於外者，挽而歸之於內耳，合外內之道，方是能誠，方是能窮物之終始。

大易言，聖人窮理盡性，曰樂天知命，是即先生致此良知穩當快樂之說也。心即是理，何消於心上更尋。

更起念頭。人須在事上磨練，做功夫乃有益。若止好靜，遇事便亂，終無長進，那靜時功夫亦差，似收斂而實放溺也。」

後在洪都，復與于中、國裳論內外之說。渠皆云：「物自有內外，但要內外並着功夫，不可有間耳！」以質先生。

曰：「功夫不離本體，本體原無內外。只爲後來做功夫的分了內外，失其本體了。如今正要講明功夫不要有內外，乃是本體功夫。」是日俱有省。

庚辰往虔州，再見先生，問：「近來功夫，雖若稍知頭腦，然難尋個穩當快樂處。」

先生曰：「爾却去心上尋個天理，此正所謂理障。此間有個訣竅。」

曰：「請問如何？」

曰：「只是致知。」

曰：「如何致？」

曰：「爾那一點良知，是爾自家底準則。爾意念着處，他是便知是，非便知非，更瞞他一些不得。爾只不要欺他，實實落落依着他做去，善便存，惡便去。他這裡何等穩當快樂。此便是格物的真訣，致知的實功。若不靠着這些真機，如何去格物？我亦近年體貼出來如此分明，初猶疑，只依他，恐有不足，精細看，無些少㊀欠闕。」

惟用功不息，方謂之致。孔子到從心不逾矩，亦不過是致此知。

崇一曰：「先生致知之旨，發盡精蘊，看來這裡再去不得。」先生曰：「何言之易也？再用功半年，看如何？又用功一年，看如何？功夫愈久，愈覺不同，此難口說。」

所謂知之者不如好之者，好之者不如樂之者。

先生問九川：「於『致知』之説體驗如何？」九川曰：「自覺不同往時，操持常不得個恰好處，此乃是恰好處。」先生曰：「可知是體來與聽講不同。我初與講時，知爾只是忽易，未有滋味。只這個要妙，再體到深處，日見不同，是無窮盡的。」

又曰：「此『致知』二字，真是個千古聖傳之秘。見到這裡，百世以俟聖人

㊀「少」，全書作「小」。

而不惑！」

先生曰：「大凡朋友，須箴規指摘處少，誘掖獎勸意多，方是。」後又戒九川云：「與朋友論學，須委曲謙下，寬以居之。」

九川卧病虔州，先生云：「病物亦難格，覺得如何？」對曰：「工夫甚難。」先生曰：「常快活便是工夫。」

此便是活人高手。

有一屬官，因久聽講先生之學，曰：「此學甚好。只是簿書獄訟繁難，不得爲學。」先生聞之，曰：「我何嘗教爾離了簿書訟獄，懸空去講學？爾既有官司之事，便從官司的事上爲學，纔是真格物。如問一詞訟，不可因其應對無狀，起個怒心；不可因他言語圓轉，生個喜心；不可惡其囑托，加意治之；不可因其請求，屈意從之；不可因自己事務煩冗，隨意苟且斷之；不可因旁人譖毀羅

讀此，方知簿書訟獄，亦是證聖詣賢之所，貪暴非僻之念又何從生，大學釋本末而舉使民無

訟之言，意更可想，做官而直到使民無訟，便是成己成物田地，是安往而非學哉。

纖，隨人意思處之。這許多意思皆私，只爾自知，須精細省察克治，惟恐此心有一毫偏倚，枉㊀人是非，這便是格物致知。簿書獄訟之間，無非實學，若離了事物，爲學却是着空。」

此爲務博而不知約者下一針。

于中、國裳輩同侍食。先生曰：「凡飲食只是要養我身，食了要消化；若徒蓄積在肚裡，便成痞了，如何長得肌膚？後世學者博聞多識，留滯胸中，皆傷食之病也。」

先生曰：「聖人亦是學知，衆人亦是生知。」

問曰：「何如？」

曰：「這良知人人皆有，聖人只是保全，無些障蔽，兢兢業業，亹亹翼翼，自然不息，便也是學；只是生的分數多，所以謂之生知安行。衆人自孩提之童，莫不完具此知，只是障蔽多，然本體之知自難泯息，雖學問克治，也只憑

㊀「枉」，全書作「杜」。

他，只是學的分數多，所以謂之學知利行。」

黃以方問：「先生格致之説，隨時格物以致其知，則知是一節之知，非全體之知也。何以到得溥博如天，淵泉如淵地位？」

先生曰：「人心是天淵。心之本體無所不該，原是一個天。只爲私欲障礙，則天之本體失了。心之理無窮盡，原是一個淵。只爲私欲窒塞，則淵之本體失了。如今念念致良知，將此障礙窒塞一齊去盡，則本體已復，便是天淵了。」乃指天以示之曰：「比如面前見天，是昭昭之天；四外見天，也只是昭昭之天。只爲許多房子墻壁遮蔽，便不見天之全體。若撤去房子墻壁，總是一個天矣。不可道眼前天是昭昭之天，外面又不是昭昭之天也。於此便見一節之知，即全體之知；全體之知，即一節之知。總是一個本體。」以下門人黃直録。

如曾、閔之孝，張、許之忠，不過致此忠孝一節之知，然即此忠孝一節，便是徹天徹地，貫古貫今，忠孝之全體固是如此，舍是安得復有天淵。可見一節之知，不可通於全體者，俱是零星補綴，無源之知。即所謂一節者原未致耳。

先生曰：「聖賢非無功業節氣㊀，但其循着這天理，則便是道，不可以事功

㊀「節氣」，全書作「氣節」。

氣節名矣。」

> 聖人天行健，只是一個憤，一念不如此，便不快，即是樂。

「『發憤忘食』，是聖人之志如此，真無有已時；『樂以忘憂』，是聖人之道如此，真無有戚時。恐不必云得不得也。」

> 一念發動便是行，所以君子貴慎獨。

問「知行合一」。

先生曰：「此須識我立言宗旨。今人學問，只因知行分作兩件，故有一念發動，雖是不善，然却未曾行，便不去禁止。我今説個知行合一，正要人曉得一念發動處，便即是行了，發動處有不善，就將這不善的念克倒了，須要徹根徹底，不使那一念不善潛伏在胸中。此是我立言宗旨。」

> 道無窮盡，聖人事事知個天理所在，便去盡個天理。此便見聖功無息處。若云本體明後，

「聖人無所不知，只是知個天理；無所不能，只是能個天理。聖人本體明白，故事事知個天理所在，便去盡個天理。不是本體明後，却於天下事物都便知得，便做得來也。天下事物，如名物度數、草木鳥獸之類，不勝其煩。聖人須是本體明了，亦何緣能盡知得？但不必知的，聖人自不消求知；其所當

知的，聖人自能問人。如『子入太廟，每事問』之類，先儒謂『雖知亦問，敬謹之至』。此說不可通。聖人於禮樂名物，不必盡知。然他知得一個天理，便自有許多節文度數出來。不知能問，亦即是天理節文所在。」

問：「先生嘗謂『善惡只是一物』。善惡兩端，如冰炭相反，如何謂只一物？」

先生曰：「至善者，心之本體。本體上才過當些子，便是惡了。不是有一個善，却又有一個惡來相對也。故善惡只是一物。」

直因聞先生之說，則知程子所謂「善固性也，惡亦不可不謂之性」。又曰：「善惡皆天理。謂之惡者本非惡，但於本性上過與不及之間耳。」其說皆無可疑。

先生嘗謂：「人但得好善如好好色，惡惡如惡惡臭，便是聖人。」直初時聞之覺甚易，後體驗得來，此個功夫着實是難。如一念雖知好善惡惡，然不知不覺，又夾雜去了。才有夾雜，便不是好善如好好色，惡惡如惡惡臭的心。

於事物都便知得，便做得，自一明之後，聖人再無工夫矣。然所云誠則明者何？蓋明者明此天理也，念念明，念念去盡工夫，安有息時？若一念不盡，便不得言誠。

過當些子便是惡，此可識「危」、「微」之辨，戒慎恐懼又何容時已哉。

善能實實的好，是無念不善矣；惡能實實的惡，是無念及惡矣。如何不是聖人？故聖人之學，只是一誠而已。」

無念不善，無念及惡，便識知能合一之解。

問：「修道說：言『率性之謂道』，屬聖人分上事；『修道之謂教』屬賢人分上事。」

先生曰：「衆人亦率性也。但率性在聖人分上較多，故『率性之謂道』屬聖人事。聖人亦修道也，但修道在賢人分上多，故『修道之謂教』屬賢人事。」又曰：「中庸一書，大抵皆是說修道的事，故後面凡說君子，說顏淵，說子路，皆是能修道的；說小人，說賢知愚不肖，說庶民，皆是不能修道的；其他言舜、文、周公、仲尼，至誠至聖之類，則又聖人之自能修道者也。」

凡聖人之言，俱是修道之事，不獨中庸一書。

問：「儒者到三更時分，掃盪胸中思慮，空空靜靜，與釋氏之靜只一般，兩下皆不用，此時何所分别？」

先生曰：「動静只是一個。那三更時分空空靜靜的，只是存天理，即是如今應事接物的心。如今應事接物的心，亦是循此天理，便是那三更時分空空

知動静合一，方能動静皆有事。君子自强不息，只是動静無間而已。

靜靜的心。故動靜只是一個，分別不得。知得動靜合一，釋氏毫釐差處亦自莫揜矣。」

聖人惟敬以直內，發之於外者，自成威儀而不見其矜持。見其從容而不見直率，二公之弊皆繇內養之未足，然與其不簡束也，寧矜持而已。

門人在座，有動止甚矜持者。先生曰：「人若矜持太過，終是有弊。」

曰：「矜持太過，如何有弊？」

曰：「人只有許多精神，若專在容貌上用功，則於中心照管不及者多矣。」

有太直率者。先生曰：「如今講此學，却外面全不檢束，又分心與事爲二矣。」

逃去君臣父子者，一閉目冥心，便清净自在；還他以仁義有別者，差一些子不得，庸德庸言，聖人所以嘗見未能。

先生嘗言：「佛氏不着相，其實着了相。吾儒着相，其實不着相。」

請問。

曰：「佛怕父子累，却逃了父子；怕君臣累，却逃了君臣；怕夫婦累，却逃了夫婦。都是爲個君臣、父子、夫婦着了相，便須逃避。如吾儒有個父子，還他以仁；有個君臣，還他以義；有個夫婦，還他以別。何曾着了父子、君臣、夫婦的相？」

黃勉叔問：「心無惡念時，此心空空盪蕩的，不知亦須存個善念否？」

先生曰：「既去惡念，便是善念，便復心之本體矣。譬如日光，被雲來遮蔽，雲去，光已復矣。若惡念既去，又要存個善念，即是日光之中添燃一燈。」

以下門人黃修易録。

所謂去惡念者，不是就惡去惡也。人心本善，只是本體不固，後惡念得以乘之。只是常操存此善念，惡自不得入。

問「志於道」一章。

先生曰：「只『志道』一句，便含下面數句功夫，自住不得。譬如做此屋，志於道是念念要去擇地鳩材，經營成個區宅。據德却是經畫已成，有可據矣。依仁却是常常住在區宅内，更不離去。游藝却是加些畫采，美此區宅。藝者，義也，理之所宜者也。如誦詩、讀書、彈琴、習射之類，皆所以調習此心，使之熟於道也。苟不志道而游藝，却如無狀小子；不先去置造區宅㊀，只管要去買畫掛做門面，不知將掛在何處？」

㊀黔南本此句原有旁批：「罕譬而喻」。

問：「『生之謂性』，告子亦說得是，孟子如何非之？」

先生曰：「固是性，但告子認得一邊去了，不曉得頭腦。若曉得頭腦，如此說亦是。孟子亦曰『形色天性也』，這也是指氣說。」

又曰：「凡人信口說，任意行，皆說此是依我心性出來，此是所謂生之謂性。然却要有過差。若曉得頭腦，依吾良知上說出來，行將去，便自是停當。然良知亦只是這口說，這身行，豈能外得氣，別有個去行去說？故曰『論性不論氣不備，論氣不論性不明』。氣亦性也，性亦氣也，但須認得頭腦是當。」

又曰：「諸君功夫最不可助長。上智絶少，學者無超入聖人之理。一起一伏，一進一退，自是功夫節次。不可以我前日用得功夫了，今却不濟，便要矯强，做出一個没破綻的模樣。這便是助長，連前些子功夫都壞了。此非小過。譬如行路的人，遭一蹶跌，起來便走，不要欺人做那不曾跌倒的樣子出來。諸君只要常常懷個『遁世無悶，不見是而無悶』之心，依此良知，忍耐做去，不管人非笑，不管人毁謗，不管人榮辱，任他功夫有進有退，我只是這致良知的主宰不息，久久自然有得力處，一切外事亦自能不動。」

即此言性，日用言動間，稍不敬慎，便有乖真性，所以學問之道在求其放心。如告子言性，是任其放而不知求也。

矯强做出没破綻，亦是有志向上的，只是好名之心未除，今且任其蹶跌，連樣子也不做，人心陷溺，一至於是，悲夫！

又曰：「人若着實用功，隨人毁謗，隨人欺謾，處處得益，處處是進德之資。若不用功，只是魔也，終被累倒。」

此理獲上、治民、悦親、信友，莫不皆然，孟子「治人不治」一章，即是此旨。

一友常易動氣責人，先生警之曰：「學須反己。若徒責人，只見得人不是，不見自己非。若能反己，方見自己有許多未盡處，奚暇責人？舜能化得象的傲，其機括只是不見象的不是。若舜只要正他的姦惡，就見得象的不是矣。象是傲人，必不肯相下，如何感化得他？」是友感悔。曰：「爾㊀今後只不要去論人之是非，凡當責辯人時，就把做一件大己私克去方可。」

凡言皆滯於一隅，惟易則神變不可方物，聖人作易無他，只是憂世覺民，假數莖之蓍以告人，其顯者也，神明其德者，卜筮不在蓍莖矣。

問：「易，朱子主卜筮，程傳主理，何如？」先生曰：「卜筮是理，理亦是卜筮。天下之理，孰有大於卜筮者乎？只爲後世將卜筮專主在占卦上看了，所以看得卜筮似小藝。不知今之師友問

㊀「爾」，全書作「你」。

孟子云：「思則得之。」思恁的？得恁的？所云思者，無邪之謂也。得者，得吾心之理，即得天下古今聖賢所已言之理也。所云不思者，未嘗不思，只是思有邪耳。能慎思，而學問之能事畢矣。

看到此，方知世間未嘗有一讀書人。

答，博學、審問，慎思、明辨、篤行之類，皆是卜筮，卜筮者，不過求決狐疑，神明吾心而已。易是問諸天，人有疑，自信不及，故以易問天。謂人心尚有所涉，惟天不容僞耳。」以下門人黃省曾録。

黃勉之問：「『思無邪』一言，如何便蓋得三百篇之義？」

先生曰：「豈特三百篇，六經只此一言，便可該貫。以至窮古今天下聖賢的話，『思無邪』一言，也可該貫。此外更有何說？此是一了百當的功夫。」

問道心人心。先生曰：「『率性之謂道』便是道心。但着些人的意思在，便是人心。道心本是無聲無臭，故曰『微』。依着人心行去，便有許多不安穩處，故曰『惟危』㊀。」

一友問：「讀書不記得如何？」先生曰：「只要曉得，如何要記得？要曉

㊀「惟危」，全書作「危」。

得已是落第二義了，只要明得自家本體。若徒要記得，便不曉得；若徒要曉得，便明不得自家的本體。」

問「志士仁人」章。先生曰：「只爲世上人都把生身命子看得來太重，不問當死不當死，定要宛轉委曲保全，以此把天理却丢去了。忍心害理，何者不爲？若違了天理，便與禽獸無異，便偷生在世上百千年，也不過做了千百年的禽獸。學者要於此等處看得明白。比干、龍逢，只爲他看得分明，所以能成就得他的人。」

此語大是警省人。

先生語陸元静曰：「元静少年亦要解五經，志亦好博。但聖人教人，只怕人不簡易，他説的皆是簡易之規。以今人好博之心觀之，却似聖人教人差了。」

眼前道理一指出，即成名言。㈠

問「通乎晝夜之道而知」。先生曰：「良知原是知晝知夜的。」

㈠ 此條眉批原本無，據黔南本補。

又問：「人睡熟時，良知亦不知了。」

曰：「不知何以一叫便應？」

曰：「良知常知，如何有睡熟時？」

曰：「向晦宴息，此亦造化常理。夜來天地混沌，形色俱泯，人亦耳目無所睹聞，衆竅俱翕，此即良知收斂凝一時。天地既開，庶物露生，人亦耳目有所睹聞，衆竅俱闢，此即良知妙用發生時。可見人心與天地一體，故上下與天地同流。今人不會宴息，夜來不是昏睡，即是妄思魘寐。」

曰：「睡時功夫如何用？」

先生曰：「知晝即知夜矣。日間良知是順應無滯的，夜間良知即是收斂凝一的，有夢即先兆。」

夫子曰：「未知生，焉知死？」如不知晝，又安知夜？此理之必然者，說到此處，日用間尚容有一不慊心之事哉！

先生曰：「僊家說到虛，聖人豈能虛上加得一毫實？佛氏說到無，聖人豈能無上加得一毫有？但僊家說虛，從養生上來；佛氏說無，從出離生死苦海上來。却於本體上加却這些子意思在，便不是他虛無的本色了，便於本體有障礙。聖人只是還他良知的本色，更不着些子意在。良知之虛，便是天之

仙佛、聖人之異，不在虛無，只爭在公私。蓋仙佛從養生、出離生死起念，

太虛;良知之無,便是太虛之無形。日月風雷、山川民物,凡有貌象形色,皆在太虛無形中發用流行,未嘗作得天的障礙。聖人只是順其良知之發用,天地萬物,俱在我良知的發用流行中,何嘗又有一物超於良知之外,能作得障礙?」

聖人從萬物一體起念,所以仙佛只成得自己一個仙佛,聖人則能盡人盡物,贊天地,此公私之辨,大小之分也。

或問:「釋氏亦務養心,然要之不可以治天下,何也?」先生曰:「吾儒養心,未嘗離却事物,只順其天則,自然就是功夫。釋氏却要盡絕事物,把心看做幻相,漸入虛寂去了。與世間若無些子交涉,所以不可治天下。」

所以順其天則者,亦不易言,如前條所云,事事知個天理所在,便去盡個天理,方是。

或問異端。先生曰:「與愚夫愚婦同的,是謂同德。與愚夫愚婦異的,是謂異端。」

朱本思問:「人有虛靈,方有良知。若草木瓦石之類,亦有良知否?」先生曰:「人的良知,就是草木瓦石的良知。若草木瓦石無人的良知,不可以爲草木瓦石矣。豈惟草木瓦石爲然，天地無人的良知，亦不可爲天地矣。蓋天地萬物與人原是一體，其發竅之最精處，是人心一點靈明。風雨露雷，日月星辰，禽獸草木，山川土石，與人原只一體。故五穀禽獸之類，皆可以養人；藥石之類，皆可以療疾。只爲同此一氣，故能相通耳。」

看此益可解格物之義，格者，是格其萬物一元之理，夫子所謂一貫者，不過如此，莫把格物工夫粗看了。

先生游南鎮，一友指巖中花樹問曰：「天下無心外之物，如此花樹在深山中自開自落，於我心亦何相關？」

先生曰：「爾未看此花時，此花與爾心同歸於寂。爾來看此花時，則此花顏色一時明白起來，便知此花不在爾的心外。」

夫子曰：「四時行焉，百物生焉。」於此可會所謂不在心外者，即此百物生生之理耳。

又曰：「目無體，以萬物之色爲體；耳無體，以萬物之聲爲體；鼻無體，以萬物之臭爲體；口無體，以萬物之味爲體；心無體，以天地萬物感應之是非爲體。」

夫子語顏淵爲仁曰：「克己復禮，天下歸仁。」只在視聽言動上用功，此理可會。

先生曰：「惟天下至聖，爲能聰明睿知，舊看何等玄妙，今看來，原是人人自有的。耳原是聰，目原是明，心思原是睿知，聖人只是一能之爾。能處正是良知，衆人不能，只是個不致知，何等明白簡易！」

問：「孟子『巧力聖智』之説，朱子云：『三子力有餘，而巧不足。』何如？」

先生曰：「三子固有力，亦有巧，巧力實非兩事。巧亦只在用力處，力而不巧，亦是徒力。三子譬如射：一能步箭，一能馬箭，一能遠箭；他射得到，俱謂之力，中處俱可謂之巧。但步不能馬，馬不能遠，各有所長，便是才力分限有不同處。孔子則三者皆長。然孔子之和，只到得柳下惠而極；清，只到得伯夷而極；任，只到得伊尹而極。何曾加得些子？若謂三子力有餘而巧不足，則其力反過孔子了。巧力只是發明聖知之義，若識得聖知本體是何物，便自了然。」

問：「知譬日，欲譬雲，雲雖能蔽日，亦是天之一氣合有的，欲亦莫非人心合有否？」

先生曰：「喜怒哀懼愛惡欲，謂之七情。七者俱是人心合有的，但要認得良知明白。比如日光，亦不可指着方所，一隙通明，皆是日光所在，雖雲霧四

能盡學問、思辯、篤行之功，便人人皆聖人。

塞，太虛中色象可辨，亦是日光不滅處，不可以雲能蔽日，教天不要生雲。七情順其自然之流行，皆是良知之用，不可分別善惡。但不可有所着，七情有着，俱謂之欲，俱爲良知之蔽，然纔有着時，良知亦自會覺，覺即蔽去，復其體矣！此處能勘得破，方是簡易透徹功夫。」

問：「樂是心之本體，不知遇大故於哀哭時，此樂還在否？」先生曰：「須是大哭一番了方樂，不哭便不樂矣。雖哭，此心安處，即是樂也，本體未嘗有動。」

鄉人有父子訟獄，請訴於先生，侍者欲阻之。先生聽之，言不終辭，其父子相抱慟哭而去。柴鳴治入問曰：「先生何言，致伊感悔之速？」先生曰：「我言舜是世間大不孝的子，瞽瞍是世間大慈的父。」鳴治愕然，請問。先生曰：「舜常自以爲大不孝，所以能孝。瞽瞍常自以爲大慈，所以不能慈。瞽瞍只記得舜是我提孩長的，今何不曾豫悦我，不知自心已爲後妻所移

天下人只是一個自反，君臣、父子、兄弟、夫婦、朋友，無不各安其性，那得

了，尚謂自家能慈，所以愈不能慈。舜只思父提孩我時，如何愛我，今日不愛，只是我不能盡孝，日思所以不能盡孝處，所以愈能孝。及至瞽叟底豫時，又不過復得此心原慈的本體。所以後世稱舜是個古今大孝的子，瞽瞍亦做成個慈父。」

有相争相鬥之事。先生此論，即是孟子「君子心存」一章，舜爲法於天下，可傳於後世意思。

先生曰：「『烝烝，乂不格姦』，本注説象已進進於義，不至大爲姦惡。舜徵庸後，象猶日以殺舜爲事，何大姦惡如之。舜只是自進於乂㈠，以乂薰烝，不去正他姦惡。凡文過揜慝，此是惡人常態，若要指摘他是非，反去激他惡性。舜初時致得象要殺己，亦是要象好的心太急，此就是舜之過處。經過來，乃知功夫只在自己，不去責人，所以致得克諧，此是舜動心忍性，增益不能處。古人言語，俱是自家經歷過來，所以説得親切，遺之後世，曲當人情。若非自家經過，如何得他許多苦心處？」

㈠黔南本此句有旁批：「此解更透徹」。

先生曰：「蘇秦、張儀之智，也是聖人之資。後世事業文章，許多豪傑名家，只是學得儀、秦故智。儀、秦學術，善揣摸人情，無一些不中人肯綮，故其說不能窮。儀、秦亦是窺見得良知妙用處，但用之於不善爾。」

子貢一出而亂齊存魯，亡吳霸楚，大類儀、秦之智，其所以異於儀、秦者，只是胸中所持者正，不似儀、秦專爲富貴利祿耳。後之學儀、秦者全是此念。

或問「未發已發」。

先生曰：「只緣後儒將未發已發分說了，只得劈頭說個無未發已發，使人自思得之。若說有個已發未發，聽者依舊落在後儒見解。若真見得無未發已發，說個有未發已發，原不妨，原有個未發已發在。」

問曰：「未發未嘗不和，已發未嘗不中。譬如鐘聲，未扣不可謂無，既扣不可謂有，畢竟有個扣與不扣，何如？」

先生曰：「未扣時原是驚天動地，既扣時也只是寂天寞地。」

静不落空，動不逐物，只是一理爲主，譬之月，明時其魄如是，晦時其魄亦如是，此可了然於已發未發之說。

先生鍛煉人處，一言之下，感人最深。

一日，王汝止出遊歸，先生問曰：「遊何見？」

對曰：「見滿街人都是聖人。」

先生曰「爾看滿街人是聖人，滿街人到看爾是聖人在。」

又一日，董蘿石出遊而歸，見先生曰：「今日見一異事。」

先生曰：「何異？」

對曰：「見滿街人都是聖人。」

先生曰：「此亦常事耳，何足爲異？」蓋汝止圭角未融，蘿石恍見有悟，故問同答異，皆反其言而進之。

洪與黃正之、張叔謙、汝中丙戌會試歸，爲先生道途中講學，有信有不信。先生曰：「你們拏一個聖人去與人講學，人見聖人來，都怕走了，如何講得行。須做得個愚夫愚婦，方可與人講學。」

聖人與愚夫愚婦原同具此心此理，聖人未嘗於愚夫愚婦之上加得些子，只爭這同具之理能盡與不能盡耳。故孟子曰：「人皆可以爲堯舜。」開口便説聖人，還是見聖人與夫婦有二，識見尚有未融。

洪又言：「今日要見人品高下最易。」

先生曰：「何以見之？」

對曰：「先生譬如泰山在前，有不知仰者，須是無目人。」

先生曰：「泰山不如平地大，平地有何可見？」先生一言剪裁，剖破終年爲外好高之病，在座者莫不悚懼。

聖賢必務爲泰山之可仰，便是立異，孔孟當時無一知己，正是平地之無可見，當時只知仰泰山而不知仰平地故耳。

此後黃以方録。

聖賢一生，了不得一個「學」字，動静語默，無往非學，若一息不思，便昏昧放逸，何以爲學？先生此語，大足省發人。

黄以方問：「博學於文，爲隨事學存此天理，然則謂『行有餘力，則以學文』，其説似不相合。」

先生曰：「詩、書六藝，皆是天理之發見，文字都包在其中。考之詩、書六藝，皆所以學存此天理也，不特發見於事爲者方爲文耳。餘力學文，亦只博學於文中事。」

或問「學而不思」二句。曰：「此亦有爲而言，其實思即學也。學有所疑，便須思之。思而不學者，蓋有此等人，只懸空去思，要想出一個道理，却不在身心上實用其力，以學存此天理。思與學作兩事做，故有『罔』與『殆』之病。其實思只是思其所學，原非兩事也。」

朱子解格物，曰「在即物而窮其理」。又曰「欲其極處無不到」。其所謂物理者，原是性命身心之理，非泛濫無窮之理也。所謂「極處無不

先生曰：「衆人只説格物要依晦翁，何曾把他的説一用？我着實曾用來。初年與錢友同論做聖賢，要格天下之物，如今安得這等大的力量？因指亭前竹子，令去格看。錢子早夜去窮格竹子的道理，竭其心思，至於三日，便致勞神成疾。當初説他這是精力不足，某因自去窮格。早夜不得其理，到七日，亦以勞思致疾。遂相與歎聖賢是做不得的，無他大力量去格物了。及

在夷中三年，頗見得此意思，乃知天下之物，本無可格者。其格物之功，只在身心上做，決然以聖人爲人人可到，便自有擔當了，這裡意思，却要說與諸公知道。」

到」，指理之極至而言，即是至善，原是直說，非橫說也。後之學者均失朱子本意，便落支離。

門人有言邵端峰論童子不能格物，只教以灑掃應對之說。先生曰：「灑掃應對就是一件物，童子良知只到此，便教去灑掃應對，就是致他這一點良知了。又如童子知畏先生長者，此亦是他良知處。故雖嬉戲中，見了先生長者，便去作揖恭敬，是他能格物以致敬師長之良知了。童子自有童子的格物致知。」

愚以人之學問，只恐終身不能如童子之格物，如先生說童子見長者便去作揖恭敬，何等真誠，人能常存此心而充之，便是至誠。故孟子曰不失其赤子之心。今之學者虛假失真，只患有愧於赤子。

又曰：「我這裡言格物，自童子以至聖人，皆是此等工夫。但聖人格物，便更熟得些子，不消費力。如此格物，雖賣柴人亦是做得，雖公卿大夫以至天子，皆是如此做。」

門人問曰：「知行如何得合一？且如中庸，言『博學之』，又說個『篤行之』，分明知行是兩件。」

「學」字是一個籠統字樣，問、思、辯、行皆學也，審、切、明、篤皆所以成其博也。君子無息非學，無息非行，若以學偏屬知，便是務於口耳見聞以爲博，此正是俗學大病，且要博得完纔去行，何時是知之日，又何日是行之日，其說大不可通。

性即心所具之理，晦翁亦有是言，知先生與晦翁固同一宗旨也，第先生發得暢快耳。

先生曰：「博學只是事事學存此天理，篤行只是學之不已之意。」

又問：「易『學以聚之』，又言『仁以行之』，此是如何？」

先生曰：「也是如此。事事去學存此天理，則此心更無放失時，故曰『學以聚之』，然常常學存此天理，更無私欲間斷，此即是此心不息處，故曰『仁以行之』。」

又問：「孔子言『知及之，仁不能守之』，知行却是兩個了？」

先生曰：「說『及』之已是行了，但不能常常行。已爲私欲間斷，便是『仁不能守』。」

又問：「心即理之說，程子云『在物爲理』，如何謂心即理？」

先生曰：「在物爲理，『在』字上當添一『心』字，此心在物則爲理。如此心在事父則爲孝，在事君則爲忠之類。」先生因謂之曰：「諸君要識得我立言宗旨。我如今說個心即理是如何，只爲世人分心與理爲二，故便有許多病痛。如五伯攘夷狄，尊周室，都是一個私心，便不當理。人却說他做得當理，只心有未純，往往悅慕其所爲，要來外面做得好看，却與心全不相干。分心與理爲二，其流至於霸道之僞而不自知。故我說個心即理，要使知心理是一個，便來心上做工夫，不去襲義於外，便是王道之真。此我立言宗旨。」

又問：「聖賢言語許多，如何却要打做一個？」曰：「我不是要打做一個，如曰『夫道，一而已矣』，又曰『其爲物不二，則其生物不測』，天地聖人皆是一個，如何二得？」

五伯還是向善一邊去做，後來有説好説話，借好題目㊀，做出大姦大惡事來，總是瞞心昧己，便無所不至，所謂「人心惟危」者，此也。

以方問「尊德性」一條。先生曰：「道問學即所以尊德性也。晦翁言『子靜以尊德性誨人，某教人豈不是道問學處多了些子』，是分尊德性、道問學作兩件。且如今講習討論，下許多工夫，無非只是存此心，不失其德性而已。豈有尊德性，只空空去尊，更不去問學？問學只是空空去問學，更與德性無關涉？如此，則不知今之所以講習討論者，更學何事！」

問「致廣大」二句。曰：「盡精微即所以致廣大也，道中庸即所以極高明也。蓋心之本體自

㊀「説好説話，借好題目」，原作「説好説説話好題目」，據黔南本改。

是廣大底，人不能盡精微，則便爲私欲所蔽，有不勝其小者矣。故能細微曲折無所不盡，則私意不足以蔽之，自無許多障礙遮隔處，如何廣大不致？」

又問：「精微還是念慮之精微，是事理之精微？」

曰：「念慮之精微，即事理之精微也。」

先生曰：「今之論性者紛紛異同，皆是説性，非見性也。見性者，無異同之可言矣。」

一友舉「佛家以手指顯出，問曰：『衆曾見否？』衆曰：『見之。』復以手指入袖，問曰：『衆還見否？』衆曰：『不見。』佛説還未見性。此義未明」。

先生曰：「手指有見有不見，爾之見性常在。人之心神只在有覩有聞上馳騖，不在不覩不聞上着實用功。蓋不覩不聞是良知本體㊀，戒慎恐懼是致良知的工夫。學者時時刻刻常覩其所不覩，常聞其所不聞，工夫方有個實落

在不覩不聞上用功，吾儒與佛教相同，只是佛教無致知格物之功，所以流於虛寂。

㊀ 此句黔南本有旁批「此語惟先生能道」。

聞見爲累哉！」

處。久久成熟後，則不須着力，不待防簡，而真性自不息矣。豈以在外者之

問：「人心與物同體，如吾身原是血氣流通的，所以謂之同體。若於人便異體了，禽獸草木益遠矣，而何謂之同體？」

先生曰：「爾只在感應之幾上看，豈但禽獸草木，雖天地也與我同體的，鬼神也與我同體的。」

請問。先生曰：「爾看這個天地中間，甚麽是天地的心？」

對曰：「嘗聞人是天地的心。」

曰：「人又甚麽教做心？」

對曰：「只是一個靈明。」

「可知充天塞地，中間只有這個靈明，人只爲形體自間隔了。我的靈明，便是天地鬼神的主宰。天没有我的靈明，誰去仰他高？地没有我的靈明，誰去俯他深？鬼神没有我的靈明，誰去辯他吉凶災祥？天地鬼神萬物，離却我的靈明，便没有天地鬼神萬物了。我的靈明離却天地鬼神萬物，亦没有

可見人一呼一吸，與天地鬼神相通，一念非理，便是得罪天地鬼神了，戒慎恐懼之功，何時可已？曾子曰：「任重而道遠。」正是窺見得心體大段如是，故能慎獨。

我的靈明。如此便是一氣流通的，如何與他間隔得？」又問：「天地鬼神萬物，千古見在，何没了我的靈明，便俱無了？」曰：「今看死的人，他這些精靈游散了，他的天地萬物尚在何處？」

先生曰：「人生大病，只是一傲字。爲子而傲，必不孝；爲臣而傲，必不忠；爲父而傲，必不慈；爲友而傲，必不信。故象與丹朱俱不肖，亦只一傲字，便結果了此生。諸君常要體此。人心本是天然之理，精精明明，無纖介染着，只是一無我而已；胸中切不可有，有即傲也。古先聖人許多好處，也只是無我而已，無我自能謙。謙者衆善之基，傲者衆惡之魁㊀。」

人只是一個有，便無念不要有，美名必欲自己收，美事必欲自己集，美利必欲自己取，究竟無所不至，故曰衆惡之魁。然欲去傲，非克己不可，故曾子想個若無若虛，必曰昔者吾友。

鄒謙之嘗語德洪曰：「舒國裳曾持一張紙，請先生寫『拱把之桐梓』一章。先生懸筆爲書，到『至於身而不知所以養之者』，顧而笑曰：『國裳讀書中過狀元來，豈誠不知身之所以當養？還須誦此以求警？』一時在侍諸友皆惕然。」

㊀ 黔南本此行有旁批「誠意章。此之謂自謙，謙即無我之謂也」。

便是求之於外了。

九川問：「自省念慮，或涉邪妄，或預料理天下事，思到極處，井井有味，便繾綣難屏。覺得早則易，覺得遲則難；用力克治，愈覺扞格。惟稍遷念他事，則隨兩忘。如此廓清，亦似無害。」

先生曰：「何須如此！只要在良知上着工夫。」

九川曰：「正謂那一時不知。」

先生曰：「我這裏自有工夫，何緣得他來？只爲爾工夫斷了，便蔽其知。既斷了則繼續舊功便是，何必如此。」

惟勝私方可言勇，非用功安能勝私。

九川曰：「真是難鏖，雖知，丢他不去。」

先生曰：「須是勇。用功久，自有勇。故曰是集義所生者，勝得容易，便是大賢。」

問：「讀書時，一種科目意思牽引而來，不知何以免此？竊聞窮通有命，上智之人恐不屑此。不肖爲聲利牽纏，甘心徒苦㊀，欲屏棄之，又制于親，

㊀「甘心徒苦」，全書作「甘心爲此，徒自爲苦耳」。

奈何？」

先生曰：「此事歸辭于親者多矣，其實只是無志。志立得時，千事㊀萬爲，只是一事。讀書作文，安能累人？人自累于得失耳。」因嘆曰：「此學不明，不知此處擔閣了幾多英雄漢！」

立志者自知之，非可以言語解。

本思問：「大人與物同體，如何大學又説個厚薄？」

先生曰：「道理自有厚薄。比如身是一體，把手足捍頭目，豈是偏要薄手足，其道理如此。禽獸與草木同是愛的，把草木去養禽獸，又忍得？人與禽獸同是愛的，宰禽獸以養親，與供祭祀，燕賓客，心又忍得？至親與路人同是愛的，如簞食豆羹，得則生，不得則死，不能兩全，寧救至親，不救路人，心又忍得？這是道理合該如此。及至吾身與親，更不得兩分別彼此厚薄。蓋以仁民愛物，皆從此出，此處可忍，更無所不忍矣。大學所謂厚薄，是良知上自然的條理，不可踰越，此便謂之義；順這箇條理，便謂之禮；知此條理，便謂

墨氏之仁只是無條理。

㊀「千事」，全書作「良知千事」。

之智；終始是這條理，便謂之信。」

以方問：「近來妄念覺少，亦覺不曾着想，定要如何用功，不知此是工夫否？」

先生曰：「汝且去着實用工，便多這些着想也不妨，久久自會妥帖。若纔下得些功，便説效驗，何足爲恃？」

除却用工，便希自然，聖賢無此學問。

以方問：「孔子曰：『回也非助我者』，是聖人果以相助望門弟子否？」

先生曰：「亦是實話。此道本無窮盡，問難愈多，則精微愈顯。聖人之言，本自周遍，但有問難的人，胸中窒礙，聖人被他一難，發揮得愈加精神。若顏子聞一知十，胸中了然，如何得問難？故聖人亦寂然不動，無所發揮，故曰非助。」

一覺，必致知者始能。

先生曰：「人若知這良知訣竅，隨他多少邪思枉念，這理一覺，都自消融，真個是靈丹一粒，點鐵成金。」

靜處體悟，原不曾離却事物之理，事上磨鍊，亦舍不得虛靈之覺。

一友靜坐有見，馳問。先生答曰：「吾昔居滁時，見諸生多務知解，口耳異同，無益於得，姑教之靜坐。一時窺見光景，頗收近效，久之，漸有喜靜厭動，流入枯槁之病。或務爲玄解妙覺，動人聽聞。故邇來只説致良知，良知明白，隨你㊀靜處體悟也好，事上㊁磨鍊也好，良知本體原是無動無靜的，便是學問頭腦。我這箇話頭，自滁州到今，亦較過幾番，只是『致良知』三字無病，醫經折肱，方能察人病理。」

可見天下無不用工之聖賢。

「聖人之知，如青天之日，賢人如浮雲天日，愚人如陰霾天日。雖有昏明不同，其能辨黑白則一，雖昏黑夜裏，亦影影見得黑白，就是日之餘光未盡處。困學功夫，亦只從這點明處精察去耳。」

問：「聖人生知安行，是自然的，如何有甚功夫？」

先生曰：「知行二字即是功夫。」

㊀「隨你」，全書作「隨你去」。

㊁「事上」，全書作「隨你去事上」。

先生曰：「古樂不作久矣。」

或曰㈠：「今之戲子，尚與古樂意思相通否㈡？」

先生曰：「韶之九成，便是舜的一本戲子。武之九變，便是武王的一本戲子。聖人一生實事，俱播在樂中，所以有德者聞之，便知他盡善盡美，與盡美未盡善處。若後世作樂，只是做些調子，於民俗風化絕無關涉，何以化民善俗？」

必化民善俗，方可以言樂，可識學之爲用大。

「人有過，多於過上用功，就是補甑，其流必歸于文過。今人于喫飯時，雖無一事在前，其心常役役不寧，只緣此心忙慣了，所以收攝不住。」

所以云定而後能靜。

問：「古人論性，各有異同，何者乃爲定論？」

先生曰：「性無定體，論亦無定體。有自本體上説者，有自發用上説者，有自源頭上説者，有自流弊處説者，總而言之，只是這個性，但所見有淺深爾。若執定一邊，便不是了。性之本體，原是無善無惡的，發用上也原是可

㈠「或曰」全書無。　㈡「相通否」，全書作「相近，未達，請問」。

學問一究到源頭，種種分歧，自合下消融，所以惟孟子之言性善爲定論。

以爲善，可以爲不善的。其流弊也原一定善，一定惡的。譬如眼，有喜時的眼，有怒時的眼，直視就是看的眼，微視就是覷的眼，總而言之，只是這個眼。若見怒時眼，就說未嘗有喜的眼，見得看時眼，就說未嘗有覷的眼，皆是執定，就知是錯。孟子說性，直從源頭上說來，亦是說箇大槩如此。荀子性惡之說，是從流弊上說來，也未可盡說他不是，只是見得未精耳。」

此非先生不能自道。

薛尚謙、鄒謙之、馬子莘、王汝止侍坐，因嘆先生自征寧藩已來，天下謗議益多，請各言其故。有言先生功業勢位日隆，天下忌之者日衆㊀；有言先生之學日明，故爲宋儒爭是非者日博；有言先生自南都以後，同志信從者日集㊁，而四方排阻者日益力。先生曰：「諸君之言，信皆有之，但吾一段自知處，諸君俱未道及耳。我在南都已前，尚有些子鄉愿的意思在，而㊂今信得這良知真是真非，信手行去，更不着些覆藏，纔做得箇狂者的胸次。故天下之人，却都說我行不揜言也。」

㊀「日衆」全書作「亦日衆」。　㊁「集」，全書作「衆」。　㊂「而」，全書作「我」。

請問鄉愿、狂者之辨。曰：「鄉愿以忠信廉潔見取於君子，以同流合污無忤於小人，故非之無舉，刺之無刺。然究其心，乃知忠信廉潔所以媚君子也，同流合污所以媚小人也。其心已破壞矣，故不可與入堯舜之道。狂者志存古人，一切紛囂俗染舉不足以累其心，真有鳳凰翔于千仞之意，一克念，即聖人矣。惟不克念，故闊略事情，而行常不掩，惟行不掩，故心尚未壞，而庶可與裁。」

曰：「鄉愿何以斷其媚世？」

曰：「自其譏狂狷知之。而曰：『何爲踽踽涼涼？生斯世也，爲斯世也，善斯可矣。』故其所爲，皆色取不疑，所以謂之似。然三代以下，士之取盛名于時者，不過得鄉愿之似而已。究其忠信廉潔，或未免致疑于妻子也，雖欲純乎鄉愿，亦未易得，而况聖人之道乎？」

揭出俗士肺腸，無處躲閃。

曰：「狂狷爲孔子所思，然至於傳道，不及琴、張輩，而傳曾子，豈曾子乃狷者乎？」

曰：「不然。琴、張輩，狂者之禀也。雖有所得，終止於狂。曾子中行之禀也，故能悟入聖人之道。」

丁亥年九月，先生起復，征思、田，將行時，德洪與汝中論學，汝中舉先生教言曰：「無善無惡是心之體，有善有惡是意之動，知善知惡是良知，爲善去惡是格物。」德洪曰：「此意如何？」汝中曰：「此恐未是究竟話頭，若説心體是無善無惡，意亦是無善無惡的意，知亦是無善無惡的知，物亦是無善無惡的物矣。若説意有善惡，畢竟心體還有善惡在。」德洪曰：「心體是天命之性，原是無善無惡的，但人有習心，意念上見有善惡在，格、致、誠、正、修，正是復那性體功夫。若原無善惡，功夫亦不消説矣。」

是夕侍坐天泉橋，各舉請正。

先生曰：「我今將行，正要你們來講破此意。二君之見，正好相資㊀，不可各執一邊。我這裏接人，原有二種，利根之人，直從本原上悟入。人心本體，原是明瑩無滯的，原是箇未發之中。利根之人，一悟本體，即是功夫，人己内外，一齊俱透。其次不免有習心在，本體受蔽，姑且教在意念上實落爲善去惡，功夫熟後，渣滓去得盡時，本體亦明盡了。汝中之見，是我這裏接利根人

㊀「相資」，全書作「相資爲用」。

的；德洪之見，是我這裏爲其次立法的。二君相取爲用，則中人上下，皆可引入于道。若各執一邊，眼前便有失人㊀。」

既而曰：「以後與朋友講學，切不可失了我的宗旨，無善無惡是心之體，有善有惡是意之動，知善知惡是良知，爲善去惡是格物。只依我這話頭，隨人指點，自没病痛，此原是徹上徹下功夫。利根之人，世亦難遇，本體功夫，一悟盡透，此顔子、明道所不敢承當，豈可輕易望人。人有習心，不教他在良知上實用爲善去惡功夫，只去懸空想個本體，一切事爲，俱不着實，不過養成一個虚寂，此病㊁不是小小，不可不早説破㊂。」

朱子云：「行道而有得於心。」舍行何以能得，舍事爲何以見本體。

先生曰：「諸公在此，務要立個必爲聖人之心，時時刻刻須是一棒一條痕，一摑一掌血，方能聽吾説話，句句得力。若茫茫蕩蕩度日，譬如一塊死肉，打也不知得痛癢，恐終不濟事，回家只尋得舊時伎倆而已，豈不惜哉！」

一語勝千萬言。

㊀「眼前便有失人」，全書作「眼前便有失人，便於道體各有未盡」。　㊁「此病」，全書作「此個病痛」。　㊂全書「説破」後尚有：「是日，德洪、汝中俱有省。」

世界古今亦繇人心所造，使心學常明，富强功利之習不中於人心，又安有戰國世界？

江河之所以爲百谷王者，以其善下也，未有不自下而可與入道者。

「人一日間，古今世界都經過一番，只是人不見耳。夜氣清明時，無視無聽，無思無作，淡然平懷，就是羲皇世界。平旦時，神清氣朗，雍雍穆穆，就是堯舜世界。日中以前，禮儀交會，氣象秩然，就是三代世界。日中以後，神氣漸昏，往來雜擾，就是春秋、戰國世界。漸漸昏夜，萬物寢息，景象寂寥，就是人消物盡世界。學者信得良知過，不爲氣所亂，便常做個羲皇已上人。」

先生自南都以來，凡示學者，皆令存天理、去人欲以爲本，有問所謂，則令自求之，未嘗指天理爲何如也。黄岡郭善甫挈其徒良吉，走越受學，途中相與辨論未合，既至，質之先生。先生方寓樓饘，不答所問，第目攝良吉者再，指所饘盂語曰：「此盂中下乃能盛此饘，此案下乃能載此盂，此樓下乃能載此案，地又下乃能載此樓。惟下乃大也。」

一日，市中閧而詬，甲曰：「爾無天理。」乙曰：「爾無天理。」甲曰：「爾欺心。」乙曰：「爾欺心。」先生聞之，呼弟子曰：「聽之，夫夫哼哼，講學也。」弟子曰：「詬也，焉學。」

曰：「汝不聞乎？曰天理，曰心，非講學而何？」

曰：「既學矣，焉詬？」

曰：「夫夫也，惟知責諸人，不知反諸己故也。」

一語喚醒羣寐。

先生嘗曰：「吾『良知』二字，自龍場以後，便已不出此意，只是點此二字不出，與學者言，費却多少辭說。今幸見出此一語之下，洞見全體，真是痛快，不覺手舞足蹈。學者聞之，亦省却多少尋討功夫。學問頭腦，至此已是說得十分下落，但恐學者不肯直下承當耳。」

易簡而天下之理得，舍此有何別說。

又曰：「某於『良知』之說，從百死千難中得來，非是容易見得到此。此本是學者究竟話頭，不得已與人一口說盡。但恐學者得之容易，只把做一種光景玩弄，孤負此知耳。」

此是顏子欲從末繇光景，連這些子沒有，則與化俱游矣。

語友人曰：「近欲發揮此，只覺有一言發不出，津津然含諸口。」久乃曰：「近覺得此學更無有他，只是這些子。」旁有健羨不已者。則又曰：「連這些子亦無放處，今經變後，始有良知之說。」

胸中真是容不得一毫芥蒂。

一友侍，眉間有憂思，先生顧謂他友曰：「良知固徹天徹地，近徹一身。人一身不爽，不須許大事，第頭上一髮下垂，渾身即是爲不快，此中那容得一物耶？」

此便見先生學問。

先生初登第時，上邊務八事，世艷稱之。晚年有以爲問者，先生曰：「此吾少時事，有許多抗厲氣，此氣不除，欲以身任天下，其何能濟？」或又問平寧藩。先生曰：「當時只合如此做，但覺來尚有揮霍意，使今日處之，更別也。」

先生之學，因議論與朱子有異，遂開人疑信之端，愚以爲實無異同也。二先生之言雖殊，衛道覺世之心則一。此非愚之敢以私意窺二賢，而謬爲調停之説也。請還質之二先生之言。文成之言曰：「吾説與晦庵時有不同者，爲入門下手處有毫釐千里之分，不得不辯，然吾之心未嘗有異。」夫孟子之好辯，專爲正人心。文成與晦庵之心既同矣，又焉用辯。是知先生非辯晦庵也，辯懼學晦庵而失其真者也。晦庵之言曰：「吾之學非不求之内而求之外。蓋聖人設教，使人默識此心之靈，而端莊静一，以爲窮理之本，使人知有衆理之妙，而學問思辯以致盡心之功，巨細相涵，動静交養，無内外精粗之擇也。必以爲淺近，而欲藏形匿影，别爲幽深髣髴艱難阻絶之論，使學者莽然措心於言語文字之外，則佛氏之詖淫邪遁耳。」是言也，晦庵之預爲後學慮，又何深且遠哉。因二先生之言，而推求其故。晦庵當五季之後，虚無寂滅之教盈於天下，患在不知窮理也，故宗程氏之學，揭主敬窮理之教，使人知所持循。文成當晦庵之後，辭章訓詁之習，没溺人心，患在徒事見聞也。故明陸氏之學，揭知行合一之旨，使人知所返本。二先生以爲道之苦心，不得已而爲補偏救敝之微權，非文成知内而不知外也，晦庵知外而不知内也，尚安得有異同哉？夫道一而已矣，自内觀之，而不睹不聞，涵天地萬物之理。自外觀之，而倫物事變，一根於身心性命之微。所謂性之德也，合内外之道也。君子亦惟學問、思辨、篤行，以盡吾之性焉。二先生皆我師也，異同可弗問也。學者不得其心之同，而徒執其言之異，嘵嘵聚訟，將二先生必有戚然於廊廡者矣。愚暗汶，不足以知二先生，敢質之同志。邦曜識。

讀此方見明德分量。

大學問

「大學者，昔儒以爲大人之學矣。敢問大人之學何以在於明明德乎？」

陽明子曰：「大人者，以天地萬物爲一體者也，其視天下猶一家，中國猶一人焉。若夫間形骸而分爾我者，小人矣。大人之能以天地萬物爲一體也，非意之也，其心之仁本若是，其與天地萬物而爲一也。豈惟大人，雖小人之心，亦莫不然，彼顧自小之耳。是故見孺子之入井，而必有怵惕惻隱之心焉，是其仁之與孺子而爲一體也，孺子猶同類者也。見鳥獸之哀鳴觳觫，而必有不忍之心焉，是其仁之與鳥獸而爲一體也。鳥獸猶有知覺者也，見草木之摧折，而必有憫恤之心焉，是其仁之與草木而爲一體也。草木猶有生意者也，見瓦石之毁壞，而必有顧惜之心焉，是其仁之與瓦石而爲一體也。是其一體之仁也，雖小人之心亦必有之，是乃根於天命之性，而自然靈昭不昧者也。是故謂之明德。小人之心既已分隔隘陋矣，而其一體之仁猶能不昧若此者，是其未動於欲，而未蔽於私之時也。及其動於欲，蔽於私，而利害相攻，忿怒相激，則將戕物圮類，無所不爲。其甚至有骨肉相殘者，而一體之仁亡矣，是故苟無私欲之蔽，則雖小人之心，而其一體之仁猶大人也。一有私欲之蔽，則雖大人之心，而其分隔隘陋，猶小人矣。故夫爲大人之學者，亦惟去其私欲之蔽，以自明其明德，復其天地萬物一體之本然而已耳。非能於本體之外而有所增益之也。」

曰：「然則何以在親民乎？」

曰：「明明德者，立其天地萬物一體之體也，親民者，達其天地萬物一體之用也。故明明德必在於親民，而親民乃所以明其明德也。是故親吾之父以及人之父，以及天下人之父，而後吾之仁實與吾之父、人之父，與天下人之父而爲一體矣。實與之爲一體，而後孝之明德始明矣。親吾之兄以及人之兄，以及天下人之兄，而後吾之仁實與吾之兄、人之兄，與天下人之兄而爲一體矣。實與之爲一體，而後弟之明德始明矣。君臣也，夫婦也，朋友也，以至於山川鬼神，鳥獸草木也，莫不實有以親之，以達吾一體之仁，然後吾之明德始無不明，而真能以天地萬物爲一體矣。夫是之謂明明德於天下，是之謂家齊、國治、而天下平，是之謂盡性。」

除却親民，又何以見明明德。

曰：「然則又烏在其爲止至善乎？」

曰：「至善者，明德親民之極則也。天命之性，粹然至善，其靈昭不昧者，此其至善之發見，是乃明德之本體，而即所謂良知者也。至善之發見，是而是焉，非而非焉，輕重厚薄，隨感隨應，變動不居，而亦莫不自有天然之中。是乃民彝物則之極，而不容少有議擬增損於其間也，少有擬議增損於其間，則是私意小智，而非至善之謂矣。自非慎獨之至，惟精惟一者，其孰能與於此乎？後之人惟其不知至善之在吾心，而用其私智以揣摸測度於其外，以爲事事物物各有定理也。是以昧其是非之則，支離決裂，人欲肆而天理亡，明德親民之學遂大亂於天下。蓋昔之人固有欲明其明德者矣，然惟不知止於至善，而騖其私心於過高，是以失之虛罔空寂，而無有乎家國天下之施，則二氏之流是矣。固有欲親其民者矣，然惟不知止於至善，而溺其私心於卑瑣，是以失之權謀智術，而無有乎仁愛惻怛之誠，則五伯功利之徒是矣。是皆不知止於至善之過也。故止至善之於明德親民也，猶之規矩之於方圓也，尺度之於長短也，權衡之於輕重也。故方圓而不止於規矩，爽其則矣；長短而不止於尺度，乖其劑矣；輕重而不止於權衡，失其準矣；明明德親民而不止於至善，亡其本矣。故止於至善以親民，而明其明德，是之謂大人之學。」

至善不問淺與深，只當與不當。

曰：「知止而後有定，定而後能静，静而後能安，安而後能慮，慮而後能得。其説何也？」

曰：「人惟不知至善之在吾心，而求之於其外，以爲事事物物皆有定理也，而求至善於事事物物之中，是以支離決裂、錯雜紛紜，而莫知有一定之向。今焉既知至善之在吾心，而不假於外求，則志有定向，而無支離決裂、錯雜紛紜之患矣。無支離決裂、錯雜紛紜之患，則心不妄動而能静矣；心不妄動而能静，則其日用之間，從容閒暇而能安矣；能安則凡一念之發，一事之感，其爲至善乎，其非至善乎，吾心之良知自有以詳審精察之，而能慮矣；能慮則擇之無不精，處之無不當，而至善於是乎可得矣。」

曰：「物有本末，先儒以明德爲本，新民爲末，兩物而内外相對也。事有終始，先儒以知止爲始，能得爲終，一事而首尾相因也。如子之説，以『新民』爲『親民』，則本末之説，亦有所未然歟？」

曰：「終始之説，大略是矣。即以『新民』爲『親民』，而曰明德爲本，親民爲末，其説亦未爲不可。但不當分本末爲兩物耳。夫木之干謂之本，木之梢謂之末，惟其一物也，是以謂之本末。若曰兩物，則既爲兩物矣，又何可以言本末乎？『新民』之意，既與『親民』不同，則明德之功，自與新民爲二。若知明明德以親其民，而親民以明其明德，則明德親民，焉可析而爲兩乎？先儒之説，是蓋不知明德親民之本爲一事，而認以爲兩事，是以雖知本末之當爲一物，而亦不得不分爲兩物也。」

曰：「古之欲明明德於天下者，以至於先修其身，以吾子明德親民之説通之，亦既可得而知矣。敢問欲修其身，以至於致知在格物，其工夫次第又何如其用力歟？」

曰：「此正詳言明德、親民、止至善之功也。蓋身、心、意、知、物者，是其工夫所用之條理，雖亦各有其所，而其實只是一物，格、致、誠、正、修者，是其條理所用之工夫，雖亦皆有其名，而其實只是一事。何謂身？心之形體運用之謂也。何謂心？身之靈明主宰之謂也。何謂修身？爲善而去惡之謂也。吾身自能爲善而去惡乎？必其靈明主宰者欲爲善而去惡，然後其形體運用者，始能爲善而去惡也。故欲修其身者，必在於先正其心也。然心之本體，則性也，性無不善，則心之本體本無不正也，何從而用其正之之功乎？蓋心之本體本無不正，自其意念發動而後有不正。故欲正其心者，必就其意念之所發而正之，凡其發一念而善也，好之真如好好色；發一念而惡也，惡之真如惡惡臭。則意無不誠，而心可正矣。然意之所發，有善有惡，不有以明其善惡之分，亦將真妄錯雜，雖欲誠之，不可得而誠矣。故欲誠其意者，必在於致知焉。致者，至也。如云『喪致乎哀』之『致』。易言『知至至之』。知至者，知也；至之者，致也。致知云者，非若後儒所謂充廣其知識之謂也，致吾心之良知焉耳。良知者，孟子所謂是非之心，人皆有之者也。是非之心，不待慮而知，不待學而能，是故謂之良知，是乃天命之性，吾心之本體，自然靈昭明覺者也。凡意念之發，吾心之良知無有不自知者，其善歟，惟吾心之良知自知之；其不善歟，亦惟吾心之良知自知之。是皆無所與於他人者也。故雖小人之爲不善，既已無所不至，然其見君子，則必厭然揜其不善，而著其善者，是亦可以見其良知之有不容於自昧者也。今欲別善惡以誠其意，惟在致其良知之所知焉爾。何則？意念之發，吾心之良知既知其爲善矣，使其不能誠有以好之，而復背而去之，則是以善爲惡，而自昧其知善之良知矣。意念之所發，吾之良知既知其爲不善矣，使其不能誠有以惡之，而復蹈而爲之，則是以惡爲善，而自昧其知惡之良知矣。若是，則雖曰知之，猶不知也，意其

千古學問，只一「誠」字盡之，顧誠者，不但實有其心，要實有其事，故須格物，惟格物方是躬行體驗，道能實有諸己，成得内聖外王之學，否則，即真實存心，終成不諳事之凡民。

可得而誠乎？今於良知所知之善惡者，無不誠好而誠惡之，則不自欺其良知，而意可誠也已。然欲致其良知，亦豈影響髣髴，而懸空無實之謂乎？是必實有其事矣。故致知必在於格物。物者，事也，凡意之所發，必有其事。意所在之事，謂之物。格者，正也，正其不正以歸於正之謂也。正其不正者，去惡之謂也。歸於正者，爲善之謂也。夫是之謂格。書言『格于上下』，『格于文祖』，『格其非心』。格物之『格』，實兼其義也。良知所知之善，雖誠欲好之矣，苟不即其意之所在之物，而實有以爲之，則是物有未格，而好之之意猶爲未誠也。良知所知之惡，雖誠欲惡之矣，苟不即其意之所在之物，而實有以去之，則是物有未格，而惡之之意猶爲未誠也。今焉於其良知所知之善者，即其意之所在之物而實爲之，無有乎不盡；於其良知所知之惡者，即其意之所在之物，而實去之，無有乎不盡。然後物無不格，而吾良知之所知者，無有虧缺障蔽，而得以極其至矣。夫然後吾心快然無復餘憾而自謙矣。夫然後意之所發者，始無自欺，而可以謂之誠矣。故曰：物格而後知至，知至而後意誠，意誠而后心正，心正而后身修。蓋其功夫條理，雖有先後次序之可言，而其體之惟一，實無先後次序之可分。其條理功夫，雖無先後次序之可分，而其用之惟精，固有纖毫不可得而缺焉者。此格、致、誠、正之説，所以闡堯舜之正傳，而爲孔氏之心印也。」

大學除却「格物」二字，更無下手處，必實體之乃見。蓋自天開地闢，上天下地，皆物也，即求道之身亦物也，共此無妄之理，即所謂道之大原也。如上下高深，同歸閬㊀寂，又何從問道。若要尋到天地之先，便是老莊虚無學問。是物正此道之顯然可見者。大易所謂「形而上者謂之道，形而下者謂之器」者是也。舍器更無所謂道。是物即吾之性也，命也。孟子所謂「萬物皆備於我」者也。人只是知誘物化，不能反身而誠，又不能强恕而行，止認軀殼爲身，認外物爲物，物與我始判然爲兩。究竟此身止成萬物中之一物，又安能致知、誠意、正心、修身、齊家、治國、平天下，以盡大學之道？故道要諸誠意，而工夫盡之致知格物。所謂格者，不從物上求也，要在博學、審問、愼思、明辯、篤行，以求明此善。善即誠也，物之所以爲物者也。明善即是知止，知止即是能得。如此領會，萬物皆歸於舍矣。故中庸云：「誠者物之終始」，「君子誠之爲貴」，自然成己成物，舉而措之，無不宜之也。格物原是一了百當工夫，故朱子訓「格」曰「至」，極當。凡屬遥想憶説，即擬議甚高，不得云

㊀「閬」，全書作「圓」。

「至」。所謂「至至」者，猶云身造其境，原兼知行，該動静而言。即先生所舉大易「知至至之」謂也。至其所至，是盛德大業之本也。此外更無精義入神之功也。人惟認朱子「至」字淺了，便謂逐一物，格一物，此是末學支離之習，晦翁原無此解。得先生一番闡明，有以發朱子未盡之意。

陽明先生集要理學編卷三

答王天宇書其一㊀甲戌

書來，見平日爲學用功之熟㊁，深用喜慰！今之時，能稍有志聖賢之學，已不可多見，況又果能實用其力者，是豈易得哉！辱推擬過當，誠有所不敢居，然求善自輔，則鄙心實亦未嘗不切切也。今乃又得吾天宇，其爲喜幸可勝言哉！厚意之及，良不敢虛；然又自歎愛莫爲助，聊就來諭商榷一二。

天宇自謂「有志而不能篤」，不知所謂志者果何如？其不能篤者又誰也？謂「聖賢之學，能靜可以制動」，不知若何而能靜？靜與動有二心乎？謂「臨政行事之際，把捉摸擬，强之使歸於道，固亦卒有所未能，然造次顛沛必於是」者，不知如何其爲功？謂「開卷有得，接賢人君子便自觸發」，不知

令人深思自得，所謂「君子引而不發，躍如也」。能者從之而已。

㊀「答王天宇書其一」，全書作「答天宇書」。　㊁「熟」，全書作「概」。

所觸發者何物？又「賴二事而後觸發」，則二事之外，所作何務？當是之時，所謂志者果何在也？凡此數語，非天宇實用其力不能有。然亦足以見講學之未明，故尚有此耳。或思之有得，不厭寄示。

就問婉詰，指點躍然。

答王天宇書其二　甲戌

承書惠感，感中間問學之意，懇切有加於舊，足知進於斯道也。喜幸何如！但其間猶有未盡區區之意者。既承不鄙，何敢不竭！然望詳察，庶於斯道有所發明耳。

來書云：「誠身以格物，乍讀不能無疑，既而細詢之希顏，始悉其說。」區區未嘗有「誠身格物」之說，豈出於希顏邪？鄙意但謂君子之學，以誠意爲主。格物致知者，誠意之功也。猶饑者以求飽爲事，飲食者，求飽之事也。希顏頗悉鄙意，不應有此。或恐一時言之未瑩耳。幸更細講之。

又云：「大學一書，古人爲學次第。朱先生謂『窮理之極而後意誠』，其與所謂『居敬窮理』、『非存心無以致知』者，固相爲矛盾矣。蓋居敬存心之說，

能善看，即謂「窮理之極而後意誠」無不可，即謂與居敬窮理之説原無相矛盾亦無不可，蓋理即天所賦之性，窮者，如甘泉子所謂「如窮巢穴」之「窮」，原兼力行。説窮到理之極至處，即是能明善誠身了。後之學者將窮理單指知識一邊説，所以説不去耳。傳文所謂居敬窮理者，蓋這窮理原是

終身不了工夫，居敬者，只是此窮理之心主一無適之謂，非居敬了方去窮理。是傳文與聖經未嘗不相發明也，在體認者自得之。

補於傳文，而聖經所指，直謂其窮理而后心正。初學之士，執經而不考傳，其流之弊，安得不至於支離邪！」

大學次第，但言物格而后知至，知至而後意誠。若「窮理之極而後意誠」，此則朱先生之說如此。其間亦自無大相矛盾。但於大學本旨，却恐未盡合耳。「非存心無以致知」，此語不獨於大學未盡，就於中庸「尊德性而道問學」之旨，亦或有未盡。然此等處言之甚長，非面悉不可。後之學者，附會於補傳，而不深考於經旨，牽制於文義，而不體認於身心。是以往往失之支離而卒無所得，恐非執經而不考傳之過也。

窮理即是明善，明善即是誠身，非窮了理再加誠身之功也，用一「加」字，只是看得窮理太淺了。

又云：「不繇窮理，而遽加誠身之功，恐誠非所誠，適足以爲僞而已矣。」此言甚善。但不知誠身之功又何如作用耳，幸體認之！

又言：「譬之行道者，如大都爲所歸宿之地，猶所謂至善也。行道者不辭險阻艱難，決意向前，猶存心也。如使斯人不識大都所在，而泛焉欲往，其不南走越而北走吴㊀，幾希矣。」

㊀「吴」，全書作「胡」，是。

此譬大略皆是，但以不辭險阻艱難，決意向前，別爲存心，未免牽合之苦，而不得其要耳。夫不辭險阻艱難，決意向前，此正是誠意之意。審如是，則其所以問道途，具資斧，戒舟車，皆有不容已者。不然，又安在其爲決意向前，而亦安所前乎？夫不識大都所在而泛焉欲往，則亦欲往而已，未嘗真往也。惟其欲往而未嘗真往，是以道途之不問，資斧之不具，舟車之不戒。若決意向前，則真往矣。真往者能如是乎？此最工夫切要者，以天宇之高明篤實而反求之，自當不言而喻矣。

此喻甚足了知行合一之說。

又云：「格物之說，昔人以扞去外物爲言矣。扞去外物，則此心存矣。心存，則所以致知者，皆是爲己。」

如此說，却是「扞去外物」爲一事，「致知」又爲一事。「扞去外物」之說，亦未爲甚害，然止捍禦於其外，則亦未有拔去病根之意，非所謂「克己求仁」之功矣。區區格物之說亦不如此。大學之所謂「誠意」，即中庸之所謂「誠身」也。大學之所謂「格物致知」，即中庸之所謂「明善」也。博學、審問、慎思、明辯、篤行，皆所謂明善而爲誠身之功也，非明善之外，別有所謂誠身之功也。格物致知之外，又豈別有所謂誠意之功乎？書之所謂「精一」，語之

如此體貼融會，方知格物致知是內外精粗，一以貫之之道，朱夫子云學問思辨以致盡心之

功，此言與先生是一是二，學者深思自了。

所謂「博文約禮」，中庸之所謂「尊德性而道問學」，皆若此而已。是乃學問用功之要，所謂毫釐之差，千里之謬者也。心之精微，口莫能述，亦豈筆端所能盡！已喜榮擢，北上有期矣。倘能迂道江濱，謀一夕之話，庶幾能有所發明。冗遽中不悉。

人只把「格物」二字看得粗淺，便起支離，不知天下只是此一道：在物爲理，在心爲善，「格物」即是「明善」。一言了當，真是千年暗室，一燈照破，無所容詞說矣。

與陸元静書其一㊀　辛巳

齎奏人回，得佳稿及手札，殊慰。聞以多病之故，將從事於養生，區區往年蓋嘗弊力於此矣，後乃知其不必如是，始復一意於聖賢之學。大抵養德養身，只是一事，元静所云「真我」者，果能戒謹不睹，恐懼不聞，而專志於是，則神住、氣住、精住，而僊家所謂長生久視之説，亦在其中矣。神僊之學與聖人

㊀「與陸原靜書其一」，全書作「與陸原靜」。

異，然其造端托始，亦惟欲引人於道。悟真篇後序中所謂「黄老悲其貪着，乃以神僊之術，漸次導之」者。元静試取而觀之，其微旨亦自可識。

自堯、舜、禹、湯、文、武，至於周公、孔子，其仁人愛物之心，蓋無所不至，苟有可以長生不死者，亦何惜以示人？如老子、彭籛之徒，乃其禀賦有若此者，非可以學而至。後世如白玉蟾、丘長春之屬，皆是彼學中所稱述以爲祖師者，其得壽皆不過五六十，則所謂長生之説，當必有所指矣。

元静氣弱多病，但遺棄聲名，清心寡慾，一意聖賢，如前所謂「真我」之説。不宜輕信異道，徒自惑亂聰明，弊精勞神，廢靡歲月，久而不返，將遂爲病狂喪心之人不難矣。昔人謂「三折肱爲良醫」，區區非良醫，蓋嘗「三折肱」者。元静其慎聽毋忽。

區區省親本，聞部中已准覆，但得旨，即當長遯山澤。不久朝廷且大賚，則元静推封亦有日。果能訪我於陽明之麓，當能爲元静決此疑㊀也。

養德即所以養身，亦只是爲求養生者下一箴，其實夭壽不二，修身以俟之，乃仁者壽，是聖人長生之方。

㊀「疑」，全書作「大疑」。

是聖賢真正學問。若惑志於長生久視之説，便是一團私欲矣，適足以爲養德之害。

與陸元靜書其二 壬午

某不孝不忠，延禍先人，酷罰未敷，致茲多口，亦其宜然。乃勞賢者觸目㊀忌諱，爲之辯雪，雅承道誼之愛，深切懇至，甚非不肖孤之所敢望也。「無辯止謗」，嘗聞昔人之教矣，況今何止於是！四方英傑以講學異同之故，議論方興，吾儕可勝辯乎？惟當反求諸己，苟其言而是歟，吾斯尚有所未信歟，則當務求其是，不得輒是己而非人也。使其言而非歟，吾斯既已自信歟，則當益致其踐履之實，以務求於自謙，所謂「默而成之」，「不言而信」者也。然則今日之多口，孰非吾儕動心忍性，砥礪切磋之地乎！

爲議我者留地步，正是自己估得地步高處。

且彼議論之興，非必有所私怨於我，彼其爲説，亦將自以爲衛夫道也。況其説本自出其先儒之緒論，固各有所憑據，而吾儕之言驟異於昔，反若鑿空杜撰者。乃不知聖人之學本來如是，而流傳失真，先儒之論所以日益支

㊀「觸目」，黔南本作「觸冒」。

離，則亦繇後學沿習乖謬，積漸所致。彼既先横不信之念，莫肯虚心講究，加以吾儕議論之間，或爲勝心浮氣所乘，未免過爲矯激，則固宜其非笑而駭惑矣。此吾儕之責，未可專以罪彼爲也。

嗟乎！吾儕今日之講學，將求異其説於人邪？亦求同其學於人邪？將求以善而勝人邪？亦求以善而養人邪？知行合一之學，吾儕但口説耳，何嘗知行合一邪！推尋所自，則如不肖者爲罪尤重。蓋在平時，徒以口舌講解，而未嘗體諸其身，名浮於實，行不掩言，己未嘗實致其知，而謂昔人致知之説有未盡，如貧子之説金，乃未免從人乞食。諸君病於相信相愛之過，好而不知其惡，遂乃㈠共成今日紛紛之議，皆不肖之罪也。雖然，昔之君子，蓋有舉世非之而不顧，千百世非之而不顧者，亦求其是而已矣，豈以一時毁譽而動其心邪！惟其在我者有未盡，則亦安可遂以人言爲盡非？伊川、晦庵之在當時，尚不免於詆毁斥逐，況在吾輩，行有所未至，則夫人之詆毁斥逐，正其宜耳。

㈠「遂乃」，原本作「之乃」，據全書改。

凡今争辯學術之士，亦必有志於學者也，未可以其異己而遂有所疏外。是非之心，人皆有之，彼其但蔽於積習，故於吾説卒未易解。就如諸君，初聞鄙説時，其間寧無非笑詆毁之者？久而釋然以悟，甚至反有激爲過當之論者矣。又安知今日相詆之力，不爲異時相信之深者乎！衰絰哀苦中，非論學時，而道之興廢，乃有不容於泯默者，不覺叨叨至此。言無倫次，幸亮其心也！

致知之説，向與惟濬及崇一諸友極論於江西，近日楊仕鳴來過，亦嘗一及，頗爲詳悉。今原忠、宗賢二君復往，諸君更相與細心體究一番，當無餘藴矣。孟子云：「是非之心，知也。」「是非之心，人皆有之。」即所謂良知也。孰無是良知乎？但不能致之耳。易謂「知至至之」。知至者，知也；至之者，致知也。此知行之所以一也。近世格物致知之説，只一「知」字，尚未有下落，若「致」字工夫，全不曾道着矣。此知行之所以二也。

不尤人，此是聖賢自得學問。若與人争是非，似爲學務使一世之人盡好也，便是見道不明。

與陸元静書 其三　甲申

來書云：「下手工夫，覺此心無時寧静。妄心固動也，照心亦動也，心既恒動，則無刻暫停也。」

是有意於求寧静，是以愈不寧静耳。夫妄心則動也，照心非動也；恒照則恒動恒静，天地之所以恒久而不已也。照心固照也，妄心亦照也；其爲物不貳，則其生物不息，有刻暫停則息矣，非至誠無息之學矣。

來書云：「良知亦有起處」云云。

此或聽之未審。良知者，心之本體，即前所謂恒照者也。心之本體，無起無不起，雖妄念之發，而良知未嘗不在，但人不知存，則有時而或放耳。雖昏塞之極，而良知未嘗不明，但人不知察，則有時而或蔽耳。雖有時而或放，其體實未嘗不在也，存之而已耳；雖有時而或蔽，其體實未嘗不明也，察之而已耳。若謂良知亦有起處，則是有時而不在也，非其本體之謂耳㊀。

心原無妄，有妄便覺，覺則非妄矣。

即孟子所云夜氣，雖梏亡未嘗不萌動，能察而存之，便是得養則長耳，是妙於醒發人心處。

㊀「耳」，全書作「矣」。

天地萬物，生生不已，只是一氣，理即是氣中至當不易之則，如視聽言動皆氣也，非禮勿言動視聽，即理也。離却了理，便是邪氣，氣得其理便是清明在躬，志氣如神。顔之克己爲仁，孟之集義養氣，俱是此道，與養生之説不同。須是內外通徹，一片光明境界，方能了此，否則，終是口頭禪。

「精一」之「精」以理言，「精神」之「精」以氣言。理者氣之條理，氣者理之運用；無條理則不能運用，無運用則亦無以見其所爲條理者矣。精則精，精則明，精則一，精則神，精則誠；一則精，一則明，一則神，一則誠。原非有二事也。但後世儒者之説，與養生之説，各滯於一偏，是以不相爲用。前日「精一」之論，雖爲元靜愛養精神而發，然而作聖之功，實亦不外是矣。

來書云：「元神、元氣、元精，必各有寄藏發生之處，又有真陰之精、真陽之氣」云云。

夫良知一也，以其妙用而言謂之神，以其流行而言謂之氣，以其凝聚而言謂之精，安可以形象方所求哉？真陰之精，即真陽之氣之母；真陽之氣，即真陰之精之父。陰根陽，陽根陰，亦非有二也。苟吾良知之説明，則凡若此類，皆可以不言而喻。不然，則如來書所云，三關、七返、九還之屬，尚有無窮可疑者也。

來書云：「良知，心之本體，即所謂性善也，未發㊀之中也，寂然不動之體

㊀「未發」上原有「何」字，據全書删。

也，廓然大公也。常人㊀皆不能，而必待於學耶？中也，寂也，公也，既以屬心之體，則良知是矣。今驗之於心，知無不良，而中、寂、大公，實未有也。豈良知復超然於體用之外乎？」

性無不善，故知無不良，良知即是未發之中，即是廓然大公，寂然不動之本體，人人之所同具者也。但不能不昏蔽於物欲，故須學以去其昏蔽，然於良知之本體，初不能有加損於毫末也。知無不良，而中、寂、大公未能全者，是昏蔽之未盡去，而存之未純耳。體即良知之體，用即良知之用，寧復有超然於體用之外者乎？

學即是格物。

來書云：「周子曰『主靜』，程子曰『動亦定，靜亦定』，先生曰：『定者心之本體，是靜定也，決非不睹不聞、無思無爲之謂，必常知、常存、常主於理之謂也。』夫常知、常存、常主於理，明是動也，已發也，何以謂之靜？何以謂之本體？豈是靜定也，又有以貫乎心之動靜者邪？」

理無動者也。「常知常存，常主於理」，即「不睹不聞、無思無爲」之謂

常主於理，理在何處？夫人心止此一點虛靈，爲天然自具之條理，能致此良知，以常存此虛靈之體，此便是常主於理。若不能常知常存，而求常主於理，是不能有事而先役其心於正

㊀「常人」，全書作「何常人」，於意爲勝。

助也，此便是逐物喪心，紛擾已甚，安得言靜？

故曰常知常存，常主於理。《大學》云：知止而後有定，定而後能靜，此之謂也。若云有以貫乎心之動靜，是有二心矣，豈是主靜之學？

此一段問駁，正是後人一大疑關，當細心體認。

自先儒有主靜之教，「動靜」二字遂紛紜辨析，而未有已。不

也。不睹不聞、無思無爲，非槁木死灰之謂也，睹、聞、思、爲一於理，而未嘗有所睹、聞、思、爲，即是動而未嘗動也，所謂「動亦定，靜亦定，體用一原」者也。

來書云：「此心未發之體，其在已發之前乎？其在已發之中而爲之主乎？其無前後内外而渾然一體者乎？今謂心之動靜者，其主有事無事而言乎？其主寂然感通而言乎？其主循理從欲而言乎？若以循理爲靜，從欲爲動，則於所謂動中有靜，靜中有動，動極而靜，靜極而動者，不可通矣。若以有事而感通爲動，無事而寂然爲靜，則於所謂動而無動，靜而無靜者，不可通矣。若謂未發在已發之先，靜而生動，是至誠有息也，聖人有復也，又不可矣。若謂未發在已發之中，則不知未發已發俱當主靜乎？抑未發爲靜，而已發爲動乎？抑未發已發俱無動無靜乎？俱有動有靜乎？幸教。」

「未發之中」即良知也，無前後内外而渾然一體者也。有事無事，可以言動靜，而良知無分於有事無事也。寂然感通，可以言動靜，而良知無分於寂然感通也。動靜者，所遇之時，心之本體固無分於動靜也。理無動者也，動

即爲欲。循理，則雖酬酢萬變而未嘗動也；從欲，則雖槁心一念而未嘗靜也。動中有靜，靜中有動，又何疑乎？ 有事而感通，固可以言動，然而寂然者未嘗有增也。無事而寂然，固可以言靜，然㊀感通者未嘗有減也。 動而無動，靜

定。 非欲厭動而爲靜也，惟欲動者各安

而無靜，又何疑乎？ 無前後內外而渾然一體，則至誠有息之疑，不待解矣。未發在已發之中，而已發之中未嘗別有未發者在；已發在未發之中，而未發之中未嘗別有已發者存；是未嘗無動靜，而不可以動靜分者也。 凡觀古人言語，在以意逆志而得其大旨，若必拘滯於文義，則靡有孑遺者，是周果無遺民也。周子「靜極而動」之說，苟不善觀，亦未免有病。 蓋其意從「太極動而生陽，靜而生陰」說來。 太極生生之理，妙用無息，而常體不易。 太極之生生，即陰陽之生生。 就其生生之中，指其妙用無息者而謂之動，謂之陽之生，非謂動而後生陽也。 就其生生之中，指其常體不易者而謂之靜，謂之陰之生，非謂靜而後生陰也。 若果靜而後生陰，動而後生陽，則是陰陽動靜截然各自

知自兩儀分而萬類生，有知有覺，無時非動，人得氣之最靈，安有不動之候？ 即冥目澄思，亦動也，何曾有「靜」字以爲之對。 惟是其所爲動者一率其性之本然，即千變萬化，應物不窮，胸中何曾有一毫擾擾不寧，所謂動而未嘗非靜也。 人惟狥欲背性，動失其常，即矯爲鎮靜，此心只覺紛擾震蕩，求靜而反動矣。 周子曰主靜。 程子曰動亦定，靜亦其則，率其性之本然也，無

㊀「然」，全書作「然而」。

爲一物矣。陰陽一氣也，一氣屈伸而爲陰陽，動靜一理也，一理隱顯而爲動靜。春夏可以爲陽爲動，而未嘗無陰與靜也；秋冬可以爲陰爲靜，而未嘗無陽與動也。春夏此不息，秋冬此不息，皆可謂之陽、謂之動也；春夏此常體，秋冬此常體，皆可謂之陰，謂之靜也。自元會運世，歲月日時，以至刻杪忽微，莫不皆然，所謂動靜無端，陰陽無始，在知道者默而識之，非可以言語窮也。若只牽文泥句，比擬倣像，則所謂心從法華轉，非是轉法華矣。

時非動，無時非靜，又安有內外前後、有事無事之可分，致知者自得之。

來書云：「常試於心，喜怒憂懼之感發也，雖動氣之極，而吾心良知一覺，即罔然消沮，或遏於初，或制於中，或悔於後。然則良知常若居於優閒無事之地，而爲之主，於喜怒憂懼若不與焉者，何歟？」

知此，則知未發之中，寂然不動之體，而有發而中節之和，感而遂通之妙矣。然謂良知常若居於優閒無事之地，語尚有病。蓋良知雖不滯於喜怒憂懼，而喜怒憂懼亦不外於良知也。

是真做工夫人才說得此語。

來書云：「夫子昨以良知爲照心。竊謂良知，心之本體也，照心，人所用之功，乃戒慎恐懼之心也，猶思也。而遂以戒慎恐懼爲良知，何歟？」

能戒慎恐懼者，是良知也。

來書云：「先生又曰『照心非動也』，豈以其循理而謂之静歟？『妄心亦照也』，豈以其良知未嘗不在於其中，未嘗不明於其中，而視聽言動之不過則者皆天理歟？且既曰妄心，則在妄心可謂之照，而在照心則謂之妄矣。妄與息何異？今假妄之照以續至誠之無息，竊所未明，幸再啟蒙。」

照心非動者，以其發於本體明覺之自然，而未嘗有所動也，有所動則妄矣。妄心亦照者，以其本體明覺之自然者，未嘗不在於其中，但有所動耳，無所動即照矣。无妄無照，非以妄爲照，以照爲妄也。照心爲照，妄心爲妄，是猶有妄有照也。有妄有照，則猶二也，貳則息矣，無妄無照則不貳，不貳則不息矣。

來書云：「養生以清心寡欲爲要，夫清心寡欲，作聖之功畢矣。然寡欲㊀則心自清，清心，非舍棄人事而獨居求静之謂也，蓋欲使此心純乎天理，而無一毫人欲之私耳。今欲爲此之功，而隨人欲生而克之，則病根常在，未免滅於東而生於西，若欲刊剥洗蕩於衆欲未萌之先，則又無所用其

克伐怨欲不行，可以爲難矣，難處正在此際。

㊀「寡欲」，全書作「欲寡」。

力，徒使此心之不清。且欲未萌而搜剔以求去之，是猶引犬上堂而逐之也，愈不可矣。」

必欲此心純乎天理，而無一毫人欲之私，此作聖之功也。必欲此心純乎天理，而無一毫人欲之私，非防於未萌之先，而克於方萌之際不能也。防於未萌之先，而克於方萌之際，此正中庸戒慎恐懼，大學致知格物之功。舍此之外，無别功矣。夫謂滅於東而生於西，引犬上堂而逐之者，是自私自利，將迎意必之爲累，而非克治洗蕩之爲患也。今曰養生以清心寡欲爲要，只「養生」二字，便是自私自利，將迎意必之根。有此病根潛伏於中，宜其有滅於東而生於西，引犬上堂而逐之之患也。

人欲原不與天理爲對，只是常存敬畏，人欲自無從萌動，此是正本澄源之法。

來書云：「佛氏於不思善、不思惡時，認本來面目，於吾儒隨物而格之功不同。吾儒於不思善、不思惡時，用致知之功，則已涉於思善矣。欲善惡不思，而心之良知清静自在，惟有寐[一]方醒之時耳，斯正孟子夜氣之説，但於斯光景不能久，倏忽之際，思慮已生。不知用功久者，其常寐初醒而思未起之

此段尤明快。

[一]「寐」，全書作「寐而」。

時否乎？今澄欲求寧静，愈不寧静，欲念無生，則念愈生，如之何而能使此心前念易滅，後念不生，良知獨顯，而與造物㊀遊乎？」

不思善、不思惡時認本來面目，此佛氏爲未識本來面目者設此方便，本來面目，即吾聖門所謂良知。今既認得良知明白，即已不消如此説矣。隨物而格，是致知之功，即佛氏之常惺惺，亦是常存他本來面目耳。體段工夫，大略相似，但佛氏有個自私自利之心，所以便有不同耳。今欲善惡不思，而心之良知清静自在，此便有自私自利，將迎意必之心。所以有不思善、不思惡時用致知之功，則已涉於思善之患。孟子説夜氣，亦只是爲失其良心之人，指出個良心萌動處，使他從此培養將去。今已知得良知明白，常用致知之功，既已不消説夜氣。却是得兔後不知守兔，而仍去守株，兔將復失之矣。欲求寧静，欲念無生，此正是自私自利，將迎意必之病，是以念愈生而愈不寧静。良知只是一個良知，而善惡自辯，更有何善何惡可思？良知之體，本自寧静，今却又添一個求寧静，本自生生，今却又添一個欲無生，非獨聖門致知

佛氏之不思善，不思惡，猶吾儒之勿正勿助也。然佛氏在空諸所有，吾儒在純其有事，一念之相去，所争幾希耳。

㊀「造物」，全書作「造物者」。

之功不如此，雖佛氏之學，亦未如此將迎意必也。只是一念良知，徹頭徹尾，無始無終，即是前念不滅，後念不生。今却欲前念易滅，而後念不生，是佛氏所謂斷滅種性，入於槁木死灰之謂矣。

來書云：「佛氏又有常提念頭之説，其即孟子所謂必有事，夫子所謂致良知之説乎？其即常惺惺、常記得、常知得、常存得者乎？於是念頭提在之時，而事至物來，應之必有其道。但恐此念頭提起時少，放下時多，則工夫間斷耳。且念頭放失，多因私欲客氣之動，而始忽然警醒而後提，其放而未提之間，心之昏雜，多不自覺。今欲日精日明，常提不放，以何道乎？只此常提不放，即全功乎，抑於常提不放之中，更宜加省克之功乎？雖曰常提不放，而不加戒懼克治之功，恐私欲不去。若加戒懼克治之功焉，又爲思善之事，而於本來面目又未達一間也，如之何則可？」

戒懼克治即是常提不放之功，即是必有事焉。豈有兩事邪？此節所問，前一段已自説得分曉，末後却是自生迷惑，説得支離。及有本來面目未達一間之疑，都是自私自利，將迎意必之爲病。去此病根，自無此疑矣。

來書云：「質美者明得盡，渣滓便渾化。如何謂之明得盡？如何而能使渾化㊀？」

良知本來自明。氣質不美者，渣滓多，障蔽厚，不易開明。質美者渣滓原少，無多障蔽，略加致知之功，此良知便自瑩徹，些少渣滓如湯中浮雪，如何能作障蔽？此本不甚難曉。原静所以致疑於此，想是因一「明」字欠㊁明白，亦是稍有欲速之心。向曾面論「明善」之義，明則誠矣，非若後儒所謂明善之淺矣。

動静只争昏明。

來書云：「聰明睿智果質乎？仁義禮智果性乎？喜怒哀樂果情乎？私欲客氣果一物乎？二物乎？古之英才，若子房、仲舒、叔度、孔明、文中、韓、范諸公，德業表著，皆良知中所發也，而不得謂之聞道者，果何在乎？苟曰斯特生質之美耳，則生知安行者，不愈於學知困勉者乎？愚意竊云，謂諸公見道偏則可，謂全無聞，則恐後儒崇尚記誦訓詁之過也。然乎？否乎？」

得了頭腦，萬法一齊俱了。

性一而已，仁義禮智，性之性也；聰明睿智，性之質也；喜怒哀樂，性之情也；私欲客氣，性之蔽也。質有清濁，故情有過不及，而蔽有淺深也，私欲客

㊀「使渾化」，全書作「更渾化」。　㊁「欠」，全書作「不」。

氣，一病兩痛，非二物也。張、黃、諸葛及韓、范諸公，皆天質之美，自多暗合道妙，雖未可盡謂之知學，盡謂之聞道，然亦自有其學，違道不遠者也。使其聞學知道，即伊、傅、周、召矣。若文中子則又不可謂之不知學者，其書雖多出於其徒，亦多有未是處，然其大略，則亦居然可見，但今相去遼遠，無有的然憑證，不可懸斷其所至矣。夫良知即是道，良知之在人心，不但聖賢，雖常人亦無不如此。若無有物欲牽蔽，但循着良知，發用流行將去，即無不是道。但在常人，多爲物欲牽蔽，不能循得良知。如數公者，天質既自清明，自少物欲爲之牽蔽，則其良知之發用流行處，自然是學，自然違道不遠。學者學循此良知而已，謂之學知㊀，只是知得專在學循良知。數公雖未知專在良知上用功，而或泛濫於多岐，疑迷於影響，是以或離或合而未純。若知得時，便是聖人矣。後儒嘗以數子者尚皆是氣質用事，未免於行不著，習不察，此亦未爲過論。但後儒之所謂著察者，亦是狃於聞見之狹，蔽於沿習之非，而依擬倣象於影響形迹之間，尚非聖門之所謂著察者也，則亦安得以己之昏昏，而

今宇內想望數公經濟，如祥麟瑞鳳，不可得見。使講筵內有此，高談道德者，敢不捫舌避席？非數公能高於道德也。蓋數公學問雖未抵於純粹，然據其所造，各有心得處，故發之文章事業，俱能擔當一世。若今之所講，皆虛語耳，勦說耳，若真能格物致知，學有真得，修齊治平，未有不時措咸宜者，數公皆吾徒矣。

㊀「學知」，全書作「知學」。

求人之昭昭也乎？所謂「生知安行」，「知行」二字，亦就是㊀用功上說，若是知行本體，即是良知良能，雖在困勉之人，亦皆可謂之「生知安行」矣。「知行」二字，更宜精察。

來書云：「昔周茂叔每令伯淳尋仲尼、顏子樂處。敢問是樂也，與七情之樂同乎？否乎？若同，則常人之一遂所欲，皆能樂矣，何必聖賢？若別有真樂，則聖賢之遇大憂、大怒、大驚、大懼之事，此樂亦在否乎？且君子之心常存戒懼，是蓋終身之憂也，惡得樂？澄平生多悶，未嘗見真樂之趣，今切願尋之。」

「樂」是心之本體，雖不同於七情之樂，而亦不外於七情之樂。雖則聖賢別有真樂，而亦常人之所同有。但常人有之而不自知，反自求許多憂苦，自加迷棄。雖在憂苦迷棄之中，而此樂又未嘗不存。但一念開明，反身而誠，則即此而在矣。每與原靜論，無非此意。而原靜尚有何道可得之問，是猶未免於「騎驢覓驢」之蔽也。

樂不是快活之謂，是胸中有一段自得處。常人與聖賢不能同樂者，蓋聖賢有得，常人無得也。得則事變不能遷，無得便逐境爲憂喜，故有大憂、大怒、大驚、大懼之事，聖賢未嘗不加敬惕，然其自得於己者，事變之窾，曾無不了然於胸中，只是

㊀「就是」，全書作「是就」，是。

來書云：「大學以心有好樂、忿懥、憂患、恐懼爲不得其正，而程子亦謂聖人情順萬事而無情。所謂『有』者，傳習録中以病瘧譬之，極精切矣。若程子之言，則是聖人之情，不生於心而生於物也，何謂耶？且事感而情應，則是是非非可以就格。事或未感時，謂之有，則未形也；謂之無，則病根在有無之間，何以致吾知乎？學務無情，累雖輕，而出儒入佛矣，可乎？」

聖人致知之功，至誠無息，其良知之體，皦如明鏡，略無纖翳。妍媸之來，隨物見形，而明鏡曾無留染。所謂情順萬事而無情也。無所住而生其心，佛氏曾有是言，未爲非也。明鏡之應物，妍者妍，媸者媸，一照而皆真，即是生其心處。妍者妍，媸者媸，一過而不留，即是無所住處。病瘧之喻，誠(一)已見其精切，則此節所問，可以釋然。病瘧之人，瘧雖未發，而病根自在，則亦安可以其瘧之未發，而遂忘其服藥調理之功乎？若必待瘧發，而後服藥調理，則既晚矣。致知之功無間於有事無事，而豈論於病之已發未發邪？大抵元靜所疑，前後雖若不一，然皆起於自私自利，將迎意必之爲祟。此根

臨事敬慎耳。若常人毫無把柄，便惶惑憂懼。故仁者之不憂，知者之不惑，勇者之不懼，聖賢之能樂也，常人未免憂懼惑，安得樂？常存戒懼，正是君子求自得處。

聖賢學問，只是一心上進。致知之功，直到至誠無息田地，正是聖人日進無疆，若一回顧轉，計功算效，便是自私自利，即有息矣。故

(一)「誠」，全書作「既」。

一去，則前後所疑，自將冰消霧釋，有不待於問辯者矣。

自私自利，將迎意必，俱是急於求善之念。大賢以下亦不能免。原憲克伐怨欲不行，可以爲仁之問，即受此累。孔子告之曰：「仁則吾不知也。」只是教他着力於難，何必計較，此是仁，欲其去此累也。若顔子之克復，則無是矣。

與陸元靜書　丙子

來書，知貴恙已平復，甚喜！書中勤勤問學，惟恐失墜，足知進修之志不怠，又甚喜！異時發揮斯道，使來者有所興起，非吾子誰望乎？所問大學、中庸註，向嘗略具草稿，自以所養未純，未免務外欲速之病，尋已焚毀。近雖覺稍進，意亦未敢便以爲至，姑俟異日，山中與諸賢商量共成之，故皆未有書。其意旨大略，則固平日已爲清伯言之矣。因是益加體認研究，當自有見，汲汲求此，恐猶未免舊日之病也。「博學」之說，向已詳論。今猶牽制若此，何耶？此亦恐是志不堅定，爲世習所撓之故。使在我果無功利之心，雖錢穀兵甲，搬柴運水，何往而非實學？何事而非天理？況子、史、詩、文之類乎？使在我尚存功利之心，則雖日談道德仁義，亦只是功利之事，況子、

曰：學如不及，猶恐失之，全不萌一「及」與「得」之想。

「在我無功利之心」一語，是聖人精一學問，如欲屏絶見聞，便是佛家之遺棄事物。蓋天下無在非道，君子無在非學。故錢穀兵甲，子史詩文之類，自志未定者視之，若博而寡要，以精一之心視之，則一以貫之矣。

史、詩、文之類乎？「一切屏絶」之説，是猶泥於舊習，平日用功未有得力處，故云爾。請一洗俗見，還復初志，更思平日飲食養身之喻，種樹栽培灌溉之喻，自當釋然融解矣。「物有本末，事有終始，知所先後，則近道矣。」吾子之言，是猶未是終始本末之一致也，是不循本末終始天然之序，而欲以私意速成之也。

答舒國用書㈠ 癸未

來書，足見爲學篤切之志。學患不知要，知要矣，患無篤切之志。國用既知其要，又能立志篤切如此，其進也孰禦！中間所疑一二節，皆工夫未熟，而欲速助長之爲病耳。以國用之所志向，而去其欲速助長之心，循循日進，自當有至。前所疑一二節，自將涣然冰釋矣，何俟於予言？譬之飲食，其味之美惡，食者當自知之，非人之能以其美惡告之也。雖然，國用所疑一二節者，近時同志中往往皆有之，然吾未嘗以告也，今且姑爲國用一言之。

㈠「書」字全書無。

人心只有「敬畏」二字爲操存之功，灑落是着力不得的人，見君子之無入不自得。君子只是無念不敬畏也，若有要灑落之心，便是私意，不是敬畏，胸中反多憧擾，故曰仁者先難而後獲。

夫謂「敬畏之增，不能不爲灑落之累」，又謂「敬畏爲有心，如何可以無心而出於自然，不疑其所行？」凡此，皆吾所謂欲速助長之爲病也。夫君子之所謂敬畏者，非有所恐懼憂患之謂也，乃戒慎不睹，恐懼不聞之謂耳。君子之所謂灑落者，非曠蕩放逸，縱情肆意之謂也，乃其心體不累於欲，無入而不自得之謂耳。夫心之本體，即天理也。天理之昭明靈覺，所謂良知也。君子之戒慎恐懼，惟恐其昭明靈覺者，或有所昏昧放逸，流於非僻邪妄，而失其本體之正耳。戒慎恐懼之功，無時或間，則天理常存，而其昭明靈覺之本體，無所虧蔽，無所牽擾，無所恐懼憂患，無所好樂忿懥，無所意必固我，無所歉餒愧怍。和融瑩徹，充塞流行，動容周旋而中禮，從心所欲而不踰，斯乃所謂真灑落矣。是灑落生於天理之常存，天理常存，生於戒慎恐懼之無間。孰謂「敬畏之增，乃反爲灑落之累」耶？惟夫不知灑落爲吾心之體，敬畏爲灑落之功，岐爲二物，而分用其心，是以互相牴牾，動多拂戾，而流於欲速助長。是國用之所謂「敬畏」者，乃大學之「恐懼憂患」，非中庸「戒慎恐懼」之謂矣。程子常言：「人言無心，只可言無私心，不可言無心。」戒慎不睹，恐懼不聞，是心不可無也。有所恐懼，有所憂患，是私心不可有也。堯舜之兢兢業業，文王之小心翼翼，皆敬畏之謂也，皆出乎其心體之自然也。出乎心體，非有所爲而爲之者，自然之謂也。敬畏之功，無間於動静，是所謂「敬以直内，義以方外」也。敬義立而天道達，則不疑其所行矣。所寄詐説，大意亦好。以此自勵可矣，不必以責人也。君子不蘄人之信也，自信而已；不蘄人之知也，自知而已。

因先塋未畢功，人事紛沓，來使立候，凍筆潦草無次。

「敬」字是聖賢徹始徹終工夫，堯舜之兢業，文王之敬止，孔子之不厭不倦，孟子之集義，俱只是一「敬」。此是出於心體之自然，非有勉强。即敬畏，即灑落，非戒慎恐懼了纔到那灑落田地，夫子之恭而安，正是如此。

與黄勉之書其二　甲申

勉之别去後，家人病益狼狽，賤軀亦咳逆泄瀉相仍，曾無間日，人事紛沓未論也。用是，大學古本，曾無下筆處，有孤㊀勤勤之意。然此亦自可徐徐圖之，

㊀「孤」，全書作「辜」。

但古本白文之在吾心者，未能時時發明，却有可憂耳。來問數條，實亦無暇作答，締觀簡末懇懇之誠，又自不容已於言也。

來書云：「以良知之教涵泳之，覺其徹動徹靜，徹晝徹夜，徹古徹今，徹生徹死，無非此物。不假纖毫思索，不得纖毫助長，停停當當，靈靈明明，觸而應，感而通，無所不照，無所不覺，無所不達，千聖同途，萬賢合轍。無他如神，此即爲神；無他希天，此即爲天；無他順帝，此即爲帝。本無不中，本無不公。終日酬酢，不見其有動；終日閒居，不見其有靜。真乾坤之靈體，吾人之妙用也。竊又以爲中庸誠者之明，即此良知爲明；誠之者之戒慎恐懼，即此良知爲戒慎恐懼。當與惻隱羞惡一般，俱是良知條件。知戒慎恐懼，知惻隱，知羞惡，通是良知，亦即是明」云云。

此節論得已甚分曉。知此，則知致知之外無餘功矣。知此，則知所謂建諸天地而不悖，質諸鬼神而無疑，百世以俟聖人而不惑者，非虛語矣。誠明戒懼，效驗功夫，本非兩義。即知徹動徹靜，徹死徹生，無非此物，則誠明戒懼與惻隱羞惡，又安得別有一物爲之歟？

中庸「建諸天地」一條，只是個知天知人。知天知人非有加於良知，不過能致其知耳。

來書云：「陰陽之氣，訢合和暢而生萬物。物之有生，皆得此和暢之氣。

故人之生理，本自和暢，本無不樂。觀之鳶飛魚躍，鳥鳴獸舞，草木欣欣向榮，皆同此樂。但爲客氣物欲攪此和暢之氣，始有間斷不樂。孔子曰：『學而時習之』，便立個無間斷功夫，悦則樂之萌矣。朋來則學成，而吾性本體之樂復矣。故曰『不亦樂乎』。在人雖不我知，吾無一毫慍怒，以間斷吾性之樂，聖人恐學者樂之有息也，故又言此。所謂『不怨』『不尤』，與夫『樂在其中』，『不改其樂』，皆是樂無間斷否？」云云。

樂是心之本體。仁人之心，以天地萬物爲一體，訢合和暢，原無間隔。來書謂「人之生理，本自和暢，本無不樂，但爲客氣物欲攪此和暢之氣，始有間斷不樂」，是也。時習者，求復此心之本體也，悦則本體漸復矣。朋來則本體之訢合和暢，充周無間。本體之訢合和暢，本來如是，初未嘗有所增也。就使無朋來而天下莫我知焉，亦未嘗有所減也。來書云「無間斷」意思亦是。聖人亦只是至誠無息而已，其工夫只是時習。時習之要，只是謹獨。謹獨即是致良知。良知即是樂之本體。此節論得大意亦皆是，但不宜便有所執着。

來書云：「韓昌黎『博愛之謂仁』一句，看來大段不錯，不知宋儒何故非之？以爲愛自是情，仁自是性，豈可以愛爲仁？愚意則曰：性即未發之情，

此問大是了了，先生之説亦無加於其所問。

孔之樂在其中，顔之不改其樂，恁地是樂，安問朋來。此何以將「樂」字屬之朋來？聖人教人，字字自有着落，不得以朋來兀突作個人知字樣，蓋朋是同學之人，不以聲名作臭味，一種道味相親，原是闇淡，與人知鬧熱不同。夫子當日語意，謂此時習之學，悦心

之趣，不必定要人知得，只是與二三同志講學論道，何等快樂，世間之知不知，又安問哉。與「在中」、「不改」同一意。所以君子依乎中庸，只是遁世不見知而不悔。

子貢云：博濟便是博愛。孔子云：立達便是公。所以析理處不容有毫髮之差。

情即已發之性，仁即未發之愛，愛即已發之仁。如何喚愛作仁不得？言愛，則仁在其中矣。孟子曰：『惻隱之心，仁也。』周子曰：『愛曰仁。』昌黎此言，與周、孟㊀之旨，無甚差別。不可以其文人而忽之也。」云云。

博愛之說，本與孟、周㊁之旨無大相遠。樊遲問仁，子曰：「愛人。」「愛」字何嘗不可謂之仁歟？昔儒看古人言語，亦多有因人輕重㊂之病，正是此等處耳。然愛之本體固可謂之仁，但亦有愛得是與不是者，須愛得是方是愛之本體，方可謂之仁。若只知博愛而不論是與不是，亦便有差處。吾嘗謂「博」字不若「公」字爲盡。大抵訓釋字義，亦只是得其大概，若其精微奧蘊，在人思而自得，非言語所能喻。後人多有泥文著相，專在字眼上穿求，却是心從法華轉也。

來書云：「大學云：『如好好色，如惡惡臭。』所謂惡之云者，凡見惡臭，無處不惡，固無妨礙。至於好色，無處不好，則將凡美色之經於目也，亦盡好之乎？大學之訓，當是借流俗好惡之常情，以喻聖賢好善惡惡之誠耳。抑將

㊀「周孟」，全書作「孟周」。　㊁「孟周」，全書作「周子」。　㊂「輕重」，全書作「重輕」。

好色亦爲聖賢之所同，好經於目，雖知其姣，而思則無邪，未嘗少累其心體否乎？詩云：『有女如雲』。言如雲㊀，未嘗不知其姣也。『匪我思存』，言匪我思存，則思無邪而不累其心體矣。如見軒冕金玉，亦知其爲軒冕金玉也，但無歆羨希覬之心，則可矣。如此看，不知能否？」云云。

痛癢真切處原說不出，只可舉其近似。

人於尋常好惡，或亦有不真切處，惟是好好色，惡惡臭，則皆是發於真心，自求快足，曾無纖假者。大學是就人人好惡真切易見處，指示人以好善惡惡之誠當如是耳，亦只是形容一誠字。今若又於好色字上生如許意見，却未免有執指爲月之病。昔人多有爲一字一句所牽蔽，遂致錯解聖經者，正是此病㊁候耳，不可不察也。中間云「無處不惡，固無妨礙」，亦便有受病處，更詳之。

來書云：「有人因薛文清『過思亦是暴氣』之說，乃欲截然不思者。竊以孔子曰：『吾嘗終日不食，終夜不寢以思』，亦將謂孔子過而暴其氣乎？以愚推之，惟思而外於良知，乃謂之過。若念念在良知上體認，即如孔子終日終

㊀「言如雲」三字全書無。　㊁「病」，全書作「症」。

良知原自明，何消思？思者惟在勿欺其良知。大學之「慎獨」，中庸之「戒懼」，即此之謂。

夜以思，亦不爲過。不外良知，即是何思何慮，尚何過哉！」云云。「過思亦是暴氣」，此語説得亦是。若遂欲截然不思，却是因噎而廢食者也。來書謂「思而外於良知，乃謂之過。若念念在良知上體認，即終日終夜以思，亦不爲過。不外良知，即是何思何慮」，此語甚得鄙意。孔子所謂「吾嘗終日不食，終夜不寢以思，無益，不如學也」者，聖人未必然，乃是指出徒思而不學之病以誨人耳。若徒思而不學，安得不謂之過思歟！

人只是知有所蔽，無境不逐物而移，學問到致知之後，自動與道合。時習，此道也，朋來，此道也。人不知，此道也，仁愛萬物，好惡思慮，此道也。知致致知，是一了百當矣。

答周道通書其一　甲申㈠

吴、曾兩生至，備道道通懇切爲道之意，殊慰想念！若道通真可謂篤信好學者矣。憂病中，曾不能與兩生細論，然兩生亦有㈡志向，肯用功者，每見

㈠「答周道通書其一甲申」，全書作「啓問道通書」。　㈡「有」，全書作「自有」。

輒覺有進。在區區誠不能無負於兩生之遠來，在兩生則亦庶幾無負其遠來之意矣。臨別，以此册致道通意，請書數語，荒憒無可言者，輒以道通來書中所問數節，略下轉語奉酬。草草殊不詳細，兩生當亦自能口悉也。

來書云：「日用工夫，只是立志。近來於先生誨言，愈益明白㊀。然須㊁朋友講習，則此意纔精健闊大，纔有生意。若三五日不得朋友相講，便覺微弱，遇事便會困，亦時會忘。乃今無朋友相講之日，還只靜坐，或看書，或行動㊂，凡寓目措身，悉取以培養此志，頗覺意思和適。然終不如講學時㊃生意更多也。離羣索居之人，當更有何法以處之？」

此段足驗道通日用工夫所得，工夫大略亦只是如此用，只要無間斷，到得純熟後，意思又是㊄不同矣。大抵吾人爲學，緊要大頭腦，只是立志，所謂困忘之病，亦只是志欠真切。今好色之人，未嘗病於困忘，只是一真切耳。

學人大病，此一語盡之。人苟立志真切，講時如此，不講時亦如此，所以顏子之足發偏在私處。

㊀「愈益明白」，全書作「時時體驗，愈益明白」。 ㊁「然須」，全書作「然于朋友不能一時相離，若得」。 ㊂「行動」，全書作「遊衍經行」。 ㊃「講學時」，全書作「朋友講聚精神流動」。 ㊄「是」，全書作「自」。

人只是認天理不真，渺渺茫茫，稍着意便成助，稍不着意便成忘，精神迄無安頓處。先生「心之本體即是天理」一語，提醒極直截痛快。心外無理，存心之外，更無窮理工夫也。若云有個天理藏在心中，便是心與天理爲二。所思慮只是一個天理者，心內不着一毫閑思妄想，謹微防危，存之而已。任他千感萬應，本體一毫不走作。

自家痛癢，自家須會知得，自家須會搔摩得。既自知得痛癢，自家須不能不搔摩得；佛家謂之方便法門，須是自家調停斟酌，他人總難與力，亦更無別法可設也。

來書云：「上蔡常問：『天下何思何慮？』伊川云：『有此理，只是發得太早。』在學者工夫，固是『必有事焉而勿忘』，然亦須識得何思何慮底氣象，一併看爲是。若不識得這氣象，便有『正』與『助長』之病。若認得何思何慮而忘『必有事焉』工夫，恐有墜於無也。須是不滯於有，不墮於無。然乎，否也？」

所論亦相去不遠矣，只是契悟未盡。上蔡之問，與伊川之答，亦只是上蔡、伊川之意，與孔子繫辭原旨稍有不同。繫言「何思何慮」，是言所思所慮只是一個天理，更無別思別慮耳，非謂無思無慮也，故曰「同歸而殊途，一致而百慮，天下何思何慮」。云「殊途」，云「百慮」，則豈謂無思無慮邪？心之本體即是天理，只是㊀一個，更有何可思慮得？天理原自寂然不動，原自感而遂通。學者用功，雖千思萬慮，只要㊁復他本來體用而已，不是以私意去安排

㊀「只是」，全書作「天理只是」。㊁「只要」，全書作「只是要」。

人惟此心常存而不放，即觀花觀鳥，莫非天機，搬柴運草，莫非實際，不必執着思慮，天理何嘗不在，自然也説得，勉然也説得，只是工候之生熟耳。

孟子云：「學問之道無他，求其放心而已矣。」此言盡學問之大綱領。

聖人亦只是盡得自己心性，何曾有一個聖人在摹仿而學之。所以生安困勉，用力不同，同歸於聖，君子亦惟自盡其人道而已。

思索出來。故明道云：「君子之學，莫若廓然而大公，物來而順應。」若以私意去安排思索，便是用智自私矣。何思何慮，正是工夫，在聖人分上便是自然的，在學者分上便是勉然的。伊川却是把作效驗看了，所以有「發得太早」之説。既而云「却好用功」，則已自覺其前言之有未盡矣。濂溪主静之論，亦是此意，今道通之言，雖已不爲無見，然亦未免尚有兩事也。

來書云：「凡學者纔曉得做工夫，便要識認得聖人氣象。蓋認得聖人氣象，把做準的，乃就實地做工夫去，纔不會差，纔是作聖工夫，未知是否？」

先認聖人氣象，昔人嘗有是言矣，然亦欠有頭腦。聖人氣象自是聖人的，我從何處識認？若不就自己良知上真切體認，如以無星之稱而權輕重，未開之鏡而照姸媸，真所謂以小人之腹，而度君子之心矣。聖人氣象何繇認得？自己良知原與聖人一般，若體認得自己良知明白，即聖人氣象不在聖人而在我矣。程子嘗云：「覷着堯，學他行事，無他許多聰明睿智，安能如彼之動容周旋中禮？」又云：「心通於道，然後能辯是非。」今且説通於道在何處？聰明睿知從何處出來？

來書云：「事上磨煉，一日之内，不管有事無事，只一意培養本原。若遇事來感，或自己有感，心上既有覺，安可謂無事。但因事凝心一會，大段覺得事理當如此，只如無事處之，盡吾心而已。然乃有處得善與未善，何也？又或事來得多，須要次第與處，每因才力不足，輒爲所困，雖極力扶起，而精神已覺衰弱。遇此未免要十分退省，寧不了事，不可不加培養。如何？」

所說工夫，就道通分上，也只是如此用，然未免有出入。在凡人爲學，終身只爲這一事，自少至老，自朝至暮，不論有事無事，只是做得這一件，所謂「必有事焉」者也。若說寧不了事，不可不加培養，却是尚爲兩事也。必有事焉，而勿忘勿助，事物之來，但盡吾心之良知以應之，所謂「忠恕違道不遠」矣。凡處得有善有未善，及有困頓失次之患者，皆是牽於毁譽得喪，不能實致其良知耳。若能實致其良知，然後見得平日所謂善者，未必是善，所謂未善者，却恐正是牽於毁譽得喪，自賊其良知者也。

來書云：「致知之說，春間再承誨，益已頗知用力，覺得比舊尤爲簡易。但鄙心則謂與初學言之，還須帶格物意思，使之知下手處。本來致知格物一併下，但在初學，未知下手用功，還說與格物，方曉得致知。」云云。

格物是致知工夫，知得致知，便已知得格物。若是未知格物，則是致知

「毁譽得喪」四字，此是學人萬劫中帶來業障，最難拔除。若能拔去此大病根，只知有事，舉動自然必慊於心，安有善未善？即少有節目之差，只爭工夫之生熟，不可以善不善言，或事頭來得多，其中有個緩急重輕次第，因其次第行之，安得有困頓。若此等想頭，俱是計功算效，不是純然有事之心。

了然。

工夫亦未嘗知也。近有一書與友人論此頗悉，今往一通，細觀之當自見矣。

來書云：「今之爲朱、陸之辯者尚未已，每對朋友言正學不明已久，且不須枉費心力，爲朱、陸争是非；只依先生「立志」二字點化人，若其人果能辯得此志來，決意要知此學，已是大段明白了，朱、陸雖不辯，彼自能覺得。又嘗見朋友中，見有人議先生之言者，輒爲動氣。昔在朱、陸二先生所以遺後世紛紛之議者，亦見二先生工夫有未純熟，分明亦有動氣之病，若明道則無此矣。觀其與吴涉禮論介甫之學，云：『爲我盡達諸介甫，不有益於彼㊀，必有益於我也。』氣象何等從容！嘗見先生與人書中亦引此言，願朋友皆如此。如何？」

此節議論得極是，極是，願道通遍以告於同志，各自且論自己是非，莫論朱、陸是非也。以言語謗人，其謗淺，若自己不能身體實踐，而徒入耳出口，呶呶度日，是以身謗也，其謗深矣。凡今天下之論議我者，苟能取以爲善，皆是砥礪切磋我也，則在我無非警惕修省進德之地矣。昔人謂「攻吾之短者是

講筵上只好論先儒是非者，必不能見自己是非者也，若有志問自己是非，自有不暇處。

㊀「彼」，全書作「他」。

吾師」，師又可惡乎？

來書云：「有引程子『人生而靜以上不容說，才說性，便已不是性』，何故不容說？何故不是性？晦庵答云：『不容說者，未有性之可言；不是性者，已不能無氣質之雜矣。』二先生之言，皆未能曉，每看書至此，輒爲一惑，請問。」

「生之謂性」，「生」字即是「氣」字，猶言氣即是性也。氣即是性，人生而靜以上不容說，才說氣即是性，即已落在一邊，不是性之本原矣。孟子性善，是從本原上說。然性善之端，須在氣上始見得，若無氣，亦無可見矣。惻隱、羞惡、辭讓、是非，即是氣，程子謂「論性不論氣不備，論氣不論性不明」，亦是爲學者各認一邊，只得如此說。若見得自性明白時，氣即是性，性即是氣，原無性氣之可分也。

此書開口說自家痛癢、自家知得，次說千思萬慮，只要求復本體，又次言實致其良知，當弗牽於毀譽得喪，又何用向聖人求氣象，又何暇辯朱、陸是非，俱是鞭向入裡，有志學問者其知之。

人若除了氣，便是僵屍了，何以見性？第就此氣之動處有個當與不當，當則便是真性動，不得其當便是氣質。夫辯性莫精於孟子，其言曰：「吾善養吾浩然之氣。」其功只在集義，是氣之得其當也。又曰夜氣，其端在好惡之相近，亦氣之幾於當也，人只把氣看得是靈的，不要看得是蠢的，理氣便是合一。

答友人問書　丙戌

問：「自來先儒皆以學問思辯屬知，而以篤行屬行，分明是兩截事。今先生獨謂知行合一，不能無疑。」

曰：此事吾已言之屢屢。凡謂之行者，只是着實去做這件事。若着實做學問思辯的工夫，則學問思辯亦便是行矣。學是學做這件事，問是問做這件事，思辯是思辯做這件事，則行亦便是學問思辯矣。若謂學問思辯之，然後去行，却如何懸空先去學問思辯得？行時又如何去得個學問思辯的事？行之明覺精察處，便是知；知之真切篤實處，便是行。若行而不能精察明覺，便是冥行，便是「學而不思則罔」，所以必須説個知；知而不能真切篤實，便是妄想，便是「思而不學則殆」，所以必須説個行，元來只是一個工夫。凡古人説知行，皆是就一個工夫上補偏救弊説，不似今人截然分作兩件事做。某今説知行合一，雖亦是就今時補偏救弊説，然知行體段亦本來如是。吾契但着實就身心上體履，當下便自知得。今却只從言語文義上窺測，所以牽制支離，轉説轉糊塗，正是不能知行合一之弊耳。

一語便了然。

讀此方知學問思辯，實有着落。

「象山論學，與晦庵大有同異，先生嘗稱象山『於學問頭腦處見得直截分明』。今觀象山之論，却有謂學有講明，有踐履，及以致知格物爲講明之事，乃與晦庵之說無異，而與先生知行合一之說，反有不同。何也？」

曰：君子之學，豈有心於同異？惟其是而已。吾於象山之學有同者，非是苟同；其異者，自不掩其爲異也。吾於晦庵之論有異者，非是求異；其同者，自不害其爲同也。假使伯夷、柳下惠與孔、孟同處一堂之上，就其所見之偏全，其議論斷亦不能皆合，然要之不害其同爲聖賢也。若後世論學之士，則全是黨同伐異，私心浮氣所使，將聖賢事業，作一場兒戲看了也。

君子之學，惟求其是，不自立意見，故可以締交四海，可以尚論千古。濂、洛、關、閩諸公，只是異同之見未化耳。

又問：「知行合一之說，是先生論學最要緊處。今既與象山之說異矣，敢問其所以同。」

曰：知行原是兩個字說一個工夫，這一個工夫須着此兩個字，方說得完全無弊病。若頭腦處見得分明，見得原是一個頭腦，則雖把知行分作兩個說，畢竟將來做那一個工夫，則始或未便融會，終所謂百慮而一致矣。若頭腦見得不分明，原看做兩個了，則雖把知行合作一個說，亦恐終未有湊泊處，

知行雖分兩字，究竟聖人學問只是一「致知」。蓋致知正在力行上見，聖愚之分能知與不能知，全分在能行

與不能行，如行不著，習不察，此衆人之成其不知也。就喜怒哀樂、子臣弟友、盡性以至於命，此聖人之能知也，是行得停當處方謂之知，非記得來、說得出者便謂之知，所以大學只說致知，不說力行，是一非一，又何必另作詮解。

況又分作兩截去做，則是從頭至尾，更沒討下落處也。

又問：「致良知之說，真是百世以俟聖人而不惑者。象山已於頭腦上見得分明，如何於此尚有不同？」

曰：致知格物，自來儒者皆相沿如此說，故象山亦遂相沿得來，不復致疑耳。然此畢竟亦是象山見得未精一處，不可掩也。

又曰：知之真切篤實處，便是行；行之明覺精察處，便是知。若知時，其心不能真切篤實，則其知便不能明覺精察，不是知之時只要明覺精察，更不要真切篤實也。行之時，其心不能明覺精察，則其行便不能真切篤實，不是行之時只要真切篤實，更不要明覺精察也。知天地之化育，心體原是如此。乾知大始，心體亦原是如此。

知行合一之說，原非創自先生。中庸引夫子之言，以道之不行屬之知愚，以道之不明屬之賢不肖，正是知行合一之意。孟子云：道若大路然，豈難知哉？人病不求，不求又安得言知。此解聖賢早已逗出，特未之思耳。

答歐陽崇一書　丙戌㈠

崇一來書云：「師云：『德性之良知，非繇於聞見。若曰多聞擇其善者而從之，多見而識之，則是專求之見聞之末，而已落在第二義。』竊意良知雖不繇見聞而有，然學者之知，未嘗不因見聞而發；滯於見聞固非，而見聞亦良知之用也。今曰落在第二義，恐爲專以見聞爲學者而言。若致其良知而求之見聞，似亦知行合一之功矣。如何？」

良知不繇見聞而有，而見聞莫非良知之用，故良知不滯於見聞，而亦不離於見聞。孔子云：「吾有知乎哉？無知也。」良知之外，別無知矣。故「致良知」是學問大頭腦，是聖門㈡教人第一義。今云專求之見聞之末，則是失却頭腦，而已落在第二義矣。近時同志中，蓋已莫不知有致良知之説，然其間㈢工夫尚多鶻突者，正是欠此一問。大抵學問工夫，只要主意頭腦是當，若主

㈠「答歐陽崇一書丙戌」，全書作「答歐陽崇一」。　㈡「門」，全書作「人」。　㈢「其間」，全書作「其」。

學者一生，舍了學問、思辯、篤行，何處用工夫？然用之以逐聞馳見，便是外義，用之以明善誠身，便是實學。所以學則須博問思辯，行加個慎審明篤，正所以成其博

學也。就如今四書五經，誰人不讀，若實體貼於身心之間，舍此別無作聖工夫，只是借之以求富貴利達，雖終日誦讀，與性命何與？即此可了然先生致良知之說。

意頭腦專以致良知爲事，則凡多聞多見，莫非致良知之功。蓋日用之間，見聞酬酢，雖千頭萬緒，莫非良知之發用流行，除却見聞酬酢，亦無良知可致矣。故只是一事。若曰致其良知而求之見聞，則語意之間未免爲二，此與專求之見聞之末者雖稍不同，其爲未得精一之旨，則一而已。「多聞，擇其善者而從之，多見而識之」，既云擇，又云識，其良知亦未嘗不行於其間；但其立㈠意乃專在多聞多見上去擇識，則已失却頭腦矣。崇一於此等處見得當已分曉，今日之問，正爲發明此學，於同志中極有益。但語意未瑩，則毫釐千里，亦不容不精察之也。

來書云：「師云：『繫言何思何慮，是言所思所慮只是天理，更無別思別慮耳，非謂無思無慮也。心之本體即是天理，有何可思慮得？學者用工，雖千思萬慮，只是要復他本體，不是以私意去安排思索出來。若安排思索，便是自私用智矣。學之弊㈡，大率非沈空守寂，則安排思索。』德辛壬之歲着前一病，近又着後一病。但思索亦是良知發用，其與私意安排者何所取別？恐

㈠「立」，全書作「用」。　㈡「學之弊」，全書作「學者之弊」。

認賊作子，惑而不知也。」

「思曰睿，睿作聖。」「心之官則思」，思則得之。思其可少乎？沈空守寂與安排思索，正是自私用智，其爲喪失良知，一也。良知是天理之昭明靈覺處，故良知即是天理。思是良知之發用。若是良知發用之思，則所思莫非天理矣。良知發用之思，自然明白簡易，良知亦自能知得。若是私意安排之思，自是紛紛勞擾，良知亦自會分別得。蓋思之是非邪正，良知無有不自知者。所以認賊作子，正爲致知之學不明，不知在良知上體認之耳。

來書又云：「師云：『爲學終身只是一事，不論有事無事，只是這一件。若說寧不了事，不可不加培養，却是分爲兩事也。』竊意覺精力衰弱，不足以終事者，良知也。寧不了事，且加休養，致知也。如何却爲兩事？若事變之來，有事勢不容不了，而精力雖衰，稍鼓舞亦能支持，則持志以帥氣可矣。然言動終無氣力，畢事則困憊已甚，不幾於暴其氣已乎？此其輕重緩急，良知固未嘗不知，然或迫於事勢，安能顧精力？或困於精力，安能顧事勢？如之何則可？」

「寧不了事，不可不加培養」之意，且與初學如此說，亦不爲無益。但作

人只一心思正，心之不息處戒慎恐懼，即思也，總無加於心體之本然。若空寂者，是於心上多一空寂之念，安排者，是於心上多一安排之念，俱失心之本然，所以未免認賊作子。先儒教人常想未發氣象，正是此意。

兩事看了，便有病痛在。孟子言「必有事焉」，則君子之學，終身只是集義一事。義者，宜也。心得其宜之謂義。能致良知，則心得其宜矣，故集義亦只是致良知。君子之酬酢萬變，當行則行，當止則止，當生則生，當死則死，斟酌調停，無非是致其良知，以求自慊而已。故君子素其位而行，思不出其位，凡謀其力之所不及，而强其知之所不能者，皆不得爲致良知；而凡勞其筋骨，餓其體膚，空乏其身，行拂亂其所爲，動心忍性以增益其所不能者，皆所以致其良知也。若云「寧不了事，不可不加培養」者，亦是先有功利之心，較計成敗利鈍而愛惜㊀取舍於其間，是以將了事自作一事，而培養又别作一事，此便有是内非外之意，便是自私用智，便是義外，便有不得於心勿求於氣之病，便不是致良知以求自慊之功矣。所云「鼓舞支持，畢事則困憊已甚」，又云「迫於事勢，困於精力」，皆是把作兩事做了，所以有此。凡學問之功，一則誠，二則僞，凡此皆是致良知之意，欠誠一真切之故。大學言誠其意者，如惡惡臭，如好好色，此之謂自慊。曾見有惡惡臭，好好色，而須鼓舞支持者乎？曾有畢

培養正是有事，此事原是了不來的，寧不了事，又何處見培養？聖賢之學，一生只是有事，成敗利鈍，不必分心照管。曾子曰：死而後已。安問困憊？殺身成仁，又安問迫於事勢？蓋學問原不在於天下事都做得完，只要求不愧此心。先生致良知之說，只是求不愧於心。所云困憊，迫於事勢之說，是求天下事

㊀「惜」，全書作「憎」。

盡做得完也，此可識內外本末之辯。

能常自覺者，至誠之神也；專欲覺人之詐與不信者，儀、秦之智也；不事億逆而爲人所欺者，日用之愚夫婦也，各有本等面目。乃今人目之爲愚夫婦，則圖謀進取，揣摩甚工；目之爲儀、秦，則一當事變，盡

事則困憊已甚者乎？曾有迫於事勢、困於精力者乎？此可以知其受病之所從來矣。

來書又有云：「人情機詐百出，御之以不疑，往往爲所欺，覺則自入於逆億。夫逆詐即詐也，億不信即非信也，爲人欺又非覺也。不逆不億而常先覺，其惟良知瑩徹乎？然而出入毫忽之間，背覺合詐者多矣。」

「不逆不億而先覺」，此孔子因當時人專以逆、詐、億、不信爲心，而自陷於詐與不信，又有不逆不億者，然不知致良知之功，而往往又爲人所欺詐，故有是言，非教人以是存心，而專欲先覺人之詐與不信也。以是存心，即是後世猜忌險薄者之事，而只此一念，已不可與入堯舜之道矣。不逆不億而爲人所欺者，尚亦不失爲善，但不如能致其良知而自然先覺者之尤爲賢耳。崇一謂其惟良知瑩徹者，蓋已得其旨矣。然亦穎悟所及，恐未實際也。蓋良知之在人心，亘萬古，塞宇宙，而無不同。不慮而知，恒易以知險；不學而能，恒簡以知阻。先天而天不違，天且不違，而況於人乎？況於鬼神乎？夫謂背覺合詐者，是雖不逆人，而或未能無自欺也；雖不億人，而或未能果自信也。是或常有求先覺之心，而未能常自覺也。常有求先覺之心，即已流於逆億，而

屬汝暗，幾令人有不可認之面目。此因富貴利達掩蔽其覺體，故以大巧成其大迷耳。先生良知之教，誠是醒人良劑。

足以自蔽其良知矣，此背覺合詐之所以未免也。君子學以爲己，未嘗虞人之欺己也，恒不自欺其良知而已；未嘗虞人之不信己也，恒自信其良知而已；未嘗求先覺人之詐與不信也，恒務自覺其良知而已。是故不欺則良知無所僞而誠，誠則明矣；自信則良知無所惑而明，明則誠矣。明誠相生，是故良知常覺常照。常覺常照，則如明鏡之懸，而物之來者自不能遁其妍媸矣。何者？不欺而誠，則無所容其欺，苟有欺焉，而覺矣；自信而誠㈠，則無所容其不信，苟不信焉，而覺矣。是謂易以知險，簡以知阻，子思所謂「至誠如神，可以前知」者也。然子思謂「如神」，謂「可以前知」，猶二而言之。是蓋推言思誠者之功效，是猶爲不能先覺者說也。若就至誠而言，則至誠之妙用即謂之神，不必言「如神」。至誠則無知而無不知，不必言「可以前知」矣。

此書首段說良心不滯見聞，亦不離見聞，所以要博學審問。二段說人心之思有是非邪正，所以要慎思明辯。三段言君子之學，終身只是集義，便是篤行之。末段則明而誠矣，體貼之自得。

㈠「誠」，全書作「明」。

答顧東橋書 乙酉

來書云：「近時學者務外遺内，博而寡要，故先生特倡『誠意』一義，針砭膏肓，誠大惠也。」

吾子洞見時弊如此矣，亦將何以救之乎？然則鄙人之心，吾子固已一句道盡，復何言哉！復何言哉！若「誠意」之説，自是聖門教人用功第一義。但近世學者乃作第二義看，故稍與提掇緊要出來，非鄙人所能特倡也。

來書云：「但恐立説太高，用功太捷，後生師傅，影響謬誤，未免墮於佛氏明心見性、定慧頓悟之機，無怪聞者見疑。」

區區「格致誠正」之説，是就學者本心日用事爲間，體究踐履，實地用功，是多少次第，多少積累在，正與空虚頓悟之説相反。聞者本無求爲聖人之志，又未嘗講究其詳，遂以見疑，亦無足怪。若吾子之高明，自當一語之下便瞭然矣！乃亦謂立説太高，用功太捷，何邪？

如此方見大學字字皆實際學問，空談名理，俱是無當。

來書云：「所喻知行並進，不宜分别前後，即中庸『尊德性而道問學』之功，交養互發，内外本末，一以貫之之道，然工夫次第，不能無先後之差。如知食乃食，知湯乃飲，知衣乃服，知路乃行，未有不見是物，先有是事，此亦毫釐倏忽之間，非謂有等今日知之，而明日乃行也。」

既云交養互發，内外本末，一以貫之，則知行並進之説，無復可疑矣。又云工夫次第，不能無㊀先後之差，無乃自相矛盾已乎？知食乃食等説，此尤明白易見，但吾子爲近聞障蔽，不自㊁察耳。夫人必有欲食之心，然後知食，欲食之心即是意，即是行之始矣。食味之美惡，必待入口而後知，豈有不待入口，而已先知食味之美惡者耶？必有欲行之心然後知路，欲行之心即是意，即是行之始矣。路岐之險夷，必待身親履歷而後知，豈有不待身親履歷，而已先知路岐之險夷者耶？知湯乃飲，知衣乃服，以此例之，皆無可疑。若如吾子之喻，是乃所謂不見是物，而先有是事者矣。吾子又謂此亦毫釐倏忽之間，非謂截然有等，今日知之而明日乃行也，是亦察之尚有未精。然就如吾子之論，則知行之爲合一並進，亦自斷無可疑矣。

先生知行合一之説，大意只是要人躬行。人若不去躬行，即講究得道理十分明白，終是饞口空嚥，望程遥度，學者辨之。

來書云：「真知即所以爲行，不行不足謂之知，此爲學者喫緊立教，俾務

㊀「無」，全書作「不無」。　㊁「不自」，全書作「自不」。

躬行則可。若真謂行即是知，恐其專求本心，遂遺物理，必有闇而不達之處，抑豈聖門知行並進之成法哉？」

知之真切篤實處即是行，行之明覺精察處即是知，知行工夫，本不可離。只爲後世學者分作兩截用功，失却知行本體，故有合一並進之說。真知即所以爲行，不行不足謂之知。即如來書所云知食乃食等說可見，前已略言之矣。此雖喫緊救弊而發，然知行之體本來如是，非以己意抑揚其間，姑爲是說以苟一時之效者也。專求本心，遂遺物理，此蓋失其本心者也。夫物理不外於吾心，外吾心而求物理，無物理矣。遺物理而求吾心，吾心又何物耶？心之體，性也，性即理也。故有孝親之心，即有孝之理；無孝親之心，即無孝之理矣。有忠君之心，即有忠之理；無忠君之心，即無忠之理矣。理豈外於吾心耶？晦庵謂人之所以爲學者，心與理而已，心雖主乎一身，而實管乎天下之理，理雖散在萬事，而實不外乎一人之心，是其一分一合之間，而未免以啓學者心理爲二之弊。此後世所以有專求本心、遂遺物理之患，正繇不知心即理耳。夫外心以求物理，是以有闇而不達之處。此告子義外之說，孟子所以謂之不知義也。心一而已，以其全體惻怛而言謂之仁，以其得宜而言謂之

人若真真了得知行合一之說，即如晦翁說亦不妨。先生是合而言之，以證本體；晦翁是分而言之，以曉後學，言殊而理則一，在人善看耳。

義，以其條理而言謂之理。不可外心以求仁，不可外心以求義，獨可外心以求理乎？外心以求理，此知行之所以二也。求理於吾心，此聖門知行合一之教，吾子又何疑乎？

來書云：「所釋大學古本，謂致其本體之知。此固孟子盡心之旨，朱子亦以虛靈知覺爲此心之量。然盡心繇於知性，致知在於格物。」

盡心繇於知性，致知在於格物，此語然矣。然而推本吾子之意，則其所以爲是語者，尚有未明也。朱子以盡心、知性、知天爲物格知致，以存心、養性、事天爲誠意、正心、修身，以殀壽不貳，修身以俟爲知至仁盡，聖人之事。若鄙人之見，則與朱子正相反矣。夫盡心、知性、知天者，生知安行，聖人之事也。存心、養性、事天者，學知利行，賢人之事也。殀壽不貳，修身以俟者，困知勉行，學者之事也。豈可專以盡心知性爲知，存心養性爲行乎？吾子驟聞此説，必又以爲大駭矣。然其間實無可疑者，一爲吾子言之。夫心之體，性也；性之原，天也。能盡其心，是能盡其性矣。中庸云：「唯天下至誠，爲能盡其性。」又云：「知天地之化育」，「質諸鬼神而無疑」。知天也，此惟聖人而後能然。故曰，此生知安行，聖人之事也。存其心者，未能盡其心者也，

不是先生好與紫陽立異，只是見到處不妨發先儒之所未發。

故須加存之之功，必存之既久，不待於存而自無不存，然後可以進而言盡。蓋知天之「知」，如知州、知縣之知。知州，則一州之事皆己事也。知縣，則一縣之事皆己事也。是與天爲一者也。事天，則如子之事父，臣之事君，猶與天爲二也。天之所以命於我者，心也，性也，吾但存之而不敢失，養之而不敢害，如父母全而生之，子全而歸之者也。故曰：此學知利行，賢人之事也。至於殀壽不貳，則與存其心者又有間矣。存其心者，雖未能盡其心，固已一心於爲善，時有不存，則存之而已。今使之殀壽不貳，猶㊀以殀壽貳其心者也。猶以殀壽貳其心，是其爲善之心猶未能一也。存之尚有所未可，而何盡之可云乎？今且使之不以殀壽貳其爲善之心。若曰死生殀壽皆有定命，吾但一心於爲善，修吾之身以俟天命而已，是其平日尚未知有天命也。事天雖與天爲二，然已真知天命之所在，但惟恭敬奉承之而已耳。若俟之云者，則尚未能真知天命之所在，猶有所俟者也。故曰所以立命。立者，創立之立，如立德、立言、立功、立名之類，凡言立者，皆是昔未嘗有而今始建立之謂。孔子

㊀「猶」，全書作「是猶」。

所謂不知命無以爲君子者也。故曰：此困知勉行，學者之事也。今以盡心、知性、知天爲格物致知，使初學之士，尚未能不二其心者，而遽責之以聖人生知安行之事，如捕風捉影，茫然莫知所措其心，幾何而不至於率天下而路也。今世致知格物之弊，亦居然可見矣。吾子所謂務外遺内，博而寡要者，無乃亦是過歟？此學問最緊要處，於此而差，將無往而不差矣。此鄙人之所以冒天下之非笑，忘其身之陷於罪戮，呶呶其言，有不容已者也。

來書云：「聞語學者，乃謂即物窮理之説，亦是玩物喪志。又取其厭繁就約，涵養本源數説，標示學者，指爲晚年定論。此亦恐非。」

朱子所謂格物云者，在即物而窮其理，即物窮理，是就事事物物上求其所謂定理者也，是以吾心而求理於事事物物之中，析心與理而爲二矣。夫求理於事事物物者，如求孝之理於其親之謂也。求孝之理於其親，則孝之理其果在於吾之心邪，抑果在於親之身邪？假而果在於親之身，則親没之後，吾心遂無孝之理歟？見孺子之入井，必有惻隱之理，是惻隱之理果在於孺子之身歟，抑在於吾心之良知歟？其或不可以從之於井歟，其或可以手而援之歟？是皆所謂理也。是果在於孺子之身歟？抑果出於吾心之良知歟？

燃燈也，即晦翁之說而思之，見事物之理皆心也。窮之者，猶取火於燈也，以火燃燈，燈即是火。以心照物，即物亦見心。息辯忘言，反求自得。

以是例之，萬事萬物之理，莫不皆然。是可以知析心與理爲二之非矣。夫析心與理而爲二，此告子義外之說，孟子之所深闢也。務外遺内，博而寡要，吾子既已知之矣。是果何謂而然哉？謂之玩物喪志，尚猶以爲不可歟？若鄙人所謂致知格物者，致吾心之良知於事事物物也。吾心之良知，即所謂天理也，致吾心良知之天理於事事物物，則事事物物皆得其理矣。致吾心之良知者，致知也，事事物物皆得其理者，格物也。是合心與理而爲一者也。合心與理而爲一，則凡區區前之所云，與朱子晚年之論，皆可以不言而喻矣。

來書云：「人之心體本無不明，而氣拘物蔽，鮮有不偏㊀，非學問思辨以明天下之理，則善惡之機，真妄之辯，不能自覺，任情恣意，其害有不可勝言者矣。」

此段大略似是而非，蓋承沿舊說之弊，不可以不辯也。夫問思辯行，皆所以爲學，未有學而不行者也。如言學孝，則必服勞奉養，躬行孝道，而後謂之學，豈徒懸空口耳講說，而遂可以謂之學孝乎？學射則必張弓挾矢，引滿

無有不行而可以言學，此是先生立教之本，會得此意，先生千言萬語，只在此一句中矣。

㊀「偏」，全書作「昏」。

中的。學書則必伸紙執筆，操觚染翰。盡天下之學，無有不行而可以言學者。則學之始，固已即是行矣。篤者，敦實篤厚之意，已行矣，而敦篤其行，不息其功之謂爾。蓋學之不能以無疑，則有問，問即學也，即行也。又不能無疑，則有思，思即學也，即行也。又不能無疑，則有辯，辯即學也，即行也。辯既明矣，思既慎矣，問既審矣，學既能矣，又從而不息其功焉，斯之謂篤行。非謂學問思辯之後，而始措之於行也。是故以求能其事而言謂之學，以求解其惑而言謂之問，以求通其理[一]而言謂之思，以求精其察而言謂之辯，以求履其實而言謂之行。蓋析其功而言則有五，合其事而言則一而已。此區區心理合一之體，知行並進之功，所以異於後世之説者，正在於是。

今吾子特舉學問思辯以窮天下之理，而不及篤行，是專以學問思辯爲知，而謂窮理爲無行也已。天下豈有不行而學者耶，豈有不行而遂可謂之窮理者耶？明道云：只窮理便盡性至命。故必仁極仁，而後謂之能窮仁之理；義極義，而後謂之能窮義之理。仁極仁，則盡仁之性矣；義極義，則盡義之性

[一]「理」，全書作「説」。

矣。學至於窮理，至矣。而尚未措之於行，天下寧有是耶？是故知不行之不可以爲學，則知不行之不可以爲窮理，則知知行之合一並進而不可以分爲兩節事矣。夫萬事萬物之理，不外於吾心，而必曰窮天下之理，是殆以吾心之良知爲未足，而必外求於天下之廣，以裨補增益之，是猶析心與理而爲二也。夫學問思辯篤行之功，雖其困勉至於人一己百，而擴充之極，至於盡性知天，亦不過致吾心之良知而已。良知之外，豈復有加於毫末乎？今必曰窮天下之理，而不知反求諸其心，則凡所謂善惡之機，真妄之辯者，舍吾心之良知，亦將何以㊀致其體察乎？吾子所謂氣拘物蔽者，拘此蔽此而已。今欲去此之蔽，不知致力於此，而欲以外求，是猶目之不明者，不務服藥調理以治其目，而徒倀倀然求明於其外，明豈可以自外而得哉！任情恣意之害，亦以不能精察天理於此心之良知而已，此誠毫釐千里之謬者，不容於不辯，吾子毋謂其論之太刻也。

朱子曰：我非知外而不知內，已早言之，學者惟會二先生立言之意，其道自一。

來書云：「教人以致知明德，而戒其即物窮理，誠使昏闇之士，深居端坐，

㊀「以」，全書作「所」。

不聞教語㊀，遂能至於知致而德明乎？縱令靜而有覺，稍悟本性，則亦定慧無用之見，果能知古今，達事變，而致用於天下國家之實否乎？其曰知者意之體，物者意之用，格物如『格君心之非』之『格』，語雖超悟獨得，不踵陳見，抑恐於道未相脗合。」

區區論致知格物，正所以窮理，未常戒人窮理，使之深居端坐而一無所事也。若謂即物窮理，如前所云務外而遺内者，則有所不可耳。昏闇之士，果能隨事隨物，精察此心之天理，以致其本然之良知，則雖愚必明，雖柔必强，大本立而達道行，九經之屬，可一以貫之而無遺矣，尚何患其無致用之實乎？彼頑空虛静之徒，正惟不能隨事隨物，精察此心之天理，以致其本然之良知，而遺棄倫理，寂滅虛無以爲常，是以要之不可以治家國天下，孰謂聖人窮理盡性之學，而亦有是弊哉？

心者身之主也，而心之虛靈明覺，即所謂本然之良知也。其虛靈明覺之良知，應感而動者謂之意，有知而後有意，無知則無意矣。知非意之體

人只把「物」字看做身外之物，「格」字看做聞見之功，故於身心意知、天下國家，牽合不來。不知所謂物者，原未嘗離却身心意知，離却天

㊀「語」，全書作「告」。

乎？意之所用，必有其物，物即事也。如意用於事親，即事親爲一物；意用於治民，即治民爲一物；意用於讀書，即讀書爲一物；意用於聽訟，即聽訟爲一物。凡意之所在，無有無物者，有是意即有是物，無是意即無是物矣，物非意之用乎？

「格」字之義，有以「至」字訓者，如「格於文祖」、「有苗來格」，是以「至」訓者也。然「格於文祖」，必純孝誠敬，幽明之間，無一不得其理，而後謂之格。有苗之頑，實以文德誕敷而後格，則亦兼有「正」字之義在其間，未可專以「至」字盡之也。如「格其非心」，大臣格君心之非之類。是則一皆正其不正，以歸於正之義，而不可以「至」字爲訓矣。且大學格物之訓，又安知其不以「正」字爲訓，而必以「至」字爲義乎？如以「至」字爲義者，必曰窮至事物之理，而後其說始通。是其用功之要，全在一「窮」字；用力之地，全在一「理」字也。若上去一「窮」字，下去一「理」字，而直曰「致知在至物」，其可通乎？夫窮理盡性，聖人之成訓，見於繫辭者也。苟格物之說而果即窮理之善㊀，則聖

下國家。如人一惟游其神於無何有之鄉，身不歷物，何以見能修？心不應物，何以見能正？意不觸物，何以見能誠？知不照物，何以見能致？是格物者，原合修身、正心、誠意、致知而爲言者也，究此身心意知所歷之物，原非別自爲物者也。舍天下國家而使家之物得其所焉，是謂能齊；國之物得其所焉，是謂能治；天下之物得其所焉，是謂

㊀「善」，黔南本作「義」。

能平。是格物也者，誠成己成物，内聖外王之工夫，第其用力自有頭腦，不在耳目見聞上求，是則先生致良知之説耳。

人何不直曰致知在窮理，而必爲此轉折不完之語，以啟後世之弊耶？ 蓋大學格物之説，自與繫辭窮理大旨雖同，而微有分辯。 窮理者，兼格、致、誠、正而爲功也。 故言窮理，則格、致、誠、正之功皆在其中；言格物，則必兼舉致知、誠意、正心，而後其功始備而密。 今偏舉格物而遂謂之窮理，此所以專以窮理屬知，而謂格物未嘗有行。 非惟不得格物之旨，并窮理之義而失之矣。此後世之學，所以析知行爲先後兩截，日以支離決裂，而聖學益以殘晦者，其端實始於此。 吾子蓋亦未免承沿積習，則見以爲於道未相脗合，不爲過矣。

來書云：「謂致知之功，將如何爲温清，如何爲奉養，即是誠意，非别有所謂格物，此亦恐非。」

此乃吾子自以己意揣度鄙見而爲是説，非鄙人之所以告吾子者矣。 若果如吾子之言，寧復有可通乎？ 蓋鄙人之見，則謂意欲温清，意欲奉養者，所謂意也，而未可謂之誠意。 必實行欲①温清奉養之意，務求自慊而無自欺，然後謂之誠意。 知如何而爲温清之節，知如何而爲奉養之宜者，所謂知也，

舍「躬行」二字，口口説個誠意、正心、修身，俱是假的，究竟成得個腐儒，何以能治國平天下。若能實實躬行體驗，則體立用

① 「欲」，全書作「其」。

行，未有憂治平之無術者。試看古今來，那有個無用的聖賢，從古旋轉乾坤事業，俱是聖賢做的。當今寓內苦乏經濟手，只是舉世習於章句文辭，無真學問故耳。

而未可謂之致知。必致其知如何爲温清之節者之知，而實以之温清；致其知如何爲奉養之宜者之知，而實以之奉養，然後謂之致知。温清之事，奉養之事，所謂物也，而未可謂之格物。必其於温清之事也，一如其良知之所知，當何如爲温清之節者而爲之，無一毫之不盡；於奉養之事也，一如其良知之所知，當如何爲奉養之宜者而爲之，無一毫之不盡，然後謂之格物。温清之物格，然後知温清之良知始致；奉養之物格，然後知奉養之良知始致。故曰：物格而後知至。致其知温清之良知，而後温清之意始誠；致其知奉養之良知，而後奉養之意始誠。故曰：知至而後意誠。此區區誠意、致知、格物之説蓋如此，吾子更熟思之，將亦無可疑者矣。

來書云：「道之大端易於明白，所謂良知良能，愚夫愚婦可與及者。至於節目時變之詳，毫釐千里之謬，必待學而後知。今語孝與温清定省，孰不知之？至於舜之不告而娶，武之不葬而興師，養志、養口，小杖、大杖，割股、廬墓等事，處常處變，過與不及之間，必須討論是非，以爲制事之本。然後心體無蔽，臨事無失。」

道之大端易於明白，此語誠然。顧後之學者，忽其易於明白者而弗繇，

天下萬事萬變，不可勝窮。自開闢以來，聖人遞興，其制作行事，俱是開從前所未有，看來豈不甚奇甚難，不知亦只因天理之所宜然。蓋天下事，時至事起，有不得不然者。聖人萬理明備，能經能權，行之無

而求其難於明白者以爲學，此其所以道在邇而求諸遠，事在易而求之難也。孟子云：夫道若大路然。豈難知哉，人病不繇耳。良知良能，愚夫愚婦與聖人同，但惟聖人能致其良知，而愚夫愚婦不能致。此聖愚之所繇分也。節目時變，聖人夫豈不知，但不專以此爲學。而其所謂學者，正惟致其良知，以精察此心之天理，而與後世之學不同耳。吾子未暇良知之致，而汲汲焉顧是之憂，此正求其難於明白者以爲學之弊也。

夫良知之於節目事變，猶規矩尺度之於方圓長短也。節目時變之不可預定，猶方圓長短之不可勝窮也。故規矩誠立，則不可欺以方圓，而天下之方圓不可勝用矣。尺度誠陳，則不可欺以長短，而天下之長短不可勝用矣。良知誠致，則不可欺以節目時變，而天下之節目時變不可勝應矣。毫釐千里之謬，不於吾心良知一念之微而察之，亦將何所用其學乎？是不以規矩而欲定天下之方圓，不以尺度而欲盡[一]天下之長短，吾見其乖張謬戾，日勞而無成也已。

[一]「盡」，黔南本作「定」。

吾子謂語孝於温凊定省，孰不知之？然而能致其知者鮮矣。若謂粗知温凊定省之儀節，而遂謂之能致其知，則凡知君之當仁者，皆可謂之能致其仁之知，知臣之當忠者，皆可謂之能致其忠之知，則天下孰非致知者耶？以是而言，可以知致知之必在於行，而不行之不可以爲致知也明矣。知行合一之體，不益較然矣乎？

夫舜之不告而娶，豈舜之前已有不告而娶者爲之準則，故舜得以考之何典，問諸何人，而爲此耶？抑亦求諸其心一念之良知，權輕重之宜，不得已而爲此耶？武之不葬而興師，豈武之前已有不葬而興師者爲之準則，故武得以考之何典，問之何人，而爲此耶？抑亦求諸其心一念之良知，權輕重之宜，不得已而爲此耶？使舜之心而非誠於爲無後，武之心而非誠於爲救民，則其不告而娶，與不葬而興師，乃不孝不忠之大者，而後之人不務致其良知，以精察義理於此心感應酬酢之間，顧欲懸空討論此等變常之事，執之以爲制事之本，以求臨事之無失，其亦遠矣。其餘數端，皆可類推，則古人致知之學，從可知矣。

不恰當，所謂先天而天弗違，後天而奉天時也。其實只是順個天理之宜然，仍是易知簡能。若舍本原而求之事變，聖人反爲無忌憚者開便門矣。

精察義理，此正是學。

來書云：「謂大學格物之説，專求本心，猶可牽合。至於六經四書所載，聞見豈可廢得？只是不可逐於聞見。先生此言，亦爲逐外忘内者發，學者毋以辭害意。

多聞多見，前言往行，好古敏求，博學審問，温故知新，博學詳説，好問好察，是皆明白求於事爲之際，資於論説之間者，用功節目，固不容紊矣。」

格物之義，前已詳悉，牽合之疑，想已不俟復解矣。至於多聞多見，乃孔子因子張之務外好高，徒欲以多聞多見爲學，而不能求諸其心以闕疑殆，此其言行所以不免於尤悔，而所謂見聞者，適以資其務外好高而已。蓋所以救子張多聞多見之病，而非以是教之爲學也。夫子嘗曰：「蓋有不知而作之者，我無是也。」是猶孟子「是非之心，人皆有之」之義也。此言正所以明德性之良知，非繇於聞見耳。若曰多聞擇其善者而從之，多見而識之，則是專求諸見聞之末而已，落在第二義矣。故曰，知之次也。夫以見聞之知爲次，則所謂知之上者，果安所指乎？是可以窺聖門致知用力之地矣。

夫子謂子貢曰：「賜也，汝以予爲多學而識之者歟？非也，予一以貫之。」使誠在於多學而識，則夫子胡乃謬爲是説以欺子貢者耶？一以貫之，非致其良知而何？易曰：「君子多識前言往行以畜其德。」夫以畜其德爲心，則凡多識前言往行者，孰非畜德之事。此正知行合一之功矣。

好古敏求者，好古人之學而敏求此心之理耳。心即理也，學者學此心也，求者求此心也。孟子云：「學問之道無他，求其放心而已矣。」非若後世廣記博誦古人之言詞，以爲好古，而汲汲然惟以求功名利達之具於其外者也。

博學審問，前言已盡。温故知新，朱子亦以「温故」屬之尊德性矣。德性豈可以外求哉？惟夫知新必繇於温故，而温故乃可以知新，則亦可以驗知行之非兩節矣。博學而詳説之者，將以反説約也。若無反約之云，則博學詳説者果何事耶？舜之好問好察，惟以用中而致其精一於道心耳。道心者，良知之謂也。君子之學，何嘗離去事爲而廢論説，但其從事於事爲論説者，要皆知行合一之功。正所以致其本心之良知，而非若世之徒事口耳談説以爲知者。分知行爲兩事，而果有節目先後之可言也？

來書云：「楊、墨之爲仁義，鄉愿之亂忠信，堯、舜、子之之禪讓，湯、武、楚項之放伐，周公、莽、操之攝輔，謾無印正，又焉適從？且於古今事變，禮樂名物，未嘗考識，使國家欲興明堂，建辟雍，制曆律，草封禪，又將何所致其用乎？故論語曰生而知之者，義理耳。若夫禮樂名物，古今事變，亦必待學，而後有以驗其行事之實，此則可謂定論矣。」

所喻楊、墨鄉愿，堯、舜、子之，湯、武、楚項，周公、莽、操之辯，與前舜、武之論，大略可以類推。古今事變之疑，前於良知之説，已有規矩尺度之喻，當亦無俟多贅矣。至於明堂、辟雍諸事，似尚未容於無言者。然其説甚長，姑就吾子之言而取正焉，則吾子之惑，將亦可以少釋矣。

夫明堂、辟雍之制，始見於呂氏之月令，漢儒之訓疏，六經、四書之中未嘗詳及也。豈呂氏漢儒之知，乃賢於三代之賢聖乎？齊宣之時，明堂尚有未毁，則幽、厲之世，周之明堂皆無恙也。堯、舜茅茨土階，明堂之制未必備，而不害其爲治。幽、厲之明堂，固猶文、武、成、康之舊，而無救於其亂，何耶？豈能㊀以不忍人之心，而行不忍人之政，則雖茅茨土階，固亦明堂也。以幽、厲之心，而行幽、厲之政，則雖明堂，亦暴政所自出之地耶。武帝肇講於漢，而武后盛作於唐，其治亂何如耶？天子之學曰辟雍，諸侯之學曰泮宮，皆象地形而爲之名耳。然三代之學，其要皆所以明人倫，非以辟不辟，泮

亘古亘今，乃有許大識見，許大議論。世道之升降，學術之是非，悉闡於是書，直可謂考三王而不謬，俟後聖而不惑者也。非真有良知之學，上下今古無不洞朗於胸中，安能道此？

㊀「能」，黔南本作「非」。

不泮爲重輕也。

孔子云：「人而不仁，如禮何？人而不仁，如樂何？」制禮作樂，必具中和之德，聲爲律而身爲度者，然後可以語此。若夫器數之末，樂工之事，祝史之守。故曾子曰：君子所貴乎道者三，籩豆之事，則有司存也。堯「命羲和，欽若昊天，曆象日月星辰」，其重在於敬授人時也。舜在璿璣玉衡，其重在於以齊七政也。是在㊀汲汲然以仁民之心，而行其養民之政。治曆明時之本，固在於此也。羲和曆數之學，皐、契未必能之也，禹、稷未必能之也。堯舜之知，而不徧物，雖堯舜亦未必能之也。然至於今，循羲和之法，而世修之，雖曲知小慧之人，星術淺陋之士，亦能推步占候而無所忒，則是後世曲知小慧之人，反賢於禹、稷、堯、舜者耶？

封禪之説，尤爲不經，是乃後世佞人諛士所以求媚於其上，倡爲誇侈，以蕩君心而靡國費，蓋欺天罔人，無恥之大者。君子之所不道，司馬相如之所以見譏於天下後世也。吾子乃以是爲儒者所宜學，殆亦未之思耶！

義理是禮樂名物之本，譬如天地百物之生，即禮樂名物也，而生生之理即是義理，故其生無方。聖人惟知得義理，得夫制

㊀「在」，全書作「皆」。

作之本，故時至事起，能作禮樂名物。後之學者，究心於禮樂名物，不但博而不該，是爲逐末而忘本。先生此言，亦謂學禮樂名物者當得其本，非謂禮樂名物便可廢也。

夫聖人之所以爲聖者，以其生而知之也。而釋論語者曰：生而知之者，義理耳。若夫禮樂名物，古今事變，亦必待學而後有以驗其行事之實。夫禮樂名物之類果有關於作聖之功也？而聖人亦必待學而後能知焉，則是聖人亦不可以謂之生知矣。謂聖人爲生知者，專指義理而言，而不以禮樂名物之類，則是禮樂名物之類無關於作聖之功矣。聖人之所以謂之生知者，專指義理而不以禮樂名物之類，則是學而知之者，亦惟當學知此義理而已。困而知之者，亦惟當困知此義理而已。今學者之學聖人，於聖人之所能知者，未能學而知之，而顧汲汲焉求知聖人之所不能知者以爲學，無乃失其所以希聖之方歟？

凡此，皆就吾子之所惑者，而稍爲之分釋，未及乎拔本塞源之論也。夫拔本塞源之論不明於天下，則天下之學聖人者，將日繁日難，斯人入㊀於禽獸夷狄，而猶自以爲聖人之學。吾之説雖或暫明於一時，終將凍解於西而冰堅於東，霧釋於前而雲滃於後，呶呶焉危困以死，而卒無救於天下之分毫也。

㊀「入」，全書作「淪」。

夫聖人之心，以天地萬物爲一體，其視天下之人，無外内遠近，凡有血氣，皆其昆弟赤子之親，莫不欲安全而教養之，以遂其萬物一體之念。天下之人心，其始亦非有異於聖人也，特其間於有我之私，隔於物欲之蔽。大者以小，通者以塞，人各有心，至有視其父子兄弟如仇讎者。聖人有憂之，是以推其天地萬物一體之仁，以教天下，使之皆有以克其私，去其蔽，以復其心體之同然。其教之大端，則堯、舜、禹之相授受，所謂道心惟微，惟精惟一，允執厥中。而其節目，則舜之命契，所謂父子有親，君臣有義，夫婦有別，長幼有序，朋友有信，五者而已。

唐虞三代之世，教者惟以此爲教，而學者惟以此爲學。當是之時，人無異見，家無異習，安此者謂之聖，勉此者謂之賢，而背此者雖其啟明如朱，亦謂之不肖。下至閭井田野，農工商賈之賤，莫不皆有是學，而惟以成其德行爲務，何者？無有聞見之雜，記誦之煩，辭章之靡濫，功利之馳逐，而但使之孝其親，弟其長，信其朋友，以復其心體之同然。是蓋性分之所固有，而非有假於外者，則人亦孰不能之乎？

學校之中，惟以成德爲事，而才能之異，或有長於禮樂，長於政教，長於

聖人只是以天地萬物爲心，便何官不可做，何事不能做，堯舜諸公所以能平未平之天下。今人惟知爲己，故只務擇官，不務任事，所以並不能享已治已平之天下。古今治亂，只繇一念公私，危微精一，開千古之道統者，所以即擅千古之治統。

水土播植者，則就其成德，而因使益精其能於學校之中。迨夫舉德而任，則使之終身居其職而不易。用之者，惟知同心一德，以共安天下之民，視才之稱否，而不以崇卑爲輕重，勞逸爲美惡。效用者，亦惟知同心一德，以共安天下之民。苟當其能，則終身處於煩劇而不以爲勞，安於卑瑣而不以爲賤。

當是之時，天下之人，熙熙皞皞，皆相視如一家之親。其才質之下者，則安其農工商賈之分，各勤其業，以相生相養，而無有乎希高慕外之心。其才能之異，若皋、夔、稷、契者，則出而各效其能。若一家之務，或營其衣食，或通其有無，或備其器用，集謀并力，以求遂其仰事俯育之願，惟恐當其事者之或怠而重己之累也。故稷勤其稼而不恥其不知教，視契之善教，即己之善教也。夔司其樂，而不恥於不明禮，視夷之通禮，即己之通禮也。蓋其心學純明，而有以全其萬物一體之仁，故其精神流貫，志氣通達，而無有乎人己之分，物我之間。譬之一人之身，目視耳聽，手持足行，以濟一身之用。目不恥其無聰，而耳之所涉，目必營焉。足不恥其無執，而手之所探，足必前焉。蓋其元氣充周，血脈條暢，是以癢痾呼吸，感觸神應，有不言而喻之妙。此聖人之學，所以至易至簡，易知易從，學易能而才易成者，正以大端惟在復心體之

「富强功利」四字，貽禍最烈，至今日望一富

同然，而知識技能，非所與論也。

三代之衰，王道熄而霸術昌，孔、孟既没，聖學晦而邪説横，教者不復以此爲教，而學者不復以此爲學。霸者之徒，竊取先王之近似者，假之於外，以内濟其私己之欲，天下靡然宗之，聖人之道遂以蕪塞。相倣相效，日求所以富强之説，傾詐之謀，攻伐之計，一切欺天罔人，苟一時之得，以獵取聲利之術，若管、商、蘇、張之屬者，至不可名數。既其久也，鬭争刼奪，不勝其禍，斯人淪於禽獸夷狄，而霸術亦有所不能行矣。

世之儒者，慨然悲傷，搜獵先聖王之典章法制，而掇拾修補於煨燼之餘。蓋其爲心，良亦欲以挽回先王之道。聖學既遠，霸術之傳，積漬已深。雖在賢知，皆不免於習染。其所以講明修飾，以求宣暢光復於世者，僅可以增霸者之藩籬，而聖學之門牆，遂不復可覩。於是乎有訓詁之學，而傳之以爲名；有記誦之學，而言之以爲博；有詞章之學，而侈之以爲麗。若是者紛紛籍籍，羣起角立於天下，又不知其幾家。萬徑千蹊，莫知所適。世之學者，如入百戲之場，歡謔跳踉，騁奇鬬巧，戲笑争姸者，四面而競出。前瞻後盼，應接不遑，而耳目眩瞀，精神恍惑，日夜遨遊，淹息其間，如病狂喪心之人，莫自知其

强功利之臣，不啻如伊、周。何也？蓋救世之經濟與自私自利之作用自不同科，如真有仁義之心以行王道，將齊桓之尊周，與文王何異？使懷自私自利之心，外假夫仁義，即湯、武之放伐，與操、莽又何異？若今日之爲人臣者，果真能捐去私心，爲身家者爲國家，國之貧弱，必有所濟，此便是盡仁盡義之學，奚諱言富强功利哉！

惟人懷自私自利之心，高談仁義以濟其私，學問事功終大壞，不可收拾耳。有救世之思者，宜何從焉？

仕習之非，全繇學問之謬。至天王聖明，以嚴法峻刑繩之，俗學禍人，且自禍矣，哀哉。

假借名理以欺天下者，其設心真險於穿窬。

家業之所歸。時君世主，亦皆昏迷顛倒於其說，而終身從事於無用之虛文，莫自知其所謂。間有覺其空疏謬妄，支離牽滯，而卓然自奮，欲以見諸行事之實者，極其所抵，亦不過爲富强功利五霸之事業而止。聖人之學，日遠日晦，而功利之習，愈趨愈下。其間雖嘗瞽惑於佛老，而佛老之說，卒亦未能有以勝其功利之心。雖又嘗折衷於羣儒，而羣儒之論，終亦未能有以破其功利之見。

蓋至於今，功利之毒，淪浹於人之心髓，而習以成性也，幾千年矣。相矜以知，相軋以勢，相爭以利，相高以技能，相取以聲譽。其出而仕也，理錢穀者，則欲兼夫兵刑；典禮樂者，又欲與於銓軸；處郡縣則思藩臬之高，居臺諫則望宰執之要。故不能其事，則不得以兼其官；不通其說，則不可以要其譽。記誦之廣，適以長其敖也；知識之多，適以行其惡也；聞見之博，適以肆其辯也；辭章之富，適以飾其僞也。是以皋、夔、稷、契所不能兼之事，而今之初學小生，皆欲通其說，究其術。其稱名借㈠號，未嘗不曰吾欲以共成天下之務，而其誠心實意之所在，以爲不如是則無以濟其私而滿其欲也。

㈠「借」，全書作「僭」。

嗚呼，以若是之積染，以若是之心志，而又講之以若是之學術，宜其聞吾聖人之教而視之以爲贅疣、枘鑿，則其以良知爲未足，而謂聖人之學爲無所用，亦其勢有所必至矣。嗚呼，士生斯世，而尚何以求聖人之學乎？尚何以論聖人之學乎？士生斯世，而欲以爲學者，不亦勞苦而繁難乎？不亦拘滯而險艱乎？嗚呼，可悲也已。所幸天理之在人心，終有所不可泯，而良知之明，萬古一日，則其聞吾拔本塞源之論，必有惻然而悲，戚然而痛，憤然而起，沛然若決江河，而有所不可禦者矣。非夫豪杰之士無所待而興㊀者，吾誰與望乎？

此書前悉知行合一之論，廣譬博説，旁引曲喻，不啻開雲見日。後拔本塞源之論，闡明古今學術升降之因，真是將五藏八寶，悉傾以示人。讀之即昏愚亦恍然有覺。此正是先生萬物一體之心，不憚詳言以啓後學也。當詳玩毋忽。

㊀「興」，全書作「興起」。

陽明先生集要理學編卷四

先生之學不能盡信於天下，亦繇及門之士高自標榜所致，數言爲學，慮甚深遠。

與辰中諸生書 己巳

謫居兩年，無可與語者。歸途乃得諸友，何幸何幸！方以爲喜，又遽爾別去，極怏怏也。

絶學之餘，求道者少；一齊衆楚，最易揺奪。自非豪傑，鮮有卓然不變者。諸友宜相砥礪夾持，務期有成。近世士夫亦有稍知求道者，皆因實德未成而先揭標榜，以來世俗之謗，是以往往隳墮無立，反爲斯道之梗。諸友宜以是爲鑑，刊落聲華，務於切己處着實用力。前在寺中所云静坐事，非欲坐禪入定。蓋因吾輩平日爲事物紛拏，未知爲己，欲以此補小學收放心一段功夫耳。明道云：「纔學便須知有着力處，既學便須知有得力處。」諸友宜於此處着力，方有進步，異時始有得力處也。「學要鞭辟近裡着己」。「君子之道，闇然而日章」，「爲名與爲利，雖清濁不同，然其利心則一」、「謙受益」、「不求異於人，而求同於理」，此數語宜書之壁間，常目在之。舉業不患妨功，惟患奪志。只如前日所約，循循爲之，亦自兩無相礙。所謂知得㊀灑掃應對，便是精義入神也。

不求異於人，而求同於理。此是聖賢真正學問。洛、蜀、關、閩諸君子，其殆未解此歟？

大凡求異於人者，意見多起。求同於人，人不能卓然自立。求不愧於己，遂依附標榜，樹一門户，自詫於人，曰異於時流。不知君子中立而不倚，正不須此也。此病沿留至今日，竟成劫習。學問事功，一壞盡壞，有志學道者，當三復斯言。

答汪石潭内翰書㊁　辛未

承批教。連日瘡甚，不能書，未暇請益。來教云：「昨日所論乃是一大疑難。」又云：「此事關係頗大，不敢不言。」僕意亦以爲然，是以不能遽已。夫喜怒哀樂，情也。既曰不可謂未發

㊀「得」下原有「則」字，據全書删。　㊁「書」字全書無。後類此者不再出校。

因用以求其體，若謂體微而難知，當因用以求之，便是體用有二了。蓋人只此一心，虚靈不昧，其體也。此虚靈不昧者，不論有事無事，無時或息，即其用也。即體即用，不分兩截，君子之因用以求其體者，一念不妄發，心之所動，息息如其虚靈不昧之初。蓋動處是已發，而虚靈之體常存，便是未發也。與世之逐用忘體者有異。

矣。喜怒哀樂之未發，則是指其本體而言性也。斯言自子思，非程子而始有。執事既不以爲然，則當自子思中庸始矣。喜怒哀樂之與思，與知覺，皆心之所發。心統性情。性，心體也；情，心用也。程子云：「心，一也。有指體而言者，寂然不動是也；有指用而言者，感而遂通是也。」斯言既無以加矣。執事姑求之體用之説。夫體用一源也，知體之所以爲用，則知用之所以爲體者矣。

雖然，體微而難知也，用顯而易見也。執事之云不亦宜乎？夫謂「自朝至暮，未嘗有寂然不動之時」者，是見其用而不得其所謂體也。君子之於學也，因用以求其體。凡程子所謂「既思」，即是已發；既有知覺，即是動者。皆爲求中於喜怒哀樂未發之時者言也，非謂其無未發者也。朱子於未發之説，其始亦嘗疑之，今其集中所與南軒論難辯析者，蓋往復數十而後決，其説則今之中庸注疏是也。其於此亦非苟矣。獨其所謂「自戒懼而約之，以至於至静之中；自謹獨而精之，以至於應物之處」者，亦若過於剖析。而後之讀者遂以分爲兩節，而疑其別有寂然不動、静而存養之時，不知常存戒慎恐懼之心，則其工夫未始有一息之間，非必自其不睹不聞而存養也。吾兄且於動處加工，勿使間斷。動無不和，即静無不中。而所謂寂然不動之體，當自知之矣。

於動處加功，非靜時之功未到，而於動處加之。蓋人心何時非動，加工者，只是謹微防危，無以動乖其本體。大學「欲正其心，先誠其意」，意即心之動處，先誠其意，正是加工。因用以求其體，應於此處着力。

未至而揣度之，終不免於對塔説相輪耳。

然朱子但有知覺者在，而未有知覺之説，則亦未瑩。吾兄疑之，蓋亦有見。但其所以疑之者，則有因噎廢食之過，不可以不審也。君子之論，苟有以異於古，姑毋以爲決然，宜且循其説而究之，極其説而果有不達也，然後從而斷之，是以其辯之也明，而析之也當。蓋在我者，有以得其情也。今學如吾兄，聰明超特如吾兄，深潛縝密如吾兄，而猶有未悉如此，何耶？吾兄之心，非若世之立異自高者，要在求其是而已，故敢言之無諱。有所未盡，不惜教論，不有益於兄，必有益於我也。

俗學之病在於逐用忘體，然舍用而求之體，未免又墮於禪寂，總是未窺體用一源之妙。歧動與靜爲二，歧情與心與性爲二，支離扞隔，茫無要領，惟是會得體用一源之説，則寂然不動中，具有感而遂通之神，感而遂通之時仍寂然不動之境，情也、心也、性也，一以貫之矣。

答黄宗賢、應原忠　辛未

昨晚言似太多，然遇二君，亦不得不多耳。其間以造詣未熟，言之未瑩

欲見得，須要用苦功。

則有之，然却自是吾儕一段的實工夫。思之未合，請勿輕放過，當有豁然處也。聖人之心，纖翳自無所容，自不消磨刮。若常人之心，如斑垢駁雜之鏡，須痛加刮磨一番，盡去其駁蝕，然後纖塵即見，纔拂便去，亦自不消費力。到此已是識得仁體矣。若駁雜未去，其間固自有一點明處，塵埃之落，固亦見得，亦纔拂便去。至於堆積於駁蝕之上，終弗之能見也。此學利困勉之所繇異，幸弗以爲煩難而疑之也。凡人情好易而惡難，其間亦自有私意氣習纏蔽，在識破後，自然不見其難矣。古之人至有出萬死而樂爲之者，亦見得耳。向時未見得向裏面意思，此工夫自無可講處。今已見此一層，却恐好易惡難，便流入禪釋去也。昨論儒釋之異，明道所謂「敬以直內」則有之，「義以方外」則未。畢竟連「敬以直內」亦不是者，已説到八九分矣。

舉世無聖賢之學，只是畏難而苟安。此書可謂抉出病根矣。

與黃宗賢 癸酉

書來，及純甫事，懇懇不一而足，足知朋友忠愛之至。世衰俗降，友朋中雖平日最所愛敬者，亦多改頭換面，持兩端之説，以希俗取容，意思殊爲衰颯可憫。若吾兄真可謂信道之篤，而執德之弘矣，何幸，何幸！

僕在留都，與純甫住密邇，或一月一見，或間月一㊀見，輒有所規切，皆發於誠愛懇惻，中心未嘗懷纖毫較計。純甫或有所疏外，此心直可質諸鬼神。其後純甫轉官北上，始覺其有恝然者。尋亦痛自悔責，以爲吾人相與，豈宜有如此芥蔕，却是墮入世間較計坑陷中，亦成何等胸次！當下冰消霧釋矣。

其後人之言屢屢而至，至有爲我憤辭厲色者。僕皆惟以前意處之，實是未忍一日而忘純甫。蓋平日相愛之極，情之所鍾，自如此也。旬月間，復有相知自北京來，備傳純甫所論。僕竊疑有浮薄之徒，幸吾黨間隙，鼓弄交構，增飾㊁其間，未必盡出於純甫之口。僕非矯爲此說，實是故人情厚，不忍以此相疑耳。僕平日之厚純甫，本非私厚；縱純甫今日薄我，當亦非私薄。然則僕未嘗厚純甫，純甫未嘗薄僕也，亦何所容心於其間哉！

往時㊂見世俗朋友，易生嫌隙，以爲彼蓋苟合於外，而非有性分之契，是

㊀「一」，全書作「不一」。 ㊁「飾」，原本作「節」，據全書、黔南本、張本改。 ㊂「往時」，全書作「往往」。

是真學問。

學問中極得力語。

以如此，私竊歎憫。自謂吾黨數人，縱使散處敵國仇家，當亦斷不至是。不謂今日亦有此等議論，此亦惟宜自反自責而已。孟子云：「愛人不親，反其仁，行有不得者，皆反求諸己。」自非履涉親切，應未識斯言味永而意懇也。

僕近時與朋友論學，惟說「立誠」二字。殺人須就咽喉上着刀，吾人爲學，當從心髓入微處用力，自然篤實光耀，雖私欲之萌，真是洪爐點雪，天下之大本立矣。若就標末粧綴比擬，凡平日所謂學問思辯者，適足爲長傲遂非之資，自以爲進於高明光大，而不知陷於狠戾險嫉，亦誠可哀也已！以近事觀之，益見得吾儕往時所論，自是向裏。此蓋聖學的傳，惜乎淪落堙埋已久，往時見得，猶自恍惚。僕近來無所進，只於此處看較分曉，直是痛快，無復可疑。但與吾兄別久，無告語處耳。

原忠數聚論否？近嘗得渠一書，所見迥然與舊不同，殊慰，殊慰！今亦寄一簡，不能詳細，見時望並出此。歸計尚未遂，旬月後，且圖再舉。會期未定，臨楮耿耿。

讀至「殺人須用咽喉上着刀」喻爲學，猛省激切，如於睡夢中陡然一驚。

與黄宗賢　丁亥

人在仕途，比之退處山林時，其工夫之難十倍。非得良友時時警發砥礪，則其平日之所志向，鮮有不潛移默奪，弛然日就於頹靡者。近與誠甫言，在京師相與者少，二君必須預先相約定，彼此但見微有動氣處，即須提起致良知話頭，互相規切。凡人言語正到快意時，便截然能忍默得；意氣正到發揚時，便翕然能收斂得；憤怒嗜欲正到騰沸時，便廓然能消化得：此非天下之大勇者不能也。然見得良知親切時，其工夫又自不難。緣此數病，良知之所本無，只因良知昏昧蔽塞而後有，若良知一提醒時，即如白日一出，而魍魎自消矣。原憲克伐怨欲不行，正是此境界，夫子以難許之，難非大勇不能，不要把原憲看得低了。

中庸謂「知恥近乎勇」。所謂知恥，只是恥其不能致得自己良知耳。今人多以言語不能屈服得人爲恥，意氣不能陵軋得人爲恥，憤怒嗜慾不能直意任情得爲恥，殊不知此數病者，皆是蔽塞自己良知之事，正君子之所宜深恥者。今乃反以不能蔽塞自己良知爲恥，正是恥非其所當恥，而不知恥其所當恥也。可不大哀乎！

在今日，則求其有知謀才略者不可得，非真無知謀才略也，惟用之干寵固位，不用之爲君爲國也。若真實有爲君國之心，知謀才略都是有用的，休休有容，正是大知謀，大才略。

諸君皆平日所知厚者，區區之心，愛莫爲助，只願諸君都做個古之大臣。古之所謂大臣者，更不稱他有甚知謀才略，只是一個斷斷無他技，休休如有容而已。諸君知謀才略，自是超然出於衆人之上，所未能自信者，只是未能致得自己良知，未全得斷斷休休體段耳。今天下事勢，如沈痾積痿，所望以起死回生者，實有在於諸君子。若自己病痛未能除，將何以能痊得天下之病！此區區一念之誠，所以不能不爲諸君一竭盡者也。諸君每相見時，幸然以此意相規切之，惟是克去己私，真能以天地萬物爲一體，實康濟得天下，挽回三代之治，方是不負如此聖明之君，方能報得如此知遇，不枉了因此一大事來出世一遭也。病卧山林，只好修藥餌，苟延喘息。但於諸君出處，亦有痛癢相關者，不覺縷縷至此，幸亮此情也。

學問臣箴，具在是篇。

寄諸用明書　辛未

得書，足知邇來學力之長，甚喜！君子惟患學業之不修，科第遲速，所不論也。況吾平日所望於賢弟，固有大於此者，不識亦嘗有意於此否耶？

此正是愛人以德處，他人必作頌語矣。

便中時報知之。階陽諸姪，聞去歲皆出投試。非不喜其年少有志，然私心切不以爲然。不幸遂至於得志，豈不誤却此生耶！凡後生美質，須令晦養厚積。天道不翕聚，則不能發散，況人乎？花之千葉者無實，爲其華美太發露耳。諸賢姪不以吾言爲迂，便當有進步處矣。書來勸吾仕，吾亦非潔身者，所以汲汲於是，非獨以時當斂晦，亦以吾學未成。歲月不待，再過數年，精神益弊，雖欲勉進而有所不能，則將終於無成。皆吾所以勢有不容已也。但老祖而下，意皆不悦，今亦豈能決然行之？徒付之浩歎而已！

近時父兄之課子弟，甫句讀，輒恨其不能早作文應試，俱以少年登第爲第一美事。舉世原止辦得一副富貴利達心腸，學問事功，安得不盡壞？

與王純甫書其一　壬申

别後，有人自武城來，云純甫始到家，尊翁頗不喜，歸計尚多牴牾。始聞而惋然，已而復大喜。久之，又有人自南都來者，云純甫已莅任，上下多不相能。始聞而惋然，已而復大喜。吾之惋然者，世俗之私情；所爲大喜者，純甫當自知之。吾安能小不忍於純甫，不使動心忍性，以大其所就乎？譬之金之在冶，經烈焰，受鉗錘，當此之時，爲金者受苦；然自他人視之，方喜金之益精煉，而惟恐火力錘煅之不至。既其出冶，金亦自喜其挫折煅煉之有成矣。

某平日亦每有傲視行輩、輕忽世故之心，後雖稍知懲創，亦惟支持抵塞於外而已。及謫貴州三年，百難備嘗，然後能有所見，始信孟氏「生於憂患」之言，非欺我也。嘗以爲君子素其位而行，不願乎其外。素富貴，行乎富貴；素貧賤，行乎貧賤；素患難，行乎患難；故無入而不自得。後之君子，亦當素其位而學，不願乎其外。素富貴，學處乎富貴；素貧賤患難，學處乎貧賤患難；則亦可以無入而不自得。向嘗爲純甫言之，純甫深以爲然，不審邇來用力却如何耳。近日相與講學者，宗賢之外，亦復數人，每相聚，輒歎純甫之高明。今復遭時磨勵若此，其進益不可量，純甫勉之！

人當憂患而不知動心忍性，真是頑冥不靈者矣。

人只是爲學，便無不自得。

汪景顏近亦出宰大名，臨行請益，某告以變化氣質。居常無所見，惟當利害，經變故，遭屈辱，平時憤怒者到此能不憤怒，憂惶失措者到此能不憂惶失措，始是能有得力處，亦便是用力處。天下事雖萬變，吾所以應之不出乎喜怒哀樂四者，此爲學之要，而爲政亦在其中矣。景顏聞之，躍然如有所得也。

要曉得當利害，經變故，遭屈辱，聖賢處此，自有處分宰制之法，如只是聽他便了，與济蕩痴呆漢子何異！

甘泉近有書來，已卜居蕭山之湘湖，去陽明洞方數十里耳，書屋亦將落成，聞之喜極。誠得良友相聚會，共進此道，人間更復有何樂！區區在外之榮辱得喪，又足掛之齒牙間哉？

君子惟有得於己，故當安常處順，而不忘憂勤惕勵之念。當困窮拂逆而不失反求自得之常，所以能常變一致，不爲境遇所搖奪。若只以偃蹇貧賤自奇，便落輕世傲物之習。

與王純甫書其二　癸酉

純甫所問，辭則謙下，而語意之間，實自以爲是矣。夫既自以爲是，則非求益之心矣。吾初不欲答，恐答之亦無所入也。故前書因發其端，以俟明春渡江而悉。既而思之，人生聚散無常，純甫之自是，蓋其心尚有所惑而然，亦非自知其非，而又故爲自是以要我者，吾何可以遂已？故復備舉其説以告純甫。

真是見地透徹，議論痛快。

來書云：「學以明善誠身，固也。但不知何者謂之善？原從何處得來？今在何處？其明之之功當何如？入頭當何如？與誠身有先後次第否？

開導詳明。

誠是誠個甚的？此等處細微曲折，儘欲扣求啟發，而因獻所疑，以自附於助我者。」

反覆此語，則純甫近來得力處在此，其受病處亦在此矣。純甫平日徒知存心之説，而未嘗實加克治之功，故未能動静合一，而遇事輒有紛擾之患。今乃能推究若此，必已漸悟往日之墮空虚矣。故曰純甫近來用功得力處在此，然已失之支離外馳而不覺矣。夫心主於身，性具於心，善原於性，孟子之言性善是也。善即吾之性，無形體可指，無方所可定，夫豈自爲一物，可從何處得來者乎？故曰受病處亦在此。

純甫之意，蓋未察夫聖門之實學，而尚狃於後世之訓詁，以爲事事物物，各有至善，必須從事事物物求個至善，而後謂之明善，故有「原從何處得來，今在何處」之語。純甫之心，殆亦疑我之或墮於空虚也，故假是説以發我之蔽。吾亦非不知感純甫此意，其實不然也。夫在物爲理，處物爲義，在性爲善，因所指而異其名，實皆吾之心也。心外無物，心外無事，心外無理，心外無義，心外無善。吾心之處事物，純乎理而無人僞之雜，謂之善，非在事物有定所之可求也。處物爲義，是吾心之得其宜也，義非在外可襲而取也。格

可悟孟子集義之説。

者，格此也；致者，致此也。必曰事事物物上求個至善，是離而二之也。伊川所云「纔明彼即曉此」，是猶謂之二。性無彼此，理無彼此，善無彼此也。純甫所謂「明之之功當何如？入頭處當何如？與誠身有先後次第否？誠是誠個甚的」。且純甫之意，必以明善自有明善之功，誠身又有誠身之功也。

若區區之意，則以明善爲誠身之功也。夫誠者，無妄之謂。誠身之誠，則欲其無妄之謂。誠之之功，則明善是也。故博學者，學此也；審問者，問此也；慎思者，思此也；明辯者，辯此也；篤行者，行此也。皆所以明善而爲誠之之功也。故誠身有道，明善者，誠身之道也；不明乎善，不誠乎身矣。非明善之外，別有所謂誠身之功也。誠身之始，身猶未誠也，故謂之明善；明善之極，則身誠矣。若謂自有明善之功，又有誠身之功，是離而二之也，難乎免於毫釐千里之謬矣。其間欲爲純甫言者尚多，紙筆未能詳悉。尚有未合，不妨往復。

明善正所以誠身，即是大學知致而後意誠。誠與善原非有二。蓋人性本善，善即是真實無妄之理，故曰誠。人惟雜以僞，則善蔽而誠漓，舍明善又安有誠身之功？

一語便了。

寄希淵書其一　壬申

所遇如此，希淵歸計良是，但稍傷急迫。若再遲二三月，托疾而行，彼此形迹泯然，既不激怒於人，亦不失己之介矣。聖賢處末世，待人應物，有時而委曲，其道未嘗不直也。若已爲君子，而使人爲小人，亦非仁人忠恕惻怛之心。希淵必以區區此説爲太周旋，然道理實如此也。區區叨厚禄，有地方之責，欲脱身潛逃固難。若希淵所處，自宜進退綽然，今亦牽制若此，乃知古人掛冠解綬，其時亦不易值也。

仁人君子之存心，固應如是。

寄希淵書其二　壬申

向得林蘇州書，知希顔在蘇州，其時守忠在山陰矣。近張山陰來，知希顔已還山陰矣。而守忠又有金華之出。往歲希顔居鄉，而守忠客祁，今兹復爾。二友之每每相違，豈亦有數存焉邪！爲仁由己，固非他人所能與。而相觀砥礪之益，則友誠不可一日無者。外是，子雍、明德輩，相去數十里，決

信是良匠之門無廢材。

不能朝夕繼見，希顏無亦有獨立無與之歎歟？曩評半圭，誠然誠然。方今山林枯槁之士，要亦未可多得，去之奔走聲利之場者則遠矣。人品不齊，聖賢亦因材成就。孔門之教。言人人殊，後世儒者始有歸一之論，然而成德達材者鮮，又何居乎？希顏試於此思之，定以爲何如也？

後儒之言歸一者，止在皮膚上論，所以愈馳愈遠，終無實得。聖賢惟於源頭上論歸一，所以因材成就，俱可入道。所謂同歸而殊途也。一乃不一，不一乃一，古今學問之辯微矣。

答人問神仙書 戊辰

詢及神仙有無，兼請其事，三至而不答，非不欲答也，無可答耳。昨令弟來，必欲得之。僕誠生八歲而即好其說，今已餘三十年矣。齒漸摇動，髮已有一二莖變化成白，目光僅盈尺，聲聞函丈之外，又常經月卧病不出，藥量驟進，此殆其效也。而相知者猶妄謂之能得其道，足下又妄聽之，而以見詢。不得已，姑爲足下妄言之。

古有至人，淳德凝道，和於陰陽，調於四時，去世離俗，積精全神；遊行天

神仙之道已在不言中。

地之間，視聽八達㈠之外，若廣成子之千五百歲而不衰，李伯陽歷商、周之代，西度函谷，亦嘗有之。若是而謂之曰無，疑於欺子矣。然其㈡呼吸動靜，與道爲體，精骨完久，稟於受氣之始，此殆天之所成，非人力可强也。若後世拔宅飛昇，點化投奪之類，譎怪奇駭，是乃秘術曲技，尹文子所謂「幻」，釋氏謂之「外道」者也。若是而謂之曰有，亦疑於欺子矣。夫有無之間，非言語可況。存久而明，養深而自得之；未至而强喻，信亦未必能及也。蓋吾儒亦自有神仙之道，顏子三十二而卒，至今未亡也。足下能信之乎？後世上陽子之流，蓋方外技術之士，未可以爲道。若達磨、慧能之徒，則庶幾近之矣，然而未易言也。足下欲聞其說，須退處山林三十年，全耳目，一心志，胸中洒洒不掛一塵，而後可以言此，今去仙道尚遠也。妄言不罪。

塵心未净，不可與言道，須退處三十年。先生之指點微矣。然大道不遠，大勇者回頭是岸，故夫子之語顏淵曰「一日克己」。夫一日克則克矣，何問三年？先生此語，蓋爲人深沉於利禄者下箴也。

㈠「八達」，全書作「八遠」。　㈡「其」，全書作「則」。

與黄誠甫書 癸酉

立志之説，已近煩瀆，然爲知己言，竟亦不能舍是也。志於道德者，功名不足以累其心；志於功名者，富貴不足以累其心。但近世所謂道德，功名而已；所謂功名，富貴而已。「仁人者，正其誼不謀其利，明其道不計其功。」一有謀計之心，則雖正誼明道，亦功利耳。諸友既索居，曰仁又將遠别，會中須時相警發，庶不就弛靡。誠甫之足，自當一日千里，任重道遠，吾非誠甫誰望耶！臨别數語，彼此闇然，終不能㊀忘，乃爲深愛。

余以富貴非盡累人之物，人自爲富貴累耳。若有志於道德，則軒冕亦行道立德之場。千古以下，未聞許巢、由而議伊、吕也。苟無志於道德，則雖甘窮約以終身，亦止爲窶人子耳。學者其務辨志哉！

世多錯認富貴是功名，先生一言唤醒羣迷大寤。

㊀「不能」，全書作「能不」。

寄李道夫 乙亥

此學不講久矣。鄙人之見，自謂於此頗有發明，而聞者往往詆以爲異，獨執事傾心相信，確然不疑，其爲喜慰，何啻空谷之足音。別後時聞士夫傳說，近又徐曰仁自西江還，益得備聞執事任道之勇，執德之堅，令人起躍奮迅。「士不可以不弘毅，任重而道遠」，誠得弘毅如執事者二三人，自足以爲天下倡。彼依阿僂儞之徒，雖多，亦奚爲哉？幸甚幸甚！

比聞到㈠郡之始，即欲以此學爲教，仁者之心，自然若此。僕誠甚爲執事喜，然又甚爲執事憂也。學絶道喪，俗之陷溺，如人在大海波濤中，且須援之登岸，然後可授之衣而與之食；若以衣食投之波濤中，是適重其溺，彼將不以爲德而反以爲尤矣。故凡居今之時，且須隨機導引，因事啟沃，寬心平氣以薰陶之，俟其感發興起，而後開之以其說，是故爲力易而收效溥。不然，將有扞格不勝之患，而且爲君子之㈡愛人之累，不知尊意以爲何如耶？

㈠「到」，全書作「列」，誤。 ㈡「之」字全書無，是。

病疏已再上，尚未得報。果遂此圖，舟過嘉禾，面話有日。

君子教民，有急於見功之心，便是欲速之爲累，不可不察。

寄諸弟書 戊寅

屢得弟輩書，皆有悔悟奮發之意，喜慰無盡！但不知弟輩果出於誠心乎？亦謾爲之説云爾。本心之明，皎如白日，無有有過而不自知者，但患不能改耳。一念改過，當時即得本心。人孰無過？改之爲貴。蘧伯玉，大賢也，惟曰「欲寡其過而未能」。成湯、孔子，大聖也，亦惟曰「改過不吝，可以無大過」而已。人皆曰：人非堯舜，安能無過？此亦相沿之説，未足以知堯舜之心。若堯舜之心而自以爲無過，即非所以爲聖人矣。其相授受之言曰：「人心惟危，道心惟微，惟精惟一，允執厥中。」彼其自以爲人心之惟危也，則其心亦與人同耳。危即過也，惟其兢兢業業，常加「精一」之功，是以能「允執厥中」而免於過。古之聖賢，時時自見己過而改之，是以能無過，非其心果與人異也。「戒慎不睹，恐懼不聞」者，時時自見己過之功。

鄉願只是自以爲是，便不可與人堯舜之道。

吾近來實見此學有用力處，但爲平日習染深痼，克治欠勇，故切切預爲

信當及時勉學。

弟輩言之，毋使亦如吾之習染既深，而後克治之難也。人方少時，精神意氣既足鼓舞，而身家之累尚未切心，故用力頗易。迨其漸長，世累日深，而精神意氣亦日漸以減，然能汲汲奮志於學，則猶尚可有爲。至於四十五十，即如下山之日，漸以微滅，不復可挽矣。故孔子云：「四十五十而無聞焉，斯亦不足畏也已。」又曰：「及其老也，血氣既衰，戒之在得。」吾亦近來實見此病，故亦切切預爲弟輩言之。宜及時勉力，毋使過時而徒悔也。

人能自見其過，必實實能下克己工夫，方能覺得。若只外面虛談性命，張說名理，未有不自以爲是者。所以夫子曰：「吾未見能見其過而内自訟者。」蓋難之也。指點克治真切工夫，無踰於此。

答羅整庵少宰書 庚辰㈠

某頓首啟：昨承教及大學，發舟匆匆，未能奉答。曉來江行稍暇，復取手教而讀之。恐至贛後，人事復紛沓，先具其略以請。

㈠「庚辰」，全書無。

來教云：「見道固難，而體道尤難。道誠未易明，而學誠不可不講。恐未可安於所見，而遂以爲極則也。」

幸甚幸甚！何以得聞斯言乎？其敢自以爲極則而安之乎？正思就天下之有道以講明之耳。而數年以來，聞其説而非笑之者有矣，詬訾之者有矣，置之不足較量辯議之者有矣，其肯遂以教我乎？其肯遂以教我，而反覆曉諭，惻然惟恐不及救正之乎？然則天下之愛我者，固莫有如執事之心深且至矣！感激當何如哉！

直是排倒千古，直接孔門正傳，非徒以辨給勝者。

夫德之不修，學之不講，孔子以爲憂。而世之學者稍能傳習訓詁，即皆自以爲知學，不復有所謂講學之求，可悲矣！夫道必體而後見，非已見道而後加體道之功也；道必學而後明，非外講學而復有所謂明道之事也。然世之論學者有二：有講之以身心者，有講之以口耳者。講之以口耳，揣摸測度，求之影響者也；講之以身心，行著習察，實有諸己者也。知此，則知孔門之學矣。

道必體而後見，道必講而後明，知行合一之説了然若揭。一切支離影響之説可盡付火坑矣。

來教謂某「大學古本之復，以人之爲學但當求之於內，而程、朱格物之説不免求之於外，遂去朱子之分章而削其所補之傳」。

非敢然也。學豈有内外乎？大學古本，乃孔門相傳舊本耳。朱子疑其有所脱誤，而改正補緝之。在某則謂其本無脱誤，悉從其舊而已矣。失在於過信孔子則有之，非故去朱子之分章而削其傳也。夫學貴得之心。求之於心而非也，雖其言之出於孔子，不敢以爲是也，而况其未及孔子者乎！求之於心而是也，雖其言之出於庸常，不敢以爲非也，而况其出於孔子者乎！且舊本之傳，數千載矣，今讀其文辭，既明白而可通；論其功夫，又易簡而可入。亦何所按據，而斷其此段之必在於彼，彼段之必在於此，與此之如何而缺，彼之如何而誤㊀？而遂改正補緝之，無乃重於背朱而輕於叛孔已乎？

學問必如是，方有真得，否則，終是沿門托鉢。

來教謂：「如必以學不資於外求，但當反觀内省以爲務，則『正心誠意』四字，亦何不盡之有？何必於入門之際，便困以格物一段工夫也？」

無内無外，遊於大通，成一大光明，此可見大人明明德之學矣。有内外，則見理精而物粗矣，無内外，則無精與粗矣。惟就顯

誠然誠然。若語其要，則「修身」二字亦足矣，何必又言「正心」？「正心」二字亦足矣，何必又言「誠意」？「誠意」二字亦足矣，何必又言「致知」，

㊀「誤」，全書作「補」。

然者而言，天下均謂之物，就隱然者而言，天下均謂之理。故内觀之，身心性命亦物也；外觀之，天地萬物亦物也。仰觀俯察，隱微見顯，無在非物，無在非理，即以物爲理可也，以物爲我性，我命可也。身心意知一以貫之，是必有通天徹地之精神，方能盡格之功，安問入門與究竟哉。夫子自十五以至七十，總不能

又言「格物」？惟其工夫之詳密，而要之只是一事，此所以爲精一之學，此正不可不思者也。夫理無内外，性無内外，故學無内外。講習討論，未嘗非内也；反觀内省，未嘗遺外也。夫謂學必資於外求，是以己性爲有外也，是義外也，用智者也；謂反觀内省爲求之於内，是以己性爲有内也，是有我也，自私者也：是皆不知性之無内外也。故曰：精義入神，以致用也；利用安身，以崇德也；性之德也，合内外之道也。此可以知格物之學矣。格物者，大學之實下手處，徹首徹尾，自始學至聖人，只此工夫而已。非但入門之際有此一段也。

夫正心誠意、致知格物，皆所以修身而格物者，其所以㈠用力實㈡可見之地。故格物者，格其心之物也，格其意之物也，格其知之物也；正心者，正其物之心也；誠意者，誠其物之意也；致知者，致其物之知也。此豈有内外彼此之分哉！理一而已。以其理之凝聚而言，則謂之性；以其凝聚之主宰而言，則謂之心；以其主宰之發動而言，則謂之意；以其發動之明覺而言，則謂之

㈠「所以」，全書作「所」。　㈡「實」，全書作「日」。

離此工夫，只是就其所格，有愈進愈無窮之妙，舍是，又安有大人之學問！

知；以其明覺之感應而言，則謂之物。故就物而言謂之格，就知而言謂之致，就意而言謂之誠，就心而言謂之正。正者，正此也；誠者，誠此也；致者，致此也；格者，格此也。皆所謂窮理以盡性也。天下無性外之理，無性外之物。學之不明，皆繇世之儒者認理爲外，認物爲外，而不知義外之説，孟子蓋嘗闢之，乃至襲陷其内而不覺，豈非亦有似是而難明者歟？不可以不察也。

凡執事所以致疑於格物之説者，必謂其是内而非外也，必謂其專事於反觀内省之爲，而遺棄其講習討論之功也，必謂其一意於綱領本原之約，而脱略於支條節目之詳也，必謂其沈溺於枯槁虚寂之偏，而不盡於物理人事之變也。審如是，豈但獲罪於聖門，獲罪於朱子，是邪説誣民，叛道亂正，人得而誅之也，而況於執事之正直哉？審如是，世之稍明訓詁，聞先哲之緒論者，皆知其非也，而況執事之高明哉？況㊀某之所謂格物，其於朱子「九條」之説，皆包羅統括於其中，但爲之有要，作用不同，正所謂毫釐之差耳。然毫釐

㊀「況」，全書作「凡」。

之差，而千里之謬實起於此，不可不辯。

孟子闢楊、墨至於「無父無君」。二子亦當時之賢者，使與孟子並世而生，未必不以之爲賢。墨子「兼愛」，行仁而過耳；楊子「爲我」，行義而過耳。此其爲説，亦豈滅理亂常之甚，而足以眩天下哉？而其流之弊，孟子至比於禽獸夷狄，所謂「以學術殺天下後世」也。今世學術之弊，其謂之學仁而過者乎？謂之學義而過者乎？抑謂之學不仁不義而過者乎？吾不知其於洪水猛獸何如也！孟子云：「予豈好辯哉？予不得已也！」楊、墨之道塞天下，孟子之時，天下之尊信楊、墨，當不下於今日之崇尚朱説，而孟子獨以一人呶呶於其間，噫，可哀矣！韓氏云：「佛、老之害，甚於楊、墨。」韓愈之賢不及孟子，孟子不能救之於未壞之先，而韓愈乃欲全之於已壞之後，其亦不量其力，且見其身之危，莫之救以死也！

讀至此，可發一大哀。

嗚呼！若某者，其尤不量其力，果見其身之危，莫之救以死也矣。夫衆方嘻嘻之中，而獨出涕嗟，若舉世恬然以趨，而獨疾首蹙額以爲憂，此其非病狂喪心，殆必誠有大苦者隱於其中。而非天下之至仁，其孰能察之？某爲朱子晚年定論，蓋亦不得已而然。中間年歲早晚，誠有所未考，雖不必盡出於晚年，固多出於晚年者矣。然大意在委曲調停，以明此學爲重，平生於朱子之説如神明蓍龜，一旦與之背馳，心誠有所未忍，故不得已而爲此。「知我者，謂我心憂；不知我者，謂我何求。」蓋不忍牴牾朱子者，其本心也；不得已而與之牴牾者，道固如是，不直則道不見也。執事所謂決與朱子異者，僕敢自欺其心哉？夫道，天下之公道也；學，天下之公學也，非朱子可得而私也，非孔子可得而私也。天下之公也，公言之而已矣。故言之而是，雖異於己，乃益於己也；言之而非，雖同於己，適損於己也。益於己者，己必喜之；損於己者，己必惡之。然則某今日之論，雖或與朱子異，未必非其所喜也。君子之過，如日月之食，其更也，人皆仰之，而小人之過也必文。某雖不肖，固不敢以小人之心事朱子也。

執事所以教，反覆數百言，皆以未悉鄙人格物之説。若鄙説一明，則此數百言，皆可以不待辯説而釋然無滯。故今不敢縷縷，以滋瑣屑之瀆。然鄙説非面陳口析，斷亦未能了了於紙筆間也。嗟乎！執事所以開導啟迪於我者，可謂懇到詳切矣！人之愛我，寧有如執事者乎？僕雖甚愚下，寧不知所感刻佩服，然而不敢遽舍其中心之誠然，而姑以聽受云者，正不敢有負於深愛，亦思有以報之耳。秋盡冬㊀還，必求一面，以卒所請，千萬終教！

此書論朱子而舉楊、墨、佛、老以爲證詞，未免過激。然朱子自有朱子之得力處，不必强而同也。蓋人之資禀不齊，即孔門諸弟子，顔、曾、游、夏、冉、閔，得力人人殊，只是趨向皆正耳。要曉得先生淳淳然不能已於辯者，非是許朱子之短，只因後之學者溺於訓詁，俱藉口朱子爲重，故作晚年定論，以明朱子之心，以挽末學之病，即朱子亦當欣然於廊廡也。學者不可不知。

與楊仕鳴　辛巳

差人來，知令兄已於去冬安厝，墓有宿草矣，無繇一哭，傷哉！所委誌銘，既病且冗，須朋友中相知深者一爲之，始能有發耳。

喻及「日用講求功夫，只是各依自家良知所及，自去其障，擴充以盡其本體，不可遷就氣習以趨時好」。

㊀「冬」，全書作「東」。

幸甚，幸甚！果如是，方是致知格物，方是明善誠身。果如是，德安得而不日新！業安得而不富有！謂「每日自簡，未有終日渾成片段」者，亦只是致知工夫間斷。夫仁，亦在乎熟之而已。

又云：「以此磨勘先輩文字同異，工夫不合，常生疑慮。」又何爲其然哉？區區所論致知二字，乃是孔門正法眼藏，於此見得真的，直是建諸天地而不悖，質諸鬼神而無疑，考諸三王而不謬，百世以俟聖人而不惑！知此者，方謂之知道；得此者，方謂之有德。異此而學，即謂之異端；離此而說，即謂之邪說；迷此而行，即謂之冥行。雖千魔萬怪，眩瞀變幻於前，自當觸之而碎，迎之而解，如太陽一出，而鬼魅魍魎自無所逃其形矣。尚何疑慮之有，而何異同之足惑乎！

所謂「此學如立在空中，四面皆無倚靠，萬事不容染着，色色信他本來，不容一毫增減。若涉些安排，着些意思，便不是合一功夫」，雖言句時有未瑩，亦是仕鳴見得處，足可喜矣。但須切實用力，始不落空。若只如此說，未免亦是議擬倣象，已後只做得一個弄精魄的漢，雖與近世格物者症候稍有不同，其爲病痛，一而已矣。詩文之習，儒者雖亦不廢，孔子所謂「有德者必有言」也。若着意安排組織，未有不起於勝心者，先輩號爲有志斯道，而亦復如是，亦只是習心未除耳。仕鳴既知致知之説，此等處自當一勘而破，瞞他些子不得也。

議擬倣像是學者通病，「切實用力」四字，直是頂門一針。

答方叔賢 己卯

近得手教，及與甘泉往復兩書，快讀一過，灑然如熱者之濯清風，何子之見超卓而速也！真可謂一日千里矣。大學舊本之復，功尤不小，幸甚幸甚！其論象山處，舉孟子「放心」數條，而甘泉以爲未足，復舉「東西南北海有聖人出，此心此理同」，及「宇宙内事，皆己分内事」數語。甘泉所舉，誠得其大，然吾獨愛西樵子之近而切也。見其大者，則其功不得不近而切，然非實加切近之功，則所謂大者，亦虚見而已耳。自孟子道性善，心性之原，世儒往往能言，然其學卒入於支離外索而不自覺者㈠，正以其功之未切耳。此吾

此學問中最精實切要語，當細心理會。

㈠「者」，原作「若」，據全集改。

所以獨有喜於西樵之言，固今時對症之藥也。古人之學，切實爲己，不徒事於講説。書札往來，終不若面語之能盡，且易使人溺情於文辭，崇浮氣而長勝心。求其説之無病，而不知其心病之已多矣。此近世之通患，賢知者不免焉，不可以不察也。楊仕德去，草草復此㊀。

中庸言道，至發育峻極，三百三千，可謂大矣。然必繇道問學以尊德性，而後道可凝。何等切近！否則，任爾見得大，不過依希見得個虛殼子，道終散於兩間，惡得言凝？先生實加切近之功一語，是君子修德凝道大學問。

答方叔賢　辛巳

承示大學原，知用心於此深密矣。道一而已，論其大本大原，則六經、四書，無不可推之而同者，又不特洪範之於大學而已。此意亦僕平日於朋友中所常言者。譬之草木，其同者，生意也，其花實之疏密，枝葉之高下，亦欲盡比而同之，吾恐化工不如是雕刻也。今吾兄方自喜，以爲獨見新得，鋭意主

數語即可破拘文牽義之障。

㊀ 全書「復此」後尚有「諸所欲言，仕德能悉」八字。

惟疑方能有得，叔賢未免自以爲信耳。

張是說，雖素蒙信愛如鄙人者，一時論說，當亦未能遽入。且願吾兄以所見者實體諸身，必將有疑；果無疑，必將有得；果無得，又必有見；然後鄙說可得而進也。學之不明，幾百年矣。近幸同志如甘泉、如吾兄者，相與切磋講求，頗有端緒。而吾兄忽復牽滯文義若此，吾又將誰望乎？君子論學，固惟是之從，非[1]以必同爲貴。至於入門下手處，則有不容於不辯者，所謂毫釐之差，千里之謬矣。致知格物，甘泉之說與僕尚微有異，然不害其爲大同。若吾兄之說，似又與甘泉異矣。相去遠，恐辭不足以達意，故言語直冒，不復有所遜讓。近與甘泉書，亦道此，當不以爲罪矣。

牽滯文義，病在不求之心而求之言，即牽合比擬甚工，終是隔膚爬搔，未切痛癢。此病未可以言藥也。故先生教之實體，以發其心之所疑。

答倫彥式書　辛巳

往歲仙舟過贛，承不自滿足，執禮謙而下問懇，古所謂敏而好學，於吾彥

[1] 「非」字據全書補。

式見之。別後連冗，不及以時奉問，極切馳想！近令弟過省，復承惠教，志道之篤，趨向之正，勤惓有加，淺薄何以當此？悚息，悚息！諭及「學無静根，感物易動，處事多悔」，即是三言，尤見近時用工之實。僕罔所知識，何足以辱賢者之問！

大抵三言者，病亦相因。惟學而别求静根，故感物而懼其易動；感物而懼其易動，是故處事而多悔也。心，無動静者也。其静也者，以言其體也；其動也者，以言其用也。故君子之學，無間於動静。其静也，常覺而未嘗無也，故常應；其動也，常定而未嘗有也，故常寂。常應常寂，動静皆有事焉，是之謂集義。集義故能無祗悔，所謂動亦定，静亦定者也。心一而已。静，其體也，而復求静根焉，是撓其體也；動，其用也，而懼其易動焉，是廢其用也。故求静之心即動也，惡動之心非静也，是之謂動亦動，静亦動，將迎起伏，相尋於無窮矣。故循理之謂静，從欲之謂動。欲也者，非必聲色貨利外誘也，有心之私皆欲也。故循理焉，雖酬酢萬變皆静也。濂溪所謂「主静」，無欲之謂也，是謂集義者也。從欲焉，雖心齋坐忘，亦動也。告子之强制正助之謂也，是外義者也。雖然，僕蓋從事於此而未之能焉，聊爲賢者陳其所見云爾。以

動静皆有事，此動静就境言，皆有事，非動静有兩事也。君子之心，只是一個戒慎恐懼，已發未發，期盡合乎天理，原只有一件事。夫天理亦凝静，亦活潑，不但感物無易動之悔，並無動静之可言。

爲何如？便間示知之。

未發中，已發和，性命之理，動靜原循環無端。君子之學，無間於動靜，所以盡性致命，此體用一源，內聖外王合一之學也。舍動而別求靜根，便落於空虛矣。

君子學問，止須辯理欲，不必過分動靜。此顔子之學，盡之克己；曾子之學，盡之省身。蓋心之私欲盡浄，雖泛應不窮，無不合於天理，所謂止於至善也。止則自定自靜，何必別求靜根。如不問己私之浄盡與否，終日言靜言動，未見其有得。

答徐成之書其一　壬午

承以朱、陸同異見詢，學術不明於世久矣，此正吾儕今日之所宜明辯者。細觀來教，則輿庵之主象山既失，而吾兄之主晦庵，亦未爲得也。是朱非陸，天下之論定久矣，久則難變也。雖微吾兄之争，輿庵亦豈能遽行其說乎？故僕以爲二兄今日之論，正不必求勝。務求象山之所以非，晦庵之所以是，窮本極源，真有以見其幾微得失於毫忽之間。若明者之聽訟，其事之曲者，

實見得理之是非，方能辯學問之是非。若挾一求勝之心，便是認氣作理，本原已錯，即是非偶合，亦屬隨聲

附和，以濟其勝心，與是是非非之本體無涉。學問是非，在毫釐千里之間者，決非浮氣所能辨此。尚論古人，亦是格物大關鍵，學者不可不察。

禪學俗學，與「尊德性」、「道問學」迥不相涉，得此數語辨析後，不爲似是而非者所埋没。

既有以辯其情之不得已；而辭之直者，復有以察其處之或未當。使受罪者得以伸其情，而獲伸者亦有所不得辭其責，則有以盡夫事理之公，即夫人心之安，而可以俟聖人於百世矣。

今二兄之論，乃若出於求勝者。求勝則是動於氣也。動於氣，則於義理之正，何啻千里，而又何是非之論乎！凡論古人得失，決不可以意度而懸斷之。今輿庵之論象山，曰：「雖其專以尊德性爲主，未免墮於禪學之虚空，而其持守端實，終不失爲聖人之徒。若晦庵之一於道問學，則支離決裂，非復聖門誠意正心之學矣。」吾兄之論晦庵曰：「雖其專以道問學爲主，未免失於俗學之支離，而其循序漸進，終不背於大學之訓。若象山之一於尊德性，則虚無寂滅，非復大學『格物致知』之學矣。」

夫既曰「尊德性」，則不可謂墮於禪學之虚空；墮於禪學之虚空，則不可謂之「尊德性」矣。既曰「道問學」，則不可謂失於俗學之支離；失於俗學之支離，則不可謂「道問學」矣。二者之辯，間不容髮，然則二兄之論，皆未免於意度也。昔者子思之論學，蓋不下千百言，而括之以「尊德性而道問學」之一語。即如二兄之辯，一以「尊德性」爲主，一以「道問學」爲事，則是二者固皆未免於一偏，而是非之論，尚未有所定也，烏得各持一是而遽以相非爲乎？故僕願二兄置心於公平正大之地，無務求勝。夫論學而務以求勝，豈所謂「尊德性」乎？豈所謂「道問學」乎？以某所見，非獨吾兄之非象山、輿庵之非晦庵皆失之非，而吾兄之是晦庵、輿庵之是象山，亦皆未得其所以是也。稍暇當面悉，姑務養心息辯，毋遽。

耳食聲尋，以意度爲是非，此學者之通病。先生此論，直徹底裡。

答徐成之書其二　壬午

昨所奉答，適有遠客，酬對紛紜，不暇細論。姑願二兄息未定之争，各反究其所是者，必己所是已無絲髮之憾，而後可以及人之非。早來承教，乃謂僕漫爲含胡兩解之説，而細繹辭旨，若有以陰助輿庵而爲之地者。

讀之不覺失笑。曾謂吾兄而亦有是言耶？僕嘗以爲君子論事，當先去其有我之私，一動於有我，則此心已陷於邪僻，雖所論盡合於理，既已亡其本矣。嘗以是言於朋友之間，今吾兄乃云爾，敢不自反，其殆陷於邪僻而弗覺

尊德性而道問學，原是拆不開的。以象山專以尊德性爲主，晦庵專以道問學爲主，成何學問？此皆後人私意摹擬之説，若能體會二先生之學，自無此等議論矣。

讀至此，方知先生原未嘗排擊朱子，正恐學者

也？求之反覆，而昨者所論，實未嘗有是。則斯言也，無乃吾兄之過歟？雖然，無是心而言之未盡於理，未得爲無過也。僕敢自謂其言之已盡於理乎？請舉二兄之所是者以求正。

輿庵是象山，而謂其專以尊德性爲主，今觀象山文集所載，未嘗不教其徒讀書窮理。而自謂「理會文字頗與人異」者，則其意實欲體之於身。其亟所稱述以誨人者，曰「居處恭，執事敬，與人忠」，曰「克己復禮」，曰「萬物皆備於我，反身而誠，樂莫大焉」，曰「學問之道無他，求其放心而已」，曰「先立乎其大者，而小者不能奪」。是數言者，孔子、孟軻之言也，烏在其爲空虛者乎？獨其「易簡覺悟」之説，頗爲當時所疑。然「易簡」之説，出於繫辭，「覺悟」之説，雖有同於釋氏，然釋氏之説，亦自有同於吾儒，而不害其爲異者，惟在於幾微毫忽之間而已。亦何必諱於其同，而遂不敢以言；狃於其異，而遂不以察之乎？是輿庵之是象山，固猶未盡其所以是也。

吾兄是晦庵，而謂其專以道問學爲事。然晦庵之言，曰「居敬窮理」，曰「非存心無以致知」，曰「君子之心常存敬畏，雖不見聞，亦不敢忽，所以存天理之本然，而不使離於須臾之頃也」。是其爲言，雖未盡瑩，亦何嘗不以尊德

性爲事？而又烏在其爲支離者乎？獨其平日汲汲於訓解，雖韓文、楚辭、陰符、參同之屬，亦必與之註釋考辯，而論者遂疑其玩物。又其心慮恐學者之躐等，而或失之於妄作，使必先之以格致而無不明，然後有以實之於誠正而無所謬。世之學者，掛一漏萬，求之愈繁，而失之愈遠，至有弊力終身，苦其難而卒無所入，而遂議其支離。不知此乃後世學者之弊，而當時晦庵之自爲，則亦豈至是乎？是吾兄之是晦庵，固猶未盡其所以是也。

夫二兄之所信而是者，既未盡其所以是，則其所疑而非者，亦豈必盡其所以非乎？然而二兄往復之辯不能一反焉，此僕之所以疑其或出於求勝也。一有求勝之心，則已亡其學問之本，而又何以論學爲哉？此僕之所以惟願二兄之自反也，安有所謂「含胡兩解，而陰爲輿庵之地」者哉！

夫君子之論學，要在得之於心。衆皆以爲是，苟求之心而未會焉，未敢以爲是也；衆皆以爲非，苟求之心而有契焉，未敢以爲非也。心也者，吾所得於天之理也，無間於天人，無分於古今。苟盡吾心以求焉，則不中不遠矣。

不師㊀其意，竟至汗漫支離，爲先生之累，故於格物之説，微存異同。然朱子自成其朱子也，先生可謂善事朱子者矣。

後世無真學問，只因人全不求之於心。衆所謂是者，則羣而是之；衆所謂非者，則羣而非之。問其何以爲是非，則不知也。先生此段議論，大醒聾瞶。

㊀「師」，黔南本作「思」。

學也者，求以盡吾心也。是故尊德性而道問學，尊者，尊此者也，道者，道此者也。不得於心，而惟外信於人以爲學，烏在其爲學也已！

僕嘗以爲晦庵之與象山，雖其所爲學者若有不同，而要皆不失爲聖人之徒。今晦庵之學，天下之人，童而習之，既已入人之深，有不容於論辯者。而獨惟象山之學，則以其嘗與晦庵之有言，而遂藩籬之。使若由、賜之殊科焉，則可矣，而遂擯放廢斥，若碔砆之與美玉，則豈不過甚矣乎？夫晦庵折衷羣儒之説，以發明六經、語、孟之旨於天下，其嘉惠後學之心，真有不可得而議者。而象山辯義利之分，立大本，求放心，以示後學篤實爲己之道，其功亦寧可得而盡誣之！而世之儒者，附合雷同，不究其實，而概目之以禪學，則誠可冤也已！故僕嘗欲冒天下之譏，以爲象山一暴其説，雖以此得罪無恨。僕於晦庵，亦有罔極之恩，豈欲操戈而入室者？顧晦庵之學，既已若日星之章明於天下，而象山獨蒙無實之誣，于今且四百年，莫有爲之一洗者。使晦庵有知，將亦不能一日而安享於廟廡之間矣。此僕之至情，終亦必爲吾兄一吐者，亦何肯漫爲兩解之説，以陰助於輿庵？輿庵之説，僕猶恨其有未盡也。

論得公平。

先生非有私於象山，蓋象山之學不明，即是天下公共之學不明，故有意表章之。使當時朱子之學未明於天下，先生加意表章，當亦猶是。

夫學術者，今古聖賢之學術，天下之所公共，非吾三人者所私有也。天下之學術，當爲天下公言之，而豈獨爲輿庵地哉！兄又舉太極之辯，以爲象山「於文義且有所未能通曉，而其强辯自信，曾何有於所養」。夫謂其文義之有未詳，不害其爲有未詳也；謂其所養之未至，不害其爲未至也。學未至於聖人，寧免大㊀過、不及之差乎？而論者遂欲以是而蓋之，則吾恐晦庵禪學之譏，亦未免有激於不平也。夫一則不審於文義，一則有激於不平，是皆所養之未至。昔孔子大聖也，而猶曰「假我數年以學易，可以無大過」；仲虺之贊成湯，亦惟曰「改過，不吝」而已。所養之未至，亦何傷於二先生之爲賢乎？此正晦庵、象山之氣象，所以未及於顏子、明道者在此。吾儕正當仰其所以不可及，而默識其所未至者，以爲涵養規切之方，不當置偏私於其間，而有所附會增損之也。

尚論古人者要有此定識，方有益於己。否則，即極口推戴，終屬從諛。

夫君子之過也，如日月之食，人皆見之；更也，人皆仰之。而小人之過也必文。世之學者以晦庵大儒，不宜復有所謂過者，而必曲爲隱飾增加，務

㊀「大」，全書作「太」。

詆象山於禪學，以求伸其說，且自以爲有助於晦庵，而更相倡引，謂之扶持正論。不知晦庵乃君子之過，而吾反以小人之見而文之。晦庵有聞過則喜之美，而吾乃非徒順之，又從而爲之辭也。晦庵之心，以聖賢君子之學期後代，而世之儒者，事之以事小人之禮，是何誣象山之厚，而待晦庵之薄耶！

僕今者之論，非獨爲象山惜，實爲晦庵惜也。兄視僕平日於晦庵何如哉？而乃有是論，是亦可以諒其爲心矣。惟吾兄去世俗之見，宏虛受之誠，勿求其必同，而察其所以異；勿以無過爲聖賢之高，而以改過爲聖賢之學；勿以其有所未至者爲聖賢之諱，而以其常懷不滿者爲聖賢之心。則兄與輿庵之論，將有不待辯說而釋然以自解者。孟子云：「君子亦仁而已，何必同？」惟吾兄審擇而正之。

朱、陸二先生，皆聖人之徒，各有不同處，正不必曲爲之諱，足爲兩先生定案。不獨足以定二先生之案，即執此道以尚論千古可也。

象山自成其象山，晦庵自成其晦庵，原未嘗相借。君子爲學，亦只是反觀自性，默地辯自己是非，己之是非既定，則朱、陸之是非自明。否則，即辯得十分明白，於自性何與？所謂傍佛説法，終無見性之時。先生語録内，所以有「莫論朱、陸是非」之訓，學者其識之。

答徐成之書　辛未

汝華相見於逆旅，聞成之啟居甚悉，然無因一面，徒增悒怏。吾鄉學者幾人，求其篤信好學如吾成之者誰歟？求其喜聞過，忠告善道如吾成之者誰歟？過而莫吾告也，學而莫吾與也，非吾成之之思而誰思歟？嗟吾成之，幸自愛重！自人之失其所好，仁之難成也久矣。向吾成之在鄉黨中，刻厲自立，衆皆非笑，以爲迂腐，成之不爲少變。僕時雖稍知愛敬，不從衆非笑，然尚未知成之之難得如此也。今知成之之難得，則又不獲朝夕相與，豈非大可憾歟！

修己治人，本無二道。政事雖劇，亦皆學問之地，諒吾成之隨在有得。然何從一聞至論，以洗凡近之見乎！愛莫爲助。近爲成之思進學之功，微覺過苦。先儒所謂志道懇切，固是誠意，然急迫求之，則反爲私己，不可不察也。日用間何莫非天理流行，但此心常存而不放，則義理自熟。孟子所謂

是一漢子。

政事正是學問之實際，今且盡變爲富貴之場，天下安得有善治！

「勿忘勿助，深造自得」者矣。學問之功何可緩，但恐着意把持振作，縱復有得，居之恐不能安耳。成之之學，想亦正不如此。以僕所見，微覺其有近似者，是以不敢不盡，亦以成之平日之樂聞，且欲以是求教也。

日用間何莫非天理流行，看到此處，胸中何等瀟灑活潑，便是悦而樂之境界。

答劉内重書 乙酉

來書警發良多，知感知感！腹疾，不欲作答，但内重爲學工夫，尚有可商量者，不可以虚來意之辱，輒復書此耳。

程子云：「所見所期，不可不遠且大。然而爲之亦須量力有漸，志大心勞，力小任重，恐終敗事。」夫學者既立有必爲聖人之志，只消就自己良知明覺處，樸實頭致了去，自然循循日有所至，原無許多門面搯數也。外面是非毁譽，亦好資之以爲警切砥礪之地，却不得以此稍動其心，便將流於心勞日拙而不自知矣。

樸實頭即是立誠，不務外邊好看，只求心有真得，君子闇然之學，正當如此。

内重剛强篤實，自是任道之器，然於此等處，尚須與謙之從容一商量，又當有見也。眼前路逕須放開闊，才好容人來往，若太拘窄，恐自己亦無展足之地矣。聖人之行，初不遠於人情。魯人獵較，孔子亦獵較。鄉人儺，朝服

可與明理，亦可與涉世。

道也者，天下之達道也，非聖賢一人之道也，故聖賢正在能收天下於道中而成就之，豈有獨立門户，卑天下而拒之，學道者當放開眼界。

而立於阼階。難言之互鄉，亦與進其童子。在當時固不能無惑之者矣。子見南子，子路且有不悦。夫子到此，如何更與子路説得是非？只好矢之而已，何也？若要説見南子是，得多少氣力來説？若且依着子路認個不是，則子路終身不識聖人之心，此學終將不明矣。此等苦心處，惟顔子便能識得，故曰「於吾言無所不悦」。此正是大頭腦處。區區舉似内重，亦欲内重謙虚其心，宏大其量，去人我之見，絶意必之私，則此大頭腦處，自將卓爾有見，當有「雖欲從之，末由也已」之歎矣！

大抵奇特斬絶之行，多後世希高慕大者之所喜，聖賢不以是爲貴也。故索隱行怪，則後世有述焉，依乎中庸，固有遯世不見知者矣。學絶道喪之餘，苟有以講學來者，所謂空谷之足音，得似人者可矣。必如内重所云，則今之可講學者，止可如内重輩二三人而止矣。然如内重者，亦不能時時來講也，則法堂前草深一丈矣。内重有進道之資，而微失之於隘。吾固不敢避飾非自是之嫌，而叨叨至此，内重宜悉此意，弗徒求之言語之間可也。

隘不能容物，亦只是好勝。蓋好爲高標榜門户以自高，便止見己是而人非，去大公無我之量遠矣。與答鄒謙之書是一意。

答甘泉㊀

旬日前，楊仕德人來，領手教及答子莘書，具悉造詣用功之得㊁。蓋自是而吾黨之學歸一矣。此某之幸！後學之幸也！來簡勤勤訓責僕以久無請益，此吾兄愛僕之厚，僕之罪也。此心同，此理同，苟知用力於此，雖百慮殊途，同歸一致。不然，雖字字而證，句句而求，其始也毫釐，其末也千里。老兄造詣之深，涵養之久，僕何敢望？至其向往直前，以㊂必得乎此之志，則有不約而契、不求而合者。其間所見，時或不能無小異，然吾兄既不屑屑於僕，而僕亦不以汲汲於兄者。正以志向既同，如兩人同適京都，雖所繇之途間有迂直，知其異日之歸終同耳。

向在龍江舟次，亦嘗進其大學舊本及格物諸説，兄時未以爲然，而僕亦遂置不復强聒者，知兄之不久自當釋然於此也。乃今果獲所願，喜躍何可

㊀ 全書於本條下有「己卯」二字。 ㊁「用功之得」下，全書有「喜躍何可言」一句。又全書「得」作「詳」。 ㊂「以」，下原有「來」字，據全書删。

言！崑崙之源，有時而伏流，終必達於海也。僕窶人也，雖獲夜光之璧，人將不信，必且以爲妄僞。今璧入於猗頓之室，自此至寶得以昭明於天下，僕亦免於遺璧之罪矣。雖然，是喻猶二也。夜光之璧，外求而得也，此則吾所固有，無待於外，偶遺忘之耳。未嘗遺忘也，偶蒙翳之耳㈠。

僕年未半百，而衰疾已如六七十翁，日夜思歸陽明，爲夕死之圖，疏三上而未遂。欲棄印長往，以從大夫之後，恐形迹太駭，必俟允報，則須冬盡春初，乃可遂也。一一世事，如狂風驟雨中落葉，倏忽之間，寧復有定所耶㈡！

甘泉之與先生，可謂道同而志合矣，尚不免於所見之異。可見學惟求其志之同，入門處則千變萬化，不必拘執一途，又何必深辯朱、陸與先生之同異哉！

㈠「耳」下，全集尚有一段：「叔賢所進超卓，海內諸友實罕其儔。同處西樵，又資麗澤，所造可量乎！」

㈡「耶」下，全集尚有一段：「兩承楚人之誨，此非骨肉，念不及此，感刻！祖母益耄，思一見。老父亦書來促歸，於是情思愈惡。所幸吾兄道明德立，宗盟有人，用此可以自慰。其諸所欲請，仕德能有述。有所未嘗，便間不惜指示。」

與席元山　辛巳

向承教札及鳴寃録，讀之，見别後學力所到，卓然斯道之任，庶幾乎天下非之而不顧，非獨與世之附和雷同、從人悲㊀笑者，相去萬萬而已。喜幸何極！中間有須面論者，但恨無因一會。近聞内臺之擢，決知必從鉛山取道，而僕亦有歸省之便，庶得停舟途次，爲信宿之談，使人候於分水，乃未有前驅之報。駐信城者五日，悵怏而去。天之不假緣也，可如何哉！

大抵此學之不明，皆繇吾人入耳出口，未嘗誠諸其身。譬之談飲説食，何繇得見醉飽之實乎？僕自近年來，始實見得此學，真有百世以俟聖人而不惑者。朋友之中，亦漸有三數輩篤信不回。其疑信相半、顧瞻不定者，多以舊説沈痼，且有得失毁譽之虞，未能專心致志以聽。亦坐相處不久，或交臂而别，無從與之細説耳。

此是千古大病，俾先生一言道破，讀此可發人深省。

象山之學，簡易直截，孟子之後一人。其學問思辯、致知格物之説，雖亦

㊀「悲」，全書作「非」。

學問之功，何時是放手處。

未免沿襲之累，然其大本大原，斷非餘子所及也。執事素能深信其學，此亦不可不察。正如求精金者，必務煅煉足色，勿使有纖毫之雜，然後可無虧損變動。蓋是非之懸絶，所爭毫釐耳。

用熙近聞已赴京，知交故舊之情極厚，倘猶未出，亦勸之學問而已。存心養性之外，無別學也。相見時，亦望遂以此言致之。

學問之道，求誠諸身，工夫自愈入愈細；若求之口耳，則愈說愈支。「誠諸其身」一語，便挈學問之宗。

寄鄒謙之書 其一　丙戌

隨處體認天理，正是格物致知工夫，但要認此理是心内的，不逐物而馳，所爭在毫髮之間。

比遭家多難，工夫極費力，因見得良知兩字比舊愈加親切。真所謂大本達道，舍此更無學問可講矣。「隨處體認天理」之説，大約未嘗不是，只要根究下落，即未免捕風捉影，縱令鞭辟向裏，亦與聖門致良知之功尚隔一塵。若復失之毫釐，便有千里之謬矣。四方同志之至此者，但以此意提掇之，無不即有省發，只是着實能透徹者，甚亦不易得也。世間無志之人，既已見驅於聲利詞章之習，間有知得自己性分當求者，又被一種似是而非之學，兜絆

學問只求支吾目前，凡知、廉、勇、藝無不足以表見，結果亦小了，夫子所以獨悦漆雕開「吾斯之未能信」一語。

羈縻，終身不得出頭。緣人未有真爲聖人之志，未免挾有見小欲速之私，則此種學問，極足支吾眼前得過。是以雖在豪傑之士，而任重道遠，志稍不力，即且安頓其中者多矣。

謙之之學，既已得其大原，近想涉歷彌久，則功夫當益精明矣。無因接席一論，以資切劘，傾企如何！范祠之建，實亦有裨風教。僕於大字，本非所長，況已久不作，所須祠扁，必大筆自揮之乃佳也。使還，值歲冗，不盡欲言。

見小欲速，只是要急於成就，亦是立志時看得分量褊小了。如看得聖賢學問，原是萬物一體，同天地悠久，自然無此病。立志者當先自定其分量。

寄鄒謙之　其二

承示諭俗禮要，大抵一宗文公家禮而簡約之，切近人情，甚善，甚善！非吾謙之誠有意於化民成俗，未肯汲汲爲此也！古禮之存於世者，老師宿儒，當年不能窮其說，世之人苦其煩且難，遂皆廢置而不行。故今之爲人上而欲導民於禮者，非詳且備之爲難，惟簡切明白，而使人易行之爲貴耳。中間如四代位次及祔祭之類，固區區向時欲稍改以從俗者，今皆斟酌爲之，於人情甚協。

導民者必求其詳備，反爲奢僭者開端。

蓋天下古今之人，其情一而已矣。先王制禮，皆因人情而爲之節文，是以行之萬世而皆準。其或反之吾心而有所未安者，非其傳記之訛闕，則必古今風氣習俗之異宜者矣。此雖先王未之有，亦可以義起，三王之所以不相襲禮也。若徒拘泥於古，不得於心，而冥行焉，是乃非禮之禮，行不著而習不察者矣。後世心學不講，人失其情，難乎與之言禮！然良知之在人心，則萬古如一日。苟順吾心之良知以致之，則所謂不知足而爲屨，我知其不爲蕢矣。

非禮之禮，止是拘文牽俗之爲害，非獨探禮本者不能了此。

非天子不議禮制度，今之爲此，非以議禮爲也，徒以末世廢禮之極，聊爲之兆以興起之。故特爲此簡易之説，欲使之易知易從焉耳。冠、婚、喪、祭之外，附以鄉約，其於民俗亦甚有補。至於射禮，似宜别爲一書，以教學者，而非所以求諭於俗。今以附於其間，却恐民間以非所常行，視爲不切，又見其説之難曉，遂並其冠、婚、喪、祭之易曉者而棄之也。文公家禮所以不及於射，或亦此意也歟？幸更裁之㈠！

揭出導民者之苦心，大有裨於禮教。

㈠「裁之」下，全集尚有一段：「令先公墓表決不負約，但向在紛冗憂病中，近復咳患盛作，更求假以日月耳。施、濮兩生知解甚利，但已經爐鞴，則煅煉爲易，自此益淬礪之，吾見其成之速也。書院新成，欲爲諸生擇師，此誠盛德之事。但劉伯光以家事促歸，魏師伊乃兄適有官務，倉卒往視，何廷仁近亦歸省，惟黄正之尚留彼。意以登壇説法，非吾謙之身自任之不可。須事定後，却與二三同志造訪，因而連留旬月，相與砥礪開發，效匡翼之勞，亦所不辭也。」

祠堂位次祔祭之義，往年曾與徐曰仁備論，曰仁嘗記其略，今使録一通奉覽，以備採擇。

或問：「文公家禮高、曾、祖、禰之位，皆西向，以次而東。於心切有未安。」

陽明子曰：「古者廟門皆南向，主皆東向。合祭之時，昭之遷主列於北牖，穆之遷主列於南牖，皆統於太祖東向之尊。是故西向，以次而東。今祠堂之制，既異於古，而又無太祖東向之統，則西向之説，誠有所未安。」

曰：「然則今當何如？」

曰：「禮以時爲大。若事死如事生，則宜以高祖南向，而曾、祖、禰東西分列，席皆稍降而弗正對，似於人心爲安。曾見浦江鄭氏之祭，四代考妣皆異席。高考妣南向，曾、祖、禰考皆西向，妣皆東向，各依世次，稍退半席。其於男女之别，尊卑之等，兩得其宜。今吾家亦如此行。但恐民間廳事多淺隘，而器物亦有所不備，未能以通行耳。」

又問：「無後者之祔於己之子姪，固可下列矣。若在祖宗之行，宜何如祔？」

陽明子曰：「古者大夫三廟，不及其高矣；適士二廟，不及其曾矣。今民間得祀高、曾，蓋亦體順人情之至，例以古制，則既爲僭，況在其行之無後者乎！古者士大夫無子，則爲之置後，無後者鮮矣。後世人情偷薄，始有棄貧賤而不嗣者。古所謂無後，皆殤子之類耳。祭法：『王下祭殤五：適子、適孫、適曾孫、適玄孫、適來孫。諸侯下祭三，大夫二，適士及庶人祭子而止。』則無後之祔，皆子孫屬也。今民間既得假四代之祀，以義起之，雖及弟侄可矣。往年湖湘一士人家，有曾伯祖與堂叔祖，皆賢而無後者，欲爲立嗣，則族衆不可；欲弗祀，則思其賢，有所不忍也。以問於某，某曰：不祀二三十年矣，而追爲之嗣，勢有所不行矣。若在士大夫家，自可依古族屬之義，於春、秋二社之次，特設一祭，凡族之無後而親者，各以昭穆之次配祔之，於義亦可也。」

禮在反求其心之所安，可以得化民成俗之本。然禮之是非，所争幾希，苟心學不明，漫言因情，便爲無忌憚者借徑，誠未易言之矣。

寄鄒謙之　其三

教札時及，足慰離索。兼示論語講章，明白痛快，足以發朱註之所未及。

諸生聽之，當有油然而興者矣。後世人心陷溺，禍亂相尋，皆繇此學不明之故。只將此學字頭腦處指掇得透徹，使人洞然知得是自己生身立命之原，不假外求，如木之有根，暢茂條達，自有所不容已。則所謂悦樂不愠者，皆不待言而喻。書院記文，整嚴精確，迥爾不羣，皆是直寫胸中實見，一洗近儒影響雕飾之習，不徒作矣。

某近來却見得「良知」兩字，日益真切簡易。朝夕與朋輩講習，只是發揮此兩字不出。緣此兩字，人人所自有，故雖至愚下品，一提便省覺。若致其極，雖聖人天地不能無憾，故説此兩字，窮劫不能盡。世儒尚有致疑於此，謂未足以盡道者，只是未嘗實見得耳。近有鄉大夫誚某講學者云：「除却良知，還有甚麼説得？」某答云：「除却良知，還有甚麼説得！」不審邇來謙之於此兩字，見得比舊又如何矣？無因一面扣之，以快傾渴。正之去，當能略盡鄙懷，不能一一。

後世大患，全是士夫以虚文相誑，略不知有誠心實意。流積成風，雖有忠信之質，亦且迷溺其間，不自知覺。是故以之爲子，則非孝；以之爲臣，則非忠。流毒扇禍，生民之亂，尚未知所抵極。今欲救之，惟有返樸還淳是對

俗學禍天下，一至於此，夫子與奢寧儉之論，正是此意。

症之劑。故吾儕今日用工，務在鞭辟近裡，删削繁文始得。然欲鞭辟近裡，删削繁文，亦非草率可能，必須講明致良知之學。每以言於同志，不識謙之亦以爲何如也？講學之後，望時及之。

人只是未嘗實見得是，爲己爲人，俱要鋪張增益，究至人己兩受其害。還淳返樸，此是救時大學問！

寄鄒謙之書其五　丙戌

張、陳二生來，適歸餘姚祭掃，遂不及相見，殊負深情也。隨事體認天理，即戒慎恐懼工夫，以爲尚隔一塵，爲世之所謂事事物物皆有定理而求之於外者言之耳。若致良知之功明，則此語亦自無害，不然，即猶未免於毫釐千里也。來喻以爲恐主於事者，蓋已深燭其弊矣。

寄示甘泉尊經閣記，甚善，甚善！其間大意亦與區區稽山書院之作相同。稽㊀山之作，向嘗以寄甘泉，自謂於此學頗有分毫發明。今甘泉乃謂「今

㊀「稽」，全書作「稽」，下同。

道原只求自得，不求勝人。有勝人之念，便没却自己身心性命。故忠恕違道不遠，只在人己間破得異同。

之謂聰明知覺，不必外求諸經者，不必呼而能覺」之類，則似急於立言，而未暇細察鄙人之意矣。

後世學術之不明，非爲後人聰明識見之不及古人，大抵多繇勝心爲患，不能取善相下。明知其說之已是矣，而又務爲一說以高之，是以其說愈多而惑人愈甚。凡今學術之不明，使後學無所適從，徒以致人之多言者，皆吾黨自相求勝之罪也。今良知之說，已將學問頭腦說得十分下落，只是各去勝心，務在共明此學，隨人分限，以此循循善誘之，自當各有所至。若只要自立門户，外假衛道之名，而内行求勝之實，不顧正學之因此而益荒，人心之因此而愈惑，黨同伐異，覆短争長，而惟以成其自私自利之謀，仁者之心有所不忍也！甘泉之意未必出此，因事感觸，輒漫及之。蓋今時講學者，大抵多犯此症，在鄙人亦或有所未免，然不敢不痛自克治也。如何，如何？

人惟勝心最難驅除，其爲害最大。故原憲以四者之不行爲仁，而首之以克。學者能去其勝心，便是廓然大公，「毋意、毋必、毋固、毋我」田地了。存一勝心，則是己非人，争鬥角户，無所不至，黨錮諸賢，亦多罹此患。其關於學術人心不小，慎之哉！

答季明德書 丙戌

書惠遠及，以咳恙未平，憂念備至，感愧良深！食薑太多，非東南所宜，誠然。此亦不過暫時劫劑耳。近有一友爲易「貝母九」，服之，頗亦有效，乃終不若來喻「用養生之法，拔去病根」者，爲得本源之論。然此又不但治病爲然，學問之功，亦當如是矣。承示：「立志益堅，謂聖人必可以學而至。兢兢焉，常磨煉於事爲朋友之間，而厭煩之心比前差少。」喜幸殊極！

又謂：「聖人之學，不能無積累之漸。」意亦切實。中間以堯、舜、文王、孔、老諸説，發明「志學」一章之意，足知近來進修不懈。居有司之煩而能精思力究若此，非朋輩所及。然此在吾明德，自以此意奮起其精神，砥切其志意，則可矣。必欲如此節節分疏引證，以爲聖人進道一定之階級，又連掇數聖人紙上之陳迹，而入之以此一款條例之中，如以堯之試鯀爲未能不惑，子夏之「啟予」爲未能耳順之類，則是尚有比擬牽滯之累。以此論聖人之亦必繇學而至，則雖有所發明，然其階級懸難，反覺高遠深奧，而未見其爲人皆可學。乃不如末後一節，謂「至其極而矩之不踰，亦不過自此志之不已所積。」

凡讀古人書，只取其有益於我，方是能讀書人，若執泥字句，自逞意見，反爲道害。孟子所以有盡信書則不如無書之謂。

而『不踰』之上，亦必有學可進，聖人豈絶然與人異哉㊀！」

又云：「善者，聖之體也。害此善者，人欲而已。人欲，吾之所本無。去其本無之人欲，則善在我而聖體全。聖無有餘，我無不足，此以知聖人之必可學也。然非有求爲聖人之志，則亦不能以有成。」只如此論，自是親切簡易。以此開喻來學，足以興起之矣。若如前説，未免使柔怯者畏縮而不敢當，高明者希高而外逐，不能無弊也。聖賢垂訓，固有書不盡言，言不盡意者。凡看經書，要在致吾之良知，取其有益於學而已。則千經萬典，顛倒縱横，皆爲我之所用。一涉拘執比擬，則反爲所縛。雖或特見妙詣，開發之益，一時不無，而意必之見，流注潛伏，蓋有反爲良知之障蔽而不自知覺者矣。其云「善者聖之體」，意固已好，善即良知，言良知則使人尤爲易曉。故區區近有「心之良知是謂聖」之説。

其間又云：「人之爲學，求盡乎天而已。」

此明德之意，本欲合天人而爲一，而未免反離而二之也。人者，天地萬

㊀「哉」，原本作「我」，據全書、黔南本改。

物之心也；心者，天地萬物之主也。心即天，言心，則天地萬物皆舉之矣，而又親切簡易。故不若言「人之爲學，求盡乎心而已」。

知行之答，大段切實明白，詞氣亦平和，有足啟發人者。惟賢一書，識見甚進，間有語疵，則前所謂「意必之見，流注潛伏」者之爲病。今既照破，久當自融釋矣。以「效」訓「學」之説，凡字義之難通者，則以一字之相類而易曉者釋之。若今學字之義，本自明白，不必訓釋。今遂以「教」訓「學」，以「學」訓「效」，皆無不可，不必有所拘執。但「效」字終不若「學」字之混成耳。率性而行，則性謂之道；修道而學，則道謂之教。謂修道之爲教，可也；謂修道之爲學，亦可也。自其道之示人無隱者而言，則道謂之教；自其功夫之修習無違者而言，則道謂之學。教也，學也，皆道也，非人之所能爲也。知此，則又何訓釋之有！所須學記，因病未能着筆，俟後便爲之。

識心之所爲心，則即博即約，即外即內，更不必再分疏矣。

「爲學求盡乎心」一語，已握大頭腦。握定頭腦，即日涉於聞見之途，觸處皆見天理之流行，横説直説皆是。譬涉風濤者，只把舵得定，出没上下皆穩。若節比句擬，即襯貼極工，終是狗象逐物之學。

答聶文蔚書其一 丙戌

夏間遠勞迂途枉顧，此情何可當也！甚欲扳留旬日，少效其鄙見，以求切磨之益，而公期俗絆，勢有不能，別去極怏怏，如有所失。忽承箋惠，浣慰可知。中間推許太過，蓋亦奬掖之盛心，而規礪真切，思欲納之於賢聖之域。又托諸崇一以致其勤勤懇懇之懷，此非深交篤愛，何以及是！知感知愧，且懼其無以堪之也。

雖然，僕亦何敢不自鞭勉，而徒以感愧辭讓爲乎哉？其謂思、孟、周、程，無意相遭於千載之下，與其盡信於天下，不若真信於一人。道固自在，學亦自在，天下信之不爲多，一人信之不爲少者，斯固君子不見是而無悶之心，豈世之譾譾屑屑者知足以及之乎？乃僕之情則有大不得已者存乎其間，而非以計人之信與不信也。夫人者，天地之心。天地萬物，本吾一體者也，生民之困苦荼毒，孰非疾痛之切於吾身者乎？不知吾身之疾痛，無是非之心者也。是非之心，不慮而知，不學而能，所謂良知也。良知之在人心，無間於聖愚，天下古今之所同也。世之君子，惟務致其良知，則自能公是非，同好

人必將自己分量看得大，學問方有進益，方能做得聖賢。

惡，視人猶己，視國猶家，而以天地萬物爲一體，求天下無治，不可得矣。古之人所以能見善不啻若己出，見惡不啻若己入，視民之饑溺猶己之饑溺，而一夫不獲，若己推而納諸溝中者，非故爲是而以蘄天下之信己也，務致其良知，求自慊而已矣。堯舜三王之聖，言而民莫不信者，致其良知而言之也；行而民莫不説者，致其良知而行之也。是以其民熙熙皞皞，殺之不怨，利之不庸，施及蠻貊，而凡有血氣者，莫不尊親，爲其良知之同也。嗚呼！聖人之治天下，何其簡且易哉！

如欲期天下之信己，必至彌縫掩飾，究成鄉願學問，又安能以天下爲己任。

後世良知之學不明，天下之人，用其私智以相比軋，是以人各有心，而偏瑣僻陋之見，狡僞陰邪之術，至於不可勝説。外假仁義之名，而内以行其自私自利之實，詭辭以阿俗，矯行以干譽，掩人之善而襲以爲己長，訐人之私而竊以爲己直，忿以相勝，而猶謂之狥義；險以相傾，而猶謂之疾惡；妒賢忌能，而猶自以爲公是非；恣情縱欲，而猶自以爲同好惡。相陵相賊，自其一家骨肉之親，已不能無爾我勝負之意，彼此藩籬之形，而況於天下之大，民物之衆，又何能一體而視之？則亦無怪於紛紛籍籍，而禍亂相尋於無窮矣！

人無一體天下民物之心，只緣看得自己分量不透，反自小了。

以父子兄弟視天下之陷溺，聖人萬物一體之心何等真切。

語激而情至。

僕誠賴天之靈，偶有見於良知之學，以爲必繇此而後天下可得而治。是以每念斯民之陷溺，則爲之戚然痛心，忘其身之不肖，而思以此救之，亦不自知其量者。天下之人，見其若是，遂相與非笑而詆斥之，以爲是病狂喪心之人耳。嗚呼！是奚足恤哉？吾方疾痛之切體，而暇計人之非笑乎！

人固有見其父子兄弟之墮溺於深淵者，呼號匍匐，踝跣顛頓，扳懸崖壁而下拯之。士之見者，方相與揖讓談笑於其傍，以爲是棄其禮貌衣冠，而呼號顛頓若此，是病狂喪心者也。故夫揖讓談笑於溺人之傍而不知救，此惟行路之人，無親戚骨肉之情者能之，然已謂之無惻隱之心，非人矣。若夫在父子兄弟之愛者，則固未有不痛心疾首，狂奔盡氣，匍匐而拯之。彼將陷溺之禍有不顧，而況於病狂喪心之譏乎？而又況於蘄人之信與不信乎？嗚呼！今之人，雖謂僕爲病狂喪心之人，亦無不可矣。天下之人心皆吾之心也，天下之人猶有病狂者矣，吾安得而非病狂乎？猶有喪心者矣，吾安得而非喪心乎？

昔者孔子之在當時，有議其爲諂者，有譏其爲佞者，有毁其未賢，詆其爲不知禮，而侮之以爲東家丘者，有嫉而沮之者，有惡而欲殺之者，晨門、荷蕢之徒，皆當時之賢士，且曰「是知其不可而爲之者歟」，「鄙哉，硜硜乎，莫己知也，斯已而已矣」。雖子路在升堂之列，尚不能無疑於其所見，不悦於其所欲往，而且以之爲迂。則當時之不信夫子者，豈特十之一二㊀而已乎？然而夫子汲汲遑遑，若求亡子於道路，而不暇於暖席者，寧以蘄人之知我信我而已哉？蓋其天地萬物一體之仁，疾痛迫切，雖欲已之而自有所不容已，故其言曰：「吾非斯人之徒與而誰與！欲潔其身而亂大倫，果哉，末之難矣！」嗚呼！非此誠以天地萬物爲一體者，孰能以知夫子之心乎？若其遯世無悶，樂天知命者，則固無入而不自得，道並行而不相悖也。

僕之不肖，何敢以夫子之道爲己任？顧其心亦已稍知疾痛之在身，是以傍徨四顧，相求其有助於我者，相與講去其病耳。今誠得豪杰同志之士扶持匡翼，共明良知之學於天下，使天下之人，皆知自致其良知，以相安相養，去其自私自利之蔽，一洗讒妒勝忿之習，以濟於大同，則僕之狂病，固將脱然以愈，而終免於喪心之患矣，豈不快哉！

㊀「一二」，全書作「二三」。

嗟乎！今誠欲求豪杰同志之士於天下，非如吾文蔚者而誰望之乎？如吾文蔚之才與志，誠足以援天下之溺者，今又既知其具之在我，而無假於外求矣，循是以往，若決河注海，孰得而禦哉？文蔚所謂「一人信之不爲少」，其又能遜以委之何人乎？

會稽素號山水之區，深林長谷，信步皆是，寒暑晦明，無時不宜，安居飽食，塵囂無擾，良朋四集，道義日新，優哉游哉，天地之間，寧復有樂於是者！孔子云：「不怨天，不尤人，下學而上達。」僕與二三同志，方將請事斯語，奚暇外慕？獨其切膚之痛，乃有未能恝然者，輒復云云爾。

咳疾暑毒，書札絶懶。盛使遠來，遲留經日，臨期執筆，又不覺累紙。蓋於相知之深，雖已縷縷至此，殊有所未能盡也。

聖人以天下爲身，視人之喑啞聾聵，猶之身疾。故曰：堯舜其猶病諸。非堯舜之至仁，不能有是病，病正堯舜之大仁也。孔子周流，孟子好辯，俱是視天下之病猶身病，欲一日安坐、一日無言不可得，真有大不得已者存乎其間。先生當喑啞聾聵之世，效談笑於墜溺之旁，是謂不仁，其甘冒病狂喪心之譏，求申其不得已之意，真是聖賢之存心。

此篇文字，見先生直以斯道自任。

答聶文蔚書其二　戊子

得書，見近來所學之驟進，喜慰不可言。諦視數過，其間雖亦有一二未瑩徹處，却是致良知之功尚未純熟。到純熟時，自無此矣。譬之驅車，既已繇於康莊大道之中，或時橫斜迂曲者，乃馬性未調，銜勒不齊之故，然已只在康莊大道中，決不賺入傍蹊曲徑矣。近時海内同志，到此地位者，曾未多見，喜慰不可言，斯道之幸也！賤軀舊有咳嗽畏熱之病，近入炎方，輒復大作。主上聖明洞察，責付甚重，不敢遽辭。地方軍務冗沓，皆輿疾從事。今却幸已平定，已具本乞回養病。得在林下，稍就清涼，或可瘳耳。人還，伏枕草草，不盡傾企。外惟濬一簡，幸達致之。

來書所詢，草草奉復一二。近歲來山中講學者，往往多說「勿忘勿助」工夫甚難，問之，則云：「才着意便是助，才不着意便是忘，所以甚難。」區區因問之云：「忘是忘個甚麼？助是助個甚麼？」其人默然無對。始請問。

必有事焉者，只是時時去集義是矣。所謂時時集義者，果就一事集一事之

區區因與說，我此間講學，却只說個「必有事焉」，不說「勿忘勿助」。必

義否？若然，將無事時便無集義工夫了，且與義襲者何異？不知所謂義者，宜也，宰制羣動無弗宜之者也。如君宜忠，親宜孝，兄宜弟，友宜信，極之千變萬化，只是一宜盡之。即大學之所謂「至善」，中庸之所謂「誠」，「義」字無不該貫。君子之集義，是精神畢集於此義，當止而不遷，戒懼慎獨，學問思辯行，俱是集義工夫，此是有本大

有事焉者，只是時時去集義。若時時去用必有事的工夫，而或有時間斷，此便是忘了，即須勿忘。時時去用必有事的工夫，而或有時欲速求效，此便是助了，即須勿助。其工夫全在必有事焉上用，勿忘勿助，只就其間提撕警覺而已。若是工夫原不間斷，則不須更説勿忘；原不欲速求效，即不須更説勿助。此其工夫，何等明白簡易，何等灑脱自在！今却不去必有事上用工，而乃懸空守着一個勿忘勿助，此正如燒鍋煮飯，鍋内不曾漬水下米，而乃專去添柴放火，不知畢竟煮出個甚麽物來。吾恐火候未及調停，而鍋已先破裂矣。近日一種專在勿忘勿助上用工，看其病正是如此。終日懸空去做個勿忘，又懸空去做個勿助，渀渀蕩蕩，全無實落下手處，究竟工夫只做得個沈空守寂，學成一個癡騃漢，才遇些子事來，即便牽滯紛擾，不復能經綸宰制。此皆有志之士，而乃使之勞苦纏縛，擔閣一生，皆繇學術誤人之故，甚可憫矣！

夫「必有事焉」只是集義，集義只是致良知。説集義，則一時未見頭腦，説致良知，則當下便有實地步可用工。故區區專説致良知。隨事就事上致其良知，便是格物；着實去致良知，便是誠意；着實致其良知，而無一毫意、

學問。孟子云集義，便知言養氣一以貫之，王霸之業略不動心。若世人只説個勿助勿忘，此便是無頭學問，任他虛想虛説，那能濟事？究竟成得一個腐儒，安能經綸宰制？是以世間只患無學問，不患無經濟。

必、固、我，便是正心；着實致良知，則自無忘之病，無一毫意、必、固、我，則自無助之病，故説格、致、誠、正，則不必更説個忘助。孟子説忘助，亦就告子得病處立方。告子强制其心，是助的病痛，故孟子專説助長之害。告子助長，亦是他以義爲外，不知就自心上集義，在必有事焉上用工，是以如此。若時時刻刻就自心上集義，則良知之體，洞然明白，自然是是非非，纖毫莫遁，又焉有不得於言，勿求於心，不得於心，勿求於氣之弊乎？孟子集義養氣之説，固大有功於後學。然亦是因病立方，説得大段，不若大學格、致、誠、正之功，尤極精一簡易，爲徹上徹下，萬世無弊者也。

聖賢論學，多是隨時就事，雖言若人殊，而要其工夫頭腦，若合符節。緣天地之間，原只有此性，只有此理，只有此良知，只有此一件事耳。故凡就古人論學處説工夫，更不必攙和兼搭而説，自然無不吻合貫通者。才須攙和兼搭而説，即是自己工夫未明徹也。近時有謂集義之功，必須兼搭個致良知而後備者，則是集義之功尚未了徹，適足以爲致良知之累而已矣。謂致良知之功必須兼搭一個勿忘勿助而後明者，則是致良知之功尚未了徹也。致良知之功尚未了徹，適足以爲勿忘勿助之累而已矣。若

古今學問之殊，只爭一個真假。如今學士家未嘗不説仁説義，求一真仁真義，畢世無有，心喪道喪，説愈鋪張，愈增陷溺。故先生提出「良知」二字以醒之，又提出事親從兄，尤良知之最真切篤厚者以醒之，總以「真」之一字，喚醒沈錮之人心，不啻如父母之提嬰孩，讀者當識先生覺世苦心。

此者，皆是就文義上解釋牽附，以求混融湊泊，而不曾就自己實工夫上體驗，是以論之愈精，而去之愈遠。文蔚之論，其於大本達道，既已沛然無疑，至於致知窮理，及忘助等説，時亦有攙和兼搭處，却是區區所謂康莊大道之中，或時横斜迂曲者。到得工夫熟後，自將釋然矣。文蔚謂「致知之説，求之事親從兄之間，便覺有所持循」者，此段最見近來真切篤實之功。但以此自爲，不妨自有得力處；以此遂爲定説教人，却未免又有因藥發病之患，亦不可不一講也。

蓋良知只是一個天理，自然明覺發見處，只是一個真誠惻怛，便是他本體。故致此良知之真誠惻怛以事親，便是孝；致此良知之真誠惻怛以從兄，便是弟；致此良知之真誠惻怛以事君，便是忠。只是一個良知，一個真誠惻怛。若是從兄的良知不能致其真誠惻怛，即是事親的良知不能致其真誠惻怛矣，事君的良知不能致其真誠惻怛，即是從兄的良知不能致其真誠惻怛矣。故致得事君的良知，便是致却從兄的良知；致得從兄的良知，便是致却事親的良知。不是事君的良知不能致，却須又從事親的良知上去擴充將來，如此又是脱却本原，着在支節上求了。良知只是一個，隨他發見流行處，當下具足，更無去求㊀，不須假借。然其發見流行處却自有輕重厚薄，毫髮不容增減者，所謂天然自有之中也。雖則輕重厚薄毫髮不容增減，而原又只是一個；雖則只是一個，而其間輕重厚薄又毫髮不容增減，若得可增減，若須假借，即已非其真誠惻怛之本體矣。此良知之妙用，所以無方體，無窮盡。語大，天下莫能載；語小，天下莫能破者也。

語人以盡仁盡義，人必謂聖人方可能，語以事親從兄，則孩提亦解得，故惟「孝弟」二字最易醒發人。然惟能充之，方足以保四海，否則不足以事父母，所以不可無致知之功。

孟氏「堯舜之道，孝弟而已」者，是就人之良知發見得最真切篤厚、不容蔽昧處提醒人，使人於事君處友，仁民愛物，與凡動靜語默間，皆只是致他那一念事親從兄真誠惻怛的良知，即自然無不是道。蓋天下之事，雖千變萬化，至於不可窮詰，而但惟致此事親從兄、一念真誠惻怛之良知以應之，則更無有遺缺滲漏者，正謂其只有此一個良知故也。事親從兄一念良知之外，更無有良知可致得者，故曰：「堯、舜之道，孝弟而已矣。」此所以爲惟精惟一之學，放之四海而皆準，施諸後世而無朝夕者也。

文蔚云：「欲於事親從兄之間，而求所謂良知之學。」就自己用工得力處

㊀「求」原作「來」，據全書改。

如此說，亦無不可，若曰「致其良知之真誠惻怛，以求盡夫事親從兄之道焉」，亦無不可也。明道云：「行仁自孝弟始，孝弟是仁之一事，謂之行仁之本則可，謂是仁之本則不可。」其說是矣。

億逆先覺之說，文蔚謂「誠則旁行曲行㊀，皆良知之用」，甚善，甚善！間有攙搭處，則前已言之矣。惟濬之言亦未爲不是，在文蔚須有取於惟濬之言而後盡，在惟濬又須有取於文蔚之言而後明，不然，則亦未免各有倚着之病也。「舜察邇言，而詢芻蕘」，非是以邇言當察，芻蕘當詢，而後如此，乃良知之發見流行，光明圓瑩，更無罣礙遮隔處，此所以謂之大知。才有執着意必，其知便小矣。講學中自有去取分辯，然就心地上着實用工夫，却須如此方是。

盡心三節，區區曾有生知、學知、困知之說，頗已明白，無可疑者。蓋盡心、知性、知天者，不必說存心、養性、事天，不必說殀壽不貳、修身以俟，而存心養性與修身以俟之功，已在其中矣。存心、養性、事天者，雖未到得盡心知天的地位，然已是在那裡做個求到盡心知天的功夫，更不必說殀壽不貳，修

㊀「曲行」，全書作「曲防」。

身以俟，而殀壽不貳，修身以俟之功，已在其中矣。譬之行路，盡心知天者，如年力壯健之人，既能奔走往來於數千百里之間者也；存心事天者，如童稚之年，使之學習步趨於庭除之間者也；殀壽不貳、修身以俟者，如襁抱之孩，方使之扶牆傍壁而漸學起立移步者也。既已能奔走往來於數千里之間者，則不必更使之於庭除之間而學步趨，而步趨於庭除之間，自無弗能矣；既已能步趨於庭除之間，則不必更使之扶牆傍壁而學起立移步，而起立移步自無弗能矣。然學起立移步，便是學步趨庭除之始；學步趨庭除，便是學奔走往來於數千里之基。固非有二事。但其工夫之難易，則相去懸絶矣。心也，性也，天也，一也，故及其知之成功則一，然而三者，人品力量自有階級，不可躐等而能也。

細觀文蔚之論，其意似恐盡心知天者，廢却存心修身之功，而反爲盡心知天之病。是蓋爲聖人憂工夫之或間斷，而不知爲自己憂工夫之未真切也。吾儕用工，却須專心致志在殀壽不貳、修身以俟上做，只此便是做盡心知天功夫之始。正如學起立移步，便是學奔走千里之始。吾方自慮其不能起立移步，而豈遽慮其不能奔走千里，又况爲奔走千里者而慮其或遺忘於起立移步之習哉？文蔚識見，本自超絶邁往，而所論云然者，亦是未能脱去舊時解説文義之習。是爲此三段書分疏比合，以求融會貫通，而自添許多意見纏繞，反使用工不專一也。近時懸空去做勿忘勿助者，其意見正有此病，最能擔誤人，不可不滌除耳。

所論「尊德性而道問學」一節，至當歸一，更無可疑。此便是文蔚曾着實用工，然後能爲此言。此本不是險僻難見的道理，人或意見不同者，還是良知尚有纖翳潛伏。若除去此纖翳，即自無不洞然矣。

已作書，後移卧簷間，偶遇無事，遂復答此。文蔚之學既已得其大者，此等處久當釋然自解，本不必屑屑如此分疏。但承相愛之厚，千里差人遠及，諄諄下問，而竟虚來意，又自不能已於言也。然直戇煩縷已甚，不罪不罪㈠。惟濬處得㈡轉録一通，寄視之，尤好㈢也。

學問惟得着實安頓處，自然放手不下，那得忘？自然應念而是，那用助？譬

㈠「不罪不罪」，全書作「恃在信愛，當不爲罪」。
㈡「得」，全書作「及謙之崇一處，各」。
㈢「尤好」，全書作「尤承一體之好」。

人既有一定棲身之所，便是常處了，欲忘不得也；業已安居了，欲助何爲也？先生教人，只於事親從兄上着力，何等真切着實。日事於此，自有生惡可已之妙，安有助忘？此便可識格物致知，着實用功處。

答儲柴墟其二　壬申

昨者草率奉報，意在求正，不覺蕪冗。承長箋批答，推許過盛，殊增悚汗也。來喻責僕不以師道自處，恐亦未爲誠心直道。顧僕何人，而敢以師道自處哉？前書所謂「以前後輩處之」者，亦謂僕有一日之長，而彼又有求道之心者耳。若其年齒相若而無意於求道者，自當如常待以客禮，安得例以前後輩處之？是亦妄人矣。又況㊀不揆其來意之如何，而抗顏以師道自居，世寧有是理耶？夫師云者，非可以自處得也，彼以是求我，而我以是應之耳。

嗟乎！今之時，孰有所謂師云乎哉！今之習技藝者則有師，習舉業求聲利者則有師，彼誠知技藝之可以得衣食，舉業之可以得聲利，而希美官爵

說盡世情，可發一歎。

㊀「況」原作「泥」，據全書改。

言之懇至。

也。自非誠知己之性分，有急於衣食官爵者，孰肯從而求師哉！夫技藝之不習，不過乏衣食；舉業之不習，不過無官爵；己之性分有所蔽悖，是不得爲人矣。人顧明彼而暗此也，可不大哀乎！

往時僕與王寅之、劉景素同遊太學，每季考，寅之恒居景素前列，然寅之自以爲講貫不及景素，一旦執弟子禮師之。僕每歎服，以爲如寅之者，真可爲豪傑之士。使寅之易此心以求道，亦何聖賢之不可及！然而寅之能於彼，不能於此也。曾子病革而易簀，子路臨絶而結纓，横渠撤虎皮而使其子弟從講於二程，惟天下之大勇無我者能之。今天下波頽風靡，爲日已久，何異於病革臨絶之時，然又人是己見，莫肯相下求正。故居今之時，非有豪傑獨立之士，的見性分之不容已，毅然以聖賢之道自任者，莫知從而後㈠求師也。

真是痛哭流涕之言。

吾兄又疑後進之來，其資禀意向，雖不足以承教，若其齒之相遠者，恐亦不當概以客禮相待。僕前書所及，蓋與有意於斯道者相屬而言，亦謂其可以

㈠「而後」，全書作「而」。

見今之戴紗帽者俱以爵位重自矜貴，後生輩欲一接見而無從，非有志爲聖賢者不能爲此言。

客，可以無客者耳。若其齒數邈絶，則名分具存，有不待言矣。孔子使闕黨童子將命，曰：「吾見其居於位也，見其與先生並行也，非求益者也，欲速成者也。」亦未嘗無誨焉。雖然，此皆以不若己者言也。若其德器之夙成，識見之超詣者，雖生於吾後數十年，其大者吾師，次者吾友也，得以齒序論之哉？人歸遽劇，極潦草。便間批復可否，不一一。

嘗讀昌黎師説，與先生此書，在三之誼，今亡其一矣。然不必專求之人也。夫子曰：「當仁不讓於師。」孟子曰：「求則得之，舍則失之。」求在我者也，人苟能自得師，千聖萬聖，總在一心。若必舍己而求之人，是亦待文王而後興之凡民耳。

寄門人邦英邦正　戊寅

昆季敏而好學，吾家兩弟，得以朝夕親資磨礪，聞之甚喜。得書，備見向往之誠，尤極浣慰。家貧親老，豈可不求禄仕？求禄仕而不工舉業，却是不盡人事，而徒責天命，無是理矣。但能立志堅定，隨事盡道，不以得失動念，則雖勉習舉業，亦自無妨聖賢之學。若是原無求爲聖賢之志，雖不舉業，日談道德，亦只成就得務外好高之病而已。此昔人所以有「不患妨功，惟患奪志」之説也。夫謂之奪志，則已有志可奪；若尚未有可奪之志，却又不可以不深思疑省而早圖之。每念賢弟資質之美，未嘗不切拳拳。夫美質難得而易壞，至道難聞而易失，盛年難遇而易過，習俗難革而易流。昆玉勉之！

奪志不但舉業，即有志學問，其中趨向，有毫釐千里之差，其揺奪甚微。故欲立必爲聖賢之志，必大知大勇者能之。

答南元善 丙戌

別去忽踰三月，居常思念，輒與諸生私相慨歎。計歸程之所及，此時當到家久矣。太夫人康强，貴眷無恙，渭南風景，當與柴桑無異，而元善之識見興趣，則又有出於元亮之上者矣。近得中途寄來書，讀之恍然如接顔色。勤勤懇懇，惟以得聞道爲喜，急問學爲事，恐卒不得爲聖人爲憂，亹亹千數百言，略無一字及於得喪榮辱之間，此非真有朝聞夕死之志者，未易以涉斯境也。浣慰何如！諸生遞觀傳誦，相與歎仰歆服，而興起者多矣。

世之高抗通脱之士，捐富貴，輕利害，棄爵禄，決然長往而不顧者，亦皆有之。彼其或從好於外道詭異之説，投情於詩酒山水技藝之樂，又或奮發於意氣，感激於憤悱，牽溺於嗜好，有待於物以相勝，是以去彼取此而後能。及其所之既倦，意衡心鬱，情隨事移，則憂愁悲苦隨之而作。果能捐富貴，輕利害，棄爵禄，快然終身，無入而不自得已乎？

夫惟有道之士，真有以見其良知之昭明靈覺，圓融洞徹，廓然與太虚而同體。太虚之中，何物不有，而無一物能爲太虚之障礙。蓋吾良知之體，本自聰明睿知，本自寬裕温柔，本自發强剛毅，本自齊莊中正，文理密察，本自溥博淵泉而時出之，本無富貴之可慕，本無貧賤之可憂，本無得喪之可欣戚，愛憎之可取舍。蓋吾之耳而非良知，則不能以聽矣，又何有於聰？目而非良知，則不能以視矣，又何有於明？心而非良知，則不能以思與覺矣，又何有於睿知？然則又何有於寬裕温柔乎？又何有於發强剛毅乎？又何有於齊莊中正、文理密察乎？又何有於溥博淵泉而時出之乎？故凡慕富貴，憂貧賤，欣戚得喪愛憎取舍之類，皆足以蔽吾聰明睿知之體，而窒吾淵泉時出之用。若此者，如明目之中而翳之以塵沙，聰耳之中而塞之以木楔也。其疾病鬱逆，將必去之爲快，而何能忍於時刻乎？

悟到此處，舍良知更無作聖之功。

虚靈中容不得一點，真是如此。

故凡有道之士，其於慕富貴，憂貧賤，欣戚得喪，而取舍愛憎也，若洗目中之塵，而拔耳中之楔。其於富貴、貧賤、得喪、愛憎之相值，若飄風浮靄之往來變化於太虚，而太虚之體，固常廓然其無礙也。元善今日之所造，其殆庶幾於是矣乎！是豈有待於物以相勝而去彼取此，激昂於一時之意氣者所能强，而聲音笑貌以爲之乎？元善自愛！元善自愛！

關中自古多豪傑，其忠信沈毅之質，明達英偉之器，四方之士，吾見亦多矣，未有如關中之盛者也。然自横渠之後，此學不講，或亦與四方無異矣。自此關中之士，有所振發興起，進其文藝於道德之歸，變其氣節爲聖賢之學，將必自吾元善昆季始也。今日之歸，謂天爲無意乎？謂天爲無意乎？元貞以病，不及别簡，蓋心同道同而學同，吾所以告之，亦不能有他説也。亮之，亮之！

君子學問，只是個自得，一物不着，無物不有，便是如天如淵境界。若有待於物，將得喪欣戚，愛憎取舍，役役紛起，以奪吾心。即高抗自異，終不足與聞道。此學問内外之辯也。

答魏師説書　丁亥

師伊至，備聞日新之功，兼得來書，志意懇切，喜慰無盡！所云任情任意，認作良知，及作意爲之，不依本來良知，而自謂良知者，既已察識其病矣。意與良知，當分別明白。凡應物起念處，皆謂之意。意則有是有非，能知得意之是與非者，則謂之良知。依得良知，即無有不是矣。所疑拘於體面，格於事勢等患，皆是致良知之心未能誠切專一。若能誠切專一，自無此也。凡作事不能謀始，與有輕忽苟且之弊者，亦皆致知之心未能誠一，亦是見得良知未透徹。若見得透徹，即體面事勢中，莫非良知之妙用。除却體面事勢之外，亦別無良知矣，豈得又爲體面所局，事勢所格？即已動於私意，非復良知之本然矣。今時同志中，雖皆知得良知無所不在，一涉酬應，便又將人情物理與良知看作兩事，此誠不可以不察也。

必能真實體驗方可會此。

「體面事勢」四字，惟周旋世務人自謂知得極透，然精神都用在周旋去處，終多拘格。一惟真心實意做去，便不見有體面事勢之爲礙。此可悟誠意致知之學。

與馬子莘 丁亥

連得所寄書，誠慰傾渴！締觀來書，其字畫文彩，皆有加於疇昔，根本盛而枝葉茂，理固宜然。然草木之花，千葉者無實，其花繁者，其實鮮矣。邇來子莘之志，得無微有所溺乎？是亦不可以不省也！

實有諸己方是致知，是開千古疑障。

良知之説，往時亦嘗備講，不審邇來能益瑩徹否？明道云：「吾學雖有所受，然『天理』二字，却是自家體認出來。」良知即是天理。體認者，實有諸己之謂耳。非若世之想像講説者之爲也。近時同志，莫不知以良知爲説，然亦未見有能實體認之者，是以尚未免於疑惑。蓋有謂良知不足以盡天下之理，而必假於窮索以增益之者。又以爲徒致良知，未必能合於天理，須以良知講求其所謂天理者，而執之以爲一定之則，然後可以率繇而無弊。是其爲説，非實加體認之功而真有以見夫良知者，則亦莫能辯其言之似是而非也。

一語提醒，勝千萬言。

知而謂之致，正是實有諸己之謂，否則終是臆度講説。

莆中故多賢，國英及志道二三同志之外，相與切磋砥礪者，亦復幾人？良知之外，更無知；致知之外，更無學。外良知以求知者，邪妄之知矣；外致知以爲學者，異端之學也。道喪千載，良知之學久爲贅疣，今之朋友知以此事日相講求者，殆空谷之足音歟！想念雖切，無因而會，一罄此懷，臨書惘惘！不盡。

與毛古庵憲副 丁亥

亟承書惠，既荷不遺，中間歉然下問之意，尤足以仰見賢者進修之功，勤勤不懈，喜幸何可言也！無因促膝，一陳鄙見，以求是正，可勝瞻馳！

凡鄙人所謂致良知之說，與今之所謂體認天理之說，本亦無大相遠，但微有直截迂曲之差耳。譬之種植，致良知者，是培其根本之生意而達之枝葉者也；體認天理者，是茂其枝葉之生意而求以復之根本者也。然培其根本之生意，固自有以達之枝葉矣；欲茂其枝葉之生意，亦安能舍根本而別有生意，可以茂之枝葉之間者乎？

千言萬語，辯晰無窮，不如此數語指點直接。

吾兄忠信近道之資，既自出於儕輩之上，近見胡正人，備談吾兄平日工夫，又皆篤實懇切，非若世之徇名遠迹，而徒以支離於其外者。只如此用力不已，自當循循有至，所謂殊途而同歸者也。亦奚必改途易業，而別求所謂爲學之方乎！惟吾兄益就平日用工得力處進步不息，譬之適京都者，始在偏州僻壤，未免經歷於旁蹊曲逕之中，苟志往不懈，未有不達於通衢大路者也。

病軀咳作，不能多及，寄去鄙録，末後論學一書，亦頗發明鄙見，暇中幸示及之！

根本枝葉之喻，足破千古學問異同之疑！

教條示龍場諸生

諸生相從於此甚盛。恐無能爲助也，以四事相規，聊以答諸生之意：一曰立志，二曰勤學，三曰改過，四曰責善。其慎聽毋忽！

立志

志不立，天下無可成之事，雖百工技藝，未有不本於志者。今學者曠廢隳惰，玩歲愒時，而百無所成，皆繇於志之未立耳。故立志而聖則聖矣，立志而賢則賢矣。志不立，如無舵之舟，無銜之馬，漂蕩奔逸，終亦何所底乎？

近日世衰道微，世間只知有富貴，不知有聖學。有能中科舉者，人便指之爲肖子，若語欲爲聖賢，未有不指爲狂且腐者，如粵東黃處士，有幾人哉？ 又在立志者之自決矣。

昔人有言，使爲善而父母怒之，兄弟怨之，宗族鄉黨賤惡之，如此而不爲善可也；爲善則父母愛之，兄弟悦之，宗族鄉黨敬信之，何苦而不爲善，爲君子？使爲惡而父母愛之，兄弟悦之，宗族鄉黨敬信之，如此而爲惡可也；爲惡則父母怒之，兄弟怨之，宗族鄉黨賤惡之，何苦而必爲惡，爲小人？ 諸生念此，亦可以知所立志矣。

勤學

已立志爲君子，自當從事於學。凡學之不勤，必其志之尚未篤也。從吾遊者，不以聰慧警捷爲高，而以勤謹㊀謙抑爲上。諸生試觀儕輩之中，苟有虛而爲盈，無而爲有，諱己之不能，忌人之有善，自矜自是，大言欺人者，使其人資稟雖甚超邁，儕輩之中，有弗疾惡之者乎？ 有弗鄙賤之者乎？ 彼固將以欺人，人果遂爲所欺，有弗竊笑之者乎？ 苟有謙默自持，無能自處，篤志力行，勤學好問，稱人之善，而咎己之失，從人之長，而明己之短，忠信樂易，表

㊀「謹」，全書作「確」。

裏一致者，使其人資禀雖甚魯鈍，儕輩之中，有弗稱慕之者乎？彼固以無能自處，而不求上人，人果遂以彼爲無能，有弗敬尚之者乎？諸生觀此，亦可以知所從事於學矣。

改過

夫過者，自大賢所不免，然不害其卒爲大賢者，爲其能改也。故不貴於無過，而貴於能改過。諸生自思平日亦有缺於廉耻忠信之行者乎？亦有薄於孝友之道，陷於狡詐偷刻之習者乎？諸生殆不至於此。不幸或有之，皆其不知而誤蹈，素無師友之講習規飭也。諸生試内省，萬一有近於是者，固亦不可以不痛自悔咎。然亦不當以此自歉，遂餒於改過從善之心。但能一旦脱然洗滌舊染，雖昔爲寇盜，今日不害爲君子矣。若曰吾昔已如此，今雖改過而從善，將人不信我，且無贖於前過，反懷羞澀凝沮，而甘心於污濁終焉，則吾亦絶望爾矣。

責善

責善，朋友之道，然須忠告而善道之。悉其忠愛，致其婉曲，使彼聞之而可從，繹之而可改，有所感而無所怒，乃爲善耳。若先暴白其過惡，痛毀極詆，使無所容，彼將發其愧恥憤恨之心，雖欲降以相從，而勢有所不能，是激之而使爲惡矣。故凡訐人之短，攻發人之陰私，以沽直者，皆不可以言責善。雖然，我以是而施於人不可也。人以是而加諸我，凡攻我之失者，皆我師也，安可以不樂受而心感之乎？某於道未有所得，其學鹵莽耳。謬爲諸生相從於此，每終夜以思，惡且未免，況於過乎？人謂事師無犯無隱，而遂謂師無可諫，非也。諫師之道，直不至於犯，而婉不至於隱耳。使吾而是也，因得以明其是；吾而非也，因得以去其非，蓋教學相長也。諸生責善，當自吾始。

不獨可爲初學規則，夫人而立志不渝也，好學不倦也，改過不吝也，嗜善若不及也。作聖之功，盡於此矣。當書以置左右。

責善者以吾之忠告入於友之耳，愛友也；訐短者以友之過失入於人之耳，賣友也。不可不辨。

真是望道未見之心。

論泰和楊茂其人聾啞，自候門求見。先生以字問，茂以字答。

你口不能言是非，你耳不能聽是非，你心還能知是非否？

（答曰：「知是非。」）

如此，你口雖不如人，你耳雖不如人，你心還與人一般。

（茂時首肯拱謝。）

大凡人只是此心。此心若能存天理，是個聖賢的心，口雖不能言，耳雖不能聽，也是個不能言不能聽的聖賢。心若不存天理，是個禽獸的心，口雖能言，耳雖能聽，也只是個能言能聽的禽獸。

（茂時扣胸指天。）

你如今於父母，但盡你心的孝；於兄長，但盡你心的敬；於鄉黨鄰里、宗族親戚，但盡你心的謙和恭順。見人怠慢，不要嗔恠。見人財利，不要[一]貪圖。但在裏面行你那是的心，莫行你那非的心。縱使外面人說你是，也不須

[一]「要」原作「見」，據全書改。

聽；説你不是，也不須聽。

（茂時首肯拜謝。）

你口不能言是非，省了多少閑是非；你耳不能聽是非，省了多少閑是非。凡説是非，便生是非，生煩惱；聽是非，便添是非，添煩惱。你口不能説，你耳不能聽，省了多少閑是非，省了多少閑煩惱，你比别人到快活自在了許多。

（茂時扣胸指天躃地。）

我如今教你，但終日行你的心，不消口裏説；但終日聽你的心，不消耳裏聽。

（茂時稽首再拜而已。）

聾啞之夫，一言指點，便能感悟。乃聰明便捷之人，終日馳逞博習，竟歸茫如。信道不可以口耳求也。然能言能聽者讀此，當發一汗矣。

示弟立志説 乙亥

予弟守文來學，告之以立志。守文因請次第其語，使得時時觀省，且請淺近其辭，則易於通曉也。因書以與之。

夫學莫先於立志。志之不立，猶不種其根而徒事培壅灌溉，勞苦無成矣。世之所以因循苟且，隨俗習非，而卒歸於污下者，凡以志之弗立也。故程子曰：「有求爲聖人之志，然後可以共學。」人苟誠有求爲聖人之志，則必思聖人之所以爲聖人者安在，非以其心之純乎天理，而無人欲之私歟？聖人之所以爲聖人，惟以其心之純乎天理而無人欲，則我之欲爲聖人，亦惟在於此心之純乎天理而無人欲耳。欲此心之純乎天理而無人欲，則必去人欲而存天理。務去人欲而存天理，則必求所以去人欲而存天理之方。求所以去人欲而存天理之方，則必正諸先覺，考諸古訓，而凡所謂學問之功者，然後可得而講，而亦有所不容已矣。

夫所謂正諸先覺者，既以其人爲先覺而師之矣，則當專心致志，惟先覺之爲聽。言有不合，不得棄置，必從而思之；思之不得，又從而辯之，務求了釋，不敢輒生疑惑。故記曰：「師嚴，然後道尊；道尊，然後民知敬學。」苟無尊崇篤信之心，則必有輕忽慢易之意。言之而聽之不審，猶不聽也；聽之而思之不慎，猶不思也。是則雖曰師之，猶不師也。

夫所謂考諸古訓者，聖賢垂訓，莫非教人去人欲而存天理之方，若五經、四書是已。吾惟欲去吾之人欲，存吾之天理，而不得其方，是以求之於此，則其展卷之際，真如饑者之於食，求飽而已；病者之於藥，求愈而已；暗者之於燈，求照而已；跛者之於杖，求行而已。曾有徒事記誦講説，以資口耳之弊哉！

夫立志亦不易矣。孔子，聖人也，猶曰：「吾十有五而志於學，三十而立。」立者，立志㊀也。雖至於「不踰矩」，亦志之不踰矩也。志豈可易而視哉！夫志，氣之帥也，人之命也，木之根也，水之源也。源不濬則流息，根不植則木枯，命不續則人死，志不立則氣昏。是以君子之學，無時無處而不以立志爲事。正目而視之，無他見也；傾耳而聽之，無他聞也。如猫捕鼠，如鷄覆卵，精神心思，凝聚融結，而不復知有其他，然後此志常立，神氣精明，義理昭著。一有私欲，即便知覺，自然容住不得矣。

故凡一毫私欲之萌，只責此志不立，即私欲便退聽；一毫客氣之動，只責此志不立，即客氣便消除。或怠心生，責此志即不怠；忽心生，責此志即不

㊀「立志」，全書作「志立」。

忿；躁心生，責此志即不躁；妒心生，責此志即不妒；忿心生，責此志即不忿；貪心生，責此志即不貪；傲心生，責此志即不傲；吝心生，責此志即不吝。蓋無一息而非立志責志之時，無一事而非立志責志之地。故責志之功，其於去人欲，有如烈火之燎毛，太陽一出，而魍魎潛消也。

自古聖賢，因時立教，雖若不同，其用功大指，無或少異。書謂「惟精惟一」，易謂「敬以直內，義以方外」，孔子謂格致誠正，博文約禮，曾子謂「忠恕」，子思謂「尊德性而道問學」，孟子謂集義養氣，「求其放心」。雖若人自爲說，有不可强同者，而求其要領歸宿，合若符契。何者？夫道一而已。道同則心同，心同則學同。其卒不同者，皆邪說也。後世大患，尤在無志，故今以立志爲說。中間字字句句莫非立志。蓋終身問學之功，只是立得志而已。若以是說而合精一，則字字句句，皆精一之功；以是說而合敬義，則字字句句皆敬義之功。其諸「格致」、「博約」、「忠恕」等說，無不脗合。但能實心體之，然後信予言之非妄也。

以此說體認「吾十有五」章，豈不痛快！先生說得明白真切若此，豈非造道之言耶？

書正憲扇 乙酉

今人病痛，大段只是傲。千罪百惡，皆從傲上來。傲則自高自是，不肯屈下人。故爲子而傲，必不能孝；爲弟而傲，必不能弟；爲臣而傲，必不能忠。象之不仁，丹朱之不肖，皆只是一「傲」字，便結果了一生，做個極惡大罪的人，更無解救得處。汝曹爲學，先要除此病根，方才有地步可進。「傲」之反爲「謙」，「謙」字便是對症之藥。非但是外貌卑遜，須是中心恭敬，樽節退讓，常見自己不是，真能虚己受人。故爲子而謙，斯能孝；爲弟而謙，斯能弟；爲臣而謙，斯能忠。堯舜之聖，只是謙到至誠處，便是允恭克讓，温恭允塞也。汝曹勉之敬之，其毋若伯魯之簡哉！

人宜書一通於座右，以爲克己之助。

書中天閣勉諸生 乙酉

雖有天下易生之物，一日暴之，十日寒之，未有能生者也。承諸君之不鄙，每予來歸，咸集於此，以問學爲事，甚盛意也。然不能旬日之留，而旬日

切中朋儕之病。

之間，又不過三四會。一別之後，輒復離羣索居，不相見者動經年歲。然則豈惟十日之寒而已乎？若是，而求萌蘖之暢茂條達，不可得矣。故予切望諸君，勿以予之去留爲聚散。或五六日、八九日，雖有俗事相妨，亦須破冗一會於此。務在誘掖獎勸，砥礪切磋，使道德仁義之説㊀日親日近，則世利紛華之染，亦日遠日疏，所謂「相觀而善，百工居肆以成其事者也」。相會之時，尤須虛心遜志，相親相敬。大抵朋友之交，以相下爲益，或議論未合，要在從容涵育，相感以誠。不得動氣求勝，長傲遂非。務在默而成之，不言而信。其或矜己之長，攻人之短，粗心浮氣，矯以沽名，訐以爲直，挾勝心而行憤嫉，以圮族敗羣爲志，則雖日講時習於此，亦無益矣。諸君念之，念之！

贈郭善甫歸省序

乙亥

郭子自黄來學，踰年而告歸。曰：「慶聞夫子立志之説，亦既知所從事矣。今兹將遠去，敢請一言以爲夙夜勖。」陽明子曰：「君子之於學也，猶農夫

㊀「説」，全書作「習」。

之於田也，既善其嘉種矣，又深耕易耨，去其蝥莠，時其灌漑，早作而夜思，皇皇惟嘉種之是憂也，而後可望於有秋。夫志猶種也，學問思辯而篤行之，是耕耨灌漑以求於有秋也。志之弗端，是荑稗也。志端矣，而功之弗繼，是五穀之弗熟，弗如荑稗也。吾嘗見子之求嘉種矣，然猶懼其或荑稗也。見子之勤耕耨矣，然猶懼其荑稗之弗如也。夫農春種而秋成，時也。繇志學而至於立，自春而徂夏也，繇立而至於不惑，去夏而秋矣。已過其時，猶種之未定，不亦大可懼乎？過時之學，非人一己百，未之敢望，而猶或作輟焉，不亦大可哀乎？從吾游者衆矣，雖開説之多，未有出於立志者。故吾於子之行，卒不能舍是而別有所説。子亦可以無疑於用力之方矣。」

人只是立志堅定，自無虚廢之時。日功之弗繼，總繇志之不立。學而時習之，亦只是立志堅定而已。開導明切，無如此序。

讀之悚然。

紫陽書院集序 乙亥

豫章熊侯世芳之守徽也，既敷政其境内，乃大新紫陽書院，以明朱子之學，萃七校之秀而躬教之。於是校士程曾氏採摭書院之興廢爲集，而弁以白鹿之規，明政教也，來請予言，以詔多士。夫爲學之方，白鹿之規㊀盡矣；警勸之道，熊侯之意勤矣；興廢之故，程生之集備矣。又奚以予言爲乎？

然予聞之：德有本而學有要，不於其本而泛焉以從事，高之而㊁虛無，卑之而支離，終流蕩失宗，勞而無得矣。是故君子學惟求得其心。雖至於位天地，育萬物，未有出於吾心之外也。孟氏所謂「學問之道無他，求其放心而已矣」者，一言以蔽之。故博學者，學此者也；審問者，問此者也；慎思者，思此者也；明辯者，辯此者也；篤行者，行此者也。心外無事，心外無理，故心外無學。是故於父子盡吾心之仁，於君臣盡吾心之義，言吾心之忠信，行吾心之篤敬，懲心忿，窒心欲，遷心善，改心過，處事接物，無所往而非求盡吾心以自慊也。譬之植焉，心其根也；學也者，其培擁之者也，灌溉之者也，扶植而刪鋤之者也，無非有事於根焉耳矣。

讀此可識心體之大，格物致知之義更了然矣。

朱子白鹿之規，首之以五教之目，次之以爲學之方，又次之以處事接物之要，若各爲一事而不相蒙者。斯殆朱子平日之意，所謂隨事精察而力行

㊀ 自「明政教也」至「白鹿之規」二十一字原脱，據全書、張本補。　㊁ 「而」字據全書補。

之,庶幾一旦貫通之妙也歟?然而世之學者,往往遂失之支離瑣屑,色莊外馳,而流入於口耳聲利之習。豈朱子之教使然哉?故吾因諸士之請,而特原其本以相勖,庶幾乎操存講習之有要,亦所以發明朱子未盡之意。

晦庵曰:「吾非知外而不知内。」寧有不知學問務求得乎其心者?其所設之規條,不過恐人務於虛無,以此爲下學立程耳。先生之序,又恐人習其規條,而忘其原本,而朱子之意反晦,故曰發明朱子未盡之意,其旨深哉!

象山文集序

聖人之學,心學也。堯、舜、禹之相授受,曰:「人心惟危,道心惟微,惟精惟一,允執厥中。」此心學之源也。中也者,道心之謂也,道心精一之謂仁,所謂中也。

聖人之心,合天地萬物而爲言者也。致中和,自然能位育。若求之於天地萬物,則外矣,此正所謂毫釐之差,千里之謬。即賢知多易犯此,不可不辨。

孔孟之學,惟務求仁,蓋精一之傳也。而當時之弊,固已有外求之者,故子貢致疑於多學而識,而以博施濟衆爲仁。夫子告之以一貫,而教以能近取譬,蓋使之求諸其心也。迨於孟氏之時,墨氏之言仁,至於摩頂放踵,而告子之徒又有「仁内義外」之説，心學大壞。孟氏闢義外之説，而曰：「仁，人心也。學問之道無他，求其放心而已矣。」又曰：「仁義禮智，非由外鑠我也，我固有之，弗思耳矣。」蓋王道息而伯術行，功利之徒，外假天理之近似，以濟其私，而以欺於人，曰天理固如是。不知既無其心矣，而尚何有所謂天理者乎？

自是而後，析心與理而爲二，而精一之學亡。世儒之支離，外索於刑名器數之末，以求明其所謂物理者，而不知吾心即物理，初無假於外也。佛、老之空虚，遺棄其人倫事物之常，以求明其所謂吾心者，而不知物理即吾心，不可得而遺也。

至宋周、程二子，始復追尋孔、顔之宗，而有「無極而太極」，「定之以仁義中正而主静」之説。動亦定，静亦定，無内外，無將迎之論，庶幾精一之旨矣。自是而後，有象山陸氏，雖其純粹和平若不逮於二子，而簡易直截，真有以接孟氏之傳，其議論開闔，時有異者，乃其氣質意見之殊，而要其學之必求諸心，則一而已。故吾嘗斷以陸氏之學，孟氏之學也。而世之議者，以其嘗與晦翁之有異同，而遂詆以爲禪。夫禪之説，棄人倫，遺物理，而要其歸極，不可以爲天下國家。苟陸氏之學而果若是也，乃所以爲禪也。今禪之說，與陸氏之說，其書俱存，學者苟取而觀之，其是非同異，當有不待於辯說者。而顧一倡羣和，勦說雷同，如矮人之觀場，莫知悲笑之所自，豈非貴耳賤目，不得於言而勿求諸心者之過歟！夫是非異同，每起於人持勝心，便舊習而是己見。故勝心舊習之爲患，賢者不免焉。

撫守李茂元氏將重刊象山之文集，而請一言爲之序，予何所容言哉？惟讀先生之文者，務求諸心，而無以舊習己見先焉，則糠秕精鑿之美惡，入口而知之矣。

人心道心，此是萬世道學之祖。象山之學，一惟求之於心，可謂得學之大本大源，豈晦翁不知此，乃禪學之說何爲也？正恐後之學者不識其易簡覺悟之說，而求之惝怳杳忽之地，猶先生所云，入手處有毫釐千里之謬，不容不辯。晦翁之辯象山也，猶先生之辯晦翁也。三先生道自相成，而說之異同可勿問矣。

數語可爲讀書窮理者法。

禮記纂言序㊀

禮也者,理也;理也者,性也;性也者,命也。「維天之命,於穆不已」,而其在於人也謂之性,其粲然而條理也謂之禮,其純然而粹善也謂之仁,其截然而裁制也謂之義,其昭然而明覺也謂之知,其渾然於其性也,則理一而已矣。故仁也者,禮之體也;義也者,禮之宜也;知也者,禮之通也。經禮三百,曲禮三千,無一而非仁也,無一而非性也。天敘天秩,聖人何心焉,蓋無一而非命也。故克己復禮則謂之仁,窮理則盡性以至於命,盡性則動容周旋中禮矣。

後之言禮者,吾惑焉。紛紜器數之争,而牽制刑名之末,窮年矻矻,弊精於祝史之糟粕,而忘其所謂「經綸天下之大經,立天下之大本」者。「禮云禮云,玉帛云乎」,而「人之不仁也,其如禮何哉」!故老莊之徒,外禮以言性,而謂禮爲道德之衰,仁義之失,既已墮於空虚漭蕩。而世儒之説,復外性以

人止一性,性只一理。即以禮貫四德可,以四德互相爲貫通亦可。各認一邊,非盡性之學。

㊀ 全書「序」下有「庚辰」。

人人具有，禮之本盡，人俱有禮教之責，委罪於秦火者，正是「禮」字不明。

求禮，遂謂禮止於器制度數㊀之間，而議擬倣像於影響形迹，以爲天下之禮盡在是矣。故凡先王之禮煙蒙灰散而卒以煨燼於天下，要亦未可專委罪於秦火者。

僭不自度，嘗欲取禮記之所載，揭其大經大㊁本，而疏其條理節目，庶幾器道本末之一致。又懼其德之弗任，而時亦有所未及也。間常爲之說，曰：「禮之於節文也，猶規矩之於方圓也。非方圓無以見規矩之用，非節文則亦無從而睹所謂禮矣。然方圓者，規矩㊂之所出，而不可遂以方圓爲規矩。故執規矩以爲方圓，則方圓不可勝用。舍規矩以爲方圓，而遂以方圓爲之規矩，則規矩之用息矣。故規矩者，無一定之方圓；而方圓者，有一定之規矩。此學禮之要，盛德者之所以動容周旋而中也。」

宋儒朱仲晦氏慨禮經之蕪亂，嘗欲考正而刪定之，以儀禮爲之經，禮記爲之傳，而其志竟亦弗就。其後吴幼清氏因而爲纂言，亦不數數於朱說，而

㊀「器制度數」，全書作「器數制度」。　㊁「大」原作「夫」，據全書改。　㊂「非方圓無以見規矩之用，非節文則亦無從而睹所謂禮矣。然方圓者，規矩」，全書作「非方圓無以見規矩」。

推明禮教，感慨無窮。

於先後輕重之間，固已多所發明。二子之見，其規條指畫，則既出於漢儒矣，其所謂「觀其會通，以行其典禮之原」，則尚恨吾生之晚，而未及與聞之也。雖然，後聖而有作，則無所容言矣；後聖而未有作也，則如纂言者，固學禮者之箕裘筌蹄，而可以少之乎？姻友胡汝登，忠信而好禮，其爲寧國也，將以是而施之。刻纂言以敷其説，而屬序於予。予將進汝登之道，而推之於其本也，故爲序之若此云。

中庸贊聖道之大，而以經曲爲言；夫子語顔淵爲仁，而以復禮爲言。禮也者，此性自然之天則，發爲各當之條理，無弗貫徹，無弗包裹，日用動静，争差些子不得。仁差些子，便不成仁；義差些子，便不成義；知差些子，便不成知。是禮也者，貫四德而爲言。大易所謂觀其會通，以行其典禮者也。窮理盡性，以至於命，可以得禮之本矣。

贈鄭德夫歸省序 乙亥

西安鄭德夫將學於陽明子，聞士大夫之議者，以爲禪學也，復已之，則與江山周以善者，姑就陽明子之門人而考其説，若非禪者也，則又姑與就陽明

心之所安，即是良知，學其心之所安，即是致良知。良知未有不能辯是非者，不睹不聞而是非辯也，日涉於講説議論之途，而是非亦辯也。人惟不能致此良知，甘心舍危而即安，即日辯是非於議論，何益？此序言學精簡明要，敬當書諸紳。

子，親聽其説焉。蓋旬有九日，而後釋然於陽明子之學非禪也，始具弟子之禮，師事之。問於陽明子曰：「釋與儒孰異乎？」陽明子曰：「子無求其異同於儒、釋，求其是者而學焉可矣。」曰：「是與非孰辯乎？」曰：「子無求其是非於講説，求諸心而安焉者是矣。」曰：「心又何以能定是非乎？」曰：「無是非之心，非人也。口之於甘苦也，與易牙同；目之於妍媸也，與離婁同；心之於是非也，與聖人同。其有味焉者，其心之於道，不能如口之於味，目之於色之誠切也，然後私得而蔽之。子務立其誠而已。子惟慮夫心之於道，不能如口之於味、目之於色之誠切也，而何慮夫甘苦妍媸之無辯也乎？」曰：「然則五經之所載、四書之所傳，其皆無所用乎？」曰：「孰爲而無所用乎？是甘苦妍媸之所在也。使無誠心以求之，是談味論色而已也，又孰從而得甘苦妍媸之真乎？」既而告歸，請陽明子爲書其説，遂書之。

學其心之所安，指點警切。

朱子晚年定論序　戊寅

洙泗之傳，至孟子而息。千五百餘年，濂溪、明道始復追尋其緒。自後

世之以老道學自矜者，必以假途釋老自諱矣，此便是文過，先生正不必然。

辯析日詳，然亦日就支離決裂，旋復湮晦。吾嘗深求其故，大抵皆世儒之多言有以亂之。守仁蚤歲業舉，溺志辭章之習。既乃稍知從事正學，而苦於衆說之紛撓疲薾，茫無可入，因求諸老、釋，欣然有會於心，以爲聖人之學在此矣。然於孔子之教，間相出入，而措之日用，往往闕漏無歸。依違往返，且信且疑。

其後謫官龍場，居夷處困，動心忍性之餘，恍若有悟。體驗探求，再更寒暑，證諸六經四子，沛然若決江河而放之海也。然後歎聖人之道，坦如大路，而世之儒者，妄開竇逕，蹈荆棘，墮坑塹，究其爲說，反出二氏之下。宜乎世之高明之士厭此而趨彼也！此豈二氏之罪哉？間嘗以此語同志，而聞者競相非議，自以爲立異好奇，雖每痛反深抑，務自搜剔斑瑕，而愈益精明的確，洞然無復可疑。獨於朱子之說有相牴牾，恒疚於心。切疑朱子之賢，而豈其於此尚有未察？

及官留都，復取朱子之書而簡求之，然後知其晚歲固已大悟舊說之非，痛悔極艾，至以爲自誑誑人之罪，不可勝贖。世之所傳集註、或問之類，乃其中年未定之說，自咎以爲舊本之誤，思改正而未及。而其諸語類之屬，又其門人挾勝心以附己見，固於朱子平日之說，猶有大相謬戾者。而世之學者，局於見聞，不過持循講習於此，其於悟後之論，概乎其未有聞，則亦何怪乎予言之不信，而朱子之心，無以自暴於後世也乎？

予既自幸其說之不謬於朱子，又喜朱子之先得我心之同然，且慨夫世之學者，徒守朱子中年未定之說，而不復知求其晚歲既悟之論，競相呶呶，以亂正學，不自知其已入於異端。輒採録而裒集之，私以示夫同志，庶幾無疑於吾說，而聖學之明可冀矣。

先生與朱子是一是二，兩言可見。

大學古本序　戊寅

兩言足以扼大學之要。

大學之要，誠意而已矣。誠意之功，格物而已矣。誠意之極，止至善而已矣。止至善之則，致知而已矣。正心，復其體也；修身，著其用也。以言乎己，謂之明德；以言乎人，謂之親民；以言乎天地之間，則備矣。是故至善也者，心之本體也。動而後有不善，而本體之知，未嘗不知也。意者，其動也。物者，其事也。致其本體之知，而動無不善。然非即其事而格之，則亦無以致其知。故致知者，誠意之本也。格物者，致知之實也。物格則知致意誠，而有以復其本體，是之謂止至善。聖人懼人之求之於外也，而反覆其辭。舊本析，而聖人之意亡矣。是故不務於誠意而徒以格物者，謂之支；不事於格物而徒以誠意者，謂之虚；不本於致知而徒以格物誠意者，謂之妄。支與虚與妄，其於至善也遠矣。合之以經而益綴，補之以傳而益離。吾懼學之日遠於至善也，去分章而復舊本，傍爲之什㊀以引其義，庶幾復見聖人之心，而求之者有其要。噫！乃若致知，則存乎心，悟致知焉，盡矣。

看先生序意，大學下手處止在格物二字，格物之功，豈能舍學問、思辯、篤行，空空作玄解頓悟之説？人不會其意，徒見與朱子即物窮理之説微有異同，便謂先生致良知之説，「格物」二字可抹殺，豈定論哉！

經傳自遭秦火，鮮有完本，所傳大學古本，其中寧無一二錯誤？朱子取程子之意以補傳，亦寧必盡合古本之初？朱、王二先生，因以此見異，然物格、致知、誠意，經文之條理自明。格物二字，是入道者着實下手處，故物格而後知至。先生不能與朱子異也。以不能與聖經異也，即其見解稍殊，然歸於誠意同，歸於大學之道同。學者惟在會其道之同，無拘其説之異，古本補傳之説，俱闕疑可也。

㊀「什」，全書作「本」。

陽明先生集要經濟編卷一

陳言邊務疏

是時先生筮仕而奏疏若此，已作洛陽少年輩行人矣。

雖爲邊務而發，然朝廷大病已括盡數語中。

迺者竊見皇上以彗星之變，警戒修省。又以虜寇猖獗，命將出師，宵旰憂勤，不遑寧處。此誠聖主遇災能警，臨事而懼之盛心也。當茲多故，主憂臣辱，孰敢愛其死，況有一二之見，而忍不以上聞耶？臣愚以爲今之大患，在於爲大臣者外託慎重老成之名，而內爲固禄希寵之計，爲左右者內挾交結㊀蔽壅之資，而外肆招權納賄之惡。習以成俗，互相爲姦。憂世者謂之迂狂，進言者目以浮躁，沮抑正大剛直之氣，而養成怯懦因循之風。故其衰耗頹塌，將至於不可支持而不自覺。今幸上天仁愛，適有邊陲之患，是憂慮警省，易轅改轍之機也。此在陛下，必宜自有所以痛革弊源，懲艾而振作之者

㊀「結」，全書作「蟠」。

矣。新進小臣，何敢僭聞其事，以干出位之誅？至於軍情之利害，事機之得失，苟有所見，是固蒭蕘之所可進，卒伍之所得言者也。臣亦何爲而不可之有？雖其所陳，未必盡合時論，然私心竊以爲必宜如此，則又不可以苟避乖剌，而遂已於言也。

謹陳便宜八事，以備採擇。一曰蓄材以備急，二曰舍短以用長，三曰簡師以省費，四曰屯田以足食，五曰行法以振威，六曰敷恩以激怒，七曰捐小以全大，八曰嚴守以乘弊。

何謂蓄材以備急？臣惟將者，三軍之所恃以動，得其人則克以勝，非其人則敗以亡，其可以不豫蓄哉？今者邊方小寇，曾未足以辱偏裨，而朝廷會議推舉，固已倉皇失措，不得已而思其次，一二人之外，曾無可以繼之者矣。如是而求其克敵致勝，其將何恃而能乎！夫以南宋之偏安，猶且宗澤、岳飛、韓世忠、劉錡之徒以爲之將，李綱之徒以爲之相，尚不能止金人之衝突。今以一統之大，求其任事如數子者，曾未見有一人。萬一虜寇長驅而入，不知陛下之臣，孰可使以禦之？若之何其猶不寒心而早圖之也！

臣愚以爲今之武舉，僅可以得騎射搏擊之士，而不足以收韜略統馭之

此舉誠爲今日急務，然要擇其通變特達者甚難。如遣之非人，邊境徒滋騷擾，回部必有一番迂膴條陳，反以掣邊臣之肘，天官司馬應交任其責哉！

才。今公侯之家，雖有教讀之設，不過虛應故事，而實無所裨益。誠使公侯之子皆聚之一所，擇文武兼濟之才，如今之提學之職者一人以教育之，習之以書史騎射，授之以韜略謀猷。又於武學生之内，歲升其超異者於此，使之相與磨礲砥礪，日稽月考，别其才否，比年而校試，三年而選舉。至於兵部，自尚書以下，其兩侍郎，使之每歲更迭巡邊，於科道部屬之内，擇其通變特達者二三人以從，因使之得以周知道里之遠近，邊關之要害，虜情之虛實，事勢之緩急，無不深諳熟察於平日。則一旦有急，所以遥度而往涖之者，不慮無其人矣。孟軻有云：「苟爲不畜，終身不得。」臣願自今畜之也。

何謂舍短以用長？臣惟人之才能，自非聖賢，有所長必有所短，有所明必有所蔽。而人之常情，亦必有所懲於前，而後有所警於後。吴起殺妻，忍人也，而稱名將。陳平受金，貪夫也，而爲謀臣。管仲被囚而建霸，孟明三北而成功。顧上之所以駕馭而鼓動之者何如耳。故曰：用人之仁，去其貪；用人之智，去其詐；用人之勇，去其怒。夫求才於倉卒艱難之際，而必欲拘於規矩繩墨之中，吾知其必不克矣。臣嘗聞諸道路之言，曩者邊關將士以驍勇强悍稱者，多以過失罪名擯棄於閒散之地。夫有過失罪名，其在平居無事，誠不可使處於人上。至於今日之多事，則彼之驍勇强悍，亦誠有足用也。且彼擯棄之久，必且悔艾前非，以思奮勵。今誠委以數千之衆，使得立功自贖，彼又素熟於邊事，加之以積憤之餘，其與不習地利，志圖保守者，功宜相遠矣。古人有言：使功不如使過。是所謂「使過」也。

何謂簡師以省費？臣聞之兵法曰：「日費千金，然後十萬之師舉。」夫古之善用兵者，取用於國，因糧於敵，猶且「日費千金」。今以中國而禦夷虜，非漕輓則無粟，非征輸則無財，是固不可以言「因糧於敵」矣。然則今日之師可以輕出乎？臣以公差在外，甫歸旬日，遥聞出師。竊以爲不必然者。何則？北地多寒，今炎暑漸熾，虜性不耐，我得其時，一也。虜恃弓矢，今大雨時行，筋膠解弛，二也。虜逐水草以爲居，射生畜以爲食，今已蜂屯兩月，邊草殆盡，野無所獵，三也。以臣料之，官軍甫至，虜迹遁矣。夫兵固有先聲而後實者，今師旅既行，言已無及，惟有簡師一事，猶可以省虛費而得實用。夫兵貴精不貴多，今速詔諸將，密於萬人之内，取精健足用者三分之一，而餘皆歸之京師，萬人之聲既揚矣，今密歸京師，邊關固不知也，是萬人之威猶在也，而其實又可以省無窮之費。豈不爲兩便哉！況今官軍之出，戰則退後，

此擇將者不易之法。

官軍至而虜亦遁，近日往往如此。然遁即報功，又多一番賞賚，固繇邊臣蒙蔽，亦繇當局不以邊疆爲念，且藉其報捷，可因之分功耳。

功則爭先，亦非邊將之所喜。彼之請兵，徒以事之不濟，則責有所分焉耳。今誠於邊塞之卒，以其所以養京軍者而養之，以其所以賞京軍者而賞之，旬日之間，數萬之衆可立募於帳下，奚必自京而出哉？

洞見邊將肺腑。

何謂屯田以給食？臣惟兵以食爲主，無食，是無兵也。邊關轉輸，水陸千里，踣頓捐棄，十而致一。故兵法曰：「國之貧於師者遠輸，遠輸則百姓貧；近師貴賣，貴賣則百姓財竭。」此之謂也。今之軍官既不堪戰陣，又使無事坐食以益邊困，是與敵爲謀也。三邊之戍，方以戰守，不暇耕農。誠使京軍分屯其地，給種授器，待其秋成，使之各食其力。寇至，則授甲歸屯，遥爲聲勢，以相掎角；寇去，仍復其業，因以其暇，繕完虜所拆毁邊墻亭堡，以遏衝突。如此，雖未能盡給塞下之食，亦可以少急輸餽矣。此誠持久俟時之道，王師出於萬全之長策也。

此法行，不獨可以給邊餉，亦可以清理京軍，洵爲良策。第必邊上兵强將勇，方能行此。如近日之兵將，徒抛給種之費，秋成時適多一番犯搶耳。

何謂行法以振威？臣聞李光弼之代子儀也，張用濟斬於轅門。狄青之至廣南也，陳曙戮於戲下。是以皆能振疲散之卒，而摧方强之虜。今邊臣之失機者，往往以計倖脱。朝喪師於東陲，暮調守於西鄙。罰無所加，兵因縱弛。如此，則是陛下不惟不置之罪，而復爲曲全之地也。彼亦何憚而致其死力哉？ 夫法之不行，自上犯之也。 今總兵官之頭目，動以一二百計，彼其誠以武勇而收録之也，則亦何不可之有！ 然而此輩非勢家之子弟，即豪門之夤緣，皆以權力而强委之也。 彼且需求刻剥，騷擾道路，仗勢以奪功，無勞而冒賞。 懈戰士之心，興邊戎之怨。 爲總兵者且復資其權力以相後先，其委之也，敢以不受乎？ 其受之也，其肯以不庇乎？ 苟戾於法，又敢斬之以殉乎？ 是將軍之威，固已因此輩而索然矣，其又何以臨師服衆哉！ 臣願陛下手勑提督等官，發令之日，即以先所喪師者斬於轅門，以正軍法。 而所謂頭目之屬，悉皆禁令發回，毋使瀆擾侵冒，以撓將權。 則士卒奮勵，軍威振肅，克敵制勝，皆原於此。 不然，雖有百萬之衆，徒以虛國勞民，而亦無所用之也。

此弊處處皆然，非嚴加釐剔，軍政未有能濟者。

何謂敷恩以激怒？ 臣聞殺敵者，怒也。 今師方失利，士氣消沮。 三邊之戍，其死亡者，非其父母子弟，則其宗族親戚也。 今誠撫其瘡痍，問其疾苦，恤其孤寡，振其空乏。 其死者皆無怨尤，則生者自宜感動。 然後簡其强壯，宣以國恩，喻以虜讎，明以天倫，激以大義。 懸賞以鼓其勇，暴惡以深其怒。 痛心疾首，日夜淬礪，務與之俱殺父兄之讎，以報朝廷之德。 則我之兵

情形如畫。

今之邊臣一有失，大則置諸理，小則議降罰，即欲不奔逐損威不可得。邊臣復苦束縛之太甚也，不得不飾功掩罪，朝廷因不能實知邊方之勝負，朦蔽轉深，邊政愈壞，思深哉，先生之言也。

勢日張，士氣日奮，而區區醜虜，有不足破者矣。

何謂捐小以全大？ 臣聞之兵法曰：「將欲取之，必固與之。」又曰：「佯北勿從，餌兵勿食。」皆捐小全大之謂也。今虜勢方張，我若按兵不動，彼必出鋭以挑戰。挑戰不已，則必設詐以致師。或捐棄牛馬而僞逃，或擁匿精捍以示弱，或詐潰而埋伏，或潛軍而請和，是皆誘之以利也。信而從之，則墮其計矣。然今邊關守帥，人各有心，虜情虛實，事難卒辨。當其挑誘之時，畜而不應，未免小㊀有剽掠之虞。一以爲當救，一以爲可邀。從之，則必陷於危亡之地；不從，則又懼干坐視之誅。此王師之所以奔逐疲勞，損失威重，而醜虜之所以得志也。今若恣其操縱，許以便宜，其縱之也，不以爲坐視；其捐之也，不以爲失機。養威畜憤，惟欲責以大成，而小小挫失，皆置不問。則我師常逸而兵威無損，此誠勝敗存亡之機也。

何謂嚴守以乘弊？ 臣聞古之善戰者，先爲不可勝，以待敵之可勝。蓋中國工於自守，而胡虜長於野戰。今邊卒新破，虜勢方劇，若復與之交戰，是

㊀「小」，全書作「必」。

以五年滅奴之説欺明主者，殆未讀此。其罹於棄市之慘也宜哉。

必不可勝者在我，後謂之能守。若止爲嬰城拒敵之圖，是閉門而却盗，終必至一敗塗地。禦侮者曰雖不能戰，亦能守，此皆欺我之言也。

投其所長，而以勝予敵也。爲今之計，惟宜嬰城固守，遠斥堠以防姦，勤間諜以謀虜，熟訓練以用長，嚴號令以肅惰。而又頻加犒享，使皆畜力養鋭。譬之積水，俟其盈滿充溢，而後乘怒急決之，則其勢并力驟，至於崩山漂石而未已。昔李牧備邊，日以牛酒享士，士皆樂爲一戰，而牧屢抑止之，至其不可禁遏，而始奮威並出，若不得已而後從之，是以一戰而破强胡。今我食既足，我威既盛，我怒既深，我師既逸，我守既堅，我氣既鋭，則是周悉萬全，而所謂不可勝者既在於我矣。繇是，我足，則虜日以匱；我盛，則虜日以衰；我怒，則虜日以曲；我逸，則虜日以勞；我堅，則虜日以虚；我鋭，則虜日以鈍。索情較計，必將疲罷奔逃，然後用奇設伏，悉師振旅，出其所不趨，趨其所不意，迎邀夾攻，首尾横擊。是乃以足當匱，以盛敵衰，以怒加曲，以逸擊勞，以堅破虚，以鋭攻鈍，所謂勝於萬全，立於不敗之地，而不失敵之敗者也。

右臣所陳，非有奇特出人之見，固皆兵家之常談，今之爲將者之所共見也。但今邊關將帥，雖或知之而不能行，類皆視爲常談，漫不加省。勢有所軼，則委於無可奈何；事憚煩難，則爲因循苟且。是以翫習弛廢，一至於此！陛下不忽其微，乞勅兵部將臣所奏熟議可否，轉行提督等官，即爲斟酌施行。毋使視爲虚文，務欲責以實效，庶於軍機必有少補。臣不勝爲國惓惓之至！

先生功業俱在西南，未嘗北犁虜庭，無所表著。然讀此疏，籌邊已無餘策。使邊臣實實能以先生所言者見之行事，便是久安長治之規。讀先生八策，勝孫子十三篇也。神而明之，存乎其人而已！

乞宥言官去權姦以章聖德疏

知而不敢言，固足以見逆瑾之惡，足以懾衆心，然何滿朝之皆婦人哉，可嘆，可嘆！

臣聞君仁則臣直。大舜之所以聖，以能隱惡而揚善也。臣邇者竊見陛下以南京户科給事中戴銑等上言時事，特勑錦衣衛差官校拿解赴京。臣不知所言之當理與否，意其間必有觸冒忌諱，上干雷霆之怒者。但以銑等職居諫司，以言爲責。其言而善，自宜嘉納施行；如其未善，亦宜包容隱覆，以開忠讜之路。乃今赫然下令，遠事拘囚。在陛下之心，不過少示懲創，使其後日不敢輕率妄有論列，非果有意怒絶之也。下民無知，妄生疑懼，臣切惜之。

今在廷之臣，莫不以此舉爲非宜，然而莫敢爲陛下言者，豈其無憂國愛君之心哉？懼陛下復以罪銑等者罪之，則非惟無補於國事，而徒足以增陛下之過舉耳。然則自是而後，雖有上關宗社危疑不測之事，陛下孰從而聞之？陛下聰明超絶，苟念及此，寧不寒心！況今天時凍沍，萬一差去官校督束過嚴，銑等在道，或致失所，遂填溝壑，使陛下有殺諫臣之名，興羣臣紛紛之議，其時陛下必將追咎左右莫有言者，則既晚矣。

伏願陛下追收前旨，使銑等仍舊供職，擴太公無我之仁，明改過不吝之勇。聖德昭布遠邇，人民胥悦，豈不休哉！臣又惟君者，元首也；臣者，耳目手足也。陛下思耳目之不可使壅塞，手足之不可使痿痺，必將惻然而有所不忍。臣承乏下僚，僭言實罪。伏覩陛下明旨，有「政事得失，許諸人直言無隱」之條，故敢昧死爲陛下一言。伏惟俯垂宥察，不勝干冒戰慄之至！

婉轉剴切，言簡意盡。

當日姦謀，確有此意。

愚聞之同鄉先輩云：先生此疏入，下錦衣獄刑訊，刑具自折。逆瑾聞之，因得不死，僅謫龍場。知天生先生爲一代大儒，明道學以正人心，除反側以定禍亂，即患難中，蒼蒼者實有以陰隲之，非偶然也。否則，自古之以直諫而得死者豈少哉！

孟氏家法，長公筆舌。

諫迎佛疏

臣自七月以來，切見道路流傳之言，以爲陛下遣使外夷，遠迎佛教，羣臣紛紛進諫，皆斥而不納。臣始聞不信，既知其實然，獨竊喜幸，以爲此乃陛下聖智之開明，善端之萌蘖。羣臣之諫，雖亦出於忠愛至情，然而未能推原陛下此念之所從起，是乃爲善之端，作聖之本，正當將順擴充，溯流求原，而乃狃於世儒崇正之説，徒爾紛争力沮，宜乎陛下之有所拂而不受，忽而不省矣。愚臣之見，獨異於是，乃惟恐陛下好佛之心有所未至耳。誠使陛下好佛之心果已真切懇至，不徒好其名，而必務得其實；不但好其末，而必務求其本。則堯舜之聖可至，三代之盛可復矣。豈非天下之幸，宗社之福哉！

臣請爲陛下言其好佛之實。陛下聰明聖知，昔者青宫，固已播傳四海。即位以來，偶值多故，未暇講求五帝、三王神聖之道。雖或時御經筵，儒臣進説，不過日襲故事，就文敷衍。立談之間，豈能遽有所開發？陛下聽之，以爲聖賢之道，不過如此，則亦有何可樂？故漸移志於騎射之能，縱心於遊

人君之有非僻，實繇人臣致君無術，此雖是先生曲以引君，實是正大議論。

觀㊀之樂。蓋亦無所用其聰明，施其才力，而偶託寄於此。陛下聰明，豈固遂安於是，而不知此等皆無益有損之事也哉？馳逐困憊之餘，夜氣清明之際，固將厭倦日生，悔悟日切。而左右前後，又莫有以神聖之道爲陛下言者。故遂遠思西方佛氏之教，以爲其道能使人清心絕欲，求全性命，以出離生死。又能慈悲普愛，濟度羣生，去其苦惱，而躋之快樂。

今災害日興，盜賊日熾，財力日竭。天下之民，困苦已極。使誠身得佛氏之道而拯救之，豈徒息精養氣，保全性命？豈徒一身之樂？將天下萬民之困苦，亦可因是而蘇息！故遂特降綸音，發幣遣使，不憚數萬里之遥，不愛數萬金之費，不惜數萬生靈之困斃，不厭數年往返之遲久，遠迎學佛之徒。是蓋陛下思欲一洗舊習之非，而幡然於高明光大之業也。陛下試以臣言反而思之，陛下之心，豈不如此乎？然則聖知之開明，善端之萌蘖者，亦豈過爲諛言以佞陛下哉！

陛下好佛之心誠至，則臣請毋好其名而務得其實，毋好其末而務求其

㊀「縱心于遊觀」，全書作「縱觀于遊心」。

本。陛下誠欲得其實而求其本，則請毋求諸佛而求諸聖人，毋求諸外夷而求諸中國。此又非臣之苟爲遊説之談，以誑陛下，臣又請得而備言之。夫佛者，夷狄之聖人；聖人者，中國之佛也。在彼夷狄，則可用佛氏之教，以化道愚頑；在我中國，自當用聖人之道，以參贊化育。猶行陸者必用車馬，渡海者必以舟航。今居中國而師佛教，是猶以車馬渡海，雖使造父爲御，王良爲右，非但不能利涉，必且有沈溺之患。夫車馬本致遠之具，豈不利器乎？然而用非其地，則技無所施。

陛下若謂佛氏之道，雖不可以平治天下，或亦可以脱離一身之生死；雖不可以參贊化育，而時亦可以導羣品之嚚頑。就此二説，亦復不過得吾聖人之餘緒。陛下不信，則臣請比而論之。臣亦竊嘗學佛，最所尊信，自謂悟得其藴奥。後乃窺見聖道之大，始遂棄置其説。臣請毋言其短，言其長者。夫西方之佛，以釋迦爲最；中國之聖人，以堯舜爲最。臣請以釋迦與堯舜比而論之。

夫世之最所崇慕釋迦者，莫尚於脱離生死，超然獨存於世。今佛氏之書具載始末，謂釋迦住世説法四十餘年，壽八十二歲而没，則其壽亦誠可謂高矣。然舜年百有十歲，堯年一百二十歲，其壽比之釋迦，則又高也。

佛能慈悲施捨，不惜頭目腦髓，以救人之急難，則其仁愛及物，亦誠可謂至矣。然必苦行於雪山，奔走於道路，而後能有所濟。若堯舜，則端拱無爲，而天下各得其所。惟克明峻德，以親九族，則九族既睦；平章百姓，則百姓昭明；協和萬邦，則黎民於變時雍。極而至於上下草木鳥獸，無不咸若。其仁愛及物，比之釋迦，則又至也。

開導明切，即善佞佛者，自當憬然。

佛能方便説法，開悟羣迷，戒人之酒，止人之殺，去人之貪，絶人之嗔，其神通妙用，亦誠可謂大矣。然必耳提面誨而後能。若在堯舜，則光被四表，格於上下，其至誠所運，自然不言而信，不動而變，無爲而成。蓋與天地合其德，與日月合其明，與四時合其序，與鬼神合其吉凶，其神化無方而妙用無體，比之釋迦，則又大也。若乃詛呪變幻，眩怪捏妖，以欺惑愚冥，是故佛氏之所深排極詆，謂之外道邪魔，正與佛道相反者。不應好佛而乃好其所相反，求佛而乃求其所排詆者也。

陛下若以堯舜既没，必欲求之於彼，則釋迦之亡亦已久矣。若謂彼中學佛之徒能傳釋迦之道，則吾中國之大，顧豈無人能傳堯舜之道者乎？陛下未之求耳。陛下試求大臣之中，苟其能明堯舜之道者，日日與之推求講究，乃必有能明神聖之道，致陛下於堯舜之域者矣。

故臣以爲陛下好佛之心誠至，則請毋好其名而務得其實，毋好其末而務求其本。務得其實而求其本，則請毋求諸佛而求諸聖人，毋求諸夷狄而求諸中國者，果非妄爲遊說之談，以誑陛下者矣。陛下而果能以好佛之心而好聖人，以求釋迦之誠而求諸堯舜之道，則不必涉數萬里之遥，而西方極樂，只在目前。則不必糜數萬之費，斃數萬之命，歷數年之久，而一塵不動，彈指之間，可以立躋聖地。神通妙用，隨形隨足。此又非臣之謬爲大言以欺陛下。必欲討究其說，則皆鑿鑿可證之言。孔子云：「我欲仁，斯仁至矣。」「一日克己復禮，而天下歸仁。」孟軻云：「人皆可以爲堯舜。」豈欺我哉？陛下反而思之，又試以詢之大臣，詢之羣臣。果臣言出於虚謬，則甘受欺妄之戮。臣不知諱忌，伏見陛下善心之萌，不覺踴躍喜幸，輒進其將順擴充之說，惟陛下垂察。則宗社幸甚！天下幸甚！萬世幸甚！臣不勝祝望懇切殞越之至！

通篇不說佛家一字不好，是立意高處。

專差舍人某具疏奏上以聞。

韓昌黎之疏激而直，不若先生之婉而悉。

人臣爲諛言以逢君者，固不足道。乃有博忠諫之名，極力誹詆，使人君無以自容，亦臣子所不安。先生此疏，旁引曲諭，開陳善道，深得諫君之體，當爲國朝奏疏第一。

廬陵縣公移

廬陵縣爲乞蠲免以蘇民困事，准本縣知縣王闕，查得正德四年十一月二十六日，本縣抄蒙本府紙牌，抄奉欽差鎮守江西等處太監王鈞牌，差吏龔彰齎原發銀一百兩到縣，備仰掌印官督同主簿宋海，拘集通縣糧里，收買葛紗。比因知縣員缺，主簿宋海官徵錢糧，典史林嵩部糧，止有縣丞楊融署印。又蒙上司絡繹行委，催提勘合人犯，印信更替不一。

正德五年三月十八日，本職方纔到任，隨蒙府差該吏郭孔茂到縣守催㈠，當拘糧長㈡陳江等，着令領價收買。據各稱本縣地方，自來不産葛布，原派歲額，亦不曾開有葛布名色。惟於正德二年，蒙欽差鎮守太監姚案行本布政司

㈠「催」，全書作「並」。　㈡「長」，全書作「里」。

備查出産葛布縣分，行令依時採辦，無産縣分，量地方大小，出銀解送收買。本縣奉派折銀一百五兩，當時百姓呶呶，衆口騰沸。江等迫於徵催，一時無繇控訴，只得各自出辦賠貱。正德四年，仍前一百五兩，又復忍苦賠解。

今來復蒙催督買辦，又在前項加派一百五兩之外，百姓愈加驚惶，恐自此永爲定額，遺累無窮。兼之歲辦料杉、楠木、炭、牲口等項，舊額三千四百九十八兩，今年增至一萬餘兩，比之原派，幾於三倍。其餘公差往來，騷擾刻剥，日甚一日。江等自去年以來，前後賠貱七十餘兩，皆有實數可查。民産已窮，徵求未息，況有旱災相仍，疾疫大作，比巷連村，多至闔門而死，骨肉奔散，不相顧療。幸而生者，又爲征求所迫，弱者逃竄流離，强者羣聚爲盜，攻劫鄉村，日無虚夕。今來若不呈乞寬免，切恐衆情忿怨，一旦激成大變。爲此連名具呈，乞爲轉申祈免等情。據此，欲爲備繇申請間，驀有鄉民千數，擁入縣門，號呼動地。一時不辯所言，大意欲求寬貸。倉卒誠恐變生，只得權辭慰解，諭以知縣自當爲爾等申請上司，悉行蠲免。衆始退聽，徐徐散歸。

讀至此，雖有偏心之人，能不動念？

本月初七日，復蒙鎮守府紙牌催督前事，並提當該官吏。看得前項事件，既已與民相約，豈容復肆科斂？非惟心所不忍，兼亦勢有難行。參照本職自到任以來，即以多病不出，未免有妨職務。坐視民困而不能救，心切時弊而不敢言，至於物情忿激，擁衆呼號，始以權辭慰諭，又復擅行蠲免，論情雖亦紓一時之急，據理則亦非萬全之謀。既不能善事上官，又何以安處下位？苟欲全信於民，其能免禍於己？除將原發銀兩解府轉解外，合關本縣，當道垂憐小民之窮苦，俯念時勢之難爲，特賜寬容，悉與蠲免。其有遲違等罪，止坐本職一人，即行罷歸田里，以爲不職之戒。中心所甘，死且不朽等因，備關到縣，准此，理合就行。

事關内璫，即當道上司無不委曲以承命，先生僅一縣令耳，先許與蠲免，直以遲違引爲己罪，此便有擔當天下力量。蓋欲任天下之事，不得辭天下之禍，其移楊邃庵閣老書即是此意。

誰敢？誰肯？

巡撫南贛欽奉勑諭通行各屬

節該欽奉勑諭：「江西、福建、廣東、湖廣各布政司地方交界去處，累有盜賊生發。因地連各境，事無統屬，特命爾前去巡撫江西南安、贛州，福建汀州、漳州，廣東南雄、韶州、惠州、潮州各府，及湖廣郴州地方。安撫軍民，修理城池，禁革姦弊，一應地方賊情，軍馬錢糧事宜，小則徑自區畫，大則奏請定奪。但有盜賊生發，即便嚴督各該兵備、守備㊀、守巡，並各軍衛有司，設法勦捕。選委廉能屬官，密切體訪。及僉所在大户，並被害之家，有智力人丁，多方追襲，量加犒賞。或募知因之人，陰爲鄉導。或購賊徒自相斬捕。或聽脅從並亡命窩主人等自首免罪。其軍衛有司官員中，政務修舉者，量加旌獎。其有貪殘畏縮誤事者，徑自拿問發落。爾風憲大臣，須廉正剛果，肅清姦弊，以副朝廷之委任。欽此。」欽遵。

照得撫屬地方，界連四省。山谿峻險，林木盛深，盜賊潛據其間，不時出没剽劫。東追則西竄，南捕則北奔。各省巡捕等官，彼此推調觀望，不肯協力追勦，遂至延蔓日多。當職猥以菲才，濫膺重寄，大懼職業鰥廢，仰負朝廷委托。爲照前項地方，延袤廣遠，未能遍歷，其間綏撫之方，隨時殊制，攻守之策，因地異宜。若非的確詢訪，難以臆見裁度。爲此仰抄捧回司，着落當該官吏，照依案驗内事理，即行本司該道分巡、分守、兵備、守備等官，並所屬

㊀「守備」，全書作「守禦」。

大小衙門各該官吏，公同逐一會議，要見即今各處城堡關隘，有無堅完；軍兵民快，曾否操練；某處賊方猖獗，作何擒勦；某處賊已混散，作何撫緝；某賊怙終，必須撲滅；某賊被誘，尚可招徠；何等人役，堪爲鄉導；何等大户，可令追襲；軍不足恃，或須別募精强；財不足用，或可別爲經畫；某處或有閒田，可與屯以足食；某處或多浮費，可節省以供軍；何地須添寨堡，以斷賊之往來；何地堪建城邑，以扼賊之要害；姑息隱忍，固非久安之圖；會舉夾攻，果得萬全之策。一應足財養兵，弭寇安民之術，皆宜悉心計慮，折衷推求。山川道路之險易，必須親切畫圖；賊壘民居之錯雜，皆可按實開注。近者一月以裡，遠者一月以外，凡有所見，備寫揭帖，各另呈來，以憑采擇。非獨以匡㊀當職之不逮，亦將以驗各官之所存。務求實用，毋事虚言。各該官吏，俱要守法奉公，長廉遠恥，袪患衛民，竭誠報國。毋以各省而分彼此，務須協力以濟艱難。果有忠勇清勤，績行顯著者，旌勸自有常典，當職不敢蔽賢。其或姦貪畏縮，志行卑污者，黜罰亦有明條，當職亦不敢同惡。深惟昧劣，庶賴

㊀「匡」，原本作「臣」，據黔南本改。

匡襄，凡我有官，各宜知悉。

計慮周悉，大概已見。

選揀民兵

照得撫屬地方，界連四省，山谷險隘，林木茂深，盗賊所盤，三居其一，乘間劫掠，大爲民患。本院繆當巡撫，專以弭盗安民爲職。欽奉勑諭，一應軍馬錢糧事宜，得以徑自區畫。蒞任以來，甫及旬日，雖未遍歷各屬，且就贛州一府觀之，財用耗竭，兵力脆寡。衛所軍丁，止存故籍。府縣機快，半應虚文。禦寇之方，百無足恃。以此例彼，餘亦可知。夫以羸卒而當强寇，猶驅羣羊而攻猛虎，必有所不敢矣。是以每遇盗賊猖獗，輒覆會奏請兵，非調土軍，即倩狼達。往返之際，輒已經年；糜費所須，動逾數萬。逮至集兵舉事，即已魍魎潛形，曾無可勦之賊。稍俟班師旋旅，則又鼠狐聚黨，復皆不軌之羣。良繇素不練兵，倚人成事，是以機宜屢失，備禦益弛。徵發無救於瘡痍，供餽適增其荼毒。羣盗習知其然，愈肆無憚；百姓謂莫可恃，競亦從非。夫事緩則坐縱烏合，勢急乃動調狼兵，一皆苟且之謀，此豈可常之策？

數少則易辨。

古之善用兵者，驅市人而使戰，假閭戍以興師。豈以一州八府之地，遂無奮勇敢戰之夫？事豫則立，人存政舉。近據江西分巡嶺北道兵備副使楊璋呈，將所屬各縣機快，通行揀選，委官統領操練，即其處分，當亦漸勝於前。但此等機快，止可護守城郭，提備關隘。至於搗巢深入，摧鋒陷陣，恐亦未堪。爲此案仰四省各兵備官，於各屬弩手、打手、機快等項，挑選驍勇絶羣，膽力出衆之士，每縣多或十餘人，少或八九輩，務求魁傑異材，缺則懸賞召募。大約江西、福建二兵備各以五六百名爲率，廣東、湖廣二兵備各以四五百名爲率。中間若有力能扛鼎，勇敵千人者，優其廪餼，署爲將領。召募犒賞等費，皆查各屬商税、贓罰等銀支給。各縣機快，除南贛兵備已行編選外，餘四兵備，仍於每縣原額數内，揀選精壯可用者，量留三分之二，就委該縣能官統練，專以守城防隘爲事。其餘一分，揀退疲弱不堪者，免其着役，止出工食，追解該道，以益召募犒賞之費。

所募精兵，專隨各兵備官屯劄，別選素有膽略屬官員分隊統押。教習之方，隨材異技，器械之備，因地異宜。日逐操演，聽候徵調。各官常加考校，以核其進止金鼓之節。本院間一調遣，以習其往來道途之勤。資裝素具，遇警即發，聲東擊西，舉動繇己，運機設伏，呼吸從心。如此，則各縣屯戍之兵既足以護守防截，而兵備募召之士，又可以應變出奇。盜賊漸知所畏而革㊀心，平良益有所恃而無恐，然後聲罪之義克振，撫綏之仁可施。弭盜之方，斯惟其要。本院所見如此，其間尚有知慮未周，措置猶缺者，又在各官酌量潤色，務在盡善，期於可久。亮愛民憂國之心既無不同，則拯溺救焚之圖自不容緩。案至，即便舉行。或有政務相妨，未能一一親詣，先行各屬精爲選發。先將召募所得姓名，及措置支費銀糧，陸續呈報。事完之日，通造文册，以憑查考。

此着今日斷宜舉行，只因有司不肯實心任事，各役止以聽差爲職事，及扣工食，又貪戀不舍，每以守縣城爲辭，有司復代爲申請，奈何？必得先生之事權而後可行。

勦捕漳寇方略牌

據福建、廣東布、按二司參議等官張簡等各呈勦捕事宜，已經行仰遵照

㊀「革」，全書作「格」。

案驗施行。所有方略，恐致泄露，不欲備開案内。爲此另行牌仰廣東嶺東、福建汀、漳等處兵備僉事顧應祥、胡璉，密切會同守巡、紀功、贊畫等官，於公文至日，便可揚言。本院新有明文，謂天氣向煖，農務方新，兼之山路崎嶮，林木蓊翳，若雨水洊至，瘴霧驟興，軍馬深入，實亦非便。莫若於要緊地方，量留打手機兵，操練提備。其餘軍馬，逐漸抽回，待秋收之後，風氣凉冷，然後三省會兵齊進。或宣示遠近，或曉諭下人。此聲既揚，却乃大饗軍士，陽若犒勞給賞，爲散軍之狀；實則感激衆心，作興士氣。一面亦將不甚緊關人馬，抽放一處兩處，以信其事。其實所散人馬，亦可不遠而復。

必操縱在手，耳目專一，方能行此。

預遣間諜，探賊虚實，有間可乘，即便齎糗啣枚，連夜速發。當此之時，便須丢却身家，有死無生，有進無退。稍一念轉動，便成大害。勁卒當前，重兵繼後，伺至其地，鼓噪而入。仍戒當先之士，惟在摧鋒破陣，不許割取首級。後繼重兵，止許另分五十(一)騎，沿途收斬，其餘亦不得輒亂行次。違者就便以軍法斬首。

夫必死方可生，此行軍不易之法。然無勁卒重兵，一味有進無退，未有不敗者。故又曰必死可殺。

(一)「五十」，全書作「五六十」。

兵可張虛而爲實，變寡以爲衆者，此類是也。稍遲，賊必復聚爲患。然必偵探明白，知賊無伏兵後，可勝算在未戰之先也。出兵須要愼終如始，此是要着。

重兵之後，紀功、贊畫等官，各率數隊，相繼而進。嚴整行伍，務令鼓噪之聲連亘不絶，使諸賊逃遯山谷者，聞之不得復聚。

若賊首未盡，探其所如，分兵速躡，不得稍緩，使賊復得爲計。已獲渠魁，其餘解散黨與，平日罪惡不大，可招納者，還與招納。不得貪功，一概屠戮。乘勝之餘，尤要振兵肅旅，如初遇敵。不得恃勝懈弛，恐生他虞。歸途仍將已破賊巢，悉與掃蕩。經過寨堡村落，務禁摽掠。宜撫恤者即加撫恤，宜處分者即與處分。毋速一時之歸，復遺他日之悔。

本院奉命而來，專以節制四省沿邊軍職爲務。即今進兵，一應機宜，悉宜稟聽本院，庶幾事有總領，舉動齊一。授去方略，敢有故違，悉以軍法論處。各官知會之後，即連名開具遵依揭帖，密切差人㊀回報。

凡勦禦方略，約盡於此，神而明之，存乎其人。

㊀「差人」，全集無。

案行廣東福建領兵官進勦事宜

據福建、廣東按察司等衙門備呈到院，看得兩省勦捕事宜，設施布置，頗已詳備。誠使諸將齊心，軍士用命，並舉夾攻，已有必克之勢。但事干各省，舉動難一。頓兵既久，變故旋生。則謀算機宜，旬日頓異，亦難各守初議，執爲定説。

照得福建軍務，整緝既久，兼有海滄、浦㊀城、政和諸處打手，足可濟事。諸將咸有以功贖罪之心，意氣頗鋭，當道亦皆協謀并力，期收克捷之功，利在速戰。若當集謀之始，掩賊不備，奮擊而前，成功可必。今既曠日持久，聲勢彰聞。各巢賊黨，必皆連絡糾合，阻阱設械，以禦我師，其爲姦計，當亦日加險密。至於今日，已爲持久之師，且宜示以寬懈，待間而發。而猶執其乘機之説，張皇於外，以堅賊志，是謂知吾卒之可擊，而不知敵之未可擊也。

此政所謂知己知彼，百戰百勝者。

廣東之兵，集謀稍緩，聲威未震，意在倚重狼達土軍，然後舉事，利於持

㊀「浦」，全書作「演」，誤。

久。是亦慎重周悉之謀。諸賊聞之，雖相結聚，尚候土兵之集，以卜戰期，其備必猶懈弛。若因而形之以緩，乘此機候，正可奮怯爲勇，變弱爲强，而猶執其持重之説，必候土軍之至，以坐失事機。是徒知吾卒之未可擊，而不知敵之正可擊也。

善用兵者，因形而借勝於敵，故其戰勝不復，而應形於無窮。勝負之算，間不容髮，烏可執滯？

除江西南贛地方，凡通賊關隘，已行兵備副使楊璋委官隄備截殺，及將進勦方略，各另差人封付福建僉事胡璉、廣東僉事顧應祥，會同守巡等官，密切遵依行事外。仰抄案回司，即行各官，務要同心協德，乘間而動。毋得各守一見，縻軍僨事。一應進止，不必呈禀，以致誤事。領軍等官，隨機應變，就便施行，一面呈報。如復彼此偏執，失誤軍機，定行從重參拿，決不輕貸。其軍馬錢糧，紀功給賞等項，已行有成規，不再更定。

强弱無定形，道在因敵而制勝，總惟乘我朝氣，攻其無備耳。此用兵者要先人一着。

案行漳南道守巡官戴罪督兵勦賊

據福建漳南道右參政艾洪等呈：准左參政陳策、副使唐澤手本，該三司遵依議委各職，隨軍紀功運謀，經各依蒙前詣南靖縣小溪中營住札，查理軍情，審驗功次。大約賊衆以四分爲率，一分就擒，一分聽撫，俱已審驗查處明白。一分遠遁廣東境界，一分深藏本處山谷，狼子野心，絶巖峻嶺，易以計破，難以兵碎。必須通將調募見在官軍二萬二千餘名，再加議處，減冗兵以省費，留精兵以守險，待賊饑疲，隨加撫勦，庶幾軍餉不缺，農業不廢。節據各哨委官連日稟報，各賊恃居險阻，公然拒敵官軍，不聽招撫，合無繼處本省錢糧，以堅自守之謀，催請廣東狼兵，以助夾攻之計等因。隨據參政陳策等呈：據鎮海衛指揮高偉呈，指揮覃桓、縣丞紀鏞，被大傘賊衆突出，馬陷深泥，被傷身死等因到院。

簿查先據參政陳策等呈，已經批各官酌量事機，公同會議。如是，賊雖據險而守，尚可出其不趨，掩其不備，則用鄧艾破蜀之策，從間道以出奇。若果賊已盤據得地，可以計困，難以兵克，則用充國破羌之謀，減冗兵以省費。

數語已扼盡用兵之要。

務在防隱禍於顯利之中，絶深姦於意料之外，萬全無失，僉謀皆同，然後呈來定奪去後。今據前因，參照指揮高偉，既奉差委督哨，自合與覃桓等相度機宜，協謀並進，却㊀乃孤軍輕率，中賊姦計。雖稱督兵救援，先亦頗有斬獲，終是功微罪大，難以贖準。廣東通判陳策、指揮黄春，千百户陳洪、鄭芳等，既與覃桓等面議夾攻，眼見摧敗，略不應援，挫損軍威，壞事匪細，俱屬違法。各該領兵守備、兵備、守巡等官，督提欠嚴，亦屬有違。合就通行參究，但在緊急用人之際，姑且記罪，查勘督勦。

及照㊁添調狼兵一節，案查該省節呈兵糧預備已久，惟俟尅日進攻。今始成軍而出，一遇小挫，輒求濟師。況動調狼兵，往返數月，非但臨渴掘井，緩不及事。兼據見在官兵二千有餘，數已不少。兵貴善用，豈在徒多？況稱糧餉缺乏，正宜減兵省費，安可益軍匱財？除廣東坐視官員，及應否動調狼兵，另行查議外。仰抄案回道，查勘指揮覃桓、縣丞紀鏞，是否領兵夾攻，被傷身死。各官原領軍兵若干，見在若干，其指揮仲欽，推官胡寧道，知事曾

㊀「却」全書作「若」，非是。　㊁「照」，全書作「查」。

瑶，知縣施祥等，緣何不行策應，是否畏避退縮，俱要備查明白，從實開報。其覃桓等所統軍兵，就仰高偉管領，戴罪殺賊，立功自贖。

仍仰福建布政司作急查處堪以動支銀兩，就呈鎮巡衙門知會，差官領解軍前接濟。一面備數呈來，以憑查考。不許稽遲，致誤軍機。各該官員，俱要奮勇協心，乘機進勦。毋頓兵遥制，以失機宜；毋坐待狼兵，以自懈弛。務須連營犄角，以壯我軍之威；更休迭出，以蓄我軍之鋭。多方以誤賊人之謀，分攻以疲賊人之守。掃蕩巢穴，靖安地方。則東隅可收於桑榆，大捷不計其小挫。事完之日，通查功罪呈來，以憑酌量參奏。

讀此，知近日小小失事，便稱衆寡不敵，請兵應援者，其胸中原絶無勝算。雖益兵，安能成事？

案行領兵官搜勦餘賊

據福建左參政陳策、副使唐澤會案呈：准漳南道參政艾洪，僉事胡璉手本，督據委官指揮徐麒等呈稱，督領軍兵，粘蹤追賊，至象湖山賊寨，連營拒守。遵奉本院密諭，佯言犒衆退兵，俟秋再舉，密切部勒諸軍，乘懈奮擊云云。除將擒斬功次，審驗監候梟掛外，呈乞照詳等因到院。卷查先准兵部咨前事，已經備行福建、廣東二省漳南、嶺東二道守巡、兵備、守備等官，欽遵調兵，上緊相機勦撫。并將進兵方略，行仰各官密切遵照施行，敢有故違，悉以軍法論處去後。

續據福建布按二司守巡漳南道右參政等官艾洪等呈：「據委指揮高偉呈稱，督同指揮等官覃桓等，領兵剋期夾攻，不意大傘賊衆突出，陷入深泥，被傷身死。廣東官兵在彼坐視，不行策救。」呈詳到院。參看得各官頓兵日久，老師費財，致此敗衂。顯是不奉節制，故違方略，正行查勘參提間。

隨據廣東按察司等衙門僉事顧應祥等官會呈前事，開稱「約會福建官兵，剋期進攻間，爪探福建官軍被大傘賊徒殺死指揮覃桓等情。各職隨即統兵策應，當獲賊人一名，審係賊首羅聖欽，執稱餘賊潛入箭灌巢内。率領官兵直抵地名白土村，遇賊交戰，斬獲賊級、俘獲賊屬」等因，呈報前來。

看得象湖、箭灌，最爲峻絶，諸巢賊首，悉遁其間，賊之精悍，盡聚於此。自來兵力所不能攻。今各官雖有前挫，隨能密遵方略，奮勇協力，竟破難克之寨，以收桑榆之功。計其大捷，足蓋小挫。

但象湖雖破，而可塘猶存；賊首頗已就擒，而餘猾尚多逃遁。若不乘此機會，速行勦撲，薙草存根，恐復滋蔓；狡兔入穴，獲之益難。除將功次另行查奏外，爲此仰抄案回道，查照先行方略，乘此勝鋒，急攻可塘。破竹之勢，不可復緩。仍一面分兵搜斬餘猾，毋令復聚爲姦。罪惡未稔，可招納者，還與招納，毋縱貪功，一概屠戮。務收一簣之功，勿爲九仞之棄。本院即日自汀㊀州起程，前來各營督戰，仍與各官備歷已破諸賊巢壘，共議經久之策。抄案。

平寇者必除其根，方無後患。

行廣東領兵官搜勦可塘餘賊

先據福建分巡漳南道右參政等官艾洪等呈稱：「指揮覃桓、縣丞紀鏞，在於廣東大傘地方，遇賊抵戰，馬陷身死。廣東官兵，坐視不救。」呈詳到院，參看得各官頓兵日久，老師費財，致此敗衂。顯是不奉節制，故違方略。正行查勘參

㊀「汀」，全書及本書下一篇均作「漳」。

提問，隨據廣東僉事顧應祥等官會呈，開稱「爪探福建官軍被大傘賊徒殺死指揮覃桓等，各職隨即統兵策應，當獲賊首羅聖欽，審稱餘賊潛入箭灌巢内。各職即時率領官兵，直抵地名白土村，遇賊交戰，斬獲賊級甚多，並俘獲賊屬」等因。

看得象湖、箭灌，最爲峻絶。諸巢賊首，悉遁其間；精悍之徒，盡聚於此。自來兵卒所不能攻。今各官雖有前挫，然能密遵方略，奮勇協力，竟破難克之寨，以收桑榆之功。計其大捷，足蓋小挫。但象湖雖破，而可塘猶存，賊首頗已就擒，餘猾尚多逃遯。薙草存根，恐復滋蔓。爲此仰該道速督各官，乘此勝鋒，急攻可塘。破竹之勢，不可復緩。仍一面分兵搜斬餘孽，毋令復聚。若罪惡未稔，可招納者，還與招納。不得貪功，一概屠戮。本院即日自漳州起程，前來各營督戰。仍與各官備歷已破諸賊巢壘，共議經久之策。

閩廣捷音疏

據福建按察司整飭兵備兼管分巡漳南道僉事胡璉呈：會同分守右參政艾洪，經理軍務左參政陳策，副使唐澤，將領都指揮僉事李胤，督據河頭等哨委官指揮徐麒，知縣施祥、知事曾瑶等呈稱：各職統領軍兵五千餘人，進至長富村等處。見得賊衆地險，巢穴數多，兼且四路裝伏，勢甚猖獗。尅期於正德十二年正月十八日等，各分哨路，從長富村，至闊竹洋、新洋、大豐、五雷、大小峰等處，與賊交鋒。前後大戰數合，擒斬首從賊犯黃貴㊀等，共計四百三十二名顆，俘獲賊屬一百四十六名口，燒燬房屋四百餘間，奪獲馬牛等項。被賊殺死老人許六、打手黃富璘等六名。餘賊俱各奔聚象湖山拒守。各職又統官兵追至蓮花石，與賊對劄。誠恐賊衆我寡，呈乞添兵策應等因到道。

行據大溪哨指揮高偉呈報，統兵約會蓮花石官兵，攻打象湖山。適遇廣東委官指揮王春等，領兵亦至彼境大傘地方。卑職與指揮覃桓，縣丞紀鏞，領兵前去會勦。不意大傘賊徒突出，卑職等奮勇抵戰，覃桓、紀鏞馬陷深泥，與軍人易成等七名，兵快李崇静等八名，俱被戳㊁傷身死。卑職亦被戳二鎗，勢難抵敵，只得收兵暫回聽候。緣象湖山係極高絶險，自來官兵所不能攻。今賊勢日盛，若不添調狼兵，稍俟秋冬，會舉夾攻，恐生他變。通行呈稟間。

㊀「貴」，全書作「熚」。 ㊁「戳」，全書作「賊」。

先見弱於敵，而後戰者，事半而功倍，所謂勝於無形也。

鼓行歡囂者，所以行奇謀也，動合兵法。

觀其分佈哨道，呼應若一氣，正所謂善用兵者，譬如率然，首尾自相應。然未

續奉本院紙牌，爲進兵方略事，備行各職遵奉密諭，佯言犒衆退師，俟秋再舉。密切部勒諸軍，乘懈奮擊。依蒙密差義官曾崇秀爪探虛實，乘賊怠弛，會選精兵一千五百名當先，重兵四千二百名繼後，分作三路。各職統領，俱於二月十九日夜啣枚直趨，三路並進，直搗象湖山，奪其隘口。各賊雖已失險，但其間賊徒，類皆驍勇精悍，猶能淩塹絶谷，超躍如飛。復據上層峻險，四面飛打滾木礧石，以死拒敵。我兵奮勇鏖戰，自辰至午，呼聲震天，撼搖山谷。三司所發奇兵，復從間道鼓噪突登。賊始驚潰大敗。我兵乘勝追殺，擒斬大賊首黄猫狸、游四，並廣東大賊首蕭細弟、郭虎等二百九十一名顆，俘獲賊屬一百三十三名口，其間墜崖墮壑死者不可勝計，奪回水黄牛、贓銀、鎗刀等物，燒燬房屋五百餘間。餘賊潰散，復入流恩、山岡等巢，與諸賊合勢。亦被各賊殺死頭目賴頤、打手楊緣等一十四名。

次早，各職分兵追勦。指揮高偉，推官胡寧道亦繇大豐領兵來會，仍與前賊交鋒大戰，擒斬首從賊犯巫姐旺等一百六十三名顆，俘獲賊屬一百六名口。餘賊敗走，各又遯入廣東交界黄蠟溪、上下樟溪大山去訖。

又據金豐三團哨委官指揮王鎧、李誠，通判龔震等各呈稱：賊首詹師富

易言也。故又曰：將軍之事，靜以幽，正以治，戰勝固在未事之先也。

等恃居可湖㊀洞山寨，聚糧守險，勢甚强固。各職依奉會議，分兵五路，連日攻打，生擒大賊首詹師富、江嵩、范克起、羅招賢等四名。餘賊敗走，復入竹子洞等處大山嘯㊁聚。隨又分兵追襲，與賊連戰，擒首從賊犯范興長等二百三十五名顆，俘獲賊屬八十二名口，奪回被擄男婦五名口，奪獲牛馬等物。亦被各賊殺死老人胡文政一名，戳傷鄉夫葉永旺等五名。

又據指揮徐麒等呈稱：黄蠟溪、上下漳溪與廣東饒平縣，并本省永定縣山界相連。遵依約會廣東官兵，並金豐哨指揮韋鑑，大溪哨推官胡寧道等，於三月二十一日子時發兵，齊至黄蠟。廣東義民饒四等領兵亦至，會合我兵，二路進攻。賊出拒戰甚鋭，我兵奮勇大噪而前，擒斬首從賊犯温宗富等九十一名顆，俘獲賊屬一十三名口。餘賊敗走，各兵乘勝追至赤石巖，仍與大戰良久，賊復大敗。又擒斬首從賊犯游宗成等一百四十六名顆，俘獲賊屬九十名口。

又據中營委官指揮張鉞、百户吕希良等呈稱：領兵追趕黄蠟溪等處逃

㊀「可湖」，全書作「可塘」。

㊁「嘯」原作「嘴」，據全書改。

如是方可安撫。

賊，至地名陳吕村，遇賊拒戰，當陣擒斬首從賊犯朱老叔等六十六名顆，俘獲賊屬八名口。各另呈解到道，轉解審驗紀功外。

續據委官知府鍾湘呈稱：蒙調官兵，先後兩月之間，攻破長富村等處巢穴三十餘處，擒斬首從賊犯一千四百二十餘名顆，俘獲賊屬五百七十餘名口，奪回被虜男婦五名口，燒燬房屋二千餘間，奪獲牛馬贓仗無算。即今脅從餘黨，悉願携帶家口，出官投首，聽撫安插。本職遵照兵部奏行勘合，並巡撫都察院節行案牌事理，出給告示，發委知縣施祥，縣丞余道，招撫脅從賊人朱宗王㊀、翁景璘等一千二百三十五名，家口二千八百二十八名口。俱經審驗安插復業。緣繇呈報到道，轉呈到臣。

及據廣東按察司分巡嶺東道兵備僉事等官顧應祥等會呈：遵依本院案驗，委官統領軍兵，會同福建，尅期進勦。隨奉本院進兵方略，當即遵依，揚言班師，一面出其不意，從牛皮石、嶺脚隘等處，分爲三哨，鼓噪並進。賊瞻顧不暇，望風瓦解。

㊀「朱宗王」，全書作「朱宗玉」。

節據指揮楊昂、王春，通判徐璣、陳策，義官余黃孟等，各報稱：於本年正月二十四等日，尅破古材、木害㊀、禾村、大水山、招林等巢，生擒大賊首張大背、劉烏嘴、蕭乾爻、范端、蕭玉即蕭五顯、蘇釗、蘇瑢、賴隆等，并擒斬首從賊犯。乘勝前進，會同福建官軍，尅期夾攻間，探知大傘賊徒，潰圍殺死指揮覃桓、縣丞紀鏞等情，當即進兵策應。各賊畏我兵勢，燒巢奔走。生擒賊首羅聖欽，餘賊退入箭灌大寨，合勢乘險，併力拒敵。蒙委知縣張戩，督同指揮張天杰，分哨繇別路進兵，攻破白土村、赤石巖等巢，直搗箭灌大寨。諸賊迎戰，我兵奮勇合擊，遂破箭灌。當陣斬獲首從賊犯共計二百二十四名顆，俘獲賊屬八十四名口，及牛馬贓仗等物。

各寨賊黨聞風奔竄，已散復聚，愈相連結，各設機險，以死拒守。各職統兵，分兵並進，於三月二十等日，攻破水竹、大重坑、苦宅溪、靖泉溪、白羅、南山等巢，直搗洋竹洞、三角湖等處。前後大戰十餘，生擒賊首温火燒、張大背、雷振、蔡晟、賴英等，并擒斬賊犯共一千四百四十八名顆，俘獲賊屬八百三十

聞潰圍殺死指揮，進兵策應，所以成功。若一退縮，則氣靡，全軍立潰矣。

兩省會師，利害與共，然惟事屬兩省，形迹易生，閩兵敗而廣兵即來策應，方能共事以有成。非先生不能有此節制。

㊀「古材、才害」，全書作「古村、未窨」。黔南本作「古村、木窨」。

八名口，奪獲馬牛、贓銀、銅錢、衣布㊀、器仗、蕉紗等物。前後共計生擒大賊首一十四名，擒斬賊犯一千二百五十八名顆，俘獲賊屬九百二十二名口，奪獲水黄牛、馬一百三十九頭匹，贓仗衣布等物，共二千一百五十七件疋，葛蕉紗九十六觔一兩，贓銀三十二兩四錢八分，銅錢一百四十二文，各開報到道收審。緣繇呈報前來。

卷查先爲急報賊情事，准兵部咨，該本部題：已經福建、廣東總鎮巡按等衙門都御史陳金，御史胡文静等會議區處，各該守廵兵備等官欽遵，整備糧餉，起調軍兵，約會進勦間。臣於本年正月十六日，始抵贛州地方行事。先於本月初三日，於南昌地方，據兩省各官呈禀，師期不同，事體參錯，誠恐彼此推調，致誤軍機。當臣備遵該部咨來事理，具開進兵方略，行仰各官協同上緊密切施行去後。

續據福建右參政等官艾洪等會呈：指揮覃桓、縣丞紀鏞，被大傘賊衆突出，馬陷深泥，被傷身死。及據各哨呈稱賊寨險惡，天氣漸暄，我兵遭挫，賊

兵法曰：殺敵者怒也，我之小挫，軍士之怒必甚，鼓而用之，故可因敗求勝。然畢竟必勝之

㊀「布」，全書作「帛」。

勢日甚，乞要奏添狼兵，候秋再舉。備呈到臣。參看得各官頓兵不進，致此敗衄，顯是不奉節制，故違方略。及照奏調狼兵，非惟日久路遥，緩不及事，兼恐師老財費，别生他虞。且勝敗繇人，兵貴善用，當此挫折，各官正宜協憤同奮，因敗求勝。豈可輒自退阻，倚調狼兵，坐失機會？

策在我，方有怒氣可鼓。若今日之兵，見敵氣靡，一敗則走而已，安能再戰？

臣當日即自贛州起程，親率諸軍進屯長汀、上杭等處。一面督令各官密照方略，火速進勦，立功自贖，敢有支吾推調，定以軍法論處。一面查勘失事緣繇，另行參奏間。隨據各呈捷音到臣。參照閩、廣賊首詹師富、温火燒等，恃險從逆，已將十年，黨惡聚徒，動以萬計。鼠狐得肆跳梁，蛇豕漸無紀極。劫剽焚驅，數郡遭其荼毒；轉輸征調，三省爲之騷然。臣等奉行誅勦，三月之内，遂克殲取渠魁，掃蕩巢穴。百姓解倒懸之苦，列郡獲再生之安。此非朝廷威德，廟堂成算，何以及此？

兵法曰：復戰則誓，己居前。先生親率諸軍，正得此意。

及照福建領兵各官，始雖疎於警備，稍損軍威，終能戮力協謀，大致克捷。論過雖有，計功亦多。其間福建如僉事胡璉，參政陳策，副使唐澤，知府鍾湘，廣東如僉事顧應祥，都指揮僉事楊懋，知縣張戩，才調俱優，勞勛尤著。伏乞俯從惟重之典，以作敢戰之風。除將二省兵快量留防守，其餘悉令歸農，及將功次另行勘報外，原係捷音事理，爲此具本題奏。

閩、廣之捷，得力在不調狼兵，速決進勦。然必要識透情形，機權在我方可。否則，僥倖成功，鮮不壞矣。

申明賞罰以勵人心疏

據江西按察司整飭兵備帶管分巡嶺北道副使楊璋呈：伏覩大明律内該載「失誤軍事」條：「領兵官已承調遣，不依期進兵策應，若承差告報軍期而違限，因而失誤軍機者，並斬」。「從軍違期」條：「若軍臨敵境，託故違期，三日不至者斬。」「主將不固守」條：「官軍臨陣先退，及圍困敵城而逃者斬。」此皆罰典也。

及查得原擬直隸、山東、江西等處征勦流賊陞賞事例：一人并二人爲首，就陣擒斬以次劇賊一名者五兩，二名者十兩，三名者陞實授一級，不願者賞十兩。陣亡者陞一級，俱世襲，不願者賞十兩。擒斬從賊六名以上至九名者，止陞實授二級，餘功加賞。不及六名，除陞一級之外，扣算賞銀。三人、四人、五人以上，共擒斬以次劇賊一名者，賞銀十兩均分，從賊一名者，賞五兩均分。領軍把總等官，自斬賊級，不准陞賞。部下獲功七十名以上者，陞署一級，五百名者，陞實授一級。不及數者，量賞。一人捕獲從賊一名者，賞銀四兩，二名者賞八兩，三名者陞一級。以次劇賊一名者，陞署一級，俱不准世襲。不願者賞五兩。此皆賞格也。

數語括盡兵氣不振之繇。

賞罰如此，宜乎人心激勸，功無不立。然而有未能者，蓋以賞罰之典雖備，然罰典止行於參提之後，而不行於臨陣對敵之時；賞格止行於大軍征勦之日，而不行於尋常用兵之際故也。且以嶺北一道言之，四省連絡，盜賊淵藪。近年以來，如賊首謝志珊、高快馬、黄秀魁、池大鬢之屬，不時攻城掠鄉，動輒數千餘徒。每每督兵追勦，不過遥爲聲勢，俟其解圍退散，卒不能取決一戰者，以無賞罰爲之激勸耳。

如是，官兵始無敢退縮。

如是，盜賊始知畏。

合無申明賞罰之典，今後但遇前項賊情，領兵官不拘軍衛有司，所領兵衆，有退縮不用命者，許領兵官軍前以軍法從事；領兵官不用命者，許總統兵官軍前以軍法從事。所統兵衆，有能對敵擒斬功次，或赴敵陣亡，從實開報，覆勘是實，轉達奏聞，一體陞賞。至若生擒賊徒，鞫問明白，即時押赴市曹，斬首示衆。庶使人知警畏，亦與見行事例，決不待時，無相悖戾。如此，則賞罰既

此是至言。

余在閩日久，先生之言，字字符合。

此有司之罪也，然有司之不問撫寇，非不欲問也，不敢問也。如强項吏執法以處撫寇，倘有反側，上司必坐以激變生事之罪。故必上司

明，人心激勵。盜賊生發，得以即時撲滅，糧餉可省，事功可見矣。具呈到臣。

卷查三省盜賊，二三年前，總計不過三千有餘；今據各府、州、縣兵備、守備等官所報，已將數萬。蓋已不啻十倍於前。臣嘗深求其故，詢諸官僚，訪諸父老，采諸道路，驗諸田野，皆以爲盜賊之日滋，繇於招撫之太濫；招撫之太濫，繇於兵力之不足；兵力之不足，繇於賞罰之不行。誠有如副使楊璋所議者。

臣請因是爲陛下略言其故。盜賊之性，雖皆兇頑，固亦未嘗不畏誅討。夫唯爲之而誅討不及，又從而招撫之，然後肆無所忌。蓋招撫之議，但可偶行於無辜脅從之民，而不可常行於長惡怙終之寇；可一施於回心向化之徒，而不可屢施於隨招隨叛之黨。南、贛之盜，其始也，被害之民，恃官府之威令，猶或聚衆而與之角，鳴之於官。而有司者以爲既招撫之，則皆置之不問。盜賊習知官府之不彼與也，蓋從而讎脅之。民不任其苦，知官府之不足恃，亦遂靡然而從賊。繇是，盜賊益無所畏，而出劫日頻，知官府之必將已招也。百姓益無所恃，而從賊日衆，知官府之必不能爲已地也。夫平良有寃苦無伸，而盜賊乃無求不遂。爲民者困征輸之劇，而爲盜者獲犒賞之勤，則亦何苦而不彼從乎？是故近賊者爲之戰守，遠賊者爲之鄉導，處城郭者爲之交

援，在官府者爲之間諜。其始出於避禍，其卒也從而利之。故曰盜賊之日滋，繇於招撫之太濫者，此也。

夫盜賊之害，神怒人怨，孰不痛心！而獨有司者必欲招撫之，亦豈得已哉！誠使强兵悍卒，足以殲渠魁而蕩巢穴，則百姓之憤雪，地方之患除，功成名立，豈非其所欲哉？然而南、贛之兵，素不練養，類皆脆弱驕惰。每遇征發，追呼拘攝，旬日而始集；約束齎遣，又旬日而始至。則賊已稇載歸巢矣。或猶遇其未退，望賊塵而先奔，不及交鋒而已敗。以是禦寇猶驅羣羊而攻猛虎也，安得不以招撫爲事乎？

故凡南、贛之用兵，不過文移調遣，以苟免坐視之罰；應名勦捕，聊爲招撫之媒。求之實用，斷有不敢。何則？兵力不足，則勦捕未必能克，勦捕不克，則必有失律之咎，則必征調日繁，督責日至，糾舉論劾者四面而起，往往坐是而至於落職敗名者有之。招撫之策行，則可以安居而無事，可以無調發之勞，可以無戴罪殺賊之責，無地方多事不得遷轉之滯。夫如是，孰不以招撫爲得計！是故寧使百姓之荼毒，而不敢出一卒以抗方張之虜；寧使孤兒寡婦之號哭，顛連疾苦之無告，而不敢提一旅以忤反招之賊。蓋招撫之議，

能爲有司作主，有司方敢爲小民作主。上下當均任其咎。

此將官之罪也。然將官孰無功名之念？孰無强兵之心？亦繇共事文臣不恤其私，實掣其肘，犒賞不給，兵餉不時，且操文墨以議其後。將帥手無一錢，日奔趨於交際，欲兵之强，得乎哉？爲文臣者當先任其咎。

字字可涕。

其始也，出於不得已，其卒也，遂守以爲常策。故曰招撫之太濫，繇於兵力之不足者，此也。

古之善用兵者，驅市人而使戰，收散亡之卒以抗强虜。今南、贛之兵，尚足以及數千，豈盡無可用乎？然而金之不止，鼓之不進，未見敵而亡，不待戰而北。何者？進而效死，無爵賞之勸；退而奔逃，無誅戮之及。則進有必死，而退有幸生也，何苦而求必死乎？吴起有云：「法令不明，賞罰不信，雖有百萬，何益於用？凡兵之情，畏我則不畏敵，畏敵則不畏我。」今南、贛之兵，皆畏敵而不畏我，欲求其用，安可得乎？故曰兵力之不足，繇於賞罰之不行者，此也。

今朝廷賞罰之典固未嘗不具，但未申明而舉行耳。古者賞不踰時，罰不後事。過時而賞，與無賞同；後事而罰，與不罰同。況過時而不賞，後事而不罰，其亦何以齊一人心，而作興士氣？是雖使韓、白爲將，亦不能有所成。況如臣等腐儒小生，才識昧劣，而素不知兵者，亦復何所冀乎？

議者以南、贛諸處之賊，連絡數郡，蟠據四省，非奏調狼兵，大舉夾攻，恐不足以掃蕩巢穴，是固一説也。然臣以爲狼兵之調，非獨所費不貲，兼其所

兵皆畏敵而不畏我，已盡近日四方之兵氣。夫兵既不畏我矣，主兵者畏兵轉甚於畏敵，又安得有可用之兵？若欲以賞罰之道行之，主將得擅行其意否？可付一歎。

過殘掠，不下於盜。大兵之興，曠日持久，聲勢彰聞。比及舉事，諸賊渠魁悉已逃遯，所可得者，不過老弱脅從，無知之民。於是乎有横罹之慘，於是乎有妄殺之弊。班師未幾，而山林之間復已呼嘯成羣，此皆往事之已驗者。

臣亦近揀南、贛之精鋭，得二千有餘，部勒操演，略有可觀。誠使得以大軍誅討之賞罰而行之平時，假臣等以便宜行事，不限以時，而唯成功是責。則比於大軍之舉，臣竊以爲可省半費而收倍功。

此是成功根本。

臣請以近事證之，臣於本年正月十五日抵贛，卷查兵部所咨申明律例，今後地方，但有草賊生發，事情緊急，該管官司，即便依律調撥官軍，乘機勦捕。應合會捕者，亦就調發策應。但係軍情，火速差人申奏，敢有遲延隱匿，巡撫、巡按三司官，即便參問，依律罷職充軍等項發落。雖不係聚衆草賊，但係有名强盗，肆行劫掠，賊勢兇惡，或白晝攔截，或明火持杖，不拘人數多少，一面設法緝捕，即時差人申報合干上司，并具申本部知會處置。如有仍前朦朧隱蔽，不即申報，以致聚衆滋蔓，貽患地方，從重參究，決不輕貸等因，題奉欽依備行前來。時以前官久缺，未及施行。臣即刊印數千百紙，通行所屬，布告遠近。未及一月，而大小衙門以賊情來報者接踵，亦遂屢有斬獲一二

文成竟得便宜行事，以成大功，王晉溪之力也。

人，或五六人、七八人者。何者？兵得隨時調用，而官無觀望掣肘，則自然無可推託逃避，思效其力。繇此言之，律例具存，前此唯不申明而舉行耳。

今使賞罰之典悉從而申明之，其獲效亦未必不如是之速也。伏望皇上念賊盜之日熾，哀民生之日蹙，憫地方荼毒之愈甚，痛百姓冤憤之莫伸，特勅兵部俯采下議，特假臣等令旗令牌，使得便宜行事。如是而兵有不精，賊有不滅，臣等亦無以逃其死。夫任不專，權不重，賞罰不行，以致於僨軍敗事，然後選重臣，假以總制之權而往拯之，縱善其後，已無救於其所失矣。臣才識淺昧，且體弱多病，自度不足以辦此，行從陛下乞骸骨，苟全餘喘於林下。但今方待罪於此，心知其弊，不敢不爲陛下盡言。陛下從臣之請，使後來者得效其分寸，收討賊之功，臣亦得以少逭死罪於萬一。

此文成成功之大機要。

欽奉勑諭切責失機官員通行各屬

照得本院於本年六月十五日節該欽奉勑：「近該巡按福建監察御史程昌奏：今年正月内，被漳州、南靖地方流賊，殺死領軍指揮覃桓、縣丞紀鏞，射死軍人、打手一十五名，參稱指揮高偉，參政陳策、艾洪，副使唐澤，僉事胡璉，都指揮李胤，失機誤事，俱各有罪。及稱爾膺兹重寄，責亦難辭等因，下兵部議，謂前項賊情，自去年七月，已勑彼處撫巡等官，相機撫勦，日久未見成功。今反墮賊計，喪師失事，欲將高偉、陳策等姑免提問，各令住俸，戴罪殺賊。并降勑切責，令爾立效贖罪。朕皆從之。勑至，爾宜親詣潮、漳二府地方，申嚴號令，詳審機宜，督同守巡領軍等官，調集官軍、民快、打手人役，儧運糧餉，指授方略，隨賊向往，設法勦捕。其福建、廣東、江西官員，悉聽爾節制。有急督令互相策應，約會夾攻。不許自分彼此，執拗誤事。如有不用命，及遲誤供軍者，宜照原奉勑内事理，徑自拿問施行。事有應與兩廣并江西巡撫等官議處者，公同計議而行。務要處置得宜，賊徒殄滅，以靖地方。欽此。」欽遵外。

照得本院於本年正月十六日抵贛蒞事，當據福建參政陳策、僉事胡璉等呈：爲急報賊情事，已經密具方略，行各官遵照約會廣東官兵，剋期夾攻。隨據各官呈稱：指揮覃桓、縣丞紀鏞，在廣東大傘地方，遇賊突出，抵戰身死。又稱象湖、可塘等寨，係極高絶險，自來官兵所不能攻，乞添調狼兵，俟秋再舉等因到院。參看各官頓兵不進，致此敗衄，顯是不奉節制，故違方略。正宜協憤同奮，因敗求勝，豈可輒自退阻，倚調狼兵，坐失機會？

本院即於當日選兵二千，自贛起程，進屯汀州。一面督令各官密照方略，火速進勦，立功自贖。一面查勘失事緣繇，另行參奏間。隨據各官續呈：遵奉本院紙牌密諭，佯言犒衆班師，乘賊怠弛，銜枚直搗，攻破象湖等寨。又經行令各官，乘此勝鋒，速攻可塘，破竹之勢，不可復緩。仍一面分兵搜擒餘猾，毋令復聚爲姦。本院亦自汀州進軍上杭，期至賊寨，親自督戰。

隨據各官復呈，爲捷音事，開稱：攻破巢穴三十餘處，擒斬首從賊人一千四百二十餘名顆，俘獲賊屬五百七十餘名口，燒燬房屋二千餘間，奪獲牛馬贓仗無算。即今餘黨，悉願聽撫。出給告示，招撫得脅從賊人一千二百三十五名，家口二千八百二十八名口，乞要班師等因。已經具本奏報去後。

今奉勑諭切責，不勝惶恐待罪。然猶幸其因人成事，偶獲成功，愧雖難當，罪或可免。隨又訪得各賊徒黨，尚多逃遁，諸巢餘蘖，又復萌芽。果爾，則憂患方興，罪累日重。深思其故，恐是各官急於成功，不能掃蕩，或是憚於久役，爲此隱瞞。本院聞此，實切慚懼，即欲遵奉勑諭事理，親至漳州體勘查處。但今南、贛盜賊猖獗，方奉欽依夾勦，師期緊迫，軍馬錢糧，必須調度，勢難遠出。又前項事情，出於傳聞，未委虚的，合行查勘。

爲此仰抄捧回司，照依備奉勑諭，及查照先今案驗内事理，即委本司公正堂上官一員，會同守巡該道官，親詣漳州地方，督同知府等官，將已破賊巢逐一查勘。前項强賊，曾否盡絶，所獲賊首，是否真正。徒黨有無逃遁，餘蘖有無萌芽。是否各官苟且隱瞞，惟復别賊各另生發。若賊首果已擒獲，巢穴果已掃蕩是實，取具各官不致遺患重甘結狀，具繇呈來。如或有所規避欺蔽，俱要明白聲説，以憑參究施行。若有脱漏殘黨，或是别項流賊，乘間嘯聚，事出意外，亦要從實開報，就將防勦機宜，作急議處停當，相機行事，一面呈來定奪。無得畏難推咎，以致貽患地方。

必如此，有盗賊生發後，地方官不敢隱瞞。

攻治盜賊二策疏

據江西按察司整飭兵備帶管分巡嶺北道副使楊璋呈，奉臣批：據南安府申，大庾縣報：正德十二年四月内，被蕃賊四百餘人前來打破下南等寨。續被上猶、横水等賊七百餘徒，截路打寨，劫殺居民。又據南康縣報輋賊一夥，突來龍句保虜劫居民。續被輋賊三百餘徒，突來坊民郭加瓊等家，擄捉男婦八十餘口，耕牛一百餘頭。又有輋賊一陣，虜劫上長龍鄉耕牛三百餘頭，男婦子女不知其數。又據上猶縣申，被横水等村輋賊糾同逃民，四散虜劫人財。續據三門總甲蕭俊報，輋賊與逃民約有數百，在於地名梁灘，虜牽人牛。本月十六日，准本縣捕盜主簿利昱牒報，輋賊劫打頭里、茶坑等處，駐劄未散，已關統兵官縣丞舒富等前去追勦，賊已退回横水等巢去訖。各申本院，批兵備道議處回報。

案照四月初五日，據南康府呈同前事。彼時本院見在福建漳州督兵未回，未知前賊向往，行查未報。

續據龍南縣稟被廣東浰頭等處强賊池大鬢等三千餘徒，突來攻圍總甲王受寨所。又經會委義官蕭承，調兵前去會勦。隨據本縣呈，前賊退去訖等因。

又查得先據南康縣申稱㊀，上猶賊首謝志珊，糾合廣東賊首高快馬，統衆

㊀「稱」，全書作「呈」。

二千餘徒，攻圍南康縣治，殺損官兵。已經議委知府邢珣等，查勘失事緣繇呈報外。續該兵部題咨：巡撫都御史孫燧會同南贛都御史王守仁，將前項賊犯謝志珊等，量調官軍，設法勦捕，務期盡絶，應該會同兩廣鎮巡官行事，照例約會施行。題奉欽依。轉行查勘，前賊見今有無出沒，及曾否集有兵糧，相度機宜，即今可否勦捕。惟復應會兩廣調集軍馬，待時而動。務要查議明白，處置停當，具繇呈報。仍督各該地方，牢固把截，用心防守，以備不虞等因。

隨奉本院案驗，議照前賊連絡三省，盤據千里，必須三省之兵，剋期並進，庶可成功。但今湖廣已有偏橋苗賊之征，廣東又有府江猺獞之伐。雖欲約會夾攻，目今已是春深，雨水連綿，草木茂盛，非惟緩不及事，抑且虛糜糧餉。合無一面募兵練武，防守愈嚴，積穀貯糧，軍需大備。告招者俯㊀順其情，暫且招安；肆惡者乘其間隙，量擣其穴。候三省約會停當，然後大舉，庶有備無患，事出萬全。通行呈詳去後。

㊀「俯」，全書作「撫」。

今奉前因，隨會同分守左參議黄宏，守備都指揮同知王泰，查勘得南安府所屬大庾、南康、上猶三縣，除賊巢小者未計，其大者總計三十餘處，有名大賊首有謝志珊、志海、志全、楊積榮、賴文英、藍瑶、陳曰能、蔡積昌、賴文聰、劉通、劉受、蕭居謨、陳尹誠、簡永廣、蔡積愛、蔡西、薛文高、洪祥、徐華、張祥、劉清才、譚曰真、蘇景祥、藍清奇、朱積厚、黄金瑞、藍天鳳、藍文亨、鍾鳴、鍾法官、王行、雷明聰、唐洪、劉元滿，所統賊衆，約有八千餘徒。且與湖廣之桂陽、桂東、魚黄、聶水、老虎、神僊、秀才等巢，廣東之樂昌，巢穴相聯。盤據流劫三省，爲害多年。

贛州之龍南，因與廣東之龍川、浰頭賊巢接境，被賊首池大鬢、大安、大升，糾合龍南賊首黄秀魁、賴振禄、鍾萬光、王金巢、鍾萬貴、古興鳳、陳倫、鍾萬璇、杜思碧、孫福榮、黄萬珊、黄秀珏、羅積善、王金、曾子奈、王金奈、王洪、羅鳳璇、黎用璇、黄本瑞、鄭文鉞、陳秀玹、陳珪、劉經、藍斌、黄積秀等，所統賊衆，約有五千餘徒，不時越境流劫信豐、龍南、安遠等縣。已經夾攻三次，俱被漏網。

所據前賊，占據居民田土數千萬頃，殺虜人民，尤難數計，攻圍城池，敵殺官兵，焚燒屋廬，姦污妻女。其爲荼毒，有不忍言。神人之所共怒，天討所當必加者也。今聞廣、湖二省，用兵將畢，夾攻之舉，亦惟其時。但深山茂林，東奔西竄，兼之本道兵糧寡弱，必須那借京庫折銀三萬餘兩，動調狼兵數千，前來協力，約會三省，並進夾攻。庶可噍類無遺等因。

又據廣東樂昌縣知縣李增稟稱：本年二月内，有東山賊首高快馬等八百餘徒，在地名櫃頭村行劫。又據乳源縣稟報，賊徒千餘，在洲頭街等處打劫，備申照詳。

及據湖廣整飭郴桂等處兵備副使陳璧呈稱：本年二月内，據黄砂保走報，廣東强賊三百餘徒，突出攻劫。又據宜章所飛報，樂昌縣山峒苗賊，二千餘衆，出到九陽等處，搜山捉人未散。又報東西二山首賊，發票會集四千餘徒，聲言要出桂陽等處攻城。又報江西長流等峒輋賊六百餘徒，又一起四百餘徒，各出劫掠。及據桂東縣申報，强賊一起七百餘徒，前到本縣殺人祭旗，捉擄男婦未散。又據桂陽縣報，强賊六百餘徒，聲言要來攻寨等因。各稟報到道。

看得前項苗賊，四山會集，報到之數，將及萬餘。我兵寡弱，防守尚且不足，敵戰將何以支？況郴、桂所屬永興等縣，原無城池防守，地方重計，實難爲處。伏望軫念荼毒，請軍追捕等因。

又據郴州桂陽縣申，本縣四面俱係賊巢，正德三年以來，賊首龔福全等作亂，殺死守備都指揮鄧旻。雖蒙征勦，惡黨猶存。正德七年，兵備衙門計將賊首龔福全招撫，給與冠帶，設爲猺官。賊首高仲仁、李賓、黎穩、梁景聰、扶道全、劉付興、李玉景、陳賓、李聰、曹永通、謝志珊給與衣巾，設爲老人。未及兩月，已出要路，劫殺軍民。動輒百千餘徒，號稱「高快馬」、「遊山虎」、「金錢豹」、「過天星」、「密地蜂」、「總兵」等名目，隨處流劫。

正德十一年七月内，龔福全張打旗號，僭稱「延溪王」，李賓、黎穩、梁景聰僭稱「總兵」、「都督」、「將軍」名目，各穿大紅，虜民擡轎，展打凉傘，擺列頭踏響器。其餘猺賊俱乘馬匹，千數餘徒，出劫樂昌及江西南康等縣，拒敵官軍。後蒙撫諭，將賊首高仲仁、李賓給與冠帶，重設猺官。未寧半月，仍前出劫。

本年正月十六日，一起八百餘徒，出劫樂昌縣，虜捉知縣韓宗堯，劫庫劫獄。又一起七百餘徒，打劫生員譚明浩家。一起六百餘徒，從老虎等峒出劫。一起五百餘徒，從興寧等縣出劫。

切思前賊陽從陰背，隨撫隨叛。目今猺賊萬餘，聚集山峒，聲言要造呂公大車，攻打州縣城池。官民徬徨呈乞轉達，請調三省官軍夾勦等情，各備申到臣。除備行江西、廣東、湖廣三省該道守巡、兵備、守備等官，嚴督各該府、州、縣、所掌印巡捕、巡司、把隘、隄備等官，起集兵快人等，加謹防禦，相機截捕去後。

查得先因地方盜賊日熾，民被荼毒。竊計兵力寡弱，既不足以防遏賊勢，事權輕撓，復不足以齊一人心。乞要申明賞罰，假臣等令旗令牌，使得便宜行事，庶幾舉動如意，而事功可成。已經具題間。

今復據各呈申前因，臣等參看得前項賊徒，惡貫已盈，神怒人怨。譬之疽癰之在人身，若不速加攻治，必至潰肺決腸。然而攻治之方，亦有二說。若陛下假臣等以賞罰重權，使得便宜行事，期於成功，不限以時。則兵衆既練，號令既明，人知激勵，事無掣肘，可以伸縮自繇，相機而動。一寨可攻，則攻一寨；一巢可撲，則撲一巢。量其罪惡之淺深而爲撫勦，度其事勢之緩急以爲後先。如此，亦可以省供饋之費，無征調之擾，日剪月削，使之漸盡灰

功成晏如，而天下不知兵革之擾，至哉斯言。

語曰：殺生在豪傑，國勢乃竭。豪傑俯首，國乃可久。先生其知此道乎？

滅。此則如昔人拔齒之喻，日漸動揺，齒拔而兒不覺者也。

然而今此下民之情，莫不欲大舉夾攻，以快一朝之忿。蓋其怨恨所激，不復計慮其他。必須南調兩廣之狼達，西調湖湘之土兵，四路並進，一鼓成擒，庶幾數十年之大患可除，千萬人之積冤可雪。然此以兵法「十圍五攻」之例，計賊二萬，須兵十萬，日費千金，殆於道路，不得操事者七十萬家。積粟料財，數月而事始集；刻期舉謀，又數月而兵始交。聲迹彰聞，賊强者設險以拒敵，黠者挾類而深逃。迨於鋒刃所加，不過老弱脅從。

且狼兵所過，不減於盗；轉輸之苦，重困於民。近年以來，江西有姚源之役，瘡痍甫起。福建有汀、漳之寇，軍旅未旋。府江之師，方集於兩廣。偏橋之討，未息於湖湘。兼之杼軸已空，種不入土，而營建所輸，四征未已，誅求之刻，百出方新。若復加以大兵，民將何以堪命？此則一拔去齒，而兒亦隨斃者也。

夫繇前之説，則如臣之昧劣，實懼不足以堪事，必擇能者任之而後可。若大舉夾攻，誠可以分咎而薄責。然臣不敢以身誅㊀而廢國議，惟陛下擇其

㊀「誅」，全書作「謀」。

可否，斷而行之。緣係地方緊急賊情事理，爲此具本請旨。

申明賞罰一疏，先生已挈平賊要領。故此累奏三省之報，只舉前説申明之，此是見得定處。

申明便宜勑諭　七月二十一日

節該欽奉勑：「廣東清遠、從化、後山等處，與爾所轄南韶等府，壤地相接，事體互相有關。近該彼處鎮巡官奏稱盗賊生發，師行有日，如遇彼處行文徵兵協勦，亦要隨即發兵，前去防勦應援，以收全功。毋得自分彼此，致失事機。欽此。」欽遵。

照得南雄府界連南贛大庾、信豐、龍南等縣，而惠州河源、興寧，亦各逼近賊巢，俱係緊關奔遯潛匿之處，進攻防截之路。訪得前賊爲患日久，雖奉成命，徵兵協勦，誠恐賊計狡猾詐變，東追則西竄，南捕則北奔。若不早爲查處，未免有誤軍機。爲此仰抄案回司，會同三司掌印及各該守巡兵備等官，上緊調集兵糧，聽候尅期防勦。并將應勦賊巢，通行查出。行拘熟知地利險易鄉導，責令畫圖貼説。要見某處賊巢，連近某處鄉落；某巢界抵某處，係是良善村寨；某處係是善惡相兼。某處平坦，可以直搗；某處險阻，可以把截；某處係賊必遁之路，可以設伏邀擊；某處賊所不備，可以間道掩撲。何處官軍可以起調，何官可以委用，可以監統。糧餉何處措辦，住劄何處聽候。各要查處停當，備繇馬上差人飛報本院，以憑遵照欽奉勑諭，與各該鎮巡官計議而行。其有軍中一應進止機宜，亦要明白呈報，毋分彼此，致有疏虞。國典具存，罪難容恕。仍呈總督、鎮守、巡按衙門知會。

量地、選軍、任官、運餉，四者軍政之大要。使有地方之責者能時時講求，又何憂多事哉？欲措辦於臨時之申飭，必茫無以應矣。

兵符節制

先據該道具呈，計處武備，以便經久事。議將原選聽調人役，如寧都殺手廖仲器之屬，盡行查出，頂補各縣選退機兵，通拘贛城操演，以備征調。已經批仰施行去後。

看得習戰之方，莫要於行伍；治衆之法，莫先於分數。所據各兵既集，部曲行伍，合先預定。爲此仰抄案回道，照依定去分數，將調集各兵，每二十五

此是用兵排場語，人誰不能言？然必要知人善任，賞罰嚴明，使將識士心，士識將意，有必勝之策於胸中，後能行此。否則，終是閒話耳。

得遞相罰，所以法無不行。

人編爲一伍，伍有小甲；五十人爲一隊，隊有總甲；二百人爲一哨，哨有長，協哨二人；四百人爲一營，營有官，有參謀二人；一千二百人爲一陣，陣有偏將；二千四百人爲一軍，軍有副將。偏將無定員，臨事而設。

小甲於各伍之中，選材力優者爲之；總甲於小甲之中，選材力優者爲之；哨長於千百户義官之中，選材識優者爲之。副將得以罰偏將，偏將得以罰營官，營官得以罰哨長，哨長得以罰總甲，總甲得以罰小甲，小甲得以罰伍衆。務使上下相維，大小相承，如身之使臂，臂之使指。自然舉動齊一，治衆如寡。庶幾有制之兵矣。

編選既定，仍每伍人給一牌，備列同伍二十五人姓名，使之連絡習熟，謂之伍符。每隊各置兩牌，編立字號，一付總甲，一藏本院，謂之隊符。每哨各置兩牌，編立字號，一付哨長，一藏本院，謂之哨符。每營各置兩牌，編立字號，一付營官，一藏本院，謂之營符。凡遇征調，發符比號而行，以防姦僞。其諸緝養訓練之方，旗鼓進退之節，皆要㊀逐一講求，務濟實用，以收成績。

㊀「皆要」，全書作「要皆」。

事完，備造花名手册送院，以憑查考發遣。

管子作内政以寄軍令，只是部署分明，最簡易亦最聯絡，而要領在得遞下相罰。

預整操練

案照先經批仰將聽調人役，查拘操演，以備征調。即今兵威士氣，已覺漸有可觀。但各色人内，尚有遺才，亦合通拘操演。看得龍南等縣捕盗老人葉秀芳等，部下兵衆，亦多經戰陣，況各役向化日久，皆有竭忠報效之心。但其勇力雖有，而節制未諳；向慕雖誠，而情意未洽。一時調用，亦恐兵違將意，將拂士情。信誼既未交孚，心志豈能齊一？爲此仰抄案回道，通將所屬向化義民人等，悉行查出，照依先行定去分數，行令各選部下驍勇之士，多者二三百人，少者一百人，或五十人，順從其便，分定班次。各役若無別故，自行統領。或有事故相妨，許令推選親屬爲衆所服者代領，前來贛城，皆於教場内操演。除耕種之月放令歸農，其於農隙，俱要輪班上操。仍於教場起蓋營房，使各有棲息之地；人給口糧，使皆無供饋之勞。効有功勤者，厚加犒

不拘人數，方易辦易行。

賞；違犯約束者，時與懲戒。如此，則號令素習，自然如身臂手指之便；恩義素行，自然興父兄子弟之愛。居則有禮，動則有威。以是征誅，將無不可矣。

此法各處宜行。

選募將領牌

看得所屬地方，盗賊充斥，一應撫勦事宜，各該兵備等官，既以地方責任，勢難頻來面議。若專以公文往來，非惟事情不能該悉，兼恐機宜多致瀉漏。爲此牌仰郴州兵備道，即於所屬軍衛有司官，或義官耆老，推選素有膽略，才堪將領，熟知賊寨險夷，備曉盗情向背，忠慎周密，可相信任者一二人前來軍門，凡遇地方機務，即與密切商度，往來計議。庶幾事可周悉，機無疏虞。

必要該道慎選得人後可，否則，反害乃公事矣。

告諭新民

爾等各安生理，父老教訓子弟，頭目人等撫緝下人。俱要勤爾農業，守爾門户，愛爾身命，保爾室家，孝順爾父母，撫養爾子孫。無有爲善而不蒙福，無有爲惡而不受殃。毋以衆暴寡，毋以强凌弱。爾等務興禮義之習，永爲良善之民。子弟羣小中，或有不遵教誨，出外生事爲非者，父老頭目即與執送官府，明正典刑。一則彰明爾等爲善去惡之誠，一則剪除莨莠，免致延蔓，貽累爾等良善。吾今奉命巡撫是方，惟欲爾等小民安居樂業，共享太平。所恨才識短淺，雖懷愛民之心，未有愛民之政。近因督征象湖、可塘諸處賊巢，悉已擒斬掃蕩，住軍於此。當兹春耕，甚欲親至爾等所居鄉村，面問疾苦，又恐跟隨人衆，或致勞擾爾民。特遣官耆諭告，及以布疋頒賜父老頭目人等，見吾勤勤撫恤之心。餘人衆多，不能遍及，各宜體悉此意。

勸諭真切，讀之令人感泣。

疏通鹽法疏

據江西按察司整飭兵備帶管分巡嶺北道副使楊璋呈：據臨江、袁州等府，萬安、泰和、清江、宜春等縣，商民彭拱、劉常、郭閏、彭秀連名狀告：正德六年，蒙上司明文行令，贛州府起立抽分鹽廠，告示商民，但有販到閩、廣鹽貨㊀，繇南雄府，曾經折梅亭納過勸借銀兩，止在贛州府發賣者，免其抽稅。願裝至袁、臨、吉三府賣者，每十引抽一引。閩鹽自汀州過會昌羊角水，廣鹽自黄田江、九渡水來者，未經折梅亭，在贛州府發賣，每十引抽一引；願裝至袁、臨、吉三府發賣，每十引又抽一引。疏通四年，官商兩便。正德九年十月內，又蒙贛州府告示，該奉勘合，開稱廣鹽止許南、贛二府發賣，其袁、臨、吉不係舊例行鹽地方，不許越境，以致數年廣鹽禁絶。淮鹽因怯河道逆流，灘石險阻，止於省城。三府居民受其高價之苦，客商阻塞買賣之源。況廣鹽許於南、贛二府發賣，原亦不係洪武舊制，乃是正統年間，爲建言民情事，奉總

地方有大兵，需餉緊急，必如此設處，方不至束手，亦無擾於民間。

㊀「貨」，全書作「課」。

民幸甚等因。

督兩廣衙門奏行新例。如蒙將廣鹽查照南、贛事例，照舊疏通下流發賣，萬

又據贛州府抽分廠委官照磨汪德進呈：近奉勘合，禁止廣鹽，止許南贛發賣，不許下流。但贛州、吉安地里相連，水路不過一日之程，今年夏驟雨泛漲，雖有橋船阻隔，水勢洶惡，衝斷橋索，以致姦商計乘水勢，聚積百船，執持兇器，用强越過。後雖拿獲數起問罪，不過十之一二。又有投托勢要官豪，夾帶下流發賣者。又有挑擔馱載，從興國、贛縣、南康等處小路，越過發賣者。其弊多端，不禁則違事例，禁止則勢所難行。呈乞議處等因。

隨查得正德六年十一月二十七日，設立抽分廠起，至正德九年五月終止，共抽過税銀四萬八百四十餘兩。續奉撫鎮衙門明文，支發三省夾攻大帽山等處賞功軍餉，并犒勞過狼兵官軍土兵口糧，并取赴饒州征勦姚源軍前應用，及起造抽分廠廳、浮橋，修理城池，買穀上倉，預備賑濟，及遵巡撫軍門批申，借贛州衛官軍月糧等項，支過税銀三萬八千二百九十餘兩。繇此觀之，則地方糧賞之用，歲費不貲，而仰給於商税獨重。前項商税所入，諸貨雖有，而取足於鹽利獨多。

及查得近爲緊急賊情事，該兵部題奉欽依，轉行議處停當，具繇呈報，該本道會同分守守備衙門，議得賊首謝志珊，有名大寨三十餘處，擁衆數萬，盤據三省，已經㊀呈詳轉達奏聞，動調三省官兵會勦去後。

及議得本省動調官兵，以三萬爲率，半年爲期，糧餉等費，約用數萬。查得贛州府庫收貯前項税銀，除支用外，止餘二千九百餘兩。又是節催起解赴部之數，續收銀兩，止有一千六百餘兩。但恐不日命下，尅期進勦，軍行糧食，所當預處。

及查得廣東所奏前項㊁准行南、贛二府販賣，果係一時權宜，不係洪武年間舊例。合無查照先年總制都御史陳金便宜事例，一面行令前商，許於袁、臨、吉三府販賣，所收銀兩，少爲助給。一面行令㊂議處，以備軍餉。庶使有備無患，不致臨期缺乏。候事少寧，另行具題禁止等因。據呈到臣。

看得贛、南二府，閩、廣喉襟，盜賊淵藪，即今具題夾攻，不日且將命下，

㊀「已經」，全書作「窮兇極惡，神怒人怨，已經」。　㊁「前項」，全書作「前項監法」。　㊂「行令」，全書作「別行」。

糧餉之費，委果缺乏，計無所措，必須仰給他省。但聞廣東以府江之師，庫藏漸竭，湖廣以偏橋之討，稱貸既多，亦皆自給不贍，恐無羨餘可推。若不請發内帑，未免重科貧民。然内帑以營建方新，力或不逮；貧民則窮困已極，勢難復征。及照前項鹽税，商人既已心服，公私又皆兩便，亦所謂不加賦而財足，不擾民而事辦。臣除遵照勑諭徑自區畫事理，批行該道，暫且照議施行，候地方平定之日，將抽過税銀，支用過數目，另行具奏。抽分事宜，照例仍舊停止外。緣係地方事理，爲此具本題知。

南贛擒斬功次疏

據江西按察司整飭兵備帶管分巡嶺北道副使楊璋呈：據統兵等官南安府知府季敩呈，解生擒大賊首一名陳曰能，從賊林杲㊀等二十七名，斬獲首級十六顆，俘獲賊屬男女十三名，及馬牛等物。并開稱擣過禾沙坑、船坑、石圳、上龍、狐狸、朱雀、黄石等賊巢七處，燒死賊徒不計其數，并房屋禾倉三百

㊀「林杲」，全書作「林杲」。

餘間。

南康縣縣丞舒富呈解生擒大賊首一名鍾明貴，從賊曾能志等二十一名，斬獲首級四十五顆，殺死未取首賊一百一十七名，俘獲賊屬男女一十六名口，及牛馬騾等物。并開稱搗過石路坑、白水峒、杞州坑、旱坑、茶潭、竹壩、皮袍、樟木坑等賊巢八處，燒死賊徒三百四十六名，并燒燬房屋禾倉四百七十餘間。

贛縣義官蕭庾呈解生擒大賊首一名唐洪，從賊蒲仁祥等六名，斬獲首級并射死賊徒一百三十八名，燒毀賊巢房屋禾倉一百二十間，及俘獲牛羊器械等物。并開稱搗過長龍、鷄湖、楊梅、新溪等處賊巢四處。各緣繇到道。

隨據統兵官員并鄉導人等各呈稱，自本年正月蒙本院撫臨以來，募兵練卒。各賊探知消息，將家屬婦女什物，俱各寄屯山寨林木茂密之處，其各精壯賊徒，晝則下山耕作，夜則各遯山寨。依奉本院方略，於六月二十日子時，各哨尅期進勦。每巢止有二三十人，或四五十人看守巢穴，見兵舉火奮擊，俱各驚潰。間有射傷藥弩，即時身死，墮於深巖。

及據縣丞舒富、義官蕭庾各回呈，止有上猶縣白水峒、石路坑二巢，南康縣鷄湖一巢險峻，巢内賊屬頗多，被兵四面放火攻進，賊無出路，燒死數多。天明看視，止存骸骨，頭面燒毁莫辨，以此難取首級等因。

案照先爲緊急賊情事，據上猶縣申稱，四月間，被峯巢賊徒不時虜掠耕牛人口，請兵追勦，鄉民稍得蒔插。今早穀將登，又聞各巢修整戰具出劫，乞爲防遏，庶得收割聊生等因。并據縣丞舒富及南安府呈，大庾縣申同前事。

該本道查得上猶縣鄰近巢穴，則有旱坑、茶潭、杞州坑、樟木坑、石路坑、白水峒、竹壩㊀、川坳、陰木潭等巢，南康縣則有長龍、鷄湖、楊梅、新溪等巢，大庾縣則有狐狸坑、船坑、禾沙坑、石圳、上龍、朱雀、黄石坑等巢，多則三五百名，少則七八十名。合無將本院選集之兵，委官統領，分投勦遏等因。

已經呈奉本院批：看得各賊名號日漸僭擬，惡毒日加縱肆，若果遂其姦謀，得以乘虛入廣，其爲患害，關繫匪輕。除密行南、韶等府分兵防截外，仰該道即便部勒諸軍，定哨分委。仍密召各巢附近被害知因之人堪爲鄉導者，前來分引各兵。出城之時，不得張揚，今正當换班之月，就令俱以下班爲名，

兵法有云，不用鄉導者不能得地利。又云，難知如陰，動如雷震。先生正合此法。

㊀「壩」，全書作「潭」。

晝伏夜行，尅期各至分地，掩賊不備，同時舉事。分領各官，務要嚴密，奮勇竭忠，以副委托。如或推奸誤事，及軍士之中，敢有後期退縮者，悉以軍法從事，決不輕貸。該道亦要親帥重兵，隨後繼進，密屯賊巢要害處所，相機接應，以防不測。一應機宜，務須慎密周悉。仍要嚴緝各兵，所獲真正賊徒，不許濫加良善等因。遵奉統領各兵刻期進勦，及加謹防遏。

今據復呈前因，通查得各哨共計生擒大賊首三名，首從賊徒五十四名，斬獲首級六十八顆，殺死射死賊徒二百四十餘名，燒死賊徒二百餘名，搗過巢穴一十九處，燒燬房屋禾倉八百九十餘間，俘獲賊屬男女二十九名口，水黄牛、馬、騾、羊一百四十四頭匹隻。所據各該領兵等官所報擒斬之賊，數固不多，而巢穴已空，無可棲身；積聚已焚，無可仰給。就使屯集横水、桶岡大巢，將來人多食少，大舉夾攻，爲力已易等因。轉呈到臣。

卷查先據副使楊璋呈稱：據南安府并上猶等縣及縣丞舒富各呈申，訪得大賊首謝志珊號「征南王」，糾率大賊首鍾明貴、蕭規模、陳曰能、唐洪、劉允昌等，約會樂昌高快馬等，大修戰具，并造呂公車，欲先將南康縣打破。聞知廣東官兵盡調征勦府江，就行乘虚入廣等因。已經批仰該道部勒諸軍，酌量進兵必要得地爲先着。

賊巢强弱，派定哨分，選委謀勇屬官統兵，密召知因向導引領，晝伏夜行，刻定於六月二十日子時，入各賊巢，同時舉火，併力奮擊，務使噍類無遺去後。

今據前因，覆勘得前項賊巢，委果蕩平殆盡，蓄積委果焚燬無遺，獲功解報雖少，殺傷燒死實多。亦爲一寧。此皆遵依兵部申明律例事理，仰仗天威，官兵用命之所致，非臣之謀所能及也。臣惟南、贛之兵，素不練養，見賊而奔，則其常態。今各官乃能夜入賊巢，奮勇追擊，在他所未爲可異之功，於南、贛則實創見之事。及照副使楊璋，區畫贊理，比於各官，勞勩尤多。今夾攻在邇，伏乞皇上特加勸賞，以作興勇敢之風，庶幾日後大舉，臣等得以激勵人心。除將獲功人員量加犒賞，生擒賊徒，監候審決，首級梟示，俘獲賊屬，領養牛馬，賞給有功人員，查審的確，造册奏繳外。緣係斬獲功次事理，爲此具本題知。

得力全在密召知因爲向導。否則，貿貿而趨，鮮有不敗。然必要知人善任，方不爲奸所乘。

管子云：「凡主兵者必先審知地圖，轘轅之險，濫車之水，名山通谷，經川陵丘阜之所在，苴草、林木、蒲葦之所茂，道里之遠近，城郭之大小，名邑廢殖之地，必盡知之，地形出入之相錯者盡藏之，然後不失地利。」然非密召知因爲鄉導，不能審知地利；不用重賞，不能得知因鄉導之人。不可不審察。

議南贛商税疏

據江西按察司分巡嶺北道兵備副使楊璋呈：奉巡撫江西地方右副都御史孫燧案驗，備行各道兵備等官，有地方重大軍務，益於政體，便於軍民，果係應議事件，即便條列呈報，以憑施行等因。隨據南安府呈繳本年春季分折梅亭抽分商税銀若干，不見開有某商人，某貨若干，抽銀若干，中間不無任意抽報情弊。及看得一季總數，倍少於前。原其所自，蓋因抽分官員，止是典史、倉官、義民等項，不惜名節，惟嗜貪污。兼以官職卑微，人心頑視，以致過往客商，或假稱權要而挾放，或買求官吏而帶過，及被店牙通同客商，賈㊀求書算，以多作少，以有作無，奸弊百端。卷查前項抽分，創于巡撫都御史金澤，一則甦大庾過山之夫，一則濟南、贛軍餉之用。題奉欽依，遵行年久。

㊀「賈」，全書作「買」。

及查贛州龜角尾設立抽分廠，建白于總制都御史陳金，自正德六年十一月二十七日起，至九年七月終止，共抽過商稅銀四萬二千六百八十六兩六錢三分七毫五忽。本省大帽山、姚源、華林盜賊四起，大舉夾攻，一應軍餉，俱給㊀于此，並未奏動內帑之積，亦未科派小民之財。以此而觀，則商稅之有益地方多矣。

緣贛州之稅，正德十一年該給事中黃重奏稱，廣貨自南雄經南安折梅亭，已兩稅矣。贛州之稅，不無重復，已經勘明停止贛河之稅。近復大舉夾攻，軍餉仰給，全在折梅亭之稅。今所入如此，非惟軍餉無益，實惟奸宄是資。隨會同分守左參議黃宏議，照得合將南安之稅移于龜角尾抽分，既有分巡道之監臨，又有巡撫之統馭，訪察數多，奸弊自少。其大庾縣雇夫銀兩，合令該縣每季具印信領狀赴道，批行贛州府支領，支盡查算，准令復支。如此，非惟大庾過嶺之夫不缺，而軍餉之用大增。合就會案呈詳等因，據呈到臣。

㊀「給」，全書作「仰給」。

說事玲瓏，如切玉刀。

看得南、贛二府商稅，皆因給軍餉，裕民力而設，折梅亭之稅，名雖爲夫役，而實以給軍餉。龜角尾之稅，事雖重軍餉，而亦以裕民力。兩稅雖若二事，其實殊途同歸。但折梅亭雖已抽分，而龜角尾不復致詰，未免有稅漏之弊。若折梅亭既已抽分，而龜角尾又復致詰，未免有留滯之擾。況監司既遠，胥猾得以恣其侵漁；頭緒既多，彼此得以容其奸隙。若革去折梅亭之抽分，而總稅于龜角尾，則事體歸一，奸弊自消。非但有資軍餉，抑且便利客商。蓋分㊀雖異，而於商稅事體無岐㊁，纖毫轉移之間，而於民商利害相去倍蓰。除臣欽遵節奉勑諭，「一應軍馬錢糧事宜，俱聽便宜區畫」事理，將副使楊璋等所議，令行該府一面查照施行外，緣係地方事理，爲此具本題知。

地方未嘗無財，不去用心籌算，只是請内帑，加賦稅，安能濟事？此只舉商稅一轉移間，而兵餉自足，具見經濟手。

㊀「分」，全書作「分合」。　㊁「岐」，全書作「改」。

添設平和縣治疏

據福建按察司兵備僉事胡璉呈：奉本院批，據漳州府呈：准知府鍾湘關，據南靖縣儒學生員張浩然等連名呈稱：南靖縣治僻在一隅，相離盧溪、平和、長樂等處，地里遥遠，政教不及。小民罔知法度，不時劫掠鄉村，肆無忌憚，釀成大禍。今日動三軍之衆，合二省之威，雖曰殲厥渠魁，掃除黨類，此特一時之計，未爲久遠之規。乞於河頭、中營處所，添設縣治，引帶汀、潮，喉襟清寧。人煙輳集，道路適均，政教既敷，盜賊自息。考之近日，龍巖添設漳平，而寇盜以靖；上杭添設永定，而地方以寧。此皆明驗。今若添設縣治，可以永保無虞等情。

又據南靖縣義民鄉老曾敦立、林大俊等呈稱，河頭地方，北與盧溪、流恩山岡接徑。西南與平和、象湖山接境。而平和等鄉，又與廣東饒平縣大傘、箭灌等鄉接境。皆係窮險賊巢。兩省民居相距所屬縣治，各有五日之程，名雖分設都圖，實則不聞政教。往往相誘出劫，一呼數千，所過荼毒，有不忍言。正德二年，雖蒙統兵勦捕，未曾設有縣治，不過數月，遺黨復興。今蒙調兵勦撫，雖少寧息，誠恐漏網之徒，復踵前弊。呈乞添設縣治，以控制賊巢；建立學校，以移易風俗。庶得久安長治等因。

蒙漳南道督同本職，與南靖縣知縣施祥，帶領耆民曾敦立等，并山人洪欽順等，親詣河頭地方，踏得大洋陂，背山面水，地勢寬平，周圍量度可六百餘丈。西接廣東饒平，北聯三團盧溪，堪以建設縣治。合將南靖縣清寧、新安等里，漳浦縣二三等都，分割管攝，隨地糧差。及看得盧溪枋頭坂，地勢頗雄，宜立巡簡司以爲防禦，就將小溪巡簡司移建。仍量加編弓兵，點選鄉夫，協同巡邏，遇有盜賊，隨即撲捕。

再三審據通都民人，合詞執稱南靖地方，極臨邊境，盜賊易生，上策莫如設縣。況今奏凱之後，軍餉錢糧，尚有餘剩，各人亦願鑿山採石，挑土築城，砍伐樹木，燒造磚瓦，數月之內，工可告成。

爲照南靖縣相離盧溪等處，委的窵遠，難以隄防管束。今欲於河頭添設縣治，枋頭坂移設巡簡司，外足以控制饒平鄰境，內足以壓服盧溪諸巢。又且民皆樂從，不煩官府督責，誠亦一勞永逸，事頗相應。具呈到道，呈乞照詳等因。奉批：看得開建縣治，控制兩省猺寨，以奠數邑民居，實亦一勞永逸之圖。但未經查勘奏請，仍仰該道會同始議各官，再行該府，拘集父老子弟，及地方新舊居民，審度事體，斟酌利害。如果遠近無不稱便，軍民又皆樂從，事已舉興，勢難中輟，即便具繇呈來，以憑奏請定奪。仍一面俯順民情，相度地勢，就於建縣地内，預行區畫。街衢井巷，務要均適端方，可以永久無弊。聽從願從新舊人民，各先占地建屋，任便居住。其縣治、學校、倉場，及一應該設衙門，姑且規留空址，待奏准命下之日，以次建立。仍一面通行鎮巡等衙門，公同會議。此係設縣安民，地方重事，各官務要計處周悉，經畫審當，毋得苟且雷同，致貽後悔。批呈作急勘報等因。

依蒙拘集坊郭父老，及河頭新舊居民，再三詢訪，各交口稱便。有地者願歸官丈量，以建城池；有山者願聽上砍伐，以助木石；有人力者，又皆忻然相聚，挑築土基。業已垂成，惟恐上議中止，下情難遂等情。具呈到臣。

爲照建立縣治，固係禦盜安民之長策，但當大兵之後，繼以重役，竊恐民或不堪。臣時督兵其地，親行訪詢父老，諏咨道路，衆口一詞，莫不舉手願望，傾心樂從。旦夕皇皇，惟恐或阻。臣隨遣人私視其地，官府未有教令，先已伐木畚土，雜然並作，裹糧趨事，相望於道。究其所以，皆緣數邑之民，積苦盜賊，設縣控禦之議，父老相沿已久，人心冀望甚渴。皆以爲必須如此，而後百年之盜可散，數邑之民可安。故其樂事勸工，不令而速。

臣觀河頭形勢，實係兩省賊寨咽喉，今象湖、可塘、大傘、箭灌諸巢，雖已破蕩，而遺孽殘黨，亦寧無有逃遯山谷者？舊因縣治不立，征勦之後，浸復歸據舊巢。亂亂相承，皆原於此。今誠於其地開設縣治，正所謂撫其背而扼其喉，盜將不解自散，行且化爲善良。不然，不過年餘，必將復起。其時再聚兩省之兵，又糜數萬之費，圖之已無及矣。臣竊以爲開縣治於河頭，以控制羣巢，於勢爲便。雖使民甚不欲，猶將强而從之。況其祝望欣趨若此，亦何憚而不爲！至於移巡司於枋頭坂，亦事勢有不容已。蓋河頭者，諸巢之咽喉，枋頭者，河頭之唇齒，勢必相須。兼其事體已有成規，不過遷移之勞，所費無幾。臣等皆已經畫區處，大略已備，不過數月，可無督促而成。民之所未敢擅爲者，惟縣治、學校，須命下之日乃舉行耳。

伏願陛下俯念一方荼毒之久，深惟百姓永遠之圖，下臣等所議於該部，採而行之。設縣之後，有不如議，臣無所逃其責。今新撫之民，羣聚於河頭者二千有餘，皆待此以息其反側。若失今不圖，衆心一散，不可以復合；事機一去，不可以復追。後有噬臍之悔，徒使臣等得以爲辭，然已無救於事矣。緣係添設縣治，永保地方事理，爲此具本請旨。

自設縣以來，此地冠蓋相望，家詩書而户禮樂，蓋彬彬稱化國哉。先生此舉，不特可以彌盗，亦可以變俗，允爲後事之師。

批廣東韶州府留兵防守申

看得本院募兵選士，欲弭盗安民，正恐地利不能齊一，措置或有未周。故期各官酌量潤色，務求盡善可久。今據該府各縣所呈，非惟不能弭盗，而適以啓盗；非徒不能安民，而又以擾民。此豈本院立法之初意哉？行仰各縣掌印官，務體本院立法不得已之意，各要酌量事勢，通融審處，苟無不盡之心，自無難處之事。兵法謂：「守則不足，攻則有餘」。今各縣所留之兵止於防守，而兵備所選之士，將以勦襲。防守之兵，雖老弱皆可以備數而張威。勦襲之士，非精鋭不可以摧鋒而陷陣。況各縣所留，尚有三分之二，而兵備所取，止得三分之一。其於大勢，未便虧損。今取三分之一，而遂以爲地方不復可守。假使原數止此，亦將别無措置之方耶？又況勦襲之兵既

留兵防守之議，固繇有司之無遠識，亦繇各役之憚於徵調，先以防守之説聳縣令之聽，余嘗行之，而知其然也。

集，則兵威日振，聲東擊西，倏來忽往，賊將瞻前顧後，自然不敢輕出，各縣防守，愈易爲力。此於事理，亦皆明白易見。各官類皆狃於因循，憚於振作，惟知取私便之爲利，而不知妨大計之爲害。宜各除去偏小之見，共爲公溥之謀。若復推調遲延，夾攻在邇，已經奏有成命，苟誤軍機，定以軍法從事。

與王晉溪司馬書其三

前月，奏捷人去，曾瀆短啓，計已達門下。守仁才劣任重，大懼覆餗，爲薦揚之累。近者南、贛盗賊，雖外若稍定，其實譬之疽癰，但未潰決。至其惡毒，則固日深月積，將漸不可瘳治。生等固庸醫，又無藥石之備，不過從旁撫摩調護，以紓目前。自非老先生發鍼下砭，指示方藥，安敢輕措其手，冀百一之成？前者申明賞罰之請，固來求鍼砭於門下，不知老先生肯賜俯從，卒授起死回生之方否也？

近得輋中消息，云將大舉，乘虚入廣。蓋兩廣之兵，近日皆聚府江，生等恐其聲東擊西，亦已密切布置，將爲先事之圖。但其事隱而未露，不敢顯言於朝，然又不敢不以聞於門下。且聞府江不久班師，則其謀亦將自阻。大抵南、贛兵力，極爲空疏，近日稍加募選訓練，始得三千之數。然而糧賞之資，則又百未有措。若夾攻之舉果行，則其勢尤爲窘迫。欲稱貸於他省，則他省各有軍旅之費；欲加賦於貧民，則貧民又有從盜之虞。

惟贛州雖有鹽税一事，邇來既奉户部明文停止。但官府雖有禁止之名，而奸豪實竊私通之利。又鹽利下通於三府，皆民情所深願，而官府稍取其什一，亦商人所悅從。用是，輒因官僚之議，仍舊抽放。蓋事機窘迫，勢不得已。然亦不加賦而財足，不擾民而事辦。比之他圖，固猶計之得者也。今特具以聞奏，伏望老先生曲賜扶持，使兵事得賴此以濟，實亦地方生靈之幸。生等得免於失機誤事之誅，其爲感幸，尤深且大矣！自非老先生體國憂民之至，何敢每事控聒若此，伏冀垂照。不具。

與王晉溪司馬書其五

守仁始至贛，即因閩寇猖獗，遂往督兵。故前者瀆奉謝啓，極爲草略，迄今以爲罪。閩寇之始，亦不甚多，大軍既集，乃連絡四面而起，幾不可支。今者偶獲成功，皆賴廟堂德威成算，不然且不免於罪累矣。幸甚！

守仁腐儒小生，實非可用之才，蓋未承南、贛之乏，已嘗告病求退。後以托疾避難之嫌，遂不敢固請，黽勉至此，實恐得罪於道德，負薦舉之盛心耳。伏惟終賜指教而曲成之，幸甚！幸甚！

今閩寇雖平，而南、贛之寇又數倍於閩，且地連四省，事權不一。兼之勑旨又有不與民事之説，故雖虚擁巡撫之名，而其實號令之所及，止於贛州一城，然且尚多牴牾。是亦非皆有司者敢於違抗之罪，事勢使然也。今爲南、贛，止可因仍坐視。稍欲舉動，便有掣肘。守仁竊以南、贛之巡撫可無特設，止存兵備，而統於兩廣之總制，庶幾事體可以歸一。不然，則江西之巡撫，雖三省之務，尚有牽礙，而南、贛之事，猶可自專，一應軍馬錢糧，皆得通融裁處，而預爲之所，猶勝於今之巡撫，無事則開雙眼以坐視，有事則空兩手以待人也。

夫弭盗所以安民，而安民者弭盗之本。今責之以弭盗，而使無與于民，猶專以藥石攻病，而不復問其飲食調適之宜，病有日增而已矣。今巡撫之改革，事體關係，或非一人私議之間便可更定。惟有申明賞罰，猶可以稍重任使之權，而因以略舉其職。故今輒有是奏，伏惟特賜採擇施行，則非獨生一人得以稍逭罪戮，地方之困亦可以少蘇矣。非恃道誼深愛，何敢冒瀆及此，萬冀鑒恕。不宣。

陽明先生集要經濟編卷二

議夾勦兵糧疏

准兵部咨，該本部題職方清吏司案呈，奉本部送兵科抄出巡撫湖廣地方兼贊理軍務都察院右副都御史秦金題稱：會同巡按御史王度，督同都、布、按三司掌印署都指揮僉事文恭，左布政使周秀㊀鳳，副使惲巍等，議照湖廣郴、桂等處所屬地方，與廣東樂昌、江西上猶等處縣猺賊密邇聯絡。彼處有名賊首龔福全、高仲仁、李斌、龐文亮、藍友貴等，素恃巢穴險固，聚衆行劫。先年用兵征勦，各賊漏殄未除，遂致禍延今日。臣等仰體皇上好生之心，設法撫處，冀圖靖安，以成止戈之武。奈犬羊之性，變詐不同；豺狼之心，貪噬無厭。陽雖聽招，陰實肆毒。今乃攻打縣堡，虜官殺人，窮兇極惡，神人

㊀「秀」，全書作「季」。

共憤。雖經各官兵擒斬數輩，稍懼歸巢，緣其種類繁多，出没尚未可料。若非三省各㊀兵，大彰天討，惡孽終不殄除，疆宇何繇寧謐！所據各官會呈，乞要大舉。

臣等再三籌議，非敢輕啓兵端，但審時度勢，誠有不容已者。況彼巢洞既多，賊黨亦衆。東追西竄，此出彼藏，必須調發本省土漢官軍、民兵、殺手人等，共三萬員名，分立哨道，尅期進勦。其兩廣、南、贛，仍須各調官軍狼兵，把截夾攻，協濟大事。臣等計算兵糧重大，區處艱難，抑且本省兵荒相繼，財力匱乏，前項合用錢糧，預須計處。今將應調土漢官軍數目，供給糧餉事宜，及戰攻方略，開坐具奏。該本部覆稱：閫外兵權，貴在專委；征伐事宜，切忌遥制。今郴、桂猺賊，爲害日熾，既該湖廣鎮巡三司官會議，兵不可已，要行尅期進勦。朝廷若復猶豫不決，往返會議，必致誤事。但七月進兵，天氣尚炎，況今五月將中，三省約會，期限太迫。再請勑兩廣總督等官左都御史陳金等，及請勑巡撫南、贛左僉都御史王守仁，各照議定事理，欽遵會合行

㊀「各」，全書作「合」。

事，不許違期失誤。及改擬九月中取齊進兵，庶三省路遠，不誤約會。本年五月十一日，少保兼太子太保本部尚書王瓊等具題奉欽依，備咨到臣。

除欽遵外，卷查先據江西嶺北道副使楊璋，及湖廣郴、桂兵備副使陳璧，並廣東韶州府，各呈申前事，臣參看得前賊惡貫已盈，神怒人怨，天討在所必加。但近年以來，江西有姚源之役，瘡痍甫起；福建有汀、漳之寇，軍旅未旋；府江之師，方集於兩廣；偏橋之討，未息於湖湘。若復繼以大兵，惟恐民不堪命，合無申明賞罰，容臣等徐爲之圖。惟復約會三省，並舉夾攻，已經開陳兩端，具本上請去後。今准前因，則巡撫湖廣右副都御史秦金所題夾攻事理，既奉有成命矣。臣謹將南、贛二府議處兵糧事宜開坐。緣係地方緊急賊情事理，爲此具本請旨。

計開

一、南安府所屬大庾、南康、上猶三縣，各有賊巢，聯絡盤據，有衆數千。西接湖廣桂陽等縣，南接廣東韶州府樂昌等縣。三省夾攻，必須湖廣自桂陽、桂東等處進，廣東自樂昌縣進，在南安者，必須三縣地方並進。贛州府所屬惟龍南縣賊巢，與廣東惠州府龍川縣浰頭接境，浰頭係大賊池大鬢等巢

> 孫子所謂「地生度，度生量」者，此也。

如此則兵足。

穴，有衆數千，比之他賊，勢尤猖獗。前此二次夾攻，俱被漏網。龍南雖有賊徒數夥，除之稍易。但其倚籍浰頭兵力，以爲聲援，攻之則奔入浰頭，兵退則復出爲害。必須廣東兵自龍川進，贛州兵自龍南進，庶可使無奔潰。

一、上猶去龍南幾四百里，兩處進兵，必須一時並舉，庶無驚潰之患。大約計之，亦須用兵一萬二千名，今擬調南康、上猶二縣機兵、打手一千二百名，大庾縣機兵、打手一千二百名，贛州府所屬除石城縣外，寧都、信豐二縣機兵、打手各一千名，其餘七縣機兵、打手三千名，龍泉縣機兵、打手一千名，安遠縣招安義民葉芳，老人梅南春等，龍南縣招安新民王受、謝鉞等兵共二千名，汀州府上杭縣打手一千名，潮州府程鄉縣打手一千名，共輳一萬二千之數。但廣、湖兩省之兵，皆狼土精悍，賊所素畏，勢必偏奔江西。江西之兵，最爲怯懦，望賊而潰，乃其素習。今所擬調，皆新習未練，若使嚴以軍法處治，庶幾人心齊一，事功可成。

一、兵一萬二千餘名，每名日給米三升，一日該米三百七十餘石，間日折支銀一分五釐，一日該銀一百八十餘兩。以六個月爲率，約用米三萬三千餘石，用銀二萬餘兩。領哨、統兵、旗牌等官，並使客合用廩給，及賞功犒勞牛酒、銀牌、花紅、魚鹽、火藥等費，約用銀二萬餘兩。通前二項，約共用銀五萬兩。二府商税銀兩，集㊀兵以來，日有所費，見存銀止有四千餘兩。二府並贛縣、大庾、南康、上猶四縣積穀，約計有七八萬石，但貯積年久，恐舂米不及其數。見在前銀，不足支用，就欲別項區處，但恐緩不及事。查得江西布政司並各府縣，別無蓄積，止有該解南京折糧銀兩，貯庫未解，并一應紙米贓罰銀兩。合無行巡撫江西都御史孫燧，轉行布政司并行各府，照數借給應用。候事寧之日，或將以後抽掣商税，或開中鹽引，另爲計處，奏請補還，庶克有濟。

如此則餉足。

一、合用本省巡按御史隨軍紀功，管理錢糧，及統兵、領哨官員，除本省三司分守、分巡、兵備、守備，并南、贛二府官員臨時定委外，訪得九江府知府汪穎、吉安府知府伍文定、汀州府知府唐淳、惠州府知府陳祥，俱各才識練達，程鄉縣知縣張戩，撫州府東鄉縣知縣黃堂，建昌府新城縣知縣黃文鸑，袁州府萍鄉縣知縣高桂，吉安府龍泉縣知縣陳允諧俱有才名，俱各堪以領兵。候命下之日，聽臣等取用。臣等竊照師期已迫，自今七月上旬，至九月中旬，

將領即用府縣正官，是古今大識見，所以成功。

㊀「集」，原本作「某」，據全書、黔南本改。

僅餘兩月。中間合用前項錢糧器仗，及擬調兵快，應委官員之類，悉皆百未有措。又事干各省，道途相去，近者半月，遠者月餘。萬一各官之中，違抗推托，不肯遵依約束，臨期誤事，罪將安歸？乞照湖廣巡撫都御史秦金所奏，該部題準事理，各官之中，敢有抗違失誤者，許臣等即以軍法從事，庶幾警懼，事可易集。必如此，而後官兵用命。

此疏即無他妙議，但簡當明切，真是經濟之才。

議夾勦方略疏

據江西嶺北道副使楊璋呈：奉臣案驗，准兵部咨，該巡撫湖廣都御史秦金題爲緊急賊情事，備行計處兵糧，約會三省，將上猶縣等處賊巢，尅期九月中進勦等因，遵依。隨將本道兵糧事宜計呈本院，轉達奏聞定奪外。隨據南安府上猶、大庾等縣，申稱各縣鄉民，早穀將登，各巢羣賊，修整戰具，要行出劫。并據南康縣縣丞舒富呈，訪得大賊首謝志珊號「征南王」，糾率桶岡等巢賊首鍾明貴等，約會廣東大賊首高快馬等，大修戰具，并呂公車，欲要先將南康縣打破。聞知廣東官兵盡調府江，就行乘虛入廣流劫，乞要早爲撲勦等因。觀其緩急先後施爲次第，虜已在目中矣。

已經呈蒙本院，密受方略，行委知府季敦、縣丞舒富等，領兵分勦。共生擒大賊首陳曰能等三名，首從賊徒五十四名，斬獲賊首級六十八顆，殺死射死賊徒二百四十餘名，燒死賊徒二百餘名，搗過巢穴一十九處，燒毀房屋禾倉八百九十餘間，俘獲賊屬二十九名口，水黄牛、馬、羊、騾一百四十四頭匹，通經呈報。

慮得到。

又蒙本院慮賊必將乘間復出，行委知府季敦、指揮來春等統兵屯南安，指揮姚璽、縣丞舒富統兵屯上猶，指揮謝昶、千户林節統兵屯南康，各於要害去處，往來防勦。至七月二十五日，賊首謝志珊果復統衆一千五百餘徒，攻打南安府城。各官督兵迎敵，生擒賊犯楊鑾等七名，斬獲首級四十五顆，賊衆大敗而去。八月二十五日，賊首謝志珊又統領二千餘徒，復來攻打南安府城。各官督兵迎敵，生擒賊犯龍正等四十二名，斬獲首級一百五十七顆，賊又大敗而去。

果如所慮。

即今賊勢少挫，若乘此機會，直搗其巢，旬月之間，可期掃蕩。但聞湖廣之兵既已齊集，而廣東因府江班師未久，復調狼兵，未有定期。

乘小勝而矜者，必貽大害，如此方見治蔓者必拔其根。

謹按地圖，江西之南安，有上猶、大庾、桶岡等處賊巢，與湖廣桂東、桂陽

計地之遠近以定夾攻，兵法所謂料敵制勝，計險扼遠，近上將之道。

兵法所謂水因地以制流，兵因敵以制勝者，此也。

接境，夾攻之舉，止該江西與湖廣會合，而廣東止于仁化縣要害把截，夾攻不與焉。贛州之龍南，有浰頭賊巢，與廣東龍川接境，夾攻之舉，止該江西與廣東會合，而湖廣不與焉。廣東樂昌、乳源賊巢，與湖廣宜章縣接境，惠州賊巢與湖廣臨武縣接境，仁化縣賊巢與湖廣桂陽縣接境，夾攻之舉，止該湖廣、廣東二省會合，而江西止於大庾縣要害把截，夾攻不與焉。

名雖三省大舉，其實自有先後，舉動次第，不相妨礙。若不此之察，必欲通待三省之兵齊集，然後進勦，則老師廢財，爲害匪細。合將前項事宜，約會三省，以次漸舉，庶兵力不竭，糧餉可省等因，據呈到臣。

看得三省夾攻，必須彼此尅期定日，同時並舉，斯乃事體之常。然兵無定勢，謀貴從時。苟勢或因地而異便，則事宜量力以乘機。三省賊巢連絡，賊情㊀雖聲勢相因，而其間亦自有種類之分，界限之隔。利則爭趨，患不相顧，乃其性習。誠使三省之兵皆已齊備，會約並進，夫豈不善？但今廣東狼兵，方自府江班師而歸，欲復調集，恐非旬月所能。兩省之兵既集，久頓而不

㊀「賊情」，全書作「千里」，則此句應讀作「三省賊巢，連絡千里，雖聲勢相因」。

進，賊必驚疑，愈生其奸。悍者奔突，黠者潛逃，老師費財，意外之虞，乘間而起，雖有智者，難善其後。

誠使先合湖廣、江西之兵，併力而舉上猶諸賊，逮事之畢，廣東之兵亦且集矣。則又合湖廣、廣東之兵，併力而舉樂昌諸處。逮事之畢，江西之兵又得以少息矣，則又合廣東、江西之兵，併力而舉龍川。方其併力於上猶，則姑遣人佯撫樂昌諸賊，以安其心。彼見廣東既未有備，而湖廣之兵又不及已，苟幸旦夕之生，必不敢越界以援上猶。及夫上猶既舉，而湖廣移兵以合廣東，則樂昌諸賊，其勢已孤，二省兵力益專，其舉之益易。當是之時，龍川賊巢，相去遼絶，自以爲風馬牛不相及。彼見江西之兵又撤，意必不疑。班師之日，出其不意，回軍合擊，蔑有不濟者矣。臣竊以爲因地之宜，先後合擊之便，除臣遵照兵部咨來題奉欽依，會兵征勦，亦聽隨宜會議施行事理。已將前項事宜，移咨廣東、湖廣總督、巡撫等官知會，一面相機行事外，緣係地方緊急賊情事理，爲此具本題知。

近日寓内多事，動議會勦夾攻，然卒彼此互相推諉，多以導賊出境爲能事，只是胸中無勝算故耳。如此着數，未有不能成功者。

併力則勢不孤，迭用則兵不勞。

佯撫樂昌則敵不相爲救。兵法所謂親而離之者是也。

再請疏通鹽法疏

據江西按察司分巡嶺北道兵備副使楊璋呈：備贛州府呈：蒙備仰本府，即將正德十二年正月起，至九月終止，抽過税銀，及上猶、龍川兩次用兵支過軍餉，并今餘剩銀兩查報等因。依蒙查得正德十一年十二月終止，舊管銀三千五百七十四兩三錢一釐二絲一忽九微，并新收正德十二年正月起至正德十三年九月終止，共抽過商税銀一萬六千七百八十八兩五錢八分七釐七毫五絲。兩次用兵，共用過銀四萬七千二百八十七兩二錢二分八釐四毫三絲八忽六微，米九千九百四十九石五斗六升九合四勺四抄，穀五百三十九石四斗。内除提督南、贛、汀、漳等處軍務都察院左僉都御史王守仁，查發紙米價銀八十九兩六錢，巡撫江西等處地方都察院右副都御史孫燧，查發紙米價銀二千兩，本道查發紙米價銀七千八百二十兩二錢七分八釐六毫，南、贛二府查出在庫贓罰缺官柴薪等項銀一萬九千五十九兩四分六釐六毫八忽三微外，實支用過商税銀一萬八千三百一十八兩三錢三釐三毫三絲三微，見今餘剩銀二千四十四兩五錢八分五釐七毫五絲一忽六微等因，開報到道。

案查先爲比例請官專管抽分，以杜奸弊事，准户部咨，該巡撫右副都御史周南題，備仰本道，照奉欽依事理，即將所收商税，再行參酌，從輕定議則例。仍嚴加稽考，務使税課所入，隨多寡以爲數，而不以多取爲能。其廣東鹽課，許於南、贛二府發賣，不許再行抽税。袁、臨、吉三府不係舊例行鹽地方，不許到彼發賣。所抽分商税，除軍餉聽巡撫都御史動支外，其餘不許擅動。年終差人解部，轃支光禄寺賒欠鋪行厨料果品支用，以省加派小民。仍將再議過緣繇，呈報施行等因。行據贛州府呈稱，依奉將貢水該抽諸貨，從輕定擬則例，及開稱廣東鹽引不許放過袁、臨、吉三府發賣等因，備呈本院詳允，出給禁約。及將餘剩銀二千九百六十七兩一錢八分二釐二毫三絲一忽九微，行令起解間。

隨據該府呈，奉巡撫江西等處地方都察院右副都御史陳金批，看得該府連年用兵之費，所積不多，近又定擬除減，所入亦少。况地方盜賊，不時竊發，别無堪動錢糧，將餘剩税銀暫且存留在庫，以備軍餉等因。已該前兵備副使陳良珊，將自正德六年十一月二十七日立廠抽分起，至正德十二年終止，造册，差舍人王鼐㈠，續該本職將正德十一年正月起，至本年十二月終止，造册，差舍人屠賢，各奏繳訖。

本年九月二十六日，抄奉提督軍門案驗，准户部咨，備行本道照奉欽依事理，將廣東官鹽暫許袁、臨、吉三府發賣，自今爲始，至正德十三年終止。仍將先次未解，并今次抽税過銀兩，支用過數目緣繇，造册徑自奏繳。及造青㈡册齎送該部并本院查考。除遵奉外，查得正德十三年將終，及上猶、龍川兩處征勦事畢，所據商税收支，應該造册解繳。備行該府查報去後。

今據前因，查得南、贛地方兩次用兵，中間商税，實爲軍餉少助，然而商税之中，鹽税實有三分之二，爲照南、贛二府，與廣東翁源等縣，壤地接連，近該兩廣具奏征勦，前賊乘虚越境，難保必無。見今府庫空虚，民窮財盡，將來糧餉，絶無仰給。况此鹽利一止，私販復生，雖有禁約，勢所難遏。與其利歸於奸人，孰若有助于軍國！合無轉達，將前項鹽税著爲定例，許於袁、臨、吉三府地方發賣，照舊抽税，以供軍餉。每年終依期造報，餘剩之數，解部轉發

㈠「鼐」，全書作「鼎」。　㈡「青」，全書作「清」。

光禄寺支用，以省加派小民。如此，則奸弊可革，軍餉有賴，光禄寺供用亦得少資，誠所謂一舉而數得矣。呈乞照詳轉達等因，具呈到臣。

查得接管卷内，先爲處置鹽鐵以充軍餉事，江西布政司呈，奉總制江西左都御史陳金批：查得廣西、嶺北二道，灘石險惡，淮鹽不到，商人往往私販廣鹽，射利肥己。先蒙總督衙門奏准，廣鹽許行南、贛二府發賣，仰令南雄照引追納米價，類解梧州軍門，官商兩便，軍餉充足。當時止是奏行南、贛，不曾開載袁、臨、吉三府，合無遵照勑諭，便宜處置，暫將廣鹽許下三府發賣，立廠抽掣，以助軍餉。隨該布政司等官劉果等議稱：委果于事有益，于法無礙，具呈詳允，批行遵照立廠抽税等因。

續該户部覆議，内開廣東鹽課，許令南、贛二府發賣，不許到於袁、臨、吉三府，備行禁革外。正德十二年正月十五日，臣撫臨贛州，隨據副使楊璋呈稱：奏調三省官兵，夾勦上猶等巢，糧餉所費，約用數萬石。若不早行計處，必致有誤軍機。查得前項鹽法，准行南、贛二府販賣，果係一時權宜，不係洪武年間舊例。合無查照先年便宜事例，行令前商，許令袁、臨、吉三府販賣，所收銀兩，少備軍餉。候事少寧，另行具題禁止等因，呈詳到臣。

看得即今調兵夾勦，糧餉缺乏，遵照勑諭徑自區畫事理，批行該道，暫且照議施行，候平定之日，照舊停止。具題去後，隨准户部覆議，將廣東官鹽，暫於袁、臨、吉三府發賣，至正德十三年終止，行該道官照前抽分，將税課供給軍餉，不許多取妄用，至期照舊停止等因，具題，奉聖旨：是。欽此。欽遵，已經轉行該道，一體欽遵去後。今呈前因，爲照袁、吉等地方，溪流湍悍，灘石峻險，淮鹽逆水而上，動經旬月之久。廣鹽順流而下，不過信宿之程。故民苦淮鹽之難，而惟以廣鹽爲便。自頃奉例停止，官府但有禁革之名，其實私鹽無日不行。何者？因地勢之便，從民心之欲。非但不能禁之於私，每遇水發，商舟動以百數，公然蔽河而下，如發機之弩，官府邏卒，寡不敵衆，袖手岸傍，立視其過，孰得而沮遏之？故廣鹽行則商税集，而用資於軍餉，賦省於貧民。廣鹽止則私販興，而弊滋於奸宄，利歸於豪右。此近事之既驗者。

今南、贛盜賊，雖已仰仗天威，剋平巢穴，然漏殄殘黨，難保必無。且地連三省，千數百里之内，連峰參天，深林蔽日。其間已招之新民，尚懷反覆，未平之賊壘，多相勾聯。乘間窺竊，不時而有。方圖保戍之策，未有撤兵之

必説及内府，其事方允。

期。况後山、從化等處，見在調兵征勦，臣亦謬承方略之命，師行糧食，勢所必然。今府庫空虛，民窮財盡，若鹽税一革，軍餉之費，苟非科取於貧民，必須仰給於内帑。夫民已貧而斂不休，是驅之從盜也。外已竭而殫其内，是復殘其本也。矧内帑之發，非徒緩不及事，抑恐力有未敷。

臣竊以爲宜開復廣鹽，著爲定例。籍其税課，以預備軍餉不時之急；積其羨餘，以少助内府缺乏之需。實亦公私兩便，内外兼資。夫聚斂以爲功，臣之所素恥也；掊克以招怨，臣之所不忍也。况臣廢疾日深，決於求退，已可苟避地方之責。但其事勢不得不然，若已革㊀而復舉，是遺後人以所難，而於職守爲不忠矣。願皇上憫地方之瘡痍，哀民貧之已甚，慮軍資之乏絶，察臣心之無他，特勑該部俯采所議，酌量裁處，早賜施行，則地方幸甚！

此舉不獨有裨軍餉，抑亦俯順民情。

㊀「革」，全書作「畢」。

咨報湖廣巡撫右副都御史秦防賊奔竄

准巡撫湖廣都御史秦咨云云，已經一體欽遵施行。續據江西嶺北道副使楊璋，看得朱廣寨等處，係桂陽、樂平二縣界内，賊奔要路。今夾攻在邇，要行各道預發精兵把截。又經備行廣東、湖廣各官，起集驍勇機快，父子鄉兵，選委素有能幹官員統領，各於賊行要路，晝夜嚴加把截。或遇前賊奔逃，就便詳察險易，相機截捕。或先於朱廣、魚黄，賊所潛逃諸山寨，多張疑兵，使賊不敢奔往。務要慮出萬全，不得墮賊奸計。各道仍須分投爪探，出奇設伏，先事預防。但得賊中虚實，差人飛報軍門。

大抵防寇如水，四面隄防既固，但有一處滲漏，必致併力潰決。賊所奔逃，尚恐不止前項諸處。仍行各道，再加詢訪，但有罅隙，即便行文知會，互相關防。必使皆無蟻穴之漏，度可全收草薙之功。今准前因，爲照前項各賊，屢經夾攻，狡猾有素。今聞大舉，預將妻子搬寄，此亦勢所必有。照得咨

讀此，知防寇者精神當無處不到，識見㊀當無處不周。

㊀「見」，原本作「是」，據全書、黔南本改。

開龔福全、李斌皆已搬送妻子，近往桶岡親識人家。除行嶺北道密行擒拿，一面行文湖廣各官，將前項窩户姓名，密切知會，或住近桂陽，或住近上猶，就仰各該守把官兵，相機勦捕外，擬合諮報云云。

咨報湖廣巡撫右副都御史秦夾攻事宜

准巡撫湖廣都御史秦咨，内開：夾攻江西，該分哨道，并把截之路，及各該官軍，不無追勦往來過境，必須各給旗號識别，以防錯誤。凡遇賊勢縱横，及攻堅去處，各領哨官即便發兵策應，同舟共濟。又稱各省窩賊之家，今既各有指實，必須從長計處，絶其禍本，以收全功。煩爲參酌行止，并將合行事宜咨報，以憑轉行各該領兵等官遵守等因，准此。

先該本院訪得大庾、南康、上猶三縣，近附賊巢，良民村寨甚多。往年大征，不曾分别善惡，給與良民旗號，及撥兵護守。以致狼土官兵貪功妄殺，玉石不分。亦有一二良民村寨，給與旗號，撥兵護守，又被不才領兵官員，并良民寨主，受賊重賄，及將有名賊首，隱藏其家，事定仍復還巢，至今貽患。及有吉安府龍泉、萬安、泰和三縣，并南安府所屬大庾等三縣，居民無藉者，往

可見賊之爲患，多繇地方官處置失宜。然要分别善惡，亦未易易。必要能幹有司，實心任事，方能辦此。

往携帶妻女，入巢爲盜。行劫則指引道路，征勦則通報消息，尤爲可惡。即今聞有大兵夾攻，俱各潛行回家，遇有盤詰，輒稱被虜逃歸，因而得脱誅戮。若不通行挨究，將來事定，仍復入巢，地方之患，何時可已？

就預行上猶等三縣，着落當該掌印官員，查出附近賊巢居民村寨，通計若干，畫圖㊀申報，以憑每寨給與良善旗號，臨期撥兵護守。仍取各寨主并地方總甲甘結在官，如有應勦賊徒來投，希圖隱匿者，許其擒斬送官，照例重賞。容隱者事發，一寨之人，通行坐以奸細重罪。其大庾、龍泉等六縣，各給告示，曉諭鄉村里老人等，但有平昔入巢爲盜，即今潛出，許其舉首，亦行照例給賞。容隱事發，本家並四鄰一體坐罪。如此，庶良善免於玉石俱焚，而盜賊得以根株悉拔。臨時撥兵護守一着，固是保全善良。倘所報良善原是反叛，臨時或有不測，不妨即行勦滅，實一舉而兼備也。俱經牌仰該道遵照施行外。

又據委官知府等官季斆等呈稱，依奉本院方略，分兵於上猶、南康等處防遏，被賊兩次糾衆，出攻南安，俱幸我兵克捷。即今賊勢略已衰敗，若乘此機會，直搗其巢，旬月之間，可期掃蕩云云。

㊀「畫圖」，全書作「圖畫」。

本院看得三省夾攻事宜，集兵有先後，期約有遲速，如上猶、大庾之賊，江西先與湖廣夾攻，止令廣東之兵於仁化把截。候廣東兵力已齊，聽湖廣、廣東約會夾攻，江西之兵，止於大庾把截。通候廣東、湖廣夾攻已畢，廣東之兵移於惠州，江西之兵移於龍南，又行約會夾攻。如此，庶先後有序，事機不失，兵力不竭，糧餉可省。又經移咨貴院查照施行外。

今准前因，看得官軍過境，必須各給旗號識别，以防錯誤。攻堅去處，必須各領哨官即便發兵策應，庶得成功。持論既極公平，所處又甚詳悉。除行領哨等官遵照施行外，惟守備指揮李璋所呈窩賊之家，傳聞之言，未必皆實，已行該道再行查訪，務求的實，拔絶禍源。其進攻次第，惟桶岡一處，該與湖廣之兵會合。若長流坑、左溪等處，皆深入南安府所屬三縣腹心之内，見今不次擁衆奔衝，勢難止遏。本院欲將前項賊巢，以次相機勦撲，候貴治之兵齊集，會合夾攻桶岡。如此，則江西腹心之害已除，而二省夾攻之舉，得以併力從事，擬合移咨前去，煩爲查照定處，咨報施行。

觀此，則當日施兵先後，着着中款，能使數省之心合而爲一，如出一人。信陵救趙，所統者各國之將，各國之兵，而卒能成功，只是部分悉當耳。

征勦横水桶岡分委統哨牌

據守把金坑等處領兵縣丞舒富等申稱：探得各峯賊首，聞知湖廣土兵將到，集衆劫掠，猖熾日甚，鑿山開塹，爲備益堅。又聞於桶岡後山，陡絶崖壁，結構飛梯，自此直入范陽大山，延袤千里，自來人迹所不能到。今皆搬運糧穀，設有機隘，意在悉力拒戰。戰而不勝，即奔入此中，截斷飛梯，雖有十萬之衆，亦無所施其力。乞要急爲區處等因到院。

隨將各峯擒獲賊徒，備細研審，亦與所呈略同。

照得先經具題，及備行兩省，將各處賊巢以次攻勦。先約湖廣官兵，會攻上猶諸賊，未報。但南、贛兵力，自來疲弱，爲賊所輕，必資湖廣土兵，然後行事。賊見土兵未至，必以爲夾攻尚遠。今若出其不意，奮兵合擊，先以一哨，急趨其後，奪其隘口，賊既失勢，殆可盡殪。若必俟土兵之至，果如各官所呈，陷賊計中，老師費財，復爲他日之患，追悔何及？本院節准兵部咨，題奉欽依：「南贛地方賊情，着都御史王守仁自行量調官軍，設法勦捕。」及近奉勑諭云云，「俱聽以軍法從事，欽此」。欽遵。除監督守巡官員，

因南、贛之疲弱，乘賊兵之未備，不必爲減竈之詐，而先人有奪人之心，非先生誰能辨此？

行㈠令分投，先往上猶、大庾等處調度催督外，本院身督中軍，直搗橫水大巢，所據各哨官兵，合就分委督發，依期進勦。

計開軍令㈡

安遠縣新民義官某某等名下打手八百名。乾字營哨長趙某某等名下機兵四百名，弓箭手一隊，銃手八名，鄉導二十名。火藥八十觔。地圖一張。軍令八十張。號色布一千五百件。兵旗大小九十面。令字藍絹大旗一面。寄兵搜扒，用爲先導，尋常皆捲，遇各營兵始開。令字黄絹大旗一面。正兵行動，用爲先導，尋常皆捲，遇各營兵始開。

軍令：失誤軍機者斬。臨陣退縮者斬。違犯號命者斬。經過宿歇去處，敢有攪擾居民，及取人一草一木者斬。劄營起隊，取火作食，後時遲慢者照軍法治，因而誤事者斬。安營住隊，常如對敵，不許私相往來，及輒去衣甲器仗，違者照軍法治，因而誤事者斬。凡安營訖，非給有各隊信牌，及非營門而輒出入者皆斬。守門人不舉告者同罪。其出營樵牧、汲水、方便，而擅過營

㈠「行」，全書作「外」。　㈡「軍令」二字全書無。

門外者杖一百。軍中呼號奔走驚衆者斬。雖遇賊乘暗攻營，將士輒呼動者斬。軍中卒遇火起，除奉軍令救火人外，敢有喧呼，及擅離本隊者斬。軍中守夜巡夜之人，每夜各有號色，號色不應者，即便收縛。軍中不許私議軍機，及妄言禍福休咎，惑亂衆心，違者皆斬。

凡入賊境哨探，可往而畏難不往，托故推調，及回報不實者斬。軍行遇敵人來衝，及有埋伏在傍者，不許輒動，即便整隊向賊牢把，相機殺勦，違者斬。軍行遇賊衆乞降，恐有姦謀，即要駐軍嚴備。一面飛禀中軍，令其遠退，自縛來投，不許輒與相近。遇有自稱官吏及地方里老來迎接者，亦不許輒與相近，即便駐軍嚴備。一面飛禀中軍，審實發落，違者皆斬。賊使入營，及來降之人，將士敢與私語，及問賊中事宜，凡漏泄軍情者斬。凡臨陣對敵，一隊失，全隊㊀皆斬。鄰隊不救，鄰隊皆斬。賊敗，追奔不得太遠。一聽號令，聞鼓方進，聞金即止，違者斬。賊巢財物，並聽殺賊已畢，差官勘驗給賞，敢有臨陣擅取者斬。乘勝逐賊，不許争取首級，路有遺下金銀寶物，不許低頭拾

此法行，則臨陣自萬人如一心，決無退縮。然必要平日有以固結士心，方能行此。故曰：視卒如愛子，故可與之俱死。

㊀「全隊」，全書作「全伍」。

取，違者皆斬。

計開分發領兵官牌

一、仰贛州府知府邢珣，統領後開官兵，自上猶㊀石坑進，繇上稍、石溪入磨刀坑，過白封龍。一面分兵搜茶潭、鴦井、杞州坑。正兵經過朱坑、早坑，入楊梅村，攻白藍、横水。與都司許清，指揮謝昶、姚璽，知縣王天與等兵會合，共結爲一大營。及各選精鋭，用鄉導分引，齎乾糧三日，四搜附近各山寨，如茶潭、鴦井、杞州坑、寨下等處，多方爪探，務期盡絶，互相援應，毋致疏虞。左溪諸賊既盡，然後分哨起營，過背烏坑，穿牛角窟，蹦梅伏坑，過長流坑，涉果木口，搜芒背，上思順，過烏地，入上新地、中新地、下新地，攻桶岡峒諸賊，與知府唐淳，指揮余恩、謝袒等兵合勢夾擊，賊既敗散，遂會各營連絡掎角爲一大營。各選精鋭，開合縱横，分布搜扒，必使噍類無遺，候有班師期日，方許回兵。

領哨各官及兵快人等，敢有臨陣退縮，違犯號令者，仰遵照本院欽奉勅

必將道里之險易遠近，敵情之虛實强弱，一一燭照無遺，方能有此佈置。兵法所謂：知戰之地，知戰之日，則可千里而會戰。爲將者知此，則百不失一。如馬謖街亭之戰，舍水上山。任福好水川之師，不據險置伏，皆昧此道，所以俱敗。爲將者其辯之。

㊀「上猶」，原本作「土猶」，據上下文改。

諭内事理，聽以軍法從事。本官務要竭忠效命，益展才猷，嚴督諸軍，奮勇前進，蕩除羣醜，以靖地方。如或怠忽乖謬，致有疏虞，國典具存，罪難輕貸。本院即日進屯南康，親臨督戰，一應進止機宜，密切差人俱赴營所稟白，牌候事完日繳。

一、仰統兵官汀州府知府唐淳，統領後開官兵，前往南安府，自百步橋、浮江、合村等處，進屯聶都。會同把隘推官徐文英，將點集守把鄉夫，於内選取堪爲鄉導者一百名，分別哨路，進襲上關，破下關。乃分兵爲三哨，中一大哨逾相見嶺，撲密溪，徑攻左溪。右一小哨從下關分道，搜絲茅壩，復從中大哨於密溪，進攻左溪。左一小哨自密溪搜羊牯腦山，復自密溪從中大哨進攻左溪。三哨後合爲一，與本院會於横水，遂會同守備郟文、知府季斆，指揮余恩，縣丞舒富等兵，五營掎角，合爲一大營。乃各選精鋭，用鄉導分引，齎乾糧二三日，四搜山寨。多方爪探，務期盡絶，互相援應，毋致疏虞。左溪諸賊既盡，聽候本院再授方略，然後分哨起營，復自密溪回關田。推官徐文英仍於關田厚集營陣，以待奔竄遺賊，勿輕散動。本官自關田率兵，縣古亭進屯上保，復自上保歷茶坑，縣十八磊依期進於木坳，攻桶岡諸賊，與知府邢珣、

各牌開合縱横，真是奇正相生，如循環之無端，守此而善用之，勝讀兵法一部。

指揮余恩等兵，合勢夾擊。賊既敗散，遂會各營，連絡犄角爲一大營。各選精鋭，開合縱横，分布搜扒，必使噍類無遺，候有班師之日，方許回兵。領哨各官及兵快人等，敢有臨陣退縮，違犯號令者，仰即遵照本院云云。

一、仰南安府知府季斆，統領後開官兵，自南安府石人背，進破義安，分兵搜朱雀坑，入西峰。分搜狐狸坑，進鉛廠。分兵搜李家坑，屯穩下。分兵搜李坑，遂逾狗脚嶺，搜陰木坑，攻左溪。與本院會於横水，遂與守備郟文，知府邢珣、唐淳，指揮余恩，縣丞舒富等兵合，連爲一大營。乃各選精鋭，齎乾糧三日，用鄉導分引，四搜附近山寨。多方爪探，務期盡絶，互相援應，毋致疏虞。左溪諸賊既盡，然後分哨起營，過密溪，搜羊牯腦，逾相見嶺，歷上關、下關、關田，經古亭，分屯上保、茶坑，斷胡蘆洞等處賊路，四面設伏，以待桶岡奔賊，爲都指揮許清之繼。探候緩急，相機應援，必使根株悉拔，噍類無遺，候有班師期日，方許回兵。領兵各官及兵快人等，敢有臨陣退縮，違犯號令者，仰即遵照本院云云。

一、仰江西都司都指揮僉事許清，統領後開官兵，自南康進破鷄湖，撲新地，襲楊梅坑，攻白藍，與本院會於横水。遂與知府邢珣等兵會合，共結爲一大營。乃各選精鋭，用鄉導分引，齎乾糧二三日，四搜附近各山寨。多方爪探，務期盡絕，互相援應，毋致疏虞。横水諸賊既盡，聽候本院再授方略，然後分哨起營，自横水穿牛㊀窟，搜川坳、陰木潭，會左溪，入密溪，過相見嶺，歷下關、上關、關田，上華山，過鱗潭，屯左泉，分斷西山界、胡蘆洞等賊路。四面設伏，以待桶岡奔賊。仍歸屯横水，控制諸巢，遥與知府季斆相機應援。必使根株悉拔，噍類無遺，候有班師期日，方許回兵。領哨各官及兵快人等，敢有臨陣退縮，違犯號令者，仰即遵照本院云云。

一、仰守備南、贛二府地方，以都指揮體統行事指揮使郟文，統領後開官兵，前往南安府，自石人坑，度湯瓶嶺，破義安，上西峰，過鉛廠，破苦竹坑，勦長河洞，搜狐狸坑，攻左溪，與本院會於横水。遂與知府唐淳、季斆，指揮余恩，縣丞舒富等兵，五營連絡爲一大營。乃各選精鋭，用鄉導分引，齎乾糧二三日，四搜附近山寨，如天台庵、獅子山、絲茅壩等處。多方爪探，務期盡絕，互相援應，毋致疏虞。左溪附近諸賊既盡，聽候本院再授方略，然後分

㊀「牛」，全書作「牛角」。

哨起營，自左溪，過密溪，分兵搜絲茅壩，會下關，入關田，過古亭，踰上保，搜茶坑，屯於十八磊，分兵斷下章，設伏以待桶岡奔賊，爲知府唐淳之繼。使人探候消息，相機應援。必使遠近各賊，噍類無遺，候有班師期日，方許回兵。領兵各官及兵快人等，敢有臨陣退縮，違犯號令者，仰即遵照本院云云。

一、仰贛州衛指揮余恩，統領後開官兵，自上猶官隘，踰獨孤嶺，至營前，進金坑，屯過步，破長流坑，分兵入梅伏坑，破平角窟，撲川坳、陰木潭，與正兵合攻左溪，與本院會於橫水。遂與縣丞舒富，知府唐淳、季斆，守備郟文等兵，連絡爲一大營。乃各選精鋭，齎乾糧二三日，用鄉導分引，四搜附近各山寨。多方爪探，務期盡絶，互相援應，毋致疏虞。左溪諸賊既盡，聽候本院再授方略，然後分哨起營，過密溪，搜羊牯腦，踰相見嶺，歷下關、上關、關田，經華山、鱗潭、網夾裡，從左溪入西山界，攻桶岡諸賊。與知府邢珣、唐淳，指揮謝昶等兵合勢夾擊。賊既敗散，遂會各營，連絡犄角爲一大營。各選精鋭，開合縱橫，分兵搜扒，必使噍類無遺，候有班師期日，方許回兵。領兵各官及兵快人等，敢有臨陣退縮，違犯號令者，仰即遵照本院云云。

一、仰寧都縣知縣王天與，督同典史梁儀，統領後開官兵，自上猶官隘、員坑，過琴江口，谿白面寨，至長潭，經杰壩，屯石玉，分兵搜樟木坑。正兵自黄泥坑，過大灣，入員分，與本院會於横水。遂與知府邢珣、都司許清等兵會合，四營共結爲一大營。乃各選精鋭，用鄉導分引，賫乾糧二三日，四搜附近各山寨。多方爪探，務期盡絶，互相援應，毋致疏虞。横水等處諸賊既盡，聽候本院再授方略，然後分哨起營，過背烏坑、牛角窟、梅伏坑，涉長流，渡果木口，搜芒背，上思順，入烏地，經上新地、中新地，分屯下新地。分兵搜扒，斷絶要路，四面設伏，以待桶岡奔賊，爲知府邢珣之繼。使人探候緩急，仍與縣丞舒富聲息相接應援。必使噍類無遺，候有班師期日，方許回兵。領兵各官及兵快人等，敢有臨陣退縮，違犯號令者，仰即遵照本院云云。

一、仰南康縣縣丞舒富，統領後開官兵，自上猶營前、金坑，進屯過步，破長流坑，徑攻左溪，與本院會於横水。遂與知府邢珣、唐淳、季斆，守備郟文等兵合四營共結爲一大營。乃分選精鋭，賫乾糧，用鄉導分引，四搜附近賊巢，如鱉坑、箬坑、赤坑、觀音山、奄埸、仙鶴頭、源陂、左溪等處。諸賊既盡，聽候本院再授方略，然後分哨起營，復自長流坑，過果木口，搜芒背，搜鐵木里，徇上池，遍搜東桃坑、山源、竹壩泉、大王嶺、板嶺諸巢，遂屯鎖匙龍外，四面埋伏，以待桶岡奔賊。仍與知縣王天與聲息相接，彼此相機應援。必使噍類無遺，候有班師期日，方許回兵。領兵各官及兵快人等，敢有臨陣退縮，違犯號令者，仰即遵照本院云云。

一、仰吉安府知府伍文定，統領後開官兵，前去屯劄穩下，會同守備郟文，並謀協力，搜勦稽蕪等處賊巢，進屯横水。聽候本院再授方略，然後進攻桶岡諸峒。本官仍須詳察地里險易，相度機宜，協和行事，毋得爾先我後，力散勢分，致失事機。國典具存，罪㊀不輕貸。其領哨各官及兵快人等，敢有臨陣退縮，違犯號令者，許即以軍法從事。軍中一應事宜，亦聽隨宜應變，應呈報者，仍呈軍門施行。

一、仰廣東潮州府程鄉縣知縣張戩，統領部下新民、打手、鄉夫人等，搜勦稽蕪、黄雀㊁坳、新地等處賊巢，進屯横水，聽候本院再授方略，然後進攻桶岡諸峒，本官仍須詳察云云。

㊀「罪」，全書作「決」。　㊁「雀」，全書作「徑」。

此牌分合進退，步步策應，步步着實，是有勝算預定於胸中，臨事自然緩急先後，着着中窾。此所謂勝兵，先勝而後戰也。志武者當三復於斯。

案行分守嶺北道官兵戴罪勦賊

參看稽蕪大山，不係進兵隘路，若使郁文、季斆等遵依本院方略，直趨左溪，與諸軍連營合勢，兵威既振，然後分兵四勦，則稽蕪等巢，自然聞風而靡。今乃不遵約束，頓兵僻路，以攻險絶堅小之寇，反致損威挫鋭。非但有乖節制，抑且違誤師期。若使各哨官兵，皆若季斆等後期不進，則左溪、横水賊巢，根本腹心之地，何繇攻破，諸軍何繇得有今日之勝？論情定罪，俱合處以軍法。但今各營皆已乘勝追逐，賊徒四散奔潰，正係緊關搜截之際，姑令戴罪勦絶，以贖前辜。爲此仰抄案回道，速督各官，分投把截搜勦。俱要勵志奮勇，毋徒退縮以自全，毋以小衄而自餒，務奮澠池之翼，以收桑榆之功。如復仍前畏縮違誤，軍令具存，難再容恕。仍將陣亡千户劉彪，及被傷兵夫人等，查驗紀録，量加優恤。

兵法所謂決積水於千仞之上者，勢也。

横水、左溪已報大捷，稽蕪小小挫折，他人處此，必在所略。先生即行切責如此，此所以法嚴而人知自勵，所往無不奏功也。

凡戰勝之餘，必不可無此着。

搜勦餘黨牌

照得本院於本月十二日親督諸軍，進破橫水等巢，諸軍皆奮勇敢死，奪險陷陣，賊乃大敗，擒斬功次數多，良已可嘉。但聞餘黨復相嘯聚，千百爲羣，設栅阻險，復爲抗拒官兵之備。所據各兵進攻之日，攀崖緣壁，下上險阻，疲困已極。兼之陰雨，連日瘴霧，咫尺不辨，故且容令各兵暫爾休息。今天氣漸開，兵力已蘇，若不乘此破竹之勢，疾捕急擊，使諸賊聲勢復得連絡，用力益難。爲此牌仰該道官吏，嚴督各營官兵，星夜速進，務在三日之内，掃蕩餘孽，必使噍類無遺。敢有狃於一勝，怠忽因循，逗留不進，致誤軍機者，仰即遵照敕諭事理，即以軍法從事。該道亦要身督各官，奮勇前進，毋虧一簣，務在萬全。

獎勵湖廣統兵參將史春牌

據副使楊璋呈稱：遵奉本院牌案，監督各營官兵，照依二省刻定日期，於十一月初一㊀日午時攻破桶岡大峒。賊徒皆已擒斬，巢穴悉已掃蕩。但湖廣官兵未知，恐仍復前來，非但無賊可勦，抑且徒勞遠涉。乞將湖廣官兵留屯彼地，免其過境，實爲彼此兩便等因到院。看得桶岡天險，先經夾勦，圍困半年，終不能下。乃今一鼓而破，斯固諸將用命，軍士效力，實亦湖廣兵威大振，有以懾服其心。故破巢之日，不敢四散奔潰，以克收兹全功。訪得湖廣統兵參將史春，紀律嚴明，行陣肅整，故能遠揚威武，致兹克捷。雖兵不接刃，而先聲以張，相應差官奬勵。爲此牌差千户高睿，齎領後開花紅禮物，前去湖廣郴州，親送本官營内，傳布本院奬勵之意，以彰本官丕顯之功。

兵未到而奬及之，是妙於鼓舞處。

横水桶岡捷音疏

據江西布按二司巡守嶺北道兵備副使楊璋、左參議黄宏會呈，據一哨統兵贛州府知府邢珣呈，督同興國縣典史區澄等官兵，於十月十三㊁等日，攻破

㊀「初一」，全書作「初十」。　㊁「十三」，全書作「十二」。

磨刀坑等巢。十一月初一等日，攻破桶岡洞等巢。二十三日，會兵擊賊於上新地寨，共十四處。共擒斬大賊首雷鳴聰、藍文亨、梁伯安等六名顆，賊從王禮生等二百四十一名顆，俘獲賊屬，並奪回被虜男婦二百五十七名口。燒毁賊巢房屋一百七十七間，及奪馬牛、贓仗等項。

二哨統兵福建汀州府知府唐淳呈：督同上杭縣縣丞陳秉等官兵，於十月十二等日，攻破左溪等巢。十一月初一等日，攻破十八磊等巢，共十二處。共擒斬大賊首藍天鳳、藍八、蘇景祥等四名顆，賊從廖歐保等二百六十四名顆，俘獲賊屬，並奪回被虜男婦五百四十四名口，燒毁賊巢房屋七百一十二間，及奪獲馬牛、器械、贓銀等項。

三哨統兵南安府知府季斆呈：督同同知朱憲、推官徐文英等官兵，於十月十二等日，攻破穩下等巢。十二月初三日，擊賊於朱雀坑等巢，共八處。生擒大賊首高文輝、何文秀等五名，擒斬賊從楊禮等三百六十一名顆，俘獲賊屬，並奪回被虜男婦一百七十一名口，燒毁賊巢房屋五百七十八間，奪獲牛馬、贓仗等物。及先於七月二十五等日，二次被賊擁衆攻打本府城池，統領本營官兵，會同指揮來春、馮翔，與賊對敵，本職下官兵舍人，共擒斬賊從龍正等一百三名顆，來春下官兵，擒斬賊從王伯崇等二十五名顆，馮翔下官兵，擒斬賊從劉保等一百三十五名顆。

四哨統兵江西都司都指揮僉事許清開稱：督領千户林節等官兵，於十月十二等日，攻破鷄湖等巢，共九處。共擒斬大賊首唐洪、劉元昌、葉志亮、譚祐、李斌等共一十名顆，賊從王志成等一百四十六名顆，俘獲賊屬，并奪回被虜男婦一百三名口，燒毁賊巢房屋二百間，及奪獲牛馬、贓仗等物。

五哨統兵守備南、贛二府地方，以都指揮體統行事指揮使郟文呈，督領安遠縣義官唐廷華官兵，於十月十二等日，攻破獅子寨等巢。二十三日，會兵擊賊于上新地寨，斬獲首賊藍文昭等三名顆，擒斬賊從許受仔等一百六十六名顆，俘獲賊屬，并奪回被虜男婦九十八名口，燒毁賊巢房屋四百一十二間，及奪獲牛馬、器械等項。

六哨統兵贛州衛指揮余恩呈，統領龍南縣新民王受等兵，於十月十二等日，攻破長流坑等巢，共五處。擒斬大賊首陳貴誠、薛文高、劉必深三名顆，賊從郭彦秀等一百七十七名顆，俘獲賊屬，并奪回被虜男婦九十九名口，燒毁賊巢房屋五百一十七間，及奪獲馬騾、器械、贓銀等物。

七哨統兵寧都縣知縣王天與呈，督同典史梁儀等官兵，於十月十二等日，攻破樟木坑等巢各處，擒斬大賊首鄧崇泰、王孔洪等八名顆，擒斬賊從陳榮漢等一百三十九名顆，俘獲賊屬，并奪回被虜男婦二百七十五名口，燒毁賊巢房屋一百六間，及奪獲牛馬、贓物等項。

八哨統兵南康縣縣丞舒富呈，統領上猶縣義官胡述等兵，於十月十二等日，攻破箬坑等巢，共五處。擒斬賊從康仲榮等四百一十九名顆，俘獲賊屬，并奪回被虜男婦一百八十三名口，燒毁賊巢房屋九百九十三間，及奪獲牛馬、贓銀等項。及先於九月二十一等日，大賊首謝志田等攻打白面寨，隨督發寨長廖惟道等，擒斬首從賊徒謝志田等三十五名顆。

九哨統兵廣東潮州府程鄉縣知縣張戩呈，統領本縣新民等兵，於十月二十四等日，攻破杞州坑等巢。十一月初一等日，攻破西山界、桶岡等巢，共九處。擒斬大賊首蕭貴富㊀、鍾得昌等六名顆，賊從何景聰等二百五十七名顆，俘獲賊屬，並奪回被虜男婦一百五十七名口，及奪獲牛馬、器械、贓銀

㊀「蕭貴富」原作「蕭震富」，據本書後文及全書改。

等物。

十哨統兵吉安府知府伍文定呈，統領廬陵縣等官兵劉顯等，於十月二十四等日，攻破寨下等巢。十一月初一等日，攻破上池等巢。二十日，擊賊於穩下等寨，共十二處。擒斬大賊首謝志珊、葉三等二十名顆，賊從王福兒等二百三十八名顆，俘獲賊屬，并奪回被虜男婦二百八十四名口，燒毁賊巢房屋一百三十三間，及奪獲贓仗等物。

中營隨征參隨等官推官危壽，指揮謝昶等各呈，蒙提督軍門親統各職等官兵，於十月十二等日，攻破長龍、横水大巢，及庵背等巢，共七處。生擒大賊首蕭貴模等一十四名，擒斬賊從蕭容等四百六十五名顆，俘獲賊屬，并奪回被虜男婦二百四十八名口，燒毁賊巢房屋二百二間，及奪獲牛馬、金銀、贓仗等項。各呈報到道。

查得先爲地方緊急賊情事，節奉提督軍門案驗，備仰本道計處兵糧，約會三省官兵，將上猶等處賊巢尅期進勦，奏請定奪外。本年六月初五日，據大庾、上猶等縣申，并據南康縣縣丞舒富呈稱，大賊首謝志珊號「征南王」，糾率桶岡等巢賊首鍾明貴等，約會廣東大賊首高快馬等，大修戰具，並造呂公車，欲要先將南康縣打破，就行乘虚入廣，乞早爲撲捕等因，備呈本院行委知府季斆等分兵勦捕，獲功呈報奏聞訖。又經本院行委知府季斆，指揮來春、姚璽、謝昶、馮翔，縣丞舒富，千户林節，各於要害防遏。擒斬功次，俱發仰本道紀驗，解送本院梟示外。

隨該本道會同分守參議黄宏，議照江西地方，惟桶岡一處，該與湖廣約會夾攻。龍川一縣，該與廣東約會夾攻。其餘三縣腹心之賊，不時奔衝，難以止遏。合無以次勦捕等因，具呈本院移文廣東、湖廣鎮巡衙門，約會以次攻勦間，隨奉本院分定哨道，指授方略。將知府邢珣等剋期進勦，備仰各道不妨職事，照舊軍前紀驗贊畫等因，依奉催督各營官兵進攻去後。今呈前因，除將擒斬賊徒首級，俱類送巡按衙門會審紀驗明白，生擒仍解提督軍門處決，并賊級照例梟示。被虜人口，給親完聚，賊屬男婦，并牛、馬、騾，變賣銀兩，收候賞功支用。器械贓物，俱發贛縣貯庫外。

職等議照上猶等縣横水等巢，大賊首謝志珊、謝志田、謝志富、謝志海、蕭貴模、蕭貴富、徐華、譚曰志、雷俊臣，桶岡大賊首藍天鳳、藍八蘇、藍文昭、胡觀、雷鳴㊀聰、藍文亨，鷄湖大賊首唐洪，新溪大賊首劉允昌，楊梅大賊首葉志亮，左溪大賊首薛文高、高誦、馮祥，朱雀坑大賊首何文秀，下關大賊首蘇景祥，義安大賊首高文輝，密溪大賊首陳㊁玉瑄、康永三，絲茅壩大賊首唐曰富、劉必深，長河壩大賊首蔡積富、葉三，梅伏坑大賊首陳貴誠，鱉坑大賊首藍通海，赤坑大賊首譚曰榮，雙壩大賊首譚祐、李斌等，冥頑兇毒，恃險爲惡，僭擬王號，僞稱總兵，聚集黨類數千，肆行流毒三省。攻圍南安、南康府縣城池，殺害千户、主簿等官，流劫湖廣桂陽、酃縣、宜章，吉安府龍泉、萬安、泰和、永新等縣。良民子女，被其拿戮；房屋倉廩，被其焚燒。道路土田，被其阻荒占奪者，以千萬頃；賦税屯糧，負累軍民陪納者，以千萬石。

其大賊首謝志珊、藍天鳳等，各又自稱「盤皇子孫」，收有傳流寶印畫像，蠱惑羣賊，悉歸約束。即其妖狐酷鼠之謀，固知決無所就；而原其封豕長蛇之心，實已有不可言。比之姚源之王浩八，華林之胡雪二，東鄉之徐仰四，建昌之徐九齡，均爲賊首，而奸雄實倍之。今則渠魁授首，巢穴蕩平，擒斬既

㊀「鳴」，全書作「明」。　㊁「陳」，全書作「高」。

多，俘獲亦盡。數十年之禍害已除，三省之冤憤頓釋。悉皆仰仗朝廷憐念地方之荼毒，大興征討之王師，並提督軍門指授成算，號令嚴明，親臨督陣，身先士卒。以致各哨官兵用命争先，捐軀赴敵，獲臻是捷。擬合會案呈詳施行等因，據呈到臣。

卷查先准兵部咨，爲申明賞罰以勵人心事，該本部覆議，請敕南贛等處都御史假以提督軍務名目，給與旗牌應用，以振軍威。一應軍馬錢糧事宜，徑自便宜區畫。文職五品以下，武職三品以下，徑自拿問發落。如遇盜賊入境，即便調兵勦殺，不許踵襲舊弊招撫，重爲民患。所部官軍，若在軍前違期，逗留退縮，俱聽以軍法從事。題奉聖旨：「是，王守仁着提督南、贛、汀、漳等處軍務，换敕與他。其餘事宜，各依擬行。欽此。」及爲地方緊急賊情事，准兵部咨，看得所奏攻治賊盜二説，合無行文交與都御史王守仁，悉依前項申明賞罰事理，便宜行事。期於成功，不限以時等因。題奉聖旨：「是，這申明賞罰事宜，還行與王守仁知道。欽此。」又准兵部咨，該巡撫湖廣都御史秦金題，該本部覆題：看得郴、桂等處，與廣東、江西所轄猺峒，密邇聯絡，若非三省會兵夾攻，賊必遁散。合無請敕兩廣并南、贛總督、巡撫等官，會同行事，剋期進兵等因。節奉聖旨：「是，都依擬行。欽此。」又該巡按江西監察御史屠僑奏，要會同湖廣、江西撫鎮等官，各量起兵，約會剋期夾勦。又該本部覆題，奉聖旨：「是，這南、贛地方賊情，只照依恁部裡原擬事宜，着都御史王守仁自行量調官軍，設法勦捕。如有該與江西、兩廣、巡撫、總督等官會兵征勦的，聽隨宜會議施行。欽此。」續准兵部咨，該臣題開計處南、贛二府兵糧事宜，及合用本省巡按御史紀功緣繇，該本部覆題，奉聖旨：「是，都依擬行。欽此。」俱欽遵。陸續備咨到臣，俱經行江西、廣東、湖廣各道兵備、守巡等官，一體欽遵。調取官軍兵快，剋期夾攻。及咨巡撫江西都御史孫燧，并行巡按御史屠僑各查照外。

續據領兵縣丞舒富等呈稱，各鞏賊首，聞知湖廣土兵將到，集衆據險，四出殺掠，猖熾日甚，乞爲急處等因到臣。當將進兵機宜，督同兵備副使楊璋，分守參議黄宏，統兵知府等官邢珣等，議得桶岡、横水、左溪諸賊，荼毒三省，其患雖同，而事勢各異。以湖廣言之，則桶岡諸巢爲賊之咽喉，而横水、左溪諸巢爲之腹心。以江西言之，則横水、左溪諸巢爲賊之腹心，而桶岡諸巢爲之羽翼。今不先去横水、左溪腹心之患，而欲與湖廣夾攻桶岡，進兵兩寇之

治賊者先攻腹心，方是知彼己之情，獨得勝算。

此㊀正所謂出其不意，攻其無備，行兵大要不出此。

兵法所謂先知迂直之計者勝。蓋量道路之迂直，審察而動，則進退遲速，自不失其機。

綿密無一罅漏。

間，腹背受敵，勢必不利。今議者紛紛，皆以爲必須先攻桶岡，而湖廣尅期，乃在十一月初一日，賊見我兵未集，而師期尚遠，且以爲必先桶岡，勢必觀望未備。今若出其不意，進兵速擊，可以得志。已破横水、左溪，移兵而臨桶岡，破竹之勢，蔑不濟矣。

於是臣等乃決意先攻横水、左溪，密切分佈哨道，使都指揮僉事許清率兵千餘，自南康縣左溪㊁入，知府邢珣率兵千餘，自上猶縣石人坑入，知縣王天與率兵千餘，自上猶縣白面入，令其皆會横水。使守備指揮郟文率兵千餘，自大庾縣義安入，知府唐淳率兵千餘，自大庾縣聶都入，知府季斆率兵千餘，自大庾縣穩下入，縣丞舒富率兵千餘，自上猶縣金坑入，令其皆會左溪。知府伍文定、知縣張戩，候各兵齊集，令其亦從上猶、南康分入，以遏奔衝。臣亦親率兵千餘，自南康進屯至坪，期直擣横水，以與諸軍會。而使兵備副使楊璋，分守參議黄宏，監督各營官兵，往來給餉，以促其後。

分布既定，乃於十月初七日夜，各哨齊發。初九日，臣兵至南康。初十

㊀「此」，原本作「賈」，據黔南本改。　㊁「左溪」，全書作「所溪」。

兵法所謂鋭卒不攻，避强氣也。此兵法所謂能而示之不能，如趙奢救閼與，領兵去邯鄲三十里而止，堅壁不行，卒卷甲趨之，一日夜至閼與，大敗秦師。其事相類。

善登山者四百人，豈能臨事猝辦，所以訓練士卒者，必謀勇騎射，登高涉深，皆先有部署，後臨時應變不窮。

正兵法所謂其戰也，動於九天之上，若決積水於千仞之谿者，

日，進屯至坪。使間諜四路分探，皆以爲諸賊不虞官兵猝進，各巢皆鳴鑼聚衆，往來呼噪奔走，爲分投禦敵之狀，勢甚張皇。然已於各險隘皆設有滚木礧石，度此時賊已據險，勢未可近。臣兵乘夜遂進，十一日小餉，未至賊巢三十里止舍。使人伐木立柵，開塹設堠，示以久屯之形。夜使報効聽選官雷濟、義民蕭庾，分率鄉兵及樵竪善登山者四百人，各與一旗，齎銃砲鈎鐮，使谿間道攀崖懸壁而上，分列遠近極高山頂以覘賊。張立旗幟，爇茅爲數千竈，度我兵且至險，則舉砲燃火相應。

十二日早，臣兵進至十八面隘，賊方據險迎敵，驟聞遠近山頂砲聲如雷，煙焰四起，我兵復呼噪奮逼，銃箭齊發。賊皆驚潰失措，以爲我兵已盡入破其巢穴，遂棄險退走。臣預遣千户陳偉、高睿，分率壯士數十，緣崖上奪賊險，盡發其滚木礧石。我兵乘勝驟進，呼聲震天地。指揮謝昶、馬㊀廷瑞兵谿間道先入，盡焚賊巢。賊退無所據，乃大敗奔潰。遂破長龍巢，破十八面隘巢，破先鵝頭巢，破狗脚嶺巢，破庵背巢，破白藍、横水大巢。

㊀「馬」，全書作「馮」。

先是,大賊首謝志珊、蕭貴模等皆以橫水居衆險之中,倚以爲固,聞官兵四進,倉卒分衆扼險,出禦甚力。至是,見橫水煙焰障天,銃砲之聲撼摇山谷,亦各失勢棄險走,各哨官兵乘之,皆奮勇力戰而入。知府邢珣遂破磨刀坑巢,破茶坑巢,破茶潭巢。知縣王天與破樟木坑巢,破石王巢。都指揮許清破鷄湖巢,破新溪巢,破楊梅巢,俱至橫水。

勢也。如杜預伐吳,言兵如破竹,數節之後,皆迎刃自解。然非有先勝之策在我者不能。

知府唐淳破羊牯腦巢,破上關巢,破下關巢,破左溪大巢。守備指揮郟文破獅寨巢,破義安巢,破苦竹坑巢。指揮余恩破長流坑巢,破牛角窟巢,破鱉坑巢。縣丞舒富破箬坑巢,破赤坑巢,破竹壩巢。知府季斆破上西峰巢,破狐狸坑巢,破鉛廠巢。俱至左溪。

路路得勝,全在用將得其人。

守巡各官亦隨後督兵而至。是日,擒斬首從賊人賊級,并俘獲賊屬男婦,奪回被虜人口、牛馬、贓仗數多。其餘自相蹂踐,墮崖填谷而死者,不可勝計。當是時,賊路所繇入,皆刊崖倒樹,設阱埋簽,不可行。我兵晝夜涉深澗,蹈叢棘,遇險絶,則掛繩崖樹,魚貫而上,猿臂而下,往往失足墮深谷。幸而不死,經數日始能出。

兵以氣爲主。先破橫水,急進破左溪者,乘氣鋭也。再休養兵力,用計破桶岡者,防氣竭也。其先後節次,非深於兵者不能。

各兵已至橫水、左溪,皆困甚,不復能驅逐。會日已暮,遂令收兵屯劄。

次日，大霧雨，咫尺不辯。連數日不開，乃令各營休兵享士，而使鄉導數十人，分探潰賊所往，并未破巢穴動静。十五日，得各鄉導報，謂諸賊分陣，預於各山絶險崖壁，立有柵寨，爲退保之計。有復合聚於未破之巢者，俱不意我兵驟入，未及搬運糧穀，若分兵四散追擊，可以盡獲。

不急趨利，所以不殆。

臣等竊計，湖廣夾攻在十一月初一，期已漸迫。此去桶岡尚百餘里，山路險峻，三日始能達。若此中之賊圍之不克，而移兵桶岡，勢分備多，前後顧瞻，非計之得。乃令各營皆分兵爲奇正二哨，一攻其前，一襲其後，冒霧速進，分投急擊。

急除横水，正所以善圖桶岡。

十六日，知府邢珣攻破旱坑巢、窩井巢。知府季斅、守備指揮郟文，攻破穩下巢、李家巢。十七日，唐淳㊀攻破絲茅壩巢。十八日，都指揮許清攻破朱雀坑巢、村頭坑巢、黄竹坳巢、觀音山巢。十九日，指揮余恩攻破梅伏坑巢、石頭坑巢。二十日，知府邢珣又攻破白封龍巢、芒背巢。知縣王天與攻破黄泥坑巢、大富灣巢。二十二日，縣丞舒富攻破白水洞巢。本日，知府伍文定、

㊀「唐淳」，全書作「知府唐淳」。

知縣張戩兵亦至。二十四日，知府伍文定攻破寨下巢，知縣張戩攻破杞州坑巢。二十五日，知縣張戩又破朱坑巢。知府伍文定破楊家山巢。二十六日，知府季斅又破李坑巢，都指揮許清又破川坳巢。二十七日，守備指揮郟文又破長河洞巢。

連日各擒斬首從賊人賊級，并俘獲賊屬男婦，奪回被虜人口、牛馬、贓仗數多。是日，各營官兵請乘勝進攻桶岡。臣復議得桶岡天險，四面青壁萬仞，中盤百餘里，連峰參天，深林絶谷，不睹日月。中所産旱穀、薯蕷之類，足餉凶歲。往者亦嘗夾攻，坐困數月，不能俘其一卒，竟以招撫爲名而罷。及詢訪鄉導，其所繇入，惟鎖匙龍、葫蘆洞、茶坑、十八磊、新地五處，然皆架棧梯壑，負懸絶壁而上。賊使數人於崖巔坐發礌石，可無執兵而禦我師。惟上章一路稍平，然深入湖廣，迂回取道，半月始至。湖兵既從彼入，而我師復往，事皆非便。今横水、左溪餘賊，皆已奔入其中，同難合勢，爲守必力。善戰者其勢險，其節短。今我欲乘全勝之鋒，兼三日之程，長驅百餘里而争利，彼若拒而不前，頓兵幽谷之底，所謂强弩之末，不能穿魯縞矣。今若移屯近地，休兵養鋭，振揚威聲。先使人諭以禍福，彼必懼而請服，其或有不從者，

請乘勝進攻，知軍有餘勇。

攻戰勞擾之場，做出一段從容閒暇光景，正所謂「因敵變化而取勝者謂之神」。

乘其猶豫，襲而擊之，乃可以逞。

乃使素與賊通戴罪義官李正巖、醫官劉福泰，釋其罪，并縱所獲桶岡賊鍾景，於二十八日夜，懸壁而入，期以初一日早，使人於鎖匙龍受降。賊方甚恐，見三人至，皆喜。乃集衆會議，而横水、左溪奔入之賊，果堅持不可。往復遲疑，不暇爲備。

臣遣縣丞舒富率數百人，屯鎖匙龍，促使出降。而使知府邢珣入茶坑，知府伍文定入西山界，知府唐淳入十八磊，知縣張戩入葫蘆洞，皆於三十日乘夜各至分地，遇大雨，不得進。初一日早，冒雨疾登，大賊首藍天鳳方就鎖匙龍聚議，聞各兵已入險，皆驚愕散亂，猶驅其衆男婦千餘人，據内隘絶壁，隔水爲陣以拒。知府邢珣之兵渡水前擊，張戩之兵衝其右，伍文定之兵自張戩右懸崖而下，繞賊傍擊。賊不能支，且戰且却。及午，雨霽。各兵鼓奮而前，乃敗走。縣丞舒富、知縣王天與所領兵聞前山兵已入，亦從鎖匙龍並登。各軍乘勝擒斬，賊悉奔十八磊。知府唐淳之兵復嚴陣迎賊，又敗。然會日晚，猶扼險相持。

次早，諸軍復合勢併擊，大戰良久，遂大敗。知府邢珣破桶岡大巢，破梅

兵法所謂迂其途而誘之以利，後人發，先人至者是。朱晦翁曰：用兵之要，敵勢急，則自家當委曲以纏繞之，敵勢緩，則自家當勁直以衝突之。是晦翁未嘗不知兵也。

伏巢，破烏池巢。知縣張戬破西山界巢、鎖匙龍巢，破黃竹坑巢。知府唐淳破十八磊巢。知府伍文定破鐵木里巢，破上池巢，破葫蘆洞巢。知縣王天與破員㊀分巢，破背水坑巢。縣丞舒富破大王嶺巢。擒斬首從賊人賊級，并俘獲賊屬男婦，奪回被虜人口、牛馬、贓仗數多。賊大勢雖敗，結陣分遁者尚多。

得勝之後，猶知此步步詳密。

是日，聞湖廣土兵將至，臣使知府邢珣屯葫蘆洞，知府唐淳屯十八磊，知府伍文定屯大水，守備指揮郟文屯下新地，知縣張戬屯磜頭，縣丞舒富屯茶坑，指揮姚璽、知縣王天與屯板嶺。而使副使楊璋巡行磜頭、茶坑諸營，監督進止，以繼其糧餉。又使知府季斆分屯聶都，以防賊之南奔。都指揮許清留屯横水，指揮余恩留屯左溪，以備腹心遺漏之賊。而使參議黃宏留劄南安，給糧餉，以爲聶都之繼。臣亦躬率帳下屯茶寮，使各營分兵，與湖兵相會，夾勦遁賊。

初五日，知府邢珣又破上新地巢，破中新地巢，破下新地巢。初七日，知

㊀「員」原本作「買」，據上下文及全書改。

府唐淳又破杉木坳巢，破原陂巢，破木里巢。十一日，知縣張戩破板嶺巢，破天台庵巢。十三日，又破東桃坑巢，破龍背巢。連日各擒斬俘獲數多。其間巖谷溪壑之内，饑餓病疹，顛仆死者不可以數。於是桶岡之賊略盡。

臣以其暇，親行相視形勢，據險立隘，使卒數百，斬木棧崖，鑿山開道。又使典史梁儀領卒數百，相視横水，創築土城，周圍千餘丈，亦設隘以奪其險。議以其地請建縣治，控制三省諸猺，斷其往來之路。事方經營。

乘勝即圖善後之策，乃爲萬全。

十六日，據防遏推官徐文英呈稱，廣東魚黄等巢，被湖兵攻破，賊黨男婦千餘，突往雞湖、新地、穩下、朱雀坑等處，臣復遣知府季斅，分兵趨朱雀坑等處，知府伍文定趨穩下、雞湖等處，守備指揮郟文、知府邢珣趨上新等處，各相機急勦。

二十日，知府伍文定兵擊賊於穩下寨、西峰寨、苦竹坑寨、長河壩巢、黎坑巢。二十三日，守備指揮郟文、知府邢珣，擊賊於上新地巢，知府伍文定又追擊于雞湖巢。

十二月初三日，知府季斅擊賊於朱雀坑寨、狐狸坑巢，擒斬首從賊徒，俘獲賊屬，奪獲贓仗數多。於是奔遁之賊始盡。

如此計算周密，方無蟻穴之漏。

真是批郤導窾，滿志善刀而藏之。

此非讓功虛談，當日事體實實如此。

然以湖廣二省之兵方合，雖近境之賊悉以掃蕩，而四遠奔突之虞難保必無。乃留兵二千餘，分屯茶寮、横水等隘，而以是月初九日回軍近縣，以休息疲勞。候二省夾攻盡絶，然後班師。

兩月之間，通計搗過巢穴八十餘處，擒斬大賊首謝志珊、藍天鳳等八十六名顆，從賊首級三千一百六十八名顆，俘獲賊屬二千三百三十六名口，奪回被虜男婦八十三名口，牛、馬、騾六百八隻匹，贓仗二千一百三十一件，金銀一百一十三兩八錢一分，總計首從賊徒、賊屬、牛馬、贓仗，共八千五百二十五名顆口隻件。俱經行令轉解紀功官處，審驗紀録去後。

今呈前因。參照大賊首藍天鳳、謝志珊等，盤據千里，荼毒數郡，僭擬王號，圖謀不軌，基禍種惡，且將數十餘年。而虐焰之熾盛，毒流之慘極，亦已數年于兹。前此亦嘗夾勦，曾不能損其一毛。屢加招撫，適足以長其桀驁。乃今驅卒不過萬餘，用費不滿三萬，兩月之間，俘斬六千有奇，破巢八十有四，渠魁授首，噍類無遺。此豈臣等能賢於昔人，是皆仰仗朝廷威德之被，廟堂處置得宜，既假臣以賞罰之權，復專臣以提督之任，故臣等得以伸縮自繇，舉動如志，奉成算以行事，循方略而指揮，將士有用命之美，進止無制肘之虞。則是追獲獸免之捷，實繇發縱指示之功。臣等偶叨任使，亦安敢冒非其績！夫謀定於帷幄之中，而勝決於千里之外；命出於廟堂之上，而威行於百蠻之表。臣等敢爲朝廷國議有人賀，且自幸其所遭，得以苟免覆餗之戮也。

及照監軍副使楊璋，參議黃宏，領兵都指揮僉事許清，都指揮使行事指揮使郟文，知府邢珣、季斆、伍文定、唐淳，知縣王天與、張戩，指揮余恩、馮翔，縣丞舒富，隨征參謀等官指揮謝昶、馮廷瑞、姚璽、明德，同知朱憲，推官危壽、徐文英，知縣陳允諧、黃文鸞、宋瑢、陸璥，千户陳偉、高睿等，已上各官，或監軍督餉，或領兵隨征，悉皆深歷危險，備嘗艱難。各效勤苦之力，共成克捷之功，俱合甄録，以勵將來。伏願皇上普彰廟堂之大賞，兼收行伍之微勞，激勸既行，功庸益集。自然賊盜寢息，百姓安生，則地方幸甚，臣等幸甚！

料敵勢虛實而知兵之勝負，此將帥之能也。非先生，必不能如此經文緯武。

牌行招撫官

據縣丞舒富禀稱：橫水等處新民廖成、廖滿、廖斌等，前來投招，隨又招出別山餘黨唐貴安等一百四十二名口，俱稱原係被脇無辜，乞要安插，照例糧差等因到院。照得横水、桶岡諸賊，已經本院親調官兵，將賊首藍天鳳等悉已擒勦，奏捷去後，近准兵部咨文㊀，奉勅旨：横水、桶岡等處賊首謝志珊、藍天鳳、蕭貴模等，既已擒勦，地方寧靖。有功官兵，俱陞一級，不願陞者照例給賞。此後但有未盡餘黨，務要曲加招撫，毋得再行勦戮，有傷天地之和。其横水建立縣治，俱依所奏施行，備咨准此。除查照通行外，看得新民廖成等，誠心投撫，意已可嘉。又能招出餘黨，非但洗其既往之罪，亦當録其圖新之功。況今奉有勅旨，方欲大普弘仁，而廖成等投順，適當其時，相應量加陞賞，一以見朝廷之寬仁，一以勵將來之向化。

爲此牌仰縣丞舒富，即將新民廖成，授以領哨義官，廖滿、廖斌等，各與巡捕老人名目，令其分統招出新民，編立牌甲，聽候調遣殺賊，更立新效，以贖舊愆。就於横水新建縣城内，立屋居住，分撥田土，令其照例納糧當差。本官務加撫恤，毋令失所，有虧信義。仍仰諭各新民，俱要洗心滌慮，永爲良

㊀「文」，全書作「奏」。

體恤撫民一至此！

善。毋得聽信讎家恐嚇，妄生驚疑，自取罪累。及照見今農時已逼，新民人等牛具田種，當㈠未能備。今特發去商稅銀一百兩，就仰本官置買耕牛農器，分給各民，督令上緊趁時布種。其有見缺食用者，亦與量給鹽米。一應撫安綏來之策，有可施行，俱仰本官悉心議處㈡呈來。

招撫新民，當體恤以安其心，第不過令做哨捕老人而已，今一撫而即腰金黃蓋者何歟？

橫水建立營場牌

照得本院親督諸軍，進破橫水等巢，賊徒已就誅戮。但山高林密，誠恐漏殄之徒，大軍撤後，仍復嘯聚。必須建立營場，委官防守。爲此牌仰典史梁儀，協同千户林節，統領寧都機兵四百名，信豐機兵六百名，就在橫水大村砍伐木植，相視地勢雄阜去處，建立營場一所。周圍先竪木柵，逐旋修築土城，聽候本院回軍住劄，以憑委官留軍防守。各官務要同力協謀，精勤幹理，工完

㈠「當」，全書作「尙」。　㈡「處」字據全書補。

之日，照依軍功論賞。所領兵衆，如有不聽約束，許以軍令責治。其合用夫匠等項，聽於南安所屬上猶、南康等縣取用，該縣俱要即時應付，毋得遲違誤事。

先生每於勝賊後輒爲善後之圖，所以永無後患。

設立茶寮隘所

照得撫屬上猶等縣，所轄桶岡天險，四面青壁萬仞，中盤二百餘里，連峰參天，深林絶谷，不睹日月。賊衆屯據其間，東出西没，遊劫殆遍。人民遭其茶毒，地方受其擾害。先年亦嘗用兵夾勦，坐困數月，不能俘其一卒，竟以招撫爲名而罷。近該本院奉命征勦，仗賴天威，悉已掃蕩。但恐官兵撤後，四方流賊，乘間復聚。必須於緊關去處，設立隘所，分撥軍兵，委官防禦，庶使地方得以永寧。

本院見屯茶寮，親督知府邢珣、唐淳等，遍歷各處險要，相視得茶寮正當桶岡之中，自來盜賊據以爲險。西通桂東、桂陽，南連仁化、樂昌，北接龍泉、永新，東入萬安、興國，堪以設隘保障。當因湖廣官兵未至，各營屯兵坐候，因以其暇，責委千户孟俊等，督領兵夫，先行開填基址，伐木立栅，起蓋營房。

見今規模，草創已具。

本院即欲移營上猶，必須委官督工，庶幾垂成之功，不致廢弛。及照茶寮既設隘所，就合摘撥官兵防禦。查得皮袍洞隘兵，原非緊要，合改移茶寮。及於鄰近上保、古亭、赤水、鮮潭、金坑，編選隘夫，兼同防守。庶一勞永逸，事可經久。

爲此仰抄案回道，坐委能幹縣官一員，前去茶寮督工完造，務要堅固永久，不得因循遲延。一面查照本院欽奉勅諭隨宜處置事理，即將原撥守把皮袍洞隘官兵，盡數移就茶寮住劄。一面於上保、赤水、古亭、鮮潭、金坑等寨，量丁多寡，每寨抽選精壯者一二百名，兼同防禦。其合用匠作工食等項，行令上猶、南康、大庾三縣量支官錢給用，完日具數，及起撥官兵數目，一併回報查考。仍呈撫鎮巡按衙門知會。

於戰勝後輒思爲善後之圖，此方是一勞永逸之計。

立崇義縣治疏

據江西巡守嶺北道兵備副使楊璋，左參議黃宏會呈：據南安府知府季斅呈，備所屬致仕省祭義官監生楊仲貴等呈稱，上猶等縣橫水、左溪、長流、桶岡、關田、鷄湖等處賊巢，共計八十餘處，界乎三縣之中，東西南北相去三百餘里，號令不及，人跡罕到。其初輋賊，原係廣東流來。先年奉巡撫都御史金澤行令安插於此，不過砍山耕活。年深日久，生長日蕃，羽翼漸多，居民受其殺戮，田地被其占據。又且潛引萬安、龍泉等縣避役逃民，并百工技藝遊食之人，雜處於內，分羣聚黨，動以萬計。始漸虜掠鄉村，後乃攻劫郡縣，近年肆無忌憚。遂立總兵，僭擬王號，罪惡貫盈，神人共怒。今幸奏聞征勦，蒙本院親率諸軍，搗其巢穴，擒其首惡，妖氛爲之掃蕩，地方爲之底寧。三縣之民，歡欣鼓舞，如獲更生。訪得各縣流來之賊，自聞夾攻消息，陸續逃出頗衆，但恐大兵撤後，未免復聚爲患。合無三縣適中去處，建立縣治，實爲久安長治之策等因到道。

隨取各縣鄉導，於軍營研審㊀，查得前項賊巢，係上猶、大庾、南康三縣所屬，上猶縣崇義、上保、鴈湖三里，先年多被賊殺戮，田地被其占據。大庾縣

㊀「審」，全書作「深」。

義安三里，人户間被殺傷，田地賊占一半。南康縣至坪一里，人户皆居縣城，田地被賊阻荒。總計賊占田地六里㊀有半。隨蒙本院委領兵知府邢珣，知縣王天與、黄文鸞，親歷賊巢，踏勘三縣之中，適均去處，無如横水。原係上猶縣崇義里地方，山水合抱，土地平坦，堪以設縣。

隨會同分守左參議黄宏，議得合無於此建立縣治，盡將三縣賊人占據阻荒田地，通行割出。緣里分人户數少，查得南康縣上龍一里，崇德一里，亦與至坪相接。緣至坪三都，雖非全里，然而地方廣闊，錢糧數多，堪以折作一里，合割併屬新縣。其間人户數少者，田糧尚存，招人佃買，可以復全。

縣治既設，東去南康尚有一百二十里，要害去處，則有長龍；西去湖廣桂陽縣界二百餘里，要害去處，則有三保；南去大庾縣一百二十餘里，要害去處，則有鉛廠；俱該設立巡簡司。查得上猶縣過步巡簡司，路僻無用，宜改移上保，備繇呈詳。奉批：看得横水開建縣治，實亦事不容已，但未經奏請，須候命下，方可決議。兼之工程浩大，一時恐未易就。今賊勢雖平，漏殄尚有，

㊀「里」，全書作「百」，非。

且宜遵照本院欽奉勑諭，隨宜處置事理，先於横水建立隘所，以備目前不測之虞。除委典史梁儀等一面豎立木栅，修築土城，修建營房外。

查得横水附近隘所，如至坪、鴈湖、賴塘等處，盜賊既平，已爲虚設，其附近村寨，如白面、長潭、杰壩、石玉、過步、果木、烏溪、水眼等處居民，訪得多係通賊窩主，及各縣城郭村寨，亦多有通賊之人，合將各隘隘夫，悉行撥守横水。其通賊人户，盡數查出，編充隘夫，永遠守把。其不係通賊者，量丁多寡，抽選編僉，輪班更替，務足一千餘名之數。責委屬官一員統領，常川守把。遇有殘黨嘯聚出没，即便相機勦捕。候縣治既立，人煙輳集，地方果已寧靖，再行議處裁損。

其開建縣治，本院親行踏勘，再四籌度，固知事不可已。但舉大事須順民情，兵革之後，尤宜存恤。仰該道會同分守等官，再行拘集地方父老子弟，多方詢訪，必須各縣人民踴躍鼓舞，争先趨事，然後興工。庶幾事舉而人有子來之美，工成而民享偕樂之休。仍呈撫按等衙門，公同計議施行等因。

依奉會同參議黄宏，遵照批呈事理，先於横水設立隘所，防範不虞。及行該府再行拘集詢訪外，隨據府縣各申，拘集父老到官，各交口歡欣，鼓舞趨事，別無民情不便等因。備呈到道。覆審無異，轉呈到臣。會同巡撫江西等處地方都察院右副都御史孫燧，巡按江西監察御史屠僑，議照前項地方大盜既已平蕩，後患所當預防。今議立縣治，并巡司等衙門，懲前慮後，杜漸防微，實皆地方至計。及查得橫水議建縣治處所，原係上猶縣崇義里，因地名縣，亦爲相應。

如蒙皇上憫念地方屢遭荼毒，乞敕該部俯順民情，從長議處，早賜施行。并儒學、巡司等衙門，一體銓選官員，鑄給印信。如此，則三省殘孽，有控制之所而不敢聚；三省奸民，無潛匿之所而不敢逃。變盜賊强梁之區，爲禮義冠裳之地。久安長治，無出於此。

得此經制，而橫水、桶岡之局始結。

批留兵搜捕呈

看得樂昌等處賊徒，搆禍連年，流毒三省。今兵備僉事王大用等，乃能身歷險阻，設謀調度，數月之內，致此克平。論厥功勞，良可嘉尚。除具本奏報，及一面先行犒獎外。所據各哨賊徒穴巢，雖已底定，而漏殄難保必無。況聞湖兵撤後，各該巢穴，多復嘯聚。河源、龍川諸處殘賊，亦復招羣集黨，連結漸多。逆其將來，必復熾盛。今雖役久兵疲，且宜班師息衆，但留兵搜捕，亦不可苟。毋謂斬木之不蘖，死灰之不然。苟涓涓之不塞，將江河之莫禦。其狼兵既已罷散，難復追留。若機快、鄉兵之屬，暫令歸休，即可起集，爲輪番迭出之計。務使搜勦之兵，若農夫之耘耨，庶幾盜賊之種，如莨莠之可除。該道仍備行搜捕各官，務體此意，悉拔根苗，無遺後患。批呈繳。

凡遇勝後，此着必不可少。

批將士争功呈

據兵備僉事王大用呈，樂昌縣知縣李增緝獲大賊首李斌等，審驗明白。續據湖廣永州府推官王瑞之呈稱，廣東差人邀奪等情，已拘知縣見在人役，追出原獲得李斌金簪、銀兩、荷包見在，顯是湖廣兵快計擒，不得妄報掩飾。

看得邇者大征之舉，湖廣實首其謀，江、廣亦協其力，既名夾攻，事同一體。湖兵有失，是亦廣兵之罪；廣人有獲，斯亦湖人之功。況今賊首既擒，則湖廣領哨之官，亦復何咎？雖云因虞得鹿，而廣東計誘之人，亦非無功。但求共成厥事，何必己專其伐？矧各呈詞，亦無相遠。就如湖廣各官所呈，即廣人乘機捕獲之功，居然自見。就如廣東各官所呈，則湖官運謀驅逐之勞，亦自不掩。獲級者，匹夫之所能；争功者，君子之大恥。仰該道備行湖廣守巡等官，彼此同心易氣，各自據實造册。

讀此，争功者自當赧然一汗。

與王晉溪司馬書　其四

生於前月二十日，地方偶獲微功，已於是月初二日具本聞奏。差人既發，始領部咨，知夾攻已有成命。前者嘗具兩可之奏，不敢專主夾攻者，誠以前此三省嘗爲是舉，乃往復勘議，動經歲月，形迹顯暴，事未及舉，而賊已奔竄大半。今老先生略去繁文之擾，行以實心，斷以大義，一決而定，機速事果，則夾攻之舉，固亦未嘗不善也。

凡敗軍僨事，皆緣政出多門，每行一事，既禀巡撫，復禀鎮守，復禀巡按，

邊疆之事，大槩壞在此。

往返需遲之間，謀慮既泄，事機已去。昨睹老先生所議，謂閫外兵權，貴在專委，征伐事宜，切忌遥制。且復除去總制之名，使各省事有專責，不令掣肘，致相推托。真可謂一洗近年瑣屑牽擾之弊，非有大公無我之心，發强剛毅者，孰能與於斯矣？廟堂之上，得如老先生者爲之張主，人亦孰不樂爲之用乎？幸甚幸甚！

今各賊巢穴之近江西者，蓋已焚毁大半。但擒斬不多，徒黨尚盛，其在廣東、湖廣者，猶有三分之一。若平日相機搶撲，則賊勢分而兵力可省。今欲大舉，賊且并力合勢，非有一倍之衆，未可輕議攻圍。况南、贛之兵，素稱疲弱，見賊而奔，乃其長技。廣、湖所用皆土官狼兵，賊所素畏。夾攻之日，勢必偏潰江西。今欲請調狼兵以當其鋒，非惟慮其所過殘掠，兼恐緩不及事。

生近以漳南之役，親見上杭、程鄉兩處機快，頗亦可用。且在撫屬之内，故今特調二縣各一千名，并湊南、贛新集起倩，共爲一萬二千之數。若以軍法五攻之例，必須三省合兵十萬而後可。但南、贛糧餉無措，不得已而從減省若此。伏望老先生特賜允可，若更少損其數，斷然力不足以支寇矣。腐儒小生，素不習兵，勉强當事，惟恐覆公之餗。伏惟老先生憫其不逮，教以方略，使得有所持循，幸甚幸甚！

與王晉溪司馬書 其二

守仁近因畬賊大修戰具，遠近勾結，將遂乘虚而入。乃先其未發，分兵搶撲，雖斬獲未盡，然克全師而歸。賊巢積聚，亦爲一空。此皆老先生申明律例，將士稍知用命，以克有此。不然，以南、贛素無紀律之兵，見賊不奔，亦已難矣。况敢暮夜撲勦，奮呼追擊，功雖不多，其在南、贛，則實創見之事矣。伏望老先生特加勸賞，使自此益加激勵，幸甚！

今各巢奔潰之賊，皆聚横水、桶岡之間，與郴、桂諸賊接境。生恐其勢窮，或并力復出。且天氣炎毒，兵難深入遠攻。乃分留重卒於金坑營前，扼其要害，示以必攻之勢，使之旦夕防守，不遑他圖。又潛遣人於已破各巢山谷間，多張疑兵，使既潰之賊，不敢復還舊巢，聊且與之牽持。候秋氣漸凉，各處調兵稍集，更圖後舉。惟望老先生授之以成妙之算，假之以專一之權，明之以賞罰之典，生雖庸劣，無能爲役，敢不鞭策駑鈍，以期無負推舉之盛心。秋冬之間，地方苟幸無事，得以歸全病喘於林下，老先生肉骨生死之恩，生當何如爲報耶！正暑，伏惟爲國爲道自重，不宣。

理學叢書

陽明先生集要

下

〔明〕王守仁 原著
〔明〕施邦曜 輯評
王曉昕
趙平略 點校

中華書局

陽明先生集要經濟編卷三

告諭浰頭巢賊

本院巡撫是方，專以弭盗安民爲職。蒞任之始，即聞爾等積年流劫鄉村，殺害良善。民之被害來告者，月無虚日。本欲即調大兵剿除爾等，隨往福建督征漳寇，意待回軍之日，勦蕩巢穴。後因漳寇既平，紀驗斬獲功次，七千六百有餘。審知當時倡惡之賊，不過四五十人，黨惡之徒，不過四千餘衆，其餘多係一時被脅，不覺慘然興哀。因念爾等巢穴之内，亦豈無脅從之人？況聞爾等亦多大家子弟，其間固有識達事勢，頗知義理者。自吾至此，未嘗遣一人撫諭爾等，豈可遽爾興師翦滅，是亦近於不教而殺，異日吾終有憾於心。

故今特遣人告諭爾等，勿自謂兵力之强，更有兵力强者，勿自謂巢穴之險，更有巢穴險者，今皆悉已誅滅無存。爾等豈不聞見？夫人情之所共耻者，莫過於身被爲盜賊之名；人心之所共憤者，莫甚於身遭劫掠之苦。今使有人罵爾等爲盜，爾必怫然而怒。爾等豈可心惡其名，而身蹈其實？又使有人焚爾室廬，劫爾財貨，掠爾妻女，爾必懷恨切骨，寧死必報。爾等以是加人，人其有不怨者乎？人同此心，爾寧獨不知？乃必欲爲此，其間想亦有不得已者。或是爲官府所迫，或是爲大户所侵，一時錯起念頭，誤入其中，後遂不敢出。此等苦情，亦甚可憫，然亦皆繇爾等悔悟不切。

爾等當初去從賊時，乃是生人尋死路，尚且要去便去。今欲改行從善，乃是死人求生路，乃反不敢，何也？若爾等肯如當初去從賊時，拚死出來，求要改行從善，我官府豈有必要殺汝之理？爾等久習惡毒，忍於殺人，心多猜疑。豈知我上人之心，無故殺一鷄犬，尚且不忍，况於人命關天！若輕易殺之，冥冥之中，斷有還報，殃禍及於子孫，何苦而必欲爲此。

我每爲爾等思念及此，輒至於終夜不能安寢，亦無非欲爲爾等尋一生路。惟是爾等冥頑不化，然後不得已而興兵。此則非我殺之，乃天殺之也。今謂我全無殺爾之心，亦是誑爾。若謂我必欲殺爾，又非吾之本心。爾等今雖從惡，其始同是朝廷赤子，譬如一父母，同生十子，八人爲善，二人背逆，要

真實無欺。

害八人。父母之心，須除去二人，然後八人得以安生。均之爲子，父母之心，何故必欲偏殺二子？不得已也。吾於爾等，亦正如此。若此二子者，一旦悔惡遷善，號泣投誠，爲父母者，亦必哀憫而收之。何者？不忍殺其子者，乃父母之本心也。今得遂其本心，何喜何幸如之。吾於爾等，亦正如此。

聞爾等辛苦爲賊，所得苦亦不多，其間尚有衣食不充者。何不以爾爲賊之勤苦精力，而用之於耕農，運之於商賈，可以坐致饒富，而安享逸樂，放心縱意，遊觀城市之中，優遊田野之内。豈如今日擔驚受怕，出則畏官避讎，入則防誅懼勦，潛形遁迹，憂苦終身。卒之身滅家破，妻子戮辱，亦有何好？

爾等好自思量，若能聽吾言，改行從善，吾即視爾爲良民，撫爾如赤子，更不追咎爾等既往之罪。如葉芳、梅南春、王受、謝鉞輩，吾今只與良民一概看待，爾等豈不聞知？爾等若習性已成，難更改動，亦繇爾等任意爲之。吾南調兩廣之狼達，西調湖湘之土兵，親率大軍，圍爾巢穴，一年不盡，至於兩年，兩年不盡，至於三年。爾之財力有限，吾之兵糧無窮。縱爾等皆爲有翼之虎，諒亦不能逃於天地之外。

嗚呼！吾豈好殺爾等哉？爾等若必欲害吾良民，使吾民寒無衣，饑無

刺骨之談。

食，居無廬，耕無牛，父母死亡，妻子離散。吾欲使吾民避爾，則田業被爾等所侵奪，已無可避之地。欲使吾民賄爾，則家資爲爾等所擄掠，已無可賄之財。就使爾等今爲我謀，亦必須盡殺爾等而後可。

吾今特遣人撫諭爾等，賜爾等牛、酒、銀錢、布疋，與爾妻子。其餘人多，不能通及。各與曉諭一道，爾等好自爲謀。吾言已無不盡，吾心已無不盡，如此而爾等不聽，非我負爾，乃爾負我，我則可以無憾矣。嗚呼！民吾同胞，爾等皆吾赤子，吾終不能撫恤爾等，而至於殺爾，痛哉！痛哉！興言至此，不覺淚下。

開導詳明，慰諭真切，苟非木石，能不感動？

進勦浰頭賊方略

照得撫屬龍川縣地名浰頭，積年老賊池大鬢等，不時糾衆，突出河源、翁源、安遠、龍南、信豐等處，攻打城池，殺擄人口。先年亦嘗征勦，皆因預失防禦，以致漏網。後雖陽爲聽招，其實陰圖不軌。班師未幾，肆出劫掠。數年以來，民受荼毒，控告紛紜，有不忍言。若不趁時計勦，地方何以寧謐？

爲此仰抄案回道，會同分守、守備等官，即行該府知府陳祥，速將合用糧餉等項，一面從長議處，一面即於所屬選集精壯驍勇，曾經戰陣機快、兵壯人等三千名，少或二千名。各備鋒利器械，編成隊伍，坐委素能謀勇官員統領。一面密行龍川、河源等附近賊巢等縣，亦各選募慣戰殺賊兵快二千名，委官分押，督同近巢知因、被害、義官、新民頭目人等，分截要路，就仰知府陳祥總督諸軍，親至賊巢去處，指畫方略，尅期進勦。仍行先取知因鄉導數十人，令其備將賊巢道路險易，畫圖貼説。要見某處平坦，人馬可以直擣；某處險阻，可以把截；某處係賊必遁之路，可以設伏邀擊；某處賊所不備，可以間道揜掩。各要一一詳察停當，務盡機宜，具繇連圖差人馬上齎報。以憑差官齎執令旗令牌，尅期併力進攻。必使根株悉拔，噍類無遺，以靖地方。

兵法云，以一擊十，莫善於阸，此之謂也。畫圖貼説，亦非容易事，必留心地方，胸中有方略者，方可憑信。否則，止一幅畫圖耳。

尅期進勦牌

案照浰頭老賊池大鬢等，不時糾衆，攻打城池，殺擄人口，屢征屢叛。近年以來，陰圖不軌，惡焰益熾。除將賊首池仲容設計擒獲外，其餘在巢賊黨，若不趁機速勦，不無禍變愈大，地方何繇安息？

本院已先密切分布哨道，行仰知府陳祥，統領典史姚思衡、驛丞何春、巡簡張行、報效生員陳經世、新民盧琢等官軍，從和㈠平入，攻熱水巢、五花障巢、鐵石障巢，直擣中浰大巢。知府邢珣統領知縣王天與、典史梁儀，并老人葉秀芳、黃啟濟，義官吴明等官兵，從大平入，攻芳竹湖巢、白沙巢、黃田坳巢、中村巢，直擣上浰大巢。指揮姚璽統領新民梅南春等兵，從烏虎鎮入，攻淡方巢、石門山巢，直擣岑岡大巢。指揮余恩統領百長王受、黃金巢等兵，從龍子嶺入，攻溪尾巢、塘涵洞巢、古地巢、空背巢，直擣下浰大巢。千户孟俊，統領義官陳英、鄭志高，新民盧琢等官兵，從和平入，攻平地水巢、大門山巢、黃狗坳巢，直擣中浰大巢。推官危壽，統領義民葉芳，百長孫洪舜等官兵，從南步入，攻脱頭石巢、鎮里寨巢、羊角山巢，直擣中浰大巢。知府季斆兵從信豐縣黃田岡入，攻新田逕巢、古地巢。縣丞舒富兵從信豐縣烏逕入，攻旗嶺巢、頓岡巢。

兵法云：五軍五衢，敵人必惑，莫知所加。此之謂也。先生前後取勝，俱用此法。

及行仰守備指揮郟文，監督指揮姚璽、余恩，千户孟俊等三哨官兵，分路

㈠「和」，全書作「何」。

今日督撫大臣，即所謂大將也。兵法論將，臨敵不懷生。安有大將而不親自督戰之理？今則優遊坐鎮矣。又云：治衆如治寡。進退遲速，俱有節制。今則令出轅門，聽其自便矣，安得不敗？

進勦。本院亦自行督領帳下隨征官屬兵快人等，從泠水逕直搗下浰大巢，親自督戰。刻期俱於本年正月初七日寅時四路並進外。牌仰兵備副使楊璋，不妨本道事務，遵照本院欽奉勑諭事理，前去軍前紀驗功次，處置糧餉，及行催督各哨官兵，依期進勦。所獲功次，務要審驗明白，從實紀録。仍候巡按紀功御史至日覆實，照例造册奏繳。及造青册一本，送院查考。其軍中一應進止機宜，俱仰密切呈來定奪。

分佈哨道，寇已在掌中。

浰頭捷音疏

據江西按察司分巡嶺北道兵備副使楊璋呈：據一哨統兵守備南、贛二府地方，以都指揮體統行事指揮使郟文呈稱，統領安遠縣義民孫洪舜等兵，於本年正月初七日，攻破曲潭等巢。十一日，攻破半逕等巢，共五處。二月二十六日，與賊戰於水源等處，擒斬大賊首吴積祥、陳秀謙、張秀鼎等七名顆，賊從陳希九等一百二十六名顆，俘獲賊屬男婦五十六名口，燒燬賊巢房屋禾倉二百五十三間，及奪獲械器等物。

二哨統兵贛州府知府邢珣呈稱，督同同知夏克義、知縣王天與、典史梁儀、老人葉秀芳等官兵，於正月初七等日，攻破芳竹湖等巢。初九日，攻破黄田坳等巢，共四處。二十五等日，覆賊於白沙。二月十六日，與賊戰於芳竹湖等處，擒斬大賊首黄佐、張廷和、王鑾師、劉欽等一十名顆，賊從黄密等二百六十名顆，俘獲賊屬男婦八十三名口，燒毁賊巢房屋禾倉二百二十二間，及奪獲贓仗、牛馬等項。

三哨領兵廣東惠州府知府陳祥呈稱，督同通判徐璣、新民盧珂㊀等官兵，於正月初七等日，攻破熱水等巢。初九等日，攻破鐵石障等巢，共五處。二十五等日，覆賊於五花障等處。二月初二等日，與賊戰於和平等處，擒斬大賊首陳活鷂、黄弘閏、張玉林等十一名顆，賊從李廷祥四百三十一名顆，俘獲賊屬男婦二百二十名口，燒燬賊巢房屋禾倉五百七十二間，及奪獲器械、贓銀、牛馬等項。

四哨統兵南安府知府季斆呈稱，統領訓導藍鐸、百長許洪等官兵，於正

㊀「珂」，全書作「琢」。

月初三等日，攻破右坑等巢。十一日，攻破新田逕等巢，共四處。二十七等日，覆賊於北山，又與戰於風門奥等處，擒斬大賊首劉成珍等四名顆，賊從胡貴琢等一百三十名顆，俘獲賊屬男婦一百六十五名口，燒燬賊巢房屋禾倉七十三間，及奪獲贓銀等物。

五哨統兵贛州衛指揮僉事余恩呈稱，統領新民百長王受、黄金巢等兵，於正月初七日，會同推官危壽、千户孟俊，攻破上、中、下三浰大巢。十一日，攻破空背等巢，共四處。二十五日，覆賊於銀坑水等處，擒斬大賊首賴振禄、王貴洪、李全、鄒一惟等九名顆，賊從賴賤仔等三百五十名顆，俘獲賊屬男婦六十二名口，燒毁賊巢房屋禾倉三百二十一間，及奪獲器械、牛馬等項。

六哨統兵贛州衛指揮僉事姚璽呈稱，統領新民梅南春等兵，於正月初七日，攻破淡方等巢。初九日，攻破岑岡等巢，共四處。二十七日，覆賊於烏虎㊀鎮，擒斬大賊首謝鑾、曾用奇等五名顆，賊從盧任龍一百九十九名顆，俘獲賊屬男婦一百一十二名口，燒毁賊巢房屋禾倉三百七十間，及奪獲器械、

㊀「虎」，全書作「龍」。

牛馬等項。

七哨統兵贛州府推官危壽呈稱，統領義官葉方等兵，於正月初七日，會同指揮余恩、千户孟俊，攻破上、中、下三浰大巢。初十等日，攻破鎮里寨等巢，共四處。二十七日，覆賊於中村等處，擒斬大賊首池仲寧、高允賢、池仲安、朱萬、林根等十二名顆，賊從黄穩等二百一十一名顆，俘獲賊屬男婦三十三名口，燒毁賊巢房屋禾倉三百二十三間，及奪獲贓仗牛馬等項。

八哨統兵贛州衛千户孟俊呈稱，統領義官陳英、鄭志高，新民盧珂等兵，於正月初七等日，會同指揮余恩、推官危壽，攻破上、中、下三浰大巢。初十等日，攻破大門山等巢，共六處，擒斬大賊首謝鳳經、吴宇、張廷興、石榮等九名顆，賊從張角子等一百九十二名顆，俘獲賊屬男婦一百四十三名口，燒毁賊巢房屋禾倉一百七十三間，及奪獲器械、牛馬、贓銀等項。

九哨統兵南康縣縣丞舒富呈稱，統領義民趙志標等兵，於正月十一等日，攻破旗嶺等巢，共二處。二月十四日，與賊戰於乾村等處，擒斬賊從劉三等一百七名顆，俘獲賊屬男婦二十一名口，燒毁賊巢房屋禾倉五十三間，及奪獲器械等物等因。各呈報到道。

查得先爲地方緊急賊情事，據信豐縣所呈稱，正德十二年二月初七日，龍南縣賊首黄秀魁，糾合廣東賊首池仲容等，突來本縣殺人放火，見今攻城不退，乞要發兵救援等因。該本道議，委經歷王祚、縣丞舒富領兵勦捕，斬獲賊級四顆，被賊殺死報效義士楊習舉等十名，執去經歷王祚。隨該本道親詣該縣，暫將各賊招安，發回原巢，經歷王祚送出。參將失事知縣王天爵、盧鳳，千户鄭鐸、朱誠、洪恩，主簿周鎮，鎮撫劉鎧等俱各有罪。及將前賊應勦緣繇，呈詳轉達具奏外。

正德十三年正月初三日，奉提督軍門紙牌：議照上猶等縣賊巢既平，廣東龍川縣浰頭等處賊巢，奉有成命，應該會勦。其大賊首池仲容等，本院已行計誘擒獲，見今軍勢頗振。若不乘此機會，出其不意，搗其不備，坐視以待廣兵之來，未免有失事機之會。本院除遵奉勅諭内自行量調官軍，設法勦捕事理，部勒兵衆，分布哨道，行仰守備指揮并知府等官郟文、陳祥等統領，各授進止方略外。備行本職，前去軍前紀驗功次，及催各哨官兵，上緊依期進勦。仍行巡按衙門前來覈實施行等因。隨呈巡按江西監察御史屠僑批行本道，先行紀驗明白，通候覈實施行。依奉督率各省官兵，依期進勦去後。今據前因，除將前項功次，俱類巡按衙門會審紀驗明白，生擒賊犯，解赴提督軍門斬首梟示。賊屬男婦變賣銀兩，器械、贓仗、贓銀，俱貯庫外。

參照浰頭大賊首池仲容、池仲寧、池仲安、高允賢、李全等，盤據一方，歷有歲年，僭稱王號，僞設官職。廣東翁源、龍川、始興，江西龍南、信豐、安遠、會昌等縣，屢被攻圍城池，殺害官軍，焚燒村寨，虜殺男婦，歲無虛日。曾經狼兵夾攻數次，俱被漏網。是乃衆賊奸雄之巨擘，三省羣盜之根源也。今幸天奪其魄，仲容束手就擒，仲寧、仲安等一時授首，各巢賊從，擒斬殆盡。此皆仰仗朝廷德威遠播，廟堂成算無遺，提督軍門賞罰以信，而號令嚴明；師出以律，而機宜慎密；身先士卒，而艱險之不辭；洞見敵情，而撫勦之有道。以是數十年之巨寇，一旦削平；連四省之編氓，永期安輯。呈乞照詳轉達等因，據呈到臣。

卷查先爲地方急緊㊀賊情事，准兵部咨，該巡按江西監察御史屠僑奏，該本部覆題，節奉聖旨：「是，這地方賊情，着都御史王守仁自行量調官軍，設法

㊀「急緊」，全書作「緊急」。

勦捕。欽此。」

及爲申明賞罰以勵人心事，准兵部覆題，請勑南、贛等處都御史，假以提督軍務名目，給與旗牌應用，以振軍威。一應軍馬錢糧事宜，徑自便宜區畫。如遇盜賊入境，即便調兵勦殺，不許踵襲舊弊招撫，重爲民患。所部官軍，若在軍前違期逗留退縮，俱聽以軍法從事。生擒盜賊，亦聽斬首示衆，賊級聽本處兵備，會同該道守巡官，即時紀驗明白，備行江西按察司造册奏繳，查照勦殺南方蠻賊見行舊例，議擬陞賞等因。具題，奉聖旨：「是，王守仁着提督南、贛、汀、漳等處軍務，換勑與他。其餘事宜，各依擬行。欽此。」

又爲地方緊急賊情事，准兵部覆題，看得所奏攻治盜賊二說，就令差來人齎文，交與都御史王守仁，悉依前項申明賞罰事理，便宜行事。期於功成，不限以時，相機攻勦等因。具題，節該奉聖旨：「是，欽此。」陸續備咨到臣，俱經通行撫屬四省各道守巡、兵備、守備等官，一體欽遵。并咨總督兩廣左都御史陳金查照外。續該臣看得南、贛盜賊，其在南安之横水、桶岡諸巢，則接境於湖、郴，在贛州之浰頭、桶岡諸巢，則連界於閩、廣。接境於湖、郴者，賊衆而勢散，恃山谿之險以爲固。連界於閩、廣者，賊狡而勢聚，結黨與之助以相援。

臣等遵奉勅諭，及查照兵部咨示方略，初議先攻橫水，次攻桶岡，而末乃與廣東會兵，徐圖浰頭。如攻堅木，先其易者，後其節目。自正德十二年九月，臣等議將進兵橫水，恐浰賊乘虛出擾，思有以沮離其黨。臣乃自爲告諭，具述禍福利害，使報效生員黃表、義民周祥等，往諭各賊。因皆賜以銀布。一時賊黨，亦多感動，各寨酋長黃金巢、劉遜、劉粗眉、温仲秀等，遂皆願從表等出投。惟大賊首池仲容，即池大鬢，獨憤然謂其衆曰：「我等做賊，已非一年；官府來招，亦非一次。此亦何足爲憑？待金巢等到官後，果無他說，我等遣人出投，亦未爲晚。」其時臣等兵力既未能分，意且羈縻，令勿出爲患。故亦不復與較。

金巢等至，臣乃釋其罪，推誠厚撫，各願出力殺賊立效。於是藉其衆五百餘，悉以爲兵，使從征橫水。十月十二日，臣等已破橫水，仲容等聞之始懼。計臣等必且以次加兵，於是集其酋豪池仲寧、高飛甲等謀，使其弟池仲安，率老弱二百餘徒，亦赴臣所投招，求隨衆立效，意在緩兵，因而窺覘虛實，乘間內應。臣逆知其謀，陽許之，及臣進攻桶岡，使領其衆截路於上新地，以

先生南贛奏捷，其併力攻上猶，則遣人陽撫樂昌。及進兵橫水，則遣人陽撫浰頭，前後俱歸殄滅。兵法云：聖人將動，必有愚色者，此之謂也。

一以離浰賊之黨，兼得益攻橫水之兵，一舉兩利。

遠其歸途。內嚴警禦之備，以防其釁，外示寬假之形，以安其心。

陰使人分召鄰賊諸縣被賊害者，皆詣軍門計事，旬日之間，至者數十。問所以攻勦之策，皆以此賊狡詐兇悍，非比他賊，其出劫行剽，皆有深謀，人不能測。自知惡極罪大，國法難容，故其所以扞拒之備，亦極險譎。前此兩經夾勦，皆狼兵二三萬，竟亦不能大捷。後雖敗遁，所殺傷亦略相當。近年以來，奸謀愈熟，惡焰益熾，官府無可奈何，每以調狼兵恐之。彼輒謾曰：「狼兵易與耳。縱調他來，也須半年。我縱避他，只消一月。」其意謂狼兵之來不能速，其留不能久也。是以益無忌憚。今已僭號設官，奸計逆謀，尤非昔比。必欲除之，非大調狼兵，事恐難濟。

臣以爲兵無常勢，在因敵變化而制勝。今各賊狃於故常，且謂必待狼兵而後敢攻，此所以不必狼兵而可以攻之也。乃爲密畫方略，使數十人者各歸部集，候我兵有期，則據隘遏賊。十一月，賊聞臣等復破桶岡，益懼，爲戰守備。臣使人至賊所，賜各酋長牛酒，以察其變。賊度不可隱，則詐稱龍川新民盧珂、鄭志高等將掩襲之，是以密爲之防，非敢虞官兵也。臣亦陽信其言，因復陽怒盧珂、鄭志高等擅兵讎殺，移檄龍川，使廉其實。且趣各賊伐木開

「內嚴警禦之備」四句，已盡制勝之策。兵法所謂善攻者敵不知其所守，善守者敵不知其所攻，神而明之，不可勝用矣。

兵法所謂，勢因於敵家之動，變生於兩陣之間者，此也。若止靠調兵爲勝策，敵未滅而地方已受兵之害。近事可爲殷鑒。

知其謀而計之，兵法所謂佯敵之意也。

懸我之兵連破横水、桶岡諸賊，先聲足以奪其氣，故能令之懼。否則，欲取道於敵，反爲敵所乘矣，不可執一論。

如此軍機，即諸葛武侯復生，不能過也。

黄表、雷濟，亦是異人。

道，將回兵自浰頭取道，往討之。

賊聞，以爲臣等實有爲之之意，又恐假道伐之，且喜且懼。因遣來謝，且請無勞官兵，當悉力自防禦之。

盧珂、鄭志高、陳英者，皆龍川舊招新民，有衆三千餘。遠近皆爲仲容所脅，而三人者獨與之抗，故賊深讎忌之。十二月望，臣兵回至南康。盧珂、鄭志高等各來告變，謂池仲容等僭號設官，今已點集兵衆，號召遠近各巢賊首，授以「總兵」、「都督」等僞官，使候三省夾攻之兵一至，即同時並舉，行其不軌之謀。及以僞授盧珂等官爵，「金龍霸王」印信文書一紙，粘狀來首。臣先已諜知其事，及珂等來，即陽怒。以爲爾等擅兵仇殺投招之人，罪已當死。今又造此不根之言，乘機誣陷，且池仲容等方遣其弟領兵報效，誠心向化，安得有此，遂收縛珂等，將斬之。時池仲安之屬方在營，見珂等入首，大驚懼，至是皆喜，羅拜歡呼，競訴珂等罪惡。臣因亦陽令具狀，謂將并拘其黨屬，盡斬之。於是遂械繫盧珂，而使人密喻以陽怒之意，欲以誘致仲容諸賊。且使盧珂等先遣人歸集其衆，候珂等既還，乃發。

臣又使生員黃表，聽選官雷濟往喻仲容，使勿以此自疑。密購其所親信陰説之，使自來投訴。二十日，臣兵已還贛。乃張樂大享將士，下令城中，令南安賊巢皆已掃蕩，而浰頭新民又皆誠心歸化，地方自此可以無虞。民久勞苦，亦宜暫休爲樂。遂散兵，使各歸農，示不復用。而使池仲安亦領衆歸助其兄防守，且云盧珂等雖已繫於此，恐其黨致怨，或掩爾不虞。仲安歸，具言其故，賊衆皆喜，遂弛備。臣又使指揮余恩齎曆往賜仲容等，令毋撤備，以防盧珂諸黨，賊衆益喜。

外似疏防，內實修備，陽示誠信，陰奪敵心。所謂形兵之極，至於無形，深間不能窺，智者不能謀也。

黃表、雷濟因復説仲容：「今官府所以安輯勞來爾等甚厚，何可不親往一謝！况盧珂等日夜哀訴反狀，乞官府試拘爾等，若拘而不至者，即可以證反狀之實。今若不待拘而往，因面訴珂等罪惡，官府必益信爾無他，而謂珂等爲詐，殺之必矣。」所購親信者復從力贊。仲容然之，乃謂其衆曰：「若要伸，先用屈。贛州伎倆，亦須親往勘破。」遂定議，率其麾下四十餘人，自詣贛。

亦繇我之威勢足以奪敵人之心後，此説得行。

臣使人探知仲容已就道，乃密遣人先行屬縣勒兵，分哨道，候報而發。又使千户孟俊先至龍川，督集盧珂、鄭志高、陳英等兵。然以道經浰巢，恐搖諸賊，則別齎一牌，以拘捕盧珂等黨屬爲名。各賊聞俊往，果遮迎問故。俊出牌視之，乃皆羅拜，相争導送出境。俊已至龍川，始發牌，部勒盧珂等兵衆，賊聞之，皆以爲拘捕其屬，不復爲意。

閏十二月二十三日，仲容等至贛，見各營官兵皆已散歸，而街市多張燈設戲爲樂，信以爲不復用兵。密賂獄卒，私往覘盧珂等，又果械繫深固。仲容乃大喜，遣人歸報其屬曰：「乃今吾事始得萬全矣。」臣乃夜釋盧珂、鄭志高等，使馳歸發兵。而令所屬官僚次設羊酒，日犒仲容等，以緩其歸。

正月三日，度盧珂等已至家，所遣屬縣勒兵，當已大集。臣乃設犒於庭，先伏甲士，引仲容入，並其黨悉擒之，出盧珂等所告狀，訴鞫皆伏。遂置於獄，而夜使人趨發屬縣兵，期以初七日同時入勦。

於是知府陳祥兵從龍川縣和平都入，指揮姚璽兵從龍川縣烏虎鎮入，千户孟俊兵從龍川縣平地水入，指揮余恩兵從龍南縣高沙保入，推官危壽兵從龍南縣南平入，知府邢珣兵從龍南縣太平保入，守備指揮郟文兵從龍南縣冷水逕入，知府季斆兵從信豐縣黄田岡入，縣丞舒富兵從信豐縣烏逕入，臣自率帳下官兵，從龍南縣冷水逕，直搗下浰大巢。而使各哨分路同時並進，會於三浰。

先是，賊徒得池仲容報，謂贛州兵已罷歸，皆已弛備，散處各巢。至是，

此着更高。

百戰强寇，縛之几席之下，而後知爭勝於白刃之前者不足言勇。

必有此佈置，方可收池仲容於獄，否則速禍。

驟聞官兵四路並進，皆驚懼失措，乃分投出禦，而悉其精鋭千餘，據險設伏，併勢迎敵於龍子嶺。我兵聚爲三衝，犄角而前。指揮余恩所領百長王受兵首與賊遇，大戰良久，賊敗却。王受等奮追里許，賊伏兵四起，奮擊王受。推官危壽所領義官葉芳兵鼓噪而前，復奮擊賊伏兵後。千户孟俊兵從傍繞出岡背，横衝賊伏，與王受合兵。於是賊乃大敗奔潰，呼聲震山谷。我兵乘勝逐北，遂克上、中、下三浰。

此陣法也，叙事類左傳。

決積水於千仞之上，取勝如破竹。

各哨官兵遥聞三浰大巢已破，皆奮勇齊進，各賊皆潰敗。知府陳祥兵遂破熱水巢、五花障巢。指揮姚璽兵遂破淡方巢、石門山巢、上下陵巢。知府邢珣兵遂破芳竹湖、白沙巢。守備指揮郟文兵遂破曲潭巢、赤唐巢。知府季斆兵遂破右坑巢、三坑巢。是日，擒斬首從賊人賊級，俘獲賊屬男婦、牛馬、器仗數多。其餘墮崖填谷死者不可勝計。是夜，賊復奔聚未破巢穴。

次日早，乃令各哨官兵探賊所往，分投急擊。初九日，知府陳祥兵破鐵石障巢、羊角山巢，獲賊首「金龍霸王」印信旗袍。知府邢珣兵破黄田坳巢。指揮姚璽兵破岑岡巢。指揮余恩兵破塘含洞巢、溪尾巢。

初十日，千户孟俊兵破大門山巢。推官危壽兵破鎮里寨巢。

十一日，知府邢珣兵破中村巢。守備郟文兵破半逕巢、都坑巢、尺八嶺巢。知府季斅兵破新田逕巢、古地巢。指揮余恩兵破空背巢。縣丞舒富兵破旗嶺巢、頓岡巢。

十三日，千户孟俊兵破狗脚坳巢、水晶洞巢、五湖巢、藍州巢。

十六日，推官危壽兵破風盤巢、茶山巢。連日各擒斬首從賊人賊級，并俘獲賊屬男婦、牛馬、器仗數多。

然各巢奔散之賊，其精悍者尚八百餘徒，復哨聚九連大山，扼險自固。當臣看得九連山勢極高，横亘數百餘里，四面斬絶。我兵既不得進，而其内東接龍門山後，諸處賊巢以百數。若我兵進逼，賊必奔往其間，誘激諸巢，相連而起，勢益難制。然彼中既無把截之兵，欲從傍縣潛軍斷其後路，必須半月始達，緩不及事。止有賊所屯據崖壁之下，一道可通，然賊已據險，自上發石滚木，我兵百無一全。於是乃選精鋭七百餘人，皆衣所得賊衣，佯若奔潰者，乘暮直衝賊所，據崖下澗道而過。賊以爲各巢敗散之黨，皆從崖下招呼，我兵亦佯與呼應。賊疑，不敢擊。已度險，遂扼斷其後路。次日，賊始知爲我兵，并勢衝敵，我兵已據險，從上下擊。賊不能支，乃敗退。

人至此，未免滿志苟安，先生復設策奪險，期盡其醜類，方是去莠必除其根。

真是因敵變化。

蓋無此設伏之兵，賊雖潰亦不能盡殲其類，所以勝兵要着着相應。

臣度其必潰，預令各哨官兵四路設伏以待，賊果分隊潛遁。二十五日，知府陳祥兵覆賊於五花障，知府邢珣兵覆賊於白沙，指揮余恩兵覆賊於銀坑水。二十七日，指揮姚璽兵覆賊於烏虎鎮，推官危壽兵覆賊於中村，知府季斆兵覆賊於北山，又戰於風門奥。其餘奔散殘黨，尚三百餘徒，分逃上、下坪、黄田坳諸處。各哨官兵，復黏蹤會追。

二月初二日，知府陳祥兵復與賊戰於和平㊀。初五日，復戰於上坪、下坪。初八日，推官危壽，指揮余恩兵復與賊戰於黄坳。十二日，知府陳祥兵復與賊戰於鐵障山。十四日，縣丞舒富兵復與賊戰於乾村，又戰於梨樹。十四日，知府邢珣、季斆兵復與賊戰於芳竹湖。二十三日，縣丞舒富兵復與賊戰於北順，又戰於和洞。二十六日，守備郟文兵復與賊戰於水源，戰於長吉，戰於天堂寨。連日擒斬首從賊人賊級數多。

三月初三日，據鄉導人等四路爪探，皆以爲各巢積惡兇狡之賊，皆已擒斬略盡。惟餘黨張仲全等二百餘徒，其間多係老弱，及遠近村寨一時爲賊所

㊀「和平」，全書作「平和」。

驅脅，從惡未久之人。今皆勢窮計迫，聚於九連谷口，呼號痛哭，誠心投招。臣遣報效生員黃表往驗虛實，果如所探。因引其甲首張仲全等數人前來投見，訴其被脅不得已之情。臣量加責治，隨遣知府邢珣往撫其衆，籍其名數，遂安插於白沙。必如此而後可撫。

初七日，據知府邢珣等呈稱，我兵自去歲二月從征閩寇，迄今一年有餘，未獲少休。今幸各巢賊已掃蕩，餘黨不多，又蒙俯順招安，况今陰雨連綿，人多疾疫，兼之農功已動，人懷耕作。合無俯順下情，還師息衆。及義官葉芳等并各村鄉居民，亦告前情。臣因親行相視險易，督同副使楊璋，知府陳祥等，經理立縣設隘，可以久安長治之策，留兵防守而歸。必如此而後可歸。

蓋自本年正月初七日起，至三月初八日止，前後兩月之間，通共搗過巢穴三十八處，擒斬大賊首二十九名顆，次賊首三十八名顆，從賊二千零六名顆，俘獲賊屬男婦八百九十名口，奪獲牛馬一百二十二隻匹，器械、贓仗二千八百七十件把，贓銀七十兩六錢六分。總計擒斬、俘獲、奪獲，共五千九百五十五名顆口隻匹件把。俱經行令兵備等官審驗紀録，仍行紀功御史覈實施行。具繇呈報去後。

今據前因，臣等會同江西巡按御史屠僑，廣東巡按御史毛鳳，參照大賊首池仲容等荼毒萬民，騷擾三省，陰圖不軌，積有年歲，設官僭號，罪惡滔天。比之上猶諸賊，尤爲桀驁難制。蓋上猶諸賊，雖有僭竊不軌之名，而徒惟劫掠焚燒是嗜。至於浰頭諸賊，雖亦剽劫擄掠是資，而實懷僭擬割據之志。故其招致四方無籍，隱匿遠近妖邪，日夜規圖，漸成奸計。兼之賊首池仲容、池仲安等，又皆力搏猛虎，捷競飛猱，兇惡之名，久已著聞。四方賊黨，素所向服。是以負固恃頑，屢征益熾。前此知其無可奈何，亦惟苟且招安，以幸無事。其實無救荼毒之慘，益養奸宄之謀。

今乃臣等驅不練之兵，資缺乏之費，不踰兩月而破奸雄不制之虜，以除三省數十年之患。此非朝廷威德，廟堂成算，何以及此！臣等切惟天下之事，成於責任之專一，而敗於職守之分撓。就今事而言，前此嘗夾攻二次，計勦數番。以兵，則前者强而今者弱，前者數萬而今者數千。以時，則前者期年，而今者兩月。以費，則前者再倍，而今者什一。以任事之人，則前者多知謀老練之士，而今者乃若臣之迂疏淺劣。然而計功較績，顧反有加於昔，何哉？實繇朝廷之上，明見萬里，洞察往弊，處置得宜。既假臣以賞罰之權，

欲責成功，此言確不可易。

此是成功根本，何嫌伐一時事以欺明主。

復改臣以提督之任。既以兵忌遥制，而重各省專征之責；又慮事或牽扯㊀，而抑守臣干預之請。授之方略而不拘以制，責其功成而不限以時。以故詔旨一頒，而賊先破膽奪氣；咨文一布，而人皆踴躍争先。效謀者知無沮撓之患，而務竟其功；希賞者知無侵削之弊，而畢致其死。是乃所謂得先勝之算於廟堂，收折衝之功於樽俎，實用兵之要道，制事之良法也。事每如此，天下之治，有不足成者矣。

臣等偶叨任使，何幸濫竽成功，敢於獻捷之餘，拜手稽首以賀！伏願皇上推成功之所自，原發縱之有因，庶無僭賞，以旌始謀。及照兵備副使楊璋，監軍給餉，紀功督戰，備歷辛勤，宜加顯擢。守備指揮郟文，知府陳祥、邢珣、季斆，推官危壽，指揮余恩、姚璽，及千户孟俊，縣丞舒富等，皆身親行陳，屢立戰功，俱合獎擢，庶示激揚，以爲後勸。臣本凡庸，繆當重任，偶逢事機之會，幸免覆餗之誅。然功非其才，福已踰分，遂沾痿痺之疾，既成廢棄之人。除已别行請罪乞休外，緣係捷音，及該兵部議擬期於成功，不限以時，題奉欽

指王晉溪，不忘功之所自。

㊀「扯」，全書作「扭」。

依事理，爲此具本題知。

先生浰頭之捷，妙在收盧珂，用黄表、雷濟，以誘至池仲容。所謂善用兵者，屈人之兵而非戰也，拔人之城而非攻也。前後節節取勝，靈通變化，真非尋常思慮之所能及。

議處河源餘賊

看得河源等處賊情，本院屢經批仰該道會同守巡等官，從長計議，相機勦捕。今復據呈，看得賊勢漸盛，民患日深。該道既以兵力勞憊，勢未能克，即須會同守巡、守備等官，或親至賊巢，或於附近賊巢處所屯劄。選差知因通賊曉事人役，齎執告示榜文，權且撫諭各賊，委曲開譬，或姑賜以牛、酒、銀、布、耕具、種子之類，令其收衆入巢，趁時耕作。因使吾民亦得暫免防截之役，及時盡力農畝。一面選兵勵士，密切分布哨道，候收斂已畢，各巢亦積有糧米，然後的探虚實，尅期並舉，出其不趨，掩其不備。是乃藉兵於民，因糧於賊，非獨可以稍紓目前之急，亦因得以永除日後之患矣。

今若兵力不足，既未能勦，又不從權撫插，任其出没往來，則非惟民不安

通曉世務人情者，世或有之，至如彼此洞徹，操縱自如，竟爲國家成此大功，千古以來，先生一人而已。

生，窮困愈甚。抑且賊亦失其農業，衣食不給，若非擄掠，何以爲生？是所謂益重吾民之苦，而愈長羣賊之奸，兵糧日耗，後欲圖之，功愈難矣。仰該道會同守巡、守備等官，上緊議處施行回報，毋得徒事往復，致釀後艱。其各該官司兵快人等，不論或撫或勦，俱要時時操練整束，密切提備，不得縱弛，致有疏虞。

再批攻勦河源賊巢呈　八月二十一日

據廣東嶺東道僉事朱昂等會呈：河源縣賊巢一十三處，勢相聯絡，互爲應援。賊首吴何俊等并帽子峰賊首譚廣護等，招亡納叛，不止二千餘衆，累歲荼毒生靈。況又僭稱「天王」、「總兵」、「都督」等號，罪惡滔天，人神共怒。必須請調大兵勦絶根蔭，庶足以雪軍民之寃。但此黠賊，性尤兇强，必藉狼兵，可以搗巢攻寨。大約以軍兵二萬有餘，方克濟事。合行布政司查議糧餉，并賞功銀兩等項。

又據惠州府云云。看得賊衆兵寡，委難集事。但動調狼兵，亦利害相半㊀。

㊀「半」，全書作「伴」。

權撫綏兵，勵兵待勦，俱知慮所能及。至慮賊失其農業爲民害，則進人一籌矣。

况開報賊巢，前後不同；合用糧賞，俱合預行查處。爲此仰抄案回道，會同各守巡、兵備等官，將各巢穴再行備細查訪，若果賊巢衆多，官兵分哨不敷，必須添調狼兵，仰即徑自呈請該省總督等衙門，上緊起調。若見在官兵略以足用，可以不調狼兵，亦免騷擾地方。就仰選委謀勇官督同府、衛、縣、所等官，將各漢達官軍、兵快、鄉夫，預先起集選練，於該府及近賊縣分，密切屯劄，勿令張揚。候尅期已定，然後晝伏夜行，出其不意，併擊合勦。合用糧餉賞功等銀，備行廣東布政司，查照上年大征事體，及時措備，毋致臨期誤事。

如是，兵糧措置俱已齊備，仰即馬上差人飛報軍門，以憑親臨督戰。或差官齎執令旗令牌，分督進勦。其各賊奔遁關隘，相應江西防截者，亦要上緊查報，以憑調發。各毋稽違，致有失誤，國典具存，決難輕貸！先選熟知賊情三四人赴軍門聽用，軍中一應進止，或未盡機宜，應呈報者，亦就上緊呈報。仍呈總鎮、鎮守、巡按等衙門查照知會。

用兵全在調度得宜。本處官兵、鄉快自然足用，淮陰所以能驅市人而使之戰也。如止靠調狼兵，未有不至激變生事者。如數年來黔、蜀東土，俱因調兵起禍，惜未有以先生之説告之者。

三省夾勦捷音疏

據廣東按察司㈠僉事等官王大用等呈：正德十二年九月内，據樂昌縣知縣李增稟稱，賊首龔福全、高快馬等，不時出没爲患。近蒙軍門案驗，内開三省會兵進勦，緣照官兵未到，誠恐各賊探知，自分必死，羣合四出攻劫，不惟居民受害，抑恐患及城池。議要從宜設法，以緩其勢，待軍兵到日，另行遵奉號令等因。本職看得各賊俱係先前大征漏網，招亡納叛，蹤迹詭秘。爲今之計，必先誘其腹心，以爲我用。然後以次剪其羽翼，庶以賊攻賊，彼勢可孤，而我患可保。已經呈奉軍門議處，誘法設㈡致去後。

據知縣李增報稱，峽田山賊犯龍貴等十二名，天塘賊犯陳滿等十名，各挈家赴縣首告，願擒獲同伴解官。於本年十一月二十八日，督同龍貴等，計誘賊犯蕭緣等六十名。十二月初二日，陳滿等計誘㈢李廷茂等二十三名等因。

極是。

㈠「按察司」，全書作「按察司等衙門整飭兵備監統」。　㈡「設」，全書作「誘」。　㈢「計誘」下全書有「賊犯」二字。

又據通判鄒級仁，化縣知縣李蕚呈，大賊首高快馬帶從賊一十五名，賊婦二口，潛住地名癲痢寨深坑結巢藏住，隨統民壯兵夫譚志澤等，於閏十二月初一日戌時，進兵圍寨。至初二日早，本賊突出山頭迎敵。追至始興縣界，各兵奮勇，生擒高快馬，即高仲仁，從賊三名，賊婦、賊女各一口。

又㊀據知府姚鵬等呈，督率軍兵夫快㊁，陸續擒斬首從賊犯李萬山、賴永達等一千三百二十名顆，俘獲㊂男婦七十六名口，奪回被擄男婦一十三名口㊃。

又據知縣李增呈，緝得賊首李斌亡命在湖廣烏春山躲住，密㊄遣捕盜老人李攻瓚等，星夜潛至地名姜陽峒，擒獲本賊，緣繇到道，轉報到臣。又據兵備分巡嶺東道顧應祥等呈，據領哨通判莫相等呈，統漢達官軍、民壯、打手人等，刻期進勦上下横溪、鬬峒、深峒等巢，陸續擒斬賊犯吴瑄、鄧仲玉等共六百九十名顆，俘獲男婦三百九十五名口，奪回被擄男婦七口。又據本官稟稱

㊀「又」，全書作「及行兇器械並被傷兵夫劉廷珍等開報到道，節」。㊁全書「快」下有「抵巢與賊交鋒」六字。㊂全書「俘獲」下有「賊屬」二字。㊃全書「口」下有「及贓仗牛馬等物」七字。㊄「密」，全書作「飛報到職，當就發」。

橫溪大賊首吳�，招集亡命，遁住地名東田村深山結巢。稟蒙監督僉事顧應祥指示方略，密切發兵抵吳玏巢穴，四面圍攻。先用銃箭將吳玏打倒，擒斬玏等首從賊共十三名顆，俘獲賊屬六口，奪回被擄婦女二口，緣繇到道，轉報到臣。

查得先准兵部咨，爲地方緊急賊情事，該巡撫湖廣都御史秦金，該本部覆題，郴、桂等處諸賊，與廣東、江西諸峒聯絡，請勑兩廣并南、贛總督、巡撫等官，會同尅期進兵夾勦等因。奉聖旨：「是，都依擬行。欽此。」又臣節奉勑諭：「但有盜賊生發，即便嚴督各該兵備、守巡，并軍衛有司，設法勦殺，隨宜處置，欽此。」

又准樂昌縣知縣李增稟稱，賊首高快馬等八百餘徒，在地名櫃頭村行劫。又據乳源縣稟稱，賊徒千餘人，在洲頭街流劫。及據湖廣郴州申，賊首龔福全、高仲仁等一起，八百餘徒，出劫樂昌，虜捉知縣韓宗堯。一起七百餘徒，出劫生員譚明浩等家。一起六百餘徒，從老虎峒等處出劫。一起五百餘徒，從興寧縣出劫等因，各報到臣。

該臣參看得兩廣總督、總兵等官，雖已奉命行取回京。然軍馬錢糧，調度方略，悉經區畫，會有成案，本院見督官兵征勦浰頭等賊，未能親往督戰，

必如此各遍，方能做事。

除分兵設策，督令副使楊璋等四面防截外。仰各官查照原議，上緊依期進勦，毋得遲疑參錯，致誤事機。一應臨敵制度，俱在各官相機順應，或先離散其黨與，或陰誘致其心腹，聲東擊西，陽背陰襲。勿拒一議，惟求萬全。軍門遥遠，不必一一呈稟，反成牽滯。

今據前因，除將各道呈報前項擒斬首從賊人賊級，共二千八百九名顆，俘獲賊屬，并奪回被擄男婦五百四名口，奪獲器械、贓物一百三十二件把，牛馬八十三隻匹，仰各道徑送巡按紀功御史審驗紀録造册奏繳外，參照大賊首高仲仁、李斌、吴玑等，稔惡多年，敵殺官兵，攻劫郡縣，罪貫既盈。今幸數月之間，克遂殲殄，此皆仰仗廟堂勝算，及將士用命之所致也。臣得因人成事，真爲徼幸！

及照巡按紀功御史毛鳳，振揚風紀，作勵將士，既盡紀驗之職，復多調度之方。比於常格，勞績尤異。僉事王大用、顧應祥等監統督調，備效勤勞。都指揮王英、歐儒，知府姚鵬，通判鄒級、莫相，知縣李增、李𦳝，皆身親行陣，具歷艱難，均合甄收，普皆旌擢。伏望皇上既行大賞於朝，復沛覃恩於下，庶示激奬，以勸後功。臣以凡庸，兼復多病，繆膺地方之責，屬征調四出，不能身親督戰。然賴總督諸臣先已布授方略，領哨諸將得以遵照奉行，戮力效死，竟收完績㊀。雖無共濟之功，實切同舟之幸。除先已具本請罪告病乞休外云云㊁。

報功疏不用誇飾，直述事情，極爲得體。如近日動輒云「異捷」、「奇功」，真令人可汗！

辭免陞廕乞以原職致仕疏

臣於六月初六日准兵部咨，爲捷音事，該臣題，該本部覆題：節該奉聖旨：「王守仁陞右副都御史，廕子一人做錦衣衛世襲百户。寫勑獎勵，欽此。」欽遵。臣聞命驚惶，莫知攸措。感極而懼，若墜冰淵。切念臣以章句陋儒，過蒙朝廷滌瑕掩垢，收録於擯棄之餘。既又求長於短，拔之閒散之中，授以巡撫之寄。其時臣以抱病在告，兩疏乞休，偶值前官有託疾避難之嫌，該部論奏之議甚嚴，朝廷督責之旨又切，遂不遑他計，狼狽就途。

㊀ 全書「績」下有「真所謂碌碌因人成事」。

㊁ 「云云」，全書、黔南本均作「緣係捷音事理，爲此具本題知」。

蒞事之後，兵耗財匱，盜熾民窮，縮手四顧，莫措一籌。朝廷憫念地方之顛危，慮臣才微力弱，必致傾僨。謂其責任之不專，無以連屬人心；賞罰之不重，無以作興士氣；號令之不肅，無以督調遠近。於是該部議假臣以賞罰，朝廷從而假之以賞罰；議給臣以旗牌，朝廷從而給之以旗牌；議改臣以提督之任，朝廷從而改之以提督之任。授之方略而不拘以制，責其成功而不限以時。

歸功該部，此是當時實事。

繇是，臣以賞罰之柄，而激勵三軍之氣；以旗牌之重，而號召遠近之兵；以提督之權，而紀綱八府一州之官吏。伸縮如志，舉動自繇。於是兵威漸振，賊氣先奪，成軍而出，一鼓而破橫水，再鼓而滅桶岡。全師克捷，振旅復舉，又一鼓而破三浰，再鼓而下九連。皆役不再籍，兵無挫刃。分遣官屬，齎執旗牌，以麾督兩廣夾剿之師，亦莫不畏威用命，咸奏成功。

繇是言之，其始促臣之來蒞事者，該部之議，朝廷之斷也；旗牌之能號召者，該部之議，朝廷之斷也；提督之能紀綱者，該部之議，朝廷之斷也；方略之所分布，舉動之得展舒者，該部之議，朝廷之斷也。臣亦何功之有，而敢冒承其賞乎？　譬之駑駘之馬，而得良御，齊輯乎轡銜之際，而緩急乎唇吻之和，内得於人心，外合於馬志，故雖駑下，亦能盡日之力而至百里。人見其駑而百里，因謂之能，不知其能致此，皆御馬者驅策之力。不然，將數里而踣，或十數里而止矣。馬之疲勞，或誠有之，而遂以歸功於馬，其可乎？

况臣驅逐之餘，疾病交作，手足麻痺，漸成廢人。前在賊巢，已嘗具本請罪，告病乞休，日夜伏候允報，庶幾生還畎畝。乃今求退而獲進，請咎而蒙賞，雖臣貪冒垂涎，忍耻苟得，其如朝廷賞功之典何！伏望皇上推原功之所始，無使賞有濫及，收回成命。臣苟有微勞，不加罪戮，容令仍以原職致仕，延餘喘於田野。如此，則上無濫恩，下無奸賞。宣力受任者，得免於覆餗之誅；量能度分者，獲遂其知止之願。臣無任感恩懼罪懇切祈望之至。樞部必與邊撫呼吸相應，而後能成功。往日遼陽之失，不能無所歸咎。

上晉溪司馬書 戊寅

郴、衡諸處羣孽，漏殄尚多。蓋緣進勦之時，彼省土兵不甚用命，而廣兵防夾，又復稍遲，是以致此。其在目今，若無兇荒之災，兵革之釁，料亦未敢動作。但恐一二年後，則有所不能保耳。

今大征甫息，勢既未可輕舉，而地方新遭土兵之擾，復不堪重困。將紓目前之患，不過添立屯堡。若欲稍爲經久之圖，亦不過建立縣治。然此二端，彼省鎮巡已嘗會奏舉行，生雖復往，豈能别有區畫？但度其事勢，屯堡之設，雖可以張布聲威，然使守瞭日久，未免怠弛。散歸無事，則虚具名數，冒費糧餉，有急即張皇賊勢，復須調兵，此其勢之所必至者。惟建縣一事，頗爲得策。又聞所設縣分，乃瓜分兩省三縣之地，彼此各吝土地人民，豈肯安然割己所有，以資異省别郡？必有紛争異同之論，未能歸一。則立縣之舉，勢亦未易克就。既承責委，亦已遣人再往詢訪，苟有利弊，稍可裨益者，當復舉請。

但因閩事孔棘，遥聞廟堂之議，亦欲繆以見責，故且未敢輒往郴、桂。然勑書久未見到，則閩中亦不敢遽往，旦夕諮訪其事，頗悉顛末。

閩事百年相沿如一日，此一言盡之。

大概閩中之變，亦由積漸所致。其始作於延平，繼發於邵武，又繼發於建寧，發於汀、漳，發於沿海諸衛所。其間驚閧，雖小大不一，然亦皆因倡於前者略無懲創，遂敢效尤而興。今省城渠魁雖已授首，人心尚爾驚惶未定。邵武諸處，尤不可測。急之必致變，縱而不問，將來之禍，尤有不可勝言者。

觀此，則閩軍之亂亦非易事。

蓋福建之軍，縱恣驕驁，已非一日。既無漕運之勞，又無征戍之役，飽食安坐，徭賦不及。居則朘民之膏血以供其糧，有事返籍民之子弟而爲之鬬。有司豢養若驕子，百姓疾畏若虎狼。稍不如意，呼噉羣聚而起，焚掠居民，綁笞官吏，氣焰所加，帖然惟其所欲而後已。

今其勢既盈，如將潰之堤，岌乎洶洶，匪朝伊夕，雖有智者，難善其後。固非迂劣如守仁者所能辦此也。又況積弱之軀，百病侵剥，近日復聞祖母病危，日夜痛苦，方寸已亂，豈復堪任？臨期敗事，罪戮益重，輒敢先以情訴。伏望曲加矜憫，改授能者，使生得全首領，歸延殘息於田野，非生一人之幸，實一省數百萬生靈之幸也。情蹙辭隘，忘其突冒，死罪，死罪！

優奬致仕縣丞龍韜牌

訪得贛縣致仕縣丞龍韜，平素居官清謹，迨其老年歸休，遂致貧乏不能自存。薄俗愚鄙，反相譏笑。夫貪污者乘肥衣輕，揚揚自以爲得志，而愚民競相歆羡。清謹之士，至無以爲生，鄉黨鄰里，不知以爲周恤，又從而笑之。風俗薄惡如此，有司者豈獨不能辭其責？孟子云：「使饑餓於我土地，吾耻之。」是亦有司者之耻也。爲此牌仰贛州府官吏，即便措置無礙官銀十兩，米二石，羊酒一副。掌印官親送本官家内，以見本院優恤獎待之意。仍仰贛縣官吏，歲時常加存問，量資柴米，毋令困乏。嗚嘑！養老周貧，王政首務，况清謹之士，既貧且老，有司坐視而不顧，其可乎！遠近父老子弟，仍各曉諭，務洗貪鄙之俗，共敦廉讓之風。具依准并措送過繳牌。

今官於地方者，優禮饋送，惟當道貴人而已。先生此舉，真足以廉頑立懦，大有補於世教。

陽明先生集要經濟編卷四

飛報寧王謀反疏

正德十四年六月初五日，節該欽奉敕：「福州三衛軍人進貴等，脅衆謀反，特命爾暫去彼處地方，會同查議處置，參奏定奪。欽此。」欽遵。

臣於本月初九日，自贛州啓行，至本月十五日，行至豐城縣，地名黄土腦。據該縣知縣等官顧佖等稟稱，本月十四日，寧府稱亂，將孫都御史、許副使，并都司等官殺死。巡按及三司、府、縣大小官員，不從者俱被執縛，不知存亡。各衙門印信盡數收去，庫藏搬搶一空，見監重囚，俱行釋放，舟楫蔽江而下，聲言直取南京，一面分兵北上。

各官皆來沮臣不宜輕進。其時臣尚未信，然逃亂之民，果已四散奔潰，人情洶洶。臣亦自顧單旅危途，勢難復進。方爾回程，隨有兵卒千餘，已夾江並進，前來追臣。偶遇北風大作，臣亦張疑設計，整舟安行，兵不敢逼，幸而獲免。本月十八日，回至吉安府。據知府伍文定等稟稱，地方無主，乞留暫回區畫。遠近軍民，亦皆遮擁呼號。隨據臨江府并新淦、豐城、奉新等縣，各差人飛報，寧府遣兵四出攻掠，拘收印信，及拿掌印官員，調取兵快。水兑糧船，盡被驅脅而去等因。

此是天意。然張疑設計，整兵安行，絶無張惶憂懼之態，非見先生應變之略有素定於中者不能。

臣奉前旨，欲遂徑往福建。但天下之事，莫急於君父之難，若彼順流東下，萬一南都失備，爲彼所襲，彼將乘勝北趨，旬月之間，必且動摇京輔。如此，則勝負之算，未有所歸，此誠天下安危之大機。慮念及此，痛心寒骨，義不忍舍之而去。故遂入城，撫慰軍民，督同知府等官伍文定等，調集兵糧，號召義勇。又約會致仕鄉官右副都御史王懋中，養病評事羅僑等，與之定謀設策，收合涣散之心，作起忠義之氣。相機乘間，務爲躡後之圖，共成犄角之勢。牽其舉動，而使進不得前；擣其巢穴，而使退無所據。日望天兵之速至，庶解東南之倒懸。伏望皇上省愆咎己，命將出師，因難興邦，未必非此。

四句已括平濠大略。

臣以弱劣多病，屢疏乞休，况此地方之責，本亦非臣之任。今兹扶疾赴闕，實亦意圖便道歸省，臨發之前，已具哀懇。齎奏之人，去纔數日，適當君

用人處便見方略。

父之急，不忍失此事機，姑復暫留，期紓國難。候區畫稍定，各官略可展布，朝廷命師一臨，亦遂遵照前旨，入閩了事，就彼歸省父疾。進不避嫌，退不避罪，惟民是保，而利於主，臣之心也。直行其報國之誠，而忘其緩命之罪，求伸其哀痛之情，而甘冒棄職之誅，臣之罪也。

竊照都御史王懋中，評事羅僑，忠義自許，才識練達。知府伍文定，果捷能斷，忠勇有謀，累立戰功，皆抑而不賞，久淹外郡，實屈而未伸。今江西闔省，見無一官，若待他求，緩無所及。乞遂將各官授以緊要職任，庶可責之拯溺救焚。其餘若裁革兵備副使羅循，養病副使羅欽德，郎中曾直，御史周魯，同知郭祥鵬，省親進士郭持平，驛丞李中、王思等，雖皆本土之人，咸秉忠貞之節。況亦見在同事，當多難之日，事宜從權，庶克有濟。

再照寧府逆謀既著，彼若北趨不遂，必將還取兩浙，南擾湖湘，窺留都以斷南北，收閩、廣以益軍資。若不即爲控制，急遣重兵，必將噬臍無及。及照撫州㊀知府陳槐，臨江府知府戴德孺，贛州府知府邢珣，袁州府知府徐璉，寧

㊀「及照撫州」，全書作「又照撫州府」。

都縣知縣王天與，豐城縣知縣顧佖，新淦縣知縣李美，奉新縣知縣劉守緒，泰和縣知縣李楫，南安府同知朱憲，贛州府同知夏克義，龍泉縣知縣陳允諧，及闔省各官今見在者，乞敕吏部就於其中推補本省方面知府、兵備等官，庶可速令供職。其有城守之責者，亦各量陞職銜，重其權勢，使可展布。報疏中任人措餉，已具見條理。

又照南、贛軍餉，惟資鹽商諸税，近因户部奏革，顧募之兵，無所仰給，悉已散遣。今未兩月，即遇此變，復欲召募，將倚何資？輒復遵依敕旨便宜事理，仍舊舉行，然亦緩不及濟。必須先於兩廣積儲軍餉數内，量借一十餘萬，庶幾軍衆可集，地方有賴，國難可平。緣係飛報地方謀反重情事理，爲此具本，專差舍人來儀親齎，謹題請旨。

當事者置先生於上游，加以專敕，不限以地，原有深意。故遇難不辭，非先生無此見義必爲之勇。先事預圖，非晉溪無此知人授任之略。故能平南、贛，擒逆濠，一舉而兩利焉。今寓内干戈滿地，奚啻逆濠未發之隱？謀任事者，既無先生經濟之手，而當事者實無爲地擇人之心，概以規避之法繩庸愚。即斬盡頭顱，亦何濟天下事！

再報謀反疏 十四年六月二十一日

節該欽奉勑，福州三衛云云，緣係飛報地方謀反重情事理，爲此具本，先於本月十九日專差舍人來儀奏報外。但叛黨方盛，恐中途爲所攔截，合再具本，專差舍人任光親齎，謹題請旨。

凡遇有事入告，當慮及此。

咨兩廣總制都御史楊共勤國難

節該欽奉勑：「福州三衛軍人進貴等脅衆謀反，特命爾暫去彼處地方，會同查議處置，參奏定奪。欽此。」欽遵。於六月初九日，自贛啓行。於本月十五日，行至豐城縣，地名黄土腦。據知縣顧佖等稟稱，本月十四日，寧府將巡撫孫都御史、許副使等官殺死，巡按及三司、府、縣大小官員不從者，俱被執縛。各衙門印信盡數收去，庫藏搬搶一空。聲言直取南京，一面分兵北上。各官競阻本職不宜輕進，本職自顧單旅危途，勢難復進。方爾回程，隨有兵卒千餘，已夾江並進來追。偶遇北風大作，本職亦張疑設計，整舟安行，兵不敢逼，幸而獲免。

北風大作，亦是天意。至張疑設計，便見先生方略。

本月十八日，回至吉安府。據知府伍文定等禀稱，地方無主，乞留暫爲區畫。遠近居民，亦皆遮擁呼號。隨又據臨江府并新淦、豐城、奉新等縣，各差人飛報，寧府遣兵四出攻掠，拘收印信等因。本職奉有前旨，欲遂委嶺南道兵備僉事王大用監統，給與各兵行糧，不分雨夜，兼程前來，共勤國難。諒貴院素秉忠孝之節，久負剛大之氣，聞此必將奮袂而起，秉鉞長驅，當在郭汾陽之先，肯居祖士遠之後哉！紛擾之中，莫罄懇切，惟高明速圖之。

行㊀南安等十二府及奉新等縣募兵策應

切照叛逆天下之大惡，討賊天下之大義。本院仗順伐逆，鼓率忠義，豪傑四起，發謀協力。叛賊滅亡之期，計日可待。除行吉安等府縣，起調兵快，防守地方外。照得本省㊁見今巡撫，都、布、按等衙門，俱各缺官，事無統束。擬合通行各府㊂，即行所屬縣分，并衛、所衙門，各起調官軍鄉兵，固守城池，

㊀「行」，全書作「案行」。 ㊁「本省」，全書作「本省所屬各府州縣衛所」。 ㊂「各府」，全書作「爲此仰抄案回府」。

一縣募精兵如許亦不易，得要在有司奉行何如耳。

保障地方。仍一面分選兵快，散布關隘，嚴加把截。一面揀募驍勇精兵，大縣約四五千名，小縣約二三千名，以上各備鋒利器械，供給糧草，擇委能幹勇力官員管領操練。各項費用㊀，聽在官錢糧動支，隨申本院查考。濱江㊁去處，多備船隻，聽候本院差官齎捧旗牌至日，即刻依期啓行進攻。仍選慣便人役，多方探聽消息，不時飛報，以憑區畫。此係守土官員切責，而臣子效忠致身，正在今日。各宜奮發義氣，鼓動軍民，共成滅賊之功，以輸報國之念。毋得遲違觀望，失誤軍機，自取罪戾。

預行南京各衙門勤王咨

爲照前事，係天下非常之變，宗社安危之機。雖今備行江西吉安等府，及湖廣、福建、廣東等處，調集軍兵，合勢征勦外。但彼聲言欲遂順流東下，竊據南都。看得長江天險，南北之限，留都根本咽喉所關。雖以朝廷威德，

㊀「各項費用」，全書作「其各項錢糧費用」。㊁「濱江」上全書有「其」字。又，底本於本句旁有批語：「慮得到。」

人心效順，逆謀斷無有成。但其譎奸陰圖，已非一日，兼聞潛伏奸細於京城，期爲内應。萬一預備無素，爲彼所掩，震驚遠邇，噬臍何及！爲此合咨貴部，煩爲通行在京及大小衙門會謀集議，作急繕完城守，簡練舟師，設伏沿江，以防不虞之襲。傳檄傍郡，以張必討之威。先發操江之兵，聲義而西，約會湖湘，互爲犄角。本職亦砥鈍策駑，牽躡其後，以義取暴，以直加曲，不過兩月之間，斷然一鼓可縛。惟高明速圖之。

即以尋常才識處之，此咨在所必有。第只令固守南京，便是失策。如先生之佈置，斷其兩月成擒，方是不可及。

寬恤禁約

照得江西省城，近遭變亂，各府州縣，兵戈騷動，供億勞費。兼值天時亢旱，秋成無望，人民窘迫，言之痛心。中間恐有無賴之徒，乘機竊發，驚擾地方，理合寬恤禁約。但巡撫衙門，見今缺官，本院駐軍境内，不容坐視，合就權宜處置通行。爲此除一面奏聞外，仰抄案回府，照依案驗内事理，并行所屬各縣官員，務須軫念地方，痛恤民隱，凡一應不急詞訟工役，俱各停止。其軍前合用兵夫糧草，各官俱要持廉秉公，親自編派，毋得因而科擾，及聽信下人，受財作弊。仍嚴加曉諭軍民人等，務要各守本分，安居田里。不許扇惑搬移，妄生事端。大户毋逼債負，小民毋激仇嫌。鄉落居民，各自會推家道殷實、行止端莊一人，充爲約長，二人副之，將各人户編定排甲，自相巡警保守。各勉忠義，共勤國難。敢有抗違生事，驚擾地方者，就便拿解赴官，治以軍法。約長若有乘機侵害衆户，及受財不舉，許被害之人告發重治。仍仰各縣將前項寬恤禁約事宜，翻刻告示，發仰鄉村張掛曉諭，俟巡撫官員到日，再行議處，俱毋違錯。

用兵之際，奸民易於煽亂，此示必不可少。

調取吉水縣八九等都民兵牌

訪得吉水縣八九等都民人王益題、曾思温、易弘爵、王昭隆等各户下人丁，素習武勇，人多尚義。前任知縣周廣曾經起調征進，皆係驍勇慣戰之人。今兹逆黨倡亂，民遭荼毒，應合調取，以赴國難。爲此訪差致仕縣丞龍光齎牌，前去吉水縣，着落當該官吏，即將各户義兵，照數調集。各備鋒利器械，編成行伍，僉選百長，總小甲管領，就仰該縣查支官錢，給與口糧。暫且就屯本縣，操演武藝，聽候本院指日東下，隨軍進勦。

照得江西一省人民，久被寧府毒害，侵肌削骨，破家蕩産，冤困已極，控訴無門。今其惡貫滿盈，天假義兵，爲民除暴。尚聞愚昧之徒，阻避寧府威勢，不敢舉動。殊不知寧府未叛之前，尚爲親王，人不敢犯。今逆謀既著，即係反賊，人人得而誅之，復何所憚！爾等義民，正宜感激忠義，振揚威武，爲百姓報讎泄憤，共立不世之勳，以收勤王之績。毋得稽遲觀望，自取軍法重究。差去官員，不許假此擾害，妄生事端。體訪得出，罪不輕貸。

此等武勇之人，亦必要平日訓練始得，如取辦於臨時，適滋擾害耳。

策應豐城牌

據豐城縣知縣顧佖禀稱，本縣起調鄉兵，固守城池，惟恐兵力不敷，必須請兵策應，庶保無虞等因。看係地方重務，已經調發龍泉、安福、永新等縣，并吉安千户所機快軍兵，陸續前去策應。照得發去官兵，必須選委謀勇膽略官員統領，庶幾調度得宜。爲此仰通判楊昉，即將後開軍兵名數，督同千户蕭英監統，協同知縣顧佖等，計議攻守方略，相度險夷要害，遠斥堠以防奸，勤訓練以齊衆。探知賊人入境，即便設奇布伏，以逸待勞，擊其不意。務在先發制人，毋令乘間抵隙。軍兵人等，務要嚴爲約束，毋令侵擾，敢有違犯退縮，許以軍法從事。各官尤要同心并力，協和行事，共效忠貞之節，以紓國家之難。如或執拗參錯，觀望逗留，違犯節制，致有疏虞，軍令具存，決難輕貸。

以豐城要地，故特與策應。兵法所謂「交地，吾將謹其守者」，此類是也。

預備水戰牌

案照已經行仰起調軍馬，前來策應，日久尚未見到。近據探報，逆黨南下，將攻南都，計此時南都必已有備，各逆黨進無所獲，必退保九江。如此，則水戰之具爲急，不可不備。爲此牌仰福建布政司，即行選募海滄打手一萬名，動支官庫不拘何項銀兩，從厚給與衣裝行糧，各備鋒利器械，就仰左布政使席書、兵備僉事周期雍統領，星夜前赴軍門，相機前進，并力擒勦。仍行巡撫等衙門，同心協力，後先監督應援。此係叛逆謀危宗社，天下荼毒所關，呼吸存亡，旦暮成敗，間不容髮。非比尋常賊情，不得逗留觀望，有虧臣節。嗚

料敵設奇，必出於此，黃石機可以成擒也。

呼，主憂臣辱，主辱臣死。凡有血氣，孰無是心！況各官忠義自任，剛大素聞，必將奮臂疾驅，有不容已。兵快及領兵人等，敢有違犯節制，有誤軍機者，仰即遵照本院欽奉勅諭事理，許以軍法從事，無得姑息。

軍法從事，原是先生勅內事，即行轉許各官，纔成得功。是先生大擔當處。

牌行吉安府敦請鄉士夫共守城池　七月初八日

照得寧府反叛，本院調兵進勦，即日啓行。各府縣掌印正官，既該統兵前進，所據各該府縣城池，雖已行委各佐貳官防守。但艱危之際，事變不測，必須歷練老成之人，相與維持鎮定，庶幾人心不致驚疑，政務有所倚賴。爲此案行吉安府官吏，通行各縣署印官員，徑自以禮敦請老成鄉宦，衆所推服者一二員，在城以備緊急，協同行事。該府城池，關係尤重，查得致仕按察使劉遜，素有才望，忠義奮激。就仰該府請至公館，仍仰署印官待以賓師之禮，托以咨決之事。一應軍機事宜，咨稟計議而行，以安人心，以濟大事。仍行本官，務以國家大難爲心，盡心竭力，共圖殄賊。毋以休致自嫌。諒朝廷報功之典，當亦自不相負。如誤大事，咎亦有歸，通無違錯。

地方鄉紳賢否，平日不可不周知，否則，即欲行此不可得。

一以繫人心，一以酌事體，舉如許大事，有獨任而能成者乎？

居然儒將。

牌行各哨統兵官進攻屯守

仰一哨統兵官吉安府知府伍文定，即統部下官軍兵快四千四百二十一員名，進攻廣潤門，就留兵防守本門，直入布政司屯兵，分兵把守王府南門。

仰二哨統兵官贛州府知府邢珣，即統部下官軍兵快三千一百三十餘員名，進攻順化門，就留兵防守本門，直入鎮守府屯兵。

仰三哨統兵官袁州府知府徐璉，即統部下官軍兵快三千五百三十員名，進攻惠民門，就留兵防守本門，直入按察司察院屯兵。

仰四哨統兵官臨江府知府戴德孺，即統部下官軍兵快，新、喻二縣三千六百七十五員名，進攻永和門，就留兵防守本門，直入都察院提學分司屯兵。

仰五哨統兵官瑞州府通判胡堯元、童琦，即統部下官軍兵快四千員名，進攻章江門，就留兵防守本門，直入南昌前衛屯兵。

仰六哨統兵官泰和縣知縣李楫，即統部下官軍兵快一千四百九十二員名，夾攻廣潤門，直入王府西門屯兵守把。

仰七哨統兵官新淦縣知縣李美，即統部下官軍兵快二千員名，進攻德勝門，就留兵防守本門，直入王府東門屯兵守把。

仰中軍營統兵官贛州衛都指揮余恩，即統部下官軍兵快四千六百七十員名，進攻進賢門，直入都司屯兵。

仰八哨統兵官寧都知縣王天與，即統部下官軍兵快一千餘員名，夾攻進賢門，留兵防守本門，直入鐘樓下屯兵。

仰九哨統兵官吉安府通判談儲，即統部下官軍兵快一千五百七十六員名，夾攻德勝門，直入南昌左衛屯兵。

仰十哨統兵官萬安縣知縣王冕，即統部下官軍兵快一千二百五十七員名，夾攻進賢門，就守把本門，直入陽春書院屯兵。

仰十一哨統兵官吉安府推官王暐，即統部下官軍兵快一千餘員名，夾攻順化門，直入南、新二縣儒學屯兵。

仰十二哨統兵官撫州通判鄒琥，知縣傅南喬，即統部下官兵三千餘員名，夾攻德勝門，就留兵防守本門，隨於城外天寧寺屯兵。

承委官員，務要竭忠奮勇，擒勦叛逆，以靖國難。如或退縮觀望，違犯節制，定以軍法論處。軍兵人等，敢有臨陣退縮者，就仰本官遵照本院欽奉勑

兵必有正有輔，勢方不孤。必棲止有定，方於民不擾。

論事理，就於軍前斬首示衆。牌候事完日繳。

其部署嚴肅，如亞夫之細柳壁壘；從容整暇，如孔明之羽扇綸巾。正兵法所謂「以治爲勝，投之所往，天下莫當」者，那得不勝！

告示在城官民㊀

七月十八日

照得寧王造謀作亂，神人共怒，法所必誅。在城宗支、郡王、儀賓，皆被逼脅，如鍾寧王無罪削爵，建安王父子俱死。軍民人等，或覆宗滅族，或蕩家傾産，或勒取子女，皆恨入骨髓，敢怒而不敢言。今日之事，豈其本心？本院仰仗朝廷威靈，調集兩廣并本省狼達漢土官兵二十餘萬，即日臨城。亦無非因民之怨，惟首惡是問。告示至日，宗支、郡王、儀賓，各閉門自保，商賈買賣如故，軍民棄甲投戈，各歸生理，無得驚疑。該府内臣、校尉把守人員，開門出首，或反兵助順，擒斬首惡，一體奏聞陞賞。其有懷奸稔惡，從逆不悛者，必殺不赦。凡我良善軍民，即便去惡從善，毋陷族滅，故示。

㊀「官民」，全書作「民」。

示諭江西布按三司從逆官員

照得寧王悖逆天道，造謀作亂，殺戮大臣。都、布、按三司官員，各悚於暴虐，保其妻子，以致臨難之際，不能自釋。或俛首幽囚，或甘心降伏，貪生畏死，反面事仇。春秋之義，雖嚴於無將之誅；而志圖興復者，尚不忍於峻絶。探得各官，見今在城閉門自訟者有之，臨城巡閘者有之，出入府庫，運籌畫策者有之。此皆大義未分，孤立無助，揆之法理，固不容誅。推之人情，實爲可憫。即今本院統集狼達漢土官軍二十餘萬，後先臨城。各官果能去逆歸順，尚可轉禍爲福。故今特遣牌諭，兵臨之日，仰各開門出首。仍一面將本院發去告示，給散張掛，撫諭良善百姓。宗支儀賓人等，各閉門自保，毋輕出街市，横遭殺戮。該府把守内臣、校尉人等，亦各諭以大義，俾知背逆向順，尚可免死。投甲釋戈，蓬頭面縛，候本院臨審定奪。敢有從惡不悛，執迷不悟，拒敵官兵者，必殺無赦。仍具改正緣繇，親齎投首，以憑施行。毋得遲違，自取族滅。牌具依准繳來。

以安反側，以散黨與，斷不可已。

告示七門從逆軍民　七月二十二日

督府示諭省城七門内外軍民雜役人等，除身犯黨逆不赦另議外，其原被寧府迫脅，僞授指揮、千、百户、校尉、護衛，及南昌前衛一應從亂雜色人役，家屬在省城者，仰各安居樂業，毋得逃竄。有能寄聲父兄子弟，改過遷善，擒獲首惡，詣軍門報捷者，一體論功給賞。逃回報首者，免其本罪。仍仰各地方，將前項人役，一名名赴各該管門官處開報，令各親屬一名，每五日一次打卯。其有收藏軍器，許盡數送官。各宜悔禍，毋取流亡。

行知縣劉守緒等襲勦墳廠牌　七月十三日

爲照本院親督諸軍，刻期於本月二十日進攻南昌府省城，以破逆黨巢穴。探得逆黨先曾伏兵三千，於老墳廠、新墳廠諸處，以爲省城應援。若不先行密爲撲勦，誠恐攻城之日，或從間道掩襲我師，未免亦爲牽制。爲此牌仰奉新縣知縣劉守緒，靖安縣知縣萬士賢，各統精兵三千，密於西山地界約會，刻期分哨，設伏運奇，並力夾勦。各官務要詳察險易，相度機宜，不得爾先我後，力散勢分，致有疏失。仍一面差人爪探聲息，飛報軍門。擒斬功次，審驗解院，轉發紀録。照例具奏陞賞。兵快人等，敢有臨陣退縮者，許照本院欽奉勑諭事理，就以軍法從事。各官務竭忠貞，以勤國難。苟或觀望逗留，違誤事機，軍令具存，罪亦難逭。

後克復省城，此舉極爲得力。墳廠之兵既敗，則省城自摇動。兵法所謂三軍可奪氣者，此類是也。

督責知府伍文定等同心勦賊

切照天下之事，成於同而敗於異。本院選調吉安、贛州、臨江、袁州等府衛所軍民兵快，委各該文武等官知府伍文定、邢珣等統領，分立哨道，授以方略，令其併力勦賊，互相策應。今訪得各官各持己見，自爲異同，屢有事機可乘，坐視輒至違錯。本當拿究，治以軍法。但以用人之際，姑且容恕。及照逆賊歸援，聲息已逼，仍恐各官復蹈覆轍，臨期僨事，擬申飭通行。爲此牌仰本官，即便督率原領軍兵，各於見在駐劄處所，務要遵依方略，與各哨領兵官同心而行，誓竭并力進死之志，毋爲觀望苟生之謀。敢有仍前人懷一心，互有異同，以致誤事，定行罪造所繇，斷依軍法斬首，的不食言。

苟不同心協力，即主將之方略雖善，未有不敗者。鄱陽之捷，此牌極爲得力。

牌行撫州知府陳槐等收復南康九江　七月二十四日

照得寧王謀反，興兵向闕，南康、九江見被攻破，分留逆黨，據守二府城池，意圖西扼湖兵之應援，南遏我師之追躡。仰賴宗社威靈，克復省城，除遣知府伍文定等分布哨道，邀擊寧賊，務在得獲外。所據逆黨占據府縣，應合分兵勦復。爲此牌仰知府陳槐等各選精兵，身自統領，星夜前去南康、九江地方，相機行事，務要攻復城池，平靖反側。仍將地方人民，加意賑恤，激以忠義，撫以寬仁。權舉有司之職，以理庶事，查處倉庫之積，以足軍資。一面分兵邀誘寧賊，毋令東下。并差人爪探，飛報軍門。各官務要同心併力，協和行事。毋得人懷一心，彼此參錯，致誤軍機。兵快人等，敢有違犯節制者，仰照本院欽奉勑諭事理，以軍法從事。一應事機，呈稟往復，慮有稽緩。俱聽一面從宜區畫，一面呈報軍門。仍備查各官棄城逃走，致賊焚掠屠戮之故。具繇申報，以憑參拿究治。

南康、九江，於湖廣爲喉咽，於南京、長江爲上游，此兩府既取，則收復之大勢定矣。

擒獲宸濠捷音疏　十四年七月三十日

照得先因寧王圖危宗社，興兵作亂，已經具奏請兵征勦外。隨看得寧王暴虐熖張熾，臣以百數疲弱之卒，未敢輕舉驟進。乃退保吉安，姑爲牽制之圖。時遠近軍民，刼於寧王之積威，道路以目，莫敢出聲。臣一面督率吉安府知府伍文定等，調集軍民兵快，召募四方報效義勇之士，奏留監察御史謝源、伍希儒分職任事。一面約會該府鄉官都御史王懋中，編修鄒守益，郎中曾直，評事羅僑，監察御史張鰲山，僉事劉藍，進士郭持平，參謀驛丞王思、李忠，按察使劉遜，參政黄繡，知府劉昭等，相與激發忠義，移檄遠近，布朝廷之深仁，暴寧王之罪惡。於是豪傑響應，人始思奮。

時寧王聲言先取南京，臣慮南京尚未有備，恐爲所襲。乃先張疑兵於豐城，示以欲攻之勢。故寧王先遣兵出攻南康、九江，而自留居省城以禦臣。至七月初二日，探知臣等兵尚未集，乃留兵萬餘，使守江西省城，而自引兵向

> 後則無及。

> 破省城之得力全在此。

> 兵法所謂敵人開闔，必亟入之，蓋乘其間隙而入，則敵人自靡。

闕。臣晝夜促兵，期以本月十五日會臨江之樟樹，而身督知府伍文定等兵徑下。於是知府戴德儒、徐璉、邢珣，通判胡堯元、童琦、談儲，推官王暐、徐文英，知縣李美、李楫、王天與、王冕，各以其兵來赴。

十日㊀，遂至豐城，分哨道，使知府伍文定等進攻廣潤等七門。是日，得諜報，寧王伏兵千餘於新舊墳廠，以援省城。臣乃遣奉新知縣劉守緒等，從間道夜襲破之，以揺城中。

十九日，發市汊，大誓各軍，申布朝廷之威，再暴寧王之惡，莫不切齒痛心，踴躍激憤，薄暮齊發。二十日黎明，各至信地。先是，城中爲備甚嚴，滾木、灰瓶、火炮、機械，無不畢具。臣所遣兵，已破新舊墳廠，敗潰之卒，皆奔告城中，城中皆已驚懼，至是復聞我師四面驟集，益震駭奪氣。我師乘其動揺，呼譟並進，梯絙而登。城中之兵，皆倒戈退奔，城遂破。擒其居首宜春王拱樤，及僞太監萬鋭等千有餘人。寧王宮中眷屬聞變，縱火自焚，延各居民房屋。臣當令各官分道救火，散釋脅從，封府庫，謹關防，以撫軍民。除將擒

㊀「十日」，全書作「十八日」。

斬功次，發御史謝源、伍希儒，權令審驗紀録。及一面分兵四路，追躡寧王向往，相機擒勦。於本月二十二日，已經具題外。

當於本日據諜報，及據安慶逃回被虜船户十餘人報稱，寧王於十六日攻圍安慶未下，自督兵夫運土填塹，期在必克。是日，有守城萬門官差人來報，贛州王都堂已引兵至豐城，城中軍民震駭，乞作急分兵歸援。寧王聞之大恐，即欲回舟。因太師李士實等阻勸，以爲必須徑往南京，既登大寶，則江西自服。寧王不應，次日遂解安慶之圍，移兵泊阮子江，會議先遣兵二萬，歸援江西。寧王亦自後督兵隨來等因。

先是，臣等駐兵豐城，衆議安慶被圍，宜引兵直趨安慶。臣以九江、南康皆已爲賊所據，而南昌城中數萬之衆，精悍亦且萬餘，食貨充積。我兵若抵安慶，賊必回軍死鬭。安慶之兵，僅僅自守，必不能援我於湖中。南昌之兵絶我糧道，而九江、南康之賊，合勢撓躡，四方之援，又不可望，事難圖矣。今我師驟集，先聲所加，城中必已震懾。因而并力急攻，其勢必下。已破南昌，賊先破膽奪氣，失其根本，勢必歸救。如此，則安慶之圍自解，而寧王亦可以坐擒矣。至是得報，果如臣等所料。

逆濠氣已先奪。即依李士實之言，逆濠豈能得志。蓋南京未必能遽破，逆濠方離安慶，恐我師已隨下長江矣。賊臣實非先生對手。不救安慶而攻取南昌，此狐兔失其故穴，濠賊之就擒，大勢定矣。

當臣督同領兵知府，會集監軍，及倡義各鄉官等官，議所以禦之之策。衆多以寧王兵勢衆盛，氣焰所及，有如燎毛。今四方之援，尚未有一人至者。彼憑其憤怒，悉衆并力，而萃於我，勢必不支。且宜斂兵入城，堅壁自守，以待四鄰之援，然後徐圖進止。臣以寧王兵力雖强，軍鋒雖鋭，然其所過，徒恃焚掠屠戮之慘，以威劫遠近。未嘗逢大敵，與之奇正相角。所以鼓動煽惑其下者，全以進取封爵之利爲説。今出未旬月，而輒退歸，士心既已携沮。我若先出鋭卒，乘其惰歸，要迎掩擊，一挫其鋒，衆將不戰自潰。所謂先人有奪人之氣，攻瑕則堅者瑕也。

兵法云，士輕其將而有歸志，可邀而取。逆濠犯之，故先生迎敵急擊。

是日，撫州府知府陳槐兵亦至。於是遣知府伍文定、邢珣、徐璉、戴德孺，合領精兵五百，分道並進，擊其不意。又遣都指揮余恩以兵四百，往來湖上，以誘致賊兵。知府陳槐，通判胡堯元、童琦、談儲，推官王暐、徐文英，知縣李美、李楫、王冕、王軾、劉守緒、劉源清等，使各領兵百餘，四面張疑設伏。候伍文定等兵交，然後四起合擊。分布既定，臣乃大賑城中軍民。慮宗室郡王將軍，或爲内應生變，親慰諭之，以安其心。又出給告示，凡脅從皆不問。雖嘗受賊官爵，能逃歸者皆免死，斬賊徒歸降者給賞。使内外居民及鄉導人

此着亦不可少。

等四路傳播，以解散其黨。

二十三日，復得諜報，寧王先鋒已至樵舍，風帆蔽江，前後數十里，不能計其數。臣乃分督各兵，乘夜趨進，使伍文定以正兵當其前，余恩繼其後，邢珣引兵繞出賊背，徐璉、戴德孺張兩翼以分其勢。

以寡勝衆，全用紀律。

二十四日早，賊兵鼓譟，乘風而前，逼黄家渡。其氣驕甚，伍文定、余恩之兵佯北以致之。賊争進趨利，前後不相及。邢珣之兵從①後横擊，直貫其中，賊敗走。文定、恩督兵乘之，璉、德孺合勢夾攻。四面伏兵亦呼噪並起，賊不知所爲，遂大潰。追奔十餘里，擒斬二千餘級，落水死者以萬數。賊氣大沮，引兵退保八字腦。賊衆稍稍遯散。寧王震懼，乃身自激勵將士，賞其當先者以千金，被傷者八百兩，使人盡發九江、南康守城之兵以益師。

兵法云，攻强必養之使强，益之使張，故陽北以驕其志。

是日，建昌知府曾璵引兵亦至。臣以九江不破，則湖兵終不敢越九江以援我；南康不復，則我兵亦不能踰南康以躡賊。乃遣知府陳槐領兵四百，合饒州知府林瑊之兵，乘間以攻九江。知府曾璵領兵四百，合廣信知府周朝佐

九江、南康爲出兵要道，人所共知，而乘間攻取，出其不意爲妙。此時省城已爲我所破，九江、

① 「從」，全書作「前」。

南康之賊膽已寒，故破之易。軍令必如此，方能成功。兵法所謂必死則生者，此之謂也。

將有五危，忿速可侮，宸濠犯其一，焉得不擒。凡行兵，最要先人一着。蓋逆濠之不與先生敵，敢徑北向者，謂江西兵力不能遽集。故先襲據南康、九江，斷我兵追躡

之兵，乘間以取南康。

二十五日，賊復并力盛氣挑戰。時風勢不便，我兵少却，死者數十人。臣急令人斬取先却者頭，知府伍文定等立於銃砲之間，火燎其鬚，不敢退，奮督各兵殊死並進。砲及寧王舟，寧王退走，遂大敗。擒斬二千餘級，溺死者不計其數。賊復退保樵舍，連舟爲方陣，盡出其金銀以賞士。臣乃夜督伍文定等爲火攻之具，邢珣擊其左，徐璉、戴德孺出其右，余恩等各官分兵四伏，期火發而合。

二十六日，寧王方朝羣臣，拘集所執三司各官，責其間以不致死力，坐觀成敗者，將引出斬之。争論未決，而我兵已奮擊，四面而集，火及寧王副舟，衆遂奔散。寧王與妃嬪泣别，妃嬪宫人皆赴水死。我兵遂執寧王，並其世子、郡王、將軍、儀賓，及僞太師、國師、元帥、參贊、尚書、都督、都指揮、千百户等官，李士實、劉養正、劉吉、屠欽、王綸、熊瓊、盧珩、羅璜、丁餽、王春、吴十三、凌十一、秦榮、葛江、劉勳、何鏜、王信、吴國士、火信等數百餘人。被執脅從官太監王宏，御史王金，主事金山，按察使楊璋，僉事王疇、潘鵬，參政程果，布政梁宸，都指揮郟文、馬驥、白昂等。擒斬賊黨三千餘級，落水死者約

三萬餘。棄其衣甲、器仗、財物，與浮屍積聚，横亘若洲焉。

於是餘賊數百艘，四散逃潰。臣復遣各官分路追勦，毋令逸入他境爲患。二十七日，及之於樵舍，大破之。又破之於吴城，擒斬復千餘級，落水死者殆盡。二十八日，得知府陳槐等報，亦各與賊戰於沿湖諸處，擒斬各千餘級。

臣等既擒寧王而入，闔城内外軍民，聚觀者以數萬，歡呼之聲，震動天地，莫不舉首加額，真若解倒懸之苦，而出於水火之中也。除將寧王并其世子、郡王、將軍、儀賓，僞授太師、國師、元帥、都督、都指揮等官，各另監羈候解。被執脅從等官，并各宗室，别行議奏。及將擒斬俘獲功次一萬一千有奇，發御史謝源、伍希儒，暫令審驗紀録，另行造册繳報外。

照得臣節該欽奉勑諭：「但有盗賊生發，即便嚴督各該兵備、守備、守巡，并各軍衛有司，設法調兵勦殺。其管領兵快人等官員，不問文職武職，若在軍前違期，并逗留退縮者，俱聽以軍法從事。生擒盗賊，鞫問明白，亦聽就行斬首示衆。斬獲賊級，行令各該兵備、守巡、守備官，即時紀驗明白，備行江西按察司造册繳報，查照事例陞賞激勸，欽此。」及准兵部題稱：今後但草賊

之路，隨督兵攻安慶，冀阻北援之師。南北兩無顧慮後，并力以攻南京，自謂大勢可定。不意先生用兵神速，安慶未破，報我兵已大集省城，有恢復之勢。省城一復，九江、南康勢如破竹，料我師必直趨安慶，則進退兩無所據，安得不亟歸援省城。此所謂善戰者致人而不致於人也。鄱湖迎戰，逆濠已爲逆林之鳥，失

水之魚，成擒必矣。先生全以先着取勝。

生發，事情緊急，該管官司，即便依律調撥官軍，乘機勦捕。應合會捕者，亦就調發策應等因。節奉欽依，備咨前來。又節該奉勑：「如或江西別府，報有賊情緊急，移文至日，爾亦要及時遣兵策應，毋得違誤，欽此。」俱經欽遵外。

竊照寧王悉淫奸暴，腥穢彰聞，賊殺善類，剥害細民，數其罪惡，世所未有。不軌之謀，已逾一紀。積威所刦，遠被四方。士夫雖在千里之外，皆閉目摇手，莫敢論其是非。小人雖在幽僻之中，且吞聲飲恨，不敢訴其冤抑。兼又招納叛亡，誘致劇賊渠魁，如吴十三、凌十一之屬，牽引數千餘衆。召募四方武藝驍勇，力能拔樹排關者，亦萬有餘徒。又使其黨王春等，分賫金銀數萬，陰置奸徒於滄州、淮揚、山東、河南之間，亦各數千。比其起事之日，從其護衛姻族，連其黨與朋私，驅脅商旅軍民，分遣其官屬親暱，使各募兵從行，多者數千，少者數百。帆檣蔽江，衆號一十八萬。其從之東下者，實亦不下八九萬餘。

且又矯稱密旨，以脅制遠近；僞傳檄諭，以摇惑人心。故其舉兵倡亂一月有餘，而四方震懾畏避，皆謂其大事已定，莫敢抗義出身，與之争衡從事。抱節者僅堅城而自守，忠憤者惟集兵以俟時。非知謀忠義之不足，其氣焰使然也。

臣以孱弱多病之質，才不逮於凡庸，知每失之迂繆。當兹大變，輒敢冒非其任，以行旅百數之卒，起事於顛沛危疑之中。旬月之間，遂能克復堅城，俘擒元惡。以萬餘烏合之兵，而破强寇十萬之衆。是固上天之陰騭，宗社之默佑，陛下之威靈。而廟廊謀議諸臣，消禍於將萌，而預爲之處；見機於未動，而潛爲之制；改臣提督，使得扼制上流，而凛然有虎豹在山之威；申明律例，使人自爲戰，而翕然有臂指相使之形；勑臣以及時策應，不限以地，而隱然有常山首尾之勢。故臣得以不俟詔旨之下，而調集數郡之兵。數郡之民，亦不待詔旨之督，而自有以赴國家之難，長驅越境，直搗窮追，不以非任爲嫌。是乃伏至險於無形之中，藏不測於常制之外，人徒見擘奚之多獲，而不知王良之善御，有以致之也。然則今日之舉，廟廊諸臣，預謀早計之功，其又孰得而先之乎？

見當事者處置之妙。

固是不敢居功，亦道其實情耳。

及照御史謝源、伍希儒，監軍督哨，謀畫居多，倡勇宣威，勞苦備嘗。領哨知府伍文定、邢珣、徐璉、戴德孺、陳槐、曾璵、林瑊、周朝佐，署都指揮僉事余恩，分哨通判胡堯元、童琦、談儲，推官王暐、徐文英，知縣李楫、李美、王冕、王軾、劉源清、劉守緒、傅南喬，隨哨通判楊昉、陳旦，指揮麻璽、高睿、孟俊，知縣張淮、應恩、王庭、顧佖、萬士賢、馬津等，雖效績輸能，亦有等列。然皆首從義師，争赴國難，協謀并力，共收全功。其間若伍文定、邢珣、徐璉、戴德孺等，冒險衝鋒，功烈尤懋。鄉官都御史王懋中，編修鄒守益，御史張鰲山，郎中曾直，評事羅僑，僉事劉藍，進士郭持平，驛丞王思、李忠，按察使劉遜，參政黄繡，知府劉昭等，仗義興兵，協張威武，運籌贊畫，夾輔折衝。以上各官功勞，雖在尋常征勦，亦已甚爲難得。況當震恐摇惑，四方知勇莫敢一膺其鋒，而各官激烈忠憤，捐身徇國，乃能若此。

伏願皇上論功朝錫之餘，普加爵賞旌擢，以勸天下之忠義，以勵將來之懦怯。仍詔示天下，使知奸雄若寧王者，其不軌之謀已十有餘年，而發之旬月，輒就擒滅。於以見天命之有在，神器之不可窺，以定天下之志。尤願皇上罷息巡幸，建立國本，端拱勵精，以承宗社之洪休，以絶奸雄之覬覦。則天下幸甚，臣等幸甚！緣係捷音事理，爲此具本，專差千户王佐親齎，謹具題知。

先生之擒逆濠，全在刻期會兵豐城，急攻省城，使逆濠南向之兵狼顧復回，便已挫其朝氣，是以一鼓成擒。兵法所謂攻其必救、擊其惰歸者是也。

後有重上捷音一疏，添入張永、朱泰、張忠、朱暉、魏彬、朱彬、王憲等輩，不特用以息讒避禍也，亦以萬乘親臨，功則歸君，於禮固然。即聖人處此，亦應如是。

征宸濠反間遺事 附論兵二條

龍光曰：正德十四年六月十五日，先生於豐城聞宸濠之變，時參謀雷濟、蕭禹在侍，相與拜天，誓死起兵討賊。欲趨還吉安，南風正急，舟不能進，痛哭告天，頃之，得北風。宸濠追兵將及，先生潛入漁船得脱。恐濠徑襲南京，遂犯北京，兩京倉卒無備。思欲沮之，使遲留半月不出，遠近得以爲計。乃假寫兩廣都御史火牌云：「提督兩廣軍務御史楊，爲機密軍務事，准兵部咨，及都察院右副都御史顏咨，俱爲前事，本院帶領狼達官兵四十八萬，往江西公幹，的於五月初三日在廣州府起馬前進。仰沿途軍衛有司等衙門，即便照數預備糧草，伺候官兵到日支應。若臨期缺乏誤事，照依軍法斬首」等因。意示朝廷先差顏等勘事，已密於兩廣各處起調兵馬，潛來收濠。使之恐

用兵之道，莫妙於間。然未易言也。程子曰：五間俱起，莫知其道，是謂神紀。蓋言五間錯綜以使之，參伍以驗之，敵人莫測，後能盡間之用。若執一術以往，鮮不取敗。故曰：非聖知不能用間。先生可謂極聖知之用矣。然

懼遲疑，不敢進也。令濟等密遣乖覺人持火牌，設法打入省城。濠見牌，果疑懼。

其要在於知人善任。故又曰：非仁義不能使間，非微妙不能得間之實。先生得雷濟、蕭禹，而後其間而行，非大智不能也，慎之哉。

十八日，先生回至吉安。又令濟等假寫南雄、南安、贛州等府報帖，日逐飛報府城，打入省下。一以動摇省城人心，一以鼓勵吉安效義之士。

又令濟等假寫迎接京軍文書云：「提督都御史王爲機密軍務事，准兵部咨，該本部題奉聖旨：『許泰、郤永分領邊軍四萬，從鳳陽等處陸路，徑撲南昌。劉暉、桂勇分領京邊官軍四萬，從徐州、淮安等處水路並進，分襲南昌。王守仁領兵二萬，楊旦等領兵八萬，秦金等領兵六萬，各從信地，分道並進，刻期夾攻南昌。務要遵照方略，并心協謀，依期速進。毋得彼先此後，致誤事機。欽此。』等因到職，除欽遵外，照得本職先因奉勑前往福建公幹，行至豐城地方，卒聞寧王反報。當已退回吉安府起兵。今准前因，遵奉勑旨，候兩廣兵齊，依期前進外。看得兵部咨到緣繇，係奉朝廷機密勑旨，皆是掩其不備，先發制人之謀。其時必以寧王之兵尚未舉動。今賊兵已出，約有二三十萬，若北來官兵不知的實消息，未免有誤事機。以本職計之，若寧王堅守南昌，擁兵不出。京邊官軍遠來，天時地利，兩皆不便，一時恐亦難圖。須是按兵徐行，或分兵先守南都，候寧王已離江西，然後或遮其前，或擊其後，使之首尾不救，破之必矣。今寧王主謀李士實、劉養正等，各有書密寄本職。賊將凌十一、閔念四，亦各密差心腹，前來本職遞狀，皆要反戈立功報效。可見寧王已是衆叛親離之人，其敗必不久矣。今聞兩廣共起兵四十八萬，其先鋒八萬，係遵勅旨之數，今已到贛州地方。湖廣起兵二十萬，其先鋒六萬，係遵勅旨之數，今聞已到黄州地方。本職起兵十萬，遵照勅旨，先領二萬屯吉安府地方。各府知府等官，各起兵快，約亦不下一萬之數，共計十一二萬，人馬盡已够用。但得寧王早離江西，其中必有内變，因而乘機夾攻，爲力甚易，爲此，今用手本備開緣繇前去，煩請查照裁處。并將一應進止機宜，計議停當，選差乖覺曉事人員，與同差去人役，星夜回報施行。」

見之焉得不疑。

須至手本者，既已寫成手本，令濟等選差慣能走遞家人，重與盤纏，以前事機，當作實情，備細密切説與。令渠潛踪隱迹，星夜前來南京、淮陽等處迎接官兵。又令濟等尋訪素與宸濠交通之人，厚加結納，令渠密去報知寧府。宸濠聞知，大加賞賜，差人四路捕獲。既見手本，愈加疑懼，將差人備細拷問詳悉，當時殺死。并疑李士實、劉養正，不信其謀。

是謂内間。

是謂反間。

先生又㊀假寫回報李士實書，内云：「承手教密示，足見老先生精忠報國之本心。始知近日之事，迫於勢不得已而然。身雖陷於羅網，心罔不在王室也。所諭密謀，非老先生斷不能及此，今又得子吉同心協力，當萬萬無失矣。然幾事不密則害成，務須乘時待機而發乃可。不然，恐無益于國，而徒爲老先生與子吉之累，又區區心所不忍也。况今兵勢四路已合，只待此公一出，便可下手，但恐未肯輕出耳。昨凌、閔諸將遣人密傳消息，亦皆出於老先生與子吉開導激發而然。但恐此三四人者，皆是粗漢，易有漏泄，須戒令慎密，曲爲之防可也㊁。」

是謂死間。

與劉養正書亦同。兩書既就，遣雷濟設法差遞李士實，龍光設法差遞劉養正。各差遞人皆被宸濠殺死。宸濠繇是愈疑劉、李，劉、李亦各自相疑，不肯出身任事，以故上下人心，互生同異，兵勢日衰。

是謂因間。

又遣素與劉養正交厚指揮高睿致書養正，又遣雷濟、龍光，將養正家屬在吉安者厚加饋問，陰遣其家人密至養正處傳遞消息。又遣雷濟、蕭禹引誘

㊀「先生又」，全書作「又與龍光計議」。　㊁「也」下，全書尚有「目畢即付丙子，知名不具」十字。

内官萬鋭等，私寫書信與内官陳賢、劉吉、喻泳，皆反間之謀。又多寫告示，及招降旗號，開諭逆順禍福。及寫木牌等項，動以千計。分遣雷濟、蕭禹、龍光、王佐等，潛投賊壘，將告示粘貼，及旗號木牌，四路標插。又先張疑兵於豐城，示以欲攻之勢。初時，宸濠謀定以六月十七日出兵，徑趨㊀南京，謁陵即位，遂直犯北京。因得前項諸事，懷疑，遂不敢輕出。故於十七等日，先遣兵出攻南康、九江，而自留省城。賊兵等候濠不出，久駐江湖之上，師老氣衰。又見四路所貼告示，及插旗號木牌，人人解體，日漸離散。其後濠探知四路無兵，方始出城，我師已整候。其一出，即統伍知府等官疾趨攻破省城，度濠顧念根本，勢必歸救。遂預發兵迎擊於鄱陽湖，大戰三日，罪人斯得。

必有此着後，前之用間纔有用，否則，亦是虚着。

黄久庵曰：先生義師既集，猶謂急衝其鋒，攻其有備，皆非計之得也。始示賊以自守不出之形，必俟其出，然後尾而圖之。先擣其巢，彼必回兵來援，我則邀而擊之。此全勝之策也。濠果使人探公未出，先發兵出攻南康、九

逆濠一出一返，俱在先生操縱中。知兵貴先人一着。

㊀「徑趨」前，全書尚有「自己於二十二日在江西起馬」一句。

江，自居省城以禦公。七月初二日，濠又使人探公，兵果不出，乃留兵守省城，自引兵向安慶。公因其出，遂急促各兵，克復省城。

龍光又謂錢德洪曰：「昔先生寫楊公火牌等，將發時，雷濟問曰：『寧王見此，恐未必信。』曰：『不信，可疑否？』對曰：『疑則不免。』先生笑曰：『得渠一疑，吾事濟矣。』既而歎曰：『宸濠素行無道，殘害百姓，今雖一時從逆者衆，必非本心，徒以威劫利誘，苟一時之合耳。縱使奮兵前去，我以問罪之師，徐躡其後，順逆之勢既判，勝負預可知也。但賊兵早越一方，遂破殘一方民命，虎兕出柙，收之遂難。爲今之計，只是遲留宸濠一日不出，則天下實受一日之福。』」

兵之害莫甚於猶豫，未有疑而不敗者。

後先生奏捷疏，慮繁文太多，一切反間之計，俱不言及。亦以設謀用詭，非君子得已之事，不欲明言示人。當時若使不行間計，遲留寧王，寧王必即時擁兵前進。正所謂迅雷不及掩耳，兩京各路，何恃爲備？所以破敗寧王，使之坐失事機，全是遲留寧王一着。所以遲留寧王，全是謀行反間一着。今人讀奏册所報，皆是可書之功，而不知書不能盡者，十倍於奏册也。

先生擒逆濠，盡在此着。

事平之後，北軍南來，失其奸謀，痛恨先生，百計羅織，無所泄毒，擠怒門人冀元亨與濟、禹、光等，俱欲置之死地。元亨被執，光等四竄逃匿，家破人亡，妻離子散。直伺官軍離省，方敢出身回家。當時光等粘貼告示，摽插旗號木牌，皆是半夜昏黑，衝風冒雨，涉險破浪，出入賊壘，萬死一生。所差行間人役，被宸濠殺者，俱是親信家人。今當事平之後，議者不究始末，將在册功次，亦盡削去。賞罰若此，倘自今已後，天下再有事變，人皆以光等爲鑑戒矣。

可痛可忿。

信如是言。

龍光又曰：「先生應變之神，真不可測。時官兵方破省城，忽傳令造免死木牌數十萬，莫知所用。及發兵迎擊宸濠於湖上，取木牌順流放下。時賊兵既聞省城已破，脅從之衆，俱欲逃竄無路，見水浮木牌，一時爭取散去，不計其數。二十五日，賊勢尚鋭，值風不便，我兵少挫。先生急令斬取先却者頭。知府伍文定等立於砲銃之間，方奮督各兵，殊死抵戰。賊兵忽見一大牌書：『寧王已擒，我軍毋得縱殺。』一時驚擾，遂大潰。次日，賊兵窮迫，宸濠思欲潛遁，見一漁船，隱於蘆葦之中。宸濠大聲叫渡，漁人移棹請渡，竟送中軍。諸將尚未知也。」

真是匪夷所思。

岳家軍亦只是如此。

外奪敵心，內壯我氣，一牌之用大矣。

較淮陰之促項，手段更高。

雷濟曰：「先生在豐城聞變，時夫人、公子在舟。先生呼一小漁船，自縛勑，令濟、禹持米二斗，臠魚五寸，與夫人爲別。將發，問濟曰：『行備否？』對曰：『已備』。先生笑曰：『還少一物。』濟、禹思之不得。先生命取黄蓋曰：『到地方無此，何以示信。』明日，至吉安城下，城門戒嚴，舟不得泊。濟、禹張蓋以示，城中遂歡慶曰：『王爺爺還矣。』乃開門羅拜迎入。濟、禹因竊歎先生危迫之時，其暇裕如此。」

匆劇中計慮如此周詳。

錢德洪曰：「昔有人問先生『用兵有術否』，先生曰：『用兵何術？但學問純篤，養得此心不動，乃術爾。凡人智能相去不甚遠，勝負之數，不待卜諸臨陣，只在此心動與不動之間。』後與寧王戰于湖上，南風正急，而命某某爲火攻之具。是時前軍正挫，某某對立矍視，三四申告，耳如弗聞。此輩皆有大名於時者，平時自謂智術有餘，然臨事忙失若此，智術將安所施？」

不動心實未容易，必着着勝算，預定於胸中，方能若此。否則，便是暴虎馮河之輩矣。

鄒謙之曰：「昔先生與寧王交戰時，尚在中軍講學。諜者走報前軍失利，坐中皆有怖色。先生出見諜者，退而就坐，復接緒言，神色自若。頃之，諜者走報賊兵大潰，坐中皆有喜色。先生出見諜者，退而就坐，復接緒言，神色亦自若。」

陳惟濬曰：「昔有侍于先生者，自稱可與行師。先生問之，對曰：『某能不

安石折屐東山，便露出本色，故要平日學問純篤。

動心』。曰：『不動心可易言耶？』對曰：『某得制動之方。』先生笑曰：『此心當對敵時，且要制動，又誰與發謀出慮耶？』又問：『人有不知學問者，盡能履險不懼，是亦可與行師否？』先生曰：『人之性氣剛者，亦能履險不懼，但其心必待强持而後能。即强持便是本體之蔽，便不能宰割庶事。孟施舍之所謂守氣者也。若人真肯在良知上用功，時時精明，不蔽於欲，自能臨事不動。不動真體，自能應變無方。此曾子之所謂守約，自反而縮，雖千萬人吾往者也。』」

劉邦采曰：「昔有人問先生：『能養得此心不動，即可與行師否？』先生曰：『也須學過，此是對刀殺人，豈意想可得？必須身習其事，節制漸明，智慧漸周，方可信行。蓋天下未有不履其事而能造其理者。此後世格物之學所以爲謬也。孔子自謂軍旅之事未之學，此亦不是謙言。但聖人得位行志，自有消變未形之道，不須用此。後世論治，于根源上全不講及，每事只在半中截做起，故犯手脚。若在根源上講求，豈有必事殺人而後安得人之理？某自征贛以來，朝廷使我日以殺人爲事，心豈割忍？但事勢至此，譬之既病之人，且須治其外邪，方可扶回元氣。病後施藥，猶勝立視其死故耳。可惜

讀此方知用兵之道，非深於學問者不能。彼爭勝於白刃之前者，真匹夫之勇也。

此處却難。

真實着痛癢之談。

真學問，真經濟。

平生精神，俱用在此没要緊事上去了。」

反間一着，先生平濠之功繇此成，而謗亦繇此集。從來任事之難若此，至今日更難言之，恐功未成，而身先爲射的矣。故必有眼眶大如天，方可窺豪傑作用。

犒賞福建官軍

據福建按察司整飭兵備兼管分巡漳南道僉事周期雍呈稱：依奉本院案驗，起取上杭等處軍兵，共五千餘名，分委指揮劉欽、知縣邢暄等，及起取漳州府海滄打手三千餘名，行委通判李一寧等管領。本道躬親統督，先後啓行前來等因到院。案照先爲飛報地方謀反重情事，看係國家大難，存亡所關，隨即備咨南京兵部，及巡撫兩廣、湖廣等衙門，并福建三司等官，選取驍勇兵快，選委謀勇官員監統，兼程前來，共勤國難去後。

今據前因，看得逆賊已經成擒，餘黨悉漸殄滅，除將各該官兵，先行發回外。切照福建漳南，相距江西省城，約計程途有一千七八百里之遥，該道乃能不滿旬月，調集官軍兵快八千員名之衆，首先各省而至。足見本官勇略多謀，預備有素。忠義之誠，足以感激人心；敏捷之才，足以綜理庶務。故一呼而集，兼程赴難。除另行旌獎外，及照調來官兵，衝冒炎暑，遠赴國難。忠義既有可嘉，勞苦尤爲足憫。合加犒賞，以勵將來。

爲此，除將支出官銀差官領齎該道，仰抄案回司，即將原調領兵官員，并軍兵、鄉夫人等，酌量犒賞，用見本院獎勞之心，以爲將來忠勤之勸。仍仰該道備查各兵原係操練者，照舊在班操練，以備緊急調用。添募者，着令回還田里，各安生業。務爲良善之民，共享太平之福。毋得分外爲非，致招身家之累。備行巡按衙門知會。

雖未經用，猶加犒賞，則軍士無不悅心，而周期雍之功勞，又且不忘於事後數年之久，此所以賞罰明信，而人人力於事功也。

請止親征疏

十四年八月十七日

正德十四年八月十六日，准兵部咨：該本部等衙門題，内開南京守備參贊官，連奏十分緊急軍情，相應急爲議處。合無請命將官一員，掛平賊將軍印，充總兵官，關領符驗旗牌。挑選各營精鋭官軍三千餘名，各給賞賜銀兩、布疋，交兑正馱馬匹，關給軍火器械，上緊前去南京，相機戰守。再有的報，就便會合各路人馬征進。再請勅都御史王守仁，選調堪用官軍民快，親自督領，於江西東南要路住劄把截，相機行事。仍委浙江布政司左參政閔楷，選募處州民兵，統領定擬住劄地方，聽調策應勦捕。再請勅一道齎付都御史王守仁，不妨提督軍務原任，兼巡撫江西地方。前項所報軍情，如果南京守備差人體勘，再有的報，聽前項領軍官出給榜文告示，遍發江西地方張掛，傳説曉諭，但有能聚集義兵，擒殺反逆賊犯者，量其功績大小，封拜侯伯，及陞授都指揮、千、百户等官世襲。賊夥内有能自相擒斬首官者，與免本罪。具奏定奪等因具題。節該奉聖旨：「這江西寧王謀爲不法，事情重大。爾部裡既會官議處停當，朕當親率六師，奉天征討，不必命將。王守仁暫且准行，欽此。」欽遵。備咨到臣。

案查先爲飛報地方謀反重情事，屬者寧王宸濠，殺害守臣，舉兵謀逆。臣於六月十九日具本奏聞之後，調集軍兵，擇委官屬，激勵士氣，振揚武勇。七月二十日，先攻省城，墟其巢穴。本月二十四等日，兵至鄱陽湖，與賊連日

親征之説，當時中貴忌功者所倡，然無奈濠已就擒何也，親解赴闕，自有深意。

大戰。至二十六日，宸濠遂已就擒。謀黨李士實等，賊首凌十一等，俱已擒獲，賊從俱已掃蕩，閩廣赴調兵士俱已散還。地方驚擾之民俱已撫貼。臣一念忠憤，誓不與賊俱生，而迂疏薄劣之才，實亦何能辦此？是皆祖宗在天之靈，我皇上聖武之懋昭，本兵謀略之素定，官屬協力，士卒用命所致。臣已節次具本奏報外。

竊惟宸濠擅作辟威，虐焰已張于遠，睥睨神器，陰謀久蓄於中。招納叛亡，輦轂之動靜，探無遺跡；廣置奸細，臣下之奏白，百不㊀一通。發謀之始，逆料大駕必將親征，先於沿途伏有奸黨，期爲博浪、荆軻之謀。

意在止駕，不得不如此懇切。

今逆不旋踵，遂已成擒，法宜解赴闕門，式昭天討。然欲付之部下各官押解，誠恐舊所潛布之徒，尚有存者，乘隙竊發，或致意外之虞，臣死且有遺憾。況平賊獻俘，固國家之常典，亦臣子之職分。臣謹於九月十一日，親自量帶官軍，將宸濠并逆賊情重人犯，督解赴闕外，謹具本題知。

㊀「不」，全書作「無」。

行江西布按二司看守寧府庫藏

照得寧府庫藏，已經本院督同戴罪三司官員，并各府知府公同封識完固，合就委官監督看守。爲此仰該司掌印官㊀，定委老成曉事官二員，分領僉定大户人等，每夜上宿看守東西二庫。仍令兵快把守寧府南、東、西三門，晝夜巡邏，不許移動一草一磚。二司掌印官并該道分巡官，不時巡視閘點，毋得視常虚應故事，儻致疏失，責有所歸。

如此謹慎，後尚不免忌者之議。信居官者，凡貨賄所關，不得不慎之又慎也。

委知府伍文定邢珣防守省城牌　九月十二日

照得江西大亂勦平，地方幸已稍靖。但巡撫官員被殺，巡按及三司、府、州、縣、衛、所等官，俱各戴罪聽參。本院即今又督官兵押解寧王，并其黨與

㊀「仰該司掌印官」，全書作「仰抄案回司，即行該司掌印官，督同南昌府同知何繼周及南、新二縣掌印官」。

赴京。省城居民久遭荼苦，瘡痍未起，驚疑未息。雖經撫諭，誠恐本院去後，或有意外之虞，擬合委官留兵防守。爲此牌仰領兵知府伍文定、邢珣等，即便照依後開班次，輪流各行量帶官兵，晝夜固守城池，保障地方，撫安居民，禁革騷擾。候撫按官員及三司等官到任，事定之日，方許回還，照舊管事，毋得違錯。

計開

一班：知府伍文定、邢珣。

二班：徐璉、戴德孺。

三班：曾璵。

四班：周朝佐、林城。

大難既平，他人處此，未免懈弛。先生猶加意防守，所以百無一失。

行江西按察司編審九姓漁户牌 九月二十四日

爲照賊首吴十三、凌十一、閔念四、念八等，俱已擒獲，黨類亦多誅勦。雖有脅從之徒，皆非得已，節該本院備奉欽降黄榜，通行給發曉諭，許其自

有欲聯絡漁兵以殺賊者，殆未知此弊也。

首，改過自新，安插訖。數内楊子橋等九姓漁户，又該知縣王軾引赴軍門投首，審各執稱被脅，情有可矜。當該本院量行責治，仍發本官帶回安撫外。

今訪得前項漁户，尚有隱匿未報，及已報在官，而乘勢爲非者。況查沿江湖港等處，亦有漁户以打魚爲繇，因而劫殺人財。雖嘗緝捕禁約，而官吏因循，禁防廢弛，合就通行查處。

爲此仰抄案回司，即便選委能幹官員，會同安義等縣掌印捕盜等官，拘集楊子橋等九姓漁户到官，從公查審。要見户計若干，丁計若干，已報在官若干，未報在官若干，各駕大小漁船若干，原在某處地方打魚生理。著定年貌籍貫，編成牌甲。每十名爲一牌，内僉衆所畏服一名爲小甲。地方多寡，每五牌或六牌爲一甲，内僉衆所信服一名爲總甲，責令不時管束戒諭。仍於原駕船梢，粉飾方尺，官爲開寫姓名、年甲、籍貫、住址，及注定打魚所在，用鐵打字號，火烙印記。開造印信手册在官，每月朔望，各具不致爲非結狀，親自赴縣投遞，用憑稽考點閘。中間如有隱匿不報者，俱許投首免罪，亦就照前行。若有已報在官，仍前乘機爲非，抗頑不行到官，就仰從長計議，應撫應捕，遵照本院欽奉勑諭隨宜處置事理，徑自施行。

今後但有上户、官民、客商人等被害，就於本處追究，務在得獲，明正典刑。仍即通行南昌等一十三府，及各州縣，一體查處，編立牌甲，嚴加禁約施行，造册繳報查考。如或故違，定將首領官吏拿問，決不輕貸。

凡係水道去處，此法俱宜力行。然漁船爲盜，多有勢力憑藉。必地方有司有料理之才，又有破柱之風力，方能行此。余官漳日久，行之鮮效，殊爲可愧。

必如此後法纔行。

行江西布按二司清查軍前取用錢糧

案照先因寧王變亂，該本部備行南、贛等府，起調各項軍兵追勦。合用糧餉等項，就仰聽將在官錢糧支給間。隨據吉安府申稱：動調兵快數萬，本府錢糧數少，乞爲急處等情。已經通行各府，速將見貯不拘何項錢糧，以三分爲率，内將二分解赴軍前接濟外。續看前項事情，係國家大難，存亡所關，誠恐兵力不敷。又牌行各該官司，即選父子鄉兵，在官操練，聽將官錢支作口糧，候本院另有明文一至啓行去後。

今照前項首惡，并其謀黨，俱已擒斬。原調各處軍兵，久已散歸。所據用過糧餉等項，合行查造。爲此仰抄案回司，即查各府、州、縣，自用兵日起，至掣兵日止，要見某項錢糧，差何人役解赴軍前應用若干，有無獲奉批迴在卷。又將某項錢糧，差何人役解赴某官處，支給官兵口糧等項若干。自某月日期起，至某月日止，各支若干。或係那借，惟復措置之數，務要清查明白，類造文册，星馳差人送院查考。中間如有官吏人等，通同作弊，重支冒領，或以少作多，侵欺揑報者，就便拿問，照例發遣，毋得違錯。

近日邊鎮諸臣多以錢糧蒙議，必如此項項清楚，方無尤悔。所以立大功者，精神無事不綿密。

獻俘揭貼

准欽差提督贊畫機密軍務御馬㊀監太監張揭貼，開稱：聖駕親率六師，奉天征討，已臨山東南直隸境界。所據前項人犯，宜合比常加謹防守調攝，待候駕臨江西省下之日，查勘起謀根繇明白，應否起解斬首梟掛等項，就彼處分定奪。若不移文知會，誠恐地方官員不知事理，不行奏請明旨，那移他處。

㊀「御馬」，全書作「御用」。

或擅自起解，致使臨難對證，有誤軍機等因㊀。

卷查先爲飛報地方謀反重情云云。本職已將寧王并逆黨，親自量帶官兵，徑從水路，照依原擬日期啓行，解赴京師，已至廣信地方外。今又准前因，及該差官留本職并寧王及各黨類回省。爲照前項人犯，先監按察司，責委官員人等，晝夜嚴加關防。有病隨即撥醫調治，數内謀黨李士實、王春、劉養正等，已多醫治不痊，俱各身故。隨差官吏忤作人等，前去相驗，責付淺殯，撥人看守。

其寧王及謀黨劉吉等，俱係惡焰久張之人，設若淹禁，不行解報，縱有官兵加謹防守，恐或扇誘，别生他奸。今若留回省城，中途疏虞，猶爲可慮。兼且人犯多生虐痢，沿途亦即撥醫調治，又有數内鎮國將軍拱㰙并世子、二哥，各行身故。又經差官相明，買棺裝殮，責仰貴溪縣撥人看守。其餘尚未痊可，若更生往返跋涉，未免各犯性命，愈加狼狽，相繼死故，終無解京人犯。抑恐驚摇遠近，變起不測。

㊀「有誤軍機等因」，全書作「有誤事機，難以悔罪等因，准此」。

本職親解寧王，先已奏聞朝廷，定有起程日期，豈敢久滯因循，不即解獻？違慢疏虞，罪將焉逭？及照庫藏、册籍等項，未准揭貼之先，已會多官封貯在府，待命定奪。况新任按察使伍文定，及戴罪三司官，領兵知府等官，俱各見在，封識明白，别無可疑。除將寧王宸濠等各另差官分押，宫眷婦女，行各將軍府取有内使管伴，俱照舊親自解京外。所有庫藏等項，奉有明旨，自應查盤起解。就請公同三司并各府等官，眼同徑自區處。爲此合用揭貼前去，煩請查照施行。

此事極難處，先生此揭，執理極正，措辭極婉，即有嫉怒者，其如先生何！

咨兵部查驗文移

照得本職已將寧王宸濠，并其黨與，及宫眷人等，照依原擬具奏日期起程，親自解赴闕下間。隨據南康府申，并江西按察司呈：各奉欽差提督軍務御馬監太監張劄付，内開：「訪得宸濠已該本職擒獲，克復省城等語，未曾親到江西，又無堪信文移，止是見人傳説，遽難憑據，况宗藩人衆中間恐有撥置同謀逆黨未盡」等因。及節准欽差提督贊畫機密軍務御馬監太監張揭帖，開稱：「將各犯委的當人員，用心防守，調攝飲食，獻俘闕下。會官封記庫藏，俱候按臨地方區畫」等因。又准欽差提督軍務充總兵官安邊伯朱手本，開稱：「即查節次共擒斬叛賊級若干，内各處原奏報有名若干，無名若干，有名未獲漏網并自首，及所獲馬、騾、器械等項各若干，連獲官軍衛所職役姓名，備查明白。俱各存留江西省城，聽候審驗。仍查餘黨有無奔潰，及曾否殄滅盡絶緣繇，通行開報，以憑回報」等因。各到職。

爲照宸濠并其同謀黨與，俱已擒獲，餘孽亦就誅戮。雖有脅從，數亦不多，皆非得已。隨即遵奉欽降黄榜曉諭，俱赴所在官司投首解散。其庫藏等項，該本職會同多官，於未准揭貼之先，眼同封貯在官，聽候命下定奪。官軍兵快擒斬功次，見該原經奏留兩廣監察御史謝源、伍希儒查造奏繳。及照宸濠并各重犯宫眷人等，見解廣信地方，設若往返，恐致疏虞，及違誤本職奏報原擬日期。除照舊督解前赴闕下獻俘，以昭聖武，及具揭貼各另回覆外。

今照前因，照得本職謬當軍旅重寄，地方安危所關，三軍死生攸係。一應事機，若非奉有御寶勑旨，及兵部印信咨文，安敢輕易憑信？今前項各官文移，既非祖宗舊章成憲，就使果皆出於上意，亦須貴部行有知會公文。萬一奸人假託各官名目，乘間作弊，致有不測變亂，本職雖死，亦何所及？除奉欽差總督軍務威武大將軍總兵官後軍都督府太師鎮國公朱鈞帖，曾奉朝旨，相應遵奉。其餘悉遵舊章施行外，緣前項各官文移，未委虛的，俱合備行咨報貴部。爲此備抄揭帖粘連，咨請查驗施行。

前項文移，俱出於忌功之輩，假借上意。故本兵不得而知，所關不小，此咨自不可少。

行江西布按二司釐革撫綏條件　九月十二日

照得江西未亂之前，民僞頗滋，吏政多弊。撫治之責，已號煩難。況大亂之後，錢糧有侵克之費，軍伍有缺乏之虞，奸惡僞興，災旱荐作，法度申明之未至，官吏怠玩之或生。本院討賊平亂，功雖告成，釐革撫綏，力尚未徧。若不條析處分，深爲未便。爲此仰抄案回司，照依案驗内事理，逐一遵照施行。務使事各舉行，民沾實惠。毋得虛應故事，取罪不便。

計開

一、省城大亂固已勦平，地方守備難便廢弛。除南、新二縣機兵，令分巡該道分撥守門外，仰布、按二司掌印官，會同於所屬鄰近府、州，酌量原編機兵多寡，量取輳二千名，各委相應人員，帶領來省操練，以備不虞。仍行南昌道分巡官，較視點閘。其各兵口糧，就令各該縣分動支預備倉米穀，計日分給，候事完之日停止。

一、十四年起運兑淮，間有被賊虜掠，其未兑及未到水次，并偏僻去處，未經賊掠者尚多。誠恐官吏糧里人等，乘機隱匿，捏故侵欺，合先行查。仰布、按二司掌印官，即行各該府、州、縣，將已兑糧數通查，要見見在若干，果被賊虜若干，取具重甘結狀，造册繳報，以憑議處。其見在糧米，就於所在地方，暫且囤貯看守。如有未兑捏作已兑，不曾被賊捏作賊劫者，照例問發充軍，官吏坐擬贓罪不恕。

一、南昌、九江、南康三府，被賊殘害，尤宜矜恤。仰布、按二司掌印官，作急查勘呈來，以憑議處。

一、南昌左衛旗軍，多因從逆擒斬，以致缺伍。仰布、按二司官，即便出給告示，許令在逃旗軍并餘丁投首，照依榜例，免其罪名，着令頂補軍役，漸㈠委官員管領，以備操守。

一、建昌、安義二縣，賊首雖已擒獲，遺漏餘黨尚多。今既奉有牓例，合與更新。仰布、按二司轉行該縣，出給告示，許各自新，痛改前惡，即爲良民，有司照常撫恤。團保糧里，不得挾私陷害。如有不悛，仍舊爲非者，擒捕施行。

一、寧王庄田、基屋、湖地，并寧府官員人役，及投入用事、從逆等項人犯田產，例應籍没。合先查理，除將内官黄瑞基屋，改作東湖書院，以便學者講習外。其餘仰布、按二司掌印官，會同南昌道分巡官，行委的當官員，逐一清查。如田庄，要見坐落地名何處，田畝若干，山場樹木若干，湖地廣闊若干，房屋幾門㈡。今年見在花利，即便收貯所在地方，責人看守，通造手册繳報。其有原係占奪民間物業，相應給還，及估價發賣仍佃者，俱候查明之日，從容呈議審處。敢有隱匿，及指以原業，捏稱借貸，輒行據占者，先行拏問不恕。

一、省城各衙門并公廨，有殘圮應合修理者，仰布、按二司掌印官，會同

㈠「漸」，全書作「暫」。　㈡「門」，全書作「間」。

該道官，參酌緩急，行令府縣移拆無用房屋，量加修理，毋得虚費財物。

一、省城湖地，仰布、按二司行南昌府縣，其城濠行都司，各委人看守，魚利公同變收入官，以備公用。不許私取，及致人偷盗。

一、今年鄉試，因亂廢格，除應否補試，另行議奏外。其未亂之前，已經舉行未畢事件，合先查究。仰布政司將原發修理貢院席舍，并發買物料等項銀兩若干，委何人管，即今已修完并買到物料若干，見存銀兩若干，查明造報。毋得因循，致令吏胥乘機隱匿作弊。其已買物料，有不堪貯者，姑令變價還官，以俟再買。以後未舉事件，有應合預處者，會同按察司并該道官，一面議處施行。按察司仍行提學官，轉行所屬知悉。

大亂平定之後，尋常處此，惟知有飲食晏樂而已。觀先生釐革撫綏條件，真是事無巨細，精神無不周到，區畫無不中窾，正朱夫子所謂處事精詳者，可以見先生大學問。

案行浙江按察司交割逆犯暫留養病　十月初九日

照得當職先因患病，具本乞休間，奉敕扶病前往福建公幹。六月十五日，行至江西豐城地方，適遇寧王興兵作亂。看係君父大難，義不忍去。復回吉安府，督同知府伍文定等，起調兵夫，招集義勇，扶病親行統領，於七月二十日攻復省城。本月二十四、五、六等日，於鄱陽湖連日大戰，擒獲寧王宸濠，及逆黨李士實、劉養正、王春等，賊首吴十三、凌十一、閔念四、吴國七、閔念八等，先後具本奏報外。

隨聞大駕南征，禮當解赴軍門。又因宸濠連日不食，慮恐物故，無以獻俘奏凱，彰朝廷討賊之義。兼之合省内外，人情洶洶，或生他變。當具本題知，於九月十一日啓行，將宸濠及逆黨宫眷，解赴軍門。當職力疾，沿途醫藥，親行押解。行至廣信地方，又奉欽差總督軍務鈞帖：「備仰照依制諭内事理，即便轉行所屬司、府、衛、所、州、縣、驛遞等衙門，欽遵施行」等因。遵依通行間，續准欽差提督軍務御馬太監張照會，及准欽差總督軍務充總兵官安邊伯朱手本，各遣官邀回本職，并將所解宸濠等逆犯回省聽候會審。

本職看得既奉總督軍門鈞帖，自合解赴，面受節制。若復退還省城，坐待駕臨，恐涉遲漫，且誤奏過程期。又復扶病日夜前進，行至浙江杭州府地方，前病愈加沉重，不能支持。請醫調治間，適遇欽差提督贊畫機密

真是難事。

軍務御馬監太監張，奉命前來江西體勘宸濠等反逆事情，及查理庫藏、宫眷等事。當准鈞帖，開稱：「宸濠等待親臨地方，覆審明白，具奉軍門定奪」等因。

爲照本職先因父老祖喪，累疏乞休，未蒙俞允。隨扶病赴闕，意圖了事，即從彼地冒罪逃歸。旬日之前，亦已具奏。不意行至中途，遭值寧王反叛，此係國家大變，臣子之義，不容舍之而去。又屬省撫巡[一]地方等官，無一人見在。天下事機，間不容髮。故復忍死暫留，爲牽制攻討之圖，候命帥既至，地方稍靖，即從初心，死無所避。臣區區報國血誠，上通於天，不辭滅宗之禍，不避形迹之嫌，冒非其任，以勤國難。亦望朝廷鑒臣此心，不以法例繩縛，使得少伸烏鳥之私等情具奏外。

此着非有大識見者不能。

今照前事，本職自度病勢日重，猝未易愈。前進既有不能，退回愈有不可。若再遲延，必成兩誤。除本職暫留當地，請醫調治，俟稍痊可，一面仍回省城，或仍前進，沿途迎駕。一面具本乞恩養[二]另行外。所據原解逆犯，合

[一]「撫巡」，全書作「巡撫」。 [二]「養」下全書有「病」字。

就查明交割，帶回省城，聽候駕臨審處通行。爲此仰抄案回司，着落官吏，備呈欽差提督軍務贊畫機密軍務御馬監太監張，煩請會同監軍御史，公同當省都、布、按三司等官，將是解逆首宸濠，及逆黨劉吉等各犯，並宫眷、馬匹等項，逐一交查明白。仍請徑自另委相應官員、兵快管押，帶回省城，從宜審處，轉解㊀施行。仍備呈兵部查照知會，抄案依准并行過日期，先行呈報。

逆濠雖擒，而在内多其黨與，故武宗親征之説，皆奸人爲之。一以爲逆濠之地，一以忌陽明之功也。然先生即依奉之而但以逆濠及一干叛黨交割張璁，而身自養病，待命於浙，真得巽以行權之妙。

牌仰沿途各府州縣衛所驛遞巡司衙門慰諭軍民

照得先因寧王謀反，請兵征勦。續該本院親督各哨，於七月二十日攻復省城。二十四等日，在鄱陽湖連日與賊大戰。至二十六日，遂將寧王俘執，

㊀「轉解」二字全書無。

人之畏兵若此，慎毋輕言調兵。

及其謀黨李士實等，賊首凌十一等，俱已前後擒獲。餘黨蕩平，地方稍靖。已於本月三十日具本奏捷訖。近因傳報京軍復來，愚民妄相驚恐逃竄，往往溺水自縊。本院親行撫諭，尚未能息。殊不知朝廷出兵，專爲誅賊救民㊀。統兵將帥，皆係素有威望老臣宿將，紀律嚴明，遠近素所稱服。縱使復來，亦必自無擾害。況今寧賊已擒，地方已靖，京軍豈有無事遠涉之理？愚民無知，轉相驚惑，深爲可憫。

誠恐沿途一帶居民，亦多聽信傳聞不實之言，而北來京軍尚未知寧王已擒。合行差官，沿途曉諭軍民，及一面迎候北來官兵，預㊁請就彼回轉。除將寧王及逆黨與，本院親自量帶官兵，徑從水路解赴京師外。仰沿途軍衛、有司、驛遞等衙門，照牌事理，即行備出告示，曉諭遠近鄉村軍民人等，使知寧賊已擒，京軍已轉，免致驚疑，釀成他變。差去官員，仍仰程程護送，同與迎候京軍，堅請就彼回轉，以免沿途百姓供給之苦。仍諭以本院押解賊犯，量帶官兵，皆自備行糧廩給，沿途經過有司等衙門，止備人夫率拽船隻，及略供

㊀「誅賊救民」，全書作「誅勦寧賊，救民水火之中，況」。　㊁「預」，全書作「煩」。

柴草，給付各兵燒用，其他無一㊀所擾，不得因此科害里甲軍民。差去官員，晝夜前進，毋得在途遲滯。

官軍之來，摇動人心，不減於逆濠之亂，此諭必不可少。

開報征藩功次贓仗咨

准欽差整理兵馬糧草等項兵部左侍郎兼都察院左僉都御史王咨，內開：煩爲查照將征勦防守有功官軍人等，俱照功次，分别明白，造册咨送，以憑查議等因。卷查先爲飛報地方謀叛重情事，本職奉命前往福建公幹，中途遭遇寧府反叛，謀危宗祀，係國家大難，義不容舍之而往。當即保吉安，隨具本奏聞，及星夜行文各府，起調兵快，召募四方報效義勇。適遇巡按兩廣御史謝源、伍希儒回京復命，又行㊁具本奏留軍前，協謀行事。各哨官兵，俱聽監督，獲有功次，俱憑本職送發各官，審驗紀録去後。續督官兵，前後攻復省城，俘執宸濠，并其黨與劇賊起解間。隨准南京兵部咨，開稱前事云云。

近日報功之文，一味鋪張揚厲，不曰「奇捷」，即曰「異捷」。俱是功名心急也，讀之不覺惶愧。只如此據事分項直書，絶無矜功伐善之迹，便見豪傑作用。

㊀「無一」，全書作「一無」。　㊁「行」，全書作「復」。

大公無我之心。

照得江西逆賊既已擒獲，逆黨已經剪平，所獲功次，合行紀驗。除原差科道官前來外，煩將征勦逆賊官軍、民兵，召募義勇，及鄉官人等，所獲功次，分別奇功、頭功、次功，造册覆驗等因。案經備行江西按察司查照施行去後。今准前因，看得征勦宸濠之時，止是分布哨道，設伏運謀，以攻城破敵爲重，擒斬賊徒爲輕。且攻城破敵，雖係本職督領，各哨官兵協謀併力，緣任非一人，事非一日，各官俱係同功一體，難以分別等第。其擒斬賊徒，雖有等級，自有下手兵夫，難以加於各官之上。止將各哨擒斬賊犯，送發御史謝源、伍希儒審驗明白，從實直紀。緣各官不曾奉有紀功之命，但照本職欽奉勑諭、便宜事理，從權審驗紀録，難以分別奇功、頭功、次功等項名目。止於造册內，開寫某人擒斬某賊首，某賊從，重輕多寡，據實造册。中間等第，亦自可見。除行各官再行查照造册徑繳外，所據擒獲功次總數，及官軍、兵快、報效人等員名數目，合行開造咨報施行。

計開

一、提督領兵官一員：欽差提督南、贛、汀、漳等處軍務都察院右副都御史王。

一、協謀討賊審驗功次官二員：欽差巡按兩廣監察御史謝源、伍希儒。

一、領哨官十員：

衝鋒破敵

吉安府知府伍文定，贛州府知府邢珣，袁州府知府徐璉，臨江府知府戴德儒。

邀伏截殺

贛州衛署都指揮僉事余恩，撫州府知府陳槐，建昌府知府曾璵，饒州府知府林瑊，廣信府知府周朝佐，瑞州府通判胡堯元。

一、分哨官十一員：

邀伏截殺

吉安府泰和縣知縣李楫，臨江府新淦縣知縣李美，吉安府萬安縣知縣王冕，南康府安義縣知縣王軾，瑞州府通判童琦。

守把截殺

吉安府通判談儲，吉安府推官王暐，南昌府進賢縣知縣劉源清，南昌府奉新縣知縣劉守緒，南昌府推官徐文英，撫州府臨川縣知縣傅南喬。

一、隨哨官四十六員：

邀伏截殺

吉安府通判楊昉，吉安府守禦千户所指揮同知麻璽，贛州府同知夏克義，贛州衛指揮僉事孟俊，永新守禦千户所指揮同知高睿，南昌府通判陳旦，南昌府豐城縣知縣顧佖，袁州府推官陳輅，南昌府寧州知州汪憲，饒州府餘干縣知縣馬津，瑞州府上高縣知縣張淮，瑞州府高安縣知縣應恩，吉安府永新縣知縣柯相，南昌㈠府建昌縣知縣方澤，南昌府靖安縣知縣萬士賢。

守把截殺

廣信府鉛山縣知縣杜民表，廣信府永豐縣知縣譚繒，瑞州府同知楊臣，瑞州府新昌縣知縣王廷，饒州府安仁縣知縣楊林，廣信府通判俞良貴，廣信府通判安節，廣信府推官嚴鎧，臨江府同知奚鉞，臨江府通判張郁，廣信府同知桂鏊，瑞州府推官金鼎，贛州府贛縣知縣宋瑢，贛州衛正千户劉鏜，贛州衛正千户楊基，廣信守禦千户所千户秦遜，永新縣儒學訓導艾桂，瑞州府高安

㈠「南昌」原作「南康」，據全書改。

縣縣丞盧孔光，饒州府餘干縣縣丞梅霖，南昌府靖安縣縣丞彭齡，吉安府萬安縣縣丞李通，南昌府武寧縣縣丞張翺，贛州府興國縣主簿于旺，瑞州府高安縣主簿胡鑒，饒州府餘干縣龍津驛驛丞孫天裕，南昌府南昌縣市汊驛驛丞陳文瑞，吉安府吉水縣致仕縣丞龍光，贛州府贛縣聽選官雷濟，南昌府豐城縣省祭官文棟材，贛州府贛縣義官蕭庾，南安府上猶縣義官尹志爵。

一、協謀討賊鄉官十二員：

致仕都御史王懋中，養病痊可編修鄒守益，丁憂御史張鼇山，養病郎中曾直，養病評事羅僑，調用僉事劉藍，致仕按察使劉遜，致仕參政黄繡，閒住知府劉昭，依親進士郭持平，參謀驛丞王思，參謀驛丞李中。

一、戴罪殺賊官一十七員：

九江兵備副使曹雷，九江府知府汪穎，九江府德化縣知縣何士鳳，九江府彭澤縣知縣潘琨，九江府湖口縣知縣章玄梅，南康府知府陳霖，南康府同知張禄，南康府通判蔡讓，南康府通判俞椿，南康府推官王詡，南康府星子縣主簿楊永禄，南康府星子縣典史葉昌，南昌府知府鄭瓛，南昌府同知何繼周，南昌府通判張元澄，南昌府南昌縣知縣陳大道，南昌府新建縣知縣鄭公奇。

一、提調各哨官軍、兵快人等，除分布把守外，臨陣共一萬四千二百四十三員名。

一、擒斬首從賊人賊級，并俘獲宫人賊屬，奪回被脅被擄，招撫畏服官民男婦等項，共一萬一千五百九十六名顆口。

生擒六千二百七十九名，首賊一百零四名，從賊六千一百七十五名，内審放一千一百九十二名。

斬獲賊級四千四百五十九顆。

俘獲宫人四十三名，賊屬男婦二百三十八名口。

奪回被脅被擄官民人等三百八十四員名口。

招撫畏服投首一百九十三位名。

一、奪獲誥命、符驗，并各衙門印信、關防、金銀、首飾㊀、贓仗等物：

誥命一道。符驗一道。印信、關防一百零六顆。金并首飾六百二十三

㊀「首飾」二字全書無。

兩一錢二分。

銀首飾器皿八萬三千八百九十七兩一錢五分八厘五毫。

贓仗一千八百九十件。

器械一千一百九十九件。

牛三十頭，馬一百零九[一]疋，驢騾一十三頭，鹿三隻。

一、追獲金璽二顆，金册二副。

一、燒燬賊船七百四十三[二]隻。

一、陣亡兵六百[三]十八名。

與當道書

江省之變，大略具奏内。此人逆謀，已非一日，久而未發，蓋其心懷兩圖，是以遲疑未決，抑亦慮生之躡其後也。近聞生將赴閩，必經其地，已視生爲几上肉矣。賴朝廷之威靈，諸老先生之德庇，竟獲脱身虎口。所恨兵力寡

[一]「九」，全書作「八」。　[二]「三」，全書作「六」。　[三]「百」字全書無。

弱，不能有爲爾。南、贛舊嘗屯兵四千，朝有警而夕可發。近爲户部必欲奏革商稅，糧餉無所取給，故遂放散。未三月而有此變，復欲召集，非數月不能，亦且空然無資矣。世事之相撓沮，每每如此，亦何望乎？

今亦一面號召忠義，取調各縣機快，且先遣疲弱之卒，張布聲勢於豐城諸處，牽躡其後。天奪其魄，彼果遲疑而未進，若再留半月，南都必已有備。彼一離巢穴，生將奮擣其虛，使之進不得前，退無所據。勤王之師又四面漸集，必成擒矣。此生憶料若此，切望諸老先生急賜議處，速遣能將，將重兵，聲罪而南，以絶其北窺之望。飛召各省，急興勤王之師。此人兇殘忌刻，世所未有，使其得志，天下無遺類矣。諒在廟堂，必有成算，區區愚誠，亦不敢不竭盡。

平濠大略，已盡數語中。

生病疲尫，僅存餘息，近者入閩，已具本乞休，必不得已，且容歸省。不意忽遭此變，本非生之責任，但闔省無一官見在，人情渙散，洶洶震摇，使無一人牽制其間，彼得安意順流而下，萬一南都無備，將必失守。彼又分兵四掠，十三郡之民，素劫於積威，必向風而靡。如此，則湖、湘、閩、浙皆不能保，及事聞朝廷，大兵南下，彼之奸計漸成，破之難矣。以是遂忍死暫留於此，徒以空言收拾散亡，感激忠義，日望命帥之來，生得以輿疾還越，死且瞑目。伏惟諸老先生鑒其血誠，必賜保全，勿遂竭其力所不能，窮其智所不及，以爲出身任事者之戒。幸甚幸甚！

是欲速之使去也。讀之凄慘悲感，不減楚歌。

陽明先生集要經濟編卷五

告諭軍民

告諭軍民人等，爾等困苦已極，本院才短知窮，坐視而不能救，徒含羞負愧，言之實切痛心。今京邊官軍，驅馳道路，萬里遠來，皆無非爲朝廷之事。抛父母，棄妻子，被風霜，冒寒暑，顛頓道路，經年不得一顧其家。其爲疾苦，殆有不忍言者，豈其心之樂居於此哉？況南方卑濕之地，尤非北人所宜。今春氣漸動，瘴疫將興，久客思歸情懷，益有不堪。爾等居民，念自己不得安寧之苦，即須念諸官軍久離鄉土，抛棄家室之苦。務敦主客之情，勿懷怨恨之意。亮事寧之後，凡遭兵困之民，朝廷必有優恤。今軍馬塞城，有司供應，日不暇給，一應争鬬等項詞訟，俱宜含忍止息，勿輒告擾，各安受爾命，寧耐爾心。本院心有餘而力不足，聊布此苦切之情於爾百姓，其各體悉無怨。

京邊官軍從親征而來，實滋騷擾。先生此諭，不得已之情見乎詞矣，觀者自當感泣。

行吉安府禁止鎮守貢獻牌

據吉安府守禦千户所旗甲馬思稟稱：蒙所批差領解鎮守江西太監王發買葛布銀三封，及本所出備葛布折銀，并貢禮銀共三千兩，前赴本鎮。今因途阻，不敢前去等情。參照該所掌印官既該鎮守衙門發銀買布，若勢不容已，只合照價兩平收買爲當。乃敢不動原封，分外備辦禮銀饋送，若非設計巧取，必是科克旗軍，事屬違法，本當參拏究問。但今江西變亂，姑行從輕查理。爲此牌仰吉安府，即查前項布價，并貢獻禮銀，務見的確。如稱各軍名下糧銀，就仰會同該所，唱名給散，取領備照。若是各官自行出備，合仰收入官庫，聽候軍餉支用，毋得縱容，侵收入己，及查報不實未便。

貢獻鎮守，此例一開，貽害旗軍不小。先生嚴行禁止，固是惜軍至意。然使胸中有一鎮守，便畏縮而不敢行，於此足以見先生之品格骨力。

苟有益，違慢之罪，直以身任，真是以身視民，無怪江右之民至今尸祝不忘也。

再批追徵錢糧呈

據江西布政司呈，看得本省十四年以前一應錢糧，已經科道㊀等官奏奉明旨：「果係小民拖欠，俱准暫且停徵，還着各該司官設法賑濟，毋視虚文。」此朝廷之深仁厚德，憫念窮民，誠愛惻怛之所發。小民莫不歡忻鼓舞，臣子所當遵守奉行。乃今停徵之令甫下，而催併之檄復行；賑濟之仁未布，而箠撻之苦已加。法令如此，有司何以奉行，下民何所取信？

夫爲人臣者，上有益於國，下有益於民，雖死亦甘爲之。今日所行，上使朝廷失信於民，下使百姓歸怨於上，重貧民之困，益地方之災。縱使錢糧果可立辦，忍心害理，亦不能爲。況旬月之間，而欲追併了絶，就使神輸鬼運，亦於事勢不能。徒使歛怨殃民，何益於事！除本院身爲巡撫，不能爲國爲民，自行住俸待罪外。仰布政司行各府、州、縣，以理勸化小民，且諭以今日之舉，非關朝廷失信，實繇京儲缺乏，司國計者勢不得已。興起其忠君親上

㊀「科道」，全書作「給事」。

方見擔當。

之心，勉令漸次刻期完納。果克濟事，兩月之後，亦未爲遲。其各該官員，本非其罪，不必住俸。革去冠帶，行令照舊盡心職業。勿因事變之難，有灰愛民之志。後有違慢之戮，本院自當其罪。

乞寬免稅糧急救民困以弭災變疏　十五年三月廿五日

照得正德十四年七月内，節據吉安等一十三府所屬廬陵等縣，各申爲旱災事，開稱本年自三月至於秋七月不雨，禾苗未及發生，盡行枯死。夏稅秋糧，無從辦納。人民愁歎，將及流離。申乞轉達寬免等因到臣。節差官吏、老人踏勘前項地方，委自三月以來，雨澤不降，禾苗枯死。續該寧王謀反，乘釁鼓亂，傳播僞命，優免租稅。小人惟利是趨，洶洶思亂。臣因通行告示，許以奏聞優免稅糧，諭以臣子大義，申祖宗休養生息之澤，暴寧王銖求無厭之惡。繇是人心稍稍安集，背逆趨順。老弱居守，丁壯出征，團保饋餉，邑無遺户，家無遺夫。就使雨暘時若，江西之民，亦已廢耕耘之業，事征戰之苦。况軍旅旱乾，一時併作，雖富室大户，不免饑饉，下户小民，得無轉死溝壑，流散四方乎？設或饑寒所迫，徵輸所苦，人自爲亂，將若之何？如蒙乞勅該部，暫將正德十四年分税糧通行優免，以救殘傷之民，以防變亂之階。伏望皇上罷冗員之俸，捐不急之賞，止無名之徵，節用省費，以足軍國之需，天下幸甚緣繇，於本年七月三十日，具題請旨，未奉明降。隨蒙大駕親征，京邊官軍，前後萬數，沓至并臨，填城塞郭。百姓戍守鋒鏑之餘，未及息肩弛擔，又復救死扶傷，呻吟奔走，以給厮養，一應誅求，妻孥鬻於草料，骨髓竭於徵輸。

當是之時，鳥驚魚散，貧民老弱流離，棄委溝壑。狡健者逃竄山澤，羣聚爲盗。獨遺其稍有家業與良善守死者十之二三，又皆顛頓號呼於挺刃捶撻之下。郡縣官吏，咸赴省城與兵馬住屯之所，奔命聽役，不復得親民事。上下洶洶，如駕漏船於風濤顛沛之中，惟懼覆溺之不暇，豈遑復顧其他，爲日後之慮，憂及税賦之不免，徵科之未完乎？當是之時，雖臣等亦皆奔走道路，危疑倉皇，恐不能爲小民請一旦之命。豈遑爲歲月之慮，憂及賦税之不免，征課之未完，而暇爲之復請乎？

痛定思痛，覺更不可忍。

若是者又數月，京邊官軍，始將有旅歸之期。而户部歲額之徵已下，漕運交兑之文已促，督催之使，切責之檄，已交馳四集矣。流移之民，聞官軍之將去，稍稍胥息延望，歸尋其故業。足未入境，而頸已繫於追求者之手矣。

是一幅流民圖。

夫荒旱極矣，而又因之以變亂；變亂極矣，而又加㊀之以師旅；師旅極矣，而又竭之以供饋，益之以誅求，亟之以征斂。當是之時，有目者不忍睹，有耳者不忍聞，又從而剜其膏血，有人心者，而尚忍爲之乎？

縱横開闔，描寫曲盡。

今遠近軍民，號呼匍匐，訴告喧騰，求朝廷出帑藏以賑濟，久而未獲，反有追征之令。閧然興怒，謂臣等昔日蠲賦之言爲詒己，竊相傷嗟，謂宸濠叛逆，猶知優免租税，以要人心。我輩朝廷赤子，皆嘗竭骨髓，出死力，以勤國難。今困窮已極，獨不蒙少加優恤，又從而追征之，將何以自全？是以令之而益不信，撫之而益憤憤，諭之而益呶呶。甫懷收復之望，又爲流徙之圖。計窮勢迫，匿而爲奸，肆而爲寇。兩月以來，有司之以鼠竊警報者，月無虚日，無怪也。彼無家業衣食之資，無父母妻子之戀，而又旁有追呼之苦，上有捶剥之災，自非禮義之士，孰肯閉口枵腹，坐以待死乎？

今朝廷亦嘗有寬恤之令矣，亦嘗有賑濟之典矣。然寬恤賑濟，内無帑藏之發，外無官府之儲，而徒使有司措置。措置者，豈能神輸而鬼運，必將取諸

「措置」二字，此是廟堂諸臣，不體恤民隱，姑發一議以塞責。近見恩詔屢頒，

㊀「加」，全書作「竭」。

只赦宥存留錢糧，即如此類。

富民。今富民則又皆貧民矣。削貧以濟貧，猶割心臠肉以啖口，口未飽而身先斃。且又有侵克之弊，又有漁獵之奸。民之賴以生者，不能什一；民之坐而死者，常十九矣。故寬恤之虚文，不若蠲租之實惠；賑濟之難及，不若免租之易行。今不免租稅，不息誅求，而徒曰寬恤賑濟。是奪其口中之食，而曰吾將療汝之饑；刳其腹腎之肉，而曰吾將救汝之死。凡有血氣，皆將不信之矣。

夫户部以國計爲官，濟㊀運以轉輸爲任。今歲額之催，交兑之促，皆其職之使然。但民者，邦之本，邦本一摇，雖有粟，吾得而食諸？伏望皇上軫念地方涂炭之餘，小民困苦已極，思邦本之當固，慮禍變之可憂，乞勑該部速將正德十四、十五年該省錢糧，悉行寬免。其南昌、南康、九江等府縣殘破尤甚者，重加寬貸。使得漸回喘息，修復生理，非但解江西一省之倒懸，臣等無地方變亂之禍，得免於誅戮，實天下之幸，宗社之福也！

夫免江西一省之糧稅，不過四十萬石。今吝四十萬石而不肯蠲，異時禍

㊀「濟」，全書及黔南本均作「漕」。

惜小費以貽大憂，壞天下事，大率類此。

變卒起，即出數百萬石，既已無救於難矣。此其形迹易見，事理甚明者。臣等上不能會計征斂以足國用，下不能建謀設策以濟民窮，徒痛哭流涕，一言小民疾苦之狀。惟陛下速將臣等黜歸田里，早賜施行，以紓禍變。緣係寬免稅糧，急救民困，以弭災變事理，爲此具本請旨。

婉轉剴切，談民疾苦處，令人心惻。談利害處，令人神竦。真是大儒救世文章。

計處地方疏　十五年五月十五日

臣惟財者民之心也，財散則民聚。民者，邦之本也，本固則邦寧。故文帝以蠲㊀租致富樂之效，太宗以裕民成給足之風。君民一體，古今同符。臣會同巡按江西監察御史唐龍，議照寧賊宸濠，志窮荒度，謀肆併吞，其於民間田地、山塘、房屋等項，或用勢强占，或減價賤買㊁，或因官本准折，或摭别事抄收。有中人之家者，一遭其毒，即無棲身之所。有上農之田者，一中其奸，

㊀「蠲」全書作「賜」。　㊁「買」，原作「賣」，據全書改。

即無用鋤之地。尤且虛填契書，以杜人言；私置簿籍，以增租額。利歸一己，害及萬家。故先有副使胡世寧直言指陳，續該科道等官交章舉發，言皆有據，事非無徵。

近奉詔書曰：「宸濠天性兇惡，自作不靖，强奪官民田産，動以萬計。」則陛下明以燭奸，深知宸濠田産皆奪諸百姓者也。又曰：「占奪田産，悉還本主。」則陛下仁以憫下，盡欲舉百姓之田産而給還之也。聖言猶在，昭如日星，國信不移，堅如金石。

始者宸濠既敗，該臣等已行守巡等官，將該府及各賊黨田地房屋，委令府縣等官，俱抄没在官，造報在册矣。但委官查勘之時，正事變搶攘之際，業主驚散，俱未寧家。上司督責，急欲了事。依契溷查，憑人浪報，多寡是較，占買未分。明詔雖有給主之條，小民猶抱失業之恨。昔之居不得而居也，昔之田不得而食也。澤未下究，怨徒上歸。况屋無主則毁，地不耕則荒。故兵馬之後，瓦柱僅存；田野之間，草萊漸長。兼以勢室豪强，恣行包侵之計；奸徒私竊，動開埋没之端。及今審處不早，將來遺失益多。

再照前項田産，多在南昌、新建二縣，受害獨深。人人被其誅求，家家被其簡括。且賊師起事，抄掠尤慘；官兵攻圍，傷殘未蘇。財盡已極，民困莫加。查得二縣額派兑軍淮安京庫三項糧米，共十一萬九千石有零。淮、益二府禄米共四千二石，節奏寬免，未奉停徵。運官守催，旗校逼取，勢急若火，案積如山，民納不前，官宜爲處。

及照一方之統會，在於省城，各府之錢糧，併於司庫。查得本布政司官庫，先被賊兵劫搶，繼因軍餉動支，官吏徒守乎空櫃，紙筆亦賒於鋪家。大兵必有荒年，民窮必有盜賊。萬一變生無常，釁起不測。則寸兵尺鐵，皆無所需；束芻斗糧，亦不能辦。公私失恃，緩急可憂。

此必然之理，非危言以動主聽者。

再照省城各門城樓、窩鋪，及諸司衙門，先是王府占據，多屬疏隘。近因兵火蔓延，半遭蕩焚。夫城樓者，一方防禦之所關；衙門者，諸司政令之所出。託始創新，固無民力，因陋就簡，見有官房。如蒙乞勑該部查議，將前項抄没過寧府，及各賊黨下田地、山塘、房屋等項，行令布政司會同按察司各掌印官，及分守、分巡官，並府縣官，從實覆行查勘明白。委係占奪百姓者，遵照詔書内事理，各給還本主管業。及將於内官房，酌量移改城樓、窩鋪、衙門，餘外無礙田地、山塘、房屋，仍令各官公同，照依時估變賣價銀入官。先

處置得宜。

一舉而官民兩利。

儘撥補南、新二縣兑軍、淮安、京庫折銀糧米，及王府禄米，外有羨餘，收貯布政司官庫，用備緩急。

仍禁約勢豪之家，不得用强占買。各委官亦不得畏勢市恩，致招物議。凡撥給變賣事情，若有勢豪强占强買，及委官畏勢市恩各情弊，許撫按衙門指實糾劾，懲究施行。事完，該司將各項數目，徑自造册奏報，并呈該部查考。是蓋以百姓之産納百姓之糧，以地方之財還地方之用。民沾惠而國不費，事就緒而財不傷。書曰：「守邦在衆。」易曰：「聚人曰財。」惟陛下留意焉。

緣係計處地方事理，未敢擅便，爲此具本請旨。

定難之後，復清還百姓之業，又變賣逆産，抵完民糧，使民無誅求之苦，是出於真實愛民之心。彼搜刮地方之餘利以奉上者，終是爲功名之心所使。

水災自劾疏　十五年五月十五日

臣惟有官守者，不得其職則去。受人之牛羊，而爲之牧者，求牧與芻而不得，則反諸其人。臣以匪才，謬膺江西巡撫之寄，今且數月，曾未能有分毫及民之政。而地方日以多故，民日益困，財日益匱，災變日興，禍患日促。自春入夏，雨水連綿，江湖漲溢，經月不退。自贛、吉、臨、瑞、廣、撫、南昌、九江、南康沿江諸郡，無不被害。黍苗淪没，室廬漂蕩。魚鱉之民，聚棲於木杪；商旅之舟，經行於閭巷。潰城决堤，千里爲壑，烟火斷絶，惟聞哭聲。詢諸父老，皆謂數十年來所未有也。除行各該司、府、州、縣修省踏勘具奏外。夫變不虚生，緣政而起，政不自弊，因官而作。官之失職，臣實其端，何所逃罪？

夫以江西之民，遭歷宸濠之亂，脂膏已竭。而又因之以旱荒，繼之以師旅，遂使豐稔連年，曲加賑恤，尚恐生理未易完復。今又重以非常之災，危亟若此。當是之時，雖使稷、契爲牧，周、召作監，亦恐計未有措。况病廢昏劣如臣之尤者，而畀之倀然坐尸其間，譬使盲夫駕敗舟於顛風巨海中，而責之以濟險，不待智者，知其覆溺無所矣。又况部使之催征益急，意外之誅求未已。

在昔一方被災，鄰省尚有接濟之望。今湖、湘連歲兵荒，閩、浙頻年旱潦，兩廣之征勦未息，南畿之供餽日窮，淮、徐以北，山東、河南之間，聞亦饑饉相屬。繇此言之，自全之策既無所施，而四鄰之濟又已絶望，悠悠蒼天，誰任其咎？

自劾而兼以匡救，忠愛之至。

靜言思究，臣罪實多。何者？宸濠之變，臣在接境，不能圖於未形，致令猖突，震驚遠邇。乃勞聖駕親征，師徒暴於原野，百姓殆於道路。朝廷之政令，因而閼隔；四方之困憊，繇是日深。臣之大罪一也。徒避形迹之嫌，苟爲自全之計，隱忍觀望，幸而脱禍，不能直言極諫，以悟主聽。臣之大罪二也。徒以逢迎附和爲忠，而不知日陷於有過；徒以變更遷就爲權，而不知日紊於舊章；徒以掇拾羅織爲能，而不知日離天下之心；徒以聚斂征索爲計，而不知日積小民之怨。此臣之大罪三也。上不能有裨於國，下不能有濟於民，坐視困窮，淪胥以溺。臣之大罪四也。

此朝臣之通病，先生意在用規，然直引爲己罪，雖有忌嫉之者，無所用其激鬭。

且臣憂悸之餘，百病交作，尪羸衰眊，視息僅存。以前四者之罪，人臣有一於此，亦足以召災而致變。況備而有之，其所以速天神之怒，深下民之憤，而致災沴之集，又何疑乎？伏惟皇上軫災恤變，別選賢能，代臣巡撫，即以臣爲顯戮，彰大罰於天下，臣雖隕首，亦云幸也。即不以之爲顯戮，削其禄秩，黜還田里，以爲人臣不職之戒。庶亦有位知警，民困可息，人怒可泄，天變可弭，而臣亦死無所憾。

賑恤水災牌

據南康、建昌、撫州、宜黄等縣申稱：非常水災，乞賜大施賑恤，急救生靈流移等情。看得洪水非常，下民昏墊，實可傷憫。但計府縣所積無多，實難溥賑。其地方被水既廣，而民困朝不謀夕。若候查實報名，造册給散，未免曠日遲久，反生冒濫。已行二府，各委佐貳官，及行所屬被水各縣掌印等官，用船裝載穀米，分投親至被水鄉村，驗果貧難下户，就便量行賑給。

爲照南昌所屬，水災尤劇，但居民稠雜，數多頑梗，若賑給之時，非守巡臨督於上，或致騰踴紛争。爲此仰分守巡南昌官吏，即便分督該府縣官，於預備倉内米穀，用船裝運，親至被水鄉村，不必揚言賑饑，專以踏勘水災爲事。其間驗有貧難下户，就便量給升斗，暫救目前之急。給過人户，略記姓名數目，完報查考，不必造册擾害。所至之地，就督各官申嚴十家牌諭，通加撫慰開導，令各相安相恤。仍督各官俱要視民如子，務施實惠，不得虚文搪塞，徒費錢糧，無救民患，取罪不便。

真是仁心實惠。

每見賑饑，往往猾胥積甲，朋比蒙報，官粟盡充奸蠹之腹，而饑民與賑者十無一二。即與賑者，令其攜妻挈子，領糧就食于官，將饑者殆於路，是賑恤皆空文也。如先生此牌，有司真實奉行，方有實惠及民。可見胸中有大經濟者，方能實究不忍人之政。

徵收秋糧稽遲待罪疏

十五年十二月初十日

據江西布政司呈：准布政使陳策等咨，照得正德十四年税糧，先准參議周文光奉户部勘合，派屬徵解。隨因聖駕南巡，各府、州、縣官，俱集省城聽用，前項錢糧，不暇追徵。正德十五年正月初三㊀日，蒙巡按江西監察御史唐龍案驗，爲乞救兵燹窮民，以固邦本事，該巡撫蘇松都御史李充嗣題稱：江西變亂，南昌、南康、九江等府，首被燒劫，其餘府縣，大軍臨省，供應浩繁，要將該年税糧盡行停免等因。備行分守南昌五道，勘議得南昌府南、新二縣，被害深重，應免糧差三年。其餘州縣，并瑞州等一十二府屬縣，俱應免糧差二年。回報到司，即轉呈本院具題外。

㊀「三」，全書作「二」。

本年二月内，續蒙欽差户部員外郎龍誥案驗，爲儹運糧儲事，備行本司，督催該年兑淮錢糧交兑，遵依節行催徵間。本年三月初五日，隨准漕運衙門照劄坐到兑軍本色米八萬石，折色米三十二萬石，改兑米一十七萬石，每石連耗折銀七錢，備行作急徵完起運。

本月二十八日，又蒙撫按衙門案驗，爲地方極疲，速賜恩恤，以安邦本事。該南京工科給事中王紀等奏奉欽依，自正德十四年以前，一應錢糧，果係小民拖欠未完的，俱准暫且停徵。還着各該官司設法賑濟，毋視虚文，欽遵通行外。又蒙員外郎龍誥案牌，將糧里嚴加杖並，急如星火。小民紛紛援例赴司告豁，呈蒙撫按衙門批行本司，給示曉諭納糧人户，先將兑軍徵解，小民方肯完納，轉行參議魏彦昭督運。續因本官去任，又經呈批參政邢珣暫管督兑。本官於五月二十日遍歷催儹，通將徵完本色米八萬石，兑完起運訖。其折色銀兩，催據廣信等府屬縣陸續徵解。近於十一月十三等日，抄奉漕運衙門照劄備行本司，將兑運折色銀三十四萬三千兩，務要徵完足數，差官協同運官解部等因，依奉通行外。

今照該年税糧，委因事變兵荒，經理不前，及專管提督官員，更代不常，況奉部院明文徵免不一，小民不服輸納，官府掣肘難行，因而稽延。若不預將前情轉達，誠恐查究，罪及未便等因，備呈到臣。

竊照江西錢糧，小民所以不肯輸納，與有司所以難於追徵者，其故各有三。而究其罪歸，則責實在臣。何者？宸濠之叛，首以僞檄除租，要結人心。臣時起兵旁郡，恐其扇惑，即時移文遠近，宣布朝廷恩德，蠲其租賦，許以奏免。諭以君臣之分，激其忠義之心。百姓丁壯出戰，老弱居守。既而旱災益熾，民困益迫，然而小民不即離散者，以臣既爲奏請，雖明旨未下，皆謂朝廷必能免其租稅，尚可忍死以待也。夫危急之際，則啗之免租以竭其死力；事平之後，又罔民而刻取之。人懷怨忿不平，此其不肯輸納之故一也。

及宸濠之亂稍定，而大軍隨至，供饋愈煩，誅求愈急，其顛連困踣之狀，臣於前奏已略言之。百姓不任其苦，强者竄而爲寇，弱者匿而爲奸。繼而水災助禍，千里之民，皆爲魚鼈，號哭載途，喧騰求賑。其時臣等既無帑藏之儲，又無倉廩可發，所以綏勞撫定之者，更無別計，惟以奏免租稅爲言。百姓睊睊胥讒，謂命在旦夕，不能救我，而徒曰免稅免稅，豈可待邪？蓋其心以爲免稅已不待言，尚恨其無以賑之也。已而既不能賑，又從而追納之，人怨

功令之不信，自昔已然。

益深，不平愈甚。此其不肯輸納之故二也。

當大軍之駐省，臣等趨走奔命，日不暇給，亦以爲既有前奏，則賦稅必在所免，不復申請。其時巡撫蘇松等處都御史李充嗣，奏稱江西首被宸濠之害，乞將該年稅糧軍索等項，俱行停免。該户部覆題，奉聖旨：「是。各被害地方，着撫按官嚴督所屬，用心設法賑濟。欽此。」又該給事中王紀奏，本部覆題，奉聖旨：「是，這地方委的疲困已極，自正德十四年以前一應錢糧，果係小民拖欠未完的，俱准暫且停徵。還着各該官司設法賑濟，毋視虚文。欽此。」俱欽遵。該部備咨前來，臣等正苦百姓呶呶，咨文一至，如解倒懸，即時宣布。百姓聞之，歡聲雷動，遞相傳告。旦夕之間，深山窮谷，無不畢達。自是而後，堅守蠲免之説，雖部使督臨，或遣人下鄉催促，小民悉以爲詐妄，羣起而驅縛之，催徵之令，不復可行。此其不肯輸納之故三也。

郡縣之官，親見百姓之困苦，又當震蕩顛危之日，懼其爲變。其始惟恐百姓不信免租之説，指天畫地，誓以必不食言。既而時事稍平，則盡反其説而徵之，固已不能出諸其口矣。況從而鞭笞捶撻之，其遽忍乎？此其難於追徵之故一也。

三司各官，舊者既被驅脅，新者陸續而至，至則正當擾攘，分投供應，四出送迎。官離其職，吏失其守，糾結紛拏，事無專責。如羣手雜繅於亂絲之中，東牽西絆，莫知端緒。既而部使驟臨，欲於旬月之間，督併完集，神輸鬼運，有不能矣。此其難於追徵之故二也。

夫背信而行，勢已不順。若使民間尚有可徵之粟，必不得已，剜剥而取之，忍心者尚或能辦也。而民之瘡痍已極矣，實無可輸之物矣。別夫離婦，棄子鬻女，有耳者不忍聞，有目者不忍睹也。如是而必欲驅之死地，其將可行乎？此其難於追徵之故三也。

夫小民之不肯輸納既如彼，而有司之難於追徵又如此。後值部使身臨坐併，急於風火。百姓怨謗紛騰，洶洶思亂，復如將潰之隄。臣於其時，慮恐變生不測，謂各官與其激成地方之禍，無益國事，身膏草野，以貽朝廷之憂，孰若姑靖地方，寧以一身當遲慢之戮乎？因諭各官，追徵毋急，以紓民怨。各官内迫於部使，外窘於窮民，上調下輯，如居顛屋之下，東撑則西頹，前支則後圮，强顔陵詬之辱，掩耳怨慦之言，身營閭閻之下，口説田野之間。曉以京儲之不可缺，諭以國計之不得已，或轉爲借貸，或教之典折。忍心於捶骨

此與汲長孺矯詔發倉無異，然時事至今日，固有難言之者。

一力擔當。

剥脂之痛而浚其血，閉目於析骸食子之慘而責其逋。共計江西十四年分兑軍本色米八萬石，折色米三十二萬石，改兑米一十七萬石，臣始度其勢，以爲決無可完之理。其後數月之間，亦復陸續起解完納，是皆出於意料之外，在各官誠窘局艱苦，疲瘁已極，亦可謂之勞而有功矣。

今聞部使參奏，且將不免於罪，臣竊冤之。昔之人固有催科政拙，而自署下考者，亦有矯制發廩，而願受其辜者。各官之以此獲罪，固亦其所甘心。但始之因叛亂旱荒而爲之奏免者，臣也；繼之因水災兵困，而復爲申奏者，臣也；又繼之因朝廷兩有停征賑貸之旨，而爲之宣布於衆者，亦臣也；又繼之慮恐激成禍變，而諭令各官從權緩徵者，又臣也。是各官之罪，皆臣之罪也。今使各官當遲慢之責，而臣獨幸免，臣竊耻之。

夫司國計者，慮京儲之空匱，欲重徵收後期者之罪，而有罰俸降級之議，此蓋切於謀國，忠於事君者之不得已也。亦豈不念江西小民之困苦，與各官之難爲哉？顧欲警衆集事，創前而戒後，固有不得不然者。正所謂救焚身之患，不遑恤毛髮之焦，攻心腹之疾，不得避針灼之苦耳。

伏望皇上憫各官之罪，出於事勢之無已，特從眚災肆赦之典，寬而宥之。

則法雖若屈，而理亦未枉。必謂行令之始，不欲苟撓，則各官之罪，實繇於臣。即請貶削臣之禄秩，放還田里，以伸國議。如此，則不惟情法兩得，而臣亦可以藉口江西之民，免於欺上罔下之恥矣。臣不勝惶懼待罪之至，緣係徵收秋糧稽遲待罪事理，爲此具本請旨。

豪傑任天下事，功罪利害，皆當引爲己責，固是如此。近日地方官遇有一不便身圖之事，便上下推委，讀此當一汗。

告諭安義等縣漁户

告諭安義等縣漁户，及遠近軍民人等：地方不幸，近遭大變，加以師旅征輸，人民困苦已極，官府思欲休養賑恤而無其繇。近聞漁户人等，曾被寧王驅脅者，慮恐官府追論舊惡，心不自安，往往廢棄生業。詢其所以，皆繇讎家煽動，意在激使爲惡，因而陷之死地，以快其忿。不知朝廷已屢有榜文，凡被寧賊驅脅者，一概釋而不問。況訪得安義㊀等處漁户，各係詩禮大家，素敦良

㊀「安義」原作「義安」，據全書、黔南本改。

善。雖或間有染㊀非辟，及爲王府所脅誘者，然鄉里遠近，自有公論，善惡終不可混。

近據通判林寬禀稱：各户痛懲既往，已將漁船拆卸。似此誠心改行，亦復何所憂懼？爲此特仰南康府通判林寬，將本院告諭，真寫翻刊，親齎各户，逐一頒諭。務使舍舊圖新，各安生理。不得輕信人言，妄有疑猜，自求罪累。其素敦詩禮良善者，愈加勸勉，務益興㊁禮讓，講信修睦，以爲改惡從善者之倡。族黨之中果有長惡不悛、不聽勸諭者，衆共拘執送官，明正典刑，以安善類。毋容莨莠，致害嘉禾。若舊雖爲顯惡，今能誠心改化者，亦不得懷記舊讎，搜求羅織，激使爲非。事發，究竟責有所歸。

嗚呼，民吾同胞，不幸陷於罪戮，惻然尚不忍見，豈有追尋舊惡，必欲置之死地之理？本院舊在南、贛，曾行十家牌式，軍民頗安，盜賊頗息。除各該地方行分巡、分守官編置外，前項漁户人等，就仰通判林寬照式逐一編置。務在着實舉行，以收成效。特兹告諭，各宜知悉。

㊀「染」下全書有「於」字。　㊁「興」下全書有「行」字。

漁户人等，原爲逆濠所迫脅，鄱陽一戰，殺戮已多，大創之後，自應曉諭，以安其心。

南贛鄉約

咨爾民，昔人有言：「蓬生麻中，不扶而直。白沙在泥，不染而黑。」民俗之善惡，豈不繇於積習使然哉！往者新民蓋常棄其宗族，畔其鄉里，四出而爲暴。豈獨其性之異，其人之罪哉？亦繇我有司治之無道，教之無方，爾父老子弟，所以訓誨戒飭於家庭者不早，薰陶漸染於里閈者無素，誘掖奬勸之不行，連屬叶和之無具。又或憤怨相激，狡僞相殘，故遂使之靡然日流於惡。則我有司與爾父老子弟，皆宜分受其責。

嗚呼！往者不可及，來者猶可追。故今特爲鄉約，以協和爾民。自今凡爾同約之民，皆宜孝爾父母，敬爾兄長，教訓爾子孫，和順爾鄉里。死喪相助，患難相恤，善相勸勉，惡相告戒，息訟罷争，講信修睦，務爲良善之民，共成仁厚之俗。嗚呼！人雖至愚，責人則明；雖有聰明，責己則昏。爾等父老子弟，毋念新民之舊惡，而不與其善。彼一念而善，即善人矣。毋自恃爲良民，而不修其身，爾一念而惡，即惡人矣。人之善惡，繇於一念之間，爾等慎思吾言毋忽。

一、同約中，推年高有德，爲衆所敬服者一人爲約長，二人爲約副。又推公直果斷者四人爲約正，通達明察者四人爲約史，精健廉幹者四人爲知約，禮義習熟者二人爲約贊。置文部三扇，其一扇備寫同約姓名，及日逐出入所爲，知約司之。其二扇，一書彰善，一書糾過，約長司之。

一、同約之人，每一會，人出銀三分，送知約，具飲食，毋太奢，取免飢渴而已。

一、會期以月之望，若有疾病事故不及赴者，許先期遣人告知約。無故不赴者，以過惡書，仍罰銀一兩公用。

一、立約所於道里均平之處，擇寺觀寬大者爲之。

一、彰善者，其辭顯而決；糾過者，其辭隱而婉，亦忠厚之道也。如人有不弟，毋直曰「不弟」，但云：「聞某於事兄敬長之禮頗有未盡，其未敢以爲信，姑書之以俟。」凡糾過惡皆例此。若有難改之惡，且勿糾使無所容，或激而遂肆其惡矣。約長副等，須先期陰與之言，使當自首，衆共誘掖獎勸之，以興其善念，姑使書之，使其可改。若不能改，然後糾而書之；又不能改，然後白之官；又不能改，同約之人，執送之官，明正其罪。勢不能執，戮力協謀，官府請兵滅之。

亦猶行古之道也。

一、通約之人，凡有危疑難處之事，皆須約長會同約之人，與之裁處區畫。必當於理，濟於事而後已。不得坐視推託，陷人於惡，罪坐約長、約正諸人。

一、寄莊人户，多於納糧當差之時躲回原籍，往往負累同甲。今後約長等勸令及期完納應承，如蹈前弊，告官懲治，削去寄莊。

一、本地大户，異境客商，放債收息，合依常例，毋得磊算。或有貧難不能償者，亦宜以理量寬。有等不仁之徒，輒便捉鎖磊取，挾寫田地。致令窮民無告，去而爲盗。今後有此，告諸約長等，與之明白償還。不及數者，勸令寬捨；取已過數者，力與追還。如或恃强不聽，率同約之人，明㊀之官司。

小民往往因小忿欲報，以致蹈身不義。故民間小忿，有司不可視爲細故，急與理直，乃以清禍之源。

一、親族鄉鄰，往往有因小忿，投賊復讎，殘害良善，釀成大患。今後一應鬭毆不平之事，鳴之約長等，公論是非。或約長聞之，即與曉諭解釋。敢

㊀「明」，全書作「鳴」。

有仍前妄爲者，率諸同約，呈官誅殄。

一、軍民人等，若有陽爲良善，陰通賊情，販買牛馬，走傳消息，歸利一己，殃及萬民者，約長等率同約諸人，指實勸戒，不悛，呈官究治。

一、吏書、義民、總甲、里老、百長、弓兵、機快人等，若攬差下鄉，索求齎發者，約長率同約呈官追究。

一、各寨居民，昔被新民之害，誠不忍言。但今既許其自新，所占田產，已令退還。毋得再懷前讎，致擾地方。約長等常宜曉諭，令各守本分，有不聽者，呈官治罪。

一、投招新民，因爾一念之善，貸爾之罪。當痛自克責，改過自新，勤耕勤織，平買平賣，思同良民。無以前日名目，甘心下流，自取滅絶。約長等各宜時時提撕曉諭，如踵前非者，呈官懲治。

一、男女長成，各宜及時嫁娶，往往女家責聘禮不充，男家責嫁裝不豐，遂致愆期。約長等其各省諭諸人，自今其稱家之有無，隨時婚嫁。

一、父母喪葬，衣衾棺槨，但盡誠孝，稱家有無而行。此外或大作佛事，或盛設宴樂，傾家費財，俱於死者無益。約長等其各省諭約内之人，一遵禮制。有仍蹈前非者，即與糾惡簿內書以不孝。

一、當會前一日，知約預於約所灑掃，張具於堂，設告諭牌，及香案南向。當會日，同約畢至，約贊鳴鼓三，衆皆詣香案前序立，北面跪，聽約正讀告諭畢。約長合衆揚言曰：「自今以後，凡我同約之人，祗奉戒諭，齊心合德，同歸於善。若有二三其心，陽善陰惡者，神明誅殛。」衆皆曰：「若有二三其心，陽善陰惡者，神明誅殛。」皆再拜，興，以次出會所，分東西立，約正讀鄉約畢，大聲曰：「凡我同盟，務遵鄉約。」衆皆曰：「是。」乃東西交拜，興，各以次就位。少者各酌酒於長者三行。

欲行此道，第一要擇約正約史。

知約起，設彰善位於堂上，南向，置筆硯，陳彰善簿。約贊鳴鼓三，衆皆起。約贊唱：「請舉善。」衆曰：「是在約史。」約史出就彰善位，揚言曰：「某有某善，某能改某過，請書之以爲同約勸。」約正遍質於衆曰：「如何？」衆曰：「約史舉甚當。」約正乃揖善者進彰善位，東西立。約史復謂衆曰：「某所舉止是，請各舉所知。」衆有所知即舉，無則曰：「約史所舉是矣。」約長副正皆出就彰善位，約史書簿畢。

約長舉杯揚言曰：「某能爲某善，某能改某過，是能修其身也。某能使某族人爲某善，改某過，是能齊其家也。使人人若此，風俗焉有不厚？凡我同約，當取以爲法。」遂屬於其善者。

善者亦酌酒酬約長曰：「此豈足爲善，乃勞長者過獎，某誠惶怍，敢不益加砥礪，期無負長者之教。」皆飲畢，再拜，謝約長。約長答拜，興，各就位。知約撤彰善之席，酒復三行。

知約起，設糾過位於堦下，北向，置筆硯，陳糾過簿。約贊鳴鼓三，衆皆起。約贊唱：「請糾過。」衆曰：「是在約史。」約史就糾過位，揚言曰：「聞某有某過，未敢以爲然，姑書之以俟後圖，何如？」約正遍質於衆曰：「如何？」衆皆曰：「約史必有見。」約正乃揖過者出就糾過位，北向立。約史復遍謂衆曰：「某所聞止是，請各言所聞。」衆有所聞即言，無則曰：「約史所聞是矣。」於是約長副正皆出糾過位，東西立，約史書簿畢。約長謂過者曰：「雖然，姑無行罰，惟速改。」過者跪請曰：「某敢不服罪。」自起酌酒，跪而飲曰：「敢不速改，重爲長者憂。」約正、副、史皆曰：「某等不能早勸諭，使子陷於此，亦安得無罪？」皆酌自罰。過者復跪而請曰：「某既知罪，長者又自以爲罰，某敢不即就戮。若許其得以自改，則請長者無飲，某之幸也。」趍後酌酒自罰，約正、副咸曰：「子能勇於受責如此，是能遷於善也。某等亦可免於罪矣。」乃釋爵。過者再拜，約長揖之，興，各就位。知約撤糾過席。

酒復三行，遂飯，飯畢，約贊起，鳴鼓三，唱申戒。衆起，約正中堂立，揚言曰：「嗚呼，凡我同約之人，明聽申戒：人孰無善，亦孰無惡。爲善雖人不知，積之既久，自然善積而不可掩。爲惡若不知改，積之既久，必至惡極而不可赦。今有善而爲人所彰，固可喜，苟遂以爲善而自恃，將日入於惡矣。有惡而爲人所糾，固可愧，苟能悔其惡而自改，將日進於善矣。然則今日之善者，未可自恃以爲善，而今日之惡者，亦豈遂終於惡哉？凡我同約之人，盍共勉之。」衆皆曰：「敢不勉！」乃出席，以次東西序立，交拜，興，遂退。

化民成俗之方，莫善於此。然必要先有諸己，而後求諸人。無諸己，而後非諸人，若徒借此爲繩民之具，民反有持以議上者，無怪近世之行而罔效也。

申諭十家牌法

十家牌防閑之密，社學教諭之豫，至講鄉約，

本院所行十家牌諭，近來訪得各處官吏，類多視爲虛文，不肯着實奉行查考。據法即當究治，尚恐未悉本院立法之意，故今特述所以，再行申諭。

則懲惡勸善兼之，而精察綿密極矣。三者缺一不可也。

凡置十家牌，須先將各家門面小牌挨審的實。如人丁若干，必查某丁爲某官吏，或生員，或當某差役，習某技藝，作某生理，或過某房出贅，或有某殘疾，及户籍田糧等項，俱要逐一查審的實。十家編排既定，照式造册一本，留縣以備查考。及遇勾攝及差調等項，按册處分，更無躲閃脱漏，一縣之事，如視諸掌。每十家各令挨報，甲内平日習爲偷竊，及喇唬教唆等項不良之人，同具不致隱漏重甘結狀。官府爲置舍舊圖新簿，記其姓名，姑勿追論舊惡，令其自今改行遷善。果能改化者，爲除其名。境内或有盗竊，即令此輩自相挨緝。若係甲内漏報，仍并治同甲之罪。又每日各家照依牌式，輪流沿門曉諭覺察。如此，即奸僞無所容，而盗賊亦可息矣。

十家之内，但有争訟等事，同甲即時勸解和釋。如有不聽勸解，恃强凌弱，反誣告他人者，同甲相率禀官。官府當時量加責治省發，不必收監淹滯。凡遇問理詞狀，但涉誣告者，仍要查究同甲不行勸禀之罪。又每日各家照牌互相勸諭，務令講信修睦，息訟罷争，日漸開導。如此，則小民益知争鬭之非，而詞訟亦可簡矣。

凡十家牌式，其法甚約，其治甚廣。有司果能着實舉行，不但盗賊可息，詞訟可簡。因是而修之，補其偏而救其弊，則賦役可均；因是而修之，連其伍而制其什，則外侮可禦；因是而修之，警其薄而勸其厚，則風俗可淳；因是而修之，導以德而訓以學，則禮樂可興。凡有司之有高才遠識者，亦不必更立法制，其於民情土俗，或有未備，但循此而潤色修舉之，則一邑之治，真可以不勞而致。今特略述所以立法之意，再行申告。言之所不能盡者，其各爲我精思熟究而力行之。毋徒紙上空言搪塞，竟成掛壁之虚文，則庶乎其可矣。

又申諭十家牌法增立保長

先該本院通行撫屬，編置十家牌式，爲照各甲不立牌頭者，所以防脅制侵擾之弊。然在鄉村，遇有盜賊之警，不可以無統紀，合立保長督領，庶衆志齊一。爲此仰抄案回司，即行各道守巡、兵備等官，備行所屬各府、州、縣，於各鄉村，推選才行爲衆信服者一人爲保長，專一防禦盜賊。平時各甲詞訟，悉照牌諭，不許保長干與，因而武斷鄉曲。

但遇盜警，即仰保長統率各甲，設謀截捕。其城郭坊巷鄉村，各於要地置鼓一面。若鄉村相去稍遠者，仍起高樓，置鼓其上，遇警即登樓擊鼓。一巷擊鼓，各巷應之；一村擊鼓，各村應之。但聞鼓聲，各甲各執器械，齊出應援，俱聽保長調度。或設伏把隘，或并力夾擊。但有後期不出者，保長公同各甲舉告官司，重加罰治。若鄉村各家皆置鼓一面，一家有警擊鼓，各家應之，尤爲快便。此則各隨才力爲之，不在牌例之内。俱仰督令各縣即行推選增置，仍告諭遠近，使各知悉。各府仍要不時稽察，務臻實效，毋得虚文搪塞，查訪得出，定行究治不貸。

議處官吏廪俸

照得近來所屬各州、縣、衛、所、倉、場等衙門，大小官吏，以贓問革者相望，而冒犯接踵。究詢其繇，皆云家口衆多，日給不足。俸資所限，本已凉薄，而近例減削，又復日甚。加有上下接應之費，出入供送之繁，窮窘困迫，計出無聊。中間亦有甘貧食苦，刻勵自守者，往往狼狽襤縷，至於任滿職革，債負纏結，不得去歸其鄉。夫貪墨不才，法律誠所難貸，而其情亦可矜憫。

夫忠信重禄，所以勸士。在昔任人，既富方穀，庶民在官，禄足代耕，此古今之通義也。朝廷賦禄，百司厚薄既有等級，要皆使得裕其資養，免其内顧，然後可望以盡心職業，責以廉恥節義。今定治所限，既不可得而擅增，至於例所應得，又從而裁削之。使之仰事俯育且不能，遂是陷之於必貪之地，而責之以必廉之守。中人之資，將有不能，而況其下者之衆乎？

所據前項事理，非獨人情有所未堪，其於政體亦有所損。合行會議查處，參酌事理輕重，及查在外官員，自二品至九品，并雜職、吏胥等俸米，除本色外，其折色原例每石作銀若干，於何年月日裁減，作銀若干，應否復舊，或量行加增。務要議處停當，呈來定奪施行。

觀此，知近日捐助捐柴薪之議，拂人情、損政體多矣。

勦平安義叛黨疏　十六年五月十五日

據江西按察司按察使伍文定關稱，奉臣批，據南康府通判林寬、安義縣知縣熊价、奉新縣典史徐誠呈開，俱奉本院紙牌，及巡按御史唐龍、朱節等，計委追勦逆賊楊本榮等，依奉前後誘捕，及於沿湖各處敵戰，擒斬共一百二十六名顆。并於楊子橋巢内，搜獲伊原助逆領授南昌護衛中千户所印信一顆，合就解呈。奉批：仰按察司會同都、布二司官，將解到賊級紀驗，賊犯鞫審明白，解赴軍門，以憑遵照欽奉勑諭事理，就行斬首示衆。有功員役，分別等第，呈來給賞施行。並蒙巡按江西監察御史唐龍批，按察司會同各掌印官審究，及將有功官役，并陣亡之人，查明具招呈報。又蒙巡按江西監察御史朱節批，看得各犯罪惡貫盈，致勤提督衙門調兵擒勦，事情重大，按察司會勘明白，中間如有事出脅從，情可矜疑者，通具呈報等因。

依奉會同都指揮僉事高厚、左布政使陳策等，議得賊犯楊正賢等，累世窮兇，鄱湖劇患，近復從逆，幸而漏網，嘯聚劫囚，敵殺官兵，滔天之罪，遠近播聞。通判林寬等，克承方略，首事緝捕，雖有小釁，竟收成功。知縣熊价，到任甫及半月，倉卒偶當其衝，終能有備，多所擒獲。典史徐誠，奉調領兵破賊，適中機會。署都指揮僉事馮勳，鼓勇而前，賊遂奔潰。其典史周祐，陰謀散黨，隱然之迹，未可泯棄。

合無呈乞鈞裁，將署都指揮僉事馮勳，通判林寬，知縣熊价，典史徐誠，俱優加犒獎。林寬、熊价，仍旌其除盜安民之勞。典史周祐另行賞賚。隨征南昌前衛千户馬喜，新建縣縣丞黄仲仁，南昌縣主簿陳紀，安義縣主簿崔錠，建昌縣稅課局大使江象，安義縣領哨義官楊震七。協守縣治，安義縣縣丞何全，典史陳恒昭。把截九里三渡，南昌前衛指揮梁端，千户周鎮，俱量行犒勞。其餘獲賊吏兵、哨長、保長、總小甲人等，查照近日告示事理，分別等第，一一給賞。陣亡陣傷義兵程碧、程魁七等，俱各優恤其家，給賞湯藥之費。如此，庶使有功者録，而人知所勸；死事者酬，而人無所憾矣。

仍行該府縣，將逆賊楊正賢等妻男財産，估變價銀，修築縣城，尤爲便益緣繇，同查過功次文册，關繳到司，備繇轉呈到臣。

簿查正德十五年十一月初十日，據江西按察司副使陳槐關稱，原問犯人胡順，并楊子橋等家屬財産，通該查抄解報呈詳，已批該司查照施行，務得的實，毋致虧枉外。續據安義縣申稱，依奉拿獲楊子橋妻周氏，男楊華五、華七、華八、月保等，伊同居親弟楊子樓收監起解間。十二月二十二日辰時，不期子樓未獲男楊本榮，統集百十餘徒，各持槍刀衝縣，當同巡捕主簿崔錠，督領機兵防禦。彼賊勢勇，打入獄門，劫去楊華五等，并原監楊正江、楊紹鑑及別犯胡清等一十八名。燒燬總甲張惟勝房屋，劫掠鋪户傅甫七等貨物。隨即起集哨長陳魁四等屯兵，設法擒獲楊華五等，仍舊收監。一面追獲餘賊楊子樓等，合行申報等情。

又據通判林寬呈稱，首惡楊本榮、楊華二等，照舊立寨嘯聚。批仰按察司會同各官議處。隨據該司呈稱：依奉會同署都指揮僉事王繼善，左布政使陳策，副使顧應祥等，議得楊本榮等罪惡，據法即當督兵擒捕。但訪得楊姓一族，稔惡從亂者有數，若使兵刃一加，未免玉石未辯。合行該縣再諭楊本榮等，作急投首，庶幾楊紹鑑等之罪可辯，楊本榮之情可原。若使負固不服，即將稔惡賊黨，指實申來議處，呈詳到臣。

照得本院前年駐兵省城，擒勦叛賊之後，即欲移兵撲滅逆黨楊子橋等。彼因訪得各犯親族，亦多良善連居。若大兵一臨，未免玉石俱焚，方爾遲疑。當據楊子橋等自行投赴軍門，本院仰體朝廷好生之德，正欲保全一方之生靈，當即遵照詔書黃榜事理，將子橋等量加杖責，釋放回家，諭令改惡遷善，其餘黨惡，悉不根究外。

後因解京逆黨劉言①、陳賢等，供攀不已。朝廷之意，將復發兵加誅，則恐失信于下。將遂置而不問，則一般從逆之人，乃至極刑抄沒，而子橋等獨

① 「劉言」，全書作「劉吉」，是。

不略加懲創，亦何以警戒將來？故照舊釋其黨從以示信，獨行拘子橋以明罰，其遷徙抄没，亦止及於子橋一身。朝廷之處，可謂仁至義盡矣。爲之親族黨與者，正宜感激朝廷浩蕩再生之恩，皆宜争出到官，輸誠效款，自相分别，洗滌其既往之愆，而顯明其維新之善。却乃略不改創，輒敢抗逆官府，衝縣劫囚，自求誅滅。據法論情，已在必誅無赦。但念中間良善尚多，止因楊子橋同居稔惡之徒，繆以危言，激誘族黨，扇惑鼓動，以至於此，恐亦非其本心。

今據三司各官呈議，亦與所訪略同，准依所議，姑且未即加兵。就經批行該道守巡官，先行分别善惡，令其親族素非同惡者，自行告明官司，各另屯住。其被脅之人，若能投首到官，亦准免罪。有能并力擒捕首惡送官者，仍一體給賞。俱限一月之内，投首輸服，若過期不出，即將各犯背叛情繇，備細呈來，以憑發兵勦滅。一面行仰該縣，及各附近官司，整集兵快義勇，固守把截，聽候本院進止。仍備出告示，曉諭遠近外。

續據通判林寬呈稱，遵照明文，密唤楊姓良善户丁楊庸、楊邦十、五等七名到職，示以禍福，給以犒賞，着令分别良善，止捕衝縣逆賊送官。隨該楊庸

此是根本之着。

等誘擒逆賊九名到縣，又獲賊犯一十七名。隨給牌面，令通縣老人分投撫諭，而各賊仍前立寨不服。續又擒獲賊犯四名，後聞官司要搗巢穴，連夜鼓挾鄰族，約有百十餘徒，擄船奔入鄱陽湖。欲即率兵追勦，緣該縣空虚，誠恐賊計中途回鋒衝突，未可輕出。除差人飛報沿河保長，立寨防勦，一面牒府督率星子、建昌、都昌兵沿湖巡捕外。呈乞施行等因。

據呈，臣會同巡按御史等官，看得賊既入湖，良善已分，正可四面合兵追勦。除行南昌守巡、兵備，點選兵快，就行都司馮勳統領，星夜前去跟躡賊蹤，設法勦捕。就經批仰按察司，即便通行該道守巡官，及沿湖各該官司，地方保甲人等，一體集兵防勦追捕，毋令遠竄貽患。臣等又慮安義縣治單弱，恐各賊乘虚歸劫，另行牌調奉新縣典史徐誠，選兵四百，密從間道，星夜前去該縣，會同知縣熊价，協力防勦。

又行牌仰各官於九姓良善之中，挑選義勇武藝。及於沿湖諸處，起集習水壯健慣戰之人。各官身自督領，密取知因鄉導，四路爪探。或躡賊蹤，或截要路，或歸防縣治，張疑設伏，聲東擊西。一應事機，俱聽從宜施行。合用糧賞，就於司府庫内原貯軍餉銀内支給。及差官賫執令旗令牌，前去督押行

計慮周詳。

事。軍兵人等，但有軍前不聽號令，及退縮逗留，侵擾良善者，遵照勑諭事理，就以軍法從事。各官俱要竭忠盡力，慎重勇果，殺賊立功，以靖地方。若畏避輕忽，致賊滋蔓，貽患地方，軍令具存，決難輕貸。完日通將擒斬功次，獲功人員等項，一併開報，以憑施行去後。

今呈前因，照得臣先節該欽奉勑諭：「但有盜賊生發，即便設法調兵勦殺，聽爾隨宜處置，欽此。」欽遵，除將前項有功官員吏兵人等，及陣亡被傷等項，俱准議於南昌府動支本院貯庫支剩軍餉銀兩，除已犒奬給賞優恤外。其未經奬犒給賞優恤者，批仰該司查照等第，逐一補給。賊屬男婦，估價變賣銀兩，亦准修築該縣城垣支用。擒獲賊犯，鞫問明白，仍解軍門斬首示衆。斬獲賊級，行令造册繳報，并行巡按衙門知會外。

臣等議照叛黨楊正賢等，肆其兇獷之習，恃其族類之繁，稔惡一方，流劫遠近，既積有世代。比復興兵助逆，脱漏諸殄，略無悔創。乃敢攻縣劫獄，聚衆稱亂，惡貫滿盈，天怒人怨，遂爾一旦掃滅。在朝廷固猶疥癬之搔爬，在江西實亦疽癰之潰決。巡按御史唐龍、朱節，運謀監督，而按察使伍文定，布政使陳策等，相與協議贊畫，都指揮馮勳及通判林寬、知縣熊价等，又各趨事效命，并力于下。論各勞績，皆宜旌録。臣守仁卧病待罪之餘，僅存喘息，幸賴諸臣，苟免咎愆。緣係勦平叛黨事理，爲此具本題知。

始則因善良未分，不忍概加誅戮，既因其入湖，則急下手，進退遲速，俱得其宜。

曉諭安仁餘干頑民牌

照得安仁、餘干，各有梗化頑民數千餘家，近住東鄉，逃避山澤，沮逆王化，已將數年。即其罪惡，俱合誅夷無赦。但本院撫臨未及，況查本院新行十家牌諭，各官因民頑梗，尚未編查，若據行擒勦，似亦不教而殺。爲此牌仰撫州府同知陸倖，督同東鄉縣知縣黄堂，及安仁縣知縣汪濟民，餘干縣知縣馬津，親詣各民村都，沿門挨編。推選父老子弟知禮法者，曉諭教飭，令各革心向化，自求生路。限在一月之内，仇者釋其怨，憤者平其心，逋者歸其負，罪者伏其辜。具繇呈來，仍舊待以良善。若過限不改，不必再加隱忍姑息，徒益長奸縱惡，即便密切指實申來，以憑别有區處施行。

編查家甲，原是善政。近日行之鮮效者，止因地方官憚勞，不肯親詣挨編，輒委衙佐，漏富欺貧，徒滋一番騷擾耳，必如諭始得。

告諭頑民

十二月十五日

告諭安仁、餘干、東鄉等縣父老子弟，自本院始至江西，即聞三縣間有頑梗背化之民數千家。其時本院方事勦平閩、廣、湖郴諸蠻寇，且所治止於南贛，政教有所未及。自去歲征討逆藩，朝廷復有兼撫是方之命。隨因聖駕南巡，奔走道路，故亦未遑經理。今復還省城，備詢三司、府、縣各官，及遠近士夫軍民，皆謂爾民梗化日久，積惡深重，已在必誅無赦。夫朝廷威令，雷厲風行於九夷八蠻之外，而中土郡縣之民，乃敢悖抗若此，不有誅滅，以示懲戒，亦將何以爲國？欲即發兵勦捕，顧其間尚多良善，恐致玉石無辯。

且前此有司所以處之，亦有未善。何者？安仁、餘干，里分本少於東鄉，而地勢又限以山谷，顧乃割小益大，以啓爾民規避之端，其失一矣。既而兩邑之民，徭賦不平，爭訟競起，其時若盡改復舊，亦有何說？顧又使其近東鄉者歸安仁，近安仁者附東鄉，以益爾民紛爭之謗，其失二矣。及爾等抗拒之迹既成，尚當體悉爾等中間或有難忍之怨，屈抑不平之情。亦須爲之申泄斷理，或懲或戒，使兩得其平。若終難化諭者，即宜斷然正以國法。顧乃憚於身任其勞，一切惟事姑息。欲逃租賦，遂從而免其租賦；欲負逋債，遂從而貸其逋債。於彼則務隱忍之政，而聽其外附；於此又信一偏之詞，而責其來歸。紀綱不立，冠履倒置，長奸縱惡，日增月熾，以成爾民背叛之罪，而陷之必死之地，其失三矣。

然爾等罪惡，皆在本院未臨之前。自本院撫臨以來，尚未曾有一言開諭爾等。況查本院新行十家牌諭，以弭盜息訟，勸善糾惡，而各該縣官又因爾等恃頑梗化，皆未曾編查曉諭。爾等皆未知悉，其間或有悔創自新之願，亦未可知，若遽行擒勦，是亦不教而殺。雖爾等在前之惡，受此亦不爲過，然於吾心，終有所未盡也。

近日撫州同知陸俸來稟，爾等尚有可憫之情，各懷求生之願。故特委同知陸俸親齎本院告諭，往諭爾等父老子弟，因而查照本院十家牌式，通行編排曉諭，使各民互相勸戒糾察，痛懲已往之惡，共爲維新之民。爾等父老子弟，其間知識明達者，盍亦深思熟慮之：世豈有不納糧，不當差，與官府相對背抗，而可以長久無事，終免於誅戮者乎？ 世豈有恃頑樹黨，結怨構仇，劫衆拒捕，不伏其辜，而可以長久無事，終免於誅戮者乎？ 就使爾等各有子弟奴僕，與爾抗拒背逆若此，爾等當何以處之？

夫寧王宸濠，挾奸雄之資，藉宗室之勢，謀爲不軌，積十餘年。誘聚海内巨寇猾賊，動以萬計，奮其財力甲兵之强，自以爲無敵於天下矣。一旦稱亂舉事，本院奉朝廷威令，興一旅之師，不旬日而破滅之，如虜匹雛。爾輩縱頑梗兇悍，自視以爲孰與宸濠？ 吾若聲汝之罪，不過令一偏裨，領衆數百，立齏粉爾輩，如几上肉耳。顧念爾等皆吾赤子，其始本無背叛之謀，止因規利争忿，肆惡長奸，日迷日陷，遂至於此。

夫父母之於子，豈有必欲殺之心，惟其悖逆亂常之甚，將至於覆宗滅户，不得已而後置之法。苟有改化之機，父母之心，又未嘗不欲生全之也。前此官府免爾租税，蠲爾債負，除爾罪名，而遂謂爾可以安居復業，是終非所以生汝。吾今則不然，不免爾租賦，不蠲爾債負，不除爾罪名，爾能聽吾言，改惡從善，惟免爾一死。限爾一月之内，釋怨解仇，逃税者輸其賦，負債者償其值，有罪者伏其辜，吾則待爾如故。爾不聽吾言，任汝輩自爲之，吾心即無不

有先生之威望，又有先生之處置，方能行此。

盡，吾可以無憾矣。爾後無悔！

積頑之民，不容示以姑息，故此諭專在懾之以威，然開導真切，俟其省改，不殺之威，正所以成其大仁。

批廣東按察司立縣呈 七月二十八日

據副使汪玉呈稱云云。卷查先爲圖議邊方後患事，准兵部咨云云，續據湖廣按察司呈，奉湖廣巡撫都御史秦案驗，候本院撫臨至日，會行議處具奏定奪施行，隨據副使汪玉呈云云。看得立縣之舉，今且三年，而兩省會議，猶是道傍之談。似此往復不已，畢竟何時定計？自昔舉事，須順人情，凡今立縣，專爲弭亂。若使兩地人心未協，遂爾執己見而行，則是今日定亂之圖，反爲異時起争之本。今江西安仁、東鄉各縣，紛紜奏告，連年不息，即今徵矣。除行該道兵備官，上緊約會廣東各官，親詣地方，拘集里老年高有識者，備詢輿論，務在衆議調停，兩情和協。就行相度地勢，會計財力，監督起工，然後各自回任。若使議終不合，必欲各自立縣，亦須酌裁適均。要見廣東於高宿立縣，都圖若干，湖廣於笆籬立縣，都圖若干，城池高廣若干，官員裁減若干。異時賦役兩地逃躲，若何區處，盜賊彼時出没，若何緝捕。一應事宜，逐條開議，須於不同之中，務求通融之術。不得徒事空言，彼此推託，苟延目前，不顧後患。異時追論致禍之因，罪亦終有不免。除批行湖廣該道兵備官查照外，仰抄案回司，會同布政司，各行該道守巡、守備等官，約會湖廣各官，面議停當。一面會計工料，委官及時興工。一面備繇開詳，以憑覆奏。毋再推延執拗，致有他虞，斷行參究不恕。仍行兩廣提督，并巡按衙門，查照催督施行。

凡平山寇，設立縣治，此是第一要策。然地方交界處所，每苦割地之難，議論不齊，多費調停，大概如此。

批湖廣兵備道設縣呈　十六年

據整飭郴、桂、衡、永等處兵備湖廣按察司副使汪玉呈稱：本道接管，看得議奏計處地方以弭盜賊事件，内一件，審處賊遺田地，俱經查勘明白，屬宜章者，撥與該圖領種；屬臨武者，各歸原主；屬桂陽者，原議候設立大堰三堡，撥給各堡軍兵頂種。續奉巡撫衙門批委同知魯玘，再行踏勘計處一件，添設屯堡，以嚴防禦。見奉提督衙門案驗區處，其第一件，設縣所以便撫禦，最爲緊要重大。縣所既設，則更番㊀有所歸着，哨營可以掣散。至於添屯堡，處巡司，併縣堡，審田地四事，可以次第興行。但先因廣東守巡、兵備等官，所見或異，致蒙該部請命提督大臣親詣勘處。又緣別有機務，未即臨勘，至於今日。本職竊意廣東各官，決無不肯協和成事之心，蓋因比時多事，未暇細閱文書，及查原經委官，止有同知魯玘見在。原奉提督衙門行令，徑自約會廣東各官，速將設縣事情，及添屯所事宜查議，除行同知魯玘前去，約會廣東該道委官議處，本職仍親詣適中地方約會外，理合呈詳施行等因到院。

卷查先爲圖議邊方後患事，准兵部咨云云。續據湖廣按察司呈，奉巡撫湖廣都御史秦案驗云云。候本院撫臨至日，會行議處具奏定奪施行，各無苟且搪塞去後。今呈前因，參照前項立縣等事，關係地方安危，遠近人心懸望，恨不一日而成。本院雖奉勑旨，別有機務，不暇親詣。而該道前任守巡各官，皆有地方重責，自當遵照晝夜經營，却乃因循二年之上，尚未完報。縱使必各捐去成心，共以地方爲念，方能成事。委如所言。

㊀「更番」，全書作「更夫」。

國法可以倖免，不知此心亦何以自安？今照接管副使汪玉，久負體用之學，素有愛民之心，據所呈報，既已深明事機，洞知緩急，遂使舉而行之，固當易於反掌。合再督催，以速成績。爲此仰抄案回道，即往彼地，約會各該道守巡等官，速將設縣等項事情，議處定當，具繇呈奪。應施行者，一面施行。務爲羣策畢舉之圖，以收一勞永逸之績。毋再因循，仍蹈前轍未便。仍行都、布、按三司，一體查照會議施行。

咨六部伸理冀元亨

照得湖廣常德府武陵縣舉人冀元亨，忠信之行，孚於遠邇，孝友之德，化於鄉閭。本職往年謫官貴州，本生曾從講學。近來南贛，延之教子。時因寧藩宸濠潛謀不軌，虐焰日張。本職封疆連屬，欲爲曲突徙薪之舉，則既無其繇，將爲發奸摘伏之圖，則又無其實。偶值宸濠飾詐要名，禮賢求學。本職因使本生乘機往見宸濠，冀得因事納規，開陳大義，沮其邪謀。如其不可勸諭，亦因得以審察動靜，知其叛逆遲速之機，庶可密爲禦備。

本生既與相見，議論大相矛盾，宸濠以本職所遣，一時雖亦含忍遺發，而

陰遣元亨，乃先生大作用，大妙機。非元亨之及禍，則一番苦心，幾乎泯滅於後世矣。

毒怒不已，陰使惡黨四出訪緝，欲加陷害。本生素性願愨，初不之知。而本職風聞其説，當遣密從間道潛回常德，以避其禍。

後宸濠既敗，痛恨本職起兵攻勦，雖反噬之心無所不至，而天理公道所在，無因得遂其奸。乃以本生係本職素所愛厚之人，輒肆抵誣，謂與同謀，將以泄其讎憤。且本生既與同謀，則宸濠舉叛之日，本生何故不與共事，却乃反回常德，聚徒講學？宸濠素所同謀之人，如李士實、劉養正、王春之流，宸濠曾不一及，而獨口稱本生與之造始，此其挾讎妄指，蓋有不待辯説，行道之人，皆能知者。但當事之人，不加詳察，輒爾聽信，遂陷本生一至於此！

本生篤事師之義，懷報國之忠，蹈不測之虎口，將以轉化兇惡，潛消奸究。論心原迹，尤當顯蒙賞録。乃今身陷俘囚，妻子奴虜，家業蕩盡，宗族遭殃。信奸人之口，爲叛賊泄憤報讎，此本職之所爲痛心刻骨，日夜冤憤而不能自已者也。本職義當與之同死，幾欲爲之具奏伸理。而本生雖在拘囚，傳聞不一，或以爲既釋，或以爲候旨。兼慮當事之人或不見諒，反致激成其罪，故復隱忍到今。又恐多事紛紜之日，萬一玉石不分，竟使忠邪倒置，徒以沮義士之志，而快叛賊之心。則本職後雖繼之以死，將亦無以贖其痛恨。爲此合行具咨貴部，煩請咨詢鑒察，特賜扶持分辯施行。

行嶺北道申明教場軍令　九月十七日

照得本院調到寧都等縣官兵、機快人等，見在贛州教場住劄操閱，中間恐有不守軍令，罪及無辜，應合禁約。隨據副使王度呈開合行事宜，參酌相同。爲此仰抄案回道，即行出給告示，張掛教場，曉諭官兵、機快，各加遵守。如有違犯，事情重大者，拏送軍門，依軍令斬首。其事情稍輕者，該道徑自究治發落，仍呈本院查考。

計開

一、各兵但有擅動地方一草一木者，照依軍令斬首示衆。

一、各兵但有管哨官總，指稱神福饋送打點等項名色，科派銀物，自一分以上，俱許赴該道面告究治。

一、管哨官凡遇歇操之日，竝在營房居住，鈐束機兵，教演武藝。敢有在家遊蕩，及挾妓飲酒，朋夥喧嘩者，訪出綑打一百。

一、各兵但有疾病事故，許管哨官稟明醫驗，不許顧人頂替。如有用財買求地方光棍，替身上操，仰該管總小甲拏獲，首送該道枷號。如隱情不首，事發，連總小甲一體枷號。

一、各兵在市買辦柴米酒肉等項，俱要兩平交易，如有恃强多占分兩，被人告發，枷號示衆。

一、管哨官凡遇各兵鬭毆、喧鬧等項小事，量行懲治，大事禀該道拏問，不許縱容争競，囂亂轅門。

一、各歇操之日，各將隨有器械，務在整刷鋒利鮮明，毋得臨時有悮。如平日懶惰，不行修理，上操之際，弦矢斷折，銃砲不響，旗幟不明，查出綑打一百。

一、各兵遇上班之日，不許因便赴該道府，訴告家鄉户婚、田土等項事情，查出痛責四十。

一、各兵上街行走，俱要懸帶小木牌一面，上寫某哨官總下某人，年甲籍貫辯别。如有隱下兵打名色，另着别樣衣冠，暗入府縣，挾騙官吏，及來軍門并道門首，打聽消息，訪出枷號不恕。

一、各兵領到工食銀兩，俱要樽節用度，謹慎收放。如有奢侈用盡，及被人偷盗，縱來訴告缺失，俱不准理。仍重加責治。

一、各該上班兵夫，如有限期未滿，先行逃回者，差人原籍拏來，用一百觔大枷，枷號教場門首三個月，滿日綑打一百，仍依律問發邊遠充軍。

一、各哨官并兵夫，有軍門一應便宜，及利所當興，害所當革者，許赴軍門及該道直白條陳，不許諸人阻當。

大凡軍令要明白簡易，使下可遵，簡練之法，無加於此。

四乞省葬疏　十五年閏八月二十日

照得先准吏部咨，該臣奏稱以父老祖喪，屢疏乞休，未蒙憐准。近者奉命扶疾赴闽，意圖了事，即從彼地冒罪逃歸。旬月之前，亦已具奏。不意行至中途，遭值寧府反叛。此係國家大變，臣子之義，不容舍之而去。又闔省撫巡㊀方面等官，無一人見在者，天下事機，間不容髪，故復忍死暫留於此，爲牽制攻討之圖，俟命帥之至，即從初心，死無所避。

㊀「撫巡」，全書作「巡撫」。

臣思祖母自幼鞠育之恩，不及一面爲訣，每一號痛，割裂昏殞，日加尫瘠，僅存殘喘。母喪權厝祖母之側，今葬祖母，亦欲因此改葬。臣父衰老日甚，近因祖喪，哭泣過節，見亦病卧苦廬。臣今扶病，驅馳兵革，往來於廣信、南昌之間。廣信去家不數日，欲從其地不時乘間抵家一哭，略爲經畫葬事，一省父病。臣區區報國血誠，上通於天，不辭滅宗之禍，不避形迹之嫌，冒非其任，以勤國難。亦望朝廷鑒臣此心，不以法例繩縛，使臣得少伸烏鳥之痛，臣之感恩，死且圖報。搶攘哀控，不知所云等因。

具本奏奉聖旨：「王守仁奉命巡視福建，行至豐城，一聞宸濠反叛，忠憤激烈，即便倡率所在官司起集義兵，合謀勦殺，氣節可嘉。已有旨着督兵討賊，兼巡撫江西地方。所奏省親事情，待賊平之日來説。該部知道，欽此。」備咨到臣，除欽遵外。近照寧王逆黨，皆已仰賴皇上神武，廟堂成算，悉就擒獲。地方亦已平靖。百姓室家相慶，得免徵調之苦，復有更生之樂，莫不感激洪恩，沾被德澤。獨臣以父病日深，母喪未葬之故，日夜哀苦，憂疾轉劇。

犬馬驅馳之勞，不足齒録；而烏鳥迫切之情，實可矜憫。已蒙前旨，許「待賊平之日來説」，故敢不避斧鉞，復申前請。伏望皇上仁覆曲成，容臣暫歸田里，一省父病，經紀葬事，臣不勝苦切祈望之至等因。又經具本於正德十四年八月二十五日，差舍人來儀齊奏去後，迄今已踰八月，未奉明旨。臣旦暮惶惶，延頸以待。內積悲痛之鬱，外遭窘局之苦，新患交乘，舊病彌篤。方寸既亂，神氣益昏，目眩耳聵，一切世事，皆如夢寐。今雖抑情强處，不過閉門伏枕，呻吟喘息而已。豈能供職盡分，爲陛下巡撫一方乎？

夫人臣竭忠委命，以赴國事，及事之定，乃故使之不得一省其親之疾，是沮義士之志，而傷孝子之心也。且陛下既以許之，又復拘之，亦何以信於後？臣素貪戀官爵，志在進取，亦非高潔獨行、甘心寂寞者。徒以疾患纏體，哀苦切心，不得已而爲此。今亦未敢便求休退，惟乞暫回田里，一省父疾，經營母葬，臣亦因得就醫調理，少延喘息。苟情事稍伸，病不至甚，即當奔走赴闕，終效犬馬。昔人所謂報劉之日短，盡忠於陛下之日長也。臣不勝哀痛號呼，懇切控籲之至，具本又於正德十五年三月二十五日，差舍人王鼐齎奏去後，迄今復六月，未奉明旨。

臣之痛苦，刻骨剜心，憂病纏結，與死爲鄰，已無足論。而臣父衰疾日亟，呻吟牀席，思臣一見，晝夜涕洟。每得家書，號慟顛殞，蘇而復絶。夫虎狼惡獸，尚知父子；烏鳥微禽，猶懷反哺。今臣父病狼狽至此，惟欲望臣一歸，而臣乃依依貪戀官爵，未能決然逃去，是禽獸之不若，何以立身於天地乎？夫人之大倫，内則父子，外則君臣。事君以忠，事父以孝。不忠不孝，爲天下之大戮。縱復幸免國憲，然既辱於禽獸，則生不如死。

臣之歸省父疾，在朝廷視之，則一人之私情；自臣身言之，則一生之大節。往者寧藩之變，臣時欲歸省父疾，然宗社危急，呼吸之間，存亡攸係，故臣捐九族之誅，委身以死國難，時則君臣之義爲重。今國難已平，兵戈已息，臣待罪巡撫，不過素餐尸位，以苟歲月。而臣父又衰危病篤若此，尚爾貪戀禄位而不去，此尚可以爲子乎？不可以爲子者，尚可以爲臣乎？

臣今待罪巡撫，若不請而逃，竊恐傳聞遠邇，驚駭視聽。夫人臣死君之難，則捐其九族之誅而不恤，至其急父之危，則亦捐其一身之戮而不顧。今復候命不至，臣必冒死逃歸。若朝廷憫其前後懇迫之請，赦而不戮，臣死且圖銜結。若遂正以國典，臣獲一見老父而死，亦瞑目於地下矣。臣不勝痛隕苦切號控哀祈之至，除冒死一面移疾舟次，沿途問醫，待罪候命外。緣係四乞天恩，歸省父疾，回籍待罪事理，爲此具本奏聞。

數語可爲事君父者法。

情辭懇至，固出於至性。然斂德避難，亦時事不得不然。

自劾不職以明聖治事疏

臣聞之，主聖則臣直，上易知而下易治。今聖主在上，澤壅而未宣，怨積而不聞。臣等曾無一言，是甘爲容悦，而上無以張主之聖，下無以解於百姓之惑也。伏惟陛下神明英武，自居春宫，萬姓仰德，及登大寶，四夷向風。不幸賊臣劉瑾，竊弄威柄，流毒生靈，潛謀僭逆，幾危郊社。賴祖宗上天之靈，俾張永等早發其奸，陛下奮雷霆之斷，誅滅黨與，剗滌兇穢，復祖宗之舊章，弔黎元之疾苦，任賢條政，與民更始。天下莫不歡欣鼓舞，謂陛下固愛民之主，而前此皆賊瑾之荼毒，知陛下固有爲之君，而前此皆賊瑾之蒙蔽。日夜跂足延頸，以望大平。奈何積暴所加，民痍未復，餘烈所煽，妖孽連興，幾及二年，愈肆愈横。兵屯不解，民困日深，賊勢相連殆遍，財匱糧竭，旦夕洶洶。

臣等備位大臣，不能展一籌以紓患害，寬一縛以蘇倒懸。撫心反己，自知之罪，莫可究言。至其暴揚於天下，訾詈於道途，而尤難掩飾者，大罪有三，請自陳其略，以伏厥辜。

夫朝以出政，政以成事，陛下每月視朝，朔望之外，不過一二。豈不以臣等分職於下，事苟無廢，不朝奚損乎？然羣臣百司，願時一覩聖顏而不獲，則憂思徬徨，漸以懈弛。遠近之民，遂疑陛下不復念其困苦，而日興怨懟。四方盜賊，亦謂陛下未嘗有意剪除，而益猖獗。夫昧爽臨朝，不過頃刻，陛下何憚而不爲？所以若此，則實繇臣等不能備言天下洶洶之情，以悟陛下，是其大罪一也。

陛下日於後苑訓練兵事，鼓噪之聲，震駭城域，豈不以寇盜未平，思欲奮威講武乎？然此本亦將卒之事，兼非宮禁所宜。況今前星未耀，震位猶虛，而乃勞力於掣肘，耗氣於馳逐。羣臣惶惑，兩宮憂危，宗社大本，無急於是。而臣等不能力勸陛下蓄精養神，以衍皇儲之慶，思患預防以爲燕翼之謀，是其大罪二也。

夫日近儒臣，講論道德，涵泳義理，以培養本原，開發志意，則耳目日以聰明，血氣日以和暢。窮天地之化，盡萬物之情。優游泮渙，以與古先神聖爲伍，此亦天下之至樂矣。陛下苟知此，則將樂之終身，而不能以須臾舍，奚暇遊戲之娱乎？今陛下自即位以來，經筵之御，未能四五，而悦心於騎射疲勞之事，皆繇臣等不能備陳至樂，以易陛下之所好，是其大罪三也。

陛下有堯舜之資，臣等不能導陛下於三代，而使天下之民，疾首蹙額相告，歸咎懷憤，若漢、唐之季，臣等死有餘罪矣。伏願陛下繼自今昧爽以視朝，勵精而圖治，端拱玄默，以養天和。正關雎之風，毓麟趾之祥。日御經筵，講求治道，悦理義之悦心，去遊宴之敗度，正臣等不職之罪，罷歸田里，舉耆德宿望之賢，與共天職。使天下曉然皆知陛下憂憫元元之本心，繇臣等不能極言切諫，以至於斯。自兹以往，務在休養生息，無復有所騷擾。躬修聖政，以弭天下之艱屯；廣聖嗣，以定天下之危疑；勤聖學，以立天下之大本。其餘習染，以次洗刷。則民生自遂，若陽氣至而萬物春；寇盜自消，若白日出而魍魎滅。上以承祖宗之鴻休，下以垂子孫之統緒，近以慰臣庶之憂惶，遠以答四方之觀向。臣等雖死之日，猶生之年。不勝激切顛隕待罪之至，具疏上聞。

言言匡救，段段引咎，深得諫體。讀之，知賈長沙終是學問涵養未到。

批提學僉事邵鋭乞休呈

據江西按察司呈，看得提學僉事邵鋭，求歸誠切，堅守考槃之操。而按察使伍文定，挽留懇至，曲盡緇衣之情。是亦人各有志，可謂兩盡其美。然求歸者雖亦明哲保身，使各潔身而去，則君臣之義或幾乎息。挽留者雖以爲國惜賢，使皆靦顔在位，則高尚之風，亦日以微。況本院自欲求退而未能，安可沮人之求退？仰該司備行本官，再加酌量，於去就之間，務求盡合於天理之至。必欲全身遠害，則掛冠東門，亦遂聽行所志。若猶眷顧宗國，未忍割情獨往，且可見危授命，同舟共艱，稍須弘濟，却遂初心。則臨難之義，既無苟免於搶攘之日；而恬退之節，自可求伸於事定之餘。興言及此，中心愴而㊀。

俱是繇衷之談，比尋常虛畫體面者迥然不同。

㊀「愴而」，全書作「愴切」。

辭封爵普恩賞以彰國典疏

嘉靖元年正月初十日

南京兵部尚書王守仁謹奏，爲辭免封爵，普恩賞以彰國典事：臣於正德十六年十二月十九等日，節准兵部、吏部咨，俱爲捷音事，節該題奉聖旨：「江西反賊勦平，地方安定，各該官員功績顯著，爾部裡既會官集議，分別等第明白。王守仁封伯爵，給與誥券，子孫世世承襲，照舊參贊機務。欽此。」「王守仁封新建伯，奉天翊衛推誠宣力守正文臣，特進光禄大夫，柱國，還兼南京兵部尚書，照舊參贊機務，歲支禄米一千石，三代并妻一體追封，欽此」。前後備咨到臣，俱欽遵外。

臣聞命驚惶，莫知攸措。竊念臣以凡庸，誤受國恩，在正德初年，以狂言被譴。先帝察其無他，隨加收録，薦陟清顯，謬膺軍旅之寄，猥承巡撫之乏。後值寧藩肇變，臣時適嬰禍鋒，義當死難，不量勢力，與之犄角。賴朝廷威靈，幸無覆敗。既而讒言朋興，幾陷不測。臣之心事未及自明，先帝登遐，無階控籲。乃幸天啓神聖，陛下龍飛，開臣於覆盆之下，而照之以日月。憫惻劬勞，至勤詔旨，憐其烏鳥之情，使得歸省。推大孝之仁，優之以存問。超歷常資，授以留都本兵之任。㦬疏辭免，㦗旨益勤。在昔各臣碩輔，鮮有獲是於其君者，而況於臣之卑鄙淺劣，亦將何以堪此乎？今又加以封爵之崇，臣懼功微賞重，無其實而冒其名，憂禍敗之將及也。

夫人主於嚬笑之微，不以假於匪人，而況爵賞之重乎？人臣之事君也，先其事而後其食，食且不可，而況於封爵乎？且臣之所以不敢受爵，其說有四，然亦不敢不爲陛下一陳其實：

夫寧藩不軌之謀，積之十數年矣。持滿應機而發，不旬月而敗，此非人力所及也。上天之意，厭亂思治，將啓陛下之神聖，以中興太平之業，故蹶其謀而奪之魄，斯固上天之爲之也。而臣欲冒之，是叨天之功矣，其不敢受者一也。

先寧藩之未變，朝廷固已陰覺其謀。故改臣以提督之任，假臣以便宜之權，使據上游以制其勢。故臣雖倉卒遇難，而得以從宜調兵，與之從事。當時帷幄謀議之臣，則有若大學士楊廷和等，該部調度之臣，則有若尚書王瓊等，是皆有先事禦備之謀，所謂發縱指示之功也。今諸臣未蒙顯褒，而臣獨冒膺重賞，是掩人之善矣，其不敢受者二也。

當時廟堂諸臣，能先事慮患，爲封疆擇人，故禍變起而旋定。如近日，此方有事，則議設總督。彼方有事，亦議設總督。若叫呼奔救於桅航將覆之時，雖長年三老，亦安所施其手足哉？

變之初起，勢焰熖熾，人心疑懼退沮。當時首從義師，自伍文定、邢珣、徐璉、戴德孺諸人之外，又有知府陳槐、曾璵、胡堯元等，知縣劉源清、馬津、傅南喬、李美、李楫，及楊材、王冕、顧佖、劉守緒、王軾等，鄉官都御史王懋中，編修鄒守益，御史張鼇山、伍希儒、謝源等諸人，臣今不能悉數。其間或摧鋒陷陣，或遮邀伏擊，或贊畫謀議，監録經紀。雖其平日人品或有清濁高下，然就兹一事而言，固亦咸有捐軀効死之忠，戮力勤王之績，所謂同功一體者也。今賞當其功者固已有之，然施不酬勞之人尚多也。

其帳下之士，若聽選官雷濟，已故義官蕭禹，致仕縣丞龍光，指揮高睿，千户王佐等，或詐爲兵檄以撓其進止，壞其事機，或僞書反間以離其心腹，散其黨與。陰謀秘計，蓋有諸將士所不與知，而辛苦艱難，亦有諸部領所未嘗歷者。臣於捷奏本内，既不敢瑣瑣煩瀆，今聞紀功文册，復爲改造者，多所删㊀削。其餘或力戰而死於鋒鏑，或犯難而委於溝渠，陳力効能者，尤不可以枚舉。是皆一時號召之人，臣於顛沛搶攘之際，今已多不能記憶其姓名

㊀黔南本此句上有眉批：「可惡。」

以忠受誣，千古共憐。

籍貫。

復有舉人冀元亨者，爲臣勸説寧濠，反爲奸黨搆陷，竟死獄中。以忠受禍，爲賊報讎，抱冤齎恨，實繇於臣。雖盡削臣職，移報元亨，亦無以贖此痛。此尤傷心慘目，負之於冥冥之中者。

夫倡義調兵，雖起於臣，然猶有先事者爲之指措。而戮力成功，必賴於衆，則非臣一人之所能獨濟也。乃今諸將士之賞尚多未稱，而臣獨蒙冒重爵，是襲下之能矣，其不敢受者三也。

夫周公之功大矣，亦臣子之分所當爲。况區區犬馬之微勞，又皆偶逢機會，幸而集事者，奚足以爲功乎？臣世受國恩，齏身粉骨，亦無以報。謬當提督重任，承乏戎行，苟免鰥曠，况又超擢本兵，既已叨冒踰分。且臣近年以來，憂病相仍，神昏志散，目眩耳聾，無復可用於世。兼之親疾顛危，命在朝夕，又不度德量分，自知止足，乃冒昧貪進，據非其有，是忘己之恥矣，其不敢受者四也。

夫殃莫大於叨天之功，罪莫甚於掩人之善，惡莫深於襲下之能，辱莫重於忘己之恥，四者備而禍全。故臣之不敢受爵，非敢以辭榮也，避禍焉爾已。

伏願陛下鑒臣之辭出於誠懇，敢還成命，容臣以今職終養老親，苟全餘喘於林下，以所以濫施於臣者普於衆，以明賞罰之典，以彰大小之功，以慰不均之望，以勵將來効忠赴義之臣，臣死且不朽矣。不勝受恩感激懇切願望之至。緣係辭免封爵，普恩賞以彰國典事理，謹具本題㊀。

删削紀功文册，是朝臣忌功者之所爲，故先生力爲共事者表暴，疏入，竟不見報，媢嫉者之必不可挽若此。

再辭封爵普恩賞以彰國典疏　嘉靖元年

臣於正德十六年十二月，節准兵部、吏部咨，節該題奉聖旨：「江西反賊勦平，地方安静，各該官員功績顯著，爾部裡既會官集議，分別等第明白。王守仁封伯爵，給與誥券，子孫世世承襲，照舊參贊機務，欽此。」「王守仁封新建伯，奉天翊運推誠宣力守正文臣，特進光禄大夫，柱國，還兼南京兵部尚書，照舊參贊機務，歲支禄米一千石，三代并妻一體追封，欽此。」臣聞命驚

㊀「題」字據全書補。

惶，竊懼功微賞重，禍敗將及，已經具本辭免去後。隨於嘉靖元年七月十九日，准吏部咨，該臣奏前事，節奉聖旨：「論功行賞，古今令典，詩書所載，具可考見。卿倡義督兵，勦除大患，盡忠報國，勞績可嘉，特加封爵，以昭公義。宜勉承恩命，所辭不允，該部知道，欽此。」欽遵。

臣以積惡深重，禍延先人，臣方煢然瘠疚，僅未殞絶，聞命悸惕，魂魄散亂。已而伏塊沈思，臣以微勞，冒膺重賞，所謂叨天之功，掩人之善，襲下之能，忘己之恥者，臣於前奏，已具陳之矣。然而聖旨殷優，獨加於臣，餘皆未蒙採録者，豈以江西之功，果臣一人之所能獨辦乎？朝廷爵賞，本以公於天下，而臣以一身掠衆美而獨承之，是臣擁閼朝廷之大澤，而使天下有不均之望也，罪不滋重已乎？

夫廟堂之賞，朝廷之議也，臣不敢僭及。至於臣所相與協力同事之人，則有不得不爲一申白者。古者賞不踰時，欲人速得爲善之報也。今效忠赴義之士，延頸而待，已三年矣。此而更不一言，事日已遠，而意日已衰，誰復有爲之論列者？故臣輒敢割痛忍哀，冒斧鉞而控籲，氣息奄奄之中，忽不自覺其言之躁妄，亦其事有所感於昔，而情有所激於其中也。

竊惟宸濠之變，實起倉卒，其氣勢張皇，積威凌劫，雖在數千里外，無不震駭失措。而况江西諸郡縣，近切剥牀，觸目皆賊兵，隨處有賊黨。當此之時，臣以逆旅孤身，舉事其間，雖仰仗威靈，以號召遠近，然而未受巡撫之命，則各官非統屬也；未奉討賊之旨，其事乃義倡也。若使其時郡縣各官，果懷畏死偷生之心，但以未有成命，各保土地爲辭，則臣亦可何如哉？然而聞臣之調，即皆感激奮勵，或提兵而至，或挺身而來。是非真有捐軀赴難之義，戮力報主之忠，孰肯甘粉虀之禍，從赤族之誅，蹈必死之地，以希萬一難冀之功乎？然則凡在與臣共事者，皆有忠義之誠者也。夫均秉忠義之誠，以同赴國難，而功成行賞，臣獨當之，人將不食其餘矣，此臣所爲不敢受也。

果然忠義所激發。

且宸濠之變，天實陰奪其魄，而摧敗之速。是以功成之後，不復以此同事諸人者爲庸。使其時不幸而一蹶塗地，則粉身滅族之慘，亦同事諸人者自當之乎？將猶可以藉衆議之解救而徐免之乎？夫下之人犯必死之難以赴義，則上之人有必行之賞以報功。今臣獨崇爵，而此同事諸人者，乃或賞或否，或不行其賞，而并削其績；或賞未及播，而罰已先行；或虛受陞職之名，而因使退閒；或冒蒙不忠之號，而隨以廢斥。繇此言之，亦何苦捐身赴義，以來

剴切真至。

此呶呶之口，而自求無實之殃乎？乃不若退縮引避，反可以全身遠害，安處富貴，而逭於衆口之誹也。

夫披堅執鋭，身親行伍，以及期赴難，而猶不免於不忠之罰，則容有托故推奸，坐而觀望者，又將何以加之？今不彼之議，而獨此之察，則已過矣。昔人有蹊田而奪牛者，君子以爲蹊田固有責，而奪牛則已甚。今人驅牛以耕我之田，既種且獲矣，而追究其耕之未盡善也，復從而奪之牛，無乃太遠於人情乎？方今議者，或以某也素貪而鄙，某也素躁而狂，故雖有功而當抑其賞，雖有勞而不贖其罪。噫！是亦過矣！

當宸濠之變，撫按三司等官，咸被驅縛，或死或從，其餘大小之職，近者就縻，遠者逃潰矣。當此之時，苟知有從我者，皆可以爲忠義之士，尚得追論其平時耶？况所謂若貪與鄙者，或出於讒嫉之口，而未皆真耶？若居常處易，選擇而使，猶不免於失人，况一時烏合之衆，而顧以此概之，其責於人終無已乎？

夫考素行，别賢否，以激揚士風者，考課之常典。較功力，信賞罰，以振作士氣者，軍旅之大權。故鄙猥之行，平時不齒於士列，而使貪使詐，軍事有

數言可爲用人之法。

所不廢也。急難呼吸之際，要在摧鋒克敵而已，而暇逆計其他乎？當此之時，雖有禦人國門之寇，苟能効其智力，以協濟吾事，亦將用之。用之而事果有成，亦必賞之。況乎均在士人之列，同有勤事之忠者乎？人於平居無事，扼腕抵掌而談，孰不曰我能臨大節，死大難。及當小小利害，未必至於死也，而或有倉皇失措者有矣。又況矢石之下，劒刃之間，前有必死之形，而後有夷滅之禍，人亦何不設以身處其地而少亮之乎？

見危授命，千古有幾人？

夫考課之典，軍旅之政，固並行而不相悖，然亦不可以混而施之。今人方有可録之功，吾且遂行其賞可矣，縱有既往之愆，亦得以今而贖。但據其顯然可見者，毋深求其隱然不可見者。賞行矣，而其人之過猶未改也，則從而行其黜謫。人將曰：昔以功而賞，今以罪而黜，功罪顯而勸懲彰矣。今也將明軍旅之賞，而陰以考課之意行於其間，人但見其賞未施而罰已及，功不録而罪有加，不能創奸警惡，而徒以阻忠義之氣，快讒嫉之心。譬之投杯醪於河水，而曰是有醪焉，亦可飲而醉也。非易牙之口，將不能辯之矣，而求飲者之醉，可得乎？

此皆冒嫉者之所爲，古今來灰英雄任事之心者，俱繇此輩。

人臣於國家之難，凡其心之可望，力之可爲，塗肝腦而膏髓骨，皆其職分所當然。則此同事諸臣者，遂敢以此自爲之功，而邀賞於其上乎？顧臣與之同事同功，今賞積於臣，而彼有未逮，臣復抗顔直受而不以一言，是使朝廷之上果以其功獨歸於臣，而此諸人者之績因臣之爲蔽，而卒無以自顯於世也。

且自平難以來，此同事諸人者，非獨爲已斥諸權奸之所誣搆剉辱而已也，羣憎衆嫉，惟事指摘摎羅以爲快，曾未見有鳴其不平，而伸其屈抑者。幸而陛下龍飛，赫然開日月之光，英賢輔翼，廓清風而鼓震電，以是陰氣始散，而魍魎潛消。然而覆盆之下，尚或有未能自露者也。故臣敢不避矜誇僭妄之戮，而輒爲諸臣者一訴其艱難抑鬱之情。昔漢臣趙充國破羌而歸，人有諷之謙讓功能者。充國曰：「吾老矣，爵位已極，豈嫌伐一時事以欺明主哉？兵政，國之大事，當爲後法。老臣不以餘命一爲主上明言其利害，卒死，誰當復言之者？」卒以實對。夫人之忠於國也，殺身夷族有不避，而乃避其自矜㊀功伐之嫌乎？

㊀「矜」原作「務」，據全書及黔南本改。

此是實事實言。

臣始遇變於豐城也，蓋舉事於倉卒茫昧之中，其時豈能逆睹其功之必就，謂有今日爵賞之榮而爲哉？徒以事關宗社，是以不計成敗利鈍，捐身家，棄九族，但以輸忠憤而死節，是臣之初心也。至於號召三軍，則雖激之以忠義，而實歆之以爵禄延世之榮，勵之以名節，而復動之以恩賞絢耀之美。是非敢以虚言誘之也，以爲功而克成，則此爵禄恩賞，亦有國之常典，理所必有也。今臣受殊賞而衆有未逮，是臣以虚言罔誘其下，竭衆人之死而共成之，掩衆人之美而獨取之。見利忘信，始之以忠信，終之以貪鄙，外以欺其下，而内失其初心，亦何顏面以視其人乎？故臣之不敢獨當殊賞者，非不知封爵之爲榮也，所謂有重於封爵者，故不爲苟得耳。

伏願陛下鑒臣之言，不以爲誇也，而因以察諸臣之隱。允臣之辭，不以爲僞也，而因以普諸臣之施。果以其賞在所薄與，則臣亦不得而獨厚。果以其賞或可厚與，則諸臣亦不得而遂薄也。江西同事諸臣，臣於前奏亦已略舉，且該部具有成册可查，不敢復有所塵瀆。臣在衰絰憂苦之中，非可有言之日，事不容已，而有是舉，不勝受恩感激，含哀冒死戰慄惶懼懇切祈禱之至。

此是先生大公無我之心，賞功獎能，足爲激勸人心之一大法。

辯誅遺奸正大法以清朝列疏

丁憂南京兵部尚書臣王某，謹奏爲誅遺奸，正大法，以清朝列事。嘉靖元年十月初十等日，准南京兵部咨，准都察院咨，該巡按廣西監察御史張鉞奏，爲前事，題奉聖旨：「是。這所劾張子麟事情，還着王守仁、伍希儒、伍文定看了，上緊開具明白，奏來定奪，欽此。」又准該部咨，准都察院咨，該丁憂刑部尚書張子麟奏，爲辯污枉，清名節，以雪大冤事。題奉聖旨：「是。張子麟所奏事情，着王守仁等一併看了來説，欽此。」俱欽遵外。

方在衰絰之中，憂病哀苦，神思荒憒，一切世務，悉已昏迷恍惚，奉命震悚。旋復追惟，臣先正德十四年六月初六日，奉勅前往福建查處聚衆謀反等事，本月十五日，行至豐城地方，適遇寧藩之變，倉卒脱身，誓死討賊。十八日，回至吉安，督同知府伍文定等起兵。七月二十日，引兵收復南昌。二十三日，宸濠還救。二十六日，宸濠就擒。其時，餘黨尚有未盡，百務叢集。臣因先令各官，分兵守視王府各門。至月初五、六間，始克率同御史伍希儒、知府伍文定等，入府按視宫殿庫藏諸處。其間未經燒毁者，重加封識，以俟朝命。已被殘壞者，分令各官，逐一整簡。

有刑部尚書張子麟啓本一封，衆共開視，云是胡世寧招詞。臣當與各官商説，此等公文書啓之類，皆在宸濠未反數年前事，雖私與交往，不爲無罪，而反逆之舉，未必曾與通謀。況此交通之人，今或多居禁近，分布聯絡。若存此等形迹，恐彼心懷疑懼，將生意外不測之變。且慮憸人因而點綴掇拾，異時根究牽引，奸黨未必能懲，而忠良或反被害。昔人有焚吏民交關文書數千章，以安反側之心者，今亦宜從其處，以息禍端。遂議與各官公同燒毁。

後奉刑部題奉欽依：「原搜簿籍，既未送官封記收掌，又事發日久，别生事端，委的真僞難辯，無憑查考，着原搜獲之人盡行燒毁，欽此。」欽遵外，臣等莫不仰歎聖主包含覆幬之量，範圍曲成之仁，可謂思深而慮遠也已。以是臣等不復爲言，且謂朝廷於此等事，既已一概有略，與天下洗滌更始矣，今御史張鉞風聞其事，復有論列，是亦防閑爲臣之大義，効忠於陛下之心也。

凡平反側者，此法不可不知。先生此舉，釋奸黨之疑懼，免善類之株連，所全非小。後適爲忌嫉者藉口，信任事其難哉。

尚書張子麟力辯其事，而都察院覆奏以爲世寧之獄悉繇該院，與子麟無干，則誠亦曖昧難明之跡。今臣等亦不過據事直言其實耳，豈能别有所查訪？然以臣愚度之，嘗聞昔年宸濠奸黨，爲之經營布置於外，往往亦有詐爲他人書啓，歸以欺濠而罔利者。則此子麟之啓，無乃亦是類歟？不然，子麟身爲執法大臣，非一日矣，縱使與濠交通，豈略不知有畏忌，而數年之前，輒以肆然稱臣於濠耶？夫人臣而懷二心，此豈可以輕貸，然亦加人以不忠之罪，則亦非細故矣。此在朝廷必有明斷，臣偶有所見，亦不敢不一言之。緣奉欽依：「這所劾張子麟事情，還着王守仁、伍希儒、伍文定看了，上緊開具明白，奏來定奪。」及「張子麟所奏事情，着王守仁等一併看了來説」事理，爲此具本，差舍人李昇親齎奏聞，伏候敕旨。

直而不傷於訐。

陽明先生集要經濟編卷六

辭免重任乞恩養病疏

嘉靖六年六月

臣自正德十四年江西事平之後，身罹讒構，危疑洶洶，不保朝夕。幸遇聖上龍飛，天開日朗，鑒臣螻蟻之忠，下詔褒揚洗滌，出臣於覆盆之下，進官封爵，召還京師。因乞便道歸省，隨蒙賜勑，遣官奬勞慰諭，錫以銀幣，犒以羊酒。臣感激天恩，雖粉骨碎身，云何能報？不幸繼遭父喪㊀，未獲赴闕陳謝。服滿之後，又連年病卧，喘息奄奄，苟避形跡。皇上天高地厚之恩，迄今六年於此矣，尚未能一覩天顔，稽首闕廷之下，臣實瞻戴戀慕，晝夜熱中，若身在芒刺。邇者曾蒙謝恩之召，臣之至願，惟不能即時就道，顧廼病卧呻吟，徒北望感泣，神魂飛馳而已。

㊀「繼遭父喪」，全書作「遭繼父喪」，非。

今年六月初六日，兵部差官齎文前到臣家，内開奏奉欽依，以兩廣未靖，命臣總制軍務，督同都御史姚鏌等勘處者。臣聞命驚惶，莫知攸措，伏自思惟：臣於君命之召，當不俟駕而行，矧兹軍旅，何敢言辭？顧臣病患久積，潮熱痰嗽，日甚月深。每一發咳，必至頓絶，久始漸甦。乃者謝恩之行，輕舟安卧，尚未敢强。又况兵甲驅勞，豈復堪任？夫委身以圖報，臣之本心也。若冒病輕出，至於僨事，死無及矣。

臣又伏思：兩廣之役，起於土官讎殺，比之寇賊之攻劫郡縣，荼毒生靈者，勢尚差緩。若處置得宜，事亦可集。姚鏌平日素稱老成慎重，一時利鈍前却，斯亦兵家之常。要在責成，難拘速效。御史石金，據事論奏，是蓋忠於陛下，將爲國家弘仁覆久遠之圖，所以激勵鏌等，使之集謀決策，收之桑榆也。

他人處此，必張皇其事，爲後日報功之地。先生直陳兩廣事務處置不難，非真有忠君愛國之心者不能。

臣本書生，不習軍旅。往歲江西之役，皆偶會機宜，幸而成事。臣之才識，自視未及姚鏌，且近年以來，又已多病。况兹用兵舉事，鏌等必嘗深思熟慮，得其始末條貫。中事少沮，輒以臣之庸劣，參與其間，行事之際，所見或有同異，鏌等益難展布。夫軍旅之任，在號令嚴一，賞罰信果而已。慎擇主

俱是實語。

帥，授鉞分閫，當聽其所爲。臣以爲兩廣今日之事，宜專責鏌等，隆其委任，重其威權，略其小過，假以歲月，而要其成功。至於終無底績，然後別選才能，兼於民情土俗，素相諳悉，如南京工部尚書胡世寧、刑部尚書李承勛者，往代其任。

非妄舉自代者。

夫朝廷用人，不貴其有過人之才，而貴其有事君之忠。苟無事君之忠，而徒有過人之才，則其所謂才者，僅足以濟其一己之功利，全軀保妻子而已耳。如臣之迂疎多病，徒持文墨議論，未必能濟實用者。誠宜哀其不逮，容令養疾田野，俟病痊之後，不終棄廢，或可量置閑散之地，使得自效其涓埃。則朝廷於任賢御將之體，因物曲成之仁，道並行而不相背矣。臣不敢苟冒任使，以欺國事，不勝感恩激義懇切祈望之至。

以此程才，百不失一。

觀此疏，則其處置兩廣大意，已自可想見。古人作用，若隆中登壇，於未任之先，已有把柄類如此。

赴任謝恩遂陳膚見疏　六年十二月初一日

臣於病廢之餘，特蒙恩旨起用，授以兩廣軍旅重寄。臣自惟朽才病質，深懼不任驅使，以誤國事，具本辭免。過蒙聖旨：「卿識敏才高，忠誠體國。今兩廣多事，方藉卿威望，撫定地方，用紓朕南顧之懷。姚鏌已致仕了，卿宜星夜前去，節制諸司，調度軍馬，撫勦賊寇，安戢兵民。勿再遲疑推諉，以負朕望。還差官鋪馬裡，齎文前去，敦趣赴任行事，該部知道，欽此。」欽遵。兵部移咨到臣，捧讀感泣，莫知攸措。

伏念世受國恩，粉骨虀骸，亦無能報。又況遭逢明聖，温旨勤拳若是，何能復顧其他？已於九月初八日扶病起程，沿途就醫，服藥調理，晝夜前進。奈秋暑旱澀，舟行甚難，至十一月二十日，始抵梧州。思恩、田州之事，尚未及會同各官查審區處。然臣沿途涉歷，訪諸士夫之論，詢諸行旅之口，頗有所聞，不敢不爲陛下一言其略。

臣惟岑猛父子，固有可誅之罪，然所以致彼若是者，則前此當事諸人，亦宜分受其責。蓋兩廣軍門，專爲諸猺獞及諸流賊而設，朝廷付之軍馬錢糧，事權亦已不爲不專且重。若使振其軍威，自足以制服諸蠻。然而因循怠弛，軍政日壞，上無可任之將，下無可用之兵。一有警急，必須倚調土官狼兵若猛之屬者而後行事。故此輩得以憑恃兵力，日增其桀驁。今夫父兄之於子

前此當事諸人之罪案定於此矣。

弟，苟役使頻勞，亦且不能無倦。況於此輩夷獷之性，歲歲調發，奔走道途，不得顧其家室，其能以無倦且怨乎？及事之平，則又功歸於上，而彼無所與。兼有不才有司，因而需索引誘，與之爲奸，其能以無怒且慢乎？既倦且怨，又怒以慢，始而徵發愆期，既而調遣不至，上嫉下憤，日深月積，劫之以勢而威益褻，籠之以詐而術愈窮。繇是，諭之而益梗，撫之而益疑，遂至於有今日，加以叛逆之罪而欲征之。

夫即其已暴之惡，征之誠亦非過。然所以致彼若是，已非一朝一夕之故。且當反思其咎，姑務自責自勵。修我軍政，布我威德，撫我人民，使內治外攘，而我有餘力。則近悅遠懷，而彼將自服。顧不復自反，而一意憤怒之。夫所可憤怒者，不過岑猛父子，及其黨惡數人而已。其下萬餘之衆，固皆無罪之人也。今岑猛父子，及其黨惡數人，既云誅戮，已足暴揚。所遺二酋，原非有名惡目，自可寬宥者也。

又不勝二酋之憤，遂不顧萬餘之命，竭兩省之財，動三省之兵，使民男不得耕，女不得織，數千里內，騷然塗炭者，兩年于茲。然而二酋之憤，至今尚未能雪也。徒爾兵連禍結，徵發益多，財饋益殫，民困益深。無罪之民，死者

西南夷之叛，皆繇地方官激成之，故爲炎要計者，良牧即是良將。

岑氏世守田州，爲諸酋所信服。故易乘釁搖動，揆之事勢，處置之法，不得不如此。

十已六七。山猺海賊，乘釁摇動。窮迫必死之寇，既從而煽誘之，貧苦流亡之民，又從而逃歸之，其可憂危，何啻十百於二酋者之爲患？其事已兆，而變已形。顧猶不此之慮，而汲汲於二酋，則當事者之過計矣。

今當事者之於是役，其悴心憔思，亦可謂勤且至矣。特發於憤激，而狃爲其難，是以勞而未效。夫二酋者之阻㊀兵拒險，亦不過畏罪逃死，苟爲自全之計。非如四方流劫之賊，攻城堡，掠鄉村，虜財物，殺良民，日爲百姓之患，人人欲得而誅之者。今驅困憊之民，使裹糧荷戈，以征不爲民患、素無讎怨之虜，此人心之所以不奮，而事之所以難濟也。

又今狼達土漢官兵，亦不下數萬，與萬餘畏罪逋誅之虜，相持已三月有餘，而未能一決者，蓋以我兵發機太早，而四面防守太密。是乃投之無所往，而示之以必不活，益使彼先慮預備，并心協力，堅其必死之志，以抗我師。就使我師將勇卒奮，決能取勝，亦必多殺士衆，非全軍之道。又況人無戰志，而徒欲合圍待斃，坐收成功。此我兵之所以雖衆而勢日以懈，賊雖寡而志日以

㊀「阻」，全書作「沮」。

今且撫民之所怒，焉得不壞？

無怒寇之民心，雖有立懂之將，莫可用之。用兵之道，實着便死。昔李靖見蕭銑悉兵拒戰，語孝恭曰：今若急之，彼則並力死戰，楚兵慓鋭，未易當。時將鮮知此道。

合，備日密而氣日以鋭者也。夫當事者之意，固無非欲計出萬全，然以用兵而言，亦已失之巧遲，所謂强弩之末不能穿魯縞矣。

臣愚以爲且宜釋此二酋者之罪，開其自新之路，而彼猶頑梗自如，然後從而殺之，我亦可以無憾。苟可曲全，則且姑務息兵罷餉，以休養瘡痍之民，以絶覬覦之奸，以弭不測之變。迨於區處既定，德威既洽，蠻夷悦服之後，此二酋者遂能改惡自新，則我亦豈必固求其罪？若其尚不知悛，執而殺之，不過一獄吏之事，何至兵甲之煩哉？

先生便一手拿得定，故治盗者，必在我之力量能殺之，後可議撫。

或者以爲征之不克而遽釋之，則紀綱疑於不振。臣竊以爲不然。夫天子於天下之民物，如天覆地載，無不欲愛養而生全之。寧有撮爾小醜，乃與之争憤求勝，而謂之振紀綱者？惟後世貪暴諸侯，强凌弱，衆吞寡，則必務於求勝而後已，斯固五霸之罪人也。昔苗頑不即工，舜使禹、益徂征，三旬，苗氏逆命，禹乃班師振旅。夫以三聖人者爲之君帥，以征一頑苗，謂宜終朝而克捷，顧歷三旬之久，而復至於班師以歸。自今言之，其不振甚矣。然終致有苗之格，而萬世稱聖。古之所謂振紀綱者，固若是耳。

大儒之言。

臣以匪才，謬膺重命，得總制四省軍務，以從事於偏隅之小醜。非不知

真是忠悃，前此必勦之議，果是誤國。

乘此機會，可以僥倖成功，苟免於怯懦退避。然此必多調軍兵，多傷士卒，多殺無罪，多費糧餉。又不足以振揚威武，信服諸夷。僅能取快於二酋之憤，而忘其遺患於兩省之民，但知徼功於目前，而不知投艱於日後，此人臣喜事者之利，非國家之福，生民之庇。臣所不忍也。

臣又聞兩廣主計之吏，謂自用兵以來，所費銀兩，已不下數十萬。梧州庫藏所遺，不滿五萬之數矣。所食糧米，已不下數十萬，梧州倉廩，所存不滿一萬之數矣。繇是言之，尚可用兵不息，而不思所以善後之圖乎？

臣又聞諸兩省士民之言，皆謂流官之設，亦徒有虛名，而反受實禍。詰其所以，皆云思恩未設流官之前，土人歲出土兵三千，以聽官府之調遣。既設流官之後，官府歲發民兵數千，以防土人之反覆。即此一事，利害可知。且思恩自設流官以來，十八九年之間，反者五六起。前後征勦，曾無休息。不知調集軍兵若干，費用糧餉若干，殺傷良民若干。朝廷曾不能得其分寸之益，而反爲之憂勞徵發，浚良民之膏血，而塗諸無用之地。此流官之無益，亦斷然可睹矣。

但論者皆以爲既設流官而復去之，則有更改之嫌，恐啓人言而招物議。是以寧使一方之民久罹塗炭，而不敢明爲朝廷一言。寧負朝廷，而不敢犯衆

釋近謀遠者，勞而無功。釋遠謀近者，佚而有終。先生處二酋得此道。

夷人獷悍，不服漢法。以不治治之，必千古不易之法。

近日當路，凡事首鼠兩端，俱是因照顧物議之心。

議。甚哉，人臣之不忠也！苟利於國而庇於民，死且爲之矣，而何人言物議之足計乎？

臣始至地方，雖未能周知備歷，然形勢大略，亦可概見。田州切鄰交趾，其間深山絶谷，皆猺獞之所盤據，動以千百。必須仍存土官，則可藉其兵力以爲中土屏蔽。若盡殺其人，改土爲流，則邊鄙之患，我自當之，自撤藩籬，非久安之計，後必有悔。思恩、田州處置事宜，俟事平日，遵照勑旨，公同各官另行議奏。但臣既有所聞見，不敢不先爲陛下一言，使朝廷之上，早有定處，臣等得一意奉行，不致往復查議，失誤事機。可以速安反側，實地方之幸，臣等之幸，臣不勝受恩感激、竭忠願效之至。

以先生之威望，重以得爲之事權，出其方略，平定匪難。而先生首諄諄以釋二酋請，蓋二酋不在貴有以勝之，貴有以安之。勝之者，功在一時；安之者，利在百世。此誠老成謀國之長策，不當僅以近日招撫偷安者同視。

與諸葛武侯處置孟獲事同。

欽奉勑諭通行 嘉靖六年十月初三日

嘉靖六年七月初七㈠日，節該欽奉勑諭：「先該廣西田州地方，逆賊岑猛爲亂，已令提督兩廣等官都御史姚鏌等督兵進勦，隨該各官奏稱岑猛父子悉已擒斬，巢穴蕩平，捷音上聞。已經降勑獎勵，論功行賞，及將改㈡設流官，添設參將等事條陳。又經該部議擬覆奏施行去後。續該各官復奏，惡目盧蘇倡亂復叛。王受攻陷思恩。又經切責各官計處不審，行令將失事官員，戴罪督兵勦捕，及調江西畬兵，湖廣、永保二司土兵，并力勦殺，務收全功。并勑巡按御史石金紀功外。但節據石金所奏，前項地方，盧蘇、王受結爲死黨，互相依倚，禍孽日深，將來不可收拾。又參稱先後撫臣舉措失當，姚鏌等攘夷無策，輕信寡謀。圖田州已不可得，并思恩胥復失之，要得通行查究追奪。朕以事難遥度，姚鏌等前功難泯，後有疎虞，得旨切責之後，能自奮勵平寇，有功亦未可知，難遽别議。乃下兵部議奏，以各官先後所論事宜，意見不同，

㈠「初七」，全書作「初十」。 ㈡「改」，全書作「該」。

且兵連兩廣，調遣事干隣境地方，必得重臣前去總制，督同議處，方得停當。今特命爾提督兩廣及江西、湖廣等處地方軍務，星馳前去彼處。即查前項夷情，田州因何復叛，思恩因何失守，督同姚鏌等斟酌事勢，將各夷叛亂未形者，可撫則撫；反形已露者，當勦則勦。一應主客官軍，從宜調遣；主副將官及三司等官，悉聽節制，治以軍法，明示威信。務要計處合宜，仍令御史石金隨軍紀驗功次，從實開報，以憑陞賞。賊平之後，公同計處，應設土官流官，何者經久便利㊀，并先今撫鎮等官，有功有過，分別大小輕重，明白奏聞區處。凡用兵進止機宜，及一應合行之事，勑內該載未盡者，悉聽便宜從長處置。事體十分重大者，具奏定奪。朕以爾勳績久著，才望素隆，特兹簡任。爾務以體國爲心，聞命就道，竭忠盡力，大展謀猷，俾夷患殄除，地方安靖，以紓朕西南之憂。仍須深慮却顧，事出萬全，一勞永逸，以爲廣人久遠之休。毋得循例辭避，以孤衆望，爾欽哉故諭，欽此。」欽遵。

照得當爵猥以菲才，濫膺重寄，多病之餘，精力既已減耗；久廢之後，事

㊀「便利」，全書作「利便」。

體又復濶疎。大懼弗堪，有負委托。及照兩廣之與江西、湖廣，雖云相去遼遠，而壤地相連，士夫軍民，往來絡繹，傳聞既多，議論有素。況在無嫌之地，是非反得其真。且處傍觀之時，區畫宜有其當。令行諮詢，以輔不逮。除委用職官，及調遣軍馬，臨時相機另行外。擬合通行。爲此仰抄捧回司，照依案驗，備奉勑諭内事理，即行本司掌印、佐貳，及各道守㊀巡、兵備、守備等官，并所屬大小衙門各該官吏，凡有所見，勿憚開陳。其間或撫或勦，孰爲得宜，設土設流，孰爲便利，與凡積弊宿蠹之宜改於目前，遠慮深謀之可行於久遠者，備寫揭帖，各另呈來，以憑採擇。

各該官吏，俱要守法奉公，長廉遠恥，袪患衛民，竭忠報國。毋以各省而分彼此，務在協力以濟艱難。果有忠勇清勤，績行顯著者，旌勸自有常典，當爵不敢蔽賢。其或奸貪畏縮，志行卑污者，黜罰亦有明條，當爵亦不敢同惡。深惟昧劣，庶賴匡襄，凡我有司，各宜知悉。仍行鎮守、撫按等衙門知會，一體欽遵施行。

詢咨真懇，比尋常通行文移自是不同。

勦撫土流，目前久遠，只此八字，已盡括大意。

㊀「守」，全書作「分」。

辭巡撫兼任舉能自代疏

嘉靖六年十二月初二日，准本院咨，節該吏部題奉聖旨：「王守仁暫令兼理巡撫兩廣等處地方，寫勑與他，欽此。」欽遵外，臣聞命之餘，愈增惶懼。竊念臣以迂疏多病之軀，謬承總制四省軍務之命，既已有不勝其任之憂矣。方爾晝夜驅馳，圖其所以仰副朝廷之重委者，而尚未知所措。今又加以巡撫之責，豈其所能堪乎？

況兩廣地方，比於他處，尤繁且難。蠻夷猺獞之巢穴，處處而是；攻劫搶擄之警報，日日而有。近年以來，加之以師旅，因之以饑饉，郡縣之凋敝日甚，小民之困苦益深。巡撫之任，非得才力精强者，重其事權，漸其官階，而久其職任，殆未可求效於歲月之間也。蓋非重其事權，則不可以漸其官階；非漸其官階，則不可以久其職任；非久其職任，則凡所舉動多苟且目前之計，而不爲日後長久之謀。邀一時之虛名，而或遺百年之實禍。膏澤未洽於下，而小民無愛戴感戀之誠；德威未敷於遠，而蠻夷無信服歸向之志。此巡撫兩廣之任，雖才能相繼，而治效之所以未究也。

非但兩廣，各處巡撫，皆應如是。

所舉誠當。

切見致仕副都御史伍文定，質性勇果，識見明達。往歲寧藩之變，嘗從臣起兵討逆，臣備知其能。今年力未衰，置之閒散，誠有可惜。若起而用之，以爲巡撫，其於經略之方，撫綏之術，必能不負所委。及照刑部左侍郎梁材，新陞南贛副都御史汪鋐，亦皆才能素著，抑且舊在兩廣，備諳土俗民情，皆足以堪斯任。乞敕吏部於三人之中，選擇而使之，臣之駑劣多病，俾得專意思、田之役，幸而了事，容令照舊回還原籍調理。非獨巡撫得人，地方有所倚賴，而臣之不肖，亦苟免於覆餗之誚㊀矣。

時朝議不另設兩廣巡撫，亦是有見。然先生此疏，自不可已。

湖兵進止事宜 十月

據廣西桂林道右參政龍誥、僉事申惠會稟，原調永、保二司宣慰官舍土兵，共六千餘員名。八月自辰州府起行，九月盡可到省城。各職即日起程，前去全州、興安等處，接應督押。爲照大兵進止，自有機宜。今未奉節鉞撫

㊀「誚」原作「謀」，據全書改。

臨，莫知適從。查得舊規，兵至即發哨徑趨賓州聽調。如至賓州而未用，恐接境思、田二府，不無致生疑變。合無將各兵前赴梧州府屯劄，聽候軍門撫臨調度等因。

照得本年八月二十四日，先准兵部咨，該本爵看得先任總督巡撫都御史姚，已蒙欽准致仕。而本爵又以扶病就醫，聽候辭本命下，未即起程。況湖兵未至，秋暑尚深。遥計賊情，正在懈弛，機有可乘，事宜從便。已經行仰各該失事帯罪立功守巡參將，及各領兵督哨等官，務要相度機宜。若各叛目誠心投撫，中間尚有可憫之情，朝廷豈以必殺爲事？且宜從權撫插，聽候本爵督臨查處。若是陽投陰叛，譎詐反覆，度其事勢，終難曲全，則宜密切相機，乘間行事，務在獲厥渠魁，不得濫加無罪。各官務要協和行事，既無參錯牴牾，有乖共濟之義。亦無貪功輕率，仰戾好生之仁。又經行仰各遵照施行去後。

今據前因，看得湖兵既至，勢難中止。非徒無事漫行，有失遠人之信；亦且師老財費，重爲地方之憂。但聞諸道路，傳諸商旅，皆謂各目投撫之誠，今已甚切，致亂之情，尚有可原。且朝廷以好生爲德，下民無必死之讎。是以本爵尚爾遲疑，欲候督臨，乃決進止。顧傳聞未真，兵難遥度，各官身親其

屯梧州未爲無見，至如先生聲東擊西之計，則又所謂因勢而利導之者，真是用兵神妙。

事，必皆的知。况原任總督雖已致政，尚在統領，老成慎重，當無遺策。若果事在不疑，即宜乘機速舉，一勞永逸，以靖地方。如其尚有可生之道，亦且毋爲必殺之謀，匪曰姑息，將圖久安。及照各處流賊，素爲民患，非止一巢。若用聲東擊西之術，則湖兵之來，未爲徒行。各官俱密切慎圖，務出萬全。本爵亦已扶病晝夜速進。軍中事宜，從便施行。一面呈稟撫鎮巡按等衙門，一體通行知會，俱毋違錯。

牌諭㊀安遠縣舊從征義官葉芳等 十一月

往年本爵提督南、贛、汀、漳等處軍務，因地方盜賊未平，身親軍旅，四出勦除。爾葉芳等，乃能率領兵夫，來隨帳下，奮勇殺賊，效勞爲多。後遭寧藩之變，爾葉芳又能堅辭賊賄，一聞本爵起調牌到，當即統領曾德禮等，及部下兵衆，晝夜前來，遠赴國難。一念忠義，誠有可嘉。備歷辛苦，立有戰功。賞未酬勞，予心慊慊。嘗欲表奏爾一官，以勵忠勤。隨因本爵守制還家，未及舉行。

㊀「諭」原作「論」，據原目改。

今茲奉命，總制四省軍務，復臨是境。看得舊時從征軍士，多被忌功之徒百般屈抑，心殊爲之不平。念爾葉芳舊勞未酬，合就先行獎勵。故特差典史張繒，將帶花紅羊酒，親至爾家，用旌爾功。爾其益謹禮法，以緝下人；益殫忠勤，以報上德。省諭部下之人，務要各安生理，各守家業。人惟不爲善，未有爲善而不獲善報者；人惟不爲惡，未有爲惡而不受惡殃者。

聞爾所居之地，傍近各寨，新民雖云向化，其間尚多與爾爲讎。爾宜高爾牆垣，嚴爾警備，以戒不虞。爾等嘗與杜柏、孫洪舜等不和，各宜消釋，講信修睦，安集地方。吾所以惓惓誨諭爾等者，實念爾等辛勤，從我日久。吾視爾等，不啻如父子，雖欲已於言，情有所不容已也。吾今以軍機重務，即赴兩廣，不得久留贛城。爾等但體吾教戒之意，各安室家，不必遠來候見，徒勞無益。其曾德禮等，俱各諭以此意。

微勞必録，雖久不忘，聖人不忘遠，不過如此。

放回各處官軍牌

照得先因田州等處變亂，前任軍門抽撥兩省官軍，及差官取調左、右兩江土官目兵，前赴南寧等處駐劄，聽候征勦。今照各夷皆來告，要誠心向順，已漸有平復之機。且各處城池邊隘，缺人防守，往往來告盜賊乘間竊發，亦不可不爲之慮。況今春氣萌動，東作方興，各兵屯頓日久，露眠草宿，勞苦萬端，應合放回。爲此牌仰本官即將軍門原調各處官軍、機兵、打手及各土官目兵，盡數撒放回休息，及時農種，防守城池。惟湖廣永、保二司土兵，姑留聽候，俟沿途夫馬糧草完備，然後發回。各具繇回報，毋得違錯。

留之有所用也。

此舉不獨可以愜軍心，亦可以堅夷衆之歸誠。

奏報田州思恩平復疏

七年二月十三日

嘉靖七年正月二十七日，據廣西田州府目民盧蘇、陸豹、黄笋、胡喜、邢相、盧保、羅王、黄陳㊀、羅寬、戴慶等，連名具狀，爲悔罪投降，陳情乞恩事，投稱先因本府土官岑猛，與泗城州屢年互相讎殺，獲罪上司。於嘉靖五年六月內，致蒙奏請官兵征勦臨境。岑猛自思原無反叛情繇，意得招撫，先自同道

二酋之來降，繇先生平日之威望有以寒其膽也。中間條陳利害，段段真切，洞悉夷情，可爲處西南夷之法。

㊀「羅王、黄陳」，全書作「羅黄、王陳」。

士錢一真及親信家人，逃躲歸順州界。

蘇等俱各畏避四散，逃入山林。止有各處寄住客户千餘，躲避不及，冒犯官軍，俱蒙殺勦。目民人等，俱不敢抵抗官軍，惟有陸綬不曾遠遁，當被擒斬。其餘韋好、羅河等，俱蒙官軍陸續搜山殺死。

驀於當年九月内，歸順土官岑璋，書報岑猛見在該州，前月已將道士錢一真功次，假作岑猛解報軍門，爾可作急平定地方，來迎爾主。蘇等聽信，遣人節送衣服、檳榔等件，岑璋一一收受。言説岑猛不可輕易見人，官府得知累我。續於十月内，岑璋又差人促令邀同王受，招復鄉村。因見府治空虚，乘便入城休息，又遣迎岑猛。岑璋回説，爾今地方未定，姑候來春，我當發兵三十餘營，送爾主來，且替爾防守。

蘇等因此逃命，屯聚以候岑猛，並無叛心。嘉靖六年正月，有人傳説岑猛於天泉凸内急病身死，屍骨被岑璋燒燬，金銀盡被收獲。隨遣人去歸順探問，又被岑璋殺死。蘇等痛悔無繇，竊思官男岑邦彦，先已齊村病故。今聞岑猛又死，無主可靠。欲出投訴，切見四方軍馬充斥，聲言務要盡勦。又恐飛蟲附火，必損其身。又蒙上司陰使王受圖殺盧蘇，又使盧蘇圖殺王受，反

是實情。

覆難信，投降無路，日切苦痛。

今幸朝廷寬赦，欽命總制天星，體天行道，按臨在此，神鬼信服。蘇等方敢捨命求生，率領闔府目民男子大小人等，共計四萬餘名口，盡數投降，伏乞憫念生靈草命，赦死立功，以贖前罪。哀乞憐憫岑猛原無反叛情罪，存其一脈，俯順夷情，辦納糧差，實爲萬幸等情。

并據思恩府頭目王受、蘇受㊀、黄容、盧平、韋文明、侶馬、黄留、黄石、陸宗、覃鑑、潘成等，亦連名具狀，告同前事。投稱本府原係土官，自改立流官，開圖立里，土俗不便。奈緣小人冥頑，不諳漢法，屢次擾亂不定。受等同辭懇乞上司仍立目甲，不意反致官府嗔怪，近又蒙官兵征勦田州，要將受等一概誅滅，必要窮追逐捕，只得逃遯山林。兼以八寨蠻子，原以剽掠爲生，乘機假受姓名，每每攻圍城邑，劫虜鄉村。虚名受禍，受等即欲挺身投訴，見得四方軍馬把截，兼聞陰使盧蘇圖殺王受，又使王受圖殺盧蘇，反覆難信，以此連年抱苦，控訴無繇。且受等頗知利害，豈敢自速滅亡？

㊀「蘇受」，全書作「盧蘇」，非。

今幸朝廷寬恩，命總制天星按臨在此，神鬼信服。受等方敢率領所部目民男女大小人等，共計三萬餘名口，捨命投降。伏乞詳情，赦死以全草命，更望俯順夷情，仍復目甲，使得辦納糧差，實爲萬幸等因。各投訴到臣。

據此照得先於嘉靖六年七月初七日，爲地方事，節奉勑諭：「先該廣西田州地方，逆賊岑猛爲亂，已令提督兩廣等官都御史姚鏌等，督兵進勦。隨該各官奏稱岑猛父子悉已擒斬，巢穴蕩平，捷音上聞。已經降勑獎勵，論功行賞。續該各官復奏惡目盧蘇，倡亂復叛，王受攻陷思恩。及節據石金所奏，前項地方，盧蘇、王受結爲死黨，互相依倚，禍孽日深，將來不可收拾。又參稱先後撫臣舉措失當，姚鏌等攘夷無策，輕信寡謀，圖田州已不可得，并思恩胥復失之，要得通行查究追奪。兵部議奏，以各官先後所論事宜意見不同，且兵連兩廣，調遣事干鄰境地方，必得重臣前去總制，督同議處，方得停當。今特命爾提督兩廣及江西、湖廣等處地方軍務，星馳前去彼處，即查前項夷情，田州因何復叛，思恩因何失守，督同姚鏌等斟酌事勢，將各夷叛亂未形者，可撫則撫；反形已露者，當勦即勦。一應主客官軍，從宜調遣，主副將官，及三司等官，悉聽節制，公同計議：應設土官流官，何者經久利便？并先今

當時政府主票擬者，計慮亦周詳。

撫鎮等官，有功有過，分别大小輕重，明白奏聞區處。事體十分大者，具奏定奪。朕以爾勲績久著，才望素隆，特兹簡任。爾務以體國爲心，聞命就道，竭忠盡力，大展謀猷。俾夷患殄除，地方安靖，以紓朕西南之憂。仍須深慮却顧，事出萬全，一勞永逸，以爲廣人久遠之休。毋得循例辭避，以孤衆望，欽此。」欽遵。

隨於九日内節該兵部咨，爲辭免重任，乞恩養病事，臣奏，奉聖旨：「卿識敏才高，忠誠體國，今兩廣多事，方藉卿威望，撫定地方，用紓朕南顧之懷。姚鏌已致仕了。卿宜星夜前去，節制諸司，調度軍馬，撫勦賊寇，安戢兵民。勿再遲疑推諉，以負朕望。還差官鋪馬裡賫文前去，敦趣赴任行事，該部知道，欽此。」欽遵。

當即啓行，至十一月二十一日，抵梧州涖任。十二月内，續准兵部咨，爲地方大計緊急用人事，該禮部右侍郎方獻夫奏，節奉聖旨：「方獻夫所奏，關係地方大計，鄭潤、朱麒㊀，與姚鏌事同一體，姚鏌已着致仕，鄭潤等因賊情未

㊀「麒」，全書作「麟」，下文兩處同。

寧，暫且留用。今既這等説，鄭潤取回，代替的朕自簡用。朱麒應否去留，着兵部會議，并堪任更代的，推舉相應官兩員來看。田州應否設都御史在彼住劄，還着王守仁議處，具奏定奪。欽此。」備咨前來知會，俱經欽遵外。

本月初五日，進至平南縣地方，與都御史姚鏌交代。二十二等日，太監鄭潤、總兵官朱麒，陸續各回梧州、廣州等處，聽候新任總兵、太監交代去訖。

當臣公同巡按紀功御史石金、右布政林富，參政汪必東、鄒輗，副使祝品、林大輅，僉事汪溱、張邦信、申惠、吴天挺，參將李璋、沈希儀、張經，及舊任副總兵，今閑住都指揮同知張祐，并各見在軍前用事等官，會議得思恩、田州之役，兵連禍結，兩省荼毒，已踰二年。兵力盡於哨守，民脂竭於轉輸，官吏罷於奔走。即今地方，已如破壞之舟，漂泊於顛風巨浪中，覆溺之患，洶洶在目，不待智者而知之矣。今若必欲窮兵雪憤，以收前功，未論其不克，縱復克之，亦有十患！何者？

今皇上方推至孝以治天下，惻怛之仁，覆被海宇，惟恐一物不得其所，雖一夫之獄，猶慮有所虧枉，親臨斷決。況兹數萬無辜之赤子，而必欲窮搜極捕，使之噍類不遺。傷伐天地之和，虧損好生之德，其患一也。

敷陳十患，真切詳悉，俱爲廣人久遠計，非鋪張其事，以誇撫二酋之功。

此肅皇初年也，不可開其殺機。故文成引君志仁者首及此。

屯兵十萬，日費千金，自始事以來，所費銀米，各已數十餘萬。前歲之冬，二酋復亂，至今且餘二年，未嘗與賊交一矢，接一戰，而其費已若此。今若復欲進兵，以近計之，亦須數月；省約其費，亦須銀米各十餘萬。計今梧州倉庫，所餘銀不滿五萬，米不滿一萬矣。兵連不息，而財匱糧絶，其患二也。調集之兵，遠近數萬，屯戍日久，人懷歸思。兼之水土不服，而前歲之疫，死者一二萬人，衆情憂惑。自頃以來，疾病死者，不可以數，無日無之。潰散逃亡，追捕斬殺而不能禁。其未見敵而已若此，今復驅之鋒鏑之下，必有土崩瓦解之勢，其患三也。用兵以來，兩省之民，男不得耕，女不得織，已餘二年，衣食之道日窮，老稺轉乎溝壑。今春若復進兵，又將廢一年之耕，百姓饑寒切身，羣起而爲盜。不逞之徒，因而號召之，其禍殆有甚於思、田之亂者，其患四也。

論者皆以不誅二酋，則無以威服土官，是殆不然。今所賴以誅二酋者，乃皆土官之兵，而在我曾無一旅可恃之卒。又不能宣布主上威德，明示賞罰，而徒以市井狙獪之謀，相欺相誘，計窮詐見，益爲彼所輕侮。每一調發，旗牌之官，十餘往反，而彼猶驁然不出，反挾此以肆其貪求，縱其呑噬。我方

此一款尤中肯綮。

有賴於彼，縱之而不敢問，彼亦知我之不能彼禁也，益狂誕而無所忌。岑猛之僭妄，亦繇此等積漸成之。是欲誅一二逃死之遺孽，而養成十數岑猛，其患五也。

兩廣盜賊猺獞之巢穴，動以數千百計，軍衛有司，營堡關隘之兵，時嘗召募增補，然且不敷。今復盡取而聚之思、田之一隅，山猺海寇，乘間竊發，遂至無可捍禦。近益窺我空虛，出掠愈頻，爲患愈肆。今若復聞進兵，彼知事未易息，遠近相煽蠭起，我兵勢難中輟。救之不能，棄之不可，其爲慘毒可憂，尤有甚於饑寒之民，其患六也。

軍旅一動，餽運之夫，騎征之馬，各以千計。每夫一名，傭直一兩，馬一匹四兩，馬之死者，則又追償其主之直，是皆取辦於南寧諸屬縣。百姓連年兵疫，困苦已極，而復重之以此，其不亡而爲盜者，則亦溝中之瘠矣，其患七也。

兩省土官，於岑猛之滅，已各懷脣齒之疑；其各州土目，於蘇、受之討，又皆有狐兔之憾。是以遲疑觀望，莫肯効力。所憑恃者，獨湖兵耳。然前歲之疫，湖兵死者過半，其間固多借倩而來。兵回之日，死者之家，例有償命銀兩，總其所費，亦以萬數。今茲復調，踣頓道途，不得顧其家室，亦已三年。勞苦怨讟，潛逃而歸者，相望於道，誅之不能止。因一隅之小憤，而重失三省土人之心，其間伏憂隱禍，殆難盡言，其患八也。

田州外捍交阯，內屏各郡，其間深山絶谷，又皆猺獞之所盤據。若必盡誅其人，異時雖欲改土設流，亦已無民可守。非獨自撤藩籬，勢有不可，抑亦藉膏腴之田以資猺獞，而爲邊夷拓土開疆，其患九也。

既以兵克，必以兵守，歲歲調發，勞費無已。秦時勝、廣之亂，實興於閭左之戍。且一失制馭，變亂隨生，反覆相尋，禍將焉極？其患十也。

調發致亂，是古今通患，不獨廣、勝，低徊近事，付一慨。

故爲今日之舉，莫善於罷兵而行撫。撫之有十善：

活數萬無辜之死命，以明昭皇上好生之仁，同符虞舜有苗之征，使遠夷荒服，無不感恩懷德，培國家元氣，以貽燕翼之謀，其善一也。

息財省費，得節縮贏餘，以備他虞，百姓無椎脂刻髓之苦，其善二也。

久戍之兵，得遂其思歸之願，而免於疾病死亡，脱鋒鏑之慘，無土崩瓦解之患，其善三也。

又得及時耕種，不費農作，雖在困窮之際，然皆獲顧其家室，亦各漸有回生之望，不致轉徙自棄而爲盜，其善四也。

罷散土官之兵，各歸守其境土，使知朝廷自有神武不殺之威，而無所恃賴於彼，陰消其桀驁之氣，而沮懾其僭妄之心，反側之姦自息，其善五也。

遠近之兵，各歸舊守，窮邊沿海，咸得修復其備禦，盜賊有所憚而不敢肆，城郭鄉村免於驚擾劫掠，無虛内事外、顧此失彼之患，其善六也。

息饋運之勞，省夫馬之役，貧民解於倒懸，得以稍稍甦復，起呻吟於溝壑之中，其善七也。

土民釋兔死狐悲之憾，土官無唇亡齒寒之危，湖兵遂全師早歸之願，莫不安心定志，涵育深仁，而感慕德化，其善八也。

思、田遺民，得還舊土，招集散亡，復其家室，因其土俗，仍置酋長，彼將各保其境土，而人自爲守。内制猺獞，外防邊夷，中土得以安枕無事，其善九也。

土民既皆誠心悦服，不須復以兵守。省調發之費，歲以數千。官軍免蹈頓道途之苦，居民無往來騷屑之患，商旅通行，農安其業，近悦遠來，德威覃被，其善十也。

夫進兵行勦之患既如彼，罷兵行撫之善復如此，然而當事之人，乃猶往往利於進兵者，其間又有二幸四毀焉。下之人，幸有數級之獲，以要將來之賞；上之人，幸成一時之捷，以蓋前日之愆。是謂二幸。始謀請兵而終鮮成效，則有輕舉妄動之毀；頓兵竭餉而得不償失，則有浪費財力之毀；聚數萬之衆而竟無一戰之克，則有退縮畏避之毀；循土夷之情，而拂士夫之議，則有形迹嫌疑之毀。是謂四毀。

二幸蔽於其中，而四毀惕於其外，是以寧犯十患而不顧，棄十善而不爲。夫人臣之事君也，殺其身而苟利於國，滅其族而有裨於上，皆甘心焉。豈以僥倖之私，毀譽之末，而足以撓亂其志者。今日之撫，利害較然，事在必行，斷無可疑者矣。於是衆皆以爲然。二十六日，臣至南寧府，乃下令盡撤調集防守之兵，數日之内，解散而歸者數萬有餘。湖兵數千，道阻且遠，不易即歸。仍使分留南寧、賓州，解甲休養，待間而發。

初，盧蘇、王受等，聞臣奉命前來查勘，始知朝廷亦無必殺之意，皆有投生之念，日夜懸望，惟恐臣至之不速。已而聞太監、總兵等官，復皆相繼召還。至是，又見防守之兵盡撤，其投生之念益堅。乃遣其頭目黃富等十餘人，於正月初七日，先赴軍門訴告，願得掃境投生，惟乞宥免一死。臣等諭以

善用兵者，合於利而動，不合於利而止，當斷而行之。如此瞻顧，幾以封疆爲戲。

朝廷之意，正恐爾等有所虧枉，故特遣大臣前來查勘，開爾等更生之路。爾等果能誠心投順，決當貸爾之死。

因復開陳朝廷威德，備寫紙牌，使各持歸省諭盧蘇、王受等。大意以爲今其父岑猛父子縱無叛逆之謀，即其兇殘酷暴，慢上虐下，自有可誅之罪。今其父子黨與俱已伏其辜，爾等原非有名惡目，本無大罪。至於部下數萬之衆，尤爲無辜。今因爾等阻兵負險，致令數萬無辜之民破家失業，父母死亡，妻子離散，奔逃困苦，已將兩年。又上煩朝廷興師命將，勞擾三省之民。爾等之罪，固已日深，但念爾等所以阻兵負險者，亦無他意，不過畏罪逃死，苟爲自全之計，其情亦有可憫。方今聖上推至孝之仁，以子愛黎元，惟恐一物不得其所。雖一夫之獄，尚恐或有虧枉，親臨斷決。何况爾等數萬之命，豈肯輕意勦殺？故今特遣大臣前來查勘，開爾更生之路。非獨救此數萬無辜之民，亦使爾等得以改惡從善，捨死投生。

兵者不祥之器，天道惡之，此語當思。

牌至，爾等部下兵夫，即可解散，各歸復業安生。爾等即時出來投到，決當宥爾之死，全爾身家。若遲疑觀望，則天討遂行，後悔無及。限爾二十日內，爾若不至，是朝廷必欲開爾生路，而爾等必欲自求死路，進兵殺爾，亦可以無憾矣。

蘇、受等得牌，皆羅拜踴躍，歡聲雷動。當即撤守備，具衣糧，盡率其衆，掃境來歸。本月二十六日，俱至南寧府城下，分屯爲四營。明日，蘇、受等皆囚首自縛，各與其頭目數百人赴軍門投見，號哀控訴，各具投狀，告稱前情，乞免一死，願得竭力報効。

臣等看得蘇、受等所訴情節，亦與臣等前後所聞所訪大略相同。其間雖有飾說，亦多真情，良可哀憫。因復照前牌諭所稱，諭以朝廷恩德，以爲朝廷既已赦爾等之死，許爾投降，寧肯誘爾至此，又復殺爾，虧失信義？爾之一死，決當宥爾矣，爾可勿復憂疑。但爾蘇、受二人，擁衆負險，雖繇畏死，然此一方爲爾之故，騷擾二年有餘，至上煩九重之慮，下疲三省之民。若不略示責罰，亦何以舒泄軍民之憤？於是下盧蘇、王受於軍門，各杖之一百，衆皆合辭扣首，爲之請命。乃解其縛㊀，諭以今日宥爾一死者，是朝廷天地好生之仁；杖爾一百者，乃我等人臣執法之義。於是衆皆扣首悦服。臣亦隨至其

㊀黔南本此句上有眉批「如此方成撫」。

營，撫定餘衆，皆莫不感泣歡呼，皆謂朝廷如此再生之恩，我等誓以死報。

及據狀末，告乞憐憫岑猛原無反叛情罪，存其一脈，俯順夷情，辦納糧差一節。自臣奉命而來，沿途詢諸商賈行旅，訪諸士夫軍民，莫不以爲宜從夷俗，仍立土官，庶可永久無變。不然，反覆之患，終恐不免。及臣至此，又公同大小各官審度事勢，屢經酌量議處，亦皆以爲治夷之道，宜順其情。臣於先次謝恩本内，已經略具奏聞。至是，因其控告哀切，當即遵照勑諭便宜事理，許以其情奏請。且諭以朝廷之意，無非欲生全爾等，爾等但要誠心向化，改惡從善，竭忠報國，勿慮朝廷不能順爾之情。於是又皆感泣歡呼，皆謂朝廷如此再生之恩，我等誓以死報。且乞即願殺賊立功，以贖前罪。臣因諭以朝廷之意，惟願生全爾等，今爾方來投生，豈忍又驅之兵刃之下。爾等逃竄日久，家業破蕩，且宜速歸，完爾家室，及時耕種，修復生理。至於各處盜賊，軍門自有區處，不須爾等勦除。待爾家事稍定，徐當調發爾等。於是又皆感泣歡呼，皆謂朝廷如此再生之恩，我等誓以死報。

撫之而不即用，此政是大機權。

臣於是遂委右布政林富，舊任總兵官張祐，分投省諭，安插其衆。俱於二月初八日，督令各歸復業去訖。地方之事，幸遂平定。皆皇上至孝達順之德，感格上下；神武不殺之威，震懾鬼神。風行於廟堂之上，而草偃於百蠻之表。是以班師不待七旬，而頑夷即爾來格。不折一矢，不戮一卒，而全活數萬生靈。是所謂綏之斯來，動之斯和者也。臣以蹇劣，繆承任使，仰賴鴻休，得免罪責，快覩盛明，豈勝慶幸！除將設立土官，及地方一應經久事宜，遵照勑旨，公同各官再行議處，另行具奏外。緣係奏報平復地方事理，爲此具本，專差冠帶舍人王洪親齎，謹具題知。

犒送湖兵

照得先該軍門奏調湖廣永順、保靖二宣慰司土官目兵，前來征勦田州等處。今照各夷自縛歸降，地方平靖。爲照宣慰彭明輔、彭九霄，雖未及衝冒矢石，摧堅破敵。然跋涉道途，間關山海，不但勞苦之備嘗，且其勤事之忠，赴義之勇，不戰而勝，全師以歸，隱然之功，亦不可掩。所據宴勞之禮，相應照舊舉行。其沿途該用廩給口糧等項，亦合計算總支，庶免沮㊀滯，及省偏州億之擾。

優禮將士，既蒙破格之恩；體貼民情，又無供

㊀「沮」，全書作「阻」。

下邑之擾。爲此牌仰本官行會左參政龍誥、僉事吴天挺、參議汪必東，督行南寧府於賞功綵緞、金銀、花枝銀兩内，照依開數支出，齎送各宣慰，并給賞各舍目收領，以慰其勞。仍將永、保二司官舍、頭目人等，合用廩給口糧等項，查取見在確數各有若干，亦行南寧府查自本府起，至梧州府止，計算幾縣，每驛扣算該銀若干，就於軍餉銀内支給。又自梧州起，至桂林府止，查算縣驛若干，亦就行該府支銀應付。又自桂林府起，照前計算，至全州止銀兩，亦行該府查給。其各州縣，止是應付人夫，再不許別項科派於民。仍通行南寧、潯州、梧州、平樂、桂林、全州，各查照單内，預行整辨，犒勞下程，聽候各官舍頭目到彼，分送犒勞，給賞施行。

體恤至此！

分派思田土目辦納兵糧　四月

照得思恩、田州二府，各設流官知府，治以土俗。其二府原舊甲分、城頭，除割田州八甲，分立土官知府，以存岑氏之後，其餘悉照舊規，不必開圖立里，但與酌量分析，各立土目之素爲衆所信服者，以爲土官巡簡，屬之流官知府。聽其各以土俗自治，照舊辦納兵糧。効有勤勞，遞加陞授。其襲授調發，必皆經繇於知府。

義取羈縻，勿絶而已。後來處之以不堪，所以生亂。

其官職土地，皆得各傳其子孫。除具題外，爲照各甲城頭，既已分析，若不先令各目暫行分管，誠恐事無統紀，別生弊端。爲此牌仰田州府土目龍寄等，遵照後開甲分，每歲應該納辦官糧，查照開數，依期完納出辦。一應供役征調等項事情，悉聽知府調度約束。本目仍要守法奉公，正己律下，愛養小民，保安境土。毋得放縱恣肆，踰分干紀，自取罪累，後悔無及。候奏請命下，仰各欽遵施行。

計開：淩時甲，每年納夏税秋糧米八十八石八斗七升七合，每調出兵三百八十四名。每年表箋用銀三錢二分，須知一本，赴廣西用銀一錢一分，須知二本，赴京用銀八錢八分。每年納官猪等例銀一十三兩。每年納官禾四十擔，重一百斤。每年供皂隸禾七擔。完冠砦陶甲。

地方緊急用人疏　七年二月十五日

先該禮部右侍郎方獻夫奏前事，節奉聖旨：「田州應否設都御史在彼住劄，還着王守仁議處，具奏定奪。欽此。」兵部備咨前來知會，除欽遵外。隨於今年正月二十七日，該思恩、田州二府土目，盧蘇、王受等，各率衆數萬，自縛歸降。該臣遵照勑諭事理，悉已撫定，當遣廣西右布政林富，舊任副總兵張祐，分投督領各夷各歸原土，復業安生。已經具本奏報外。

照得思恩、田州，連年兵火，殺戮之餘，官府民居，悉已燒燬破蕩。雖蔀屋尋丈之廬，亦遭翻乞發掘，曾無完土。荒村僻塢，不遺片瓦尺椽。傷心慘目，誠不忍見。各夷近已誠心投服，毁棄兵戈，賣刀買牛，見已各事田作。自後反側之患，以臣料之，或已可免。但其風景淒戚，生意蕭條，憂惶困苦之餘，無以自存，非㊀得老成寛厚之人撫恤綏柔之。

臣等見其悲慘無聊之狀，誠亦未忍一旦棄去而不顧。況思、田去梧州軍門，水路一月之程，一時照顧有所不及。近又與各官議，欲於田州建立流官府治，以制御土官。修復城池、廨宇等項，必須勞民動衆，自非素得夷情者爲之經理區畫，各夷彫弊之餘，豈復堪此騷屑？況議設知府等官，皆未曾到。一應事務，莫有任其責者。

看得右布政林富，慈祥愷悌，識達行堅，素立信義。見在思、田地方安插各夷，合無准如方獻夫所奏，將林富量改憲職，仍聽臣等節制，暫於思、田地

㊀「非」，全書作「必」，是。

方往來住劄，撫循緝理，其於事理亦甚相應。臣又看得思、田地方，原係蠻夷猺獞之區，不可治以中土禮法。雖流官之設，尚且不可，又況常設重臣，住劄其地，豈其所堪？則其供饋之費，送迎之勞，必且重貽地方異日之擾，斯亦不可不預言之者。合無將本官廩給口糧，一應合用之費，及往來夫馬，一應合用之人，俱於南寧府衛取辦，銀兩於庫貯軍餉內支給，一不以干思、田之人。俟一年之後，各夷生理漸復，府治城廓廨宇漸以完備，則將林富量移別處任用，而思、田止存知府理治。或設兵備官一員，於賓州住劄。或就以南寧兵備兼理，不時往來撫循。如此，則目前既可以得撫定綏柔之益，而日後又可以免困頓煩勞之擾。臣之愚見所議如此，惟復別有定奪，均乞聖明裁處。

體恤夷情，合應如此。

近見土司之反側，俱繇地方官處置之不善，非無官之患。讀此疏，而官夷地者御夷之法，思過半矣。

地方急缺官員疏

七年二月十八日

先據廣西副總兵李璋呈前事，看得柳、慶地方，新任參將王繼善，近因病故，地方盗賊生發，不可一日缺官，乞暫委相應官一員，前去代理等因到臣。該臣看得柳、慶地方，近因思、田用兵不息，猺賊乘間出掠。參將王繼善既已病故，而該道守巡、兵備等官，又以思、田之役，皆在軍門督餉督哨，地方重寄，委無一官之托。爲照參將沈希儀，雖係專設田州住劄官員，然田州之事，臣與各官見住南寧，自可分理。本官舊在柳、慶，夷情土俗，備能諳悉。而謀勇才能，足當一面。求可委用，無踰本官者。該臣遵照欽奉勑諭便宜事理，就行暫委本官前去管理參將行事，聽候奏請外。

近該思恩、田州土目盧蘇、王受等，率衆歸降。該臣行委右布政林富，開住副總兵張祐，分投督領各夷，各歸原土，復業安生。今各夷見已賣刀買牛，争事農作，度其事勢，將來或可以無反側之患。則前項駐劄參將，似亦可以無設。但今議於田州修復流官府治，以控制土官，則城廓廨宇之役，未免勞民動衆。瘡痍大病之後，各夷豈復堪此？臣等議調腹裡安靖地方官軍、打手之屬，約二千名，隱然有屯戍之形，而實以備修建之役。庶幾工可速就，而又得免於起夫之擾。然非統馭得人，則於各夷或亦未免有所驚疑。除布政林富已另行議奏外。

威足以懾夷，恩足以撫夷，而工程亦可速完，一舉而三善備。

看得閒住總兵張祐，才識通敏，計慮周悉，將略堪折衝之任，文事兼撫綏之長。今又見在思、田地方安插各夷，皆能得其歡心，乞敕兵部，俯從臣議，將張祐復其舊職，暫委督令前項各兵，經理修建之役。仍令與布政林富，更互往來於思、田之間，省諭安撫諸夷。其合用廪給夫馬之類，悉照議處林富事例，於南寧府衛取辦。俟一二年後，各夷生理盡復，府治、城廓、廨宇悉已完備，則將張祐量改他處任用，而田州止存知府理治，仍乞將沈希儀或就改註柳、慶地方守備，惟復別有定奪，均乞聖明裁處。

犒獎儒士岑伯高

照得思、田之亂，上廑九重命將出師，動調四省軍馬錢糧，洶洶兩年，功未告成，而變日不測。本院前來勘處，是固仰賴皇上好生之仁，格於天地，至誠動物，不疾而速。是以宣布威德，而旬月之間，諸夷即爾革心向化，翕然來歸。然而奔走服役，固有効勞於下者，其間乃有深謀秘計之士，潛開默導，以會合事機。其功隱而難見，此惟主將知之。功成行賞，是所謂首功者也。

照得儒士岑伯高，素行端介，立心忠直，積學待時，安貧養母。一毫無所必如此之人方可使。

用兵必當有機密着數，全要知人善任。

苟取，而人皆服其廉；一言不肯輕發，而人皆服其信。遊學横州、南寧之間，遠近士夫，及各處土官土夷，莫不聞風向慕，仰其高節。本院撫臨之初，即用此生，使之深入諸夷，仰布朝廷之德，下宣本院之誠。是以諸夷孚信之速，至於如此，本生實與有力焉。當時平復奏内，即欲具列本生之功，而事變方息，深謀秘計，未欲張布於諸夷。且本生志在科第發身，不肯異途苟進，堅辭力請。本院不欲重違雅志，遂爾未及奏列。

今思、田既已大定，凡有微勞於兹役者，莫不開列。而本生之功，泯然未表，其於報功勵忠之典，誠有未當。仰抄案回司，即於軍餉銀内，動支一百兩，及置買彩幣羊酒，禮送本生，以見本院犒賞犒勞之意。仍仰遵本院欽奉勅諭便宜事理，給與軍功冠帶，以榮其身。該司仍備給劄付執照，并行原籍官司，以禮優待，免其雜泛差徭，明朝廷賞功之典，彰軍門激勵之道。既以遂其養母之願，且以遂其高尚之心。是後本生志求科第，其冠帶自不相妨。仍行兩廣總鎮、總兵、鎮巡等衙門知會。

宸濠未變之先，先生使冀元亨，與思、田未定之時使岑伯高同一機栝。然一則説行而功成，一則説不成而身禍，皆時命使然，非先生算之有得失也。

批嶺西道立營防守呈 二月

據僉事李香呈稱：僱募打手，立營防守緣繇。看得所議既得其要略，但屯兵固不可分，而合兵又不宜頓，必須該道及統兵官，時將屯聚之兵，督率於賊盗出没要害，往來巡視操演。因而或修復營堡，或開通道路，或戒飭反側猺寨，或撫安凋弊民村。巡行慣熟，遠近不疑，擇其長惡不悛者，間行鵰勦，懲一戒百。如農夫之植禾，必逐漸而耕耨；如園丁之去草，必以次而芟除。庶屯聚之兵無坐食之患，而有日新之功矣。仰備行各官查照施行。

先生運用之妙，全在一事而獲數事之利，且事成而人情不駭，人力不勞。如落童子之齒，以漸而去。如今人征勦只征勦，修堡只修堡，開路只開路，撫安只撫安，那得濟事？

調發土兵

照得各州土兵，征調頻數，本非良法。非但耗費竭財，抑且頓兵剉鋭。必須各州輪年調發，一以省供饋之費，一以節各兵之勞。庶幾土人稍有休息

恩威竝至。

之期，而官府亦獲精鋭之用。已經行仰該司遵照。備行南丹州官族莫振亨，即就揀選勇敢精鋭目兵三千名，躬親統領，照依尅定日期，前赴廣西省城聽調殺賊。果能輸忠報效，立有奇功，即與具奏，准襲該州官職。自今八月初一日爲始，至下年八月初一日止，却調東蘭州土兵，依期更替。

自今各州目兵，軍門斷不輕易調發，致令奔疲勞苦，亦決不姑息隱忍，縱令驕惰玩弛。但有稽抗遲悮，違犯節制，輕則量行罰治，重則拏究，革去冠帶。又重則貶級削地，又重則舉兵誅討，斷不虛言！通行各土官兵目知悉，俱仰改心易慮，毋蹈前非，自貽後悔去後。

今據所呈，爲照本院軍令既出，難再輕改，失信下人。但本官呈稱鵰勦缺兵，固亦一時權宜。況稱原係本州先年自願報效，不在秋調之數，亦合姑從所請，暫准取調。爲此牌仰本官即便會同鎮守太監傅倫，行仰該州土官韋虎林，照數精選目兵，前赴省城，聽各官調遣勦賊。待三兩月間事畢，隨即撤放回州，遵照軍門批行事理，依期更班聽調，不許久留失信。其所呈鵰勦事宜，悉聽會同三司掌印守巡、兵備等官，依擬施行。事完之日，通將獲過功次，用過錢糧數目，開報查考，俱毋違錯。仍行總鎮、總兵、鎮巡等衙門知會。

惟依期調發，則勞逸均而土人自服，深得柔遠之道。

禁革輕委職官

據廣東布政司呈參廣州左等四衛掌印指揮王冕、海信、杜隆、馮凝，千户陸宗等，百户劉愷等，不修職業，委棄城池，遠出經旬，肆無忌憚，應合參問。參看擅離職役，律有明條。今各處軍衛有司官，往往輒因私事，棄職遠出。或因上司經繇，過爲趨諂，越境送迎，往回動經旬月，上下相安，恬不爲異。仰布政司通行禁革究治，今後不係緊急軍機重務，其餘問候申請等項，雖亦公事，勢有輕緩者，止役吏胥差使，不許輕委職官。非但廩給夫馬，騷擾道途，勞費不少，抑且城池庫獄，一有虧失，貽累匪輕。各該衙門首領官，今後俱要置立文簿，凡遇掌印佐貳及帶俸等官，公事出入，俱要開記月日，因某事到某處送迎，或承何衙門到某處差委，某年月日回任，歲終繳報本院，以憑查究。

大抵天下之不治，皆繇有司之失職。而有司之失職，非獨小官下吏偷惰苟安，僥倖度日，亦繇上司之人不遵國憲，不恤民事，不以地方爲念，不以職業經心。既無身率之教，又無警戒之行。是以蕩弛日甚，亦宜分受其責可矣。仰布政司備行各該守廵、各兵備、守備，及府、州、縣、衛、所等大小衙門，仰各查照施行。該衛掌印等官，姑記未究。其陸宗、劉愷，遵照本院欽奉勑諭事，先行提究，以警其將來，此繳。

差遣職官，俱繇在地方者逢迎太過，看官之得失太重，不惜廢公事以狥之，雖屢禁之而不能止也。故人息奔競之心，自官安其職而事治。

處置平復地方以圖久安疏

七年四月初六日

臣聞傳說之告高宗曰：「明王奉若天道，建邦設都，樹后王君公，承以大夫師長，不惟逸豫，惟以亂民。」今天下郡縣之設，乃有大小繁簡之別，中土邊方之殊，流官土襲之不同者。豈故爲是多端哉，蓋亦因其廣谷大川，風土之異氣，人生其間，剛柔緩急之異禀，服食、器用、好惡、習尚之異類。是以順其情，不違其俗；循其故，不易其宜。要在使人各得其所，固亦惟以亂民而已矣。

臣以迂庸，繆膺重命，勘處兵事於兹土。節該欽奉勑諭，謂可撫則撫，當

數語便盡御夷之要。

勦則勦。是陛下之心，惟在於除患安民，未嘗有所意必也。又節該欽奉勑諭，謂賊平之後，公同議處，應設土官流官，何者經久利便。是陛下之心，惟在於安民息亂，未嘗有所意必也。

始者，思、田梗化，既舉兵而加誅矣，因其悔罪來投，遂復宥而釋之，固亦莫非仰體陛下不嗜殺人之心，惓惓憂憫赤子之無辜也。然而今之議者，或以爲流官之設，中土之制也，已設流官而復去之，則嫌於失中土之制；土官之設，蠻夷之俗也，已去土官而復設之，則嫌於從蠻夷之俗。二者將不能逃於物議，其何以能建事而底績乎？

是皆不然。夫流官設而夷民服，何苦而不設流官乎？夫惟流官一設，而夷民因以騷亂，仁人君子，亦安忍寧使斯民之騷亂，而必於流官之設者？土官去而夷民服，何苦而必土官乎？夫惟土官一去，而夷民因以背叛。仁人君子，亦安忍寧使斯民之背叛，而必於土官之去者？是皆虞目前之毀譽，避日後之形跡，苟爲周身之慮，而不爲國家思久長之圖者也。其亦安能仰窺陛下如天之仁，固平平蕩蕩，無偏無黨，惟以亂民爲心乎？

臣於思恩、田州平復之後，即已仰遵聖諭，公同總鎮、鎮巡、副參、三司等官，太監張賜，御史石金等，議應設流官土官，何者經久利便。不得苟有嫌疑避忌，而心有不盡，謀有不忠。乃皆以爲宜仍土官以順其情，分土目以散其黨，設流官以制其勢。蓋蠻夷之性，譬猶禽獸麋鹿，必欲制以中土之郡縣，而繩之以流官之法，是羣麋鹿於堂室之中，而欲其馴擾帖服，終必觸樽俎，翻几席，狂跳而駭擲矣。故必放之閒曠之區，以順適其獷野之性。今所以仍土官之舊者，是順適其獷野之性也。

既順其情，又殺其勢，處置盡善。

然一惟土官之爲，而不思有以散其黨與，制其猖獗，是縱麋鹿於田野之中，而無有乎牆墉之限，豶牙童梏之道，終必長奔直竄，而無以維縶之矣。今所以分立土目者，是牆墉之限，豶牙童梏之道也。然分立土目，而終無連屬綱維於其間，是畜麋鹿於苑囿，而無守視之人，以時守其牆墉，禁其羣觸，終將踰垣遠逝而不知，踐禾稼，決藩籬，而莫之省矣。今所以特設流官者，是守視苑囿之人也。

議既僉同，臣猶以爲土夷之心，未必盡得，而窮山僻壤，或有隱情也，則亦安能保其必行乎？則又備歷田州、思恩之境，按行其村落，而經理其城堡。因而以其所以處之之道，詢諸其目長，率皆以爲善。又以詢諸其父老子

必順民情，方能成事，處處皆然，不獨御夷爲然。

弟，又皆以爲善。又以詢諸其頑鈍無恥、厮役下賤之徒，則又亦皆以爲善。然後信其可以久行，而庶或幸免於他日之戮也矣。夫然後敢具本以請，亦恃聖明在上，洞見萬里，而無微不燭，故臣得以信其愚忠，不得有所顧忌。然猶反覆其辭，而更互其説者，非敢有虞於陛下不能亮臣之愚，良以今之士人，率多執己見而倡臆説，亦足以摇衆心而僨成事，故臣不避頰舌之騰者，亦欲因是以曉之也。煩瀆聖聽，臣不勝戰慄惶懼之至。緣係處置平復地方，以圖久安長治事理，未敢擅便，爲此開坐具本請旨。

計開：

一、特設流官知府，以制土官之勢。臣等議得思、田初服，朝廷威德方新，今雖仍設土官，數年之間，決知可無反側之慮。但十餘年後，其衆日聚，其力日强，則其志日廣，亦將漸有縱肆并兼之患。故必特設流官知府以節制之，其御之之道，則雖不治以中土之經界，而納其歲辦租税之入，使之知有所歸效。雖不蒞以中土之等威，而操其襲授調發之權，使之知有所統攝。雖不繩以中土之禮教，而制其朝會貢獻之期，使之知有所尊奉。雖不嚴以中土之法禁，而申其冤抑不平之鳴，使之知有所赴訴。因其歲時伏臘之請，慶賀參

官是土者，佩服是訓，西南可長無事矣。

謁之來，而宣其間隔之情，通其上下之義。矜其不能，教其不逮，寓警戒於溫恤之中，消猖强於涵濡之內，使之日馴月習，忽不自知其爲善良之歸。蓋含洪坦易以順其俗，而委曲調停以制其亂。此今日知府之設，所以異於昔日之流官，而爲久安長治之策也。

臣等看得田州故地，寬衍平曠，堪以建設流官衙門。但其衝射凶惡，居民弗寧，今擬因其城垣，略加改創修理，備立應設衙門。地僻事簡，官不必備，環府之田二甲，皆以屬之府官。府官既無民事案牘之擾，終歲可以專力於農。爲之闢其荒蕪，備其旱潦，通其溝洫。丁力不足，則聽其募人耕種，官給牛具種子，歲收其入，三分之一以廩官吏，而其餘以食佃人。城之內外，漸置佃人廬舍，而歲益增募招徠以充實之。田州舊有商課，仍許設於河下，薄取其税，以資祭祀、賓旅、柴薪、馬夫之給，凡流官之所須者，一不以及於土夷。如此，則雖草創之地，而三四年後，亦可以漸爲富庶之鄉。

若其經營之始，則且須仰給於南寧府庫，逮其城郭府治完備，事體大定，然後總會其土夷之所輸，公田之所入，商税之所積，每歲若干，而官吏之所需者，每歲若干，斟酌通融，立爲經久之計。又必上司之制用者務從寬假，無太

今在邊方諸臣，亦應假以展布之地。

苛削，官吏其土者，得以優裕展布，無局促牽制之繁。此又體悉遠臣，綏柔荒服之道也。至於思恩，舊已設有流官，但因開圖立里，繩以郡縣之法，是以其民遂亂。今宜照舊仍設流官知府，聽其土目各以土俗自治，而其連屬制御之道，悉如臣等前之所議，庶可經久無患，均乞聖明裁處。

一、仍立土官知州以順土夷之情。臣等議得岑氏世有田州，其繫戀之私恩，久結於人心。今岑猛雖誅，各夷無賢愚老少，莫不悲愴懷思，願得復立其後。故蘇、受之變，翕然蠭起，不約而同。自官府論之，則皆以爲苗頑逆命之徒，在各夷言之，則皆自以爲嬰、臼存孤之義。故自兵興以來，遠近軍民，往往亦有哀憐其志，而反不直官府之爲者。

況各夷告稱其先世岑伯顏者，嘗欽奉太祖高皇帝勅旨：「岑、黄二姓，五百年忠孝之家，禮部好生看他。着江夏侯護送岑伯顏爲田州府土官知府職事，傳授子孫，代代相繼承襲。欽此。」欽遵。其後如岑永通、岑祥、岑紹、岑鑑、岑镛、岑溥，皆嘗著征討之績，有保障之功，猛之暴虐騷縱，罪雖可戮，而往歲姚源之役，近年劉召之勤，亦皆間關奔走，勤勞在人。

各夷告稱官兵未進之先，猛尚遣人奉表朝賀貢獻，又遣人齎本赴京控

觀此，則始議征勦，誠爲太過，宜乎成功之難，而文成之竟用撫也。

訴。官兵將進之時，猛遂率衆遠遯，未嘗敢有抗拒。以此言之，其無反叛之謀，蹤跡頗明。今欲仍設土官，以順各夷之情，而若非岑氏之後，彼亦終有未服。故今日土官之立，必須岑氏子孫而後可。

臣等看得田州府城之外，西北一隅，地形平坦，堪以居民，議以其地降爲田州，而於舊屬四十八甲之内，割其八甲以屬之，聽以其土俗自治。立岑猛之子一人，始授以署州事吏目。三年之後，地方寧靖，效有勤勞，則授以判官。六年之後，地方寧靖，效有勤勞，則授以爲同知。九年之後，地方寧靖，效有勤勞，則授以爲知州。使承岑氏之祀，而隸之流官知府，其制御之道，則悉如臣等前之所議。如此，則朝廷於討猛之罪，記猛之勞，追録其先世之忠，俯順其下民之望者，兼得之矣。

昔文、武之政，罪人不孥，興滅繼絶，而天下之民歸心。遠近蠻夷，見朝廷之所以處岑氏者若此，莫不曰：猛肆其惡，舉兵加誅，法之正也；明其非叛而不及其孥，仁之至也；録其先忠而不絶其祀，德之厚也；不利其土而復與其

岑氏蠻夷也，許其復㊀先人之業，尚漸試而授以官。今以所屬之百姓背逆狂逞，一旦就撫，便予以參、遊之職，殊失駕馭之道。

㊀「復」原作「伏」，據黔南本改。

民，義之盡也；矜其冥頑而曲加生全，恩之極也。即此一舉，而四方之土官，莫不畏威懷德，心悦誠服，信義昭布，而蠻夷自此大定矣。此今日知州之設，所以異於昔日之土官，而爲久安長治之策也。

臣等又看得岑猛之子，存者二人，其長者爲岑邦佐，其幼者爲岑邦相。邦佐自幼出繼武靖州爲知州，前者徒以誅猛之故，有司奏請安置於漳州，然彼實無可革之罪。今日田州之立，無有宜於邦佐者。但武靖當猺賊之衝，而邦佐素得其民心，其才足能制御。邇者武靖之民，以盗賊煽熾，州民無主之故，往往來告，願得復還邦佐爲知州，以保障地方。臣等方欲爲之上請，如欲更一人，諸夷未必肯服，莫若仍以邦佐歸之武靖，而立邦相於田州。用其强立有能者於折衝捍禦之所，而存其幼弱未立者於安守宗祀之區，庶爲兩得其宜。至於思恩，則岑濬之後已絶，自不必復有土官之設矣。均乞聖明裁處。

一、分設土官巡簡以散各夷之黨。臣等議得土官知州既立，若仍以各土目之兵盡屬於知州，則其勢并力衆，驕恣易生。數年之後，必有報讎復怨，吞弱暴寡之事，則土官之患猶如故也。且土目既屬於土官，而操其生殺予奪之權，則彼但惟土官之是從，寧復知有流官知府者？則流官知府，雖欲行其控御節制之道，施其綏懷撫恤之仁，亦無因而與各土目者相接矣。

故臣等議以舊屬八甲割以立州之外，其餘四十甲者，每三甲或二甲，立以爲一巡簡司，而屬之流官知府。每司立土巡簡一員，以土目之素爲衆所信服者爲之，而聽其各以土俗自治，其始授以署巡簡司事土目，三年之後，而地方寧靖，效有勤勞，則授以冠帶。六年之後，而地方寧靖，效有勤勞，則授以爲土巡簡。

何等委曲盡善。

其糧税之入，則徑納於流官知府，而不必轉輸於州之土官，以省其費。其軍馬之出，亦徑調於流官知府，而不必轉發於州之土官，以重其勞。其官職土地，各得以傳諸子孫，則人人知自愛惜，而不敢輕犯法。其襲授予奪，皆必經繇於知府，則人人知所依附而不敢輙攜貳。勢分難合，息朋奸濟虐之謀；地小易制，絶恃衆跋扈之患。如此，則土官既無羽翼爪牙之助，而不敢縱肆於爲惡。土目各有土地人民之保，而不敢黨比以爲亂。此今日巡簡之設，所以異於昔日之土目，而爲久安長治之策也。

名則統束之自流官知府，實則分授之各夷目，所以夷情悦服而易治也。

至於思恩事體，悉與田州無異，亦宜割其目甲，分立以爲土巡簡司，聽其以土俗自治，而屬之流官知府。其辦納兵糧，與連屬制御之道，一如田州。

則流官之設，既不失朝廷之舊；巡司之立，又足以散土夷之黨；而土俗之治，復可以順遠人之情，一舉而兩得矣。均乞聖明裁處。

一、田州既改流官，亦宜更其命名。初，岑猛之將變，忽有石自田州江心浮出，傾卧岸側，其時民間有「田石傾，田州兵；田石平，田州寧」之謠。猛甚惡之，禁人勿言。密起百餘人，夜平其石，旦即復傾。如是者屢屢，已而果有兵變。今年二月，盧蘇等既來投順，歸視其石，則已平矣，皆共喜異，傳以爲祥。臣至田州，親視其石，聞土人之言如此。民間多取「田寧」二字，私擬其名。臣等欲乞朝廷遂以此意命之，雖非大義所關，亦足以新耳目而定人心之一端也。

其該府所設官員，臣等擬於知府之外，佐貳則同知或通判一員，首領則經歷知事各一員，吏胥略具而已。今見在者已有通判張華，知事林光甫，照磨李世亨。其知府亦已選有一員陳能，然至今尚未到任。臣嘗訪詢其故，咸謂陳能原奉朝旨，陞廣西布政司右參政，管田州府事，又賜之勑旨，以重其權。吏部奏有欽依，令其先赴該司到任，然後往蒞田州。該司左布政嚴紘，謂其既掌府事，即係屬官，不得於該司到任。陳能遂竟還原籍，至今亦不復來。參照嚴紘妄自尊大，但知立上司之體勢，而輒敢慢視勑旨，蔑廢部移，固已深爲可罪。陳能則褊狹使氣，徒欲申一己之小憤，而遂爾委朝命於草萊，棄職任如敝屣。使爲人臣者而皆若是，則地方之責，焉所寄託？而朝廷威令，何以復行乎？臣等所訪如此，但未委虛的。乞將二人通行提究，重加懲戒，以警將來。臣觀陳能氣性悻悻若此，亦非可使以綏柔新附之民者。

看得廣東化州知州林寬，舊任南康通判，翦緝安義諸賊，甚得調理。且其才識通敏，幹辦勤勵，臣時巡撫江西，深知其有可用。近因田州改建府治，修復城垣，地方無官可任，已經行文，委令經理其事。即若陞以該府同知，而使之久於其職，其所建立，必有可觀。迨其累有成績，遂擢以爲知府，使終身其地，彼亦欣然過望，必且樂爲不倦，爲益地方決知不少矣。

大抵田州之亂，起於搜剔太甚，今其歸附，皆出誠心，原非以兵力强取而得者。故不必過爲振厲駕抑，急其機防，反足生變。但與之休養生息，略施控御其間可矣。夫走狗逐兔，而捕鼠以狸，人之才器，各有所宜也。伏乞聖明采擇。

凡西夷之叛皆繇此。

一、思恩府設立流官，亦宜如田州之數。其知府一員，吴期英見在，但已屢有奔逃之辱，難以復臨其下。然未有可去之罪，且宜改用於他所，姑使之自效可矣。看得柳州府同知桂鏊，督餉賓州，思恩之人聞其行事，頗知信向。近以修復思恩府治，委之經理，其所謀猷，雖未見有大過於人，然皆平實詳審，不爲浮飾，似於思恩之人爲宜。苟未能灼知超然卓異之才，舉而用之，以一新政化，則得如鏊者器而使之，姑且修弊補罅，休勞息困，以與久疲之民相安於無事，當亦能有所濟也。乞勑吏部再加裁酌而改用之。

一、田州各甲今擬分設爲九土巡簡司，其思恩各城頭，今擬分設爲九土巡簡司，各立土目之素爲衆所信服者管之。其連屬之制，陞授之差，俱已備有前議。但各甲城頭既已分析，若無人管理，復恐或生弊端。臣等遵照勑諭便宜事理，已先行牌，仰各頭目暫且各照分掌管，辦納兵糧，候奏請命下，然後欽遵施行。

一、田州淩時甲、完冠砦陶甲、腮水源坤官位甲、舊朔勒甲，兼州子半甲，共四甲半，擬立爲淩時土巡簡司，擬以土目龍寄管之，緣龍寄先來投順，故分甲比衆獨多。

一、田州砦馬甲、略羅、博温甲，共三甲，擬立爲砦馬土巡簡司，擬以土目盧蘇管之。

一、田州大田子甲、那帶甲、錦養甲，共三甲，擬立爲大田土巡簡司，擬以土目黄富管之。

一、田州萬洞甲、周甲，共二甲，擬立爲萬洞土巡簡司，擬以土目陸豹管之。

一、田州陽院右鄧甲、控講水册槐竝畔甲，共二甲，擬立爲陽院土巡簡司，擬以土目林盛管之。

一、田州呰桑甲、義寧江那半甲，共一甲半，擬立爲呰桑土巡簡司，擬以土目戴德管之。

一、田州思幼東平夫棒甲、盡甲子半甲，共一甲半，擬立爲思幼土巡簡司，擬以土目楊趙管之。

一、田州侯周怕豐甲一甲，擬立爲侯周土巡簡司，擬以土目戴慶管之。

一、思恩興隆七城頭，兼都陽十城頭，擬立爲土巡簡司，擬以土目韋貴管之。緣韋貴先來向官，故授地比衆獨多。

一、思恩白山七城頭，兼丹良十城頭，擬立爲白山土巡簡司，擬以土目王受管之。

一、思恩定羅十二城頭，擬立爲定羅土巡簡司，擬以土目徐五管之。

一、思恩安定六城頭，擬立爲安定土巡簡司，擬以土目潘良管之。

一、思恩古零、通感、那學、下半四堡四城頭，擬立爲古零土巡簡司，擬以土目覃益管之。

一、思恩舊城十一城頭，擬立爲舊城土巡簡司，擬以土目黄石管之。

一、思恩那馬十六城頭，擬立爲那馬土巡簡司，擬以土目蘇關管之。

一、思恩下旺一城頭，擬立爲下旺土巡簡司，擬以土目韋文明管之。

一、思恩都陽中團一城頭，擬立爲都陽土巡簡司，擬以土目王留管之。

勸賞如此，南人安得不服？

右各目之内，惟田州之龍寄，思恩之韋貴、徐五，事體於各目不同，而韋貴又與徐五、龍寄稍異。蓋韋貴於事變之始即來投順官府，又嘗效有勤勞，宜不待三年而即與之以實授土巡簡，以旌其功。徐五亦隨韋貴投順，而效勞不及。龍寄雖無功勞，而投順在一年之前。二人者宜次韋貴，不待三年而即與之以冠帶，三年而即與之以實授土巡簡。如此，則功罪之大小，投順之先後，皆有差等，而勸懲之道著矣。

説得周匝。

或又以盧蘇、王受不當與各土目竝立者。臣等又以爲不然，方其率衆爲

此段自不可少。

亂，則蘇、受者固所謂罪之魁矣，及其率衆來降，則蘇、受者又所謂功之首也。況二府目民又皆素服二人，今若立各土目，而二人不與，非但二人者未能帖然於衆目之下，衆目固亦未敢安然而處其上，非所以爲定亂息争㊀之道也。故臣等仍議以盧蘇、王受爲衆目之首，庶幾事體穩帖，而人心允服矣。

一、田州、思恩各官目人等，見監家屬男婦，初擬解京，今各目人等既已投順，則其家屬男婦，相應給還領養，均乞聖明裁允。

一、田州新服，用夏變夷，宜有學校。但瘡痍逃竄之餘，尚無受廛之民，焉有入學之士？況齋膳廪餼，俱無所出，即欲建學，亦爲徒勞。然風化之原，終不可緩。臣等議欲於附近府、州、縣學教官之内，令提學官選委一員，暫領田州學事，聽各學生徒之願改田州府學，及各處儒生之願來田州附籍入學者，皆令寄名其間。所委教官，時至其地，相與講肄游息。或於民間興起孝弟，或倡遠近舉行鄉約，隨事開引，漸爲之教㊁。俟休養生息一二年後，流移盡歸，商旅湊集，民居已覺既庶，財力漸有可爲，則如學校，及陰陽、醫學之

㊀「息争」原作「争息」，據全書改。　㊁「教」，全書作「兆」。

類，典制之所宜備者，皆聽該府官以次舉行上請，然後爲之設官定制。如此，則施爲有漸，而民不知擾，似亦招來填實之道，鼓舞作新之機也。均乞聖明裁處。

一、思、田去梧州，水陸一月之程，軍門隔遠，難於控馭調度。兼之府治雖立，而規制未成，流官雖設，而職守未定。且瘡痍未復，人心憂惶，須得重臣撫理。臣等已經具題，乞將右布政林富量陞憲職，存留舊任副總兵張祐，使之更迭往來於二府地方，綏緝經理，仍乞賜以便宜勑書，將南寧、賓州等府、衛、州、縣，及東蘭、南丹、泗城、那地、都康、向武等土官衙門，俱聽林富等節制。臣等所議地方經久事宜，候奏請命下之日，悉以委之林富等，使之欽遵，以次施行。庶幾事無隳墮，而功可責成矣。

細覽此疏，粵西土官所以至今帖然者，繇先生經制之盡善也。

陽明先生集要經濟編卷七

議處江古諸處猺賊

節據各道哨守官兵呈報，照得廣西府江、古田、洛容諸處猺賊，日來勢益昌熾，皆緣近年以來，大征之舉既爲虛文，而鵰勦又復絶響，是以爲彼所窺，肆無忌憚。今思、田事體漸就平息，湖兵西歸有日，正可相機行事。爲此牌行左布政嚴紘，密切會同參政龍誥，按察使錢宏，副使李如圭、翁素，將各稔惡賊巢，務訪的確，密拘知因鄉道，備詢我兵所繇道路，險夷遠近，及各賊巢所在，議謀既定，即可迎約湖兵，決機行事。要在聲東擊西，後發先至。但誅其罪大惡極者一處兩處，其餘且可悉行寬撫，容令改惡從善。務在去暴除殘，懲一戒百，不必廣捕多殺，致令玉石無分，驚疑遠邇，後難行事。若其事勢連絡廣遠，關係重大，亦且不宜輕動。本院尚駐南寧，彼中事機，勢難遥度。諒各官平日素有深謀沈勇，秉義奮功，一切機宜，

見可而進，是急難之忠；知難而止，是萬全之算。

自能周悉。近報剗平之獲，已見用心之勤，尚須後效，一并奉請。凡有申稟，密切封來。

行南韶二府招集民兵牌 十一月十二日

牌仰韶州、南雄府當該官吏，即於該府地方，及所屬各縣，不拘機兵、打手各色人内，訪求武藝驍勇，膽力之士，超羣出衆，以一當百者，每府三名，或四名，每縣二名，或三名，無者於别縣通融取補。務要年齒少壯，三十歲以下者，每月給與工食八錢，就於機快工食内頂貼，仍與辦衣裝器械。各名備開年貌、親族、鄰里，限一月之内，送赴軍門應用，毋得遲違。

武藝驍勇，膽力超羣之士，所謂千夫、百夫之長也。必得此輩數人後，各兵有所領袖，氣不鼓而自壯。若舍此而求兵之强，不可得矣。

批嶺西道議處兵屯事宜呈 十一月二十三日

據僉事李香呈：看得財匱於兵冗，力分於備多，此是近日大弊。相應議處，所呈打手且不必添募，仰將該道屯哨分布打手，通行查出，大約共有若干，再加精選，去其劣弱，大約共得驍勇若干。及查某處屯堡可裁，某處關隘可革，大約共用打手若干。某哨堪備操演，分聚開闔，若何而力不分，若何而財不費，若何而免於屯兵坐食，若何而可以運謀出奇。該道會同分守道，通融斟酌，務求簡易可久之道，呈來施行。

國家物力耗於無處不備，無處不防，然究竟像人塗馬，無一備，無一防也。故備禦之法，惟簡易乃可長久。第欲圖簡易長久之策，必能辦之才，假便宜之權後可。否則，欲辦而不能，或能辦而攻擊之者衆，減兵止爲禍階耳。

行領兵官勦牛腸六寺磨刀等寨猺賊

牌行左參將署都指揮僉事張經，會同該道守巡、守備官，及湖廣督兵僉事汪溱，都指揮謝珮，督兵永順宣慰彭明輔，統兵進勦牛腸諸賊云云。及監督保靖宣慰彭九霄，統兵進勦六寺、磨刀等寨諸賊云云。未至信地三日之前，停軍中途，候約參將張經與同守巡各官集議。先將進兵道路之險易遠近，各巢賊徒之多寡强弱，及所過良民村分之經繇，往復面同各鄉導人等，逐一備細講究明白。務要彼此習熟通曉，若出一人。然後剋定日時，偃旗息

仁人之言。

鼓，寂若無人，密至信地，乘夜速發。務使迅雷不及掩耳，將各稔惡賊魁，盡數擒勦，以除民害，以靖地方。除臨陣斬獲外，其餘脇從老弱，一切皆可宥免。今兹之舉，惟定亂安民爲事，不以多獲首級爲功。各官務要仰體朝廷憂憫困窮之心，俯念地方久罹荼毒之苦，禁約軍民人等，所過良民村分，毋得侵擾一草一木，有違令者，即以軍法斬首。

不知山林險阻，沮澤之形者，不能行軍；不用鄉導者，不能得地利。此行軍者不易之法。然必文武各官同心協力，方克有濟。否則，忌功害成，講亦無用矣。

行左江道勦撫仙臺白竹諸猺

照得白竹、古陶、羅鳳、仙臺、花相、石馬等巢諸賊，皆稔惡多年，在所必誅。已經牌仰各官督兵進勦。近據參將張經續稟，仙臺、花相、石馬等猺，一月之前，皆各出投撫，願給告示，從此不敢爲惡。看得各猺投撫，誠僞雖未可料，但既許其改惡，若復進兵襲勦，未免虧失信義，無以心服蠻夷。亦合暫且寬宥，容其舍舊圖新。

其白竹、古陶、羅鳳等賊，負險桀驁，略無忌憚。仰㊀左江道守巡、守備等官參議汪必東，僉事吳天挺，參將張經，會同湖廣僉事㊁汪溱，都指揮謝珮，督同各宣慰等官，俟牛腸等處事完之日，即便移兵進勦白竹、古陶、羅鳳諸賊。其領哨官員，及引路向導人等，俱聽參將張經，督同指揮周胤宗等，分俵停當，照例逐一講明，然後分投速進。縱使諸賊先以聞風逃避，亦要嚴兵深入，搗其巢穴，以宣明本院聲罪致討之義。一勦不獲，至於再，再勦不獲，至於三，至四，至五，至殄絶禍根乃已㊂，但不得㊃濫及已招賊巢，虧失信義。經過良善村分，尤要嚴禁官土軍兵，不得侵犯一草一木，有犯令者，即以軍法斬首。

用先聲以威之，不過欲其歸化，是仁者不殺之心。

征勦稔惡猺賊疏　七年四月十五日

據留撫田州、思恩等處地方廣西布政司右布政林富，原任副總兵都指揮同

㊀「仰」，全書作「若不加勦，何以分別善惡，明示勸懲，爲此牌仰」。
㊁「僉事」，全書作「督兵僉事」。
㊂「殄絶禍根乃已」，全書作「絶終禍根」。
㊃「但不得」，全書作「不得以今次斬獲之少，或遂」。

知張祐等會呈前事，開稱：田州、思恩平復，居民悉已各安生理，土夷亦皆各事農耕，地方實已萬幸。但惟八寨猺賊，積年千百成徒，流劫州縣鄉村，殺害良民，虜掠子女生口財物，歲無虛月，月無虛旬。民遭荼毒冤苦，屢經奏告，乞要分兵勦滅者，已不知幾百十番。爲因地方多事，若要進兵，未免重爲民困，是以官府隱忍撫諭，冀其悔罪改過。而彼乃悍然不顧，愈加兇横，出劫益頻。蓋緣此賊有衆數萬，盤據山谷，憑恃險阻，南通交阯等夷，西接雲貴諸蠻，東北與斷藤、牛腸、仙臺、花相、風門、佛子，及柳、慶、府江、古田諸處猺賊，回旋連絡，延衺周遭二千餘里，東掠西竄，南摽北突。近因思、田擾攘，各賊乘機出攻州縣鄉村，遠近相煽，幾爲地方大變。仰賴朝廷威令傳播，苟幸未動。緣此猺賊之與居民，勢不兩立，若猺賊不除，則居民決無安生之理。乞要乘此軍威，速加征勦，庶不貽患地方緣繇，呈乞照詳施行等因。

據此行間，隨據左江道守巡、守備等官左參議汪必東，僉事吴天挺，參將張經等會呈，爲請兵征勦積年窮兇極惡猺賊，以除民患事，開稱：斷藤峽、牛腸、六寺、磨刀等處猺賊，上連八寨諸蠻，下通白竹、古陶、羅鳳、仙臺、花相、風門、佛子等峒。各賊累年攻劫郡縣鄉村，殺人放火，擄掠子女財畜。民遭荼毒，逃竄死亡，抛棄田業，居民日少，村落日空，延袤千百里内，皆已變爲盗賊之區。各處被害軍民，累奏請兵誅勦，爲因地方多事，兵力不敷，官府隱忍招撫，期暫少息，而各賊愈肆猖獗。

近因思、田用兵，遂與八寨及白竹、古陶、羅鳳等賊，乘勢朋比連結，殺虜搶劫，月無虚旬，扇惑摇動，將成大變。仰賴神武傳播，幸未舉發。

近幸思、田之諸夷，感慕聖化，悉已自縛歸降，遠近向服。各山猺獞，亦皆出來投撫，請給告示，願求自新，從此不敢爲惡。雖其誠僞未可逆料，然皆尚有畏懼之心。獨此斷藤各巢逆賊，自知罪在不赦，恃險如故，截路劫村，略無忌憚。若不乘此軍威，進兵勦滅，將來禍患，焉有紀極。緣繇會案呈詳到臣。

照得臣近因思、田之役，奉命前來駐軍南寧府地方，與八寨猺賊相去六日之程。朝廷德威宣布，雖外國遠夷，皆知震懾向慕，輸情納欵。而此猺賊，獨敢擁衆千百，四出劫掠武緣等處鄉村，殺人放火，略無忌憚，此臣所親知。即此猖熾桀驁，平時抑又可知。及照牛腸、六寺、磨刀、古竹、古陶、羅鳳、仙臺、花相、風門、佛子等巢稔惡各賊，自弘治、正德以來，至於今日，二三十年之間，節該桂平等縣被害人户李子太等，前後控奏，乞行勦除民害，不下數十餘次，皆有部咨，行令勘議計勦。若不及今討伐，其爲地方之患，終無底極，誠有如各官所呈者。況臣駐劄南寧，小民紛然訴告，請兵急救荼毒，皆謂朝不謀夕。各賊之惡，委已數窮貫滿，神怒人怨，難復逋誅。即欲會案奏請，俟命下之日行事，切恐聲迹昭彰，反致衝突奔竄，則雖調十數萬之衆，以一二年爲期，亦未易平蕩了事。照得臣節該欽奉勑諭：「但遇賊寇生發，即便相機可撫則撫，可捕則捕，欽此。」欽遵。

爲照思、田變亂之時，該前都御史等官姚鏌等，奏調湖廣永、保二司土兵，前來南寧等處聽用。近幸地方悉已平靖，各兵正在班師放回之際，歸途所經，正與各賊巢穴相去不遠。況思、田二府新附土目盧蘇、王受等，感激朝廷生全之恩，屢乞殺賊報效，俱各遵奉勑諭事理，除一面量調官軍，協同前項各兵，行委左江道守巡參將等官，監統永、保二司宣慰、官男，領各頭目、土兵人等，分道進勦牛腸、六寺、仙臺、花相等賊。并行留撫思、田布政及右江分巡兵備、守備等官，監統思、田土目、兵夫，分道進勦八寨等賊。所獲功次，俱仰該道分巡兵備官，收解紀功御史紀驗造册奏報，及行總鎮太監張賜，密切公同行事。并密行鎮巡等官知會外，緣係征勦積年稔惡猺賊，以除民患，以

> 不惟省多少錢糧，爲縣官造福；省多少兵馬，爲百姓造命；亦省多少議論，爲部院科道免筆舌也。

> 政所謂迅雷不及掩耳。

> 以湖兵進勦斷藤峽諸賊，以盧蘇、王受進勦八寨等賊，分兵自有條理。

安地方事理，爲此具本題知。

因放回之湖兵，及報效之土目，以平方千里之叛寇，二三十年之征勦所未克者，不煩一兵，不費斗糧。不惟軍機妙用，實繇忠誠爲國之心爲之也。使他人處此，請而後勦，則必多費縣官之金錢，多塗百姓之肝腦，而亦未必能成功矣。

綏柔流賊

五月

據左江道參議等官汪必東等呈稱：古陶、白竹、石馬等賊，近雖誅勦，然尚有流出府江諸處者，誠恐日後爲患，乞調歸順土官岑瓛兵一千名，萬承、龍英共五百名，或韋貴兵一千名，住劄平南、桂平衝要地方。及該府知府程雲鵬等，亦申量留湖兵，及調武靖州狼兵防守等因。始觀論議，似亦區畫經久之圖；徐考成功，終亦支吾目前之計。

蓋用兵之法，伐謀爲先；處夷之道，攻心爲上。今各猺征勦之後，有司即宜誠心撫恤，以安其心。若不服其心，而徒欲久留湖兵，多調狼卒，憑藉兵力，以威劫把持，謂爲可久之計，則亦末矣。殊不知遠來客兵，怨憤不肯爲用，一也。供饋之需，稍不滿意，求索呰詈，將無抵極，二也。就居民間，騷擾

此御西南夷不易之法。

濁亂，易生釁隙，三也。困頓日久，資財耗竭，適以自弊，四也。欲借此以衛民，而反爲民增一苦；欲借此防賊，而反爲吾招一寇。各官之意，豈不虞各賊乘間突出，故欲振揚兵威，以苟幸目前之無事，抑亦不睹其害矣。前歲湖兵之調，既已大拂其情，乃今復欲留之，其可行乎？

夫刑賞之用當，而後善有所勸，惡有所懲。勸懲之道明，而後政得其安。今稔惡各猺，舉兵征勦，刑既加於有罪矣。然破敗奔竄之餘，即欲招撫，彼亦未必能信。必須先從其傍良善各巢加厚撫恤，使爲善者益知所勸，而不肯與之相連相比，則黨惡自孤，而其勢自定。使良善各巢傳道引諭，使各賊咸有回心向化之機，然後吾之招撫可得而行。而凡綏懷御制之道，可以次而舉矣。

夫柔遠人而撫夷狄，謂之柔與撫者，豈專恃兵甲之盛，威力之强而已乎？古之人能以天地萬物爲一體，故能通天下之志。凡舉大事，必順其情而使之，因其勢而導之，乘其機而動之，及其時而興之。是以爲之但見其易，而成之不見其難，此天下之民所以陰受其庇，而莫知其功之所自也。今皆反之，豈所見若是其相遠乎？亦繇無忠誠惻怛之心以愛其民，不肯身任地方

撫恤先及于善良，使各夷回心向化。此是寓教化於撫恤之中，所以撫而可久。

留兵防守，支吾目前，誠今日通病。此故繇無忠誠愛民之心，

利害，爲久遠之圖，凡所施爲，不本於精神心術，而惟事補輳掇拾，支吾粉飾於其外，以苟幸吾身之無事，此蓋今時之通弊也。

亦繇才識不逮，不得不爲僥倖無事之圖耳。用人者其審之。

合就通行計處，仰抄案回道，即行知府程雲鵬，公同指揮周胤宗，及各縣知縣等官，親至已破賊巢各隣近良善村寨，以次加厚撫恤，給以告示，犒以魚鹽，待以誠信，敷以德恩。喻以朝廷所以誅勦各賊者，爲其稔惡不悛。若爾等良善守分村寨，我官府何嘗輕動爾等一草一木，爾等各宜益堅向善之心，毋爲彼所扇惑摇動。從而爲之推選衆所信服，立爲酋長，以連屬之。優其禮待，厚其犒賞，以漸綏來調習，使之日益親附。

又喻以稔惡各賊，彼若不改，一征不已，至於再，再征不已，至於三，至於四五、至於六七，必使滅絶而後已。此後官府若行勦除，爾等但要安心樂業，無有驚疑。若各賊果能改惡遷善，實心向化，今日來投，今日即待以良善，即開以自新之路，決不追既往之惡。爾等即可以此意傳告開喻之，我官府亦未嘗有必欲殺彼之心。若彼賊果有相引來投者，亦就實心撫安招來之，量給鹽米，爲之經紀生業，亦就爲之選立酋長，使有統率，勿令涣散。一面清查侵占田土，開立里甲，以息日後之争。禁約良民，毋使乘機報復，以激其變。如農

必有先生之威望，素爲賊所畏憚，故此言易入。否則，空言亦不足以服反側之心。

處置周匝。

可見用兵原是萬不得已，非仁人之本心。

師之所處，荆棘生焉。頓兵是第一擾民之事。

夫之植嘉禾而去莨莠，深耕易耨，芸菑灌溉，專一心事㊀，勤誠無惰，必有秋穫。夫善者益知所勸，則助惡者日衰；惡者益知所懲，則向善者益衆。此撫柔之道，而非專有恃於甲兵者也。

至於本院近行十家牌諭，誠亦弭盜安民之良法，而今之有司，概以虛文抵塞，莫肯實心推求舉行。雖已造册繳報，而尚不知其間所屬何意。所處地方，該道仍要用心督責整理，誠使此法一行，則不待調發而處處皆兵，不待屯聚而家家皆兵，不待蓄養而人人皆兵。無饋運之勞而糧餉足，無關隘之設而守禦固。習之愈久而法愈精，行之彌廣而功彌大。其前項區處摘調之兵，有虛名而無實用，可張皇於暫時，而不可施行於永久者，勞逸煩簡，相去遠矣。

惟有據該府議欲散撤雇倩機快等項，調取武靖州土兵，使之就近防守一節，區畫頗當。然以三千之衆，而常在一處，屯頓坐食，亦未得宜。必須分作六班，每五百名爲一班，每兩個月日而更一次。若有鵰勦等項，然後通行起調。然必須於城市別立營房，毋使與民雜處，然後可免於騷擾嫌隙。蓋以十

㊀「專一心事」，全書作「專心一事」。

家牌門之兵，而爲守土安民之本；以武靖起調之兵，而備追捕勦截之用。此亦經權交濟相須之意，合就准行。

仰該道仍將行糧等項，再議停當，備行該州土目人等遵照奉行。自今以後，免其秋調。各處哨守等役，專在潯州地方，聽憑守備參將調用。凡遇緊急調取，即要星馳赴信地，不得遲違時刻。守巡各官，仍要時加戒諭撫輯，毋令日久玩弛，又成虛應故事。本院疎才多病，精力不足，不能躬親細務。獨其憂患地方，欲爲建立久安長治，一念真切，自不能已，是以不覺其言之叨叨。各官務體此意，毋厭其多言，而必務爲抽繹，毋謂其迂遠，而必再與精思，務竭其忠誠，務行其切實，同心協德，共濟時艱。通行總鎮、總兵、鎮巡等衙門知會，仍行三司各道守巡、守備等官，事有相類者，悉以此意推而行之。發去魚鹽或有不足，再行計處定奪。

近日事無成績，俱坐此病。

先生之意，只欲寓兵於保甲，而不欲其調兵之煩，養兵之費，真是遠猷。

邊方缺官薦才贊理疏

七年七月初六日

邇者思恩、田州之變，諸夷感慕聖化，悔罪求生，已蒙浩蕩之仁，宥納而撫全之，地方亦既寧定矣。但凋弊之餘，必須得人以時綏緝。况兩府設立流官衙門，及修築城池、營堡等項，百務竝舉，若無專官夙夜經理催督，則事無統紀，功難責成。已經臣等具題，乞將右布政林富等陞職留撫，隨蒙將林富陞任去訖。又經臣等仍乞推選相應官員替任，俱未奉明旨。

臣看得今歲例當朝覲，各該掌印官員，不久皆將赴京。而廣西布、按二司等官，適多遷轉去任者。右布政林富陞鄖陽副都御史，參政黃芳陞江西布政，副使李如圭陞陝西按察使，參政龍誥，參議汪必東，僉事吴天挺等，督押湖兵出境，往復之間，即須半年。參議鄒輗、僉事申惠，皆齎捧表箋進京。其餘雖有一二新除官員，皆未到任。止存左布政嚴紘，按察使錢宏，各掌司印。僉事張邦信分巡桂林，李傑分巡蒼梧，而臣在南寧、思、田等處，輿疾往來調度，再無一官隨從贊理者。

近日止有兵備副使翁素來管右江道事，緣其才性乃慈祥愷悌之人，用之中土，分理司事，足爲循良。而置之邊方瘴癘多事之鄉，則其禀質稍弱，不耐崎險，易生疾病，似於風土亦非所宜。臣看得爲民副使陳槐，平生奮志忠節，才既有爲，而又能不避艱險。致仕知府朱衮，年力壯健，才識通敏。去任副

此舉破拘攣之守以立事，真得古人遺意。乃今豈可望哉！

使施儒，學明氣充，忠信果斷。閒住副使楊必進，曉練軍務，識達事機。此四人者，皆堪右江兵備之任。施儒舊爲兵備於潮、惠，楊必進舊爲兵備於府江，皆嘗著有成績，兩地夷民，至今思念不忘。若於四人之中選用其一，其於地方之事必有所濟。

及照田州新附之地，知府陳能尚未到任。該臣看得化州知州林寬，舊在江西，知其才能足充任使，已經具奏，行委見在該府管事，但其稟質乃亦不禁炎瘴，於風土非宜。蒞事以來，終月卧病，呻吟牀席，軀命且不能保，又何能經理地方之事乎？

臣又訪得潮州府推官李喬木者，才力足以有爲，而又熟知土俗夷情，服於水土，但係梧州籍貫，稍有鄉里之嫌。臣看得廣西軍衛有司衙門所屬官員，及各學教職亦皆多用本省士人。今田州雖設流官知府，而其所屬乃皆土夷，自無鄉里之嫌可避，亦與各學教職無異者。乞勑吏部改用林寬於别地，俯采臣議，將李喬木改升田州同知，庶可使之久於其任，以責成功，則地方之幸，臣之幸也。

臣惟任賢圖治，得人實難。其在邊夷絶域，反覆多事之地，則其難尤甚。

何者？反覆邊夷之地，非得忠實勇果，通達坦易之才，固未易以定其亂。有其才矣，使不諳其土俗，而悉其情性，或過剛使氣，率意徑行，則亦未易以得其心。得其心矣，使不耐其水土而多生疾病，亦不能以久居於其地，以收積累之效，而成可底之績。故用人於邊方，必兼是三者而後可。即如右江一兵備，此臣之所最切心者。臣竊爲吏部私計其人，終夜不寢而思之，竟未見有快心如意者。蓋兼是三者而求之也。如前所舉四人者，固皆可用之才，今乃皆爲時例所拘，棄置不用，而更勞心遠索，則亦過矣。

合三者方堪當邊才之舉。

此書立政篇所謂「嚴惟丕式」者。

臣近於南寧、思、田諸處，因無可用之才，調取其發身科第，以遷謫而至者三四人，其志向才識，果自不羣，足可任用。但到未旬日，而輒以患病告歸，皆相繼狼狽扶攜而去矣。不得已，就其見在者而使之，則皆庸劣陋下，素不可齒於士類者。然無可奈何，則略其全體之惡，而用其一肢之能。既其終事，所就不能以尺寸，而破壞則尋丈矣。用是觀之，亦何怪乎斯土之民愈困，亂愈積，而禍日以深也哉！是固相沿積習之弊，不及今一洗而改革之，邊患未見其能有瘳也。

今舉邊才，多如此類。

夫今之以朝覲考察而去者，固多貪暴不才之人矣。其間乃有雖無過人之才，而亦無顯著之惡，尚在可用不可用之間者，皆未暇論。至其平生磊落自負，卓然思有所建立，而其學識才能果足以有爲者，乃爲一時愛憎毀譽之所亂，亦遂忞然就抑而去。斯固天下之所共爲不平，公論弭彰者，孰得而終掩之？

開人所不敢開之口。

陛下何不使在位大臣，一時各舉十餘人之可用者，陛下合而考之，若一人舉之而九人不舉，未可也。三人舉之而七人不舉，已在所察矣。五人舉之而五人不舉，其察又宜詳矣。或七人八人舉之，而一二人不舉，則其人之可用，亦斷在不疑者矣。若此者，亦在朝覲二次三次之後，或七年，或十年而後，一舉夫身退，十年之後，則是非已明，公論已定，雖有黨比，自不能容。

先要問舉人之人賢否如何，若舉果出於賢者，即一人已足。否則，附和雷同，正爲今日用人大病。

今邊方絶域無可用之人，至取其庸劣陋下者而使之，以滋益地方之苦弊。其豪傑可用之才，乃爲時例所拘，棄置而不用。夫所謂時例者，固朝廷爲之也，可拘而拘，不可拘而不拘，無不可者。陛下何忍一方之禍患日深月積，乃惜破例而用一人以救之乎？夫考察而去者，果皆貪惡庸陋之徒，則固營營苟苟，無時而不僥倖以求進。若磊落自負，有過人之見者，則雖屈抑而

此弊牢不可破。

以此衡人，百不失一。

退，自放於山水田野之間，亦足以自樂。今若用之於邊夷困弊之地，殆亦未必其所欲。但爲朝廷愛惜人才，則當此宵旰側席，遑遑求賢之日，而使有用之才廢棄終身，乃不得已至取其庸劣陋下者而用之，以益民困，豈不大可惜乎！臣因地方缺人，心切其事，不覺其言之煩瀆。伏望陛下恕其愚妄，下臣議於吏部，採擇而去取之，臣不勝瀆冒恐懼之至。

議論可爲廟堂用人大典，經久不易之規，非直爲邊方一隅計也。

征勦八寨斷藤峽牌㈠

據留撫田州、思恩地方㈡右布政使林富、副總兵張祐呈稱㈢：田州、思恩平復，居民悉已安業，土夷亦皆各事農耕，地方實已萬幸，惟八寨猺賊云云。除差官舍賫捧令旗令牌，分投督押土兵，本院親至賓州，相機調度，面授方略外。爲此牌仰右布政司林富、副總兵張祐，即便率領官軍，督發土目盧蘇、王

㈠「牌」原作「碑」，據原目改。㈡「地方」，全書作「等處地方」。㈢「副總兵張祐呈稱」，全書作「原任副總兵都指揮同知張祐連名呈稱」。

兵之過無不殘虐，故每一檄必諄諄及之。

受等兵，從公蕘、思恩取路，進勦後開寨分。務要聲言各賊累年殺害良民，攻劫州縣鄉村之罪。殲厥渠魁，及其黨與罪惡顯著者，明正天討，以絕禍根。除臨陣擒斬外，其餘脇從老弱，一切皆可免宥。今兹舉惟以定亂安民爲事，不以黷武多獲爲功。各官務要仰體朝廷憂憫困窮之心，俯念地方久遭屠戮之苦，督各官兵、目兵人等，先除民患，以靖地方。仍禁兵馬所過鄉村，毋得侵擾民間一草一木，有犯令者，仰即遵欽奉勑諭事理，當即處以軍法。俱毋有違節制方略，自取罪戾。

行參將沈希儀守八寨牌

爲照八寨巢穴，及斷藤峽等賊，素與柳、慶地方㈠猺獞村寨連絡交通，誠恐乘機奔突。爲牌仰參將沈希儀㈡即便督率官兵人等，於賊衝要路，嚴加把截。如遇奔突，相機擒捕，毋容逃遯。仍要嚴禁下人，惟在殄除真正賊徒，不

㈠「地方」，全書作「所割地方」。　㈡「爲牌仰參將沈希儀」，全書作「亦合督兵防捕，爲此牌仰參將沈希儀照牌事理。」

得妄殺無辜，及侵擾良善一草一木。敢有違犯者，即照軍法，斬首示衆㊀。軍中事宜，牌内該載不盡者，亦聽本官徑自酌量而行，一面稟報㊁。

戒諭士目 五月

案照先經行委副總兵張祐，督率官土目兵人等，進勦思恩、八寨猺賊。今據頭目盧蘇、王受等稟報，皆已攻破各寨，斬獲賊級，雖未日久，苦亦無多，且又未見獲有真正首惡，中間恐有容隱脱放情弊，合行戒諭督促。爲此牌仰本官，上緊親行督論各頭目及土兵人等，俱要協力齊心，竭忠報效，務圖勦滅，以絶禍根，庶可以表明各目盡忠圖報之真心。若是少有縱容，復留遺孽，亦是徒勞一場，不足爲功，適足爲罪。非惟不能仰報朝廷再生之恩，其於本院所以勤勤懇懇，不顧利害是非，務要委曲成就爾等之意，亦辜負矣。牌至，即以此意勉諭各目各兵，此舉非獨爲除地方之害，亦爲爾等建子孫長久之

㊀「斬首示衆」，全書作「斬首示衆，所獲功次，解送該道分巡官紀驗，聽候紀功御史覆驗造報」。
㊁全書「稟報」後尚有「俱毋違錯」四字。

業。盡此一番辛苦，便可一勞永逸矣。發去良民旗榜，可給則給，可止則止，一應事機，俱仰相機而行。其號色等項，已付思、田報效人役，徑自帶回分俵，亦宜知悉。

先生八寨之役，竟用盧蘇、王受等效用之土兵，乃所謂以夷攻夷者，此番戒諭尤不可少。

行參將沈希儀計勦八寨牌　五月初九日

近因八寨猺賊稔惡，已經調發思、田目兵，攻破賊巢，方在分投搜捕。訪得八寨後路潛通柳州，又有一路與韋召假賊巢相通，皆未委虛的，合行密切查處。爲此牌仰參將沈希儀即行密訪。若果有潛通賊路，就仰本官從宜相機行事，或從彼地掩襲韋召假賊巢，就從彼巢徑趨八寨後路。或以迎候本院爲名，徑來賓州，督調別項軍兵，就從八寨取道。然須將勇兵精，又得知因向導，可以必勝。本院亦無意必之心，俱聽本官相機行事，量力可行即行，可止即止。牌至，務在慎密，毋令一人輕泄。

既開示以出入道路，又聽令其相機進止，偏裨既有所禀承，又不苦於束縛，用兵强將勇是根本，得知因向導是妙用，二者相須，方全勝之兵。

能聯裨卒爲一心，往輒成功。

分調土官韋虎林進勦韋召蠻等賊巢

除行守備參將沈希儀相機行事，及差南寧鎮撫朱鈺齎捧令旗令牌，前去督調外。牌仰東蘭州知州韋虎林，挑選驍勇精兵三四千名，親自統領，就於該州附近三旺、德合等取道，密切進兵，撲勦下邑、中寨、尋令、東鄉、馬攔、南嶺、新村、莫村、落村等寨賊首韋召蠻、召曠、召假、召僚、召號、召旺、天臘公、線仲、言轉周、韋馬、覃廣、覃文祥等，務要盡數擒斬，以靖地方。所獲功次，通行解赴軍門，以憑紀驗給賞。如遇參將沈希儀已到地方，仍聽節制行事。若尚未到，仰即火速進勦，不必等候，以致張揚泄漏，失悞事機，罪有所歸。

既有節制，進止又得自繇。

牌行委官林應驄督諭土目

五月

看得田州、思恩領兵頭目盧蘇、王受等所領目兵，皆係驍勇慣戰之人，今又各爲身家子孫之計，自願出力報效，立功贖罪。既已攻破賊巢，分屯其地，則其搜捕潰散之賊，當如探囊取物，數日可盡。今已半月有餘，尚未見有成功，氣勢日見委靡。此必軍中收有賊巢婦女等項，貪戀女色財物，不肯割舍脱離，奮勇殺賊，苟且偷安，遂致兵氣日衰，軍威不振。若諸賊聞此消息，乘此懈怠，掩襲不備，我軍必致撓敗。如此，則是各目此舉，本欲立功而反敗事，本欲贖罪而反增罪。非惟不能仰報朝廷之德，抑且有損軍門之威矣。正名定罪，後悔何及！

爲此牌仰原任户部郎中，今降徐聞縣縣丞林應驄，齎執令旗令牌，會同總兵、監軍等官，公同署田州府事知州林寬，身督領兵頭目盧蘇等，閲視各營。但有收得賊巢婦女財物者，通行搜出，俱各開紀名數，别立老營一所，選委老成頭目，另撥謹實小心兵夫，晝夜管守。將各貪戀女色財物，不肯奮勇殺賊頭目、兵夫，姑且免其罰治，責令即出搜山。果能多有擒斬，旬日之内，功成班師，仍將前項婦女財物，照名給還，亦不追究前罪。若有貪戀女贓，違犯軍令，仍前不肯效力者，仰即遵照軍門號令，當時斬首示衆。斷毋姑息容忍，致敗三軍大事。

兵法曰：「視卒如愛子，故可與之俱死。」又曰：「愛而不能令，厚而不能使，亂而不能治，譬如驕子不可用。」先生此論，恩威兼之矣。

蓋前日之招撫，專以慈愛惻怛爲念者，乃是本院憐憫兩府之民，無罪而就死地，乃是父母愛子之心，惟恐一民不遂其生也。至於今日用兵，却須號令嚴明，有功必賞，有罪必戮者，乃是本院欲安兩府之民，使之立功贖罪，以定其身家，而因以除去地方之患。是乃師帥㊀行軍之道，不如此不足以取勝而成功也。差去旗牌官員，務要星火催督，毋事姑息。若旬日之後，再無成功，本院親臨分地，定先將監軍、督軍等官，明正軍法。其推奸㊁避事，不肯奮勇殺賊頭目，通行斬首，決不虛言。

財色人之所愛，何況土夷？先生雖搜獲女贓而不之罪，又且待其成功，而照名給還，乃深得夷人之情，而夷人之所以樂爲用命也。

牌委指揮趙璇留勦餘賊 六月

牌仰指揮趙璇，前去督哨副總兵張祐處，查審各寨稔惡猺賊，曾否勦滅，各兵見住何處，聞已出屯三里，仰就各營土兵目夫，凡有疾病老弱者，俱令在營將息調理，其精壯驍勇目兵，仍仰本官，務要三四日或五六日，督令入山巡勦一番。出意外之奇，以示不測之武。須候各山果無潛遁之奸，各巢已無復

㊀「師帥」，全書作「帥師」。 ㊁「推奸」，全書作「推託」。

歸之賊，俟軍門牌至，方許回兵。仍諭土目盧蘇、王受等，以如此炎毒天氣，如此暑雨連綿，各兵久在山中，辛勤勞苦，本院非不惓惓憂念，但一則欲爲爾等立功，一則欲爲地方除害，心雖不忍久勞爾等，而勢有所不能已也。爾等其務體本院之意，再耐旬日之苦，以成百年之功。毋得欲速一時，致貽後悔。事完之日，通至賓州，本院親行犒賞，就領牌劄，仰各知悉。

此時雖云戰勝，然軍中憊困不支者亦必有之。先生休其困憊，而選其精壯者，所以雖搜山窮勦，而無不掉之尾也。

牌行副總兵張佑搜勦餘巢　七月

計搜餘策，詳盡一至於此！

總是出其不意，攻其無備。

訪得上林相近地方，如淥茅等村，皆係陽招陰叛，與八寨諸賊裡應外合，積年流毒地方。即其罪惡，尤有甚於八寨諸賊，若不勦滅，終遺禍根。爲此今差指揮趙璇，齎牌前去督哨副總兵張佑處計議，仰即密召領兵頭目盧蘇、王受等，令各挑選精兵一千，或一千五百，以搜巡八寨爲名，當日乘夜速發，分道夾勦後開各賊村分，務要殲除黨與，蕩平巢穴。若是各賊奔竄大名深山，各兵就可留屯其地，食其禾米六畜，分兵探賊向往追捕。本院先曾發有

誰能料得到此！

武緣鄉兵，分搜大名諸山，遥計此時，各賊正回山下各村躲住，及今往勦，正合事機。仰諭各目務要潛機速發，不得遲留隔宿，必致透漏消息，徒勞無功。發兵進勦之後，一面差人飛報。

計開緑茅。通親。緑小。批頭。羅煖。

其餘各巢不能盡開，須要量其罪惡大小，可勦則勦，可撫則撫，相機而行。

用土目以平八寨，旋及隣近各巢，一舉而掃蕩殆盡，所謂善用兵者，役不再籍也。然非恩威兼至，有以大服土人之心，不能得此。

八寨斷藤峽捷音疏

七年七月初十日

據湖廣按察司分巡上湖南道監軍僉事汪溱，廣西按察司分巡左江道監軍僉事吴天挺，分巡右江道監軍副使翁素等會呈，節據廣西領哨潯州衛指揮馬文瑞、王勳、唐宏、卞琚、張縉，千户劉宗本，永順統兵宣慰彭明輔，官男彭宗舜，保靖統兵宣慰彭九霄，及辰州等衛部押指揮彭飛、張恩等，各呈前事。職等遵奉統領各該軍兵，依期於本年四月初二日，密到龍村埠登岸。當蒙統督參將張經，都指揮謝珮，督同宣慰彭明輔，分布官男彭宗舜，頭目彭明弼、

以參將都指揮統領土目，以土目分領土兵，復各以指揮等官佐之，方是以我用土兵。

總不出「多方以誤之」一語。

彭杰，領土兵一千六百名；隨同領哨指揮馬文瑞，頭目向永壽、嚴謹，領土兵一千二百名；隨同領哨指揮王勳。又督同宣慰彭九霄等，分布官男彭藎臣下報効頭目彭志明，領土兵六百名；隨同領哨指揮唐宏，頭目彭九皐，領土兵六百名；隨同領哨指揮卞琚，頭目彭輔，領土兵六百名；隨同領哨指揮張縉，頭目賈英，領土兵六百名；隨同領哨千户劉宗本，并各哨官員，領潯州等衛所，及武靖州漢土官兵、鄉導人等，共一千餘名。永順進勦牛腸，保靖進勦六寺等賊巢，刻定初三日寅時，一齊抵巢。

各賊先防湖兵經過，各將家屬、生畜，驅入巢後大山潛伏。賊首胡緣二等，各率徒黨團結防拒。然訪知本院住札南寧，寂無征勦消息。又不見調兵集糧，而湖兵之歸，又皆偃旗息鼓，略無警備，遂皆怠弛，不以爲意。至是，突遇官兵四面攻圍，各賊倉惶失措，然猶恃其驍悍，蜂擁來敵。當有彭明輔、彭九霄、彭宗舜，並頭目田大有、彭輔等，督率目兵，奮不顧身，衝冒矢石，敵殺數合，賊鋒摧敗。當陣生擒斬獲首賊，并次從賊徒賊級六十九名顆，俘獲男婦，及奪回被擄人口、牛隻、器械等項數多。

餘賊退敗，復據仙女大山，憑險結寨。各兵追圍，攀木緣崕，設策仰攻。

至初四日，復破賊寨。當陣生擒斬獲首賊，并次從賊徒賊級六十二名顆。初五日，復攻破油碎、石壁、大陂等巢，生擒斬獲首賊，并次從賊徒賊級七十九名顆，俘獲男婦、牛隻、器械等項數多。

餘賊奔至斷藤峽横石江邊，因追兵緊急，争渡覆溺死者約有六百餘徒。官兵復從後奮勇追殺，當陣生擒獲斬首賊，及次從賊徒賊級六十五名顆，俘獲男婦、牛畜、器械等項數多。各賊間有一二漏網，亦皆奔竄他境。官兵追殺，至於本月初十日，遍搜山峒無遺，稟蒙收兵。回至潯州府住劄間。

隨蒙本院密切牌諭，復令職等移兵進勦仙臺等賊。就於本月十一日寅夜，仍前分布各哨官兵，遵照牌内方略，永順於盤石、大黄江登岸，進勦仙臺、花相等處。保靖於烏江口、丹竹埠登岸，進勦白竹、古陶、羅鳳等處。刻定於十三日寅時一齊抵巢。各賊聞知牛腸等巢破滅，方懷疑懼，謀欲據險自固。賊首黄公豹、廖公田等，各率徒黨，沿途設伏埋簽，合勢出拒。官兵驟進，翕如風雨。各賊雖已奪氣，然猶舍死衝敵，比之牛腸等賊，兇惡尤甚。各該官兵，奮勇夾擊，争先陷陣，生擒斬獲首賊，及次從賊徒賊級四百九十名顆，俘獲賊屬男婦、牛畜、器械等項數多。

先牛腸、六寺等巢，而後進勦仙臺、白竹等處，進師自有次第。

各賊奔入永安邊界，地名立山，恃險結寨。當蒙摘調指揮王良輔，并目兵彭愷等，於本月二十四日，亦各分路竝進，奮勇争先，四面仰攻，賊乃敗散。當陣生擒斬獲首賊，及次從賊徒賊級一百七十二名顆，俘獲男婦、牛畜、器械數多，餘賊遠竄，追殺無遺。

又據把截邀擊參將沈希儀解報，擒斬首從賊徒賊級八十六名顆。把截頭目鄧宗七，撫猺老人陳嘉猷，旗軍洪狗驢等，及貴縣典史蘇桂芳，把隘指揮孫龍，官舍覃铻，潯州府捕盗通判徐俊，平南知縣劉喬等，亦各呈解擒斬首從賊徒賊級八十一名顆，俘獲男婦、器械等項數多。

又該督兵右布政林富，舊任副總兵張祐等，遵奉本院方略，分督田州府報効頭目盧蘇等目兵，及官軍人等三千名，思恩府報効頭目王受等目兵，及官軍人等二千名，韋貴等目兵，及官軍鄉欵人等一千一百名，照依分定哨道，進勦八寨稔惡猺賊，刻期於本年四月二十三日卯時，一齊抵巢。先於二十二日晚，於新墟地方，集各土目人等，申布本院密授方略，乘夜銜枚速進。所過村寨，寂然不知有兵，黎明各抵賊寨，遂突破石門天險。我兵盡入，賊方驚覺，皆以爲兵從天降，震駭潰竄，莫知所爲。我兵乘勝追斬，各賊且奔且戰。

兵法所謂兵勝之術，密察敵人之機而速乘其利，復疾擊其不意。先生知此道也。

薄午，四遠各寨驍賊聚衆二千餘徒，各執長鏢毒弩，并勢呼擁來拒，極其猛悍。我兵鼓噪奮擊而前，聲震巖谷，無不一當十。賊既失險奪氣，而我兵愈戰益憤㊀，賊不能支，遂大奔潰。當陣生擒斬獲首賊，及次從賊徒賊級二百九十一名顆，俘獲男婦、畜産、器械數多。

賊皆分陣聚黨，奔入極高大山，據險立寨。我兵亦分道追躡圍勦，然巖壁峻絶，我兵自下仰攻，戰勢不便。賊從巔厓發石滚木，多爲所傷。於是多方設策，夜發精鋭，掩其不備。

兵法所謂：以方從之，從之無息，雖衆可服。多方設策，正所謂「以方從」也。非知謀之將不能行此，全要在用得其人。

二十四日，我兵復攻破古蓬等寨，生擒斬獲首賊，及次從賊徒賊級共一百三名顆，俘獲數多。

二十八日，復攻破周安等寨，生擒斬獲首賊，及次從賊徒賊級共一百四十六名顆，俘獲數多。

五月初一日，復攻破古鉢等寨，生擒斬獲首從賊徒賊級一百二十七名顆，俘獲數多。

㊀「憤」，全書作「奮」。

有分路進勦之兵，即有追截邀擊之兵，所謂善戰者其勢險，其節短。

初十日，復攻破都者峒等寨，斬獲首從賊徒賊級一百四名顆，俘獲數多。

本月十二等日，復據參將沈希儀解到督領指揮孫繼武等官軍，及遷江土目、兵夫人等，於高徑、洛春、大潘等處，追勦邀擊各寨奔賊，斬獲首從賊徒賊級九十八名顆。都指揮高崧解到督領指揮程萬全等官軍，及土目、兵夫人等，於思盧、北山等處。搜勦截捕各寨奔賊，斬獲首從賊徒賊級九十一名顆。

又據同知桂鏊，監督思恩土目韋貴、徐五等目兵，分勦銅盆等寨，斬獲首從賊徒賊級一百九十二名顆，俘獲數多。

又據通判陳志敬，督領武緣、應虛等處鄉兵，搜勦大鳴等山奔賊，斬獲首從賊徒賊級八十六名顆。

又於本月十七等日，盧蘇、王受等復攻破黃田等寨，斬首從賊徒賊級三百六十二名顆，俘獲數多。六月初七等日，復攻破鐵坑等寨，斬獲首從賊徒賊級二百五十三名顆，俘獲數多。

又據指揮康壽松、于贇、王俊等，督領官兵於緑茅等處，把隘搜截，斬獲首從賊徒賊級四十八名顆。各賊始雖敗潰，然猶或散或合。至是，見其渠魁驍悍悉就擒斬，遂各深逃遠竄。其稍有强力者，尚一千餘徒，將奔往柳、慶諸處賊巢。我兵四路夾追，及之於横水江，各賊皆已入舟離岸，兵不能及。然賊衆船小，皆層叠而載，舟不可運。復因争渡，自相格鬬。適遇颶風大作，各船盡覆，浮泊登岸得不死者，僅二十餘徒而已。我兵既無舟渡，又風雨益甚，遂各歸營。

既晴，我兵仍分路入山搜勦，各賊茫無蹤跡。又復深入，見厓谷之間，顛墮而死者，不可勝計。臭惡薰蒸，不可復前。遠近巖峒之中，林木之下，堆叠死者，男婦老少，大約且四千有餘。蓋各賊皆倉卒奔逃，不曾齎有禾米。大雨之中，饑餓經旬。而既晴之後，烈日焚炙，瘴毒蒸熾，又且半月有餘，故皆糜爛而死。八寨之賊，略已蕩盡，雖有脱漏，亦不能滿數十餘徒矣。

本院議於八寨之中，據其要害，移設衛所，以控制諸蠻。復於三里設縣，以迭相引帶。親臨相視思恩府基，景定衛縣規則。其時暑毒日甚，山溪水漲，皆惡流臭穢，飲者皆成疫痢。本院因見各賊既已掃蕩，而我兵又多疾疫死亡，乃遂班師而出。

先生無事不躬親，所以規畫盡善。

照得各職於本年三月二十三等日，先奉本院鈞牌，據左江道守巡、守備

先生南安之變，去此不遠，未必不受瘴癘而然。此所謂「鞠躬盡瘁，死而後已」者。

勦陸寇而不知此，未有不殆者。

等官呈稱，斷藤峽等處猺賊，上連八寨，下通仙臺、花相等峒，累年攻劫郡縣鄉村，被害軍民累奏請兵誅勦，乞要乘此兵威勦滅等因。行仰各職，監統各該官兵，進勦各賊。諭令未至信地三日之前，停軍中途，候約參將張經，與同守巡各官集議。先將進兵道路之險夷遠近，各巢賊徒之多寡强弱，及所過良民村分之經繇，往復面同各鄉導人等，逐一備細講究明白。務要彼此習熟，若出一人。然後刻定日時，偃旗息鼓，寂若無人，密至信地，乘夜速發，務使迅雷不及掩耳，將各稔惡賊魁，盡數擒勦，以除民害，以靖地方。除臨陣斬獲外，其餘脅從老弱，一切皆可宥免。今兹之舉，惟以定亂安民爲事，不以多獲首級爲功。各官務要仰體朝廷憂憫困窮之心，俯念地方久罹荼毒之苦，仍要禁約軍兵人等，所過良民村分，毋得侵擾一草一木。有犯令者，當依軍法斬首示衆。各官既有地方責任，兼復素懷忠義，當兹委任，務竭心力，以祛患安民。事完之日，通將獲過功次，開報紀功御史紀驗，以憑奏報。

奉此，各職會同參議汪必東，僉事汪溱、吴天挺，參將張經，都指揮謝珮，遵照軍門成算，分布各哨官兵，申明紀律，嚴督依期進勦前項各賊巢穴，獲功解報間。隨准參將張經手本，密奉本院鈞牌，仰候牛腸事畢，即便移兵進勦

以上是勦斷藤等賊方略，蓋各賊之勢分，慮其并力救援，故務

古陶諸賊，就使各賊先已聞風逃遁，亦須整兵深入，掃其巢穴，以宣聲罪致討之威。若其遂能悔罪効順，亦宜姑與招安。如其仍前憑險縱恣，兩征不已，至於三，三征不已，至於四，務在殄滅，以絶禍根。

各官就彼分定哨道，永順進勦仙臺諸處，保靖進勦白竹諸處。各分鄉導人等，引路進兵，務在計慮周悉，相機而行。各毋偏執己見，致有誤事。彼中事勢，參將張經久於其地，必能知悉。仍要本官勇當力任，斷決而行，不得含糊兩可，終難辭責。又經遵照方略，依期進勦，獲功解報間。

又於四月初五等日，各職先奉本院密切鈞牌，據右布政林富、副總兵張祐等呈稱，八寨猺賊，毒害萬民，千百里内，塗炭已極，乞要乘此軍威，急除一方大患等因。

本院看得八寨之賊，既極驍猛，而石門天險，自來兵不能入。此可以計取，未易以兵力圖者。邇者思、田既附，湖兵尚留，彼賊心懷疑懼，必已設有備禦。今各州狼兵悉已罷散，而思、田新附之民，方各歸事農耕，湖兵又已撤回，彼必以我爲無復有意於彼。是以近日稍稍復出剽掠，是殆以此探望官府舉動。今我若罔聞知，且聽其出沒，彼亦放縱懈弛，謂我不復能爲。此正天

刻定日期，速發前進。兵法所謂「形人而我無形，則我專而敵分」者是也。

所謂始如處女，敵人開户。

亡之時，機不可失。

以上是勦八寨方略，蓋各賊力并勢險，不可以力勝。故且縱其出没，乘其懈弛，密切突入。兵法所謂「以利動之，以本待之」者是也。

前者思、田各目，感激朝廷再生之恩，求欲立功報效，當時許其休息三月，然後調用，今已及期。仰右布政林富、副總兵張祐，照牌事理，即便分投密切起調各目兵夫，迂路前到南寧，面聽約束行事。各職遵奉起調，行至新墟地方，又密奉進兵方略，刻定日期，當即遵奉，連夜分哨速進，遂克攻破巢穴，連戰皆捷。斬獲功次解報間。

職等各蒙巡按廣西監察御史石金案驗：爲紀獲功次事，案行該道，各不妨監督，如遇參將張經，舊任副總兵張祐等官，各解到擒斬賊人賊級，并俘獲賊屬男婦、牛馬，俱要就彼審驗真的。事完通查獲功員役，分别首從功次，多寡緣繇，造册齎報，以憑覆審奏報等因。除遵奉外。今據進勦斷藤峽谷各哨土目官兵，解到生擒斬獲首從賊徒賊級一千一百四名顆，俘獲賊屬五百六十八名口。進勦八寨各哨土目官兵，解到生擒斬獲首從賊徒賊級一千九百一名顆，俘獲賊屬五百八十七名口。兩處共計擒斬獲三千五名顆，俘獲賊屬一千一百五十五名口。除遵照案驗事理，再行驗實，造册另報外。其各哨解到生擒、斬獲、俘獲等項功次數目，合先開報。

職等會同參照斷藤峽諸賊，連絡數十餘巢，盤亘三百餘里，彼此犄角結聚，憑險稔惡，流劫郡縣鄉村。自國初以來，屢征不服。至天順年間，該都御史韓雍統兵二十餘萬，來平兩廣，然後破其巢穴。兵退未久，各賊復攻陷潯州，據城大亂。後復合兵攻勦，兼行招撫，然後退還巢穴。自是而後，官府曲加撫處，或時暫有數月之安，而稍不如意，輒復猖獗，殺掠愈毒。蓋其祖父以來，狼戾相承，兇惡成性，不可改化。近年以來，官府勦撫之計益窮，各賊殘毒之害日甚，蓋已至於不可支持矣。

至於八寨諸賊，尤爲兇悍猛惡，利鏢毒弩，莫當其鋒。且其寨壁天險，追兵無路。自國初韓都督嘗以數萬之衆圍困其地，亦不能破，竟從招撫。其後屢次合勦，一無所獲，反多撓喪。惟成化年間，土官岑鉠素能懾服諸猺，嘗合各州狼兵，一入其巢穴，斬獲二百餘功。已而賊勢大湧，力不能支，當遂退兵，亦以招安而罷。自是而後，莫可誰何，流劫遠近，歲無虛月，民遭荼毒，冤苦無所控籲。

自思、田多事，兩地之賊，相連煽動，將有不可明言之變。千里之間，方爾洶洶朝夕。今幸朝廷威德宣揚，軍門方略密授，因湖廣之回兵，而利導其順便之勢，作思、田之新附，而善用其報效之機；翕若雷霆，疾如風雨，事舉而遠近不知有兵興之役，敵破而士卒莫測其舉動之端。兩地進兵，各不滿八千之衆，而三月報績，共已逾三千之功。蓋其勞費未及大征十之一，而其斬獲加於大征三之二。遠近室家相慶，道路歡騰，皆以爲數十年來，未見有斯舉也。

職等承乏任使，雖沖冒炎毒，攀援險阻，不敢不竭力效命。但僅遵奉方略，安能仰贊一籌。照得宣慰彭明輔、彭九霄，官男彭宗舜等，扶病冒暑，督兵勦賊，顛頓厓谷，什而益奮，遂能掃盪巢穴，殄滅渠黨。即其忠義激發，誠亦人所難能。其思、田報效頭目盧蘇、王受等，感激再生之恩，共竭效死之報，自備資糧，争先首敵。遂破賊險，搗自昔不到之巢，斬自來難敵之寇。蓋有仰攻險寨，墮崖而碎首者，猶曰我死不憾。亦有仰受賊弩，掛樹而裂股㊀者，猶曰我死甘心。民間傳誦，以爲盧蘇、王受昔未招撫，惟恐其爲地方之患，今既招撫，乃復爲地方除患。嘖嘖稱歎，謂其竭忠報德之誠，雖子弟之於

㊀「股」，全書作「肢」。

父兄，亦不能是過矣。

及照督兵、督哨、防截、給餉等項，凡有事於軍前各官，雖其職有崇卑，功有大小，然皆衝冒矢石炎瘴，備歷險阻艱難，比之往年大征，合圍困守，坐待成功，其爲利害勞逸，相去倍蓰，均乞録奏，以勸將來等因到臣。

照得先該各㊀官呈稱前項各巢各賊，積年窮兇稔惡，千百里内，被其慘毒，萬姓冤苦，朝不保夕。乞要乘此軍威，急救一方塗炭等因。其時臣方駐劄南寧，目覩其害，誠不忍坐視斯民之苦，一至此極。及查兵部屢次咨來題奉欽依事理，要將前項各賊即行發兵計勦，以除民患，正亦臣等職所當盡之責。但慮賊衆勢大，連絡千里，可以計破，難以力攻。欲俟再行奏請，命下然後舉行，必致形迹彰聞，雖用十萬之師，圖以歲年，亦未可克。故遂仰遵欽奉勅諭「但有盜賊生發，當撫則撫，可勦則勦」及「便宜行事」事理。一面密切相機行事，及密行總鎮太監張賜知會，隨該鎮守兩廣豐城侯李旻，亦相繼到任，又經轉行知會外。

㊀「該各」原作「該谷」，據全書及黔南本改。

今據各呈前因，該臣會同總鎮太監張賜、總兵李旻及鎮巡三司等官，看得八寨、斷藤、牛腸、六寺、磨刀、古陶、白竹、羅鳳、龍尾、仙臺、花相等賊巢穴，連絡盤據，千百餘里，兇悍驍猛，酷虐萬姓，流毒一方，自來征勦所不能克。果已貫盈罪極，神怒人怨，委有如各官所呈者。是誠兩廣盜賊之淵藪根抵，此而不去，兩廣盜賊終未有衰息之漸也。

乃今於三月之内，止因湖廣便道之歸師，及用思、田報效之新附，兩地進兵，不滿八千，而斬獲三千有奇，巢穴掃蕩，一洗萬民之冤，以除百年之患。此豈臣等知謀才略之所能及，是皆皇上除患救民之誠心，默贊於天地鬼神，而神武不殺之威，任人不疑之斷，震懾遠邇，感動上下。且廟廊諸臣，咸能推誠舉任，公同協贊，惟國是謀，與人爲善。故臣等得以展布四體，無復顧慮，信其力之所能爲，竭其心之所可盡，動無不宜，舉無弗振，諸將用命，軍士效力，以克致此。雖未足爲可稱之功，而朝廷之上，所以能使臣等獲成是功者，實可以爲後世行事之法矣。不然，則兵耗財竭，凋敝困苦之餘，僅僅自守尚恐未克，而況敢望此意外之事哉？

邊臣必得廊廟諸臣同心協和，後能成事。先生此論，真可爲後法。

照得宣慰彭明輔、彭九霄，官男彭宗舜等，皆衝犯暑毒，身親陷陣，事竣之後，狼狽扶病而歸，生死皆未可必。其官男彭盡臣者，亦遣家丁遠來報效。兩年之間，顛頓道途，疾疫死亡，誠有人情所不能堪者。而彭明輔等忠義奮發，略無悔怠，即其一念報國之誠，殊有所不可泯者。至於思、田報效頭目盧蘇、王受等，感激朝廷再生之恩，自備資糧，力辭軍餉。實能舍死破敵，争先陷陣。惟恐功效不立，無以自白其本心。謂子弟之於父兄亦不過是，誠非虚言，此皆臣所親見者也。

及照留撫思、田右布政林富，已聞都御史之擢，而忠義激發，猶且不計體面，必欲督兵入巢，破賊而後出，是尤人所難能。舊任副總兵張祐，參將張經、沈希儀，湖廣督兵僉事汪溱，廣西督兵僉事吴天挺，參議汪必東，副使翁素㊀，湖廣督兵都指揮謝珮，廣西都指揮高崧，及各督哨、督押指揮等官馬文瑞、王勳、唐宏、卞琚、張縉、彭飛、張恩、周徹宗、趙璇、林節、劉鏜、武鑾，千户劉宗本等，督勦縣丞林應驄，主簿季本，并防截、搜捕、調度、給餉等項官員，知府程雲鵬、蔣山卿，同知桂鏊、史立誠、舒栢，通判陳志敬、徐俊，知州林寛、

㊀「翁素」，全書作「汪素」，據上下文可知非是。

李東，諭召知縣劉喬，縣丞杜桐、蕭尚賢，經歷周奎等，雖其才猷功績，各有大小等級之殊，而利害勤苦，亦有急緩久暫之異，然當兹炎毒暑雨之中，瘴疫薰蒸，經冒鋒鏑之場，出入崎險之地，固皆同效捍患勤事之績，均有百死一生之危者也。

伏望皇上明昭軍旅之政，既行廟堂協贊舉任之上賞，亦録諸臣分職供事之微勞。及將宣慰彭明輔等，特加陞奬，官男彭宗舜、彭藎臣，免其赴京，就彼襲替，以旌其報國之義。土目盧蘇、王受等，亦曲賜恩典，或不待三年，而遂錫之冠帶，以勵其報效之忠。如此，庶幾功無不賞，而益興忠義之心，賞當其功，而自息僥倖之望矣。臣以懦劣迂疎，繆蒙不世之知遇，授以軍旅重任，言無不録，計無不行，且又慰以温旨，使之不必顧忌，臣伏讀感泣，自誓此生鞠躬盡死，以報深恩。今兹之役，本無足言，然亦自幸苟無覆敗，以免戮辱。但恨身嬰危疾，自後任勞頗難，已具本告回養病，乞賜俯允，俾得全復餘生，尚有圖報之日，臣不勝願望。

斷藤之功，成於湖廣之回兵；八寨之功，成於報效之新衆。蓋善用人者，事半而功倍，此廟算之最勝者也。如止以戰勝爲能事，即執訊獲醜，亦不免有籍兵徵餉

撫寇之功，實應止於是。

之擾，則得不償失矣。此大儒救世之作用，與争勝於白刃者不同。

今寓内談武者無不奉七書爲著蔡，然擬之而愈遠，習之而益離，何也？先生用兵，始自南、贛，終自兩廣，所往無不克捷。舉人所難者易之，人所久者速之，人所用衆者獨寡之，地方享平定之福，而不見用兵之擾。讀其方略，真有鬼神莫測之妙。是豈索秘於孫武、按譜於龍豹者所能仿佛其萬一哉？然先生不泥兵法，而動自合之。故偶舉其近似者摽諸首，正謂先生所行即兵法也。有先生之學問，七書直可土苴視矣。若曰某事做某法，是猶然一讀父者也，何足以知先生！

追捕逋賊

據同知桂鏊禀報，領兵土目盧蘇、王受等，各已屯兵八寨，斬獲賊首賊從數多，巢穴悉已破蕩，即今方在分兵四路搜勦。及稱附近上林縣一十八村，俱搬移上山躲住。又訪得鐵坑、那埋二堡賊村，界連遷江、洛春、高徑、大潘、思盧、北三、向北夷獞村分，今皆逃往潛住。又訪得八寨賊徒，我兵未進之前，陸續出劫鄉村，今皆不敢回巢，散入賓州淥里，并貴縣凉傘、疊紙等夷獞村分藏躲，合行分兵搜捕等因。

看得八寨猺賊，稔惡多年，攻劫鄉村，殺害人民，虜掠財畜，百姓怨恨，痛入骨髓。今惡貫滿盈，民怨神怒，巢穴破蕩，分崩離析，如失林之梟，投罝之兔，迷魄喪魂，正可蒐獮而盡，是乃上天欲亡此賊之秋。若不乘此機會，奉行天討，以雪百姓之冤，以舒人神之怒，以除地方之禍，存其遺孽，復爲他日根芽，此豈爲民父母之心乎？

及訪得平日哨守八寨官兵人等，往往與賊交通者，據法俱應明正典刑。今且姑未拏究，容其殺賊報效，立功自贖。除各差官督勦外，爲此牌仰指揮程萬全，督率遷江所土官指揮黄録，千户黄瑞，百户凌顯等，各起集管下土兵人等，前去北三、思盧等處，搜捕各賊。仍行曉諭各良善向化村寨，務將逃躲各賊盡數擒斬，以洩軍民之憤。獲功解報，一體給賞。若是與賊通謀，容留隱蔽，訪究得出，國憲難逃。如是各賊果有誠心悔罪，願來投撫，立功報效者，亦准免其一死，帶來軍門撫諭安插。

各官務要盡忠竭力，上報國恩，下除民患，副軍門之委託，立自己之功名。仍督平日與賊交通之人，令其向道追捕，痛加懲改，及此機會，立功自贖。果能奮不顧身，多獲真正惡賊，非但免其既往之罪，抑且同受維新之賞。

妙處是在能用與賊夷通之人，蓋不惟開此等人之生路，以成我之功，亦所以疑賊人之心，而破散其黨也。

若猶疑貳觀望，意圖苟免，定行斬首示衆，斷不虛言。本院數日之後，亦且親臨地方，躬行賞罰，仰各上緊立功，毋自取悔。

撫恤來降 八月

據參將張經呈稱：武靖州耕守黄璋等一十四名，被十冬總甲黄鄧護等，妄捏窩賊，乞行釋放，仍給榜諭。看得本院屢經牌仰該道、該府等官，將各向化良善村寨，加意撫恤懷柔，以收其散亡之勢，而堅其向善之心，庶使遠近知勸，而惡黨自孤。各官略不體承本院勤勤懇懇之意，肆志妄行，輕信十冬奸民之言，輒便推求往事，爲之報復舊讎，沮抑歸向之望，驚疑反側之心。聽其所爲，必成激變。後雖寸斬奸民之骨，固亦何救地方之患？所據違法各官，即合治以軍法，姑且記罪，再行飭諭。仰將見監黄璋、李舉等一十四名即行釋放，仍加慰諭，令其復業寧家。其十冬黄鄧護等，監候本院撫臨，解赴軍門發落。

今後仍要備細開諭該府該縣十冬里老人等，各要守法安分，務以寧靖地方爲重，不得乘機挾勢，侵剥新舊投撫之人，脅取財物，泄憤報怨。及至釀成變亂，却又貽累地方，勞煩官府。今後有違犯者，體訪得出，或被人告發，決

此等情勢，最難處置。古來往往有禍亂初定，旋復激而成變者，故勝賊易，平亂難。

行拏赴軍門，治以軍法，斷不輕恕。仍將發去告示，即行刊刻，給付十冬里老人等，遵照奉行。具遵行過緣繇繳報。

行潯州府撫恤新民牌

照得潯州等處稔惡猺賊，既已明正討伐，其奔竄殘黨，亦合撫處。但其驚懼之餘，未能遽信。必須先將附近良善，厚加撫恤，使爲善者益知勸勉，然後各賊漸知歸向，方可以漸招撫。除行守巡該道施行外，牌仰知府程雲鵬等，即行會同指揮等官周胤宗等，及各縣知縣等官，分投親至良善各寨，照依案驗内開諭事情，諄復曉諭。就將發去告示、魚鹽，量行分給。務使向善之心，愈加堅定，毋爲殘賊所扇誘，則良民日多，而惡黨日消。又因而使之勸諭各賊，令各改過自新，果有誠心來投者，即與招撫。就便清查侵占田土，以絶後爭。推選衆所信服之人，立爲頭目，使各統領，毋令散亂，以漸化導。務使日益親附，庶幾地方可安，而後患可息。各官務要誠愛惻怛，視下民如己子，處民事如家事。使德澤垂於一方，名實施於四遠，身榮功顯，何所不可？如其苟且目前，虚文抵塞，欺上罔下，假公營私，非但明有人非，幽有鬼責，抑且物議不容。

善良多則惡者自化，故曰「蓬生麻中，不扶自直」。欲化惡，必先旌善。先生之以教化當干戈也。見近事有撫巨憝以蹂躪善良者，是誨人以盜，而求盜之息，得乎哉？

處置八寨斷藤峽以圖永安疏

嘉靖七年七月十二日

照得臣於去歲奉命勘處思、田兩府，皆蒙皇上天地好生之仁，悉從寬宥。兩府人民，今皆復業安居，化爲無事寧靖之地。自此可以永無反覆之患，而免於防守屯息之勞矣。惟是八寨及斷藤峽諸賊，積年痛毒生民，千百里內，塗炭已極。臣既目覩其害，不忍坐視而不救。遂遵奉勑諭事理，乘機舉兵征勦，仰賴神武威德，幸已剪滅蕩平。一方倒懸之苦，略已爲之一解。但將來之患，不可以不預防，而事機之會，亦不可以輕失。

臣因督兵，親歷諸巢，見其形勢要害，各有宜改立衛所，開設縣治，以斷其脈絡，而扼其咽喉者。若失今不爲，則數年之間，賊必漸復，歸聚生息，不過十年，又有地方之患矣。臣以多病之故，自度精神力量，斷已不能了此。但已心知其事勢不得不然，不敢仰負陛下之託，俯貽地方之憂。輒已遵奉勑

昔人云：能取而不能守，猶無取也。先生之有功於國，不但用兵如神，全在處置得當。此等文字，不可潦草看過。使世廟初不有先生，則今日西粵之地，不知當如何矣。

諭便宜事理，一面相度舉行，不避煩瀆之誅，開陳上請，乞賜採擇施行，實地方之幸，臣等之幸！

計開

一、移築南丹衛城於八寨。

臣等看得八寨之賊，實爲柳、慶諸賊之根抵，蓋其東連柳州隴蛤、三都、嶺三、北四等處賊峒以數十，北連慶遠忻城、東歐、莫往、八仙等處賊峒亦以數十，西連東蘭等州及夷江、土者等處賊峒以十數，南接思恩及賓州上林縣諸處賊村亦以十數。各處賊巢雖多，其少㊀者僅百數人，大者不過數百人，及千人而止。各賊巢穴皆有山谿之限，險阻之守，不相通和。至期有急，或欲有所攻劫，糾合會聚，然後有一二千之衆，多至數千者。惟八寨之賊，每寨有衆千餘，四山環合，同據一險。無事則分路出劫，有警急奔入其巢。數千之衆，皆不糾而聚，不約而同，不謀而合。故名雖爲八，實則一寨。此八寨之賊所以勢衆力大，而自來攻之有不能克者也。

如此經制，固繇才識，然必要親身經歷，耳目心思無不周到，舉夷地之險易，夷情之强弱，一一燭照無遺，方能處置如此周悉詳盡。先生之盡瘁，極矣！

㊀「少」，全書作「小」。

各巢之賊，皆倚恃八寨爲逋逃主。每有緩急，一投八寨，即無所致其窮詰。八寨爲之一呼，則羣賊皆應聲而聚。故羣賊之於八寨，猶車輪之有軸，樹木之有本。若八寨不除，則羣賊決無衰息之期也。

今幸八寨悉已破蕩，正宜乘此平靖之時，據其要害，建置衛所，以控馭羣賊。臣等看得周安堡正當八寨之中，四方賊巢道路之所會，議於其地創築一城，度可以居數千之衆者，而移設南丹一衛於其間。蓋南丹衛舊在南丹州地方，爲廣西極邊窮苦之地，非中土之人所可居者。故自先年屢求内徙，今已三遷而至賓州，遂爲中土富樂之鄉。賓州既有守禦千户一所官軍，而又益以南丹一衛，自遠來徙，無片田尺土之籍，但惟安居坐食，取給於賓州。州城之内，皆職官旗舍之居，州民反避處於四遠村寨。每遇糧差徭役，然後入城。故州官號令不行於城中，而政事牽沮，地方益敝。

移築南丹於八寨，不獨可以制八寨之竊發，且有益於賓州之政事，經制之妙若此。

今計一衛之官軍，雖不滿五百之數，蓋盡移其家衆，則亦不下二千。以二千之衆而屯聚於一城，其氣勢亦已漸盛，足充守禦。遂清理屯田之在八寨者，使之屯種，又分撥各賊占據之田，使各官軍得以爲業，以稍省俸給月糧之費，彼亦無不樂從。且賓州之城既空，又可以還聚居民，修復有司之治，亦事之兩便者也。

臣等又看得遷江八所，皆土官指揮、千百户等職，舊有狼兵數千，以分制八寨猺賊之勢，後因賊勢日盛，各官皆不敢復入，反遂與之交通結契，及爲之居停指引，分其劫掠之所得，其爲地方之害，已非一日。官府察知其奸，欲加懲究，則又倚賊爲重，不可根極。近臣督兵其地，悉將各官遵照勅諭事理，綁赴軍門，議欲斬首示衆，以警遠近。而各官哀求免死，願得殺賊立功自贖。然其時賊勢已平，遂許其各率土兵，入屯八寨，就與該衛官軍，分功效力，助築城垣。待成完之日，就與城外別築營堡，與南丹衛官軍犄角而守。亦各分撥賊田，使之耕種，以資衣糧。處置得宜，微弱之軍亦可濟用。

今八所土兵，雖已比舊衰耗，然亦尚有四千餘衆。若留其微弱者四所於外，以分屯其所遺之田，而調其强盛者四所於內，合南丹一衛之衆以守，亦且四千有餘，隱然足爲柳、慶之間一巨鎮矣。此鎮一立，則各賊之脈絡斷，咽喉絶，自將沮喪震懾，其勢莫敢輕動。稍有反側者，據險出兵而撲之，夕發而旦至。各賊之交，自不能合，如取几上之肉，下筯無弗得者。此真破車輪之軸，而諸輻自解；伐樹木之本，而衆幹自枯。不過十年，柳、慶諸賊，不必征勦，皆將效順而服化矣。伏乞聖明裁允。

一、改築思恩府城於荒田。

臣等看得思恩舊治，原在寨城山內，尚歷高山數十餘里。其後土官岑濬始移出地名橋利，就巖險壘石爲城而居。四面皆斬山絕壁，府治亦在礫确之上，芒利硆砑之石，衝射抵觸，如處戈矛劍戟之中。自岑濬被誅，繼是二十餘年，反者數起，曾不能有一歲之安。人皆以爲風氣所使，雖未可盡信，然頑石之上，不生嘉禾，而陰崖之下，必有狐鼠，要亦事理之有然者。況其地瘴霧昏塞，薄午始開，中土之人來居，輒生疾疫。

自春初思、田歸附之後，臣時即已經營料理其事，竟未能有相應之地。近因督勸八寨，復親往相度，乃於未至橋利六十里外，地名荒田者，其地四野寬衍，皆膏腴之田。而後山起伏蜿蜒，敷爲平原，環抱涵畜，兩水夾繞後山而出，合流於前，屈曲數十里，入武緣江水，達於南寧。四面山勢，重疊盤回，皆軒豁秀麗，真可以建立府治。臣因信宿其地，爲之景定方向，創設規則。諸夷來集，莫不踊躍歡喜，爭先趍事赴工。遂令署府事同知桂鏊督令各役，擇日興工。

先生精于形家言，即此可見。然不泥於其說，而用之爲經濟之實。即詩之「篤公劉」，書之「卜洛」，其作用之緒餘也。

以地利合人情。

雖云夷漢雜治，然實寓用夏變夷之意。

蓋思恩舊治，皆在萬山之中，水道不通。故各夷所須魚鹽諸貨，類皆遠出，展轉鬻買，往反旬月，十不致一，常多匱絶。舊府既地險氣惡，又無所資食，故各夷終歲不一至府治，情益疎離，易生嫌隙。今府治既通江水，商貨自集，諸夷所須，皆仰給於府，朝夕絡繹，自然日加親附歸向。而武緣都里，舊嘗割屬思恩者，其始多因路險地隔，不供糧差。今荒田就係武緣止戈鄉一圖、二圖之地，四望平野，坦然大道，朝往夕反，無復阻隔。則該府之官，自可因城頭、巡簡之制，循土俗以順各夷之情。又可開圖立里，用漢法以治武緣之衆。夷夏交和，公私兩便。則改築思恩府城於荒田者，是亦致治安民，勢不容已之事，伏乞聖明裁允。

一、改鳳化縣治於三里。

臣等勘得思恩舊有鳳化一縣，然無城廓、縣治、廨宇。選來知縣等官，多借居民村，或寄其家眷於賓州諸處，而遷徙無常，如流寓者然。上司憐其無所依泊，則委之管理別印，或以公務差遣往來於外，以苟歲月。故鳳化之在思恩，徒寄虚名，而實無縣治。

臣近督勸八寨，看得上林縣地名三里者，乃在八寨之間，其地平廣博衍，東西數里外，石山周圍如城。自後極高石山之間，獨抽土山一脈，起頓昂伏，分爲兩股，環抱而前，遂有兩水夾流。土山之外，當心交合，出水之口，石山十餘重錯互回盤，轉折二三十里。極外石山，合爲城門，水從此出，是爲外隘。其間多良田茂林，村落相望。

前此居民十餘家，皆極饒富，後爲寨賊所驅殺占據，遂各四散逃亡，不敢歸視其土者已二十餘年。今各賊既滅，遂空其地。不及今創設縣治，以據其險，或有漏殄之賊，潛回其間，日漸生息結聚，後阻石門之險，前守外隘之塞，不過數年，又將漸爲地方之梗矣。故臣以爲宜割上林上下無虞鄉三里之地，屬之思恩，而移設鳳化縣治於其內，量爲築立城垣廨宇，選委才能之官，興督其役。遠近聞之，不過三四月，而逃亡之民，將盡來歸，各收復其田業，供其糧差，蔚然遂可以成一方之保障。

且其南通南丹新衛五六十里，南丹在石門之內，鳳化當石門之外，内外聲勢連合，而石門之險亡。西至思恩一百餘里，取道於那學沿途村寨，荒塞日久，因此兩地之人往來絡繹，而道路益通。又上林舊在大鳴山與八寨各賊之間，勢極孤懸，今得鳳化爲之唇齒，氣勢日盛，雖割三里之地以與鳳化，而

險在我則賊之險自失，可見地利無定形，視經制之善與不善耳。

緑茅、緑篠等村寨，舊所亡失土田，皆將以次歸復，則亦失之於東而收於西矣。

上林改屬思恩，大有關係。

及照思恩雖已設立流官知府，然其所屬皆土目巡簡，而舊屬鳳化一縣，亦皆徒寄空名，實未嘗有。今割武緣止戈一圖、二圖之地，改築思恩府城。而又割上林上、下無虞三里之地，改設鳳化縣治，固於思恩亦已稍有資輔。但自鳳化三里至於思恩一百五六十里，中間尚隔上林一縣。臣以爲并割上林一縣，而通以屬之思恩，似於事勢爲便，而於體統尤宜。何者？柳州一府，所屬二州十縣，賓州蓋柳州所屬者，且有上林、遷江兩縣。今思恩既設流官知府，固亦一府之尊，而反不若柳州所屬之一州也，其於體統亦有所未稱矣。況賓州自有十五里，而又有遷江一縣，雖割上林以與思恩，其地猶倍於思恩，未爲遽損也。上林之屬賓州與屬思恩，均之爲一屬邑，亦未有所加損也。然以之屬於思恩，則思恩始可以成一府之規模，而其間有無相須，緩急相援，氣勢相倚，流官之體統益尊，則土俗之歸向益謹，郡縣之政化日新，則夷民之感發日易，固有不可盡言之益也。夫立新縣以扼據地險，改屬縣以輔成府治，是皆所以乂安地方者也。伏乞聖明裁允。

一、添設流官縣治於思龍。

照得南寧自宣化縣至於田寧，逆流十日之程。宣化所屬如思龍十圖等處，相去尚有五日六日，其間錯以土夷村寨，地既隔越，而窮鄉小民，畏見官府，故其糧差，多在縣之宿奸老蠹與之包團，因而以一科十，小民不勝迫脅，往往逃入夷寨。土夷又從而侵暴之。地日凋殘，盜賊日起。近年以來，思龍之圖，鄉民屢次奏乞添設縣治，以便糧差。蓋亦内迫於縣民之奸，外苦於土夷之暴，不得已而然。臣因入撫田寧，親歷其所，民之擁道控告者以千數。因停舟其地，爲之經理相度，得村名那久者，其地亦寬平深厚，江水縈廻環匝，傍有一江來會，亦正於此合流。沿江居民千餘家，竹樹森翳，煙火相接，且向武各州道路，皆經繇其傍，亦爲四通之地。若於此分割宣化縣思龍一、五、六、七、八、九、十、十二，及西鄉之六、八圖，共十里之地，而設立一縣治，則非獨以便窮鄉小民之糧差賦役，亦足以鎮據要害，消沮盜賊。其間小民村居，如那茄、馬坳、三顏、那排之類，未可悉數，皆久已淪入於夷。今若縣治一立，則此等村寨，諸夷自不得而隱占，皆將漸次歸復流官，而其地遂接比於田寧。固可以所設之縣，而遂以屬之田寧矣。

思龍添設縣治，順民情，實以殺夷勢，此經制之妙。

夫南寧一府，所屬一州三縣，而宣化一縣，自有五十二里，今雖分割十里之地以與田寧，而宣化尚有四十二里。一縣之地，猶四倍於一府也。況田寧又係新創流官府治，所統皆土目巡簡，今得此一屬縣爲之傍輔，又自不同。臣於前割上林以屬思恩之議，已略言之矣。且左江一帶，自蒼梧以達南寧，皆在流官腹里之地。自南寧以達於田寧，自田寧以通於雲、貴、交趾，則皆夷村土寨，稍有疑傳，易成閼隔。今田寧、思恩二府既皆改設流官，與南寧鼎峙而立，而又得此新創一縣，以疏附交連於其間。平居無事，商貨流通，厚生利用。一旦或有境外之役，道路所經，皆流官衙門，從門庭中度兵，更無阻隔之患，此亦安民利國之事，勢所當爲者也。伏乞聖明裁允，仍定賜縣名，選官給印，地方幸甚。

此款尤極機要。

一、增築守鎮城堡於五屯。

照得斷藤峽諸賊既平，守巡各官議調土漢官兵數千於潯州，以防不測。該臣看得各賊既滅，縱有一二漏綱，其勢非三四年亦未能復聚。爲今之計，正宜勦撫並行。蓋破滅窮兇各賊者，所以懲惡；而撫恤向化諸猺者，所以勸善。今懲惡之餘，即宜急爲勸善之政。使軍衛有司各官，分投遍歷向化村

蔡人即吾人也，懲惡始而以勸善終，知用兵原出於大不得已。

寨，慰勞而存恤之，給以告示，賜以魚鹽，因而爲之選立酋長，諭以朝廷所以征勦各巢者，爲其稔惡也。今爾等向化村寨，自宜安心樂業，益堅爲善之志。但有反側悖亂者，即宜擒送官府，自當重賞，以酬爾勞。其漏殄諸賊，果能誠心悔惡，亦皆許其歸附，待以良民。夫使向化者益勸於爲善，而日加親附，則惡黨自孤，賊勢自散，不復能合。縱遺一二，終將屈而順服矣。

乃今則不然，賊既破勦，而猶屯兵不散，使漏殄之徒，得以藉口摇惑遠近；其向化村分，又略不加恤，奸惡之民，復乘機而驅脅虐害之。彼見賊已破滅而復聚兵，已心懷驚疑矣，而又外惑於賊黨之扇摇，内激於奸民之驅脅，遂勾結相連而起。此近年以來所以亂始平而變復作，皆迷誤於相沿之弊而不察也。今各賊新破，勢決未敢輕出，雖屯數千之衆，不過困頓坐食，徒穢擾民居，耗竭糧餉，而實無益於事。吾民久被賊苦，今始一解其倒懸，又復自聚無用之兵以重困之，此豈計之得者哉？

惟於各寨之中，相其要害之地，創立一鎮以控制之。此則事理之所當行，亦正宜乘此掃蕩之餘而速圖之者。其在斷藤、牛腸諸處，則既切近潯州府衛，不必更有所設。至於四方各寨，遍歷其要害險阻，則惟五屯正當風門、

處處設縣，亦不成制度，故議設鎮。

足兵足食，一舉兩得。

佛子諸巢穴，而西通府江，北接荔浦各處猺賊，最爲緊要之區，宜設一鎮，以控御遠邇。而舊已有千户所，統率官兵，亦幾及一千之數，困於差徭，日漸躲避於附近土目村寨，官司失於清理，止有五百。其後上司不聞地方之艱難，又於五百之中分調哨守於他所，而所餘遂不滿二百。既而賊亂四起，守禦缺乏，則又取調潮州之兵數百，以來協守五屯。事既紛亂，人無所遵，兼以統馭非人，故地方遂致大壞。且其屯堡牆垣，亦甚卑隘，不足以壯威設險。

今宜開拓其地，增築高城，度可以居三㊀千之衆，而設守備衙門於其内，取回五百之中分調哨守於他所之兵。其自潮州調來協守者，則盡數發還原衛，以免兩地各兵背離鄉土之苦，往復道途之費。仍於附近土寨目兵之中，清查揀補其原避差役者，務足原數一千，選委智略忠勇之官一員，重任而專責之，使之訓練撫摩，敷之以威信，而懷之以仁恩，務在地險既設，而士心益和，自然動無不克，而行無不利。參將、兵備各官，又不時親至其地，經理而振作之。或按行其村寨，或勸督其農耕，或召其頑梗而曲示訓懲，或進其善

㊀「三」，全書作「二」。

良而優加獎賜，或救恤其災患，或聽斷其是非。如農夫之去稂莠而養嘉禾，漸次耕耨而耘鋤之。

無事之時，隨意取調附近土官兵欵，或百人，或七八十人，以協同哨守爲名，使之兩月一更班，而絡繹往來於道路，以慣習遠近各巢之耳目。自後我兵出入，自將無所驚疑。果有兇梗，當事舉動，然後密調精悍可用土目一二千名，如尋常哨守然，以次潛集城中，蓄力養鋭，相機而發。夫無事而屯數千之兵，則一月糧餉，費踰千金。若每一年無屯軍之費，用之以築城設險，犒賞兵士，招來遠人，亦何事不行，何工不就？此增築城堡以據要害，所謂謀成而敵自敗，城完而寇自解，險設而賊自摧，威震而奸自伏，正宜及今爲之，而亦事勢之不可已焉者也。伏乞聖明裁允。

先生平一處之亂，即亟圖善後之策。如定閩、廣、南、贛，即設立平和、崇義等縣，如定宸濠，則爲計處地方與釐革撫綏，事事周悉。如定兩廣，則爲設立縣衛，處置思、田、八寨，處處妥當。是戡定之功，止在一時，而善後之功，可垂百世。此蓋實實從國家起念，而不止爲一己功名之圖者。近日善後之疏，幾於充棟，然何曾有一見之實事？亦因地方事原未曾見得了了，又無實實爲國家之心，不過鋪張虛

使人之耳目習於兵革，地方始不見有兵革之擾，亦語於邊方用兵之地耳。若中國內地，則此法不可行。故語曰：軍容不入國。不可不慎也。即行之土番，必將官素有節制然後可，否則亦不免於驛騷。

此四句不獨可爲斷藤、八寨圖久安，凡設險制勝之策，無踰於此。

能平賊虐於一時，而不能建控撫之長策，只是戰將，不是謀國老成之作用。

論，以飾一時之耳目故耳。

議立縣衛

看得八寨猺賊，稔惡爲患，巢穴連絡千里，實爲廣西衆賊之淵藪。近該本院進勦，掃蕩巢穴，若不及今設置軍屯衛縣，據其心腹要害，以阨塞各賊呼吸之咽喉，斷絶各賊牽引之脈絡，不過數年，又將屯聚生息，禍根終未翦除。本院身親督調各兵，看得周安堡正當八寨之中，而三里堡亦當八寨之隘，俱各山勢回抱，堪以築立城郭，移衛設縣。但未經廣詢博訪，詳審水土之善惡，民情之逆順，中間有無利害得失，擬合再行查訪。

爲此牌仰分巡右江道兵備副使翁素，會同該道分守官，即便督同同知桂鏊、指揮孫綗等，帶領多㊀年知識，親至其地，經營相度。若果風氣包完，水土便利，即行料理規制，景定方向，各另畫圖貼説。仍要咨訪父老子弟，通曉賊情、習知民俗者，即今移立衛縣，其於四遠賊巢，果否足能控制，民情有無便

㊀「多」，全書作「高」。

益妨損。務在人心樂順，足爲經長永久之計，然後備繇呈來，以憑會奏。就將築立城垣合用木石、磚灰、人夫、匠作、料價、工食等項，議估停當，具揭呈來。以憑先行一面委官分督辦理，及時興工。毋得忽意苟且，玩愒遲延，致悮事機。

乞恩暫容回籍就醫養病疏

臣以憂病，跧伏田野六年有餘。蒙陛下賜之再生之恩，錫之分外之福，每思稽首闕廷，一睹天顏，以申其螻蟻感激之誠，遂其葵心㊀傾戴之願。既困疾病，復畏譏讒，六年之間，瞻望太息，竟未敢一出門庭。夫蒙人一顧之恩，尚必思其所以爲酬，受人一言之知，亦必圖其所以爲報。何况君臣大義，天高地厚之恩，上之所以施其下者，如雨露之霑濡，無時或息。而下之所以承乎其上者，乃如頑石朽株，略無生動。此雖禽獸異類，稍有知覺者，亦不能忍於其心。是以每一念及，則哽咽涕下，徒日夜痛心惕骨，行吁坐歎而已。邇

㊀「心」，全書作「藿」。

者繆蒙陛下過採大臣之議，授以軍旅重寄，自知才不勝任，病不任勞，輒乃觸冒上陳辭謝。又蒙温旨眷覆，慰諭有加，伏讀感泣，不復能顧其他，即日矢死就道。

既而沿途備訪其所以致此變亂之繇，熟思其所以經理斡旋之計，乃中㊀有牴牾矛盾者，而其事勢既已顛覆破漏，如將傾之屋，半溺之舟，莫知所措。其惟恐付託不效，以孤陛下生成之德，以累大臣薦舉之明。於是始益日夜危懼，而病亦愈甚。乃不意到任以來，旬月之間，不折一矢，不戮一卒，而兩府頑民帖然來服，千里之内，去荆棘而成坦途。其間雖有數處强大賊巢，素爲廣西衆賊之淵藪根株，屢嘗征討而不克者，亦就湖廣撤回之兵，而乘其取道之便，用兩廣新附之民，而鼓其報效之勇，財力不致於大費，小民不及加疲勞，遂皆殲厥渠魁，蕩平巢穴，而遠近略已寧靖。是皆陛下好生之至德，昭格於上下；不殺之神武，幽贊於神明。是以不言而信，不怒而威，陰宥默相，以克有此。固非愚臣意望之所敢及，豈其知謀才力爲能辦此哉？

㊀「中」，全書作「甚」。

竊自喜幸，以爲庶得籍此以免於覆敗之戮，不爲諸臣薦揚之累足矣。而臣之病勢乃日益增劇，百療無施。臣又思之，是殆功過其事，名浮其實，福踰其分，所謂小人而有非望之獲，必有意外之災者也。臣自往年承乏南、贛，爲炎毒所中，遂患咳痢㊀之疾，歲益滋甚。其後退伏林野，雖得稍就清凉，親近醫藥，而病亦終不能止。但遇暑熱，輒復大作。去歲奉命入廣，與舊醫偕行，未及中途，而醫者先以水土不服，辭疾歸去。是後既不敢輕用醫藥，而風氣益南，炎毒益甚。今又加以遍身腫毒，喘嗽晝夜不息，心惡食飲，每日强吞稀粥數匙，稍多輒又嘔吐。

當思恩、田州之役，其時既已力疾從事。近者八寨既平，議於其中移衛設所，以控制諸蠻。必須身親相度，方敢具奏。則又冒暑輿疾，上下巖谷，出入茅葦之中。竣事而出，遂爾不復能興。今已輿至南寧，移卧舟次，將遂自梧道廣，待命於韶、雄之間。新任太監、總兵，亦皆相繼莅任，各能守法奉公，無地方騷擾之患。兩省巡按等官，又皆安靖行事，創滌往時煩苛搜刻之弊，

㊀「痢」，全書作「嗽」。

方務安民。今日之兩廣，比之異時，庶可謂無事矣。臣雖病廢而歸，亦可以無去後之憂者。

夫竭忠以報國，臣之素志也。受陛下之深恩，思得粉身虀骨以自效，又臣近歲之所日夜切心者也。病日就危，尚求苟全，以圖後報，而爲養病之舉，此臣所以大不得已也。惟陛下鑒臣一念報主之誠，固非苟爲避難以自偷安，而憫其瀕危垂絶，不得已之至情，容臣得暫回原籍，就醫調治，幸存餘息，鞠躬盡瘁，以報陛下，尚有日也。臣不勝懇切哀求之至。

先生疏詞無不懇悃誠實，而此養病一疏，尤出不得已之真情，非如他人或隨例或有故而引疴者。觀其非久遂有南安之變，雖先生盡瘁而死，決無少悔，然亦可憫矣！死未幾，而媒孽蠭起，亦獨何哉？

裁革文移

據布政司呈，今後但有牌案行屬者，則於備仰語後，止令奉行官吏，具遵行過緣繇回報。看得近來官府文移日煩，如造册依准等項，果係徒勞徒費，虚文無補。本院欲革此弊久矣，因軍務紛劇，未及舉行。據呈前因，可謂先得我心之同然者。自今事關本院，除例該奏報，及倉庫、錢糧、金帛、贓罰、紙價、預備稻穀等項，仍於每歲終開項，共造手册一本，送院查考外。其餘一應不大緊要文册，及依准等項，通行裁革，從務簡實，以省勞費。凡我有官，皆要誠心實意，一洗從前靡文粉飾之弊，各竭爲國爲民之心，共圖正大光明之治。通備行各該衙門，查照施行繳。

官府文移之煩，不但徒多勞費，而吏胥因緣爲奸，亦多繇此。所謂書册稠濁，民多僞態者也。

平茶寮碑　丁丑

正德丁丑，猺寇大起，江、廣、湖、郴之家，騷然且三四年矣。於是三省奉命會征，乃十月辛亥，予督江西之兵自南康入。甲寅，破横水、左溪諸巢，賊敗奔。庚申，復連戰，奔桶岡。十一月癸酉，入桶岡，大戰西山界。甲戌，又戰，賊大潰。丁亥，盡殪之。凡破巢八十有四，擒斬三千餘，俘三千六百有奇，釋其脇從千有餘衆。歸流亡，使復業。度地居民，鑿山開道，以夷險阻。辛丑，師旋。

兵勢，國之大事，當爲後法，何嫌伐一時事以欺明主，此碑自不可已。

於乎！兵惟凶器，不得已而後用。刻茶寮之石，匪以美成，重舉事也。提督軍務都御史王某書。

平浰頭牌 丁丑

四省之寇，惟浰尤黠。擬官僭號，潛圖孔亟。正德丁丑冬，輋猺既殄，益機險阱毒，以虞王師。我乃休士歸農，戊寅正月癸卯，計擒其魁，遂進兵擊其懈。丁未，破三浰，乘勝歸北，大小三十餘戰，滅巢三十有八，俘斬千餘。三月丁未回軍，壺漿迎道，耕夫遍野，父老咸歡。農器不陳，於今五年，復我常業，還我室廬，伊誰之力？赫赫皇威，匪威曷憑？爰伐山石，用紀厥成。提督軍務都御史王某書。

田州立碑 丙戌

嘉靖丙戌夏，官兵伐田。隨與思恩之人，相比復煽。集軍四省，洶洶連年。于時皇帝憂憫元元，容有無辜而死者乎？廼命新建伯王守仁，曷往視師，其以德綏，勿以兵虔。班師撤旅，信義大宣。諸夷感慕，旬日之間，自縛來歸者七萬一千，悉放之還農，兩省以安。昔有苗徂征，七旬不㊀格，今未朞月，而蠻夷率服，綏之斯來，速於郵傳。舞干之化，何以加焉？爰告思、田，毋忘帝德。爰勒山石，昭此赫赫。文武聖神，率土之濱，凡有血氣，莫不尊親。

田州石刻

田石平，田州寧。民謡如此。田水縈，田山迎。府治新向。千萬世，鞏皇明。嘉靖歲，戊子春。新建伯，王守仁。勒此石，告後人。

㊀「不」，全書作「來」。

陽明先生集要文章編卷一

答毛憲副書 戊辰

昨承遣人喻以禍福利害，且令勉赴太府請謝，此非道誼深情，決不至此。感激之至，言無所容。但差人至龍場凌侮，此自差人挾勢擅威，非太府使之也。龍場諸夷與之爭鬬，此自諸夷憤愠不平，亦非某使之也。然則太府固未嘗辱某，某亦未嘗傲太府，何所得罪而遽請謝乎？跪拜之禮，亦小官常分，不足以爲辱，然亦不當無故而行之。不當行而行，與當行而不行，其爲取辱一也。

廢逐小臣，所守以待死者，忠信禮義而已。又棄此而不守，禍莫大焉。凡禍福利害之説，某亦嘗講之。君子以忠信爲利，禮義爲福。苟忠信禮義之不存，雖禄之萬鍾，爵以侯王之貴，君子猶謂之禍與害。如其忠信禮義之所在，雖剖心碎首，君子利而行之，自以爲福也。況於流離竄逐之微乎？某之居此，蓋瘴癘蠱毒之與處，魑魅魍魎之與遊，日有三死焉。然而居之泰然，未嘗以動其中者，誠知生死之有命，不以一朝之患而忘其終身之憂也。太府苟欲加害，而在我誠有以取之，則不可謂無憾。使吾無有以取之而横罹焉，則亦瘴癘而已爾，蠱毒而已爾，魑魅魍魎而已爾，吾豈以是而動吾心哉！

正人之守，達人之見。

執事之諭，雖有所不敢承，然因是而益知所以自勵，不敢苟有所隳墮，則某也受教多矣。敢不頓首以謝！

舍忠信禮義，更無行乎夷狄之道，此不但自矜氣節素位，學問自應如是。

與安宣慰書其一　戊辰

某得罪朝廷而來，惟竄伏陰厓幽谷之中，以禦魍魎，則其所宜。故雖夙聞使君之高誼，經旬月而不敢見，若甚簡伉者。然省愆内訟，痛自削責，不敢比數於冠裳，則亦逐臣之禮也。使君不以爲過，使廩人饋粟，庖人饋肉，圉人代薪水之勞，亦寧不貴使君之義，而諒其爲情乎？自維罪人，何可以辱守土之大夫，懼不敢當，輒以禮辭。使君復不以爲罪，昨者又重之以金帛，副之以鞍馬，禮益隆，情亦至，某益用震悚。是重使君之辱，而甚逐臣之罪也。愈有

夷人亦知重先生。

所不敢當矣。使者堅不可却，求其説而不得。無已，其周之乎？周之亦可受也。敬受米二石，柴、炭、雞、鵝悉受如來數。其諸金帛、鞍馬，使君所以交於卿士大夫者，施之逐臣，殊駭觀聽，敢固以辭。伏惟使君處人以禮，恕物以情，不至再辱則可矣。

足見先生之介。

與安宣慰書其二　戊辰

減驛事，非罪人所敢與聞。承使君厚愛，因使者至，閑問及之，不謂其遂達諸左右也。悚息，悚息。然已承見詢，則又不可默。

凡朝廷制度，定自祖宗，後世守之不敢以擅改。改在朝廷，且謂之變亂，况諸侯乎？縱朝廷不見罪，有司者將執法以繩之，使君必且無益。縱遂幸免於一時，或五六年，或八九年，雖遠至二三十年矣，當事者猶得持典章而議其後。若是，則使君何利焉？使君之先，自漢唐以來，千幾百年，土地人民，未之或改。所以長久若此者，以能世守天子禮法，竭忠盡力，不敢分寸有所違越。故天子亦不得踰禮法，無故而加諸忠良之臣。不然，使君之土地人民

大義凜然。

竦然一汗。

富且盛矣，朝廷悉取而郡縣之，其誰以爲不可？　夫驛可減也，亦可增也；驛可改也，宣慰司亦可革也。　由此言之，殆甚有害，使君其未之思耶？

所云奏功陞職事，意亦如此。　夫剗除寇盜，以撫綏平良，亦守土之常職。今縷舉以要賞，則朝廷平日之恩寵禄位，顧將欲以何爲？　使君爲參政，亦已非設官之舊，今又干進不已，是無抵極也，衆必不堪。　夫宣慰，守土之官，故得以世有其土地人民。　若參政，則流官矣，東西南北，惟天子所使，朝廷下方尺之檄，委使君以一職，或閩或蜀，其敢弗行乎？　則方命之誅不旋踵而至，捧檄從事，千百年之土地人民非復使君有矣。　繇此言之，雖今日之參政，使君將恐辭去之不速，其又可再乎？

凡此以利害言，揆之於義，反之於心，使君必自有不安者。　夫拂心違義而行，衆所不與，鬼神所不嘉也。　承問及，不敢不以正對，幸亮察。

讀之使人凜慄，即有邪謀逆志，不覺消沮，真是筆端有斧鉞。　先生之文章即是經濟。

與安宣慰書其三　戊辰

阿賈、阿札等畔宋氏，爲地方患，傳者謂使君使之。此雖或出於姤婦之口，然阿賈等自言使君嘗錫之以氈刀，遺之以弓弩，雖無其心，不幸乃有其迹矣。始三堂兩司得是説，即欲聞之於朝。既而以使君平日忠實之故，未必有是，且信且疑，姑令使君討賊。苟遂出軍勦撲，則傳聞皆妄，何可以濫及忠良？其或坐觀逗遛，徐議可否，亦未爲晚，故且隱忍其議。所以待使君者甚厚。既而文移三至，使君始出。衆論紛紛，疑者將信。喧騰之際，適會左右來獻阿麻之首，偏師出解洪邊之圍，羣公又復徐徐。

今又三月餘矣，使君稱疾歸卧，諸軍以次潛回，其間分屯寨堡者，不聞擒斬以宣國威，惟增摽掠以重民怨，衆情愈益不平。而使君之民，罔所知識。方揚言於人，謂宋氏之難，當使宋氏自平，安氏何與，而反爲之役。我安氏連地千里，擁衆四十八萬，深坑絶坉，飛鳥不能越，猿猱不能攀，縱遂高坐不爲宋氏出一卒，人亦卒如我何？斯言已稍稍傳播，不知三堂兩司已嘗聞之否。使君誠久卧不出，安氏之禍，必自斯言始矣。

使君與宋氏同守土，而使君爲之長，地方變亂，皆守土者之罪，使君能獨委之宋氏乎？夫連地千里，孰與中土之一大郡？擁衆四十八萬，孰與中土之一都司？深坑絶坉，安氏有之，然如安氏者環四面而居以百數也。今播州有楊愛，愷黎有楊友，酉陽、保靖有彭世麒等諸人，斯言苟聞於朝，朝廷下片紙於楊愛諸人，使各自爲戰，共分安氏之所有，蓋朝令而夕無安氏矣。深坑絶坉，何所用其險？使君可無寒心乎？且安氏之職，四十八支更迭而爲，今使君獨傳者三世，而羣支莫敢爭，以朝廷之命也。苟有可乘之釁，孰不欲起而代之乎？然則揚此言於外，以速安氏之禍者，殆漁人之計，蕭墻之憂未可測也。使君宜速出軍，平定反側，破衆讒之口，息多端之議，弭方興之變，絶難測之禍，補既往之愆，要將來之福。某非爲人作説客者，使君幸熟思之。

此實事實情，雖褊心之人，焉能不懼？

此轉更悚惕。

開導利害，詳明警切，安氏邪謀，能不寢息？所謂一紙書賢於十萬師者，此書足以當之。

安氏與阿賈等謀叛，若制之不早，便費收拾。即使禍起旋削，亦不免耗財動衆。先生片言寢之，貽地方許多安靜之福。郵官卑秩，尚能幹此大事，養尊處優而漫無建明，其自處當何如？

答儲柴墟書 壬申

盛价來，適人事紛紜，不及細詢北來事。既還，却殊怏怏。承示劉生墓誌，此實友義所關，文亦縝密，獨叙乃父側室事頗傷忠厚，未刻石，删去之爲佳。子於父過，諫而過激，不可以爲幾。稱子之美而發其父之陰私，不可以爲訓，宜更詳之。

喻及交際之難，此殆繆於私意。君子與人，惟義所在，厚薄輕重，己無所私焉。此所以爲簡易之道。世人之心，雜於計較，毁譽得喪交於中，而眩其當然之則。是以處之愈周，計之愈悉，而行之愈難。夫大賢吾師，次賢吾友，此天理自然之則，豈以是爲炎凉之嫌哉？

吾兄以僕於今之公卿，若某之賢者，則稱謂以「友生」，若某與某之賢不及於某者，則稱謂以「侍生」，豈以矯世俗炎凉之弊？非也。夫彼可以爲吾友，而吾可以友之，彼又吾友也，吾安得而弗友之？彼不可以爲吾友，而吾不可以友之，彼又不吾友也，吾安得而友之？夫友也者，以道也，以德也。天下莫大於道，莫貴於德。道德之所在，齒與位不得而干焉。僕於某之謂矣，彼其無道與德，而徒有其貴與齒也，則亦貴齒之而已。然若此者，與之見亦寡矣，非以事相臨，不往見也。若此者，與凡交遊之隨俗以侍生而來者，亦隨俗而侍生之。所謂「事之無害於義者，從俗可也」。千乘之君，求與之友而不可得，非在我有所不屑乎？

嗟乎，友未易言也。今之所謂友，或以藝同，或以事合，徇名逐勢，非吾所謂輔仁之友矣。仁者，心之德，人而不仁，不可以爲人。輔仁求以全心德也，如是而後友。今特以技藝文辭之工，地勢聲翼之重，而鶩然欲以友乎賢者，賢者弗與也。

吾兄技藝炎凉之說，貴賤少長之論，殆皆有未盡歟？孟子曰：「友也者，不可以有挾。」孟獻子之友五人，無獻子之家者也，曾以貴賤乎？仲由少顏路三歲，回、由之贈處，蓋友也。回與曾點同時，參曰「昔者吾友」，曾以少長乎？將矯時俗之炎凉，而自畔於禮，其間不能以寸矣。

吾兄又以僕於後進之來，其質美而才者，多以先後輩相處，其庸下者，反待以客禮，疑僕別有一道。是道也，奚有於別？凡後進之來，其才者皆有意於斯道者也，吾安得不以斯道處之？其庸下者，不過世俗泛然一接，吾亦世俗泛然待之，如鄉人而已。昔伊川初與呂希哲爲同舍友，待之友也。既而希哲師事伊川，待之弟子也。謂敬於同舍而慢於弟子，可乎？孔子待陽貨以大夫，待回、賜以弟子，謂待回、賜不若陽貨，可乎？

師友道廢久，後進之中，有聰明特達者，頗知求道，往往又爲先輩待之不誠，不諒其心，而務假以虛禮以取悦於後進，干待士之譽，此正所謂病於夏畦者也。以是師友之道日益淪没，無繇復明。僕常以爲世有周、程諸君子，則吾固得而執弟子之役，乃大幸矣。其次有周、程之高弟焉，吾猶得而私淑也，不幸世又無是人。有志之士倀倀其將焉求乎？然則何能無憂也。憂之而不以責之己，責之己而不以求輔於人，求輔於人而待之不以誠，終亦必無所成而已耳。

凡僕於今之後進，非敢以師道自處也，將求其聰明特達者與之講明，因以自輔也。彼自以後進求正於我，雖不師事我，固有先後輩之道焉。伊川瞑目而坐，游、揚侍立不敢去，重道也。今世習於曠肆，憚於檢飭，不復知有此事。幸而有一二後進，略知求道爲事，是有復明之機。又不誠心直道與之發明，而徒奄然媚世，苟且阿俗，僕誠痛之惜之！傳曰：「師嚴然後道尊，道尊

友以自輔，曾着不得一炎涼之見。

然後民知敬學。」夫人必有所嚴憚，然後言之而聽之也審，施之而承之也肅。凡若此者，皆求以明道，皆循理而行，非有容私於其間也。伊尹曰：「天之生斯民也，使先知覺後知，使先覺覺後覺。予，天民之先覺也。非予覺之而誰也？」是故大知覺於小知，小知覺於無知，大覺覺於小覺，小覺覺於無覺。夫已大知大覺矣，而後以覺於天下，不亦善乎？然而未能也，遂自以小知小覺而不敢以覺於人，則終亦莫之覺矣。仁者固如是乎？夫仁者，己欲立而立人，己欲達而達人。僕之意，以爲己有分寸之知，即欲同此分寸之知於人；己有分寸之覺，即欲同此分寸之覺於人。人之小知小覺者益衆，則其相與爲知覺也益易以明，如是而後大知大覺可期也。

僕於今之後進，尚不敢以小知小覺自處。譬之凍餒之人，知耕桑之可以足衣食，而又偶聞藝禾樹桑之法，將試爲之，而遂以告其凡凍餒者使之共爲之也，亦何嫌於己之未嘗樹藝而遂不以告之乎？雖然，君子有諸己，而後求諸人，僕蓋未嘗有諸己也，而可以求諸人乎？夫亦謂其有意於僕而來者耳。

承相問，輒縷縷至此，有未當者，不惜往復。

先生以師道自任，出於肫肫接引後學之心。韓退之亦有此念，惜乎其道之未真仁人之心。

審也。長公稱之爲百世師，其果然否？

答何子元書 壬申

來書云：禮曾子問：諸侯見天子，入門不得終禮，廢者幾？孔子曰：四。又問：諸侯相見，揖入門，不得終禮，廢者幾？孔子曰：六。而日食存焉。曾子曰：當祭而日食，太廟火，其祭也如之何？孔子曰：接祭而已矣，如牲至未殺則廢。孟春於此有疑焉。天子崩，太廟火，后夫人之喪，雨霑服失容，此事之不可期，或適相值，若日食，則可預推也。諸侯行禮，獨不容以少避乎？祭又何必專於是日而匆匆於接祭哉？牲未殺則祭廢，當殺牲之時，而不知日食之候者，何也？執事幸以見教，千萬，千萬。

承諭曾子問日食接祭之説。前此蓋未嘗有疑及此者，足見爲學精察，深用嘆服。如某淺昧，何足以辨世㊀。

古者天子有日官，諸侯有日御，日官居卿以底日，日御不失日，以授百官

學者欲窮禮之變，不可不知此。

㊀「世」，全書作「此」。

之朝，豈有當祭之日而尚未知有日食者？夫子答曾子之問，竊意春秋之時，日官多失其職，固有日食而弗之知者矣。堯命羲和敬授人時，何重也。仲康之時，去堯未遠，羲和已失其職，迷於天象，至日食罔聞知。故有胤之征。降及商、周，其職益輕。平王東遷，政教號令不及於天下，自是而後，官之失職，又可知矣。春秋所書，日食三十有六，今以左傳考之，其以鼓用牲幣于社，及其他變常失禮書者三之二①，其以官失其職書者四之二，凡日食而不書朔日者，杜預皆以爲官失之故，其必有考也。經：「桓公十七年冬十月朔，日有食之。」傳曰：「不書日，官失之也。」「僖公十五年夏五月，日有食之。」傳曰：「不書朔與日，官失之也。」則傳固已言之矣。襄公之二十七年冬十二月乙卯朔，日有食之，而傳曰：「辰在申，司曆過也，再失閏矣。」夫推候之繆，至於再失閏，則日食之不知，殆其細者矣。

古之祭者，七日戒，三日齋，致其誠敬以交於神明，謂之「當祭而日食」，則固已行禮矣。如是而中輟之，不可也。接者，疾速之義，其儀節固已簡略，

① 「二」，全書、張本作「一」。

接祭則可兩全而無害矣。況此以天子嘗禘郊社而言，是乃國之大祀，若其他小祭，則或自有可廢者，在權其輕重而處之。若祭于太廟而太廟火，則亦似有不得不廢者，然此皆無明文。竊意其然，不識高明且以爲何如也？

今日臺官之設，即天子之日官也。乃至占候失度，日食差繆，反不如番夷之教。政府大臣親臨占測，用夷變夏，官之失職，所關大矣。嗟嗟！今之失職，寧獨一臺官哉！

與顧惟賢書 其三

承諭討有罪者，執渠魁而散脅從，此古之政也，不亦善乎？顧洊賊皆長惡怙終，其間脅從者無幾，朝撤兵而暮聚黨，若是者亦屢屢矣。誅之則不可勝誅，又恐以其患遺諸後人。惟賢謂政教之不行，風俗之不美，以至於此，豈不信然。然此膏肓之疾，吾其旬日之間，可奈何哉？故今三省連累之賊，非殺之爲難，而處之爲難；非處之爲難，而處之者能久於其道之爲難也。賤軀以多病之故，日夜冀了此塞責而去，不欲復以其罪累後來之人，故猶不免於意必之私，未忍一日舍置。嗟乎，「我躬不閱，遑恤我後？」盡其力之所能爲，今其大勢，亦幸底定。如其禮樂，以俟君子而已。數日前，已還軍贛州，風毒大作，壅腫坐卧，恐自此遂成廢人，行且告休。人還，草草復。

治盜賊者，處之得其道，方是永久之圖。然非實有爲國愛民之心，鮮不以多殺侈有功。故功名之心不可太熱也。

與許台仲書

榮擢諫垣，聞之喜而不寐。非爲台仲喜得此官，爲朝廷諫垣喜得台仲也。孟子云：「人不足與適也，政不足與間也。惟大人爲能格君心之非。」「一正君而國定矣。」碌碌之士，未論其言之若何，苟言焉，亦足尚矣。若夫君子之志於學者，必時然後言而後可，又不專以敢言爲貴也。去惡先其甚者，顛倒是非，固已得罪於名教，若搜羅瑣屑，亦君子之所恥矣。尊意以爲何如？向時格致之說，近來用工有得力處否？若於此見得真切，即所謂「一以貫之」。如前所云，亦爲瑣瑣矣。

寥寥數語，足爲諫官法。

與唐虞佐侍御書　辛巳

相與兩年，情日益厚，意日益真，此皆彼此所心喻，不以言謝者。别後又承雄文追送，稱許過情，末又重以傳説之事，所擬益非其倫，感怍何既！雖然，故人之賜也，敢不拜受。果如是，非獨進以有爲，將退而隱於巖穴之下，要亦不失其爲賢也已。敢不拜賜！

昔人有言：「投我以木桃，報之以瓊瑶。」今投我以瓊瑶矣，我又何以報之？報之以其所賜，可乎？

蘇長公氣脈。

説之言曰：「學於古訓乃有獲。」夫謂之學於古訓者，非謂其通於文辭，講説於口耳之間，義襲而取諸其外也。獲也者，得之於心之謂，非外鑠也。必如古訓而學其所學焉，誠諸其身，所謂默而成之，不言而信，乃爲有得也。夫謂遜志、務時敏者，非謂其飾情卑禮於其外，汲汲於事功聲譽之間也。其遜志也，如地之下而無所不承也，如海之虚而無所不納也。其時敏也，一於天德，戒懼於不睹不聞，如太和之運而不息也。夫然，百世以俟聖人而不惑，溥博淵泉而時出之，言而民莫不信，行而民莫不悦。施及蠻貊，而道德流於無

會得意來，自不必依傍傳説。

窮。斯固説之所以爲説也。以是爲報，虞佐其能以却我乎？孟氏云：「責難之謂恭。」吾其敢以後世文章之士期虞佐乎？顔氏云：「舜何人也？予何人也？」虞佐其能不以説自期乎？人還，燈下草草爲謝。相去益遠，臨楮悒怏。

勸勉肫切，真所謂忠告而善道之者。

書中所言，不但是傅説學問，千古聖賢學問無以加此。蓋論到學問極處，希聖希天，原無盡頭處。豈傅説便足爲榜樣？陸象山先生不以夷、齊爲至，先生豈以傅説爲至乎？特因唐侍御書引用傅説，故即以是答之，亦見先生妙於切磋處。

與胡伯忠書 癸酉

某往在京，雖極歆慕，彼此以事，未及從容一叙，别去以爲憾。期異時相遇，決當盡意劇談一番耳。昨未出京師，即已預期彭城之會，謂所未決於心，在兹行矣。及相見，又復匆匆而别，别又復以爲恨。不知執事之心亦何如也？君子與小人居，決無苟同之理，不幸勢窮理極，而爲彼所中傷，則安之而已。處之未盡於道，或過於疾惡，或傷於憤激，無益於事，而致彼之怨恨讎毒，則皆君子之過也。昔人有言：「事之無害於義者，從俗可也。」君子豈輕於

不惡而嚴，方是聖賢處小人之法。

從俗？獨不以異俗爲心耳。「與惡人居，如以朝衣朝冠坐於塗炭者」，伯夷之清也。「雖袒裼裸裎於我側，彼焉能浼我哉？」柳下惠之和也。君子以變化氣質爲學，則惠之和，似亦執事之所宜從者。不以三公易其介，彼固未嘗無伯夷之清也。「德輶如毛，民鮮克舉之。」「我儀圖之，惟仲山甫舉之。」愛莫助之，僕於執事之謂矣。正人難得，正學難明，流俗難變，直道難容。臨筆惘然，如有所失，言不盡意，惟心亮。

寄楊邃菴閣老書其二　癸未

前日嘗奉啓，計已上達。

自明公進秉機密，天下士夫忻忻然動顏相慶，皆爲太平可立致矣。門下鄙生獨切生憂，以爲猶甚難也。亨屯傾否，當今之時，舍明公無可以望者，則明公雖欲逃避乎此，將亦有所不能。然而萬斛之舵，操之非一手，則緩急折旋，豈能盡如己意。臨事不得專操舟之權，而僨事乃與同覆舟之罪，此鄙生之所謂難也。夫不專其權，而漫同其罪，則莫若預逃其任。然在明公，亦既不能逃矣。逃之不能，專又不得，則莫若求避其罪，然在明公，亦終不得避

一篇大臣論，而曲節操縱絶似蘇文。

矣。天下之事，果遂卒無所爲歟？夫惟身任天下之禍，然後能操天下之權；操天下之權，然後能濟天下之患。當其權之未得也，其致之甚難，而其歸之也，則操之甚易。萬斛之舵，平時從而争操之者，以利存焉。一旦風濤顛沛，變起不測，衆方皇惑震喪，救死不遑，而誰復與争操乎？於是起而專之，衆將恃以無恐，而事因以濟。苟亦從而委靡焉，固淪胥以溺矣。故曰「其歸之也，則操之甚易」者，此也。

古之君子，洞物情之向背而握其機，察陰陽之消長以乘其運，是以動必有成，而吉無不利。伊、旦之於商、周是矣。其在漢唐，蓋亦庶幾乎此者。雖其學術有所不逮，然亦足以定國本而安社稷，則亦斷非後世偷生苟免者之所能也。夫權者，天下之大利大害也，小人竊之以成其惡，君子用之以濟其善。固君子之不可一日去，小人之不可一日有者也。欲濟天下之難，而不操之以權，是猶倒持太阿而授人以柄，希不割矣。故君子之致權也有道，本之至誠以立其德，植之善類以多其輔，示之以無不容之量以安其情，擴之以無所競之心以平其氣，昭之以不可奪之節以端其向，神之以不可測之機以攝其奸，形之以必可賴之智以收其望。坦然爲之，下以上之；退然爲之，後以先之。是以

讀此，知任天下誠不易，江陵似當引咎於己。

功蓋天下而莫之嫉，善利萬物而莫與争。此皆明公之能事，素所蓄而有者。惟在倉卒之際，身任天下之禍，決起而操之耳。夫身任天下之禍，豈君子之得已哉？既當其任，知天下之禍將終不能免也，則身任之而已。身任之而後可以免於天下之禍。小人不知禍之不可以倖免，而百詭以求脱，遂致釀成大禍，而已亦卒不能免。故任禍者，惟忠誠憂國之君子能之，而小人不能也。

讀至此，即欲不任，不可得矣。

某受知門下，不能効一得之愚以爲報，獻其芹曝，代惟伏鑒其忱悃而憫其所不逮，幸甚。

答方叔賢書其二 丁亥

昨見邸報，知西樵、兀崖皆有舉賢之疏，此誠士君子立朝之盛節，若干年無此事矣，深用嘆服。但與名其間，却有一二未曉者，此恐鄙人淺陋，未能知人之故。然此乃天下治亂盛衰所繫，君子小人進退存亡之機，不可以不慎也。此事譬之養鷹，但襍一爛鷹於其中，則一筐好鷹盡爲所壞矣。凡薦賢於朝，與自己用人又自不同。自己用人，權度在我，故雖小人而有才者，亦可以器使。若以賢才薦之於朝，則評品一定，便如白黑。其間舍短録長之意，若

孟夫子曰：「國君進賢，如不得已。」言不可不慎也。先生此書，可爲用人者法。

非明言，誰復知之？小人之才豈無可用？如砒硫、芒硝，皆有攻毒破壅之功，但混於參苓、芪㊀术之間，而進之養生之人，萬一用之不精，鮮有不誤者矣。僕非不樂二公有此盛舉，正恐異日或爲此舉之累，故輒叨叨，當不以爲罪也。

思、田事，貴鄉往來人當能道其詳，俗諺所謂生事事生，此類是矣。今其事體既已壞盡，欲以無事處之，要已不能。只求減省一分，則地方亦可減省一分勞擾耳。鄙見略具奏内，深知大拂喜事者之心，然欲殺數千無罪之人，以求成一己之功，仁者之所不忍也。

齎奏人去，凡百望指示之，舟次草草，未盡鄙懷，千萬鑒恕。

與黄宗賢書 其三 丁亥

近得邸報及親友書，聞知石龍之於區區，乃無所不用其極若此。而西樵、兀崖諸公，愛厚勤拳，亦復有加無已，深用悚懼。嗟乎，今求朝廷之上，信

㊀「芪」，全書作「耆」。

其有事君之忠、憂世之切、當事之勇、用心之公若諸公者，復何人哉！若之何而不足悲也。諸公即爲此一大事出世，則其事亦不得不然。但於不肖，則似猶有溺愛過情者，異日恐終不免爲諸公知人之累耳。悚懼，悚懼！

思、田之事，本亦無大緊要，只爲從前張皇太過，後來遂不可輕易收拾。所謂「天下本無事，在人自擾之」耳。其略已具奏詞，今往一通，必得朝廷如奏中所請，則地方庶可以圖久安。不然，反覆未可知也。

賤軀患咳，原自南、贛蒸暑中得來。今地益南，氣類感觸，咳發益甚，恐竟成痼疾，不復可藥。地方之事，苟幸塞責，山林田野，則惟其宜矣，他尚何說哉！

西樵、兀崖家事，極爲時輩所擠排，殊可駭嘆，此亦皆繇學術不明。近來士夫專以客氣相尚，凡所毁譽，不惟其是，惟其多且勝者是附是和，是以至此。近日來接見者，略已一講，已覺豁然有省發處。自後此等意思，亦當漸消除。還是得失之念重耳。

京師近來事體如何？君子道長，則小人道消，疾病既除，則元氣亦當自復。但欲除疾病，而攻治太厲，則亦足以耗其元氣。藥石之施，亦不可不以元祐君子，正坐此病。

漸也。木翁、邃老相與如何？能不孤海内之望否？亦在諸公相與調和。此如行舟，若把舵不定，而東撑西曳，亦何以致遠涉險？今日之事，正須同舟共濟耳。齎本人去，凡百望指示。

近日一事而今是昨非，一人而倏忠倏佞，争閧滿朝，同舟幾同敵國。先生此書，正是良劑。

與黄宗賢書　其四

兩廣大勢，罷敝已極，非得誠於爲國爲民，强力有爲者爲㊀之數年，未可以責効也。思、田之患，則幸已平靖。其間三五大巢，久爲廣西諸賊之根株淵藪者，亦已用計勦平。就今日久困積寃之民言之，亦可謂之太平無事矣。病軀咳患日增，平生極畏炎暑，今又深入炎毒之鄉，遍身皆發腫毒，旦夕動履且有不能。若巡撫官再候旬月不至，亦只得且爲歸休之圖，待罪於南、贛之間耳。聖天子在上，賢公卿在朝，真所謂明良相遇，千載一時。鄙人世

㊀「爲」，字據全書補。

受國恩，從大臣之末，固非果於忘世者，平生亦不喜爲尚節求名之事，何忍遽言歸乎？自度病勢，非還故土，就舊醫，決將日甚一日，難復療治，不得不然耳。

實出於忠君愛友之誠。

静庵、東羅、見山、西樵、兀崖諸公，聞京中方嚴書禁，故不敢奉啓。諸公即當事，且須持之以鎮定久遠，今一旦名位俱極，固非諸公之得已，是廼聖天子崇德任賢，更化善治，非常之舉。諸公當之，亦誠無媿。但貴不期驕，滿不期溢，賢者充養有素，何俟人言？更須警惕朝夕，謙虚自居。其所以感恩報德者，不必務速効，求近功，要在誠心實意爲久遠之圖，庶不負聖天子今日之舉，而亦不負諸公今日之出矣。僕於諸公誠有道義骨肉之愛，故不覺及此，會間幸轉致之。

速効近功，總是爲事功名譽起見，誠心實意爲國者自不然。

答佟太守求雨書　癸亥

昨楊、李二丞來，備傳尊教，且詢致雨之術，不勝慚悚。今早諶節推辱臨，復申前請，尤爲懇至，令人益增惶懼。天道幽遠，豈凡庸所能測識？然執事憂勤爲民之意，真切如是，僕亦何可以無一言之復。

孔子云：「丘之禱久矣。」蓋君子之禱，不在於對越祈祝之際，而在於日用操存之先。執事之治吾越，幾年於此矣，凡所以爲民祛患除弊，興利而致福者，何莫而非先事之禱，而何俟於今日？然而暑旱尚存，而雨澤未應者，豈別有所以致此者歟？古者歲旱，則爲之主者減膳徹樂，省獄薄賦，修祀典，問疾苦，引咎賑乏，爲民遍請於山川社稷。故有叩天求雨之祭，有省咎自責之文，有歸誠請改之禱。蓋史記所載湯以六事自責，禮謂「大雩，帝用盛樂」，春秋書「秋九月，大雩」，皆此類也。僕之所聞於古如是，未聞有所謂書符咒水而可以得雨者也。唯後世方術之士，或時有之，然彼皆有高潔不污之操，特立堅忍之心。雖其所爲不必合於中道，而亦有以異於尋常，是以或能致此。然皆出於小說，而不見於經傳，君子猶以爲附會之談。又況如今之方士之流，曾不少殊於市井嚚頑，而欲望之以揮斥雷電，呼吸風雨之事，豈不難哉！

可見外道亦有本源，非可從口頭得，聖賢之學更可知。

僕謂執事且宜出齋於廳事，罷不急之務，開省過之門，洗簡冤滯，禁抑奢繁，淬誠滌慮，痛自悔責，以爲八邑之民請於山川社稷。而彼方士之祈請者，聽民間從便，得自爲之，但弗之禁，而不專倚以爲重輕。夫以執事平日之所操存，苟誠無愧於神明，而又臨事省惕，躬帥僚屬，致懇乞誠，雖天道亢旱，亦自有數，使人事良修，旬日之内，自宜有應。

僕雖不肖，無以自別於凡民，使可以誠有致雨之術，亦安忍坐視民患而恬不知顧，乃勞執事之僕，僕豈無人之心者耶？一二日内，僕亦將禱於南鎮，以助執事之誠。執事其但爲民悉心以請，毋惑於邪説，毋急於近名，天道雖遠，至誠而不動者未之有也。

苟逢旱潦，吾輩之所自盡者，只應如是。如倚方士之術以爲重，則惑矣。

答友人書 丙戌

君子之學，務求在己而已。毁譽榮辱之來，非獨不以動其心，且資之以爲切磋砥礪之地。故君子無入而不自得，正以其無入而非學也。若夫聞譽而喜，聞毁㊀而戚，則將惶惶於外，惟日之不足矣，其何以爲君子？往年駕在

㊀「毁」原作「悔」，據全書改。

留都，左右交譏某於武廟。當時禍且不測，僚屬咸危懼，謂羣疑若此，宜圖所以自解者。某曰：「君子不求天下之信己也，自信而已。吾方求以自信之不暇，而暇求人之信己乎？」

某於執事爲世交，執事之心，某素能信之，而顧以相訊若此，豈亦猶有未能自信也乎？雖然，執事之心，又焉有所不自信者。至於防範之外，意料所不及，若校人之於子產者，亦安能保其必無？則執事之懇懇以詢於僕，固君子之嚴於自治，宜如此也。

昔楚人有宿於其友之家者，其僕竊友人之履以歸，楚人不知也。適使其僕市履於肆，僕私其直，而以竊履進，楚人不知也。他日，友人來過，見其履在楚人之足，大駭，曰：「吾固疑之，果然竊吾履。」遂與之絶。逾年而事暴，友人踵楚人之門而悔謝曰：「吾不能知子，而謬以疑子，吾之罪也。」請爲友如初。

今執事之見疑於人，其有其無，某皆不得而知。縱或有之，亦何傷於執事之自信乎？不俟逾年，吾見有踵執事之門而悔謝者矣。執事其益自信無怠，固將無入而非學，亦無入而不自得也矣。

即終身不見信於人，可奈何，亦惟有自信而已。

讀之，是非毁譽之念，涣然冰釋。反求自信之心，益惕然不容已。

與霍兀厓宫端 丁亥

往歲曾辱大禮議見示，時方在哀疚，心善其説而不敢奉復。既而元山亦有示，使者必求復書，草草作答。意以所論良是，而典禮已成，當事者未必能改，言之徒益紛争，不若姑相與講明於下，俟信從者衆，然後圖之。其後議論既興，身居有言不信之地，不敢公言於朝。然士夫之問及者，亦時時爲之辯析，期在委曲調停，漸求挽復，卒亦不能有益也。後來賴諸公明目張膽，已申其義。然如倒倉滌胃，積於宿痰，雖亦快然一去，而病勢亦甚危矣。今日急務，惟在扶養元氣。諸公必有回陽奪化之妙矣。僕衰病陋劣，何足以與於斯耶？

數年來，頻罹疾構，痰嗽潮熱，日益尪羸，僅存喘息，無復人間意矣。乃者忽承兩廣之推，豈獨任非其才，是蓋責以其力之所必不能支，將以用之，而實以斃之也。懇辭疏下，望相與扶持曲成，使得就醫林下，幸而痊復，量力圖報，尚有時也。

近見在廷諸臣，有一事異同，必抗言求勝。及既勝，而又此倡彼和，株連蔓引，聚訟不休。遂至朋植黨立，撓國是而禍縉紳，不可救藥。先生扶養元氣一語，其救世之金針哉！

羅履素詩集序

履素先生詩一帙，爲篇二百有奇。浙大參羅公某以授陽明子某而告之曰：「是吾祖之作也，今詩文之傳，皆其崇高顯赫者也。吾祖隱於草野，其所存要無愧於古人，然世未有知之者，而所爲詩文，又皆淪落止是。某將梓而傳焉，懼人之以我爲僭也，吾子以爲奚若？」

某曰：「無傷也。孝子仁孫之於其父祖，雖其服玩嗜好之微，猶將謹守而弗忍廢，況乎詩文，其精神心術之所寓，有足以發聞於後者哉？夫先祖有美而弗傳，是弗仁也，夫孰得而議之？蓋昔者夫子之取於詩也，非必其皆有聞於天下彰彰然明著者而後取之。滄浪之歌，采之孺子。萍實之㊀謡，得之兒童。夫固若是其寬傳也。然至於今，其傳者不過數語而止，則亦豈必其多之

㊀「之」，全書作「諸」。

貴哉！今詩文之傳則誠富矣，使有删述者而去取之，其合於道也能幾？履素之作，吾誠不足以知之，顧亦豈無一言之合於道乎？夫有一言之合於道，是其於世也，亦有一言之訓矣。又况其不止於是也，而又奚爲其不可以傳哉？吾觀大參公之治吾浙㊀，寬而不縱，仁而有勇，温文藴藉，居然稠衆之中，固疑其先必有以開之者。乃今觀履素之作，而後知其所從來者之遠也。世之君子苟未知大參公之所自，吾請觀於履素之作。苟未知履素之賢，吾請觀於大參公之賢，無疑矣。然則是集也，固羅氏之文獻係焉，其又可以無傳乎哉？」

大參公起拜曰：「某固將以爲羅氏之書也，請遂以吾子之言序之。」

大參公名鑒，字某，繇進士累今官，有厚德長才，向用未艾。大參之父某，亦起家進士，而以文學政事顯。羅氏之文獻，於此益爲有證云。

頌而無溢美，深得大體。

㊀「浙」原作「淅」，據全書改。

兩浙觀風詩序

兩浙觀風詩者，浙之士夫爲僉憲陳公而作也。

古者天子巡狩而至諸侯之國，則命太師陳詩，以觀民風。其後巡狩廢而陳詩亡。春秋之時，列國之君、大夫，相與盟會問遺，猶各賦詩以言己志，而相祝頌。今觀風之作，蓋亦祝頌意也。王者之巡狩，不獨陳詩觀風而已。其始至方岳之下，則望秩於山川，朝見兹土之諸侯，同律曆禮樂，制度衣服，納價以觀民之好惡，就見百年者而問得失。賞有功，罰有罪，蓋所以布王政而興治功，其事亦大矣哉。漢之直指，循行，唐宋之觀察、廉訪、採訪之屬，及今之按察，雖皆謂之觀風，而其實代天子以行巡狩之事。故觀風，王者事也。陳公起家名進士，自秋官郎擢僉浙臬，執操縱予奪、生死榮辱之柄，而代天子觀風於一方，其亦榮且重哉！吁，亦難矣。公之始至吾浙，適歲之旱，民不聊生。饑者仰而待哺，懸者呼而望解，病者呻，鬱者怨，不得其平者鳴，弱者、强者、蹶者、嚙者、梗而孽者、狡而竊者，乘間投隙，沓至而環起。當是之時，而公無以處之，吾見其危且殆也。賴公之才，明知神武，不震不激，撫揉摩剔，以克有濟。期月之間，而饑者飽，懸者解，呻者歌，怨者樂，不平者申，蹶者起，嚙者馴，孽者順，竊者靖，滌蕩剖刷，而率以無事。

於是乎修廢舉墜，問民之疾苦而休息之，勞農勸學以興教化。然後上會稽，登天姥，入雁蕩，陟金娥，覽觀江山之形勝。慨然太息，弔子胥之忠誼，禮嚴光之高節，希遐躅於隆龐，挹流風於仿佛，固亦大丈夫得志行道之一樂哉！

然公之始，其憂民之憂也，亦既無所不至矣。公惟憂民之憂，是以民亦樂公之樂，而相與歡欣鼓舞以頌公德。然則今日觀風之作，豈獨見吾人之厚公，抑以見公之厚於吾人也。雖然，公之憂民之憂，其惠澤則既無日而可忘矣；民之樂公之樂，其愛慕亦既與日而俱深矣。以公之才器，天子其能久容於外乎？則公固有時而去也，然則其可樂者能幾，而可憂者終誰任之？則夫今日觀風之作，又不徒以頌公之厚於吾人，將遂因公而致望於繼公者亦如公焉。則公雖去，而所以憂其民者，尚亦永有所托，而因以不墜也。

春容大雅之章。

山東鄉試録序　甲子

山東，古齊、魯、宋、衛之地，而吾夫子之鄉也。嘗讀夫子家語，其門人高弟，大抵皆出於齊、魯、宋、衛之間。固願一至其地，以觀其山川之靈秀奇特，將必有如古人者生其間，而吾無從得之也。今年爲弘治甲子，天下當復大比，山東巡按監察御史陸稱輩，以禮與幣來請守仁爲考試官。故事，司考較者惟務得人，初不限以職任。其後三四十年來，始皆一用學職，遂致應名取具，事歸外簾，而糊名易書之意微。自頃言者頗以爲不便，大臣上其議。天子曰：「然，其如故事。」於是聘禮考較，盡如國初之舊，而守仁得以部屬來典試事於兹土。雖非其人，寧不自慶其遭際？又況夫子之鄉，固其平日所願一至焉者，而乃得以盡觀其所謂賢士者之文而考較之，豈非平生之大幸歟！

雖然，亦竊有大懼焉。夫委重於考較，將以求才也，求才而心有不盡，是不忠也。心之盡矣，而真才之弗得，是弗明也。不忠之責，吾知盡吾心爾矣；不明之罪，吾終且奈何哉？蓋昔者夫子之時，及門之士嘗三千矣，身通六藝

言之真至。

者七十餘人，其尤卓然而顯者，德行言語，則有顏、閔、予、賜之徒；政事文學，則有由、求、游、夏之屬。今所取士，其始拔自提學副使陳某者，蓋三千有奇，而得千有四百。既而試之，得七十有五人焉。嗚呼，是三千有奇者，其皆夫子鄉人之後進，而獲游於門牆者乎？是七十有五人者，其皆身通六藝者乎？夫今之山東猶古之山東也，雖今之不逮於古，顧亦寧無一二人如昔賢者？而今之所取苟不與焉，豈非司考較者不明之罪歟？

雖然，某於諸士，亦願有言者。夫有其人而弗取，是誠司考較者不明之罪矣。司考較者以是求之，以是取之，而諸士之中，苟無其人焉以應其求，以不負其所取，是亦諸士者之恥也。雖然，予豈敢謂果無其人哉。夫子嘗曰：「魯無君子者，斯焉取斯？」顏淵曰：「舜何人也？予何人也？」有爲者亦若是。夫爲夫子之鄉人，苟未能如昔人焉而不恥不若，又不知所以自勉，是自暴自棄也，其名曰不肖。夫不肖之與不明，其相去何遠乎？然則司考較者之與諸士，亦均有責焉耳矣。嗟夫，司考較者之責，自今不能以無懼而不可以有爲矣。若夫諸士之責，其不能者猶可以自勉，而又懼其或以自畫也。諸士無亦曰：吾其勖哉，無使司考較者終不免於不明也。斯無愧於是舉，無愧於夫子之鄉人也矣。

是舉也，某某同事於考較，而御史稱實司監臨。某某司提調，某某司監試，某某某又相與翊贊防範於外，皆與有勞焉，不可以不書。自餘百執事，則已具列于録矣。

醮士之文，近日濫觴靡蔓已極。先生此序，勸勉真切，久而若新。

別三子序　丁卯

自程、朱諸大儒没，而師友之道遂亡。六經分裂於訓詁，支離蕪蔓於辭章舉業之習，聖學幾於息矣。有志之士思起而興之，然卒徘徊嗟咨，逡巡而不振，因弛然自廢者，亦志之弗立，弗講於師友之道也。

夫一人爲之，二人從而翼之，已而翼之者益衆焉，雖有難爲之事，其弗成者鮮矣。一人爲之，二人從而危之，已而危之者益衆焉，雖有易成之功，其克濟者亦鮮矣。故凡有志之士，必求助於師友，無師友之助者，志之弗立弗求者也。

自予始知學，即求師於天下，而莫予誨也。求友於天下，而與予者寡矣。

又求同志之士，二三子之外，邈乎其寥寥也。殆予之志有未立邪？蓋自近年，而又得蔡希顏、朱守中於山陰之白洋，得徐曰仁於餘姚之馬堰。曰仁，予妹婿也。希顏之深潛，守中之明敏，曰仁之溫恭，皆予所不逮。三子者，徒以一日之長，視予以先輩，予亦居之而弗辭。非能有加也，姑欲假三子者而爲之證，遂忘其非有也。而三子者亦姑欲假予而存師友之餼羊，不謂其不可也。當是之時，其相與也，亦渺乎難哉。予有歸隱之圖，方將與三子就雲霞，依泉石，追濂、洛之遺風，求孔、顏之真趣，灑然而樂，超然而游，忽焉而忘吾之老也。

今年，三子者爲有司所選，一舉而盡之。何予得之之難，而有司者襲取之之易也？予未暇以得舉爲三子喜，而先以失助爲予憾。三子亦無喜於其得舉，而方且戚於其去予也。漆雕開有言：「吾斯之未能信。」斯三子之心歟？曾點志於咏歌浴沂，而夫子喟然與之，斯予與三子之冥然而契，不言而得之者歟？三子行矣，遂使舉進士，任職就列，吾知其能也，然而非所欲也。使遂不進而歸，咏歌優游有日，吾知其樂也，然而未可必也。天將降大任於是人，必先違其所樂，而投之於其所不欲，所以衡心拂慮，而增其所不能，是玉之成也，其在兹行歟？三子則焉往而非學矣，而予終寡於同志之助也。三子行矣！「沈潛剛克，高明柔克」，非箕子之言乎？温恭亦沉潛也，三子識之，焉往而非學矣。苟三子之學成，雖不吾邇，其爲同志之助也不多乎哉！增城湛原明宦於京師，吾之同道友也，三子往見焉，猶吾見也已。

情文兼盡，辭義雙美。

五候圖序　戊辰

天地一元之運，爲十二萬九千六百季，分而爲十二會，會分而爲三十運，運分而爲十二世，世分而爲三十年，年分而爲十二月，月分而爲二氣，氣分而爲三候，候分爲五日，日分爲十二時。積四千三百二十時三百六十日而爲七十二候。會者，元之候也；世者，運之候也；月者，歲之候也；氣者，月之候也。天地之運，日月之明，寒暑之代謝，氣化人物之生息終始，盡於此矣。月，證於月者也；氣，證於氣者也；候，證於物者也。若孟春之月，其氣爲立春，爲雨水，其候爲東風解凍，爲蟄蟲始振，爲魚負冰，獺祭魚之類。月令諸書可考也。

氣候之運行，雖出於天時，而實有關於人事。是以古之君臣，必謹修其政令，以奉若夫天道，致察乎氣運，以警惕夫人爲，故至治之世，天無疾風盲雨之愆，而地無昆蟲草木之孽。孔子之作春秋也，大雨震電、大雨雪則書，大水則書，無冰則書，無麥苗則書，多麋則書，螽蜚雨、螽蝝生則書，六鷁退飛則書，隕霜不殺草、李梅實則書，春無冰㊀則書，鸜鵒來巢則書，凡以見氣候之愆變失常，而世道之興衰治亂，人事之汙隆得失，皆於是乎有證焉。所以示世之君臣者恐懼修省之道也。

大總兵懷柔伯施公命繪工爲七十二候圖，遣使以幣走龍場，屬守仁叙一言於其間。

守仁謂使者曰：「此公臨政之本也，善端之發也，戒心之萌也。」

使者曰：「何以知之？」

守仁曰：「人之情必有所不敢忽也，而後著於其念；必有所不敢忘也，而後存於其心。著於其念，存於其心，而後見之於顏色言論，志之於弓矢、几

㊀「冰」，全書作「水」。

杖、盤盂、劍席，繪之於圖畫，而日省之於其心。是故思馳騁者，愛觀夫射獵遊田之物；甘逸樂者，喜親夫博局燕飲之具。公之見於圖繪者，不於彼而於此，吾是以知其爲善端之發也，吾是以知其爲戒心之萌也。其殆警惕夫人爲，而謹修其政令也歟？其殆致察乎氣運，而奉若夫天道也歟？夫警惕者，萬善之本而衆美之基也。公克念於是，其可以爲賢乎？繇是，因人事以達於天道，因一月之候以觀夫世運會元，以探萬物之幽賾，而窮天地之始終，皆於是乎始。吾是以喜聞而樂道之，爲之叙而不辭也。」

人作此，必説烝説候，即極精詳，亦止一篇七政曆耳。先生從繪圖者發論，便是一篇大文章。讀之，規頌兼備。

重刊文章軌範序 戊辰

宋謝枋得氏取古文之有資於場屋者，自漢迄宋，凡六十有九篇，標揭其篇章句字之法，名之曰文章軌範。蓋古文之奥不止於是，是獨爲舉業者設耳。世之學者，傳習已久，而貴陽之士獨未之多見。侍御王君汝楫於按歷之暇，手録其所記憶，求善本而校是之，謀諸方伯郭公輩，相與捐俸廩之資，鋟之梓，將以嘉惠貴陽之士，曰：「枋得爲宋忠臣，固以舉業進者，是吾微有訓焉。」屬守仁叙一言於簡首。

夫自百家之言興，而後有六經；自舉業之習起，而後有所謂古文之去六經遠矣，繇古文而舉業，又加遠焉。士君子有志聖賢之學，而專求之於舉業，何啻千里？然中世以是取士，士雖有聖賢之學、堯舜其君之志，不以是進，終不大行於天下。蓋士之始相見也，必以贄。故舉業者，士君子求見於君之羔雉耳。羔雉之弗飾，是謂無禮。無禮，無所庸於交際矣。故夫求工於舉業，而不事於古作，弗可工也。弗工於舉業，而求於倖進，是僞飾羔雉以罔其君也。雖然，羔雉飾矣，而無恭敬之實焉，其如羔雉何哉？是故飾羔雉者，非以求媚於主，致吾誠焉耳。工舉業者，非以要利於君，致吾誠焉耳。世徒見夫繇科第而進者，類多徇私媒利，無事君之實，而遂歸咎於舉業。不知方其業舉之時，惟欲釣聲利，弋身家之腴，以苟一旦之得，而初未嘗有其誠也。

鄒孟氏曰：「恭敬者，幣之未將者也。」伊川曰：「自洒掃應對可以至聖人。」夫知恭敬之實在於飾羔雉之前，則知堯舜其君之心不在於習舉業之後

知聖祖以舉業教人，自有遠意，蓋欲借功名

之路，引人爲聖賢。今人止知借聖賢之書爲媒富貴之地，可歎哉！

矣。知洒掃應對之可以進於聖人，則知舉業之可以達於伊、傅、周、召矣。吾懼貴陽之士謂二公之爲是舉徒以資其希寵禄之筌蹄也，則二公之志荒矣，於是乎言。

舉業之中未嘗無聖賢，只是所行如其所言，便是恭敬之實，便是伊、傅、周、召之侶。如先生與忠肅輩，俱從舉業出身，德業皆堪不朽。有恭敬之實故也。近日羔雉愈僞，逢世愈捷，方能搦管，便思欺罔其君，欲求德業之士，其可得哉？

贈林以吉歸省序　辛未

陽明子曰：求聖人之學而弗成者，殆以志之弗立歟？天下之人，志輪而輪焉，志裘而裘焉，志巫醫而巫醫焉，志其事而弗成者，吾未之見也。輪、裘、巫醫遍天下，求聖人之學者，間數百年而弗一二見，爲其事之難歟，亦其志之難歟？弗志其事而能有成者，吾亦未之見也。

林以吉將求聖人之事，過予而論學。予曰：「子盍論子之志乎？志定矣，而後學可得而論。子閩也，將閩是求，而予言子以越之道路，弗之聽也。予越也，將越是求，而子言予以閩之道路，弗之聽也。夫久溺於流俗，而驟語以求聖人之事，其始也，必將有自餒而不敢當。已而舊習牽焉，又必有自眩而不能決。已而外議奪焉，又必有自沮而或以懈。夫餒而求有以勝之，眩而求有以信之，沮而求有以進之，吾見立志之難能也已。志立而學半，四子之言聖人之學，備矣。苟志立而於是乎求焉，其切磋講明之益，以吉自取之，尚其有窮也哉。見素先生，子諸父也，子歸而以予言正之，且以爲何如？

學聖人，全要立志。立志即是致知，無有二義。

送宗伯喬白巖序　辛未

大宗伯白巖喬先生將之南都，過陽明子而論學。

陽明子曰：「學貴專。」

先生曰：「然。予少而好奕，食忘味，寢忘寐，目無改觀，耳無改聽，蓋一年而詘鄉之人，三年而國中莫有予當者，學貴專哉！」

陽明子曰：「學貴精。」

先生曰：「然。予長而好文詞，字字而求焉，句句而鳩焉，研衆史，覈百氏，蓋始而希迹於宋、唐，終焉浸入於漢、魏，學貴精哉！」

陽明子曰：「學貴正。」

先生曰：「然。予中年而好聖賢之道，奕吾悔焉，文詞吾媿焉，吾無所容心矣。子以爲奚若？」

陽明子曰：「可哉，學奕則謂之學，學文詞則謂之學，學道則謂之學，然而其歸遠矣。道，大路也，外是，荆棘之蹊，鮮克達矣。是故專於道，斯謂之專；精於道，斯謂之精。專於奕而不專於道，其專溺也。精於文詞而不精於道，其精僻也。夫道廣矣，大矣，文詞技能於是乎出，而以文詞技能爲者，去道遠矣。是故非專則不能以精，非精則不能以明，非明則不能以誠。故曰『惟精惟一』。精，精也；一，專也。精則明矣，明則誠矣。是故明，精之爲也；誠，一之基也。一，天下之大本也；精，天下之大用也。知天下之化育，而況於文詞技能之末乎？

先生曰：「然哉，予將終身焉，而悔其晚也。」

陽明子曰：「豈易哉，公卿之不講學也久矣。昔者衛武公年九十而猶詔於國人曰：『毋以老耄而棄予。』先生之年半於武公，而功可倍之也。先生其不媿於武公哉！某也敢忘國士之交警。」

議論正大，文章冠冕。

別張常甫序

辛未

太史張常甫將歸省，告別於司封王某曰：「期之別也，何以贈我乎？」某曰：「處九月矣，未嘗有言焉，期之別，又多乎哉？」常甫曰：「斯邦奇㊀之過也。雖然，必有以贈我。」某曰：「工文詞，多論説，廣探極覽以爲博也，可以爲學乎？」常甫曰：「知之。」「辨名物，考度數，釋經正史以爲密也，可以爲學乎？」常甫曰：「知之。」「整容色，修辭氣，言必信，動必果，談説仁義以爲行也，可以爲學乎？」常甫曰：「知之。」曰：「去是三者，而恬淡其心，專一其氣，廓然而虛，湛然而定，以爲静也，

㊀「奇」，全集作「期」。

可以爲學乎？」

常甫默然良久曰：「亦知之。」

某曰：「然，知之，古之君子惟有所不知也，而後能知之。後之君子惟無所不知，是以容有不知也。夫道有本而學有要，是非之辨精矣，義利之間微矣，斯吾未之能信焉。曷亦姑無以爲知之也，而姑疑之，而姑思之乎？」

常甫曰：「唯，吾姑無以爲知之，而姑疑之，而姑思之。期而見，吾有以復於子。」

引而不發，躍如也。

酷似子瞻。

别湛甘泉序　壬申

顔子没而聖人之學亡，曾子唯「一貫」之旨傳之孟軻，絶又二千餘年，而周、程續。自是而後，言益詳，道益晦，析理益精，學益支離無本，而事於外者益繁以難。蓋孟氏患楊、墨，周、程之際，釋、老大行。今世學者，皆知宗孔、孟，賤楊、墨，擯釋、老，聖人之道，若大明於世。然吾從而求之，聖人不得而見之矣。其能有若墨氏之兼愛者乎？其能有若楊氏之爲我者乎？其能有若老氏之清靜自守，釋氏之究心性命者乎？吾何以楊、墨、老、釋之思哉？彼於聖人之道異，然猶有自得也。而世之學者，章繪句琢以誇俗，詭心色取，相飾以僞，謂聖人之道，勞苦無功，非復人之所可爲，而徒取辯於言詞之間。古之人有終身不能究者，今吾皆能言其略，自以爲若是亦足矣，而聖人之學遂廢。則今之所大患者，豈非記誦詞章之習，而弊之所從來，無亦言之太㊀詳，析之太精者之過歟？夫楊、墨、老、釋，學仁義，求性命，不得其道而偏焉。固非若今之學者，以仁義爲不可學，性命之爲無益也。居今之時，而有學仁義，求性命，外記誦詞章而不爲者，雖其陷於楊、墨、老、釋之偏，吾猶且以爲賢。彼其心猶求以自得也。夫求以自得，而後可與之言學聖人之道。

即起楊、墨而問之，彼亦心服。

某幼不問學，陷溺於邪僻者二十年，而始究心於老釋。賴天之靈，因有所覺，始廼沿周、程之説，求之而若有得焉。顧一二同志之外，莫予翼也，岌岌乎仆而復興。晚得友於甘泉湛氏子㊁，而後吾之志益堅，毅然若不可遏。

㊀「太」原作「大」，據全書改。　㊁「湛氏子」，全書作「湛子」。

則予之資於甘泉多矣。甘泉之學，務求自得者也。世未之能知，其知者且疑其爲禪。誠禪也，吾猶未得而見，而况其所志卓爾若此，則如甘泉者，非聖人之徒歟？多言又烏足病也。夫多言不足以病甘泉，與甘泉之不爲多言病也。吾信之，吾與甘泉友，意之所在，不言而會；論之所及，不約而同。期於斯道，斃而後已者。今日之別，吾容無言？夫惟聖人之學難明而易惑，習俗之降，愈下而益不可回。任重道遠，雖已無俟於言，顧復於吾心，若有不容已也，則甘泉亦豈以予言爲綴乎？

不求自得，俗學之病，一言拈出，直中膏肓。是大有關係文字。

壽湯雲谷序　甲戌

弘治壬戌春，某西尋句曲，與丹陽湯雲谷偕。當是時，雲谷方爲行人，留意神仙之學，爲予談呼吸屈伸之術，凝神化氣之道，蓋無所不至。及與之登三茅之巔，下探葉陽，休玉宸，感陶隱君之遺迹，慨嘆穢濁，飄然有脱屣人間之志。予時皆未之許也。雲谷意不然之。曰：「子豈有見於吾乎？」予曰：「然。子之眉間，慘然猶有怛世之色，是道也，遲之十年，庶幾矣。」

雲谷曰：「子見吾之貌，而吾信吾之心。」

既別，雲谷尋入爲給事中，又遷爲右給事，殫心職務，驅逐瘁勞，竟以直道抵權奸斥外。而予亦以言事得罪，奔走謫鄉，不相見者十餘年。

至是正德癸酉某月，予自吏部徙官南太僕，再過丹陽，而雲谷已家居三年矣。訪之，迎謂予曰：「尚憶眉間之説乎？吾信吾之心，而不若子之見吾貌，何也？今果十年，而始出於泥塗，是則信矣。然謂吾之庶幾也，則貌益衰，年益逝，去道益遠，獨是若未之盡然耳。」

予曰：「乃今則幾矣。今吾又聞子之言，見子之貌矣，又見子之廬矣，又見子之鄉人矣。」

雲谷曰：「異哉，言貌既遠矣，廬與鄉人亦可以見我乎？」曰：「古之有道之士，外槁而中澤，處隘而心廣，累釋而無所撓其精，機忘而無所忤於俗。是故其色愉愉，其居于于，其所遭若清風之披物，而莫知其所從往也。今子之步徐髮改，而貌若益憊，然而其精藏矣。言下意懇而氣若益衰，然而其神守矣。室廬無所增益於舊，而志意擴然，其累釋矣。鄉之人相忘於賢愚貴賤，且以爲慈母，且以爲嬰兒，其機忘矣。夫精藏則太和流，神守則天光發，累釋則怡愉而静，機忘則心純而一。四者道之證也。夫道無在而神無方，安常處順，其至矣，而又何人間之脱屣乎？」雲谷曰：「有是哉，吾信吾之心，乃不若子之見吾廬與吾鄉人也。」

於是雲谷年七十矣，是月，值其懸弧，鄉人方謀所以祝壽者，聞予至，皆來請言。予曰：「嘻，子之鄉先生既幾於道，而尚以壽爲賀乎？夫壽不足以爲子之鄉先生賀，子之鄉而有有道之士若子之鄉先生者，使爾鄉人之子弟，皆有所矜式視傚。出而事君，則師其道以用世；入而家居，則師其道以善身。若射之有的，各中乃所向，則是先生之壽，乃於爾鄉之人復有足賀也已。」

無此數語，前皆近諱矣。

明年三月，予再官鴻臚，而鄉之人復以書來請，遂追書之。

另有振醒洗刷，最妙。

文山別集序　甲戌

文山別集者，宋丞相文山先生自述其勤王之所經歷，後人因而採集之以成者也。其間所值險阻艱難，顛沛萬狀，非先生之述，固無從而盡知者。先生忠節蓋宇宙，皆於是而有據。後之人因詞考迹，感先生之大義，油然興起其忠君愛國之心，固有泫然泣下，裂眥[一]扼腕，思喪元首之無地者。是集之有益於臣道，豈小小哉！

古之君子之忠於其君，求盡吾心焉以自慊而已，亦豈屑屑言之以蘄知於世？然而仁人之心，忠於其君，亦欲夫人之忠於其君也。忠於其君，則盡心焉已。欲夫人忠於其君，而思以吾之忠於其君者啓其良心，固有人弗及知之者，非自言之，何繇以及人乎？斯先生之所爲自述，將以教世之忠也。當其時，仗節死義之士無不備載，亦因是以有傳，是又與人爲善者也。是集也，在先生之自盡，若嫌於蘄世之知，以先生之教人，則吾惟恐其知之不盡也。在先生之自盡，若可以無傳。以先生之與人爲善，則吾惟恐其傳之不遠也。

先生之裔孫，今太僕少卿公宗巖，復刻是集，而屬某爲之序，某之爲廬陵也，公之族弟某嘗以序謀，玆故不可得而辭。嗚呼，當顛沛之時[二]，而不忘乎與人爲善者，節之裕也。致自盡之心，而欲人同歸於善者，忠之推也。不以蘄知爲嫌，而行其教人之誠者，仁之篤也。象賢崇德，以章其先世之美之謂

[一]「眥」原作「背」，據全書改。　[二]「時」，全書作「心」。

孝；明訓述事，以廣其及人之教之謂義。吾於是集之序，無媿辭耳矣。

文先生不過自叙其平生之所經歷，當國喪身死之日，又何祈後人之集其書哉。集成於後人之慕先生者也。文成推原先生之意，提醒爲人臣者忠君愛國之心，覺千載之下，凜凜有生氣。先生亦當以文成爲知己矣。

贈周瑩歸省序　乙亥

永康周瑩德純，嘗學於應子元忠，既乃復見陽明子而請益。

陽明子曰：「子從應子之所來乎？」

曰：「然。」

曰：「應子則何以教子？」

曰：「無他言也，惟日誨之以希聖希賢之學，毋溺於流俗。且曰：『斯吾所嘗就正於陽明子者也。子而不吾信，則盍親往焉？』瑩是以不遠千里而來謁。」

曰：「子之來也，猶有所未信乎？」

曰：「信之。」

曰：「信之而又來，何也？」

曰：「未得其方也。」

陽明子曰：「子既得其方矣，無所事於吾。」

周生悚然，有間曰：「先生以應子之故，望㊀卒賜之教。」

陽明子曰：「子既得之矣，無所事於吾。」

周生悚然而起，茫然，有間曰：「瑩愚，不得其方，先生毋乃以瑩爲戲，望卒賜之教。」

陽明子曰：「子之自永康而來也，程幾何？」

曰：「千里而遥。」

曰：「遠矣。從舟乎？」

曰：「從舟而又登陸也。」

曰：「勞矣。當兹六月亦暑乎？」

曰：「途之暑特甚也。」

曰：「難矣。具資糧，從童僕乎？」

㊀「望」，全書作「幸」。

曰：「中途而僕病，乃舍貸而行。」曰：「兹益難矣。」曰：「子之來既遠且勞，其難若此也，何不遂返而必來乎？將亦無有强子者乎？」曰：「瑩至於夫子之門，勞苦艱難誠樂之，寧以是而遂返，又俟乎人之强之也乎？」曰：「斯吾之所謂子之既得其方也。子之志，欲至於吾門也，則遂至於吾門，無假於人。子而志於聖賢之學，有不至於聖賢者乎？而假於人乎？子之舍舟從陸，捐僕貸糧，冒毒暑而來也，則又安所從受之方也？」子生躍然起拜曰：「兹乃命之方也已，抑瑩繇於其方而迷於其說，必俟夫子之言而後躍如也，則何居？」陽明子曰：「子未覩乎爇石以求灰者乎？火力具足矣，乃得水而遂化。子歸，就應子而足其火力焉，吾將儲擔㊀石之水以俟子之再見。」

迎機指點，無異夜半傳鉢。

㊀「擔」原作「儋」，據全書改。

贈林典卿歸省序　乙亥

林典卿與其弟遊於太學，且歸，辭於陽明子曰：「元叙嘗聞『立誠』於夫子矣，今兹歸，敢請益。」

陽明子曰：「立誠。」

典卿曰：「學固此乎？天地之大也，而星辰麗焉，日月明焉，四時行焉，引類而言之，不可窮也。人物之富也，而草木蕃焉，禽獸羣焉，中國夷狄分焉，引類而言之，不可盡也。夫古之學者，殫智慮，弊精力，而莫究其緒焉。靡晝夜，極年歲，而莫竟其説焉。析蠶絲，擢牛毛，而莫既其奥焉。而曰立誠，立誠盡之矣乎？」

陽明子曰：「立誠盡之矣。夫誠，實理也。其在天地，則其麗焉者，則其明焉者，則其行焉者，則其引類而言之不可窮焉者，皆誠也。其在人物，則其蕃焉者，則其羣焉者，則其分焉者，則其引類而言之不可盡焉者，皆誠也。是故殫智慮，弊精力，而莫究其緒也。靡晝夜，極年歲，而莫竟其説也。析蠶絲，擢牛毛，而莫既其奥也。夫誠一而已矣。故不可復有所益，益之是爲二也，二則僞，故誠不可益。不可益，故至誠無息。」典卿起拜曰：「吾今乃知夫子之教若是其要也。請終身事之，不敢復有所疑。」陽明子曰：「子歸，有黄宗賢氏者，應元忠氏者，方與講學於天台、雁蕩之間，倘遇焉，其遂以吾言諗之。」

送别省吾林都憲序　戊子

嘉靖丁亥冬，守仁奉命視師思、田，省吾林君以廣西右轄，實與有司。既思、田來格，謀所以緝綏之道，咸以爲非得寬厚仁恕、德威素爲諸夷所信服者，父臨而母鞠之，殆未可以强力詭計劫制於一時，而能久於無變者也，則莫有踰於省吾者。遂以省吾之名上請，乞加憲職，委重權，以留撫於兹土。蓋一年二年而化洽心革，朝廷永可以無一方顧也乎。則又以爲聖天子方側席勵精，求卓越之才，以更化善治。則如省吾之成德夙望，大臣且交章論薦，或者請未及上，而先已有隆委峻擢，恐未肯爲區區兩府之遺黎，淹歲月而借之以重也。疏去未踰月，而巡撫鄖陽之命果下矣。

當是時，八寨之猺積禍千里，且數十年，方議進兵討罪，省吾將率思、田報効之民以先之。報聞，衆咸爲省吾賀，且謂得免兵革驅馳之勞也。省吾曰：「不然，當事而中輟之，仁者忍之乎？遇難而苟避之，義者爲之乎？吾既身任其責，幸有改命而亟去之，以違吾心，吾能如是哉！」遂弗停驅而往，冒暑雨，犯瘴毒，乘危破險，竟成八寨之伐而出。

嗟乎，今世士夫計逐功名，甚於市井刀錐之競，稍有患害可相連及，輒設機阱，立黨援，以巧脱幸免。一不遂其私，瞋目攘臂，以相抵捍鈎摘，公然爲之，曾不以爲恥，而人亦莫有非之者。蓋士風之衰薄，至於此而亦極矣！而省吾所存，獨與時俗相反若是，古所謂託孤寄命，臨大節而不可奪者，省吾有焉。

正德初，某以武選郎抵逆瑾，逮錦衣獄，而省吾亦以大理評觸時諱在繫，相與講易於桎梏之間者彌月。蓋晝夜不怠，忘其身之爲拘囚也。至是，别已餘二十年，而始復會於此。省吾貌益充，氣益粹，議論益平實。而其孜孜講學之心，則固如昔加懇切焉。公事之餘，相與訂舊聞而考新得。予自近年偶有見於良知之學，遂具以告於省吾。而省吾聞之，沛然若決江河，可謂平生

果人所難，然必料自己有是才具，方能爲此。

此段氣脈，絶似韓文柳子厚墓誌。

讀至此，可發一歎。

之一快，無負於二十年之別也矣。

今夫天下之不治，繇於士風之衰薄；而士風之衰薄，繇於學術之不明；學術之不明，繇於無豪傑之士者爲之倡焉耳。省吾忠信仁厚之質，得之于天者既與人殊，而其好學之心，又能老而不倦若此，其德之日以新，而業之日以廣也，何疑乎？自此而明學術，變士風，以成天下治，將不自省吾爲之倡也乎？於省吾之別，庸書此以致切劘之意。若夫期望於聲位之間，而繫情於去留之際，是奚足爲省吾道之哉！

贈陸清伯歸省序 乙亥

陸清伯澄歸歸安，與其友二三子論繹所學，贈處焉。二三子或曰：「清伯之學日進矣。始吾見清伯，其氣揚揚然若浮雲，其言滔滔然若流波，今而日默默爾，日慊慊爾，日雍雍爾，日休休爾，有大徑庭焉。以是知其進也。」

或曰：「清伯始見夫子，一月一至，既而旬一至，又既而五六日、三四日而一至，又既而遷居於夫子之傍，後乃請於夫子，掃庾下之室，而旦暮侍焉。夫德莫淑於尊賢，學莫遄於親師。故趨權門者日進於勢，遊市肆者日進於利。

清伯於夫子之道日加親附焉。吾未遑其他，即是可以知其學之進也矣。」

清伯曰：「有是哉？澄則以爲日退也。澄聞夫子之教而茫然，已而歆然，忽耿然而疑，已而大疑焉，又閃然大駭，乃忽闖然若有覩也。當是時，則亦幾有所益矣。自是且數月，蓋悠焉，游焉，業不加修焉，反而求焉，倀倀然，頹頹然，昏蔽擴而愈進，私累息而愈興，衆妄攻而愈固，如上灘之舟，屢失屢下，力挽而不能前。以爲日退也。」

明日，又辭於陽明子，二三子偕焉，各言其所以。陽明子曰：「其然乎？其然乎？謂己爲日退者，進修之勵，善日進矣。謂人爲日進者，與人爲善者，其善亦日進矣。雖然，謂己爲日退也，而意阻焉，能無日退乎？謂人爲日進也，而氣歉焉，亦能無日退乎？斯又進退之機，吉凶之所繇分也。可無慎乎！」

入道者自視若不足，視人若有餘，是日進機括，反是則日退矣。

送南元善入覲序　乙酉

渭南南侯之守越也，越之敝數十年矣。巨奸元憝，窟據根盤，良牧相尋，未之能去。政積事隳，俗因隳靡，至是乃斬然翦剔而一新之。兇惡貪殘，禁不得行，而狡僞淫侈，游惰苟安之徒，亦皆拂戾失常，有所不便，相與斐斐緝緝，構讒騰誹。城狐社鼠之奸，又從而黨比翕張之，謗遂大行。士夫之爲元善危者沮之曰：「謗甚矣，盍已諸？」元善如不聞也，而持之彌堅，行之彌決。且曰：「民亦非無是非之心，而蔽昧若是，因㊀學之不講，而教之不明也。吾寧無責，而獨以咎歸於民？」則日至學宮，進諸生而作之以聖賢之志，啓之以身心之學。士亦蔽於習染，䦨然疑恠以駭曰：「是迂闊之談，將廢吾事。」則又相與斐斐緝緝，訾毁而詆議之。士夫之爲元善危者沮之曰：「民之謗若火之始然，士又從而膏之，孰能以無燼乎？盍遂已諸？」元善如不聞也，而持之彌堅，行之彌決。則又緝稽山書院，萃其秀穎，而日與之諄諄焉，亹亹焉，越月踰時，誠感而意孚，三學洎各邑之士，亦漸以動，日有所覺，而月有所悟矣。於是争相奮曰：「吾乃今知聖賢之必可爲矣，非俟

此天下通病。

果如是存心，未有不能化民成俗者。

㊀「因」，全書作「固」。

之至，吾其已夫，侯真吾師也。」

於是民之謗者亦漸消沮。其始猶曰：「侯之於我，利害半；我之於侯，恩怨半。」至是惠洽澤流，而政益便，相與悔曰：「吾始不知侯之愛我也，而反以爲殃我也；吾始不知侯之拯我也，而反以爲勞我也。我其無人之心乎！侯真吾之嚴父也，慈母也。」

於是侯且入覲，百姓皇皇請留不得，相與謀之多士曰：「吾去慈母，吾將安哺乎？吾去嚴父㈠，吾將安恃乎？」士曰：「吁嗟，維父與母，則生爾身；維侯我師，實生我心。吾寧可以一日而無吾師之臨乎？」則相與假重於陽明子而乞留焉。

陽明子曰：「三年之覲，大典也，侯焉可留乎？雖然，此在爾士爾民之心。夫承志而無違，子之善養也；離師友而不背，弟子之善學也。不然，雖居膝下而侍几杖，猶爲不善養，而操戈入室者也。奚必以留侯爲哉？」衆皆嘿然，良久曰：「公之言是也。」相顧逡巡而退。

㈠「吾去嚴父」原作「嚴父吾去」，據全書乙。

明日，復師生相率而來請曰：「無以輸吾之情，願以公言致之於侯，庶侯之遄其來旋，而有以速諸生之化，慰吾民之延頸也。」

脱落疑謗，力行實政，國僑所以稱惠，南公有焉。必真實有志聖賢學問，見得內重外輕，方能行此。

別梁日孚序

聖人之道若大路，雖有跛蹩，行而不已，未有不至。而世之君子，顧以爲聖人之異於人，若彼其甚遠也；其爲功亦必若彼其甚難也，而淺易若此，豈其可及乎？則從而求之艱深恍惚，溺於支離，騖於虛高，率以爲聖人之道，必不可至，而甘於其質之所便，日以淪於污下。有從而求之者，競相嗤訕曰狂誕不自量者也。嗚呼，其弊也，亦豈一朝一夕之故哉？孟子云：「徐行後長者謂之弟，疾行先長者謂之不弟。」夫徐行者，豈人所不能哉？所不爲也。世之人不知咎其不爲，而歸咎於其不能，其亦不思而已矣。

進士梁日孚，携家謁選於京，過贛，停舟見予，始與之語，移時而別。明日又來，與之語，日昃而別。又明日，又來，日入而未忍去。又明日，則假舘而請受業焉。同舟之人强之北者，閧譬百端，日孚皆笑而不應，莫不囂且異。其最親愛者曰：「子有萬里之行，戒僮僕，聚資斧，具舟楫，又挈其家室，經營閱歲而始就道，行未數百里而中止，此不有大苦，必有大樂者乎？子亦可以語我乎？」

世人都只是懷此念，便埋没不能自振拔。

日孚笑曰：「吾今則有大苦，亦誠有大樂者，然未易以語子也。子見病狂喪心者乎？方其昏迷𧷤亂，赴湯火，蹈荆棘，莫不恬然自信以爲是也。比遇良醫，沃之以清冷之漿，而投之以神明之劑，始甦然以醒。告之以其向之所爲，又始駭然以苦，示之以其所從歸之途，又始欣然以喜，且恨遇斯人之晚也。彼病狂不復者，反從而哂啮之，以爲是變其常。今吾與子之事，亦何以異於此矣。」

可見舉世皆病狂。

居無何，予以軍旅之役出，而遠日孚者且兩月，謂日孚既去矣。及旋，而日孚居然以待。既以委其資斧於逆旅，歸其家室於故鄉，泊然而樂，若將終身焉。扣其學，日有所明，而月有所異矣。然後益嘆聖人之學，非夫自暴自棄，未有不可繇之而至。而日孚出於流俗，殆孟子所謂「豪傑之士」者矣！

復留於贛三月，其母使人來謂曰：「姑北行以畢吾願，然後從爾所好。」知日孚者亦交以是勸。

日孚請曰：「焯焉能一日而去夫子，將復赴湯火，蹈荆棘矣？」

予曰：「其然哉？子以聖人之道爲有方體乎？爲可拘之以時，限之以地乎？世未有既醒之人而復赴湯火、蹈荆棘者。吾㊀子務醒其心，毋徒湯火荆棘之爲懼。」

日孚良久曰：「焯近之矣。聖人之道，求之於心，故不滯於事；出之以理，故不泥於物；根之以性，故不拘以時；動之以神，故不限以地。苟知此矣，焉往而非學也。奚必恒於夫子之門乎？焯請暫辭而北，疑而復求正。」

予莞爾而笑曰：「近之矣，近之矣。」

日孚與董蘿石同一機括，先生許蘿石曰「大勇」，許日孚曰「近之」。未有不勇而能近者，二子皆聞道矣。

禹、皋、稷、契，俱是醒後事業；許由、巢父，尚貪醉裏春風。得道者辨之。

數語已見大意。

㊀「吾」字全書無。

豫軒都先生八十受封序

弘治癸亥冬，守仁自會稽上天目，東觀於震澤，遇南濠子都玄敬於吴門，遂偕之入玄幕，登天平。還，值大雪，次虎丘。凡相從旬有五日。予與南濠子爲同年，蓋至是而始知其學之無所不窺也。歸造其廬，獲拜其父豫軒先生，與予坐而語，蓋屯然其若避而彙趨也，秩然其若斂而陽煦也。予䛐然而心撼焉，倏而色慚焉，倏而目駭焉，亡予之故。先生退，守仁謂南濠子曰：「先生殆有道者歟？胡爲乎色之不存予，而德之予薰也？」

南濠子笑而頷之曰：「然。子其知人哉！吾家君於藝鮮不通，而人未嘗見其學也；於道鮮不究，而人未嘗知其有也。夫善之弗彰也，則於子乎避。雖然，吾家君則甚惡之。吾子既知之也，穆其敢隱乎？凡穆之所見知於吾子，皆吾家君之所弗屑也。故鄉之人無聞焉，非吾子之粹於道，其寧孰識之？」

夫南濠子之學以該洽聞，四方之學者，莫不誦南濠子之名，而莫有知其學之出自先生者。先生之學，南濠子之所未能盡，而其鄉人曾莫知之。古所謂潛世之士哉！彼且落其榮而核之存，彼且固靈株而塞其兑，彼且被褐而懷玉，離形迹，遁聲華，而以爲知己者累，孰比比焉迹形骸而求之其遠哉！

今年，先生壽八十，神完而氣全，齒髮無所變。八月甲寅，天子崇徽號於兩宫，推恩臣下，於是南濠子方爲冬官主事，得被異數，封先生如其官。同年之任於京者，美先生之高壽，樂南濠子之獲榮其親也，集而賀之。夫樂壽康寧，世之所同慕，而予不敢以爲先生侈；章服華寵，世之所同貴，而予不敢以爲先生榮。南濠子以予言致之先生，亦且以予爲知言乎？乙丑十月序。

送黄敬夫先生僉憲廣西序

古之仕者，將以行其道；今之仕者，將以利其身。將以行其道，故能不以險夷得喪動其心，而惟道之行否爲休戚。利其身，故懷土偷安，見利而趨，見難而懼。非古今之性爾殊也，其所以養於平日者之不同，而觀夫天下者之達與不達耳。

擇地而蹈者，讀此當一惶汗。

吾邑黄君敬夫，以刑部員外郎擢廣西按察僉事。廣西，天下之西南徼也，地卑濕而土疎薄，接境於諸島蠻夷，瘴癘鬱蒸之氣朝夕瀰茫，不常睹日月。山獞海獠，非時竊發，鳥妖蛇毒之患，在在而有，固今仕者之所懼而避焉者也。然予以爲中原固天下之樂土，人之所趨而聚居者。然中原之民至今不加多，而嶺廣之民至今不加少，何哉？中原之民，其始非必盡皆中原者也，固有從嶺廣而遷居之者矣。嶺廣之民，其始非必盡皆嶺廣者也，固有從中原而遷居之者矣。久而安焉，習而便焉，父兄宗族之所居，親戚墳墓之所在，自不能一日捨此而他也。

古之君子，惟知天下之情不異於一鄉，一鄉之情不異於一家，而家之情不異於吾之一身。故視其家之尊卑長幼，猶家之視身也。視天下之尊卑長幼，猶鄉之視家也。是以安土樂天，而無入不自得。後之人視其兄之於己，固已有間，則又何恠其險夷之異趨，而利害之殊節也哉！今世之士㈠，而能以行道爲心，求古人之意以達觀夫天下，則嶺廣雖遠，固其鄉閭，嶺廣之民，皆其子弟，郡邑城郭，皆其父兄宗族之所居，山川道里，皆是親戚墳墓之所在。而嶺廣之民，亦將視我爲父兄，以我爲親戚，雍雍愛戴，相眷戀而不忍

㈠「世之士」，全書作「仁於世」。

去，況以爲懼而避之耶？

敬夫，吾邑之英也。幼居於鄉，鄉之人無不敬愛。長徙於南畿之六合，六合之人，敬而愛之，猶吾鄉也。及舉進士，宰新鄭，新鄭之民曰：「吾父兄也。」入爲冬官主事，出治水於山東，改秋官主事，擢員外郎，僚寀曰：「吾兄弟也。」蓋自居於鄉，以至於今，經歷且十餘地，而人之愛敬之如一日。君亦自爲童子，以至於爲今官，經歷且八九職，而其所以待人愛衆者恒如一家。今之擢廣西也，人咸以君之賢，宜需用于內，不當任遠地。君曰：「吾則不賢，使或賢也，乃所以宜於遠。」

嗚呼，若君者，可不謂之志於行道，素養達觀，而有古人之風也歟！夫志於爲利，雖欲其政之善，不可得也。志於行道，雖欲其政之不善，亦不可得也。以君之所志，雖未有所見，吾猶信其能也，況其赫燁之聲，奇緯之績，久熟於人人之耳目，則吾於君之行也，頌其所難，而易者見矣。

高平縣志序

高平志者，高平之山川、土田、風俗、物産，無不志焉。曰高平，則其地之

立論高特。

所有皆舉之矣。禹貢職方之述，已不可尚，漢以來地理郡國志、方輿勝覽、山海經之屬，或略而多漏，或誕而不經，其間固已不能無憾。惟我朝之一統志，則其綱簡於禹貢而無遺，其目詳於職方而不冗。然其規模宏大闊略，實爲天下萬世而作，則王者事也。若夫州縣之志，固又有司者之職，其亦可緩乎？

弘治乙卯，慈谿楊君明甫令澤之高平，發號出令，民既悦服。乃行田野，進父老，詢邑之故，將以修廢舉墜。而邑舊無志，無所於考。明甫慨然太息曰：「此大闕，責在我。」遂廣詢博採，搜秘闕疑，旁援直據，輔之以己見，遵一統志凡例，總其要節，而屬筆於司訓李英。不踰月編成。於是繁劇紛沓之中，不見聲色，而數千載散亂淪落之事，棄廢磨滅之跡，燦然復完。明甫退然若無與也。邑之人士動容相慶，駭其昔所未聞者之忽睹，而喜其今所將泯者之復明也。走京師，請予序。

予惟高平即古長平，戰國時秦白起攻趙，坑降卒四十萬於此，至今天下冤之。故自爲童子，即知有長平，慷慨好奇之士，思一至其地，以吊千古不平之恨，而不可得。或時考圖志，以求其山川形勢於仿佛間。予嘗思睹其志，以爲遠莫致之，不謂其無有也。蓋嘗意論，趙人以四十萬俯首降秦，而秦卒坑之，了無哀恤顧忌，秦之毒虐，固已不容誅。而當時諸侯，其先亦自有以取此者。夫先王建國分野，皆有一定之規畫經制，如今所謂志書之類者，以紀其山川之險夷，封疆之廣狹，土田之饒瘠，貢賦之多寡，俗之所宜，地之所産，井然有方。俾有國者之子孫世守之，不得以己意有所增損取予。夫然後講信修睦，各保其先世之所有，而不敢冒法制以相侵陵。戰國之君，惡其害己不得騁無厭之欲也，而皆去其籍。於是强凌弱，衆暴寡，兼并僭竊，先王之法制蕩然無考，而奸雄遂不復有所忌憚，故秦敢至於此。然則七國之亡，實繇文獻不足證，而先王之法制無存也。典籍圖志之所關，其不大哉！

今天下一統，皇化周流。州縣之吏，不過具文書，計歲月，而以贅疣之物視圖志。不知所以宜其民，因其俗，以興滯補弊者，必於志焉是賴，則固王政之首務也。今夫一家且必有譜而後可齊，而况於州縣？天下之大，州縣之積也。州縣無不治，則天下治矣。明甫之獨能汲汲於此，其所見不亦遠乎？明甫學博而才優，其爲政廉明，毁淫祠，興社學，敦倫厚俗，扶弱鋤强，實皆可書之於志，以爲後法。而明甫謙讓不自有也。故予爲序其略於此，使後之續志者考而書焉。

凡誌邑者，不過述其山川，紀其物產，表其風俗，美其人才，以相誇耀而已。從此立義，即揚厲甚工，亦淡然無味。惟從白起坑卒一事發端，歸咎於諸侯之去其籍，方見邑志大有關係。筆下有以隱戢奸雄兼并僭竊之志。此等意見議論，非文人所可及。

陽明先生集要文章編卷二

重修文山祠記　戊寅

宋丞相文山文公之祠，舊在廬陵之富田，今螺川之有祠，實肇於我孝皇之朝，然亦因廢爲新，多缺陋而未稱。正德戊寅，縣令邵德容始恢其議於郡守伍文定，相與白諸巡撫、巡按、守巡諸司，皆以是爲風化之所係也，争措財鳩工，圖拓而新之。協守令之力，不再踰月而工萃。圮者完，隘者闢，遺者舉，巍然焕然。不獨廟貌之改觀，而吉之人士奔走瞻嘆，翕然益起其忠孝之心，則是舉之有益於名教也誠大矣。使來請記。

嗚呼，公之忠，天下之達忠也，結椎異類，猶知敬慕㊀，而况其鄉之人乎？逆旅經行，猶存尸祝，而况其鄉之士乎？凡有職守，皆知尊尚，而况其土之

㊀ 黔南本此行上有眉批：「一語抵人千百。」

官乎？然而鄉人之慕之也三，有司之崇尚之也三㊀。公之没，今且三百年矣，吉士之以氣節行義，後先炳耀，謂非聞公之風而興不可也。

然忠義之降，激而爲氣節；氣節之弊，流而爲客氣。其上焉者，無所爲而爲，固公所謂成仁取義者矣。其次有所爲矣，然猶其氣之近於正者也。迨其弊也，遂有憑其憤戾粗鄙之氣，以行其冒嫉褊驁之私。士流於矯拂，民入於健訟。人欲熾而天理滅，而猶自視以爲氣節，若是者容有之乎？則於公之道，非所謂操戈入室者歟？吾欲備而論之，以勖夫兹鄉之後進，使之去其偏以歸於全，克其私以反於正，不媿於公而已矣。

今巡撫暨諸有司之表勵崇飾，固將以行其好德之心，振揚風教。詩所謂「民之秉彝，好是懿德」者也。人亦孰無是心？苟能充之，公之忠義在我矣，而又何羨乎？然而時之表勵崇飾，有好其實而崇之者，有慕其名而崇之者，有假其迹而崇之者。忠義有諸己，思以喻諸人，因而表其祠宇，樹之風聲，是好其實者也。知其美而未能誠諸身，姑以修其祠宇，彰其事迹，是慕其名者

㊀「三」，全書作「文」，非。

也。飾之祠宇，而壞之於其身，矯之文具，而敗之於其行，奸以掩其外，而襲以阱其中，是假其迹者也。若是者容有之乎？則於公之道，非所謂毀瓦畫墁者歟？吾固㊀備而論之，以勖夫後之官兹土者，使無徒慕其名而務求其實，毋徒修公之祠而務修公之行，不媿於公而已矣。

某嘗令兹邑，睹公祠之圮陋而未能恢，既有媿於諸有司；慨其風聲氣習之或弊，而未能講去其偏，復有媿於諸人士。樂兹舉之有成也，推其媿心之言而爲之記。

他人作此，必重贊文山。不知先生精忠大節，已昭然於宇宙，極文人之鋪張揚厲亦是贅詞。先生獨從修祠者立論，足以維世醒俗，便成有關係文字。

從吾道人記 乙酉

海寧董蘿石者，年六十有八矣。以能詩聞江湖間。與其鄉之業詩者十數輩爲詩社，旦夕操紙吟鳴，相與求句字之工。至廢寢食，遺生業。時俗共

㊀「固」，全書作「故」。

非笑之，不顧，以爲是天下之至樂矣。

嘉靖甲申春，蘿石來遊會稽，聞陽明子方與其徒講學山中，以杖肩其瓢笠詩卷來訪。入門，長揖上坐。陽明子異其氣貌，且年老矣，禮敬之。又詢知其爲董蘿石也，與之語連日夜。蘿石辭彌謙，禮彌下，不覺其席之彌側也。退謂陽明子之徒何生秦曰：「吾見世之儒者，支離瑣屑，修飾邊幅，爲偶人之狀。其下者，貪饕争奪於富貴利欲之場，而嘗不屑其所爲，以爲世豈真有所謂聖賢之學乎，直假道於是以求濟其私耳。故遂篤志於詩，而放浪於山水。今吾聞夫子『良知』之説，而忽若大寐之得醒，然後知吾向之所爲日夜弊精勞力者，其與世之營營利禄之徒，特清濁之分，而其間不能以寸也。幸哉！吾非至於夫子之門，則幾於虚此生矣。吾將北面夫子而終身焉，得無既老而有所不可乎？」

秦起拜賀曰：「先生之年則老矣，先生之志何壯哉！」入以請於陽明子。

陽明子喟然嘆曰：「有是哉！吾未或見此翁也。雖然，齒長於我矣，師友一也，苟吾言之見信，奚必北面而後爲禮乎？」

蘿石聞之，曰：「夫子殆以予誠之未積歟？」辭歸兩月，棄其瓢笠，持一縑而來。謂秦曰：「此吾老妻之所織也，吾之誠積若兹縷矣，夫子其許我乎？」秦入以請。

陽明子曰：「有是哉！吾未或見此翁也。今之後生晚進，苟知執筆爲文辭，稍記習訓詁，則已侈然自大，不復知有從師學問之事。見有或從師問學者，則鬨然共非笑指斥若恠物。翁以能詩訓後進，從之遊者遍於江湖，蓋居然先輩矣。一旦聞予言，而棄去其數十年之成業如敝屣，遂求北面而屈禮焉，豈獨今之時而未見若人，將古之記傳所載，亦未多數也。

正恐後未必能有此勇決。

夫君子之學，求以變化其氣質焉爾。氣質之難變者，以客氣之爲患，而不能以屈下於人，遂至自是自欺，飾非長敖，卒歸於兇頑鄙倍。故凡世之爲子而不能孝，爲弟而不能敬，爲臣而不能忠者，其始皆起於不能屈下，而客氣之爲患耳。苟惟理是從，而不難於屈下，則客氣消而天理行，非天下之大勇，不足以與於此。則如蘿石，固吾之師也，而吾豈足以師蘿石乎？」

消磨客氣，真是入聖根基。

蘿石曰：「甚哉，夫子之拒我也，吾不能以俟請矣。」入而强納拜焉。陽明子固辭不獲，則許之以師友之間。與之探禹穴，登爐峰，陟秦望，尋蘭亭之遺迹，徜徉於雲門、若耶、鑑湖、剡曲。蘿石日有所聞，益充然有得，欣然樂而忘歸也。其鄉黨之子弟親友，與其平日之爲社者，或笑而非，或爲詩而招之返，且曰：「翁老矣，何乃自苦若是耶？」

蘿石笑曰：「吾方幸逃於苦海，方知憫若之自苦也，顧以吾爲苦邪？吾方揚鬐於渤澥，而振羽於雲霄之上，安能復投網罟而入樊籠乎？去矣，吾將從吾之所好。」遂自號曰「從吾道人」。

真快哉！真快哉！

陽明子聞之，嘆曰：「卓哉蘿石，血氣既衰，戒之在得矣。孰能挺持奮發，而復若少年英鋭者之爲乎？真可謂之能從吾所好矣。世之人從其名之好也，而競以相高；從其利之好也，而貪以相取；從其心意耳目之好也，而詐以相欺。亦皆自以爲從吾所好矣，而豈知吾之所謂真吾者乎？夫吾之所謂真吾者，良知之謂也。父而慈焉，子而孝焉，吾良知所好也。不慈不孝焉，斯惡之矣。言而忠信焉，行而篤敬焉，吾良知之好也。不忠信焉，不篤敬焉，斯惡之矣。故夫名利物欲之好，私吾之好也，天下之所惡也。良知之好，真吾之好也，天下之所同好也。是故從私吾之好，則天下之人皆惡之矣。將心勞日拙，而憂苦終身，是之謂物之役。從真吾之好，則天下之人皆好之矣，將家國天下無所處而不當，富貴、貧賤、患難、夷狄，無入而不自得。斯之謂能從吾之所好也矣。夫子嘗曰「吾十有五而志於學」，是從吾之始也；「七十而從心所欲不踰矩」，則從吾而化矣。蘿石踰耳順，而始知從吾之學，毋自以爲既晚也。克蘿石之勇，其進於化也何有哉！嗚呼，世之營營於物欲者，聞蘿石之風，亦可以知所適從也乎？

蘿石信是異人，棄其夙業，而志於聖賢之道，稍有芥蒂，即不能。先生以「大勇」許之也宜哉！

親民堂記　乙酉

南子元善之治越也，過陽明子而問政焉。陽明子曰：「政在親民。」

曰：「親民何以乎？」

曰：「在明明德。」

曰：「明明德何以乎？」

曰：「在親民。」

曰：「明德、親民一乎？」

曰：「一也。明德者，天命之性，靈昭不寐，而萬理之所從出也。人之於其父也，而莫不知孝焉；於其兄也，而莫不知弟焉；於凡事物之感，莫不有自然之明焉。是其靈昭之在人心，亘萬古而無不同，無或昧者也。是故謂之明德。其或蔽焉，物欲也。明之者，去其物欲之蔽，以全其本體之明焉耳。非能有以增益之也。」

曰：「何以在親民乎？」

曰：「德不可以徒明也。人之欲明其孝之德也，則必親於其父，而後孝之德明矣。欲明其弟之德也，則必親於其兄，而後弟之德明矣。君臣也，夫婦也，朋友也，皆然也。故明明德必在於親民，而親民乃所以明其明德也。故曰一也。」

曰：「親民以明其明德，修身焉可矣，而何家國天下之有乎？」

曰：「人者，天地之心也。民者，對己之稱也。曰民焉，則三才之道舉矣。是故親吾之父以及人之父，而天下之父子莫不親矣。親吾之兄以及人之兄，而天下之兄弟莫不親矣。君臣也，夫婦也，朋友也，推而至於鳥獸草木也，而皆有以親之，無非求盡吾心焉，以自明其明德也。是之謂明明德於天下，是之謂家齊國治而天下平。」

曰：「然則烏在其爲止至善者乎？」

「昔之人固有欲明其明德矣，然或失之虛罔空寂，而無有乎家國天下之施者，是不知明明德之在於親民，而二氏之流是矣。固有欲親其民者矣，然或失之知謀權術，而無有乎仁愛惻怛之誠者，是不知親民之所以明其明德，而五伯功利之徒是矣。是皆不知止於至善之過也。是故至善也者，明德親民之極則也。天命之性，粹然至善，其靈昭不昧者，皆其至善之發見，是乃㊀明德之本體，而所謂良知者也。至善之發見，是而是焉，非而非焉，固吾心天然自有之則，而不容有所擬議加損於其間也。有所擬議加損於其間，則是私意小智，而非至善之謂矣。人惟不知至善之在吾心，而用其私智以求之於外，是以昧其是非之則，至於橫騖決裂，人欲肆而天理亡，明德親民之學大亂於天下。故止至善之於明德親民也，猶之規矩之於方圓也，尺度之於長短也，權衡之於輕重也。方圓而不止於規矩，爽其度矣；長短而不止於尺度，乖

㊀「乃」，全書作「皆」。

其制矣；輕重而不止於權衡，失其準矣；明德親民而不止於至善，亡其則矣。夫是之謂大人之學。大人者，以天地萬物爲一體也，夫然後能以天地萬物爲一體。」

元善喟然而嘆曰：「甚哉，大人之學，若是其易簡也。吾乃今知天地萬物之一體矣，吾乃今知天下之爲一家，中國之爲一人矣。一夫不被其澤，若己推而内諸溝中，伊尹其先得我心之同然乎？」於是名其莅政之堂曰「親民」，而曰：「吾以親民爲職者也。吾務親吾之民，以求明吾之明德也夫！」爰書其言于壁而爲之記。

先生大學古本之從，其大意已具此篇中矣。

稽山書院尊經閣記　乙酉

經，常道也。其在於天謂之命，其賦於人謂之性，其主於身謂之心。心也，性也，命也，一也。通人物，達四海，塞天地，亘古今，無有乎弗具，無有乎弗同，無有乎或變者也，是常道也。其應乎感也，則爲惻隱，爲羞惡，爲辭讓，爲是非。其見於事也，則爲父子之親，爲君臣之義，爲夫婦之别，爲長幼之序，爲朋友之信。是惻隱也，羞惡也，辭讓也，是非也。是親也，義也，序也，別也，信也，一也。皆所謂心也，性也，命也。通人物，達四海，塞天地，亘古今，無有乎弗具，無有乎弗同，無有乎或變者也，是常道也。

是常道也，以言其陰陽消息之行焉，則謂之易；以言其紀綱政事之施焉，則謂之書；以言其歌咏性情之發焉，則謂之詩；以言其條理節文之著焉，則謂之禮；以言其欣喜和平之生焉，則謂之樂；以言其誠僞邪正之辯焉，則謂之春秋。是陰陽消息之行也，以至於誠僞邪正之辯也，一也。皆所謂心也，性也，命也。通人物，達四海，塞天地，亘古今，無有乎弗具，無有乎弗同，無有乎或變者也，夫是之謂六經。六經者非他，吾心之常道也。

故易也者，志吾心之陰陽消息者也；書也者，志吾心之紀綱政事者也；詩也者，志吾心之歌詠性情者也；禮也者，志吾心之條理節文者也；樂也者，志吾心之欣喜和平者也；春秋也者，志吾心之誠僞邪正者也。

君子之於六經也，求之吾心之陰陽消息而時行焉，所以尊易也；求之吾心之紀綱政事而時施焉，所以尊書也；求之吾心之歌詠性情而時發焉，所以尊詩也；求之吾心之條理節文而時著焉，所以尊禮也；求之吾心之欣喜和平

人惟一心，心盡而五經之理自該，若一一配擬，以心之某項尊某經，便是人有六樣心也。惟經有六，不得不分項疏明以

示人。其實千變萬化，只是一心。故君子之學問，總是尊德性。

深得聖人作經之旨。

快論！

而時生焉，所以尊樂也；求之吾心之誠僞邪正而時辯焉，所以尊春秋也。

蓋昔者聖人之扶人極，憂後世，而述六經也，猶之富家者之父祖，慮其產業庫藏之積，其子孫者或至於遺忘散失，卒困窮而無以自全也，而記籍其家之所有以貽之，使之世守其產業庫藏之積而享用焉，以免於困窮之患。故六經者，吾心之記籍也。而六經之實，則具於吾心。猶之產業庫藏之實積，種種色色，具存於其家。其記籍者，特名狀數目而已。而世之學者不知求六經之實於吾心，而徒考索於影響之間，牽制於文義之末，硜硜然以爲是六經矣。是猶富家之子孫，不務守視享用其產業庫藏之實積，日遺亡散失，至爲窶人丐夫，而猶囂囂然指其記籍曰：「斯吾產業庫藏之積也。」何以異於是？

嗚呼，六經之學，其不明於世，非一朝一夕之故矣。尚功利，崇邪說，是謂亂經。習訓詁，傳記誦，没溺於淺聞小見，以塗天下之耳目，是謂侮經。侈淫辭，競詭辯，飾奸心盜行，逐世壟斷，而猶自以爲通經，是謂賊經。若是者，是并其所謂記籍者而割裂棄毁之矣，寧復知所以爲尊經也乎？

越城舊有稽山書院，在卧龍西岡，荒廢久矣。郡守渭南南君大吉，既敷政於民，則慨然悼末學之支離，將進之以聖賢之道，於是使山陰令吴君瀛，拓書院而一新之，又爲尊經之閣於其後。曰：「經正則庶民興，庶民興，斯無邪慝矣。」閣成，請予一言，以諗多士。予既不獲辭，則爲記之若是。嗚呼，世之學者得吾說而求諸其心焉，其亦庶乎知所以爲尊經也矣。

六經之道本於一心，闡發玲瓏透徹，足以振聾起聵。

六經爲人心之常道，爲尊經者指引寶藏也。然尊之道，舍不得學問、思辨、篤行，若只閉目冥心，曰吾以尊經也，將并記籍庫藏俱失之矣。故舍學問不得言尊德性。

重修山陰縣學記　乙酉

山陰之學，歲久彌敝。教諭汪君瀚輩以謀於縣尹顧君鐸而一新之，請所以詔士之言於予。時予方在疚，辭未有以告也。已而顧君入爲秋官郎，洛陽吴君瀛來代，復增其所未備，而申前之請。昔予官留都，因京兆之請，記其學而嘗有說矣。其大意以爲朝廷之所以養士者，不專於舉業，而實望之以聖賢之學。今殿廡堂舍，拓而輯之，餼廩條教，具而察之者，是有司之修學也。求天下之廣居安宅者而修諸其身焉，此爲師、爲弟子者之修學也。其時聞者皆惕然有省。然於凡所以爲學之説，則猶未之及詳，今請爲吾越之士一言之。

夫聖人之學，心學也，學以求盡其心而已。堯、舜、禹之相授受，曰：「人心惟危，道心惟微，惟精惟一，允執厥中。」道心者，率性之謂，而未雜於人，無聲無臭，至微而顯，誠之源也。人心則雜於人而危矣，僞之端矣。見孺子之入井而惻隱，率性之道也。從而内交於其父母焉，要譽於鄉黨焉，則人心矣。饑而食，渴而飲，率性之道也。從而極滋味之美焉，恣口腹之饕焉，則人心矣。惟一者，一於道心也。惟精者，慮道心之不一，而或二之以人心也。道無不中，一於道心而不息，是謂「允執厥中」矣。一於道心，則存之無不中，而發之無不和。是故率是道心，而發之於父子也無不親，發之於君臣也無不義，發之於夫婦、長幼、朋友也，無不別，無不序，無不信，是謂中節之和，天下之達道也。放四海而皆準，亘古今而不窮。天下之人同此心，同此性，同此達道也。舜使契爲司徒，而教以人倫，教之以此達道也。當是之時，人皆君子，而比屋可封。蓋教者惟以是爲教，而學者惟以是爲學也。

聖人既没，心學晦而人僞行。功利、訓詁、記誦、辭章之徒，紛沓而起，支離決裂，歲盛月新，相沿相襲，各是其非，人心日熾，而不復知有道心之微。

間有覺其紕繆而畧知反本求源者，則又閧然指爲禪學而羣訾之。嗚呼，心學何繇而復明乎？

夫禪之學與聖人之學，皆求盡其心也，亦相去毫釐耳。聖人之求盡其心也，以天地萬物爲一體也。吾之父子親矣，而天下有未親者焉，吾心未盡也。吾之君臣義矣，而天下有未義者焉，吾心未盡也。吾之夫婦別矣，長幼序矣，朋友信矣，而天下有未別、未序、未信者焉，吾心未盡也。吾之一家飽暖逸樂矣，而天下有未飽暖逸樂者焉，其能以親乎？義乎？別、序、信乎？吾心未盡也。故於是有紀綱政事之設焉，有禮樂教化之施焉。凡以裁成輔相，成己成物，而求盡吾心焉耳。心盡而家以齊，國以治，天下以平。故聖人之學，不出乎盡心。

禪之學，非不以心爲説，然其意以爲是達道也者，固吾之心也，吾惟不昧吾心於其中，則亦已矣，而亦豈必屑屑於其外？其外有未當也，則亦豈必屑屑於其中？斯亦其所謂盡心者矣，而不知已陷於自私自利之偏。是以外人倫，遺事物，以之獨善或能之，而要之不可以治家國天下。蓋聖人之學，無人己，無内外，一天地萬物以爲心。而禪之學，起於自私自利，而未免於内外之分，斯其所㊀以爲異也。

今之爲心性之學者，而果外人倫，遺事物，則誠所謂禪矣。使其未嘗外人倫，遺事物，而專以存心養性爲事，則固聖門精一之學也，而可謂之禪乎哉？世之學者，承沿其舉業詞章之習，以荒穢戕伐其心，既與聖人盡心之學相背而馳，日騖日遠，莫知其所抵極矣。有以心性之説而招之來歸者，則顧駭以爲禪，而反仇讎視之，不亦大可哀乎？夫不自知其爲非，而以非人者，是舊習之爲蔽，而未可遽以爲罪也。有知其非者矣，藐然視人之非，而不以告人者，自私者也。既告之矣，既知之矣，而猶冥然不以自反者，自棄者也。吾越多豪傑之士，其特然無所待而興者爲不少矣，而亦容有蔽於舊習者乎？故吾因諸君之請，而特爲一言之。嗚呼，吾豈特爲吾越之士一言之而已乎？

先生此記諄諄於聖、禪之異，蓋當時有以是詆先生之學者，故極力剖明，亦孟氏好辯之意也。

㊀「所」字據全書補。

平山書院記㊀　癸亥

平山在鄞陵之北三里，今杭郡守楊君温甫蚤歲嘗讀書其下。鄞人之舉進士者，自温甫之父僉憲公始，而温甫承之。温甫既貴，建以爲書院，曰：「使吾鄉之秀與吾楊氏之子弟誦讀其間，翹翹焉相繼而興，以無亡吾先君之澤。」於是其鄉多文士，而温甫之子晉復學成，有器識，將紹温甫而起，蓋書院爲有力焉。

温甫始爲秋官郎，予時實爲僚佐，相懷甚得也。温甫時時爲予言：「平山之勝，聳秀奇特，比於峨嵋，望之嚴厲壁削若無所容，而其上乃寬衍平博，有老氏宫焉，殿閣魁傑偉麗，聞於天下。俯覽大江，煙雲杳靄。暇輒從朋儕往遊其間，鳴湍絶壑，拂雲千仞之木，陰翳虧蔽。書院當其麓，其高可以眺，其邃可以隱，其芳可以采，其清可以濯，其幽可以棲。吾因而望之以『含遠』之樓，蟄之以『寒香』之塢，揭之以『秋芳』之亭，澄之以『洗月』之池，息之以『棲

寫㊁景何減河東先生。

㊀「記」字據原目補。　㊁「寫」，原文無法辨清，疑是此字。

雲』之窩。四時交變，風雪晦暝之朝，花月澄芬之夕，光景超忽，千態萬狀。而吾誦讀於其間，蓋冥然與世相忘，若將終身焉而不知其他也。今吾汩没於簿書案牘，思平山之勝，而庶幾夢寐焉，何可得耶？」

既而某以病告歸陽明，温甫尋亦出守杭郡。錢塘波濤之洶恠，西湖山水之秀麗，天下之言名勝者無過焉。噫，温甫之居是地，當無憾於平山耳矣。今年與温甫相見於杭，而亹亹於平山者猶昔也。噫，亦異矣。豈其沉溺於兹山，果有不能忘情也哉。温甫好學不倦，其爲文章，追古人而竝之。方其讀書於平山也，優悠自得，固將發爲事業，以顯於世，及其施諸政事，沛然有餘矣。則又益思致力於問學，而其問又自有不暇者，則其眷戀於兹山也有以哉！温甫既已成已，則不能忘於成物，而建爲書院，以倡其鄉人。處行義之時，則不能忘其隱居之地，而拳拳於求其志者無窮已也。古人有言：成己，仁也；成物，知也。温甫其仁且知者歟。又曰：「隱居以求其志，行義以達其道。吾聞其語矣，未見其人也。」温甫殆其人也，非歟？

温甫屬予記，予未嘗一至平山，而平山巖巖之氣象，斬然壁立而不可犯者，固可想而知其不異於温甫之爲人也，以温甫之語予者記之。

先生隨人之所志而即勉之爲學，將遊覽登眺無非學問之地。

何陋軒記 戊辰

昔孔子欲居九夷，人以爲陋。孔子曰：「君子居之，何陋之有？」守仁以罪謫龍場。龍場古夷蔡之外，於今爲要綏，而習類尚因其故。人皆以予自上國往，將陋其地，弗能居也。而予處之旬月，安而樂之，求其所謂甚陋者而莫得。獨其結題鳥言，山棲羝服，無軒裳宮室之觀，文儀揖讓之縟，然此猶淳龐質素之遺焉。蓋古之時法制未備，則有然矣，不得以爲陋也。夫愛憎面背，亂白黝丹㊀，浚奸窮黠，外良而中螫，諸夏蓋不免焉。若是而彬郁其容，宋甫魯掖，折旋矩矱，將無爲陋乎？夷之人乃不能此，其好言惡詈，直情率遂則有矣。世徒以其言辭物采之眇而陋之，吾不謂然也。

始予至，無室以止，居於叢棘之間，則鬱也。遷於東峰，就石穴而居之，又陰以濕。龍場之民，老稚日來視予，喜不予陋，益予比。予嘗圃於叢棘之

㊀「丹」字原無，據全書補。

右，民謂予之樂之也，相與伐木閣之材，就其地爲軒以居予。予因而翳之以檜竹，蒔之以卉藥，列堂階，辯室奧，琴編圖史，講誦遊適之道略具。學士之來遊者，亦稍稍而集。於是人之及吾軒者，若觀於通都焉，而予亦忘予之居夷也，因名之曰「何陋」，以信孔子之言。

嗟夫，諸夏之盛，其典章禮樂，歷聖修而傳之，夷不能有也，則謂之陋固宜。於後蔑道德而專法令，搜抉鉤縶之術窮，而狡匿譎詐無所不至，渾朴盡矣。夷之民方若未琢之璞，未繩之木，雖粗礪頑梗，而椎斧尚有施也，安可以陋之？斯孔子所爲欲居也歟？雖然，典章文物，則亦胡可以無講。今夷之俗，崇巫而事鬼，瀆禮而任情，不中不節，卒未免於陋之名，則亦不講於是耳。然此無損於其質也，誠有君子而居焉，其化之也蓋易，而予非其人也，記之以俟來者。

此轉尤是一篇文字歸結得力處。

至今日而夷亦詐矣，無典章文物之觀，有猜携凌迫之暴，倘亦先生所稱化之者無其人乎？不能不歸咎夫居夷者。

君子亭記　戊辰

陽明子既爲何陋軒，復因軒之前榮，架楹爲亭，環植以竹，而名之曰「君子」。曰：「竹有君子之道四焉：中虛而静，通而有間，有君子之德。外節而直，貫四時而柯葉無所改，有君子之操。應蟄而出，遇伏而隱，雨雪晦明，無所不宜，有君子之時。清風時至，玉聲珊然，中采齊而協肆夏，揖遜俯仰，若洙、泗羣賢之交集。風止籟静，挺然特立，不撓不屈，若虞廷羣后，端冕正笏而列於堂陛之側，有君子之容。竹有是四者，而以『君子』名，不愧於其名。吾亭有竹焉，而因以竹名，名不愧於吾亭。」

門人曰：「夫子蓋自道也。吾見夫子之居是亭也，持敬以直内，静虛而若愚，非君子之德乎？遇屯而不懾，處困而能亨，非君子之操乎？昔也行於朝，今也行於夷，順應物而能當，雖守方而弗拘，非君子之時乎？其交翼翼，其處雍雍，意適而匪懈，氣和而能恭，非君子之容乎？夫子蓋嫌㊀於自名也，

㊀「嫌」，全書作「謙」。

而假之竹。雖然，亦有所不容隱也。夫子之名其軒曰『何陋』，則固以自居矣。」

陽明子曰：「嘻，小子之言過矣，而又弗及。夫是四者，何有於我哉？抑學而未能，則可云爾耳。昔者夫子不云乎，『汝爲君子儒，無爲小人儒』。吾之名亭也，則以竹也。人而嫌以君子自名也，將爲小人之歸矣，而可乎？小子識之。」

此篇結意與何陋軒結意俱以聖人自任，乃文字占地步處。

遠俗亭記　戊辰

憲副毛公應奎名其退食之所曰「遠俗」，陽明子爲之記曰：「俗習與古道爲消長，塵囂溷濁之既遠，則必高明清曠之是宅矣，此『遠俗』之所繇名也。然公以提學爲職，又兼理夫獄訟軍賦，則彼舉業辭章，俗儒之學也；簿書期會，俗吏之務也。二者公皆不免焉。舍所事而曰吾以遠俗，俗未遠而曠官之責近矣。君子之行也，不遠於微近纖曲而盛德存焉，廣業著焉。是故誦其詩，讀其書，求古聖賢之心，以蓄其德而達諸用，則不遠於舉業詞章，而可以得古人之學，是遠俗也已。公以處之，明以決之，寬以居之，恕以行之，則不遠於簿書

有意遠俗便非。

期會，而可以得古人之政，是遠俗也已。苟其心之凡鄙猥瑣，而徒閒散疏放之是托，以爲遠俗，其如遠俗何哉！昔人有言：事之無害於義者，從俗可也。君子豈輕於絶俗哉。然必曰無害於義，則其從之也爲不苟矣。是故苟同於俗以爲通者，固非君子之行；必遠於俗以求異者，尤非君子之心。」

聖賢無離世絶羣之事，而世卒不可及，是之謂「遠俗」。否則，非逃虚則僻傲耳。

象祠記 戊辰

靈博之山有象祠焉，其下諸苗夷之居者，咸神而事之。宣慰安君因諸苗夷之請，新其祠屋，而請記於予。

予曰：「毁之乎？其新之也？」

曰：「新之。」

「新之也，何居乎？」

曰：「斯祠之肇也，蓋莫知其原。然吾諸蠻夷之居是者，自吾父吾祖，遡曾、高而上，皆尊奉而禋祀焉，舉之而不敢廢也。」

予曰：「胡然乎？有鼻之祠，唐之人蓋嘗毁之。象之道，以爲子則不孝，以爲弟則傲，斥於唐而猶存於今，毀於有鼻而猶盛於茲土也。胡然乎？我知之矣。君子之愛若人也，推及於其屋之烏，而况於聖人之弟乎哉？然則祀者爲舜，非爲象也。意象之死，其在干羽既格之後乎？不然，古之驁桀者豈少哉，而象之祠獨延於世。吾於是益有以見舜德之至，入人之深，而流澤之遠且久也。象之不仁，蓋其始焉爾，又烏知其終之不見化於舜也？書不云乎：『克諧以孝烝烝，又不格姦。』瞽瞍亦允若，則已化而爲慈父。象猶不弟，不可以爲諧，進治於善，則不至於惡；不抵於姦，則必入於善，信乎？象蓋已化於舜矣。孟子曰：『天子使吏治其國，象不得以有爲也。』斯蓋舜愛象之深而慮之詳，所以扶持輔導之者之周也。不然，周公之聖而管蔡不免焉。斯可以見象之既化於舜，故能任賢使能而安於其位，澤加於其民，既死而人懷之也。諸侯之卿命於天子。蓋周官之制，其殆倣於舜之封象歟？吾於是益有以信人性之善，天下無不可化之人也。然則唐人之毀之也，據象之始也；今之諸夷之奉之也，承象之終也。斯義也，吾將以表於世，使知人之不善，雖若象焉，猶可以改。而君子之修德，及其至也，雖若象之不仁，而猶可以化之也。」

如是，則象信可祀。

不獨可以爲象出脱，亦可以教天下。

此篇凡論舜象處，皆古今未發之議，而一篇立意之高，意在惡人亦可化而善，善人又要做到能化惡人地位，纔是駐處。是關繫世教文字。

卧馬塚記　戊辰

叙事雅。

卧馬塚，在宣府城西北十餘里。有山隆然，來自滄茫，若湧，若滀，若奔，若伏。布爲層裀，擁爲覆釜，漫衍陂迤，環抱涵迴，中凝外完，内缺門若。合流泓洄，高岸屏塞，限以重河，敷爲廣野，桑乾燕尾，遠泛近挹。今都憲懷來王公實葬厥考大卿於是。

事亦奇，略與滕公事同。

方公之卜兆也，禱於大卿，然後出從事，屢如未廸，末廼來兹。顧瞻徘徊，心契神得，將歸而加諸卜。爰視公馬，眷然跽卧，嚏嗅盤旋，繾綣嘶秣，若故以啟公之意者。公曰：「嗚呼，其弗歸卜，先公則既命於此矣。」就其地窆焉。厥土五色，厥石四周，融潤煦淑，面勢還㊀拱。既葬，弗震弗崩，安靖妥謐。植樹蓊蔚，庶草芬茂，禽鳥哺集，風氣凝毓，産祥萃休，祉福駢降。鄉人謂公孝感所致，相與名其封曰「卧馬」，以志厥祥，從而歌之。

㊀「還」，全書作「環」。

士大夫之聞者又從而和之。

正德戊辰，守仁謫貴陽，見公於巡撫臺下。出，聞是於公之鄉人。客有在坐者曰：「公其休服於無疆哉，昔在士行，牛眠協兆，峻陟三公，公兹實類於是。」守仁曰：「此非公意也。公其慎厥終，惟安親是圖，以庶幾無憾焉耳已。豈以徼福於躬，利其嗣人也哉？雖然，仁人孝子，則天無弗比，無弗佑，匪自外得也。親安而誠信竭，心斯安矣。心安則氣和，和氣致祥，其多受祉福，以流衍於無盡，固理也哉。」

仁人孝子之存心應如是。

他日，見於公，以鄉人之言問焉。公曰：「信。」以守仁之言正焉。公曰：「嗚呼，是吾之心也。子知之，其遂志之，以訓於我子孫，毋替我先公之德。」

賓陽堂記 戊辰㊀

傳之堂東向曰賓陽，取堯典「寅賓出日」之義，志向也。賓日，羲之職，而

㊀ 底本目録有賓陽堂記，而正文則爲答友人書，且不完全。黔南本目録與正文均爲賓陽堂記，當是，今據黔南本補入。

此真三百篇遺響，賓至誦此而不醒動者非人也。

讀之如登太華之巔，劃然長嘯。

傳冒焉。傳職賓賓，羲以賓賓之寅而賓日，傳以賓日之寅而賓賓也。不曰日乃陽之屬，爲日，爲元，爲善，爲吉，爲亨治。其於人也爲君子，其義廣矣，備矣。内君子而外小人爲泰，曰賓，自外而内之，傳將以賓君子而内之也，傳以賓日賓君子而容有小人焉，則如之何？曰：吾知以君子而賓之耳，吾以君子而賓之也，賓其甘爲小人乎哉？爲賓日之歌，日出而歌之，賓至而歌之。歌曰：

日出東方，再拜稽首，人曰予狂，匪日之寅，吾其怠荒。

東方日出，稽首再拜，人曰予憊，匪日之愛，吾其荒怠。

其翳其曀，其日惟霽，其昫其霧，其日惟雨。

勿忭其昫，倏焉以霧。勿謂終翳，或時其曀。

曀其光矣，其光熙熙。與爾偕作，與爾偕宜。

倏其霧矣，或時以熙。我時以熙，孰知我悲。

重修月潭寺建公館記　戊辰

隆興之南有巖曰月潭，壁立千仞，簷垂數百尺。其上澒洞玲瓏，浮者若雲霞，亘者若虹霓，豁若樓殿門闕，懸若鼓鐘編磬。幨幢纓絡，若摶風之鵬，翻隼翔鵠，螭虺之糾蟠，猱猊之駭攫。譎奇變幻，不可具狀。而其下澄潭邃谷，不測之洞，環秘回伏。喬林秀木，垂蔭蔽虧。鳴瀑清溪，停洄引映。

天下之山，萃於雲、貴。連亘萬里，際天無極。行旅之往來，日攀緣下上於窮崖絶壑之間。雖雅有泉石之癖者，一入雲、貴之途，莫不困踣煩厭，非復夙好。而惟至於兹巖之下，則又皆灑然開豁，心洗目醒。雖庸儔俗侶，素不知有山水之遊者，亦皆徘徊顧盼，相與延戀而不忍去。則兹巖之勝，蓋不言可知矣。

巖界興隆、偏橋之間，各數十里。行者至是，皆憊頓饑悴，宜有休息之所。而巖麓故有寺，附巖之戍卒官吏，與凡苗夷犵狫之種，連屬而居者，歲時令節皆於是焉釐祝。寺漸蕪廢，行禮無所。

憲副滇南朱君文瑞按部至是，樂兹巖之勝，憫行旅之艱，而從士民之請也。乃捐資化材，新其寺於巖之右，以爲釐祝之所。曰：「吾聞爲民者，順其心而趨之善。今苗夷之人，知有尊君親上之禮，而憾於弗伸也。吾從而利道之，不亦可乎？」

則又因寺之故材與址，架樓三楹，以爲部使者休食之館。曰：「吾聞爲政者，因勢之所便而成之，故事適而民逸。今旅無所舍，而使者之出，師行百

便有關係。

寄慨無窮。

里，饑不得食，勞不得息。吾圖其可久而兩利之，不亦可乎？」使游僧正觀任其勞，指揮狄遠度其工，千户某某相其役。遠近之施捨勤助者，欣然而集，不兩月而工告畢。自是饑者有所炊，勞者有所休，遊觀者有所舍，鼇祝者有所瞻依，以爲竭虔效誠之地。而兹巖之奇，若增而益勝也。

正觀將記其事於石，適予過而請焉。

予惟君子之政，不必專於法，要在宜於人。君子之教，不必泥於古，要在入於善。是舉也，蓋得之矣。况當法網嚴密之時，衆方喘息憂危，動虞牽觸，而乃能從容於山水泉石之好，行其心之所不愧者，而無求免於俗焉。斯其非見外之輕而中有定者，能若是乎？是誠不可以不志也矣。

寺始於戍卒周齋公，成於遊僧德彬，增治於指揮劉瑄、常智、李勝及其屬王威、韓儉之徒，至是凡三緝。而公舘之建，則自今日始。

玩易窩記 戊辰

陽明子之居夷也，穴山麓之窩而讀易其間。始其未得也，仰而思焉，俯而疑焉，函六合，入無微，茫乎其無所指，孑乎其若株。其或得之也，沛兮其若決，瞭兮其若徹，菹淤出焉，精華入焉，若有相者，而莫知其所以然。其得而玩之也，優然其休焉，克然其喜焉，油然其春生焉。精粗一，外內翕，視險若夷，而不知其夷之爲厄也。於是陽明子撫几而嘆曰：「嗟乎，此古之君子所以甘囚奴，忘拘幽，而不知其老之將至也。夫吾知所以終吾身矣。」名其窩曰「玩易」，而爲之說。

曰：夫易，三才之道備焉。古之君子，居則觀其象而玩其辭，動則觀其變而玩其占。觀象玩辭，三才之體立矣；觀變玩占，三才之用行矣。體立，故存而神；用行，故動而化。神，故知周萬物而無方；化，故範圍天地而無迹。無方，則象辭基焉；無迹，則變占生焉。是故君子洗心而退藏於密，齋戒以神明其德也。蓋昔者夫子嘗韋編三絕焉。嗚呼，假我數十年以學易，其亦可以無大過已夫！

直以箕子、文王自處，蓋得之明夷。

東林書院記 癸酉

東林書院者，宋龜山楊先生講學之所也。龜山没，其地化爲僧區，而其學亦遂淪入于佛老、訓詁、詞章者且四百年。成化間，今少司徒泉齋邵先生，始以舉子復聚徒講誦於其間。先生既仕而址復荒，屬于邑之華氏。華氏，先生之門人也。以先生之故，仍讓其地爲書院，以昭先生之跡，而復龜山之舊。先生已㈠紀其廢興，則以記屬之某。

當是時，遼陽高君文豸方來令兹邑，聞其事，謂表明賢人君子之迹，以風勵士習，此吾有司之責，而顧以勤諸生，則何事？爰畢其所未備，而亦遣人來請。

嗚呼，物之廢興，亦決有成數矣，而亦存乎其人。夫龜山没，使有若先生者相繼講明其間，龜山之學，邑之人將必有傳，豈遂淪入于老佛詞章而莫之知？求當時從龜山遊，不無人矣。使有如華氏者相繼修葺之，縱其學未即明，其間必有因迹以求道者，則亦何至淪没廢置㈡之久？又使其時有司有若高君者，以風勵士習爲己任，書院將無因而圮，又何至化爲浮屠之居，而蕩爲草莽之野？是三者，皆宜書之以訓後。

若夫龜山之學，得之程氏，以上接孔、孟，下啓羅、李、晦菴，其統緒相承

㈠「已」，全書作「既已」。　㈡「廢置」，全書作「於四百年」。

繼無可疑，而世猶議其晚流於佛。此其趨向毫釐之不容於無辯，先生必嘗講之精矣。先生樂易謙虚，德器瑢然，不見其喜怒。人之悦而從之，若百谷之趨大川㊀。論者以爲有龜山之風，非有得於其學，宜勿能之。然而世之宗先生者，或以其文翰之工，或以其學術之邃，或以其政事之良。先生之心，其殆未以是足也。從先生遊者，其以予言而求先生之心，以先生之心而求龜山之學，庶乎書院之復不爲虚矣。

書院在錫百瀆之上，東望梅村二十里而遥，周太伯之所從逃也。方華氏之讓地爲院，鄉之人與其同門之士，争相趨事，若恥於後。太伯之遺風尚有存焉，特世無若先生者以倡之耳，是亦不可以無書。

東林遂爲今日禍府，而天下書院皆分受其殃，可以慨世。

點綴周太伯作結，構尤妙。

濬河記 乙酉

越人以舟楫爲輿馬，濱河而廛者，皆巨室也。日規月築，水道淤溢，蓄

㊀「百谷之趨大川」，全書作「百川之趨大海」。

洩既亡，旱澇頻仍。商旅日争於途，至有鬬而死者矣。南子乃決沮障，復舊防，去豪商之壅，削勢家之侵。失利之徒，胥怨交謗，從而謡之曰：「南守瞿瞿，實破我廬；瞿瞿南守，使我奔走。」人曰：「吾守其厲民歟，何其謗者之多也？」

陽明子曰：「遲之。吾未聞以佚道使民而或有怨之者也。」既而舟楫通利，行旅歡呼絡繹。是秋大旱，江河龜坼，越之人收穫輸載如常。明年大水，民居免於墊溺，遠近稱忭。又從而歌之曰：「相彼舟人矣，昔揭以曳矣，今歌以楫矣。旱之敵也，微南侯兮，吾其燋矣。霪其彌月矣，微南侯兮，吾其魚鼈矣。我輸我穫矣，我遊我息矣，長渠之活矣，維南侯之流澤矣。」

人曰：「信哉，陽明子之言，未聞以佚道使民而或有怨之者也。」紀其事于石，以詔來者。

今吾越俗習於奢，人習於僞，旱潦相仍，有措火卧薪之憂矣。任勞任謗，不能無望於今日之守土者矣。

白說字貞夫說　乙亥

白生說，常太保康敏公之孫，都憲敬齋公之長子也。敬齋賓予而冠之阼，既醮而請曰：「是兒也，嘗辱子之門，又辱臨其冠，敢請字而教諸？」曰：「字而教諸？說也，吾何以字而教諸？吾聞之，天下之道，說而已；天下之說，貞而已。乾道變化，於穆流行，無非說也，天何心焉？坤德闔闢，順成化生，無非說也，坤何心焉？仁理惻怛，感應和平，無非說也，人亦何心焉？故說也者，貞也。貞也者，理也。全乎理而無所容其心焉之謂貞，本於心而無所拂於理焉之謂說。故天得貞而說道以亨，地得貞而說道以成，人得貞而說道以生。貞乎，貞乎，三極之體，是謂無已。說乎，說乎，三極之用，是謂無動。無動，故順而化；無已，故誠而神。誠神，剛之極也。順化，柔之則也。故曰：剛中而柔外，說以利貞，是以順乎天而應乎人。說之時義大矣哉，非天下之至貞，其孰能與於斯乎？請字說曰貞夫。」

敬齋曰：「廣矣，子之言，固非吾兒所及也。請問其次？」曰：「道一而已，孰精粗焉，而以次爲？君子之德，不出乎性情，而其至塞乎天地。故説也者，情也；貞也者，性也。説以正，情之性也；貞以説，性之命也。性情之謂和，性命之謂中，致其性情之德，而三極之道備矣，而又何二乎？吾姑語其畧，而詳可推也。本其事而功可施也，目而色也，耳而聲也，口而味也，四肢而安逸也，説也，有貞焉；君子不敢以或過也，貞而已矣。仁而父子也，義而君臣也，禮而夫婦也，信而朋友也，説也，有貞焉；君子不敢以不致也，貞而已矣。故貞者，説之幹也；説者，貞之枝也。故貞以養心則心説，貞以齊家則家説，貞以治國平天下，則國天下説。説必貞，未有貞而不説者也。貞必説，未有説而不貞者也。説而不貞，小人之道，君子不謂之説也。不僞則欲，不佞則邪，奚其貞也哉？夫夫，君子之稱也。貞，君子之道也。字説曰貞夫，勉以君子而已矣。」

敬齋起拜曰：「子以君子之道訓吾兒，敢不拜嘉。」顧謂説曰：「再拜稽首，書諸紳，以蚤夜祇承夫子之命。」

天下之動貞夫一，此大易之訓也。知貞之説，則知三才之道矣。

梁仲用默齋説 辛未

仲用識高而氣豪，既舉進士，鋭然有志天下之務。一日責其志曰：「於呼，予乃太早，烏有己之弗治而能治人者。」於是專心爲己之學，深思其氣質之偏，而病其言之多㊀也，以「默」名菴。過予而請其方。予亦天下之多言人也，豈足以知默之道。然予嘗自驗之，氣浮則多言，志輕則多言。氣浮者耀於外，志輕者放其中。予請誦古之訓，而仲用自取之。

夫默有四僞：疑而不知問，蔽而不知辯，冥然以自罔，謂之默之愚。以不言餂人者謂之默之狡。慮人之覘其長短也，掩覆以爲默，謂之默之誣。深爲之情，厚爲之貌，淵毒阱狠，自託於默以售其奸者，謂之默之賊。夫是之謂四僞。

又有八誠焉。孔子曰：「君子耻其言而過其行。」古者言之不出，耻躬之不逮也。故誠知耻而後知默。又曰：「君子欲訥於言而敏於行。」夫誠敏於行

㊀「多」，全書作「易」，非是。

而後欲默矣。「仁者其言也訒」，非以爲默而默存焉。又曰「默而識之」，是故必有所識也。「終日不違如愚」者也，「默而成之」，是故必有所成也。「退而省其私，亦足以發」者也。故善默者莫如顔子。「闇然而日章」，默之積也。「不言而信」，而默之道成矣。「天何言哉，四時行焉，百㊀物生焉」，而默之道至矣。非聖人其孰能與於此哉？夫是之謂八誠。仲用盍亦知所以自取之。

讀此而後知默之不易，反身求誠之功，其容已哉！

約齋説

甲戌

滁陽劉生韶既學於陽明子，乃自悔其平日所嘗致力者，泛濫而無功，瑣雜而不得其要也。思得夫簡易可久之道而固守之，乃以「約齋」自號，求所以爲約之説於予。

予曰：「子欲其約，乃所以爲煩也。其惟循理乎？理一而已，人欲則有萬其殊，是故一則約，萬則煩矣。雖然，理亦萬殊也，何以求其一乎？理雖

㊀「百」，全書作「萬」，誤。

萬殊，而皆具於吾心，心固一也。吾惟求諸吾心而已。求諸心而皆出乎天理之公焉，斯其行之簡易，所以爲約也已。彼其膠於人欲之私，則利害相攻，毁譽相制，得失相形，榮辱相纏，是非相傾，顧瞻牽滯，紛紜舛戾，吾見其煩且難也。然而世之知約者鮮矣。孟子曰：『學問之道無他，求其放心而已。』其知所以爲約之道歟？吾子勉之。吾言則亦以煩。」

約不對博看，對欲看，發千古未發之旨。

見齋説　乙亥

辰陽劉觀時學於潘子，既有見矣，復學於陽明子。嘗自言曰：「吾名觀時，觀必有所見，而吾猶懵懵無睹也。」扁其居曰「見齋」以自勵。問於陽明子曰：「道有可見乎？」

曰：「有，有而未嘗有也。」

曰：「然則無可見乎？」

曰：「無，無而未嘗無也。」

曰：「然則何以爲見乎？」

曰：「見而未嘗見也。」

觀時曰：「弟子之惑滋甚矣。夫子則明言之以教我乎？」

陽明子曰：「道不可言也，强爲之言而益晦。道無可見也，妄爲之見而益遠。夫有而未嘗有，是真有也。無而未嘗無，是真無也。見而未嘗見，是真見也。子未觀於天乎？謂天爲無可見，則蒼蒼耳，昭昭耳，日月之代明，四時之錯行，未嘗無也。謂天爲可見，則即之而無所，指之而無定，執之而無得，未嘗有也。夫天，道也；道，天也。風可捉也，影可拾也，道可見也。」

曰：「然則吾終無所見乎？古之人則亦終無所見乎？」

曰：「神無方而道無體，仁者見之謂之仁，知者見之謂之知，是有方體者也，見之而未盡者也。顔子則如有所立卓爾，夫謂之『如』則非有也，謂之『有』則非無也，是故雖欲從之，末由也已。故夫顔氏之子爲庶幾也。文王望道而未之見，斯真見也已。」

曰：「然則吾何所用心乎？」

曰：「淪於無者，無所用其心者也，蕩而無歸。滯於有者，用其心於無用者也，勞而無功。夫有無之間，見與不見之妙，非可以言求也。而子顧切切焉，吾又從而强言其不可見，是以瞽導瞽也。夫言飲者，不可以爲醉，見食者不可以爲飽。子求其醉飽，則盍飲食之？子求其見也，其惟人之所不見乎？夫亦戒慎乎其所不睹也已。斯真睹也已，斯求見之道也已。

說不見處去求見，是即本體即工夫。真聖賢大學問。

斯爲真見。

矯亭說 乙亥

君子之行，順乎理而已，無所事乎矯。然有氣質之偏焉。偏於柔者矯之以剛，然或失則傲；偏於慈者矯之以毅，然或失則刻；偏於奢者矯之以儉，然或失則陋。凡矯而無節則過，過則復爲偏。故君子之論學也，不曰「矯」，而曰「克」。克以勝其私，私勝而理復，無過不及矣。矯猶未免於意必也。意必亦私也，故克己則矯不必言。矯者，未必能盡於克己之道也。雖然，矯而當其可，亦克己之道矣。行其克己之實，而矯以名焉，何傷乎？古之君子也，其取名也廉；後之君子，實未至而名先之。故不曰「克」而曰矯，亦矯世之意也。方君時舉以「矯」名亭，請予爲之說。

着意求矯，便是忿戾，只務克己，便是中庸所稱强哉矯，有許大持世力量。

修道說　戊寅

率性之謂道，誠者也。修道之謂教，誠之者也。故曰自誠明謂之性，自明誠謂之教。中庸爲誠之者而作，修道之事也。道也者，性也，不可須臾離也，而過焉，不及焉，離也。是故君子有修道之功，戒慎乎其所不睹，恐懼乎其所不聞，微之顯，誠之不可掩也。修道之功若是其無間，誠之也夫。然後喜怒哀樂之未發謂之中，發而皆中節謂之和。道修而性復矣。致中和，則大本立而達道行，知天地之化育矣。非至誠盡性，其孰能與於此哉？是修道之極功也，而世之言修道者離矣，故特著其說。

中庸首章得先生此說，是爲下筆開生面矣。

博約說　乙酉

南元真之學於陽明子也，聞「致知」之說，而恍若有見矣。既而疑於「博約」先後之訓，復來請曰：「致良知以格物，格物以致其良知也，則既聞教矣。敢問先博我以文，而後約我以禮也，則先儒之說，得無亦有所不同歟？」

陽明子曰：「理，一而已矣；心，一而已矣。故聖人無二教，而學者無二學。博文以約禮，格物以致其良知，一也。故先後之説，後儒支繆之見也。夫禮也者，天理也。天命之性，具于吾心，其渾然全體之中，而條理節目森然畢具，是故謂之天理。天理之條理謂之禮，是禮也，其發見於外，則有五常百行，酬酢變化、語默動静、升降周旋、隆殺厚薄之屬。宣之於言而成章，措之於爲而成行，書之於册而成訓，炳然蔚然，其條理節目之繁，至於不可窮詰，是皆所謂文也。是文也者，禮之見於外者也。禮也者，文之存於中者也。文，顯而可見之禮也；禮，微而難見之文也。是所謂體用一源，而顯微無間者也。是故君子之學也，於酬酢變化、語默動静之間，而求盡其條理節目焉，非他也，求盡吾心之天理焉耳矣。於升降周旋、隆殺厚薄之間，而求盡其條理節目焉，非他也，求盡吾心之天理焉耳矣。求盡其條理節目焉者，博文也；求盡吾心之天理焉者，約禮也。文散于事而萬殊者也，故曰博。禮根於心而一本者也，故曰約。博文而非約之以禮，則其文爲虚文，而後世功利辭章之學矣。約禮而非博學於文，則其禮爲虚禮，而佛老空寂之學矣。是故約禮必在於博文，而博文乃所以約禮。二之而分先後焉者，是聖學之不明，而功利異端之説亂之也。昔者顔子之始學於夫子也，蓋亦未知道之無方體形像也，而以爲有方體形像也；未知道之無窮盡止極也，而以爲有窮盡止極也。是猶後儒之見事事物物皆有定理者也。是以求之仰鑽瞻忽之間，而莫得其所謂。及聞夫子「博約」之訓，既竭吾才以求之，然後知天下之事雖千變萬化，而皆不出於此心之一理，然後知殊途而同歸，百慮而一致，然後知斯道之本無方體形像，而不可以方體形像求之也。本無窮盡止極，而不可以窮盡止極求之也。故曰：『雖欲從之，末由也已。』蓋顔子至是而始有真實之見矣。博文以約禮，格物以致其良知也，亦寧有二學乎哉？」

顔淵「喟然」一章，必如此解纔是。

南岡説　丙戌

浙大參朱君應周，居莆之壺公山下。應周之名曰鳴陽，蓋取詩所謂「鳳皇鳴矣，于彼朝陽」之義也。莆人之言曰：「應周則誠吾莆之鳳矣。其居青瑣，進讜言，而天下想望其風采，則誠若鳳之鳴於朝陽者矣。夫鳳之棲必有高岡，則壺公者，固其所從而棲鳴也。」於是號壺公曰南岡。蓋亦取詩所謂

南岡以道視之，一卷石耳。發許大議論，藏芥子於須彌至理，信然。

「鳳皇鳴矣，于彼高岡」之義也。

應周聞之曰：「嘻，因予名而擬之以鳳焉，其名也人，固非鳳也。因壺公而號之以南岡焉，其實也，固亦岡也。吾方媿其名之虛，而思以求其號之實也。」因以南岡而自號。大夫、鄉士爲之詩歌序記，以咏嘆揄揚其美者，既已連篇累牘，而應周猶若未足，勤勤焉以蘄於予，必欲更爲之一言。是其心殆不以贊譽稱頌之爲喜，而以樂聞規切砥礪之爲益也。

吾何以答應周之意乎？姑請就南岡而與之論學。夫天地之道，誠焉而已耳。聖人之學，誠焉而已耳。誠，故不息，故久，故徵，故悠遠，故博厚。是故天惟誠也，故常清；地惟誠也，故常寧；日月惟誠也，故常明。今夫南岡，亦卷石之積耳，而其廣大悠久，至與天地而無疆焉，非誠而能若是乎？故觀夫南岡之厓石，則誠厓石爾矣。觀夫南岡之溪谷，則誠溪谷爾矣。觀夫南岡之峰巒巖壑，則誠峰巒巖壑爾矣。是皆實理之誠然，而非有所虛假文飾以僞爲於其間。是故草木生焉，禽獸居焉，寶藏興焉。四時之推斂，寒暑晦明、煙嵐霜雪之變態，而南岡若無所與焉。鳳凰鳴焉，而南岡不自以爲瑞也；虎豹藏焉，而南岡不自以爲威也；養生送死者資焉，而南岡不自以爲德；雲霧興焉而見光恠，而南岡不自以爲靈。是何也？誠之無所爲也，誠之不容已也，誠之不可掩也。君子之學，亦何以異於是？是故以事其親，則誠孝爾矣；以事其兄，則誠弟爾矣；以事其君，則誠忠爾矣；以交其友，則誠信爾矣。是故蘊之爲德行矣，措之爲事業矣，發之爲文章矣。是故言而民莫不信矣，行而民莫不悦矣，動而民莫不化矣。是何也？一誠之所發，而非可以聲音笑貌幸而致之也。故曰：誠者，天之道也；思誠者，人之道也。應周之有取於南岡，而將以求其實者，殆亦無出於斯道也矣。果若是，則知應周豈非思誠之功歟？夫思誠之功精矣，微矣，應周蓋嘗從事於斯乎？異時來過稽山之麓，尚能爲我一言其詳。

陽明先生集要文章編卷三

書石川卷　甲戌

先儒之學，得有淺深，則其爲言亦不能無同異。學者惟當反之於心，不必苟求其同，亦不必故求其異，要在於是而已。今學者於先儒之説，苟有未合，不妨致思，思之而終有不同，固亦未爲甚害。但不當因此而遂加非毁，則其爲罪大矣。同志中往往似有此病，故特及之。程先生云：「賢且學他是處，未須論他不是處。」此言最可以自警。見賢思齊焉，見不賢而内自省，則其至於責人已甚，而自治嚴矣。

議論好勝，亦是今時學者大病。今學者於道，如管中窺天，少有所見，即自足自是，傲然居之不疑。與人言論，不待其辭之終，而已先懷輕忽非笑之意，訑訑之聲音顔色，拒人於千里之外。不知有道者從傍視之，方爲之竦息汗顔，若無所容。而彼悍然不顧，略無省覺，斯亦可哀也已。近時同輩中往往亦有是病者，相見時可出此以警勵之。

某之於道，雖亦略有所見，未敢盡以爲是也。其於後儒之説，雖亦時有異同，未敢盡以爲非也。朋友之來問者，皆相愛者也，何敢以不盡吾所見？正期體之於心，務求真有所見，其孰是孰非，而身發明之，庶有益於斯道也。若徒入耳出口，互相標立門户，以爲能學，則非某之初心，其所以見罪之者至矣。近聞同志中亦有類此者，切須戒勉，乃爲無負。孔子云：「默而識之。」「學而不厭。」斯乃深望於同志者也。

説破學人大家深痼之疾，令人可慚汗，可涕淚。

書顧維賢卷　辛巳

維賢以予將遠去，持此卷求書警戒之辭。只此「警戒」二字，便是予所最丁寧者。今時朋友，大患不能立志，是以因循懈弛，散漫度日。若立志，則警戒之意當自有不容已。故警戒者，立志之輔。能警戒，則學問思辯之功，切磋琢磨之益，將日新又新，沛然莫之能禦矣。

程先生云：「學者爲氣所勝，習所奪，只好責志。」又云：「凡爲詩文亦喪志。」又言：「已㈠省外事，但明乎善，惟盡誠心，其文章雖不中不遠矣。所守不約，泛濫無功，學問之道，四書中備矣。」後儒之論，未免互有得失。其得者不能出於四書之外，失者遂有毫釐千里之謬，故莫如專求之四書。四書之言簡實，苟以忠信進德之心求之，亦自明白易見。與不善人居，如入鮑魚之肆，久而不覺其臭，則與之俱化。孔子大聖，尚賴「三益」之資，致「三損」之戒。吾儕從事於學，顧隨俗同污，不思輔仁之友，欲求致道，恐無是理矣。非笑詆毁，聖賢所不免，伊川有涪州之行，孔子尚微服過宋。今日風俗益偷，人心日以淪溺，苟欲自立，違俗拂衆，指摘非笑，紛然而起，勢所必至。亦多繇所養未深，高自標榜所致。學者便不當自立門户，以招謗速毁。亦不當故避非毁，同流合污。

維賢温雅，朋友中最爲難得，似亦微失之弱。恐詆笑之來，不能無動，纔爲所動，即依阿隱忍，久將淪胥以溺。每到此，便須反身痛自切責爲己之志未能堅定，亦便志氣激昂奮發。但知明己之善，立己之誠，以求快足乎己，豈

㈠「已」，全書作「且」。

暇顧人非笑指摘？故學者只須責自家爲己之志未能堅定，志苟堅定，則非笑詆毁不足動摇，反皆爲砥礪切磋之地矣。今時人多言人之非毁，亦當顧恤。此皆隨俗習非之久，相沿其説，莫知以爲非。不知裡許盡是私意，爲害不小，不可以不察也。

讀「學問之道」一段，令人馳騖喜博之念不覺潛釋。然必實以忠信進德之心求之，方能有得，否則，祇覺耳目之不廣矣。

書徐汝佩卷 癸未

壬午之冬，汝佩别予北上，赴南宫試。已而門下士有自京來者，告予以汝佩因南宫策問若陰詆夫子之學者，不對而出。遂浩然東歸，行且至矣。予聞之，黯然不樂者久之。

士曰：「汝佩斯舉，有志之士莫不欽仰歆服，以爲自尹彦明之後，至今而始再見者也。夫人離去其骨肉之愛，齎糧束裝，走數千里，以赴三日之試，將竭精弊力，惟有司之好是投，以蘄一日之得，希終身之榮。斯人人之同情也。而汝佩於此，獨能不爲其所不爲，不欲其所不欲，斯非其有見得思義、見危授命之勇，其孰能聲音笑貌而爲此乎？是心也，固富貴不能淫，貧賤不能移，威武不能屈者矣。將夫子聞之，躍然而喜，顯然而嘉與之也。而顧黯然而不樂也，何居乎？」

予曰：「非是之謂也。」

士曰：「然則汝佩之爲是舉也，尚亦有未至歟？豈以汝佩骨肉之養，且旦暮所不給，無亦隨時順應，以少蘇其貧困也乎？若是，則汝佩之志荒矣。」

予曰：「非是之謂也。」

士曰：「然則何居乎？」

予默然不應，士不得問而退。他日，汝佩既歸，士往問於汝佩。曰：「向吾以子之事問於夫子矣，夫子黯然而不樂。予云云，而夫子云云也。子以爲奚居？」

汝佩曰：「始吾見發策者之陰詆吾夫子之學也，蓋怫然而怒，憤然而不平。以爲吾夫子之學，則若是其簡易廣大也。吾夫子之言，則若是其真切著明也。吾夫子之心，則若是其仁恕公普也。夫子憫人心之陷溺，若己之墮於淵壑也，冒天下之非笑詆詈而日諄諄焉，亦豈何求於世乎？而世之人曾不覺其爲心，而相嫉娼詆毁之若是。若是，而吾尚可與之竝立乎？已矣，吾將從夫子而長往於深山窮谷，耳不與之相聞，而目不與之相見，斯已矣。故遂浩然而歸。歸途無所事事，始復專心致志，沉潛於吾夫子致知之訓，心平氣和，而良知自發，然後黯然而不樂。曰：嘻吁乎，吾過矣。」

士曰：「然則子之爲是也，果尚有所不可歟？」

汝佩曰：「非是之謂也。吾之爲是也，亦未不可，而所以爲是者，則有所不可也。吾語子：始吾未見夫子也，則聞夫子之學，而亦嘗非笑之矣，詆毁之矣。及見夫子，親聞良知之誨，恍然而大寤醒，油然而生意融，始自痛悔切責。吾不及夫子之門，則幾死矣。今雖知之甚深，而未能實諸己也。信之甚篤，而未能孚諸人也。則猶未免於身謗者也，而遽爾責人若是之峻。且彼蓋未嘗親承吾夫子之訓也，使得親承焉，又焉知今之非笑詆毁者，異日不如我之痛悔切責乎？不如我之深知而篤信乎？何忘己之困而責人之速也？夫子冒天下之非笑詆毁，而日諄諄然，惟恐人之不入於善，而我則反之，其間不能以寸矣。夫子之黯然而不樂也，蓋所以愛珊之至，而憂珊之深也。雖然，夫子之心則又廣矣，大矣，微矣，幾矣，不睹不聞之中，吾豈能盡以語子也。」

汝佩見，備以其所以告於士者爲問，予領之而弗荅，默然者久之，汝佩悚然若有省也。明日，以此卷入請，曰：「昨承夫子不言之教，珊傾耳而聽，若震驚百里。粗心浮氣，一時俱喪矣。請遂書之。」

徐汝佩此舉，不以榮禄之念易其所志，真豪傑士也。然圭角未融，未免有高自標榜之意，反爲斯道之病。先生之嘿而不答，誠是不言之教。

書朱守諧卷　甲申

守諧問爲學。予曰：「立志而已。」問立志。予曰：「爲學而已。」守諧未達。予曰：「人之學爲聖人也，非有必爲聖人之志，雖欲爲學，誰爲學？有其志矣，而不日用其力以爲之，雖欲立志，亦烏在其爲志乎？故立志者，爲學之心也；爲學者，立志之事也。譬之奕焉，奕者其事也，專心致志者，其心一也。以爲鴻鵠將至者，其心二也。惟奕秋之爲聽，其事專也。思援弓繳而射之，其事分也。」

讀此，知人皆可以爲堯舜。

守諧曰：「人之言曰：知之未至，行之不力。予未有知也，何以能行乎？」予曰：「是非之心，知也，人皆有之。子無患其無知，惟患不肯知耳。無患其知之未至，惟患不致其知。其故曰：『知之非艱，行之惟艱。』今執途之人，而告之以凡爲仁義之事，彼皆能知其爲善也；告之以凡爲不仁不義之事，彼皆能知其爲不善也。途之人皆能知之，而子有弗知乎？如知其爲善也，致其知爲善之知而必爲之，則知至矣。如知其爲不善也，致其知爲不善之知而必不爲之，則知至矣。知猶水也，人心之無不知，猶水之無不就下也。決而行之，無有不就下者。決而行之者，致知之謂也。此吾所謂知行合一者也。吾子疑吾言乎？夫道一而已矣。」

書諸陽伯㊀卷　甲申

妻姪諸陽伯復請學，既告之以格物致知之説矣，他日復請曰：「致知者，致吾心之良知也，是既聞教矣。然天下事物之理無窮，果惟致吾之良知而可

㊀「伯」字全書無。

盡乎，抑尚有所求於其外也乎？」

復告之曰：「心之體，性也，性即理也。天下寧有心外之性，寧有性外之理乎？寧有理外之心乎？外心以求理，此告子義外之説也。理也者，心之條理也。是理也，發之於親則爲孝，發之於君則爲忠，發之於朋友則爲信，千變萬化，至不可窮竭，而莫非發於吾之一心。故謂端莊静一爲養心，而以學問思辨爲窮理者，析心與理而爲二矣。若吾之説，則端莊静一亦所以窮理，而學問思辨亦所以養心，非謂養心之時無有所謂理，而窮理之時無有所謂心也。此古人之學，所以知行並進，而收合一之功；後世之學，所以分知行爲先後，而不免於支離之病者也。」

曰：「然則朱子所謂如何而爲温清之節，如何而爲奉養之宜者，非致知之功乎？」

曰：「是所謂知矣，而未可以爲致知也。知其如何而爲温清之節，則必實致其温清之功，而後吾之知始至。知其如何而爲奉養之宜，則必實致其奉養之力，而後吾之知始至。如是，乃可以爲致知耳。若但空然知其爲如何温清奉養，而遂謂之致知，則孰非致知者耶？易曰：『知至至之。』知至者，知也；

至之者，致知也。此孔門不易之教，百世以俟聖人而不惑者也。」

人生止此一心，孩提而知愛，稍長而知敬，此心何等有條理。舍心固無所謂理也。使遇天下之事物而皆如知愛知敬焉，又安有所謂窮理也？故君子之學問思辨，俱是提醒此心。而窮理之功已盡於是。所謂端莊静一者，即此學問思辨之心，而端莊静一之也，非端莊静一不得言學問思辨，舍學問思辨，又何所用端莊静一哉？養心窮理，致知力行，又安有内外先後之可分！

讀之悚然。

書張思欽卷　乙酉

三原張思欽元相將葬其親，卜有日矣，南走數千里而來請銘於予。予之不爲文也久矣，辭之固，而請弗已，則與之坐而問曰：「子之乞銘於我也，將以圖不朽於其親也，則亦寧非孝子之心乎？雖然，子以爲孝子之圖不朽於其親也，盡於是而已乎？將猶有進於是者也。夫圖之於人也，則曷若圖之於子乎？傳之於其人之口也，則曷若傳之於其子之身乎？故子爲賢人也，則其父爲賢人之父矣。子爲聖人也，則其父爲聖人之父矣。其與托之於人之言也孰愈？夫叔梁紇之名，至今爲不朽矣，則亦以仲尼之爲子耶，抑亦以他人爲之銘耶？」

思欽蹙然而起，稽顙而後拜曰：「元相非至於夫子之門，則幾失所以圖不朽於其親者矣。」明日，入而問聖人之學，則語以格致之説焉。求格致之要，則語之以良知之説焉。思欽躍然而起，拜而復稽曰：「元相苟非至於夫子之門，則尚未知有其心，又何以圖不朽於其親乎？請歸葬吾親，而來卒業於夫子之門，則庶幾其不朽之圖矣。」

此即子輿氏「守身爲孝」之本意。

書朱子禮卷　甲申

子禮爲諸暨宰，問政。陽明子與之言學而不及政。子禮退而省其身，懲己之忿，而因以得民之所惡也；窒己之欲，而因以得民之所好也；舍己之利，而因以得民之所趨也；惕己之易，而因以得民之所忽也；去己之蠹，而因以得民之所患也；明己之性，而因以得民之所同也。三月而政舉。嘆曰：「吾乃今知學之可以爲政也已。」

他日，又見而問學。陽明子與之言政而不及學。子禮退而修其職，平民之所惡，而因以懲己之忿也；從民之所好，而因以窒己之慾也；順民之所趨，而因以舍己之利也；警民之所忽，而因以惕己之易也拯民之所患，而因以去己之蠹也；復民之所同，而因以明己之性也。朞年而化行。嘆曰：「吾乃今知政之可以爲學也已。」

他日，又見而問政與學之要。陽明子曰：「明德、親民一也，古之人明明德以親其民，親民所以明其明德也。是故明明德，體也；親民，用也。而止至善，其要矣。」子禮退而求至善之說，炯然見其良知焉。曰：「吾乃今知學所以爲政，而政所以爲學，皆不外乎良知焉。信乎，止至善其要也矣。」

明德新民，原非判然兩截，第本末先後工夫不無次第，而究則歸於合一。先生之詔子禮，大人之學備矣。

書黄夢星卷　丁亥

潮有處士黄翁保，號坦夫者，其子夢星來越從予學。越去潮數千里，夢星居數月，輒一告歸省其父。去二三月，輒復來。如是者屢屢。夢星質性温然善人也，而甚孝，然禀氣差弱，若不任於勞者。竊怪其乃不憚道途之阻遠，而勤苦無已也。因謂之曰：「生既聞吾説，可以家居養親而從事矣，奚必往來跋涉若是乎？」

夢星跽而言曰：「吾父生長海濱，知慕聖賢之道而無所從求入，既乃獲見吾鄉之薛、楊諸子者，得夫子之學，與聞其説而樂之。乃以責夢星曰：『吾衰矣，吾不希汝業舉以干禄。汝但能若數子者，一聞夫子之道焉，吾雖啜粥飲水，死填溝壑，無不足也矣。』夢星是以不遠數千里而來從。每歸省，求爲三月之留，以奉菽水，不許。則求爲踰月之留，亦不許。居未旬日，即已具資糧，戒童僕，促之啟行。夢星涕泣以請，則責之曰：『唉，兒女子欲以是爲孝我乎？不能黄鵠千里，而思爲翼下之雛，徒使吾心益自苦。』故亟遊夫子之門者，固夢星之本心。然不能久留於親側，而倏往倏來，吾父之命，不敢違也。」

予曰：「賢哉，處士之爲父；孝哉，夢星之爲子也。勉之哉，卒成乃父之志，斯可矣。」

今年四月上旬，其家忽使人來訃，云處士没矣。嗚呼，惜哉！嗚呼，惜哉！聖賢之學，其久見棄於世也，不啻如土苴，苟有言論及之，則衆共非笑詆斥，以爲恠物。惟世之號稱賢士大夫者，乃始或有以之而相講究。然至考其立身行己之實，與其平日家庭之間，所以訓督期望其子孫者，則又未嘗不汲汲焉惟功利之爲務，而所謂聖賢之學者，則徒以資其談論粉飾文具於其外。如是者常十而八九矣。求其誠心一志，實以聖賢之學督教其子如處士者，可多得乎？而今亡矣，豈不惜哉，豈不惜哉！阻遠無繇往哭，遥寄一奠，以致吾傷悼之懷，而叙其遺子來學之故若此，以風勵夫世之爲父兄者，亦因以益勵夢星，使之務底於有成，以無忘乃父之志。

先生之門，如董蘿石奇，如林司訓奇，如夢星父黄處士，則奇極矣。

書宋孝子朱壽昌孫教讀源卷

教讀朱源，見其先世所遺翰墨，知其爲宋孝子壽昌之裔也。既弊爛矣，使工爲裝緝之，因諭之曰：孝，人之性也，置之而塞乎天地，溥之而横乎四海，施之後世而無朝夕。保爾先世之翰墨，則有時而弊；保爾先世之孝，無時而或弊也。人孰無是孝，豈保爾先世之孝，保爾之孝耳。保先世之翰墨，亦保其孝之一事，充是心而已矣。源歸，其以吾言遍諭鄉鄰，苟有慕壽昌之孝者，各充其心焉，皆壽昌也已。

正德己卯春三月晦，書虔臺之静觀軒。

孝子之翰墨，即人心之孝譜也。保孝者在充是心。四書六經，天道人事，仁義禮知之譜也。道豈在人心外乎？引而伸之，一以貫之矣。

書趙孟立卷㊀

趙孟立之判辰也，問政於陽明子。陽明子曰：「郡縣之職以親民也，親民之學不明，而天下無善治矣。」

「敢問親民？」

曰：「明其明德以親民也。」

「敢問明明德？」

曰：「親民以明其明德也。」

曰：「明德、親民一乎？君子之言治也，如斯而已乎。」

曰：「親吾之父以及人之父，而孝之德明矣。親吾之子以及人之子，而慈

㊀「孟」，全書作「仲」，但正文仍作「孟」，故當以「孟」爲是。

之德明矣。明德親民也，而可以二乎？惟夫明其明德以親民也，故能以一身爲天下。親民以明其明德也，故能以天下爲一身。夫以天下爲一身也，則八荒四表皆吾支體，而況一郡之治，心腹之間乎？

約而該，簡而盡。

書佛郎機遺事 庚辰㊀

見素林公聞寧濠之變，即夜使人範錫爲佛郎機銃，并抄火藥方，手書勉予竭忠討賊。時六月毒暑，人多道暍死。公遣兩僕裹糧，從間道，冒暑，晝夜行三千餘里以遺予，至則濠已就擒七日。予發書，爲之感激涕下。蓋濠之擒以七月二十六，距其始事六月十四，僅月有十九日耳。世之君子，當其任，能不畏難巧避者鮮矣，況已致其事，而能急國患踰其家如公者乎？蓋公之忠誠根於天性，故老而彌篤，身退而憂愈深，節愈勵。嗚呼，是豈可以聲音笑貌爲哉？嘗欲列其事于朝，顧非公之心也。爲作佛郎機私咏。君子之同聲

㊀「辰」，全書作「戌」，非。

者，將不能已於言耳矣。

佛郎機，誰所爲？殲取比干腸，裹以鴟夷皮。萇弘之血釁不足，睢陽之怒恨有遺。老臣忠憤寄所洩，震驚百里賊膽披。徒請尚方劍，空聞魯陽揮。段公笏板不在茲，佛郎機，誰所爲？

正德戊寅之冬，福建按察僉事周期雍以公事抵贛，時逆濠奸謀日稔，遠近洶洶。予思預爲之備，而濠黨伺覘左右，搖手動足，朝聞暮達。以期雍官異省，當非濠所計及，因屏左右，語之故，遂與定議。期雍歸，即陰募驍勇，具械束裝，部勒以俟。予檄晨到，而期雍夕發。故當濠之變，外援之兵，惟期雍先至。適當見素公書至之日，距濠始事，亦僅月有十九日耳。初，予嘗使門人冀元亨者，因講學説濠以君臣大義，或格其奸。濠不懌，已而滋怒，遣人陰購害之。冀辭予曰：「濠必反，先生宜早計。」遂遁歸。至是聞變，知予必起兵，即日潛行赴難，亦適以是日至。見素公在莆陽，周官上杭，冀在常德，去南昌各三千餘里，乃皆同日而至，事若有不偶然者。輒附録於此，聊以識予之耿耿云。

林見素之佛郎機，周雍期之援兵，先生俱未曾用，並爲志其美。先生好善不忘，凡效忠戮力之士，惟懼不克爲之表章，不特用以收羣策，亦足以見先生大學問。

書東齋風雨卷後　癸酉

悲喜憂快之形於前，初亦何常之有哉？向之以爲愁苦凄鬱之鄉，而今以爲樂事者有矣。向之歌舞歡愉之地，今過之而嘆息咨嗟，泫然而泣下者有矣。二者之相尋於無窮，亦何以異於不能崇朝之風雨，而顧執而留之於胸中，無乃非達者之心歟？吾觀東齋風雨之作，固亦寫其一時之所感遇，風止雨息，而感遇之懷，亦不知其所如矣。而猶諷咏嗟嘆於十年之後，得非類於夢爲僕役，覺而涕泣者歟？夫其隱几於蓬窗之下，聽芹波之春響，而咏夜簷之寒聲，自今言之，但覺其有幽閒自得之趣，殊不見其有所苦也。借使東齋主人得時居顯要，一旦失勢，退處寂寞，其感念疇昔之懷，當與今日何如哉？然則録而追味之，無亦將有洒然而樂，廓然而忘言者矣。而和者以爲真有所苦，而類爲垂楚不任之辭，是又不可與言夢者，而於東齋主人之意失之遠矣㊀。

㊀ 黔南本有眉批：「高邃」。

龍場生問答　戊辰

龍場生問於陽明子曰：「夫子之言於朝侶也，愛不忘乎君也。今者譴於是，而汲汲於求去，殆有所渝乎？」

陽明子曰：「吾今則有間矣。今吾又病，是以欲去也。」

龍場生曰：「夫子之以病也，則吾既聞命矣。敢問其所以有間，何謂也？昔爲其貴而今爲其賤，昔處於内而今處於外歟？夫乘田委吏，孔子嘗爲之矣。」

陽明子曰：「非是之謂也。君子之仕也以行道，不以道而仕者，竊也。今吾不得爲行道矣。雖古之有禄仕，未嘗奸其職也。曰牛羊茁壯，會計當也。今吾不無愧焉。夫禄仕，爲貧也，而吾有先世之田，力耕足以供朝夕。子且以吾爲道乎，以吾爲貧乎？」

龍場生曰：「夫子之來也，譴也，非仕也。子於父母，惟命之從，臣之於君，同也。不曰事之如一，而可以拂之，無乃爲不恭乎？」

陽明子曰：「吾之來也，譴也，非仕也。吾之譴也，乃仕也，非役也。役者以力，仕者以道；力可屈也，道不可屈也。吾萬里而至，以承譴也，然猶有職守焉，不得其職而去，非以譴也。君猶父母，事之如一，固也。不曰就養有方乎？惟命之從，而不以道，是妾婦之順，非所以爲恭也。」

龍場生曰：「聖人不敢忘天下，賢者而皆去，君誰與爲國矣？」曰：「賢者則忘天下乎？夫出溺於波濤者，没人之能也，陸者冒焉而胥溺也。吾懼於胥溺也。」

龍場生曰：「吾聞賢者之有益於人也，惟所用，無擇於小大焉。若是，亦有所不利歟？」曰：「賢者之用於世也，行其義而已。義無不宜，無不利也。不得其宜，雖有廣業，君子不謂之利也。且吾聞之，人各有能有不能，惟聖人而後無不能也。吾猶未得爲賢也，而子責我以聖人之事，固非其擬矣。」

曰：「夫子不屑於用也。夫子而苟屑於用，蘭蕙榮於堂階，而芬馨被於几席。萑葦之刈，可以覆垣。草木之微，則亦有然者，而况賢者乎？」

陽明子曰：「蘭蕙榮於堂階矣，而後芬馨被於几席；萑葦矣，而後可刈㊀

㊀「可刈」，全書作「刈可」。

以覆垣。今子將刈蘭蕙而責之以覆垣之用，子爲愛之耶，抑爲害之耶？」

先生龍場之謫，出於害己者之謀，故假問答以志遠不忘君之意。故曰妾婦之順，非所以爲恭，與怨尤者自不同。

書韓昌黎與太顛坐叙

退之與孟尚書書云：「潮州有一老僧，號太顛，頗聰明，識道理。與之語，雖不盡解，要自胸中無滯礙，因與來往。及祭神於海上，遂造其廬。來袁州，留衣服爲别。乃人情之常，非崇信其法，求福田利益。」退之之交太顛，其大意不過如此。而後世佛氏之徒，張大其事，往往見之圖畫，真若弟子之事嚴師者，則其誣退之甚矣。然退之亦自有以取此者，故君子之與人，不可以不慎也。

昌黎諫迎佛骨一疏，剛毅不阿，不惜以身觸主怒，何至太顛便傾身事之，豈信道不篤，遂至於此？蓋佛之道不可以治天下國家，昌黎不得不諫。若往來酬答，原不必過立城府，如孔子未嘗絶原壤，孟子未嘗拒夷之，造太顛之廬，原不足爲昌黎病也。惟佛氏之徒，因昌黎闢佛，是所最忌。故繪爲圖説，混闢佛者作弟子行，遠問之昌黎公，亦當心服。

此正佞佛者善惑人處。先生此敘，不獨堪爲昌黎解嘲，亦大有關於邪正之辨。

題夢槎奇遊詩卷　乙酉

君子之學，求盡吾心焉爾。故其事親也，求盡吾心之孝，而非以爲孝也。事君也，求盡吾心之忠，而非以爲忠也。是故夙興夜寐，非以爲勤也；剸繁理劇，非以爲能也；嫉邪祛蠹，非以爲剛也；規切諫諍，非以爲直也；臨難死義，非以爲節也。吾心有不盡焉，是謂自欺其心，心盡，而後吾之心始自以爲快也。惟夫求以自快吾心，故凡富貴、貧賤、憂戚、患難之來，莫非吾所以致知求快之地，苟富貴、貧賤、憂戚、患難而莫非吾致知求快之地，則亦寧有所謂富貴、貧賤、憂戚、患難者足以動其中哉？世之人徒知君子之於富貴、貧賤、憂戚、患難，無入而不自得也，而皆以爲獨能人之所不可及，不知君子之求以自快其心而已矣。

林君汝桓之名，吾聞之蓋久，然皆以爲聰明特達者也，文章氣節者也。今年夏，聞君以直言被謫，果信其爲文章氣節者矣。又踰月，君取道錢塘，則以書來道其相愛念之厚，病不能一往爲恨，且惓惓以聞道爲急，問學爲事。

嗚呼，君蓋知學者也，志於道德者也，寧可專以文章氣節稱之？

已而郡守南君元善示予以夢槎奇遊卷，蓋京師士友贈君南行者。予讀之終篇，嘆曰：「君知學者也，志於道德者也，則將以求自快其心者也，則其奔走於郡縣之末也，猶其從容於部署之間也。則將地官郎之議國事，未嘗以爲抗，而徐聞丞之親民務，未嘗以爲瑣也。則夢槎未嘗以爲異，而南遊未嘗以爲奇也。」君子樂道人之善，則張大而從諛之，是固贈行者之心乎？予亦以病，不及與君一面，感君好學之篤，因論君子之所以爲學者以爲君贈。

贈行者意在張大而從諛之，先生則惟勉之爲學。先生之隨在無非教人如此。

題壽外母蟠桃圖　庚辰

某之妻之母諸太夫人張，今年壽八十，十二月二十有二日，其設帨辰也。某縻於官守，不能歸捧一觴於堂下。幕下之士有郭詡者，因爲作王母蟠桃之圖以獻。夫王母蟠桃之説，雖出於僊經異典，未必其事之有無。然今世之人，多以之祝願其所親愛，固亦古人岡陵松栢之意也，吾從衆可乎？遂用之以寄遥祝之私，而詩以歌之。云：

維彼蟠桃，千歲一華。夫人之壽，茲維始葩。維彼蟠桃，千歲一實。夫人之壽，益堅孔碩。維華維實，厥根彌植。維夫人胤子，亦昌衍靡極。

題湯大行殿試策問下 壬戌

士之登名禮部而進于天子之廷者，天子臨軒而問之，則錫之以制，皆得受而歸藏之於廟，以輝榮其遭際之盛。蓋今世士人皆爾也。丹陽湯君某，登弘治進士，方爲行人，以其嘗所受之制，屬某跋數語於其下。

嗟夫，明試以言，自虞廷而然。乃言底可績，則三代之下，吾見亦罕矣。夫君之始進也，天子之所以咨之者何如耶？而君之所以對之者何如耶？夫矯言以求進，君之所不爲也。已進而遂忘其言焉，又君之所不忍也。君於是乎朝夕焉，顧諟聖天子之明命，其將曰：是天子之所以咨詢我者也，始吾既如是其對揚之矣，而今之所以持其身以事吾君者，其亦果如是耶？抑其亦未踐耶？夫伊尹之所以告成湯者數言，而終身踐之。太公之所以告武王者數言，而終身踐之。推其心也，君其志於伊、呂之事乎？夫輝榮其一時之遭際以誇世，君所不屑矣。不然，則是制也者，君之所以鑑也。昔人有惡形而

湯大行之求題，志在寵榮。先生即勉之以伊、呂。先生之善於造人也如是。

惡鑑者，遇之則掩袂却走。君將掩袂却走之不暇，而又烏揭之焉日以示人？其志於伊、吕之事，奚疑哉？君其勉矣！上帝臨汝，毋貳爾心。某亦常繆承明問，雖其所以對揚與其所以爲志者不可以望君，然亦何敢忘自勗！

竹江劉氏族譜跋 甲戌

劉氏之盛，散於天下，其在安成者，出長沙定王發，今昔所傳有㈠來矣。竹江之譜，斷自竹溪翁而下，不及於定王。見素子曰：「大夫不敢祖諸侯，禮也。」夫大夫之不祖諸侯也，蓋言祭也。若其支系之所自，則魯三桓之屬，是失㈡不可得而翦。孔子曰：「吾猶及史之闕文也。」蓋孔子之時，史之闕疑者既鮮矣。竹江之不及定王，闕疑也，可以爲譜法也已。

王道不明，人僞滋而風俗壞。上下相罔以詐，人無實行，家無信譜，天下無信史。三代以降，吾觀其史，若江河之波濤焉，聊以知其起伏之槩而已爾。

㈠「有」，全書作「有自」。 ㈡「失」，全書作「實」。

士夫不務誠身立德，而徒誇詡其先世以爲重，冒昧攀緣，適以絶其類，亂其宗。不知桀、紂、幽、厲之出於禹、湯、文、武，而顔、閔、曾、孟之先，未始有顯者也。若竹江之譜，其可以爲世法也哉。孔子曰：「斯民也，三代之所以直道而行。」充是心，雖以復三代之淳可也。

且竹溪翁之後，其聞於世者歷歷爾。至其十一祖敬齋公，而遂以清節大顯於當代，録名臣者以首廉吏。敬齋之孫南峰公，又以清節文學顯，德業聲光，方爲天下所屬望。竹溪之後，祖敬齋而宗南峰焉，亦不一足矣。况其世賢之多也，而又奚必長沙之爲重也夫？

徐昌國墓誌 辛未

正德辛未三月丙寅，太學博士徐昌國卒，年三十三。士夫聞而哭之者，皆曰：「嗚呼，是何促也！」或曰：「孔門七十子，顔子最好學，而其年獨不永，亦三十二而亡。」説者謂顔子好學，精力瘁焉。夫顔雖既竭吾才，然終日如愚，不改其樂也。此與世之謀聲利，苦心焦勞，患得患失，逐逐終其身，耗勞其神氣，奚啻百倍？而皆老死黄馘，此何以辯哉？

天於美質，何生之甚寡，而壞之特速也？ 夫鼪鼯以夜出，涼風至而玄鳥逝，豈非凡物之盛衰以時乎？ 夫嘉苗難植而易稿，芝榮不踰旬，蔓草薙而益繁。 鴟梟虺蝮遍天下，而麟鳳之出，間世一睹焉。 商、周以降，清淑日澆，而濁穢薰積，天地之氣，則有然矣，於昌國何疑焉？

始昌國與李夢陽、何景明數子友，相與砥礪於辭章，既殫力精思，傑然有立矣。 一日，諷道書，若有所得，嘆曰：「弊精於無益，而忘其軀之斃也，可謂知乎？ 巧辭以希俗，而捐其親之遺也，可謂仁乎？」於是習養生。 有道士自西南來，昌國與語，悅之。 遂究心玄虛，益與世泊，自謂長生可必至。

正德庚午冬，陽明王守仁至京師。 守仁故善數子，而亦嘗沒溺於僊釋，昌國喜，馳往省，與論攝形化氣之術。 當是時，增城湛元明在坐，與昌國言不協，意沮去。 異日復來論如初，守仁笑而不應。 因留宿，曰：「吾授異人『五金八石』之秘，服之沖舉可得也，子且謂何？」守仁復笑而不應。

迺曰：「吾墮黜吾昔，而游心高玄，塞兌斂華，而靈株是固，斯亦眎㊀之競

㊀「眎」，全書作「去」。

競於世遠矣，而子猶余拒然，何也？」守仁復笑而不應。

於是默然者久之，曰：「子以予爲非邪，抑又有所秘邪？夫居有者不足以超無，踐器者非所以融道，吾將去知故，而宅於埃壒之表，子其語我乎？」

守仁曰：「謂吾爲有秘，道固無形也。謂吾謂子非，子未吾是也。雖然，試言之。夫去有以超無，無將奚超矣？外器以融道，道器爲偶矣。而固未嘗超乎？而固未嘗融乎？夫盈虚消息，皆命也；纖巨内外，皆性也；隱微寂感，皆心也。存心盡性，順夫命而已矣，而奚所趨舍於其間乎？」

昌國首肯，良久曰：「冲舉有諸？」

守仁曰：「盡鳶之性者可以冲於天矣，盡魚之性者可以泳於川矣。」

曰：「然則有之？」

曰：「盡人之性者，可以知化育矣。」

昌國俛而思，蹶然而起曰：「命之矣，吾且爲萌甲，吾且爲流澌，子其煦然屬我以陽春哉！」

數日，復來，謝曰：「道果在是，而奚以外求？吾不遇子，幾亡人矣。然吾疾且作，懼不足以致遠，則何如？」

守仁曰：「悖乎？」曰：「生，寄也；死，歸也。何悖？」津津然既有志於斯。已而不見者踰月，忽有人來訃，昌國逝矣。

王、湛二子馳往哭，盡哀，因商其家事。其長子伯虬言：昌國垂殁，整衽端坐，託徐子容以後事，子容泣。昌國笑曰：「常事耳。」謂伯虬曰：「墓銘其請諸陽明」。氣益微，以指畫伯虬掌，作「冥冥漠漠」四字，餘遂不可辯，而神志不亂。嗚呼，吾未竟吾説，以時昌國之及，而昌國乃止於是，吾則有憾焉。臨殁之託，又可負之！

昌國名禎卿，世姑蘇人。始舉進士，爲大理評事，不能其職。於是以親老，求改便地爲養。當事者目爲好異，抑之，已而降爲五經博士。故雖爲京官數年，卒不獲封其親以爲憾。所著有談藝録、古今詩文若干首，然皆非其至者。昌國之學凡三變，而卒乃有志於道。墓在虎丘西麓。

銘曰：惜也昌國，吾見其進，未見其至。早攻聲詞，中廼謝棄。脱淖垢濁，修形鍊氣。守静致虚，恍若有際。道幾朝聞，遐夕先逝。不足者命，有餘者志。璞之未琢，豈方頑礪。隱埋山澤，有虹其氣。後千百年，曷考斯誌。

明封刑部主事浩齋陸君墓碑誌 丙子

封君之葬也，子澄毁甚，失明，病不能事事。以問於陽明子曰：「吾湖俗之葬也，咸竭資以盛賓客，至於毁家，不則以爲儉其親也。不肖孤則何費之敢靳，大懼疾之不任，遂底於顛殞，以重其不孝。敢請，已之如何？」陽明子曰：「不亦善乎！棺槨衣衾之得爲也者，君子不以儉其親。徇湖俗之所尚，是以其親遂非而導侈也，又况以殆其遺體乎？吾子已之，既葬而以禮告，人豈有非之者？將湖俗之變，必自吾子始矣。一舉而三善，吾子其已之。」

既而復以誌墓之文請，陽明子辭之不得，則謂之曰：「誌墓非古也。古之葬者不封不樹，孔子之葬其親也，自以爲東西南北之人不可以無識也，而封之，崇四尺。其於季札之葬，則爲之識曰：有吴延陵季子之墓。後之誌者，若是焉可矣。而内以誣其親，外以誣於人，是故君子恥之。吾子志於賢聖之學，苟卒爲賢聖之歸，是使其親爲賢聖者之父也，誌孰大焉？吾子曷已之？封君之存也，嘗以其田二頃給吾黨之貧者以資學，是於斯文爲有襄也。而又重以吾子之好無已，則如夫子之於札也乎？」

因爲之題其識墓之石曰：皇明封刑部主事浩齋陸君之墓。而書其事於石之陰。君諱璩，字文華，湖之歸安人。墓在樊澤。子澄舉進士，方爲刑部員外郎。澄之兄曰津。

今之志墓者，鋪張揚厲，幾以泉臺爲頌德之場，觀此，亦可知愧矣。

節菴方公墓表 乙酉

蘇之崑山有節庵方翁麟者，始爲士，業舉子。已而棄去，從其妻家朱氏居。朱故業商，其友曰：「子乃去士而從商乎？」翁笑曰：「子烏知士之不爲商，而商之不爲士乎？」其妻家勸之從事，遂爲郡從事。其友曰：「子又去士而從從事乎？」翁笑曰：「子又烏知士之不爲從事，而從事之不爲士乎？」居久之，嘆曰：「吾憤世之碌碌者刀錐利祿，而屑爲此，以矯俗振頹，乃今果不能爲益也。」又復棄去。會歲歉，盡出其所有以賑饑乏，朝廷義其所爲，榮之冠服，後復遥授建寧州吏目。翁視之蕭然若無與。與其配朱，竭力農耕，植其家，以士業授二子鵬、鳳，皆舉進士，歷官方面。翁既老，日與其鄉士爲詩酒會。鄉人多能道其平生，皆磊磊可異。

顧太史九和云：「吾嘗見翁與其二子書，亹亹皆忠孝節義之言，出於流俗，類古之知道者。」

陽明子曰：「古者四民異業而同道，其盡心焉一也。士之修治，農以具養，工以利器，商以通貨。各就其資之所近，力之所及者而業焉，以求盡其心。其歸要在於有益於生人之道，則一而已。士農以其盡心於修治具養者，而利器通貨，猶其工與商也。工商以其盡心於利器通貨者，而修治具養，猶其士與農也。故曰四民異業而同道。蓋昔舜叙九官，首稷而次契，垂工益虞，先於夔、龍。商、周之代，伊尹耕於莘野，傳説板築於巖，膠鬲舉於魚鹽，呂望釣於磻渭，百里奚處于市，孔子爲乘田委吏，其諸儀封、晨門、荷蕢、斲輪之徒，皆古之仁聖英賢，高潔不羣之士，書傳所稱，可考而信也。自王道熄而學術乖，人失其心，交騖於利，以相驅軼。於是始有歆士而卑農，榮宦遊而恥工賈，夷考其實，射時罔利有甚焉，特異其名耳。極其所趨，駕浮辭詭辯以誣世惑衆，比之具養器貨之益，罪浮而實反不逮。吾觀方翁「士商、從事」之喻，隱然有當於古四民之義，若有激而云者。嗚呼，斯義之亡也久矣，翁殆有所聞歟，抑其天質之美而默有契也？吾於是而重有所感焉。吾嘗獲交於翁二子，皆潁然敦古道，敏志於學。其居官臨民，務在濟世及物，求盡其心。吾以是得其源流，故爲之論著之云耳。翁既殁，葬於邑西馬鞍山之麓，配朱孺人有賢行，蓋合葬焉。鄉人爲表其墓曰：明贈禮部主事節菴方公之墓。嗚呼，若公者，其亦可表也已！」

聖人之道，惟求有益於民生日用而已。故以得道者視之，則農工商賈無非至道，自世趨於富貴利達，始只知尊士而薄農工商賈。此表不獨可以表節菴，亦可以醒世。

湛賢母陳太孺人墓碑 甲戌

湛子之母卒於京師，葬於增城。陽明子迎而弔諸龍江之滸。已，湛子泣曰：「若水之辱於吾子，蓋人莫不聞，吾母殁而子無一言，人將以病子。」陽明子曰：「名者，爲之銘矣；表者，爲之表矣。某何言？雖然，良亦無以紓吾情。吾聞太孺人之生七十有九，其在孀居者餘四十年，端靖嚴潔如一日。既老，雖其至親卑幼之請謁，見之未嘗踰閾也。不亦貞乎？績麻舂粱，教其子以顯，嘗使從白沙之門。曰：『寧學聖人而未至也。』不亦知乎？恤其庶姑，與其庶叔，化厲爲順。撫孤與女，愛不違訓。不亦慈乎？已膺封錫，禄養備至，而縞衣疏食，不改其初，不亦儉乎？貞知慈儉，老而彌堅，不亦賢乎？請著其石，曰：湛賢母之墓。」湛子拜泣而受之。

既行，人曰：「湛母之賢，信矣。若湛子之賢，則吾猶有疑焉。湛子始以其母之老，不試者十有三年，是也。復出而取上第，爲美官，則何居？母亦老矣，又去其鄉而迎養，既歸復往，卒於旅，則何居？」

陽明子曰：「是烏足以疑湛子矣。夫湛子，純孝人也，事親以老於畎畝，其志也。其出而仕，母命之也；其迎之也，母欲之也；既歸而復往，母泣而强之也。是能無從乎？無大拂於義，將東西南北之惟命，彼湛子者，亦豈以人之譽毁於外者以易其愛親之誠乎？」

曰：「湛子而是，則湛母非歟？」

曰：「烏足以非湛母矣。夫湛父之早世也，屬其子曰：『必以顯吾世。』故命之出者，行其夫之志也；就之養者，安其子之心也；强之往者，勉其子之忠，以卒其夫之願也。昔者孟母斷機以勵其子，蓋不歸者幾年。君子不以孟子爲失養，孟母爲非訓。今湛母之心亦若此，而湛子又未嘗違乎養也。故湛母，賢母也；湛子，孝子也。然猶不免於世惑，吾雖欲無言也，可得乎？」

太傅王文恪公傳 丁亥

公諱鏊，字濟之。王氏，其先自汴扈宋南渡，諱百八者，始居吳之洞庭山。曾祖伯英，祖惟道，考光化知縣朝用，皆贈光禄大夫、柱國、少傅、兼太子太傅、户部尚書、武英殿大學士。妣三代皆一品夫人。

公自幼穎悟不凡，十六隨父讀書太學，太學諸生爭傳誦其文，一時先達名流，咸屈年行求爲友。侍郎葉文莊，提學御史陳士賢，咸有重望于時，見而奇之曰「天下士」。於是名聲動遠邇。成化甲午，應天鄉試第一。主司異其文，曰：「蘇子瞻之流也。」録其論策，不易一字。乙未會試，復第一。入奉廷對，衆望翕然，執政忌其文，乃置一甲第三。時論以爲屈。

授翰林編修，閉門力學，避遠權勢，若將浼焉。九載，陞侍講，憲廟實録成，陞右諭德，尋薦爲侍講學士，兼日講官。每進講，至天理人欲之辯，君子小人之用舍，必反覆規諭，務盡啓沃。方春，上遊後苑，左右諫不聽，公講文王不敢盤于遊田，上爲罷遊。講罷，當召所幸廣戒之曰：「今日講官所指，殆爲若等，好爲之。」

時東宫將出閣，大臣請選正人以端國本，首薦用公，以本官兼諭德，尋陞少詹事，兼侍講學士。既而吏部闕侍郎，又遂以爲吏部。時北虜入寇，公上籌八事，雖忤權倖，而卒多施行。公輔之望日隆，於是災異，内閣謝公引咎求退，遂舉公以自代。

武宗在亮闇，内侍八人，荒遊亂政，臺諫交章，中外洶洶。公協韓司徒，率文武大臣伏闕以請。上大震怒，有旨召公等至左順門，中官傳諭甚厲，衆相視莫敢發言。公曰：「八人不去，亂本不除，天下何繇而治？」論議侃侃。韓亦危言繼之，中官語塞，一時國論倚以爲重。然自是八人者竟分布要路，瑾入柄司禮，而韓公遂逐，内閣劉、謝二公亦去矣。詔補内閣缺，瑾意欲引冢宰焦，衆議推公，瑾雖中忌，而外難公論，遂與焦俱入閣。瑾方威鉗士類，按索微瑕，輒枷械之，幾死者累累。公亟言於瑾曰：「士大夫可殺不可辱，今既辱之，又殺之，吾尚何顔於此？」繇是類從寬釋。瑾銜韓不已，必欲置之死，

千古一轍。

無敢言者。又欲以他事中内閣劉、謝二公。公前後力救之，乃皆得免。大司馬華容劉公以瑾舊怨，逮至京，將坐以激變土官岑氏罪死。公曰：「岑氏未叛，何名爲激變乎？」劉得減死。或惡石淙楊公於瑾，謂其築邊太費，屢以爲言。公曰：「楊有高才重望，爲國修邊，乃可以功爲罪乎？」瑾議焚廢后吴氏之喪以滅迹，曰：「不可以成服。」公曰：「服可以不成，葬不可以苟。」景泰汪妃薨，疑其禮。公曰：「妃廢不以罪，宜復其故號，葬以妃，祭以后。」皆從之。

當是時，瑾權傾中外，雖意不在公，然見公開誠與言，初亦間聽。及焦專事婞阿，議彌不協，而瑾驕悖日甚，毒流縉紳。公遏之不能得，居常戚然。瑾曰：「王先生居高位，何自苦乃爾耶？」公日求去，瑾意愈咈，衆虞禍且不測。公曰：「吾義當去，不去乃禍耳。」瑾使伺公無所得，且聞交贄亦絶，乃笑曰：「過矣。」於是懇疏三上，許之，賜璽書、乘傳，歲夫月米以歸。時方危公之求去，咸以爲異數云。

公既歸吴，屏謝紛囂，翛然山水之間，究心理性，尚友千古。至其與人，清而不絶於俗，和而不淆於時。無貴賤少長，咸敬慕悦服，有所興起。平生嗜欲澹然，吴中士夫所好尚珎賞觀遊之具，一無所入。惟喜文辭翰墨之事，

獨攬性論之語可翼性理。

至是亦皆脱落雕繢，出之自然。中年嘗作明理、克己二箴，以進德砥行。及充養既久，晚益純明。

凡所著述，必有所發，其論性善云：「欲知性之善乎，盍反而内觀乎？寂然不動之中而有至虚至靈者存焉，湛兮其非有也，窅兮其非無也，不墮於中邊，不雜於聲臭，當是時也，善且未形，而惡有所謂惡者哉？惡有所謂善惡混者哉？惡有所謂三品者哉？性，其猶鑑乎？鑑者，善應而不留，物來則應，物去則空，鑑何有焉？性惟虚也，惟靈也，惡安從生？其生於蔽乎？氣質者，性之所寓也，亦性之所繇蔽也。氣質異而性隨之，譬之珠焉，硺於澄淵則明，硺於濁水則昏，硺於污穢則穢。澄淵，上智也；濁水，凡庶也；污穢，下愚也。天地間愊塞充滿皆氣也，氣之靈，皆性也。人得氣以生，而靈隨之。譬之月在天，物各隨其分而受之，江湖淮海此月也，池沼此月也，溝渠此月也，坑塹亦此月也，豈必物物而授之。心者，月之魄也；性者，月之光也；情者，光之發於物者也。」

其所論造，後儒多未之及。居閑十餘年，海内士夫交章論薦不輟。及今上即位，始遣官優禮，歲時存問。將復起公，而公已殁。時嘉靖三年三月十一日，壽七十五矣。贈太傅，謚文恪，祭葬有加禮。四子。延喆，中書舍人。延素，南京中軍都督府都事。延陵，郡學生。延昭尚幼。皆彬彬世其家。

史臣曰：世所謂完人，若震澤先生王公者非邪？內裕倫常，無俯仰之憾；外際明良，極禄位聲光之顯。自爲童子至於耆耋，自廟朝下逮閭巷，至於偏隅，或師其文學，或慕其節行，或仰其德業，隨所見異其稱，莫或有瑕疵之者。所謂壽福康寧，攸好德而考終命，公殆無媿爾矣！

無錫邵尚書國賢，與公婿徐學士子容皆文名冠一時，其稱公之文，規模昌黎，以及秦、漢，純而不流于弱，奇而不涉于恠，雄偉俊潔，體裁截然，振起一代之衰，得法於孟子，論辯多古人未發。詩蕭散清逸，有王、岑風格。書法清勁自成，得晉、唐筆意。天下皆以爲知言。陽明子曰：「王公所深造，世或未之能盡也，然而言之亦難矣。著其性善之説，以微見其槩，使後世之求公者以是觀之。」

論元年春王正月 戊辰

聖人之言，明白簡實，而學者每求之於艱深隱奥，是以爲論愈詳，而其意益晦。春秋書「元年春王正月」，蓋仲尼作經始筆也。以予觀之，亦何有於可疑？而世儒之爲説者，或以爲周雖建子而不改月，或以爲周改月而不改時。其最爲有據而爲世所宗者，則以夫子嘗欲行夏之時，此以夏時冠周月，蓋見諸行事之實也。紛紛之論，至不可勝舉。遂使聖人明易簡實之訓，反爲千古不決之疑。

嗟夫，聖人亦人耳，豈獨其言之有遠於人情乎哉？而儒者以爲是聖人之言，而必求之於不可窺測之地，則已過矣。夫聖人之示人無隱，若日月之垂象於天，非有變恠恍惚，有目者之所睹。而及其至也，巧曆有所不能計，精於理者，有弗能盡知也。如是而已矣。若世儒之論，是後世任情用智、拂理亂常者之爲，而謂聖人爲之耶？

夫子嘗曰：「吾從周。」又曰：「非天子不議禮，不制度。生乎今之世，反古之道，災及其身者也。」仲尼有聖德無其位，而改周之正朔，是議禮制度自己出矣，其得爲從周乎？ 聖人一言，世爲天下法，而身自違之，其何以訓天下？

夫子患天下之夷狄橫，諸侯強背，不復知有天王也。於是乎作春秋以誅僭亂，尊周室，正一王之大法而已。乃首改周之正朔，其何以服亂臣賊子之心？ 春秋之法，變舊章者必誅，若宣公之稅畝；紊王制者必誅，若鄭莊之歸祊；無王命者必誅，若莒人之入向。是三者之有罪，固猶未至於變易天王正朔之甚也。使魯宣、鄭莊之徒，舉是以詰夫子，則將何辭以對？ 是攘隣之雞而惡其爲盜，責人之不弟而自毆其兄也。豈春秋忠恕，先自治而後治人之意乎？

今必泥於「行夏之時」之一言，而曲爲之說，以爲是固見諸行事之驗。又引孟子「春秋，天子之事」，罪我者其惟春秋」之言而證之，夫謂春秋爲天子之事者，謂其時天王之法不行於天下，而夫子作是以明之耳。其賞人之功，罰人之罪，誅人之惡，與人之善，蓋亦據事直書，而褒貶自見。若士師之斷獄，辭具而獄成，然夫子猶自嫌於侵史之職，明天子之權，而謂天下後世，且將以是而罪我，固未嘗取無罪之人而論斷之，曰：吾以明法於天下。取時王之制而更易之，曰：吾以垂訓於後人。法未及明，訓未及垂，而已自陷於殺人，比於亂逆之黨矣。此在中世之士，稍知忌憚者所不爲，而謂聖人而爲此，亦見其陰黨於亂逆，誣聖言而助之攻也已。

或曰：「子言之則然耳，爲是説者，以伊訓之書『元祀十有二月』，而證周之不改月。以史記之稱『元年冬十月』，而證周之不改時。是亦未爲無據也。子之謂周之改月與時也，獨何據乎？」

曰：「吾據春秋之文也。夫商而改月，則伊訓必不書曰『元祀十有二月』；秦而改時，則史記必不書曰『元年冬十月』；周不改月與時也，則春秋亦必不書曰『春王正月』。春秋而書曰『春王正月』，則其改月與時已何疑焉？況禮記稱正月七月日至，而前漢律曆至武王伐紂之歲，周正月辛卯朔合辰在斗前一度，戊午，師度孟津，明日己未冬至。考之太誓，『十有三年春』，武成『一月壬辰』之説，皆足以相爲發明，證周之改月與時。而予意直據夫子春秋之筆，有不必更援是以爲之證者。今舍夫子明白無疑之直筆，而必欲傍引曲據，證之於穿鑿可疑之地而後已，是惑之甚也。」

曰：「如子之言，則冬可以爲春乎？」

曰：「何爲而不可。陽生於子而極於巳午，陰生於午而極於亥子。陽生而春始，盡於寅而猶夏之春也。陰生而秋始，盡於申而猶夏之秋也。自一陽之復，以極於六陽之乾，而爲春夏。自一陰之姤，以極於六陰之坤，而爲秋冬。此文王之所演，而周公之所係，武王、周公，其論之審矣。若夫仲尼夏時之論，則以其關於人事者，比之建子爲尤切，而非謂其爲不可也。啟之征有扈，曰『怠棄三正』，則三正之用，在夏而已然，非始於周而後有矣。」

曰：「夏時冠周月，此安定之論，而程子亦嘗云爾。曾謂程子之賢而不及是也，何哉？」

曰：「非謂其知之不及也。程子蓋泥於論語『行夏之時』之言，求其説而不得，從而爲之辭。蓋推求聖言之過耳。夫論語者，夫子議道之書；而春秋者，魯國紀事之史。議道自夫子，則不可以不盡；紀事在魯國，則不可以不實。道並行而不相悖者也。且周雖建子，而不改時與月，則固夏時矣，而夫子又何以『行夏之時』云乎？程子之云，蓋亦推求聖言之過耳。庸何傷？夫子嘗曰：君子不以人廢言。使程子而猶在也，其殆不廢予言矣。」

皇明周洪謨著周正辯，其援引證據更博，更確，當與此參看。蓋正月與正朔不同，一爲曆官紀月之首，一爲史官紀事之首，其論尤精。

三箴

嗚呼小子，曾不知警。堯詎未聖，猶日兢兢。既墜于淵，猶恬履薄。既折爾肱㊀，猶邁奔蹶。人之冥頑，則疇與汝。不見瘻痹，砭廼斯愈。不見劑廼斯起。人之毀詬，皆汝砭劑。汝曾不知，反以爲怒。匪怒伊色，亦反其語。汝之冥頑，則疇之比？嗚呼小子，告爾不一，既四十有五，而曾是不憶。

嗚呼小子，慎爾出話。慄言維多，吉言維寡。多言何益，徒以取禍。德默而成，仁者言訒。孰默而譏？孰訒而病？譽人之善，過情猶恥。言人之非，罪曷有已？嗚呼多言，亦惟汝心。汝心而存，將日欽欽。豈遑多言，上帝汝臨。

嗚呼小子，辭章之習，爾工何爲？不以鈞譽，不以蠱愚。佻彼優伶，爾視孔醜。覆蹈其術，爾顏不厚。日月踰邁，爾胡不恤？乘㊁爾天命，昵爾讎賊。昔皇多士，亦胥茲溺。爾獨不鑒，自抵伊亟。

㊀「肱」，全書作「股」。 ㊁「乘」，全書作「棄」，是。

非懲忿窒慾之深，必不能出斯語。

銘一首

來爾同志，古訓爾陳：惟古爲學，在求放心。心苟或放，學乃徒勤。勿憂文辭之不富，惟慮此心之未純。勿憂名譽之不顯，惟慮此心之或湮。斯須不敬鄙慢入，造次不謹放僻成。反觀而内照，虚己以受人。言勿傷於煩易，志勿惰於因循。勿以亡而爲有，勿以虚而爲盈。勿遂非而文過，勿務外而徇名。温温恭人，允惟基德。堂堂張也，難與爲仁。卓爾在如愚之回，一貫乃質魯之參。終身可行惟一恕，三年之功去一矜。不貴其辯貴其訥，不患其鈍患其輕。惟黽焉而時敏，乃闇然而日新。凡我同志，宜鑒兹銘。

爲善最樂文　丁亥

君子樂得其道，小人樂得其欲。然小人之得其欲也，吾亦但見其苦而已耳。五色令人目盲，五聲令人耳聾，五味令人口爽，馳騁田獵令人心發狂。營營戚戚，憂患終身，心勞而日拙，欲縱惡積，以亡其生，烏在其爲樂也乎？

此事亦異。

若夫君子之爲善，則仰不媿，俯不怍，明無人非，幽無鬼責，優優蕩蕩，心逸日休。宗族稱其孝，鄉黨稱其弟。言而人莫不信，行而人莫不悦。所謂無入而不自得也，亦何樂如之？

妻弟諸用明，積德勵善，有可用之才而不求仕。人曰：「子獨不樂仕乎？」用明曰：「爲善最樂也。」因以四字扁其退居之軒，率二子階、陽，日與鄉之俊彦，讀書講學於其中。已而二子學日有成，登賢薦秀。鄉人嘖嘖，皆曰：「此亦爲善最樂之效也。」用明笑曰：「爲善之樂，大行不加，窮居不損，豈顧於得失榮辱之間而論之？」聞者心服。僕夫治圃，得一鏡，以獻於用明。刮土而視之，背亦適有「爲善最樂」四字。坐客嘆異，皆曰此用明爲善之符，誠若亦不偶然者也。相與詠其事，而來請於予以書之，用以訓其子孫，遂以勗夫鄉之後進。

瘞旅文　戊辰

吾姚向爲寓内望邑，家塾黨庠，人思勵行，有隱君子若此。今何風之邈也？

維正德四年秋月三日，有吏目云自京來者，不知其名氏。携一子一僕，將之任，過龍場，投宿土苗家。予從籬落間望見之，陰雨昏黑，欲就問訊北來事，不果。明早，遣人覘之，已行矣。

薄午，有人自蜈蚣坡來，云一老人死坡下，傍兩人哭之哀。予曰：「此必吏目死矣。傷哉。」薄暮，復有人來，云坡下死者二人，傍一人坐嘆。詢其狀，則其子又死矣。明早㊀，復有人來，云見坡下積尸三焉，則其僕又死矣。嗚呼，傷哉！念其暴骨無主，將二童子持畚鍤往瘞之。二童子有難色然。予曰：「嘻，吾與爾猶彼也。」二童憫然涕下，請往。

就其傍山麓爲三坎埋之，又以隻鷄、飯三盂，嗟吁涕洟而告之曰：嗚呼傷哉，緊何人？緊何人？吾龍場驛丞餘姚王守仁也。吾與爾皆中土之産，吾不知爾郡邑，爾烏爲乎來爲茲山之鬼乎？古者重去其鄉，遊宦不踰千里，吾以竄逐而來此宜也。爾亦何辜乎？聞爾官吏目耳，俸不能五斗，爾率妻子躬耕可有也。烏爲乎以五斗而易爾七尺之軀，又不足而益以爾子與僕乎？嗚呼傷哉！爾誠戀茲五斗而來，則宜欣然就道，烏爲乎吾昨望見爾容蹙然，

㊀「早」，全書作「日」。

蓋不任其憂者？夫冲冒霧露，扳援崖壁，行萬峰之頂，饑渴勞頓，筋骨疲憊，而又瘴癘侵其外，憂鬱攻其中，其能以無死乎？吾固知爾之必死，然不謂若是其速，又不謂爾子爾僕亦遽爾奄忽也。皆爾自取，謂之何哉！吾念爾三骨之無依，而來瘞爾，乃使吾有無窮之愴也。嗚呼傷㊀哉！縱不爾瘞，幽厓之狐成羣，陰壑之虺如車輪，亦必能葬爾於腹，不致久暴露爾。爾既已無知，然吾何能爲心乎？自吾去父母鄉國而來此二年矣，歷瘴毒而苟能自全，以吾未嘗一日之戚戚也。今悲傷若此，是吾爲爾者重，而自爲者輕也，吾不宜復爲爾悲矣。

吾爲爾歌，爾聽之，歌曰：連峰際天兮飛鳥不通，遊子懷鄉兮莫知西東。莫知西東兮維天則同，異域殊方兮環海之中，達觀隨寓兮奚必予宮。魂兮魂兮，無悲以恫。

又歌以慰之曰：與爾皆鄉土之離兮，蠻之人言語不相知兮，性命不可期。吾苟死於兹兮，率爾子僕來從予兮，吾與爾遨以嬉兮。驂紫彪而乘文螭兮，

是實學問。

㊀「傷」，全書作「痛」。

登望故鄉而噓唏兮。吾苟獲生歸兮，爾子爾僕尚爾隨兮，無以無侶悲兮。道傍之塚累累兮，多中土之流離兮。相與呼嘯而徘徊兮，飡風飲露，無爾饑兮。朝友麋鹿，暮猿與栖兮。爾安爾居兮，無爲厲於兹墟兮。

讀之令人哀感百集，讀到「未嘗一日之戚戚」，又令人憂思頓忘。

祭浰頭山神文 戊寅

維正德十三年戊寅二月十五日甲申，提督軍務都御史王某，謹以剛鬣柔毛，昭告于浰頭山川之神：惟廣谷大川，阜財興物，以域民畜衆。故古者諸侯祭封内山川，亦惟其有功於民。然地靈則人傑，人之無良，亦足以爲山川之羞。兹土爲盗賊所盤據且數十年，遠近之稱浰頭者，皆曰賊巢，恥莫大焉，是豈山川之罪哉？雖然，清洌之井，糞穢而不除，久則同於厠溷矣。丹鳳之穴，鴟狐聚而不去，久則化爲妖窟矣。糞穢之所，過者掩鼻；妖孽之窟，人將持刃燔燎，環而攻之。何者？其積聚招致使然也。誠使除其糞穢，刮剜滌蕩，將不終朝而復其清洌。鴟狐逐而鸞鳳歸，妖孽之窟，還爲孕祥育瑞之所矣。今兹土之山川，亦何以異於是。

守仁奉天子明命，來鎮四陲。憤浰賊之兇悖，民苦荼毒，無所控籲。故遁者計擒渠魁，提兵搗其巢穴。所向克捷，動獲如志。斯固人怨神怒，天人應順之理。將或兹土山川之神，厭惡兇殘，思一㊀洗其積辱，陰有以相協，假手於予。今駐兵於此，彌月餘旬，雖巢穴悉已掃蕩，擒斬十且八九，然漏殄之徒，尚有潛逃。小民不能無怨于山川之神爲之逋逃主，萃淵藪也。今予提兵深入，豈獨除民之害，亦爲山川之神雪其恥。夫安舊染，棄新圖，非中人之情，而况於鬼神乎？今此殘徒，勢窮力屈，亦方遣人投招。將順而撫之，則慮其無革心之誠，復遺患於日後。逆而弗受，又恐其或出於誠心，殺之有不忍也。神其陰有以相協，使此殘寇而果誠心邪，即益㊁佑其衷，俾盡攜其黨類，自縛來投，若水之赴壑，予將隄沿停畜之。如其設詐懷奸，即陰奪其魄，張我軍威，風驅電掃，一鼓而殲之。兹惟下民之福，亦惟神明之休，壇而祀之，神亦永永無作。惟神實鑒圖之，尚饗。

㊀「一」，全書作「欲」。　㊁「益」，全書作「陰」。

祭徐曰仁文　戊寅

嗚呼痛哉！曰仁，吾復何言？ 爾言在吾耳，爾貌在吾目，爾志在吾心。吾終可奈何哉？ 記爾在湘中還，嘗語予以壽不能長久，予詰其故。云：「嘗遊衡山，夢一老瞿曇撫曰仁背，謂曰：『子與顔子同德。』俄而曰：『亦與顔子同壽。』覺而疑之。」予曰：「夢耳，子疑之過也。」曰仁曰：「此亦可奈何？但今㊀得告疾，早歸林下，冀從事於先生之教，朝有所聞，夕死可矣。」

嗚呼，吾以爲是固夢耳，孰謂乃今而竟如所夢邪！ 向之所云，其果夢邪？ 今之所傳，其果真邪？ 今之所傳，亦果夢邪？ 向之所夢，亦果妄邪？ 嗚呼痛哉。

曰仁嘗語予：「道之不明，幾百年矣。 今幸有所見，而又卒無所成，不亦尤可痛乎？ 願先生早歸陽明之麓，與二三子講明斯道，以誠身淑後。」予曰：「吾志也。」自轉官南、贛，即欲過家堅卧不出。 曰仁曰：「未可。 紛紛之議方

㊀「今」，全書作「令」。

馳，先生且一行，愛與二三子姑爲饘粥計，先生了事而歸。」

嗚呼，孰謂曰仁而乃先止於是乎？吾今縱歸陽明之麓，孰與予共此志矣？二三子又且離羣而索居，吾言之而孰聽之？吾倡之而孰和之？吾知之而孰問之？吾疑之而孰思之？嗚呼，吾無與樂餘生矣。吾已無所進，曰仁之進未量也。天而喪予也，則喪予矣，而又喪吾曰仁，何哉？天胡酷且烈也？嗚呼痛哉！朋友之中，能復有知予之深、信予之篤如曰仁者乎？

夫道之不明也，繇於不知不信，使吾道而非邪，則已矣；吾道而是邪，吾能無蘄於人之不予知、予信乎？自得曰仁訃，蓋哽咽而不能食者兩日，人皆勸予食。嗚呼，吾有無窮之志，恐一旦遂死不克就，將以托之曰仁。而曰仁今則已矣。曰仁之志吾知之，幸未即死，又忍使其無成乎？於是復强食。嗚呼痛哉！吾今無復有意於人世矣。姑俟冬春㊀之交，兵革之役稍定，即拂袖而歸陽明。二三子苟有予從者，尚與之切磋砥礪，務求如平日與曰仁之所

㊀「春」，全書作「夏」。

云，縱舉世不以予爲然者，亦且樂而忘其死。惟百世以俟聖人而不惑耳。曰仁有知，其尚能啓予之昏，而警予之惰邪？嗚呼痛哉！予復何言！

所謂非夫人之爲慟而誰爲者，千古只一見耳。

又祭徐曰仁文　甲申

嗚呼，曰仁！別我而逝兮十年于今，葬茲丘兮宿草幾青。我思君兮一來尋，林木拱兮山日深。君不見兮，窅嵯峨之雲岑。四方之英賢兮日來臻，君獨胡爲兮與鶴飛而猿吟。憶麗澤兮歆歆，奠椒醑兮松之陰。良知之說兮聞不聞，道無間於隱顯兮，豈幽明而異心。我歌白雲兮，誰同此音？

陽明先生集要文章編卷四

太白樓賦　丙辰

太白有大鵬賦。

歲丙辰之孟冬兮，泛扁舟予南征。凌濟川之驚濤兮，覽層搆乎任城。曰太白之故居兮，儼高風之猶在。蔡侯導余以從陟兮，將放觀乎四海。木蕭蕭而亂下兮，江浩浩而無窮。鯨敖敖而涌海兮，鵬翼翼而承風。月生輝於采石兮，日留景於嶽峰。蔽長煙乎天姥兮，渺匡廬之雲松。慨昔人之安在兮，吾將上下求索而不可。蹇予雖非白之儔兮，遇季真之知我。羌後人之視今兮，又烏知其不果？

吁嗟太白公奚爲其居此兮？余奚爲其復來？倚穹霄以流盼兮，固千載之一哀。昔夏桀之顛覆兮，尹退乎莘之野。成湯之立賢兮，廼登庸而伐夏。謂鼎俎其要説兮，維黨人之擠詬。曾聖哲之匡時兮，夫焉前枉而直後。當天寶之末代兮，淫好色以信讒。惡來妹喜其猖獗兮，衆皆狐媚以貪婪。判獨毅而不顧兮，爰命夫以僕妾之役。寧直死以顣頷兮，夫焉患得而局促。開元之紹基兮，亦遑遑其求理。生逢時以就列兮，固雲臺麒閣而容與。夫何漂泊于天之涯兮，登斯樓乎延佇。信流俗之嫉妬兮，自前世而固然。

懷夫子之故都兮，沛余涕之湲湲。廟堂之偃蹇兮，或非情之所好。惟不合於斯世兮，恣沈酣而遠眺。進吾不遇於武丁兮，退吾將顔氏之簞瓢。奚麴蘗其昏迷兮，亦夫子之所逃。管仲之輔糾兮，孔聖與其改行。佐璘而失節兮，始以見道之未明。覩夜郎之有作兮，横逸氣以徘徊。亦初心之無他兮，故雖悔而弗摧。吁嗟其誰無過兮，抗直氣之爲難。輕萬乘於褐夫兮，固孟軻之所歎。曠絶代而相感兮，望天宇之漫漫。去夫子其千祀兮，世益隘以周容。媒婦妾以馳騖兮，又從而爲之吮癰。賢者化而改度兮，競規曲以爲同㊀。嶧山青兮河流瀉，風颼颼兮濬平野。凭高樓兮不見，舟楫紛兮樓之下。舟之人兮儼服，亦有庶幾夫子之蹤者。

先生與太白品格懸絶，何異蘇合之與蛣蜣，然取其賦清平調三章，有傲睨萬乘之說得公道。

㊀ 全書「同」下有「卒曰」二字。

氣，而慨時俗之媕阿。有賈傅弔靈均之意。雖蘇長公亦有此論，然先生之賦更妙。

黄樓夜濤賦

朱君朝章將復黄樓，爲予言其故。夜泊彭城之下，子瞻呼予曰：「吾將與子聽黄樓之夜濤乎！」覺則夢也，感子瞻之事，作黄樓夜濤賦。

子瞻與客宴於黄樓之上，已而客散，日夕，暝色横樓，明月未出。乃隱几而坐，嗒焉以息。忽有大聲起於穹窿，徐而察之，乃在西山之麓。倏焉改聽，又似夾河之曲。或隱或隆，若斷若逢。若揖讓而樂進，歙掀舞以相雄。觸孤憤於匡石，駕逸氣於長風。爾乃乍闔復闢，既横且縱。摐摐渢渢，洶洶瀜瀜，若風雨驟至，林壑崩奔。振長平之屋瓦，舞泰山之喬松。咽悲吟於下浦，激高響於遥空。恍不知其所止，而忽已過於吕梁之東矣。

子瞻曰：「噫嘻，異哉，是何聲之壯且悲也！其烏江之兵散而東下，感悵中之悲歌，慷慨激烈，吞聲飲泣，怒戰未已，憤氣決臆，倒戈曳戟，紛紛籍籍，狂奔疾走，呼號相及，而復會於彭城之側者乎？其赤帝之子，威加海内，思歸故鄉，千乘萬騎，霧奔雲從，車轍轟霆，旌旗蔽空，擊萬夫之鼓，撞千石之鐘，唱大風之歌，按節翱翔，而將返於沛宫者乎？」

於是慨然長噫，欠伸起立，使童子啟户。憑欄而望之，則煙光已散，河影垂虹，帆檣泊於洲渚，夜氣起於郊坰，而明月固已出於芒碭之峰矣。

子瞻曰：「噫嘻，予固疑其爲濤聲也。夫風水之遭於澒洞之濱而爲是也。兹非南郭子綦之所謂天籟者乎？而其誰倡之乎？其誰和之乎？其誰聽之乎？當其滔天浴日，湮谷崩山，横奔四潰，茫然東翻，以與吾城之争於尺寸間也。吾方計窮力屈，氣索神憊，懔孤城之岌岌，覬須臾之未壞，山頽於目懵，霆擊於耳聵，而豈復知所謂天籟者乎？及其水退城完，河流就道，脱魚腹而出塗泥，乃與一二三子徘徊兹樓之上而聽之也。然後見其汪洋涵浴，潏潏汩汩，澎湃掀簸，震蕩澤渤，吁者爲竽，噴者爲箎，作止疾徐，鐘磬柷敔，奏文以始，亂武以居。呶者，嗃者，嚻者，嗥者，翕而同者，繹而從者，而啁啁者，而嘐嘐者。蓋吾俯而聽之，則若奏簫咸於洞庭。仰而聞焉，又若張鈞天於廣野。是蓋有無之相激，其殆造物者將以寫千古之不平，而用以蕩吾胸中之噎鬱者乎？而吾亦胡爲而不樂也。」

客曰：「子瞻之言過矣。方其奔騰漂蕩，而以厄子之孤城也，固有莫之爲而爲者，而豈水之能爲之乎？及其安流順道，風水相激，而爲是天籟也，亦有莫之爲而爲者，而豈水之能爲之乎？夫水亦何心之有哉？而子乃欲據其所有者以爲歡，而追其既往者以爲戚，是豈達人之大觀，將不得爲上士之妙識矣。」

子瞻喂然而笑曰：「客之言是也。」乃作歌曰：「濤之興兮，吾聞其聲兮。濤之息兮，吾泯其迹兮。吾將乘一氣以遊於鴻濛兮，夫孰知其所極兮？」

弘治甲子七月，書於百步洪之養浩軒。

此先生達命之言也，可與前後赤壁兩賦竝垂。

來雨山雪圖賦

開口空曠，便有俯視一世之概。

昔年大雪會稽山，我時放迹遊其間。巖岫皆失色，崖壑俱改顔。歷高林兮入深巒，銀幢寶纛森圍圜。長矛利戟白齒齒，駭心慄膽，如穿虎豹之重關。澗谿埋没不可辨，長松之杪，修竹之下，時聞寒溜聲潺潺。沓嶂連天，凝華積鉛。嵯峨嶄削，浩蕩無顛。嶙峋眩耀勢欲倒，溪廻路轉，忽然當之，却立仰視不敢前。嵌竇飛瀑，忽然中瀉。冰磴崚嶒，上通天罅。枯藤古葛，倚巖嶔而高掛，如瘦蛟老螭之蟠糾，蛻皮換骨而將化。

舉手攀援足未定，鱗甲紛紛而亂下。側足登龍虬，傾耳俯聽寒籟之颼颼。陸風蹀躡，直際縹緲恍惚最高之上頭。廼是仙都玉京，中有上帝遨遊之三十六瑶宫，傍有玉妃舞婆娑十二層之瓊樓。下隔人世知幾許，真境倒照見毛髪，凡骨高寒難久留。

劃然長嘯，天花墜空。素屏縞障坐不厭，琪林珠樹窺玲瓏。白鹿來飲澗，騎之下千峰。驚㊀猿怨鶴時一叫，彷彿深谷之底呼其侶。蒼茫之外，争行蹙陣排天風，鑒湖萬頃寒濛濛。雙袖拂開湖上雲，照我鬚眉，忽然皓白成衰翁。手掬湖水洗雙眼，回看羣山萬朶玉芙蓉。草團蒲帳青莎蓬，浩歌夜宿湖水東。夢魂清徹不得寐，乾坤俯仰真在冰壺中。

幽朔陰巖地，歲暮常多雪。獨無湖山之勝，使我每每對雪長鬱結。朝回策馬入秋臺，高堂大壁寒崔嵬。恍然昔日之湖山，雙目驚喜三載又一開。誰能縮地法，此景何來？石田畫師我非爾，胸中胡爲亦有此？來君神骨清莫比，此景奇絶酷相似。石田此景非爾不能摸來君，來君非爾不可當此圖。我

㊀「驚」，全書作「寡」。

嘗親遊此景得其趣，爲君題詩，非我其誰乎！

寄興詩

遊金山寺

二詩係先生十一歲時隨海日翁登金山作也，氣概不凡若此，先生真天授哉。

金山一點大如拳，打破維揚水底天。醉倚妙高臺上月，玉簫吹徹洞龍眠。

蔽月山

山近月遠覺月小，便道此山大於月。若人有眼大如天，還見山小月更闊。

題四老圍棋圖

世外煙霞亦許時，至今風致後人思。却懷劉、項當年事，不及山中一着棋。

化城寺　其三㊀

雲端鼓角落星斗，松頂袈裟散雨花。一百六峯開碧漢，八十四梯踏紫

㊀「其三」二字據原目補。

霞。山空仙骨葬金椰，春暖石芝抽玉芽。獨揮談塵拂煙霞，一笑天地真無涯。

山東詩

弘治甲子年起復，主試山東時作。

登泰山五首

曉登泰山道，行行入煙霏。陽光散巖壑，秋容淡相輝。雲梯掛青壁，仰見蛛絲微。長風吹海色，飄颻送天衣。峰頂動笙樂，青童兩相依。振衣將往從，凌雲忽高飛。揮手若相待，丹霞閃餘暉。凡軀無健羽，悵望未能歸。

末首結語方露出魯叟，格高漢、唐之上。

其二

天門何崔嵬，下見青雲浮。泱漭絶人世，迥豁高天秋。暝色從地起，夜宿天上樓。天雞鳴半夜，日出東海頭。隱約蓬壺樹，縹緲扶桑洲。浩歌落青冥，遺響入滄流。唐、虞變楚、漢，滅没如風漚。藐矣鶴山僊，秦皇豈堪求。金砂費日月，頹顔竟難留。吾意在龐古，冷然馭凉颸。相期廣成子，太虚顯遨遊。枯槁向巖谷，黄綺不足儔。

其三

窮厓不可極，飛步淩煙虹。危泉瀉石道，空影垂雲松。千峰互攢簇，掩映青芙蓉。高臺倚巉削，傾側臨崆峒。失足墮烟霧，碎骨巔厓中。下愚竟難曉，摧折紛相從。吾方坐日觀，披雲笑天風。赤水問軒后，蒼梧叫重瞳。隱隱落天語，閶闔開玲瓏。去去勿復道，濁世將焉窮。

其四

塵網苦羈縻，富貴真露草。不如騎白鹿，東遊入蓬島。朝登泰山望，洪濤隔縹緲。陽輝出海雲，來作天門曉。遥見碧霞君，翩翩起員嶠。玉女紫鸞笙，雙吹入晴昊。舉首望不及，下拜風浩浩。擲我玉虛篇，讀之殊未了。傍有長眉翁，一一能指道。從此煉金砂，人間跡如掃。

其五

我才不救時，匡扶志空大。置我有無間，緩急非所賴。孤坐萬峰巔，嗒然遺下塊。已矣復何求，至精諒斯在。澹泊匪虛杳，灑脱無芥蒂。世人聞予言，不笑即吁怪。吾亦不强語，惟復笑相待。魯叟不可作，此意聊自快。

泰山高次王内翰司獻韻

歐生誠楚人，但識廬山高。廬山之高猶可計尋丈，若夫泰山，仰視恍惚，吾不知其尚在青天之下乎？其已直出青天上？我欲倣擬試作泰山高，但恐培塿之見，未能測識高大，筆底難具狀。扶輿磅薄元氣鍾，突兀半遮天地東。南衡北恒西泰華，俯視傴僂誰爭雄？人寰茫昧乍隱見，雷雨初解開鴻濛。繡壁丹梯，煙霏靄靄。海日初湧，照耀蒼翠。平麓遠抱滄海灣，日觀正與扶桑對。聽濤聲之下瀉，知百川之東會。天門石扇，豁然中開。幽崖邃谷，襞積隱埋。中有遯世之流，龜潛雌伏，飡霞吸秀於其間，往往怪譎多僊才。上有百丈之飛湍，懸空絡石，穿雲而直下，其源疑自青天來。巖頭膚寸出煙霧，須臾滂沱遍九垓。

古來登封，七十二主。後來相效，紛紛如雨。玉檢金函無不爲，只今埋沒知何許？但見白雲猶復起封中。斷碑無字，天外日日㊀磨剛風。飛塵過眼倏超忽，飄蕩豈復有遺踪。天空翠華遠，落日辭千峰。魯郊獲麟，岐陽會

多少感慨。

㊀「日日」，全書作「月日」。

鳳。明堂既毁，閟宫興頌。宣尼曳杖，逍遥一去不復來。幽泉嗚咽而含悲，羣巒拱揖如相送。俯仰宇宙，千載相望。墮山喬嶽，尚被其光。峻極配天，無敢頡頏。嗟予瞻眺門牆外，何能彷彿窺室堂。也來攀附攝遺迹，三千之下，不知亦許再拜占末行？吁嗟乎，泰山之高，其高不可極。半壁回首，此身不覺已在東斗傍。

讀此詩，先生經國之志已見，詩以言志，然哉。

萍鄉道中謁濂溪祠

木偶相沿恐未真，清輝亦復凜衣巾。簿書曾屑乘田吏，俎豆猶存畏壘民。碧水蒼山俱過化，光風霽月自傳神。千年私淑心喪後，下拜春祠薦渚蘋。

廬陵詩 正德庚午年三月遷廬陵尹作。

遊瑞峰 其一㊀

簿領終年未出郊，此行聊解俗人嘲。憂時有志懷先達，作縣無能愧舊

㊀「峰」，全書作「華」。又，「其一」二字據原目補。

交。松古尚存經雪幹，竹高還長拂雲梢。溪山處處堪行樂，正是浮名未易抛。

京師詩

正德庚午年十月陞南京刑部主事，辛未年入覲，調北京吏部主事作。

夜宿功德寺次宗賢韵　其一㊀

山行初試夾衣輕，脚軟黄塵石路生。一夜洞雲眠未足，湖風吹月渡溪清。

送守中至龍盤山中

未盡師生六日情，天教風雪阻西行。茅堂豈有春風坐，江郭虚留一月程。客邸琴書燈火静，故園風竹夢魂清。何年穩閉陽明洞，榾柮山爐煮石羹。

登閲江樓

絶頂樓荒舊有名，高皇曾此駐龍旌。險存道德虚天塹，守在蠻夷豈石

㊀「其一」二字據原目補。

城。山色古今餘王氣，江流天地變秋聲。登臨授簡誰能賦，千古新亭一愴情。

通天巖

青山隨地佳，豈必故園好。但得此身閑，塵寰亦蓬島。西林日初暮，明月來何早？醉卧石牀凉，洞雲秋未掃。

又次陳惟濬韻

四山落木正秋聲，獨上高峰望眼明。樹色遥連閩嶠碧，江流不盡楚天清。雲中想見雙龍轉，風外時傳一笛横。莫遣新愁添白髮，且呼明月醉沉觥。

寄江西諸士夫

甲馬驅馳已四年，秋風歸路更茫然。慚無國手醫民病，空有官銜縻俸錢。湖海風塵雖暫息，江湘水旱尚相沿。題詩忽憶并州句，回首江西亦故園。

歸興

一絲無補聖明朝，兩鬢徒看長二毛。自識淮陰非國士，縱來康節是人豪。時方多難容安枕，事已無能欲善刀。越水東頭尋舊隱，白雲茅屋數峰高。

泊金山寺二首　十月將趨行在。

但過金山便一登，鳴鐘出迓每勞僧。雲濤石壁深龍窟，風雨樓臺迥佛燈。難後詩懷全欲減，酒邊孤興尚堪憑。岩梯未用妨苔滑，曾踏天峰雪棧冰。

其二

醉入江風酒易醒，片帆西去雨冥冥。天迴江漢留孤柱，地缺東南着此亭。沙渚亂更新世態，峰巒不改舊時青。舟人指點龍王廟，欲話前朝不忍聽。

功成不喜，惟君是憂，出自忠愛。

舟夜

隨處看山一葉舟，夜深霜月亦兼愁。翠華此際遊何地，畫角中宵起戍樓。甲馬尚屯淮海北，旌旗初散楚江頭。洪濤滚滚乘風勢，容易開帆不易收。

過鞋山戲題

曾駕雙虬渡海東，青鞋失脚墮天風。經過已是千年後，踪迹依然一夢中。屈子慢勞傷世隘，楊朱空自泣途窮。正須坐我匡廬頂，濯足寒濤步曉空。

楊邃菴待隱園次韻五首㊀録二首

緑野春深地，山陰夜静時。冰霜緣逕滑，雲石向人危。平難心仍在，扶顛力未衰。江湖兵甲滿，吟罷有余思。

㊀「待隱園次韻五首」，全書作「待隱」。

此詩寓規於諷。

又

芳園待公隱，屯世待公亨。花竹深臺榭，風塵暗甲兵。一身良得計，四海未忘情。語及艱難際，停盃淚欲傾。

登小孤書壁

人言小孤殊阻絶，從來可望不可攀。上有顛崖勢欲墮，下有劍石交巉頑。峽風閃壁船難進，洪濤怒撞蛟龍關。帆檣摧縮不敢越，往往退次依前山。崖傍沙岸日東徙，忽成巨浸通西灣。帝心似憫舟楫苦，神斧夜闢無痕斑。風雷倏翕見萬恠，人謀不得容其間。我來鋭志欲一往，小舟微服沿回瀾。側身脇息仰天竇，懸空絶棧蛛絲慳。風吹卯酒眼花落，凍滑丹梯足力孱。青鼉吹雨出仍没，白鳥避客來復還。峯頭四顧盡落日，宛然風景如瀛寰。煙霞未覺三山遠，塵土聊乘半日閒。奇觀江海詎爲險，世情平地猶多艱。嗚呼！世情平地猶多艱。回瞻北極雙淚潸。

憂民憂國之詞，不作尋常興感。

立春　其二㊀

天涯霜雪嘆春遲，春到天涯思轉悲。破屋多時空杼軸，東風無力起瘡痍。周王車駕窮南服，漢將旌旗守北陲。莫訝春盤斷生菜，人間菜色正離仳。

又次壁間杜牧韻

春山路僻問歸樵，爲指前峰石逕遥。僧與白雲還暝壑，月隨滄海上寒潮。世情老去渾無賴，遊興年來獨未消。回首孤航又陳迹，疎鐘隔渚夜迢迢。

舟過銅陵埜云縣東小山有鐵船因往觀之果見其彷彿因題石上

青山滚滚如奔濤，鐵船何處來停橈。人間刳木寧有此？疑是仙人之所操。仙人一去已千載，山頭日日長風號。船頭出土尚彷佛，後岡有石云船稍。我行過此費忖度，昔人用心無乃忉。繇來風波平地惡，縱有鐵船還未

㊀「其二」二字據原目補。

牢。秦鞭驅之未能動，孱力何所施其篙。我欲乘之訪蓬島，雷師鼓舵虹爲鏁。弱流萬里不勝芥，復恐駕此成徒勞。世路難行每如此，獨立斜陽首重搔。

讀至此，真令英雄氣短。

觀九華龍潭

飛流三百丈，澒洞秘靈湫。峽坼開雷斧，天虛下月鈎。化形時試鉢，吐氣或成樓。吾欲鞭龍起，爲霖遍九州。

廬山東林寺次韻

東林日暮更登山，峰頂高僧有蘭若。雲蘿磴道石參差，水聲深澗樹高下。遠公學佛却援儒，淵明嗜酒不入社。我亦愛山仍戀官，同是乾坤避人者。我歌白雲聽者寡，山自點頭泉自瀉。月明壑底忽驚雷，夜半天風吹屋瓦。

又次邵二泉韻

昨遊開元殊草草，今日東林遊始好。手持蒼竹撥層雲，直上青天招五

豪傑氣概。

老。萬壑笙竽松籟哀，千峰晻映芙蓉開。坐俯西巖窺落日，風吹孤月江東來。莫向人間空白首，富貴何如一杯酒。種蓮栽菊兩荒涼，惠遠、陶潛骨何朽。乘風我欲還金庭，三洲弱水連沙汀。他年海上望廬頂，煙際浮萍一點青。

江上望九華不見

五旬三過九華山，一度陰寒一度雨。此來天色稍晴明，忽復昏霾起亭午。平生山水最多緣，獨此相逢容有數。人言此山天所秘，山下居人不常睹。蓬萊涉海或可求，瑶水崑崙俱舊遊。洞庭何止吞八九，五嶽曾向囊中收。不信開雲掃六合，手扶赤日照九州。駕風騎氣覽八極，視此瑣屑真浮漚。

芙蓉閣

九華之山何崔嵬，芙蓉直傍青天栽。剛風倒海吹不動，大雪裂地凍還開。夜半峰頭掛明月，宛如玉女臨粧臺。我拂滄浪寫圖畫，題詩還媿謫仙才。

登雲峰望始盡九華之勝因復作歌

九華之峰九十九，此語相傳俗人口。俗人眼淺見皮膚，焉測其中之所有。我登華頂拂雲霧，極目奇峰那有數？巨壑中藏萬玉林，大劍長鎗攢武庫。有如智者深韜藏，復如淑女避讒妬。闇然避世不求知，卑己尊人羞逞露。何人不道九華奇，奇中之奇人未知。我欲窮搜盡拈出，秘藏恐是天所私。旋解詩囊旋收拾，脱穎露出錐參差。從來題詩李白好，渠於此山亦潦草。曾見王維畫輞川，安得渠來拂纖縞。

到此方是善觀山水。

紀夢　並序

正德庚辰八月廿八夕，卧小閣，忽夢晉忠臣郭景純氏以詩示予，且極言王導之奸，謂世之人徒知王敦之逆，而不知王導實陰主之。其言甚長，不能盡録。覺而書其所示詩於壁，復爲詩以紀其畧。嗟乎！今距景純若千年矣，非有實惡深冤鬱結而未暴，寧有數千載之下尚懷憤不平若是者耶！

秋夜卧小閣，夢遊滄海濱。海上神山不可到，金銀宫闕高嶙峋。中有仙人芙蓉巾，顧我宛若平生親。欣然就語下煙霧，自言姓名郭景純。携手歷歷

異哉，昔蘇文忠夢杜少陵解八陣圖詩。千載英精，惟千載英雄能相接晤耳。

訴衷曲，義憤感激難具陳。切齒尤深怨王導，深奸老猾長欺人。當年王敦覬神器，導實陰主相緣夤。不然三問三不答，胡忍使敦殺伯仁？寄書欲拔太真舌，不相爲謀敢爾云。敦病已篤事已去，臨哭嫁禍復賣敦。事成同享帝王貴，事敗仍爲顧命臣。幾微隱約亦可見，世史掩覆多失真。詩中之史。

袖出長篇再三讀，覺來字字能書紳。開牕試抽晉史閱，中間事迹頗有因。因思景純有道者，世移事往千餘春。若非精誠果有激，豈得到今猶憤嗔。不成之語以箴戒，敦實氣沮竟殞身。人生生死亦不易，誰能視死如輕塵。獨微先幾炳易道，多能餘事非所論。取義成仁忠晉室，龍逢龔勝心可倫。是非顛倒古多有，吁嗟景純終見伸。御風騎氣遊八埌，彼敦之徒，草木糞土，臭腐同沉淪！此是景純定論。

我昔明易道，故知未來事。時人不我識，遂傳躭一技。一思王導徒，神器良久覬。諸謝豈不力，伯仁見其底。所以敦者傭，罔顧天經與地義。不然百口未負托，何忍置之死。我於斯時知有分，日中斬柴市，我死何足悲，我生良有以。九天一人撫膺哭，晉室諸公亦可恥。舉目山河徒嘆非，攜手登亭空灑淚。王導真奸雄，千載人未議。偶感君子談中及，重與寫真記。固知倉卒不成文，自今當與頻謔戲。倘其爲我一表揚，萬世萬世萬萬世。

右晉忠臣郭景純自述詩，蓋予夢中所得者，因表而出之。

雪望四首 録一首

風雪樓臺夜更寒，曉來霽色滿山川。當歌莫放陽春調，幾處人家未起煙。

濟世熱腸人語。

火秀宫次一峯韻三首 録一首

落日下清江，悵望閣道晚。人言玉笥更奇絶，漳口停舟路非遠。肩輿取徑沿村落，心目先馳嫌足緩。山昏欲就雲儲眠，疎林月色與風泉。夢魂忽忽到真境，侵曉循迹來洞天。洞天非人世，予亦非世人。當年曾此寄一迹，屈指忽復三千春。巖頭坐石剥落盡，手種松栢枯龍鱗。三十六峰僅如舊，澗谷漸改溪流新。空中仙樂風吹斷，化爲鼓角驚風塵。風塵慘淡半天地，何當一掃還吾真？從行諸生駭吾説，問我恐是茲山神。君不見廣成子，高卧崆峒長不死，到今一萬八千年。陽明真人亦如此。

先生真是異人，此詩正其自道。

居越詩　正德辛巳年歸越後作。

歸興二首　録一首

歸去休來歸去休，千貂不换一羊裘。青山待我長爲主，白髮從他自滿頭。種菓移花新事業，茂林修竹舊風流。多情最愛滄州伴，日日相呼理釣舟。

夜宿浮峰次謙之韻

日日春山不厭尋，野情原自懶朝簪。幾家茅屋山村静，夾岸桃花溪水深。石路草香隨鹿去，洞門蘿月聽猿吟。禪堂坐久發清磬，却笑山僧亦有心。

觀從吾登爐峰絶頂戲贈

道人不奈登山僻㊀，日暮猶思絶棧雲。巖底獨行穿虎穴，峰頭清嘯亂猿羣。清溪月出時尋寺，歸棹城隅夜欵門。可笑中郎無好興，獨留松院坐黄昏。

㊀「僻」，全書作「癖」，是。

聖軌賢轍，一行一藏，看此詩要達觀始得。

復過釣臺

憶昔過釣臺，驅馳正軍旅。十年今始來，復以兵戈起。空山烟霧深，往迹如夢裏。微雨林徑滑，肺病雙足胝。仰瞻臺上雲，俯濯臺下水。人生何碌碌，高尚當如此。瘡痍念同胞，至人匪爲己。過門不遑入，憂勞豈得已！滔滔良自傷，果哉末難矣。

右正德己卯獻俘行在，過釣臺而弗及登。今兹復來，又以兵革之役，兼肺病足瘡，徒顧蟾悵望而已。書此，付桐廬尹沈元材刻置亭壁，聊以紀經行歲月云耳。嘉靖丁亥九月廿二日書，時從行進士錢德洪、王汝中，建德尹楊思臣及元材，凡四人。

西安雨中諸生出候因寄德洪汝中并示書院諸生

幾度西安道，江聲暮雨時。機關鷗鳥破，踪跡水雲疑。仗鉞非吾事，傳經媿爾湏。天真泉石秀，新有鹿門期。

夢中絶句

此予十五歲時夢中所作，今拜伏波祠下，宛如夢中。兹行殆有不偶然者。因識其事于此。

卷甲歸來馬伏波，早年兵法鬢毛皤。雲埋銅柱雷轟柝，六字題詩尚不磨。

南都詩

正德甲戌年四月陞南京鴻臚寺卿作。

題歲寒亭贈汪和尚

一覺紅塵夢欲殘，江城六月滯風湍。人間炎暑無逃遯，歸向山中卧歲寒。

賈胡行

賈胡得明珠，藏珠剖其軀。珠藏未能有，此身已先無。輕己重外物，賈胡一何愚！請君勿笑賈胡愚，君今奔走聲利途，鑽求富貴未能得，弊精勞形骨髓枯。竟月惶惶憂毀譽，終宵惕惕防艱虞。一日僅得五升米，半級仍甘九族誅。胥靡接踵略無悔，請君勿笑賈胡愚。

忍世唾世，讀之猛省。

憂患詩

獄中詩

正德丙寅年十二月，以上疏忤逆瑾，下錦衣獄作。

不寐

天寒歲云暮，冰雪關河迴。幽室魍魎生，不寐知夜永。驚風起林木，驟若波浪洶。我心良匪石，詎爲戚欣動。滔滔眼前事，逝者去相踵。厓窮猶可陟，水深猶可泳。焉知非日月，胡爲亂予衷？深谷自逶迤，烟霞日悠永。匡時在賢達，歸哉盍耕壠。

有室七章

有室如簴，周之崇墉。窒如穴處，無秋無冬。
耿彼屋漏，天光入之。瞻彼日月，何嗟及之。
倏晦倏明，凄其以風。倏雨倏雪，當晝而蒙。
夜何其矣，靡星靡粲。豈無白日，寤寐永嘆。

冀幸君之一悟，方是可以怨。

心之憂矣，匪家匪室。或其啓矣，殞予匪恤。氤氤其埃，日之光矣。淵淵其鼓，朝既昌矣。朝既式矣，日既夕矣。悠悠我思，曷其極矣！

讀易

囚居亦何事，省愆懼安飽。暝坐玩羲易，洗心見微奥。乃知先天翁，畫畫有至教。包蒙戒爲寇，童牿事宜早。蹇蹇匪爲節，虩虩未違道。遯四獲我心，蠱上庸自保。俛仰天地間，觸目俱浩浩。簞瓢有餘樂，此意良匪矯。幽哉陽明麓，可以忘吾老。

歲暮

兀坐經旬成木石，忽驚歲暮還思鄉。高簷白日不到地，深夜黠鼠時登床。峰頭霽雪開草閣，瀑下古松閒石房。溪鶴洞猿爾無恙，春江歸棹吾相將。

見月

屋罅見明月，還見地上霜。客子夜中起，旁皇涕沾裳。匪爲嚴霜苦，悲此明月光。月光如流水，徘徊照高堂。胡爲此幽室，奄忽踰飛揚？逝者不可及，來者猶可望。盈虚有天運，嘆息何能忘！

天涯

天涯歲暮冰霜結，永巷人稀罔象遊。長夜星辰瞻閣道，曉天鐘鼓隔雲樓。思家有淚仍多病，報主無能合遠投。留得昇平雙眼在，且應蓑笠卧滄洲。

屋罅月

幽室不知年，夜長晝苦短。但見屋罅月，清光自虧滿。佳人宴清夜，繁絲激哀管。朱閣出浮雲，高歌正凄婉。寧知幽室婦，中夜獨愁嘆。良人事遊俠，經歲去不反。來歸在何時，年華忽將晚。蕭條念宗祀，淚下長如霰。

感慨忠愛，得三百篇之神。

別友獄中

居常念朋舊，簿領成濶絶。嗟我二三友，胡然此簪盍！累累囹圄間，講誦未能輟。桎梏敢忘罪，至道良足悦。所恨精誠眇，尚口徒自蹶。天王本聖明，旋已但中熱。行藏未可期，明當與君别。願言毋詭隨，努力從前哲。

諷刺之規，忠義兼至。

赴謫詩

正德丁卯年赴謫貴陽龍場驛作。

答汪抑之三首

録一首

北風春尚號，浮雲正南馳。風雲一相失，各在天一涯。客子懷往路，起視明星稀。驅車赴長阪，迢迢入嵐霏。旅宿蒼山底，霧雨昏朝彌。間關不足道，嗟此白日微。切磋懷良友，願言毋心違。

陽明子之南也其友湛元明歌九章以贈崔子鍾和之以五詩於是陽明子作八詠以答之

録三首

君莫歌九章，歌以傷我心。微言破寥寂，重以離别吟。别離悲尚淺，言

君子相期應如是。

微感逾深。瓦缶易諧俗，誰辯黄鐘音。

其二

君莫歌五詩，歌之增離憂。豈無良朋侣，洵樂相遨遊。譬彼桃與李，不爲倉囷謀。君莫忘五詩，忘之我焉求？

其八

憶與美人别，惠我雲錦裳。錦裳不足貴，遺我冰雪腸。寸腸亦何遺，誓言終不渝。珍重美人意，深秋以爲期。

可謂不負良友。

一日懷抑之也抑之之贈既嘗答以三詩意若有歉焉是以賦也

一日復一日，去子日以遠。惠我金石言，沉鬱未能展。人生各有際，道誼尤所眷。嘗嗤兒女悲，憂來仍不免。緬懷滄洲期，聊以慰遲晚。

其二

遲晚不足嘆，人命各有常。相去忽萬里，河山鬱蒼蒼。中夜不能寐，起視江月光。中情良自抑，美人難自忘。

其三

美人隔江水，彷彿若可覩。風吹蒹葭雪，飄蕩知何處。美人有瑶瑟，清奏含太古。高樓明月夜，惆悵爲誰鼓？

因雨和杜韻

晚堂疎雨暗柴門，忽入殘荷瀉石盆。萬里滄江生白髮，幾人燈火坐黄昏。客途最覺秋先到，荒徑惟憐菊尚存。却憶故園耕釣㊀處，短蓑長笛下江村。

赴謫次北新關喜見諸弟

扁舟風雨泊江關，兄弟相看夢寐間。已分天涯成死别，寧知意外得生還。投荒自識君恩遠，多病心便吏事閒。携汝耕樵應有日，好移茅屋傍雲山。

㊀「釣」原作「鈎」，據全書及黔南本改。

泛海

險夷原不滯胸中，何異浮雲過太空。夜静海濤三萬里，月明飛錫下天風。

此詩係先生泛海避難，遇一道者而作，讀之有超然自得之致。

廣信元夕蔣太守舟中夜話

樓臺燈火水西東，簫鼓星橋渡碧空。何處忽談塵世外，百年惟此月明中。客途孤寂渾常事，遠地相求見古風。別後新詩如不惜，衡南今亦有飛鴻。

夜泊石亭寺用韻呈陳婁諸公因寄儲柴墟都憲及喬白巖太常諸友

廿年不到石亭寺，惟有西山只舊青。白拂掛牆僧已去，紅闌照水客重經。沙村遠樹凝春望，江雨孤篷入夜聽。何處故人還笑語，東風啼鳥夢初醒。

先生初以婚至豫章，是廿年前事也。

其二

帳望沙頭成久坐，江洲春樹何青青。烟霞故國虛夢想，風雨客途真慣經。白璧屢投終自信，朱絃一絶好誰聽？扁舟心事滄浪舊，從與漁人笑獨醒。

雜詩三首　録二首

危棧斷我前，猛虎尾我後。倒崖落我左，絶壑臨我右。我足復荆榛，雨雪更紛驟。邈然思古人，無悶聊自有。無悶雖足珍，警惕忘爾守。君觀真宰意，匪薄亦良厚。

此真動忍語。

其三

羊腸亦坦道，太虛何陰晴。燈窻玩古易，欣然獲我情。起舞還再拜，聖訓垂明明。拜舞詎踰節，頓忘樂所形。斂衽復端坐，玄思窺沉溟。寒根固生意，息灰抱陽精。冲漠際無極，列宿羅青冥。夜深向晦息，始聞風雨聲。

夜宿宣風館

山石崎嶇古轍痕，沙溪馬渡水猶渾。夕陽歸鳥投深麓，烟火行人望遠村。天際浮雲生白髮，林間孤月坐黄昏。越南冀北俱千里，正恐春愁入夜魂。

宿萍鄉武雲觀

曉行山徑樹高低，雨後春泥没馬蹄。翠色絶雲開遠嶂，寒聲隔竹隱晴溪。已聞南去難舟楫，漫憶東歸沮杖藜。夜宿仙家見明月，清光還似鑑湖西。

涉湘于邁嶽麓是遵仰止先哲因懷友生麗澤興感

伐木寄言二首　録一首

林間憩白石，好風亦時來。春陽熙百物，欣然得予懷。緬思兩夫子，此地得徘徊。當年靡童冠，曠代登堂階。高情詎今昔，物色遺吾儕。顧謂二三子，琴㊀瑟爲我諧。我彈爾爲歌，爾舞我與偕。吾道有至樂，富貴真浮埃。若

㊀「琴」，全書作「取」。

舍筏悟談。

時乘大化，勿愧點與回。陟岡採松栢，將以遺所思。勿採松栢枝，兩賢昔所依。緣峰踐臺石，將以望所期。勿踐臺上石，兩賢昔所躋。兩賢去邈矣，我友何相違？吾斯未能信，役役空爾疲。胡不此簪盍，麗澤相遨嬉？渴飲松下泉，饑飧石上芝。偃仰絶餘念，遷客難久稽。洞庭春浪濶，浮雲隔九疑。江洲滿芳草，目極令人悲。已矣從此去，奚必兹山爲？戀繫乃從欲，安土惟隨時。晚聞冀有得，此外吾何知。

居夷詩

去婦嘆五首

楚人有間於新娶而去其婦者，其婦無所歸，去之山間獨居。懷綣不忘，終無他適。予聞其事而悲之，爲作去婦嘆。

委身奉箕箒，中道成棄捐。蒼蠅間白璧，君心亦何愆？獨嘆貧家女，素質難爲妍。命薄良自喟，敢忘君子賢？春葉不再艷，頹魄無重圓。新歡莫終恃，令儀慎周還。

此先生寓言也，忠愛不忘之意，可咏可思。所謂詩可以怨者，意與羌里操同。

其二

依違出門去，欲行復遲遲。鄰嫗盡出別，强語含辛悲。陋質容有繆，放逐理則宜。姑老藉相慰，缺乏多所資。妾行長已矣，會面當無時。

其三

妾命如草芥，君身比琅玕。柰何以妾故，廢食懷憤寃。無爲傷如意，燕爾且爲歡。中厨存宿旨，爲姑備朝飧。畜育意千緒，倉卒徒悲酸。伊邇望門屏，盍從新人言？夫意已如此，妾還當誰顔。

其四

去矣勿復道，已去還躊躕。雞鳴尚聞響，犬戀猶相隨。感此摧肝肺，淚下不可揮。岡回行漸遠，日落羣鳥飛。羣鳥各有托，孤妾去何之？

其五

空谷多凄風，樹木何蕭森。浣衣澗水合，採苓山雪深。離居寄巖穴，憂思托鳴琴。朝彈别鶴操，暮彈孤鴻吟。彈苦思彌切，巑岏隔雲岑。君聰甚明終望君之能聞。

哲，何因聞此音？

羅舊驛

客行日日萬峰頭，山水南來亦勝遊。布谷鳥啼村雨暗，刺桐花暝石溪幽。蠻煙喜過青楊瘴，鄉思愁經芳杜洲。身在夜郎家萬里，五雲天北是神州。

興隆衛書壁

山城高下見樓臺，野戍參差暮角催。貴竹路從峰頂入，夜郎人自日邊來。鶯花夾道驚春老，雉堞連雲向晚開。尺素屢題還屢擲，衡南那有雁飛回？

南溟

南溟有瑞鳥，東海有靈禽。飛遊集上苑，結侶珍樹林。願言飾羽儀，共舞簫韶音。風雲忽中變，一失難相尋。瑞鳥既遭縻，靈禽投荒岑。天衢雨雪積，江漢虞羅侵。哀哀鳴索侶，病翼飛未任。羣鳥亦千百，誰當會其心？南嶽有竹實，丹溜青松陰。何時共棲息，永托雲泉深？

艾草次胡少參韻

艾草莫艾蘭，蘭有芬芳姿。况生幽谷底，不礙君稻畦。艾之亦何益，徒令香氣衰。荆棘生滿道，出刺傷人肌。持刀忌觸手，睨視不敢揮。艾草須艾棘，勿爲棘所欺。

讀三詩，使人憂讒畏譏之思填於胸臆，真可長太息。

鳳雛次韻答胡少參

鳳雛生高岡，風雨摧其翼。養痾深林中，百鳥驚辟易。虞人視爲妖，舉網争彈弋。此本王者瑞，惜哉誰能識！吾方哀其窮，胡忍復相亟？鴟梟據叢林，驅鳥恣搏食。嗟爾獨何心，梟鳳如白黑。

鸚鵡和胡韻

鸚鵡生隴西，羣飛恣鳴遊。何意虞羅及，充貢來中州。金縧縻華屋，雲泉謝林丘。能言實階禍，吞聲亦何求？主人有隱寇，竊發聞其謀。感君惠養德，一語思所酬。懼君不見察，殺身反爲尤。

秋夜

樹暝栖翼喧，螢飛堂夜静。遥穹出晴月，低簷入峰影。窅然坐幽獨，怵爾抱深警。年徂道無聞，心違迹未屏。蕭瑟中林秋，雲凝松桂冷。山泉豈無適，離人懷故境。安得駕雲鴻，高飛越南景。

採薪二首　録一首

倚擔青厓際，歷斧厓下石。持斧起環顧，長松百餘尺。徘徊不忍揮，俯略澗邊棘。同行咲吾餒，爾斧安用歷。快意豈不能？物材各有適。可以相天子，衆稺詎足識！

龍岡漫興五首　録一首

卧龍一去忘消息，千古龍岡漫有名。草屋何人方管樂，桑間無耳聽咸英。江沙漠漠遺雲鳥，草木蕭蕭動甲兵。好共鹿門龐處士，相期採藥入青冥。

陸廣曉發

初日曈曈似曉霞，雨痕新霽渡頭沙。溪深幾曲雲藏峽，樹老千年雪作花。白鳥去邊廻驛路，青崖缺處見人家。遍行奇勝才經此，江上無勞羨九華。

元夕二首

故園今夕是元宵，獨向蠻村坐寂寥。賴有遺經堪作伴，喜無車馬過相邀。春還草閣梅先動，月滿虛庭雪未消。堂上花燈諸弟集，重闈應念一身遥。

去年今日卧燕臺，銅鼓中宵隱地雷。月傍苑樓燈彩淡，風傳閣道馬蹄廻。炎荒萬里頻回首，羌笛三更謾自哀。尚憶先朝多樂事，孝皇曾爲兩宮開。

二詩一不忘親，一不忘君，忠孝所發。

南庵次韻二首

隔水樵漁亦幾家？緣岡石路入溪斜。松林晚映千峰雨，楓葉秋連萬樹霞。漸覺形骸逃物外，未妨遊樂在天涯。頻來不用勞僧榻，已借汀鷗一席沙。

斜日江波動客衣，水南深竹見巖扉。漁人收網舟初集，野老忘機坐未歸。漸覺雲間栖翼亂，愁看天北暮雲飛。年年歲晚長爲客，閒殺西湖舊釣磯。

贈劉侍御一首

蹇以反身，困以遂志，今日患難，正閣下受用處也。知之，則處此當自別。病筆不能多及，然其餘亦無足言者。聊次韻。某頓首劉侍御大人契長。

相送河橋未隔年，相逢又過小春天。憂時敢負君臣義，念別羞㊀爲兒女憐。道自升沉寧有定？心存氣節不無偏。知君已得虛舟意，隨處風波只晏然。

㊀「羞」原作「差」，據全書及黔南本改。

啾啾吟

知者不惑仁不憂，君胡戚戚眉雙愁。信步行來皆坦道，憑天判下非人謀。用之則行舍即休，此身浩蕩浮虚舟。丈夫落落掀天地，豈顧束縛如窮囚！千金之珠彈鳥雀，掘土何煩用鐲鏤。君不見東家老翁防虎患，虎夜入室銜其頭。西家兒童不識虎，執竿驅虎如驅牛。痴人懲噎遂廢食，愚者畏溺先自投。人生達命自灑落，憂讒避毁徒啾啾。

是詩見先生獨立不懼之概。

戰伐詩㊀

正德丙子年九月，陞南贛僉都御史以後作。

丁丑二月征漳寇進兵長汀道中有感

將略平生非所長，也提戎馬入汀、漳。數峯斜日旌旗遠，一道春風鼓角揚。莫倚貳師能出塞，極知充國善平羌。瘡痍到處曾無補，翻憶鍾山舊草堂。

讀先生戰伐諸詩，大概出於憂國憂民之思，絶無矜功自得之態，此其所以不可及。

㊀「戰伐」，全書作「贛州」，據下文，當以「戰伐」爲是。

回軍上杭

山城經月駐旌戈，亦復幽尋到薜蘿。南國已忻回甲馬，東田初喜出農簑。溪雲曉度千峰雨，江漲新生兩岸波。暮倚七星瞻北極，絶憐蒼翠晚來多。

聞曰仁買田霅上携同志待予歸二首　録一首

見説相携霅上耕，連蓑應已出烏程。荒畬初墾功須倍，秋熟雖微税亦輕。雨後湖舠兼學釣，餉餘堤樹合閒行。山人久有歸農興，猶向千峰夜度兵。

喜雨三首　録二首

即看一雨洗兵戈，便覺光風轉石蘿。順水飛檣來賈泊，絶江喧浪舞漁蓑。片雲東望懷梁國，五月南征想伏波。長擬歸耕猶未得，雲門初伴漸無多。

又

吹角峰頭曉散軍，橫空萬騎下氤氳。前旌已帶洗兵雨，飛鳥猶驚捲陣雲。南畝漸忻農事動，東山休共凱歌聞。正思鋒鏑堪揮泪，一戰功成未足云。

回軍九連山道中短述

百里妖氛一戰清，萬峰雷雨洗回兵。未能干羽苗頑格，深媿壺漿父老迎。莫倚謀攻爲上策，還須内治是先聲。功微不顧希侯賞，但乞蠲輸絶橫征。

回軍龍南小憩玉石巖雙洞絶奇徘徊不忍去因寓以陽明別洞之號兼留此作三首 録一首

甲馬新從鳥道回，覽奇還更陟崔嵬。寇平漸喜流移復，春煖兼欣農務開。兩竇高明行日月，九關深黑閉風雷。投簪最好支茅地，戀土猶懷舊釣臺。

月下吟　其二㊀

江天月色自清秋，不管人間底許愁。謾憶翠華旋北極，正憐白髮倚南樓。狼烽絶塞寒初入，鶴怨空山夜未休。莫重三公輕一日，虚名真覺是浮漚。

江西詩

正德己卯年奉勑往福建處叛軍，至豐城，遭宸濠之變，趨還吉安，集兵平之。八月，陞副都御史巡撫江西作㊁。

鄱陽戰捷

甲馬秋驚鼓角風，旌旗曉拂陣雲紅。勤王敢在汾淮後，戀闕真隨江漢東。羣醜漫勞同吠犬，九重端合是飛龍。涓埃未遂酬滄海，病懶先須伴赤松。

書草萍驛

九月獻俘北上，駐草萍，時已暮。忽傳王師已及徐淮，遂乘夜速發，次壁間韻紀

㊀「其二」二字據原目補。　㊁「撫」，全書作「按」。

之二首。

一戰功成未足奇，親征消息尚堪危。邊烽西北方傳警，民力東南已盡疲。萬里秋風嘶甲馬，千山斜日度旌旗。小臣何爾驅馳急，欲請回鑾罷六師。

南寧　其二㊀

勞矣田人莫遠迎，瘡痍未定犬猶驚。燹餘破屋須先緝，雨後荒畬莫廢耕。歸喜逃亡來負襁，貧憐襦袴綴旗旌。聖朝恩澤寬如海，甑鮒盆魚縱爾生。

愛民之心見於言外。

即事漫述四首　録二首

百戰深秋始罷兵，六師冬盡尚南征。誠微未足回天意，性僻還多拂世情。煙水滄江從鶴好，風雲溟海任龍爭。他年若訪陶元亮，五柳新居在赤城。

㊀「其二」二字據原目補。

又

茅茨松菊别多年，底事寒江尚客船？强所不能儒作將，付之無柰數由天。徒聞諸葛能興漢，未必田單解誤燕。最羡漁翁閒事業，一竿明月一蓑煙。

謁伏波廟[一] 二首

四十年前夢裏詩，此行天定豈人爲？徂征敢倚風雲陣，所過須同時雨師。尚喜遠人知向望，却慚無術救瘡痍。從來勝算歸廊廟，恥説兵戈定四夷。

道學詩

書庭蕉

簷前蕉葉緑成林，長夏全無暑氣侵。但得雨聲連夜静，不妨月色半床

[一]「廟」字據原目補。按，全書亦有「廟」字。

陰。新詩舊葉題將滿，老芰踈梧恨共深。莫笑鄭人談訟鹿，至今醒夢兩難尋。

別方叔賢四首 録二首

西樵山色遠依依，東指江門石路微。料得楚雲臺上客，久懸秋月待君歸。

又

道本無爲只在人，自行自住豈須鄰。坐中便是天台路，不用漁郎更問津。

夜宿香山林宗師房次韻 其二㊀

久落泥途惹世情，紫崖丹壑是平生。養真無力常懷静，竊禄未歸羞問名。樹隱洞泉穿石細，雲廻溪路入花平。道人只住層蘿上，明月峯頭有磬聲。

㊀「其二」原作「二首」，據原目改。

別易仲

迢遞滁山春，子行亦何遠？ 纍然良苦心，惝恍不遑飯。 至道不外得，一悟失羣闇。 秋風洞庭波，遊子歸已晚。 結蘭意方勤，寸草心先斷。 末學久批離，頽波竟誰挽。 歸哉念流光，一逝不復返。

瑯琊山中三首　録一首

草堂寄放瑯琊間，溪鹿巖僧且共閑。 冰雪能回草木死，春風不化山石頑。 六經散地莫收拾，叢棘被道誰刊删？ 已矣驅馳二三子，鳳圖不出吾將還。

別希顔二首　録一首

後會難期別未輕，莫辭行李滯江城。 且留南國春山興，共聽西堂夜雨聲。 歸路終知雲外去，晴湖想見鏡中行。 爲尋洞裏幽棲處，還有峰頭雙鶴鳴。

送德觀歸省二首 録一首

瑯琊雪是故園雪，故園春亦瑯琊春。天機動處即生意，世事到頭還俗塵。立雪浴沂傳故事，吟風弄月是何人？到家好謝二三子，莫向長沮錯問津。

山中示諸生五首 録四首

路絶春山久廢尋，野人扶病强登臨。同遊仙侣須乘興，共探花源莫厭深。鳴鳥遊絲俱自得，閒雲流水亦何心。從前却恨牽文句，展轉支離嘆陸沉。

其三

桃源在何許？西峰最深處。不用問漁人，沿溪踏花去。

其四

池上偶然到，紅花間白花。小亭閒可坐，不必問誰家。

其五

溪邊坐流水，水流心共閒。不知山月上，松影落衣班。

龍潭夜坐

何處花香入夜清，石林茅屋隔溪聲。幽人月出每孤往，棲鳥山空時一鳴。草露不辭芒屨濕，松風偏與葛衣輕。臨流欲寫猗蘭意，江北江南無限情。

送蔡希顔三首 録二首

正德癸酉冬，希淵赴南宫試，訪予滁陽，遂留閲歲。既而東歸，問其故，辭以疾。希淵與予論學瑯琊之間，於斯道既釋然矣，别之以詩。

風雪蔽曠野，百鳥凍不翻。孤鴻亦何事，嗷嗷遡寒雲？豈伊稻粱計，獨往求其羣。之子眇萬鐘，就我滁水濱。野寺同遊詣㊀，春山共攀援。鳥鳴幽谷曙，伐木西澗曛。清夜湛玄思，晴牕玩奇文。寂景賞新悟，微言欣有聞。

㊀「詣」，全書作「請」。

寥寥絶代下，此意冀可論。

其二

羣鳥喧北林，黄鵠獨南逝。北林豈無枝？羅弋苦難避。之子丹霞姿，辭我雲門去。山空響流泉，路僻迷深樹。長谷何盤紆，紫芝春可茹。求志暫棲巖，避喧寧遯世。繫予辱風塵，送子媿雲霧。匡時已無術，希聖徒有慕。倘入陽明峰，爲尋舊棲處。

滁陽别諸友

滁陽諸友從遊，送予至烏衣，不能别。及暮，王性甫、汝德諸友送至江浦，必留居，俟予渡江。因書此促之歸，并寄諸賢，庶幾共進此學，以慰離索耳。

滁之水，入江流，江潮日復來滁州。相思若潮水，來往何時休？空相思，亦何益？欲慰相思情，不如崇令德。掘地見泉水，隨處無弗得。何必驅馳爲，千里遠相即。君不見堯羹與舜牆，又不見孔與跖，對面不相識。逆旅主人多慇懃，出門轉眄成路人。

棲雲樓坐雪二首

纔看庭樹玉森森，忽漫階除已許深。但得諸生通夕坐，不妨老子半酣吟。瓊花入座能欺酒，冰溜垂簷欲墮針。却憶征南諸將士，未禁寒夜鐵衣沉。

又

此日棲雲樓上雪，不知天意爲誰深？忽然夜半一言覺，又動人間萬古吟。玉樹有花難結果，天機無線可通針。曉來不覺城頭鼓，老懶羲皇睡正沉。

山中懶睡四首 録二首

古洞幽深絶世人，石床風細不生塵。日長一覺羲皇睡，又見峰頭上月輪。

又

人間白日醒猶睡，老子山中睡却醒。醒睡兩非還兩是，溪雲漠漠水泠泠。

醒睡不爭眼開合。

次欒子仁韻送別四首　録二首

子仁歸，以四詩請，用其韻答之。言亦有過者，蓋因子仁之病而藥之，病已則去其藥。

野夫非不愛吟詩，才欲吟詩即亂思。未會性情涵泳地，二南還合是淫辭。

又

道聽塗傳影響前，可憐絶學遂多年。正須閉口林間坐，莫道青山不解言。

遠公講經臺

遠公説法有高臺，一朵青蓮雲外開。臺上久無獅子吼，野狐時復聽經來。

白鹿洞獨對亭

五老隔青冥，尋常不易見。我來騎白鹿，凌空陟飛巘。長風捲浮雲，褰帷始窺面。一笑仍舊顔，媿我鬢先變。我來爾爲主，乾坤亦郵傳。海燈照孤月，静對有餘眷。彭蠡浮一觴，賓主聊酬勸。悠悠萬古心，默契可無辯。

登蓮花峰

蓮花頂上老僧居，脚踏蓮花不染泥。夜半華心吐明月，一顆懸空黍米珠。

雙峰遺柯生喬

爾家雙峰下，不見雙峰景。如錐處囊中，深藏未脱穎。盛德心愈卑，幽人迹多屏。悠然望雙峰，可以發深省。

將遊九華移舟宿寺山二首　録一首

維舟谷口傍煙霏，共説前岡石徑微。竹杖穿雲尋寺去，藤筐採藥帶花歸。諸生晚佩聯芳杜，野老春霞綴衲衣。風詠不須沂水上，碧山明月更清輝。

似是。

夜宿天池月下聞雷次早知山下大雨

天池之水近無主，木魅山妖競偷取。公然又盜山頭雲，去向人間作風雨。

答朱汝德用韻

東去蓬瀛合有津，若爲風雨動經旬。同來海岸登舟者，俱是塵寰欲渡人。弱水洪濤非世險，長年三老定誰真？青鸞眇眇無消息，悵望烟花又暮春。

文殊臺夜觀佛燈

老夫高卧文殊臺，拄杖夜撞青天開。散落星辰滿平野，山僧盡道佛燈來。

無題

巖頭有石人，爲我下嶙峋。脚踏破履五十兩，身披舊衲四十斤。任重致遠香象力，餐霜坐雪金剛身。夜寒雙虎與温足，雨後禿龍來伴宿。手握頑磚鏡未光，舌底流泉梅未熟。夜來拾得遇寒山，翠竹黃花好共看。同來問我安心法，還解將心與汝安。

睡起偶成

四十餘年睡夢中，而今醒眼始朦朧。不知日已過亭午，起向高樓撞曉鐘。

又

真是萬古如長夜。

起向高樓撞曉鍾，尚多昏睡正懵懵。縱令日暮醒猶得，不信人間耳盡聾。

夜坐

獨坐秋庭月色新，乾坤何處更閒人？高歌度與清風去，幽意自隨流水春。千聖本無心外訣，六經須拂鏡中塵。却憐擾擾周公夢，未及惺惺陋巷貧。

天泉樓夜坐和蘿石韻

莫厭西樓坐夜深，幾人今夕此登臨？白頭未是形容老，赤子依然混沌心。隔水鳴榔聞過棹，映牕殘月見疎林。看君已得忘言意，不是當年只苦吟。

詠良知四首示諸生

箇箇人心有仲尼，自將聞見苦遮迷。而今指與真頭面，只是良知更莫疑。

問君何事日憧憧，煩惱場中錯用功。莫道聖門無口訣，良知兩字是參同。

人人自有定盤針，萬化根源總在心。却笑從前顛倒見，枝枝葉葉外頭尋。

無聲無臭獨知時，此是乾坤萬有基。抛却自家無盡藏，沿門持鉢效貧兒。

示諸生三首 録二首

人人有路透長安，坦坦平平一直看。盡道聖賢須有秘，翻嫌易簡却求難。只從孝弟爲堯舜，莫把辭章學柳韓。不信自心㊀原具足，請君隨事反身觀。

長安有路極分明，何事幽人曠不行？遂使蓁茅成間塞，儘教麋鹿自縱横。徒聞絶境勞懸想，指與迷途却浪驚。冒險甘投蛇虺窟，顛崖墮壑竟亡生。

答人問道

饑來喫飯倦來眠，只此修行玄更玄。説與世人渾不信，却從身外覓神僊。

寄石潭二絶

僕兹行無所樂，樂與二公一會耳。得見閑齋，固已如見石潭矣。留不盡之興於道在邇而求諸遠。

㊀「心」，全書作「家」。

後期，豈謂樂不可極耶？ 聞尊恙已平復，必於不出見客，無乃太以界限自拘乎？

奉次二絶，用發一笑，且以致不及請教之憾。

見説新居止隔山，肩輿曉出暮堪還。 知公久已藩籬撤，何事深林尚閉關？

乘興相尋涉萬山，扁舟亦復及門還。 莫將身病爲心病，可是無關却有關。

長生

長生徒有慕，苦乏大藥資。 名山遍探歷，悠悠鬢生絲。 微軀一繫念，去道日遠而。 中歲忽有覺，九還乃在兹。 非爐亦非鼎，何坎復何離？ 本無終始究，寧有死生期？ 彼哉遊方士，詭辭反增疑。 紛然諸老翁，自傳困多歧。 乾坤由我在，安用他求爲？ 千聖皆過影，良知乃吾師。

附録

曹惟才序

不肖惟才，在諸生頗厭時趨，而喜閲先正文集，以想見生平。若陽明先生文，則尤旦夕不釋手，蓋先生一書，備三不朽，故國朝稱盛德大業，首推先生。而不肖才家稽山，望姚江一派在襟帶間，興會所至，讀其書不覺親切而有味也。然自釋褐來，風塵鞅掌，於此編稍疏。昨冬以莆李代漳事，得日侍四明施公，每論及文學政事，輒極口先生文爲第一義，且出其手録，有理學、經濟、文章三集，搜覽之餘，又加以精評，其于良知之旨，隨地圓照，而若人人可以承當者。

不肖才既慫觀其全，亦密窺其藴，乃始喟然歎曰：天下有能讀先生之書者，而諸生與當官有兩截乎哉，則試問先生所見講究與見諸展布，有兩先生乎哉。夫木有根而不能不華也，水有源而不能不瀾也。理學、經濟、文章，總一良知躍露，無分彼此，破得此義，才是善讀先生之書者。今于先生，且無論其他，即在漳言漳。而象湖之亂，搗其巢四十二處，洊頭之黠，戮其黨九十二人，及至平蘆溪而創和邑，以開千百年之治，此豈僅空談道學所能耶？迄今幽壑峻嶺，皆勒先生之勳，而凡官於此地者，奉揚先烈，皆嘖嘖曰：此清漳一塊土何幸，宋有紫陽，而明又有先生也。則從此之聿新，不獨漳之山水靈也，凡誦紫陽而仰先生者，皆良知靈也。

然而習俗滿淫，履其任而覆餗敗事，恐有司多不免。乃後先生而起者，有冰心鐵骨，撑持海天之半，譬如施公，蒞漳且八載，士沐其教，民食其休者，不能以盡筆。而即今鎮門關樓，銅山盧灣間，一隘一要，在在經畫，是處金湯，亦何異乎虔、吉、南昌之有先生哉？然則是編之成，非以其文也。詩曰：「維其有之，是以似之。」倘非生平析理如繭絲，任事如庖解，而閱此書，何能贊一詞？不肖才於今日愈有以知先生也，愈有以知施公也。大抵砭人膏肓，振人痿痹，而直從性靈發久大之義，今而後雖日在風塵鞅掌，而刻刻對姚江之水，又不啻一新安矣。

甲戌秋八月莆陽李官會稽後學曹惟才謹序。

王命璿序

予不肖憶束髮爲書生時，家大人授以姚江語録，吟詠月餘，詰之曰：陽明致良知之旨，與紫陽格物致知之解，有二乎，無二乎？退而思維，徐應之曰：格物，格吾心之物，無物非心也；致知，致吾心之知，還不慮之良而止。蓋從精一中來，彼非以外遺内，此非以内遺外，兩先生均之明道以覺世，曷二乎？

越兩年，授以陽明全書，讀而卒業。瞿然曰：有非常之人，然後有非常之功。夫功創非常，人猝駭之，及臻厥成，天下晏如，駭者服，忌者釋，豈易爲豪傑許乎。宸濠謀變已久，魏彬、錢寧等構難實繁，向非有幾先之神，相時之動，詎能克濟？忠不避難如子儀，身經百戰如光弼，縱觀其大帽、茶寮、浰頭、桶岡之捷，田州、思恩、兩廣、八寨之捷，勘定禍亂，迅若摧枯，繼且歸功聖朝，渾無矜伐。從容敬矢，神有餘閒。平蘆溪，建和邑，奕世敉寧，咸嘉賴之，不尸其功，功畢歸焉。駭者服，忌者釋，夫固恩威足以扞衆誠，實心足以見諒于士大夫故也。載讀劾劉瑾，諫佛骨二疏，視汲長孺、韓退之，並一忠義。龍場驛之患難，甘之若飴，士大夫之講明，寒暑弗輟，夫非良知獨解，險夷一節，以聖賢之冰兢，展豪傑之經濟乎？當時宵小，張忠、許泰訐其必反，召不來，上陰遣人覘之，曰：王守仁學道人也，必不反。賜還洞。迨乎青龍鋪將逝，語門人周積曰：「此心光光地，更有何言。」由是觀之，精誠誠乎，夭壽不二，良知耿耿，千載不磨，豈豪傑所易幾哉！致良知之旨，行所知，言所行，不自見其言之親切有味，肫肫覺世者。

今天子明聖，四海一家，何意流寇充斥，中外洶洶，附賊內訌，率獸相食，豈盡冥頑，試聳以不慮之良，而醒以愛親初覺，有不竦然動，廢然返乎？

予悵不獲登廬峰，探禹穴，親炙其高風，迄今潛味致良知真旨，欲爲之參訂而未能，思公其道以告人，而莫適也。幸我四明施公撫漳，前後十載於茲，以榮擢，將之蜀，士民眷戀難割，出公餘所參訂全書以授予，予復瞿然曰：行道以救民，與明道以覺世，功相等也。公非特明之，實已行之。今乃思守漳時，遇旱步禱，遇饑煮粥，恤孤憐寡，扶善鋤強，旁皇乎慈母之乳赤子，遍歷海邑，諭以赤心，咸一以不慮之良提醒之。彈壓澄汰，凡而銅山、鎮海、六鼇諸處，選將練兵，制禦得策，鎮門銳城之建，屹乎金湯，詎特懸魚貞標，兼之制勝秘略，以故寇盜交訌，旋即底定，豈非與陽明同一冰兢，同一經濟也哉？行且匡扶宗社，捧日擎天，寧直吾蜀之一隅邀庇耶？

予不能不爲之再三吟詠。曰：宋有紫陽、明有陽明嘉惠，漳郡何幸！我公心，二公之心，訂道脈之同以覺世，非特明之，實已行之，紓予志有所未逮，轉以追家大人所指授良知，勃勃乎得有興也，忍私而不以告人乎哉？

賜進士出身通議大夫大理寺卿侍經筵太常寺卿翰林院提督四夷館少卿陝西道監察御史後學王命璿撰。

林肇元序

光緒戊寅春三月日，黎大中丞簡堂走寸紙告肇元曰：「個老送來陽明集要一書，可於黔中刊行，請商之眉、摯兩公何如？其書先送尊處一閲。」肇元謹受，讀之旬日而畢。是書乃前明施忠愍公邦曜摘陽明全集之要，分理學、經濟、文章三編，初刊於閩。國變板毁，我朝乾隆間朱君培行刊于越，嘉慶間再毁于火，咸豐間越城失，則片紙俱無矣。

許星叔入廷尉，家藏舊本，爲乃翁玉年先生所加墨。歲癸酉，廷尉來典黔試，個老贈以滇生，先生手録乃翁詩册，約以三編藏本爲餽。戊寅二月，致自京師，呈之簡堂中丞，中丞以黔爲陽明遷謫，悟良知良能之地，是陽明之理學實啟於黔，爲厥後之經濟、文章所始基也，則刊是書而藏之黔，以傳之於天下，亦固其所。肇元譾陋，受校訂之任，商之吴眉生廉訪、曾摯民觀察，動支局款，開雕于戊寅夏五月，蕆工于己卯夏六月。書成，謹識緣起如此。

若夫陽明之理學、經濟、文章，精神在天壤，著作在三編，前哲已序之，讀者自得之，不敢贅，亦不必贅。個老者，姓王氏，字個峰，名介臣，陽明之裔也。客黔幕數十年，今年七十有八。書所自來，毋忝厥祖，例得並録。

賀縣林肇元謹識。

徐坤序

道之大源出於天，學不本於天，總爲無源之水，無根之木，而望道之明且行也，安可得乎？陽明先生承絶學于詞章訓詁之後，一反求諸心，而得其所性之覺曰良知。良知是天命之性，未發之中，天下之大本也。經綸參贊皆從此出，而致之必在於學。中庸所謂「尊德性而道問學」，致良知焉盡之矣。

四明施忠滑公深契而篤好之，纂集要三編，曰理學、曰經濟、曰文章，其實經濟、文章皆自理學中來。公之序文，有曰：「伊、周之後無功，六經之外無言。」蓋功不根乎理學，霸術是崇矣；言不衷乎理學，綺靡是尚矣。先生德積于中，不計其功，而功可媲美伊、周，不競乎言，而言可羽翼六經，此其合三不朽而歸於一者乎！

特其板漫漶，流傳者少。吾友黄子華陔、張子羅山與予商榷，思欲重開雕以公諸海内，而朱生庸庵欣然以爲己任，其服膺先賢之著述而表揚之，甚盛心也。

余嘗觀明儒學案，見當時先生之教幾遍天下，其恪守師説者，浙中有横山、緒山、彭山，江右有東郭、南野、念庵，南中有五嶽、静庵，楚中有道林、闇齋，北方有兩孟氏，粤中有兩薛氏，皆躬行實踐，歸於自得。而龍溪、泰州之後，流爲近溪、海門，專主心悟，未免啟後學有玩弄光景之弊，少却一段近裏着己功夫，去良知之宗旨遠矣。忠滑公以秉仁抱義之質，爲窮理盡性之學，絶非崇尚空虛者比。甲申之變，致命遂志，與同郡倪文正公並光天壤，非實有得于良知之教，而全其致之之功者，能如是乎？

讀是書者，由姚江而溯洛、閩，由洛、閩而溯洙泗，何患道之不明不行哉。是爲序。

乾隆五十二年冬十月望日，同邑後學徐坤謹書于姚江書院。

黄璋序

嗟乎，姚江固越中之鄒、魯也，地本姚墟，江名舜水，有虞氏之遺風，於焉未湮，承流接響，代有傳人。夷考虞氏一門，孝友、政績、文學，見於紀載者不下數十人，而仲翔注易爲最，東南擅美，豈徒竹箭乎？迨後仲琳虞國佐高遊和靖之門，一稱志行，一稱篤學，而孫季和師事象山，且斟酌於考亭，奉表裏相助之訓。趙彦械入慈湖之室，克尊所聞，暨乎前代，趙考古崛起山嶴，師事天臺，鄭四表本于胡雲峰，遠有端緒，卒稱海南夫子。此如薪火之傳，寖微寖熾，而未庢於昭融。

貞元之運，獨凝結而大昌其象者，厥有文成王先生。先生支手挽墜日于虞淵，廓清敉定，宇宙重光，孽宗巨憝，威望所孚，厥角稽首，寵之名數，錫以康侯。世徒訾儒者方領習矩步，媛媛姝姝，不可以有爲，詎不足關其口而奪之氣乎？龍場考道五年，出自萬死一生，良知聖諦，印之千聖百王而無不合。已墜之珠，已塵之鏡，出而光耀於世，見者疑信參之，故雖北地南畿，閩、廣、湘、浙，講席幾遍天下，而訾謷百端，毒鋒齊起，適足爲華陰赤土。

當時横山、緒山，皆姚産而爲高第，四明施公，同里之後起者也。郎官出守，李魁奇、劉香模之亂，皆削平之，洊晉卿貳，清猷讜論，望重朝端，而時危授命，攀烏號而上升，斯其毅魄英風有足稱者也。嘗緝先生集，分理學、經濟、文章三編，共十五卷，心光迸照，輒抒數語於端，發揮旁通，指趣閎遠，誠儒林之淵誨，學者之指南也。

若夫四明之後，有管霞標、沈求如、史子復三先生者，曾參陶石梁講會，而密雲悟之禪，入之文成先生之旨裂然。國初耆舊，如韓孔當、俞吾之、邵念魯諸公，皆拳拳于庚桑之俎，猶不失先民之矩矱，吾故曰：姚江固越中之鄒、魯也。

嗟乎，吾姚山川雄傑之氣，磅礴而鬱積，以彼官階科第崢嶸一時，固不具論。即功勒旗常，名垂竹帛者，所在皆有，抑亦略諸。而獨是道脈一線之傳，更之數千百禩，若歷歷可指，歎前修之既往，啟來學之津梁，此後死者之責也。璋蠢愚無知，承先忠端遺獻之緒餘，不克負荷，況皆于文成、忠湣，淵源有自，仰止心殷，而三編之刻，時久漫漶，今得朱君仲嶠重梓行世，因牽連書之，以賀斯道之遭，匪特爲文成、忠湣發其光，而姚邑諸先正共式憑之云。

時乾隆五十二年歲在疆圉協洽長至日，同里後學黄璋謹識。

張廷枚序

南雷先生云：坐視前輩詩文零落，是爲忍人。廷枚嘗憶斯言，遇邑先正著作，其已成集，暨殘篇斷册，無不手裝藏弆。比年來，如岑栲栳山人、趙考古先生、陳惟誠太常、楊秘圖隱君所撰述，暨國朝各詩家，匯次成編，次第授梓以行已。陽明王先生集要三編，施四明先生手輯評點，鋟板閩中，旋即散佚，流傳絶少。廷枚家素有不足本，購之良久，始得三缺本，合成全璧。甲辰，於蠡城書賈擔頭復得善本，較前所得者刷印尤勝，爲之狂喜。竊惟陽明先生良知之學足參聖諦，其書如五緯之經天，芒寒色正，又得四明先生發揮旁通，後學津梁第一，蔑以加矣。而苦於力綿，不克授梓，兹得朱君仲鎬慨然直任，因畀以原本剞劂，八閲月始竣。從此衣被天下，發蒙振聵，陽明、四明之靈，實昭鑒之矣，豈曰小補之哉。

時乾隆丁未八月，同里後學羅山張廷枚謹識。

王立準跋一

立準譾劣，叨令平和。和固文成公治兵閩、贛時所疏建邑也，規画具在。頃，準初抵任時，道臺施公即勅縣創祠脩祀事，并興復三團五隘之制，準稟奉惟謹。一日，出文成集示準，曰：「此余所删定三编也。」一理學，一經濟，一文章，評釋丹鉛，纍纍貫珠。曰：「公之精神在此矣。」準捧而讀之，如日月之行天，如河漢之無極。郭象註莊，蘇洵評孟，未易逾此。昔弇州謂此道理在孔門，若五百白牛乳。陽明先生於内點出醍醐，服之既久，仍以爲酪。迨龍溪王子再一提破，使人喉間作甘露快。今經公手定，迺遂一盤托出。全集取備，三編取要，公之教盡文成之教，而點綴闡明，條分縷析，使上智一往入室，後學易於得門。則文成之教，又得公之教而益大明也。公功顧不更在龍溪上耶！

公莅漳先後八年，課士在日録，靖海在捷疏，著述在瑱銘，其于文成之理學、經濟、文章，業已身見之行事矣。誦説旂常，自有鴻撰，準末學下吏，何敢妄爲繪天！獨唯奉命壽梓以來，始甲戌冬，竣乙亥夏。中間見公所審定凡再四，如數語稍未愜衷，不憚既梓，悉易隻字，必期全美，無難飛檄洊更。始知聖賢用心之虚固如此。書成，奉以藏之文成祠中，和水湯湯，和山蒼蒼，文成耶，施公耶？吾和視海内固先被姚江之澤于無疆矣。準不敏，何幸躬逢其盛，因告成事歲月而僭跋之。

崇禎捌年中元日後學屬吏王立準謹跋。

門人曾宏中盥書。

王立準跋二

道臺施公起家姚江，則文成其先正也。公之於道不汲汲焉登坛竪義，而澄懷密證，以陶冶其性靈，半世營綜，咸有祖述。世之緒文成者，如朗之學華，在形骸外，去乃更遠，而後知公之于文成深也。公宦轍所都，文成集在其硯北。嘗細按而精擇之，分爲三立，合爲一编，命屬吏準梓之以傳。公手加詳隲，洞深抉微，意有不愜，稿凡数易。肇工甲戌之秋，以乙亥夏杪報竣。如公者，是足爲文成功臣矣。夫敝邑褊小，故文成開府虔州時所疏建也。報勳之祠闕焉未稱，至公而張主之，法壇倍肅，曠典常新，文既在兹，鏤板托焉。日月經天，光采常鮮，誰非表章之力哉！準以司存兩執斯役，不至隕墜作牆外僕，準則幸矣。

屬吏王立準謹識。